여헌성리설

이 책은 2020년도 정부(교육부)의 재원으로 한국고전번역원의 지원을 받아 수행된 '특수고전협동번역사업'의 결과물임.

This work was supported by Institute for the Translation of Korean Classics - Grant funded by the Korean Government.

여헌성리설 1

旅軒性理說

장현광 張顯光 지음

성원규
윤은숙
김형석 옮김

일러두기

1. 이 책의 번역 대본은 한국학중앙연구원 장서각에 소장된 《여헌선생성리설(旅軒先生性理說)》(K3-101)로 하였다.
2. 내용이 간단한 역주는 간주(間註)로, 긴 역주는 각주(脚註)로 처리하였다.
3. 한자는 필요한 경우 이해를 돕기 위하여 넣었으며, 운문(韻文)은 원문을 병기하였다.
4. 맞춤법과 띄어쓰기는 한글 맞춤법과 표준어 규정을 따랐다.
5. 이 책의 번역문에서 사용한 부호는 다음과 같다.
   ( ) : 번역문과 음이 같은 한자를 묶는다.
   〔 〕: 번역문과 뜻은 같으나 음이 다른 한자를 묶는다.
   " " : 대화 등의 인용문을 묶는다.
   ' ' : " " 안의 재인용 또는 강조 문구를 묶는다.
   「 」: ' ' 안의 재인용을 묶는다.
   『 』: 「 」 안의 재인용을 묶는다.
   《 》: 책명 및 각주의 전거(典據)를 묶는다.
   〈 〉: 책의 편명 및 운문·산문의 제목 또는 보충역을 묶는다.
6. 이 책의 후반부에 고려대본을 저본으로 하여 표점・교감한 원문을 실었다.
7. 본문의 오류로 의심 가는 점이 있으나 근거할 만한 대조본이 없을 경우에는 교감기에 그 내용만 언급하였다.
8. 판각이나 필사 과정에서 관행적으로 통용하던 글자는 문맥에 맞게 고쳐 쓰고 교감기는 달지 않았다.
9. 이 책에 인용된 《역학도설(易學圖說)》과 《계몽전의(啓蒙傳疑)》의 그림은 경학자료시스템, 한국유경(儒經)DB, 한국고전종합DB의 이미지 파일을 사용하거나 새로 만들었는데, 일부 이미지 파일은 수정하였다.
10. 이 책에 사용된 표점부호는 다음과 같다.
   。 의문문과 감탄문을 제외한 문장의 끝에 쓴다.
   ？ 의문문의 끝에 쓴다.

!	감탄문이나 감탄사의 끝, 강한 어조의 명령문·청유문·반어문의 끝에 쓴다.
,	한 문장 안에서 일반적으로 구의 구분이 필요한 곳에 쓴다.
、	한 구 안에서 병렬된 단어 사이에 쓴다.
;	복문 안에서 구조상 분명하게 병렬된 어구 사이에 쓴다.
:	완전한 인용문의 경우 인용부호와 함께 쓰거나, 화제 혹은 소표제어로서 문장을 이끄는 어구 뒤에 쓴다.
“ ” ‘ ’	직접 인용된 말이나 강조해야 하는 말을 나타내는 데 쓰되, 1차 인용에는 “ ”를, 2차 인용에는 ‘ ’를, 3차 인용에는 「 」를 쓴다.
【 】	原文의 註를 나타내는 데 쓴다.
·	서명부호(《 》) 안에서 서명과 편명 등을 구분하는 데 쓴다.
《 》	서명, 편명, 악곡명, 서화명 등을 나타내는 데 쓴다.
____	인명, 지명, 국명, 민족명, 건물명, 연호 등의 고유명사를 나타내는 데 쓴다.
□	빠진 글자의 자리에 쓴다.
▨	훼손된 글자의 자리에 쓴다.

차례

여헌성리설 제1권

여헌성리설 제2권

여헌성리설 제3권

旅軒性理說 卷1 校勘·標點

旅軒性理說 卷2 校勘·標點

旅軒性理說 卷3 校勘·標點

장현광(張顯光)의 《여헌성리설(旅軒性理說)》

신상후 | 한국학중앙연구원 한국학대학원 교수

1.

《여헌성리설(旅軒性理說)》(장서각 소장본 K3-101)은 장현광(張顯光)의 저술 중에서 성리학에 관한 논술만을 모아서 엮은 책이다. 8권 5책으로 이루어진 목판본이며, 서문・발문 등이 없어 편찬과 간행에 관한 정확한 정보는 알 수 없다.

《여헌집(旅軒集)》 해제[1]에 따르면, 장현광의 유고는 그의 사후에 아들 장응일(張應一)에 의해 수습되기 시작하여, 1642년에 간행을 마쳤는바, 이것이 초간본이다. 이 초간본은 《성리설(性理說)》 8권 6책과 원집(原集) 11권 6책으로 구성되어 있는데, 장응일은 《성리설》을 1641년에 먼저 간행해 놓고, 평설(平說)과 구설(究說)은 속집(續集)에 싣고자 하였다. 이후 중간(重刊)할 적에, 평설과 구설 및 부록 등이 실려 있는 속집(續集) 10권을 추가하고, 성리설은 제외하여, 원집 13권과 함께 간행하였는바, 이것이 중간본이다. 중간본의 간행 시기는 분명하지 않으며, 19세기 말경으로 추정될 뿐이다. 이로 미루어 보면, 《여헌성리설》은 문집 초간본에 포함되어 있다가 중간할 적에 문집에서 빠지게 되었음을 알 수 있다. 또한, 본서의 저본인 장서각 소장본의 간행 시기는 알 수 없으나, 초간본의 《성리설》 역시 8권으로 이루어진

1 《여헌집》은 한국문집총간 60집에 실려 있으며, 원집(原集) 13권과 속집(續集) 10권, 도합 23권 12책으로 구성되어 있다. 해제의 저자는 정필용(鄭弼溶)이다.

것을 보면, 장서각 소장본의 구성과 초간본의 구성이 크게 다르지 않으리라 짐작할 수 있다.

2.

장현광은 본관이 인동(仁同)이고, 자가 덕회(德晦), 호가 여헌(旅軒)이다. 1554년(명종 9) 1월 22일에 장열(張烈)과 경산이씨(京山李氏) 사이의 맏아들로 태어나, 1637년(인조 15) 9월 7일에 만욱재(晩勗齋)에서 별세하였으니, 향년은 84세였다.

고려 때 상장군(上將軍)을 지낸 장금용(張金用)이 그 시조이고, 이로부터 12대를 내려오면 부윤(府尹)을 지낸 장안세(張安世)에 이르는데 장현광에게 8대조가 된다. 7대조는 좌윤(左尹)을 지낸 장중양(張仲陽)이고, 6대조는 장령(掌令)을 지낸 장수(張脩)이다. 증조는 좌승지(左承旨)에 추증된 장준(張俊)이고, 조고는 이조 참판(吏曹參判)에 추증된 장계증(張繼曾)이며, 선고 장열은 이조 판서(吏曹判書)에 추증되었다. 모친 경산이씨는 제릉 참봉(齊陵參奉)을 지낸 이팽석(李彭錫)의 딸로, 정부인(貞夫人)에 추증되었다.

장현광은 8세에 부친을 여의고, 14세에 진사 장순(張峋)의 문하에 나아가 수학하였다. 사색과 독서를 통해 학문을 연마하고 자득해서, 18세에 〈우주요괄첩(宇宙要括帖)〉을 지었는바, 〈우주요괄십도(宇宙要括十圖)〉로도 불리는 이 저술은 천지인(天地人) 삼재(三才)의 이치를 요약하여 10개의 그림으로 표현한 작품이다. 그는 이 〈우주요괄첩〉을 지은 뒤로, 항상 이것을 휴대하고 다니면서 사색과 연구의 자료로 삼았는데, 이 첩책을 휴대하기 위해 피대(皮帶)를 만들 정도였다. 임진왜란의 피난길에도 이 피대를 지니고 다녔는데, 피대에는 이 첩책과

《역경(易經)》 2권, 《역회통(易會通)》 당본(唐本) 1권, 소첩(梳帖 빗을 넣어 두는 첩), 연갑(硯匣 벼루를 넣어 두는 갑)이 들어있었다고 한다.[2] 학문을 향한 그의 의지가 얼마나 굳건하고 절실하였는지 확인할 수 있는 대목이다.

23세에는 재주와 학문으로 추천받았는데, 그 일화를 미수(眉叟) 허목(許穆, 1595~1682)은 이렇게 기록하였다.

> 허잠(許潛) 공이 성주 목사(星州牧使)로 나가서 한강(寒岡) 정 선생(鄭先生 정구(鄭逑))을 뵙고는 '영남에서 호학(好學)하는 선비는 누구냐'고 물었는데, 정 선생이 답하길, "공자(孔子)의 문하에도 호학하는 자가 안자(顔子) 한 분일 뿐이었으니, 이것이 어찌 쉽게 말할 수 있는 것이겠습니까. 그렇지만, 장현광이라는 자가 학문을 탐구하고 도에 뜻을 두고 있으니, 훗날 우리의 스승은 이 사람이 될 것입니다."라고 하였다.[3]

26세에 정괄(鄭适, 1530~1564)의 딸과 혼인하였는데, 혼인한 지 6년 만에 부인이 별세하였고, 딸 하나를 두었다. 정괄이 정구의 조카이기 때문에, 장현광과 정구의 관계를 사제(師弟) 관계로 보기도 하는데, 사제 간이라기보다는, 함께 학문을 토론한 동지(同志) 간으로 보는 것이 더 적실할 듯하다.[4]

2 張顯光, 《旅軒集》 卷7 〈皮帒說〉 참조.

3 許穆, 《記言》 別集 卷16 〈旅軒張先生神道碑銘〉, "許公潛出牧星州, 見寒岡鄭先生, 問南中好學之士. 鄭先生曰, 孔子之門, 好學者, 顔子一人, 此豈易言哉? 有張顯光者, 求學志道, 它日爲我師者, 此人也."

4 박학래(2019), 〈인동장씨 남산파의 가학 전통과 그 계승 —여헌학旅軒學의 형성과 계승에 유의하여〉(《국학연구》 40집, 한국국학진흥원), 201쪽 참조. 장현광에 대한 〈묘지명〉이나 〈제문〉 등에도 장현광이 정구에게 나아가 배웠다는 기록은 없다.

일반적으로, 장현광은 정해진 스승이 없었던 것으로 알려져 있다. 독자적으로 학문을 연마하고 이론을 구축했다고 보는 것이다. 이러한 이해는 《연보》의 다음 기록과도 부합한다.

> 선생이 일찍이 이렇게 말하였다. "내가 15, 6세가 되던 해에, 진사(進士 장순(張峋)을 말함)의 책상 위에 한 권의 책이 있는 것을 보았는데, 바로 《성리대전(性理大全)》〈황극편(皇極編)〉이었다. 살펴봄에 마음에 딱 들어맞는 부분이 있어, 이를 인하여 청해서 읽어보았다. 이로부터는 스승에게 전적으로 나아가지는 않았다."[5]

1590년(선조 23) 37세에 송정(宋淨)의 딸 야로송씨(冶爐宋氏)와 혼인하였는데, 아들이 없었기에, 52세가 되던 1605년(선조 38)에 종제(從弟) 장현도(張顯道)의 아들인 장응일(張應一)을 데려다가 후사(後嗣)로 삼았다.

38세에 전옥서 참봉(典獄署參奉)에 제수된 것을 시작으로, 다양한 관직에 여러 번 제수되었으나, 거의 출사하지 않았다. 특히, 인조반정(仁祖反正) 이후, 명망 있는 산림처사를 조정으로 불러들이는 조치가 있었을 적에, 영남 산림처사의 대표였던 장현광 역시 여러 번 높은 관직에 제수되었는데, 사양하고 나가지 않거나 잠시 나아갔다가 곧 물러나기를 반복하였다. 그러나 진언과 상소를 통해, 임금의 급선무와 시사(時事)의 시비를 꾸준히 아룀으로써, 유학자의 사명을 다하고자 하였다.

5 張顯光, 《旅軒先生全書》 上 〈年譜〉 卷1-2, "先生嘗言, 余十五六時歲, 見上舍案上, 有一部冊子, 乃性理大全皇極篇也. 翫之如有會心處, 因請讀之. 自是不專就師也." 이희평(2001), 〈旅軒 張顯光의 哲學思想 硏究 -『性理說』을 중심으로-〉(성균관대학교 대학원 동양철학과 박사학위논문), 13쪽에서 재인용.

그가 관직을 사양했던 데에는 여러 이유가 있겠지만, 자신의 학문을 완성하고자 한 그의 소망 역시 하나의 원인으로 작용했을 것이다. 임진왜란으로 인하여 사방으로 유랑할 적에도 피대에 《역경》과 《역회통》을 가지고 다녔다는 기록에서 알 수 있듯이, 그의 학문의 평생 공력은 역학(易學)에 있었다. 이를 집대성한 저술이 《역학도설(易學圖說)》이다. 《역학도설》은 역학과 관련한 제가(諸家)의 도설(圖說) 중, 《역경》의 본의에 부합한다고 판단되는 것을 널리 수집하여 정리한 책으로, 대체로 기존의 도설을 그대로 채록하였고, 간혹 자신의 의견이나 도설을 덧붙이기도 하였다. 《연보》에 따르면, 55세에 《역학도설》을 짓기 시작한 것으로 보이는데, 언제 마쳤는지는 알 수 없다. 다만, 문인 김경장(金慶長, 1597~1653)의 아래와 같은 기록을 보면, 완성에 많은 시간이 소요되었음을 짐작할 수 있다.

> 선생은 일찍이 《역학도설》을 저술하였는데, 위로는 복희(伏羲)와 문왕(文王)의 오묘한 이치를 풀이하고, 사방으로는 정자(程子)와 주자(朱子)의 훈석(訓釋)을 통달하여, 왕왕 옛사람들이 미처 밝히지 못한 뜻을 밝혀내었다. 이 책이 거의 이루어졌으나 선생은 오직 한결같이 감추고 숨겨서, 당시 문하에 있는 사람조차 이것을 볼 수 없었다.
>
> 정축년(1637) 중추(仲秋)의 달에, 나는 입암(立巖)에 들어가서 안부를 살피고 그대로 만욱재(晩勖齋)에 우거하며 선생을 모시고 있었다. 선생은 나에게 앞으로 나오라고 명하시고는 한 권의 책을 꺼내어 보여주셨는데, 바로 이 《역학도설》이었다. 선생이 인하여 말씀하시기를, "이 책은 나의 평생 정력(精力)이 모여 있는 것이나 끝마치지 못하였다. 옛날 이천(伊川)은 일찍이 《역전(易傳)》을 저술하시고 70세가 되어서야 비로소 내놓았는데, 지금 나는 80세인데

도 오히려 완수하지 못했으니, 이는 내가 옛사람에게 미치지 못하는 부분이다." 하였다.[6]

《역학도설》을 포함하여 그의 주요 저술과 저작 시기를 살펴보면, 그의 학문이 역학(易學)을 기반으로 성립되었음을 알 수 있다. 특히, 리기심성(理氣心性)을 다룬 성리학의 주요 저작은 《역학도설》 저술의 착수로부터 13년 후인, 68세 때부터 완성되기 시작하였다. 《여헌성리설》의 저술들은 68세부터 81세 사이에 작성된 것이다. 인조반정 이후, 제수된 여러 관직을 사양하면서 자신의 학문을 정리하고 완성해나갔던 것인바, 《여헌성리설》이 바로 그 결실이라 하겠다.

3.

《여헌성리설》의 내용 구성 및 저작 연도는 다음과 같다.[7]

<table>
<tr><th colspan="4">구분</th><th>저작 연도</th></tr>
<tr><td rowspan="2">제1책</td><td rowspan="2">제1권</td><td rowspan="2">도서발휘 편제
(圖書發揮篇題)</td><td>도서발휘
(圖書發揮)</td><td rowspan="2">1634년
(81세)</td></tr>
<tr><td>신증
(申增)</td></tr>
</table>

6 張顯光, 《旅軒集》 續集 卷9 〈景遠錄〔門人金慶長〕〉, "先生嘗著易學圖說, 上繹羲文之奧妙, 旁通程朱之訓釋, 往往有發前人之所未發. 書幾成, 而一意韜晦, 雖當日及門之人, 有不得見焉. 丁丑仲秋之月, 余候拜入立巖, 仍寄侍晩勛齋. 先生命使前, 出以示之, 卽其書也. 仍曰, 此吾平生精力所萃, 而未克卒究. 昔伊川嘗著易傳, 七十乃出, 今吾八十, 尙爾未遂, 此吾不及古人處也."

7 저작 연도는 《연보》를 참고하였다. 제5권과 6권은 〈경위설〉에 속하는 것으로 간주하여, 〈경위설〉의 저작 연도를 기재하였다.

		도서총수설 (圖書總數說)	
	제2권	역괘총설 (易卦總說)	1630년 (77세)
제2책	제3권	태극설 (太極說)	1632년 (79세)
		태극설 부록 (太極說附錄)	
제3책	제4권	경위설 (經緯說)	1621년 (68세)
	제5권	경위설총론 (經緯說總論)	
제4책	제6권	경위배설첩서 (經緯排說帖序)	1621년 (68세)
		이위기경배설지첩 (理爲氣經排說之帖)	
		기위리경배설지첩 (氣爲理經排說之帖)	
		경위합일배설지첩 (經緯合一排說之帖)	
		성정위경위배설지첩 (性情爲經緯排說之帖)	
	제7권	만학요회 (晩學要會)	1628년 (75세)
제5책	제8권	우주설 (宇宙說)	1631년 (78세)
		부답동문 (附答童問)	1631년 (78세)

위의 표에서 확인할 수 있듯이, 《여헌성리설》의 편차는 저작 연대순으로 되어 있지 않다. 이러한 편집은 어떤 의도를 담은 것일 텐데, 앞에서 언급했듯이, 서・발문이 없어 이를 알 수 없다. 다만, 역학 관련 내용을 앞에 두고 이기심성론을 뒤에 두어서, 장현광 학문의 본말

을 보이고자 했음을 짐작할 수 있을 뿐이다.

각 저술을 저작 연대로 나열하면 다음 표와 같다.

순번	저작 연도	저술명
1	1621년(68세)	경위설(經緯說)
2	1628년(75세)	만학요회(晩學要會)
3	1630년(77세)	역괘총설(易卦總說)
4	1631년(78세)	우주설(宇宙說)
		부답동문(附答童問)
5	1632년(79세)	태극설(太極說)
6	1634년(81세)	도서발휘 편제(圖書發揮篇題)

4.

《여헌성리설》의 제1권 〈도서발휘 편제〉와 제2권 〈역괘총설〉은 역(易)에 관한 저술로, 이를 통해 장현광 역학의 성격과 내용을 살펴볼 수 있다. 하지만, 이 저술에서 역에 관한 그의 독창적 견해를 발견할 수 있는 것은 아니다. 그는 역의 원리와 의의를 파악하는 데에 도움이 될만한 내용들을 자세하고 명료하게 설명하는 데에 공을 들였다. 특히, 주자(朱子)가 중시했던 상수(象數)와 역도(易圖)를 상세히 분석・설명함으로써, 역을 공부하는 후학(後學)들에게 도움을 주고자 하였다.

이러한 저술 의도는 〈도서발휘 편제〉의 서두에서 확인할 수 있다. 〈도서발휘 편제〉의 '도'는 하도(河圖)를, '서'는 낙서(洛書)를 말한다. 장현광은, 주자가 이미 이에 대하여 설명한 바 있지만 그 설명이 미진하여 이를 학습하는 이들이 어려움을 겪고 있으므로 이러한 저술을 남긴다고, 저술 의도를 설명하였다.[8] 그리고 이러한 저술 의도에 맞게, 〈도서발휘 편제〉와 〈역괘총설〉에서 그는 역의 주요 개념과 원리를 상세히 설명하였다.

〈도서발휘 편제〉는 〈도서발휘〉, 〈신증(申增)〉, 〈도서총수설(圖書總數說)〉의 세 부분으로 구성되어 있다. 〈도서발휘〉에서는 하도와 낙서의 수(數)를 사상(四象 老陽, 老陰, 少陽, 少陰) 및 오행(五行 木, 火, 土, 金, 水)과 연결하여 설명하고, 이 숫자들이 각각에 배속되는 원리와 특정 방위에 자리한 이유 등에 대하여 자세히 해명하였다. 〈신증〉에서는 이러한 내용을 반복하면서 특히 사상의 배열 차례와 고유 숫자 등이 성립되는 원리를 설명하였으며, 〈도서총수설〉에서는 하도와 낙서의 수를 《역경》의 괘효(卦爻) 및 〈계사전(繫辭傳)〉의 '대연(大衍)의 수'·'천지(天地)의 수'와 연결하여 설명하였다. 이러한 내용들은 《역경》을 읽고 역도(易圖)를 연구할 적에, 참고의 가치가 높은 자료들이다.

〈역괘총설〉에도, 역의 총체적 원리부터 괘효의 생성 원리와 상수역의 각종 이론에 이르기까지, 역을 이해하는 데에 도움이 될만한 내용들이 다양하게 수록되어 있다. 예컨대, 64괘를 다각적으로 이해할 수 있게 하는 이론들로, 예컨대 괘변설(卦變說)과 호체법(互體法) 등의 이론을 소개하고 설명함으로써, 《역경》을 이해함에 상수역을 적극적으로 활용할 수 있게 하였다.

또한, 〈계사전〉에, "역에 태극이 있으니, 태극이 양의를 낳고 양의가 사상을 낳고 사상이 팔괘를 낳는다.〔易有太極 是生兩儀 兩儀生四象 四

8 張顯光, 《旅軒性理說》 卷1 〈圖書發揮篇題〉, "晦庵朱子著易學啓蒙, 有本圖書篇, 證以自漢以來諸說之得失, 又詳說其二數之同異者至矣, 而尙有未盡發明, 後學迨難領會者, 故今以耄見敢申之, 所以示一家蒙類者也."

象生八卦〕"라고 보이는, 역의 성립원리에 관하여 자세히 설명하였다. 특히, '역에 태극이 있음'과 '태극이 양의를 낳음'에 대하여 다음과 같이 설명함으로써, 형이상자(形而上者)인 태극(太極 리(理))과 형이하자(形而下者)인 양의(兩儀 기(氣))를 구분하는 정주학(程朱學)의 강령을 공고히 하였다.

"역에 태극이 있다."라는 것은 역이 역(易)이 됨이 태극에서 나옴을 말한 것이지 태극이 역에서 나왔다고 말한 것은 아니다.[9]

"역에 태극이 있으니, 태극이 양의를 낳고 양의가 사상을 낳고 사상이 팔괘를 낳았다." 한 것은, 미루어 올라가 저 일원(一原)의 리를 지극히 연구해보면 형상할 수 없고 추측할 수 없으므로 태극이라 한 것이다. 태극은 리(理)이고 양의는 기(氣)이다. 리가 있으면 반드시 기가 있게 마련인데, 기는 동(動)과 정(靜)으로 나뉘니, 바로 둘이다. 역에 있어서는 한 양획(陽畫)과 한 음획(陰畫)을 합하면 둘이 된다. 리는 하나이고 기는 둘이니, 둘이 하나로부터 둘이 되었으므로 '태극이 양의를 낳았다'고 말한 것이다.[10]

큰 것을 나누어 작은 것이 되고, 줄기를 나누어 가지가 되었으므로 가지와 실마리가 점점 배가(倍加)하였으나, 그 모범은 통체(統體)

9 張顯光, 《旅軒性理說》 卷2 〈易卦總說〉, "易有太極者, 謂易之爲易出於太極, 非謂太極出於易也."

10 張顯光, 《旅軒性理說》 卷2 〈易卦總說〉, "易有太極, 是生兩儀, 兩儀生四象, 四象生八卦者, 推以上之, 究極夫一原之理, 而莫容貌象, 莫容端涯, 故曰太極. 太極, 理也, 兩儀, 氣也. 有理矣, 必有氣焉, 而氣分動靜, 便是兩也. 在易, 一陽畫一陰畫, 并之爲兩也. 理則一耳, 氣則兩耳, 兩從一而爲兩, 故曰太極生兩儀."

인 하나의 태극이다. 《주역》을 읽는 자가 다만 양의·사상·팔괘가 층층이 나뉜 것만 알고 서로 관통하고 서로 포함하는 묘리(妙理)를 알지 못한다면 제대로 태극을 아는 자가 아니다.[11]

이처럼 〈역괘총설〉은, 정자(程子)와 주자(朱子)를 비롯한 선배 학자들의 주요 학설을 수용하고 이를 자세히 부연한 내용이 대부분인데, 그중에서도 발견되는 장현광의 독창적 주장이 있는바, 바로 《역경》의 별칭을 세 가지로 제시한 대목이다. 그는 《역경》의 별칭을 '이경(理鏡 리의 거울)', '도범(道範 도의 모범)', '덕전(德田 덕의 밭)'으로 제시하고 그 이유를 이렇게 설명하였다.

나는 감히 세 가지 호칭으로 《역경》을 이름하여 이경(理鏡)이라 하고 도범(道範)이라 하고 덕전(德田)이라 한다.

어째서 '이경'이라 하는가. 거울이라는 것은 밝음이 이곳에 있으면 천하 만물의 형상이 모두 비쳐서 나타나는 것이다. 지금 이 《역경》 가운데 천지 사물의 리가 갖추어지지 않음이 없다. 천지의 사물은 비록 《역경》 밖에 있으나 그 리는 모두 《역경》 가운데 갖추어져 있다.……〈모든 것을〉 모두 이 역으로 통달할 수 있다. 이것이 '이경'이 되는 이유가 아니겠는가.

어째서 '도범'이라 하는가. 범(範 거푸집)이라는 것은 쇠를 주조(鑄造)하는 자가 반드시 사용하는 틀이다.……무릇 정밀한 뜻과 오묘한 도가 《주역》 가운데 자세히 실리지 않은 것이 없다. '편안히 있으면

11 張顯光, 《旅軒性理說》 卷2 〈易卦總說〉, "以其分大爲小、分幹爲枝, 故條緖漸倍, 而其爲模範, 則一太極之爲統體也. 讀易者, 徒知儀象卦之層分, 而若不知相貫相包之妙, 則非能知太極者也."

상(象)을 보고 글을 살펴보며, 동하면 변화를 보고 점(占)을 살펴보아서, 하늘로부터 도와주어 길하여 이롭지 않음이 없는 것'[12]이 이것이다. 이것이 도범이 되는 이유가 아니겠는가.

어찌하여 덕전(德田)이라 하는가. 밭이라는 것은 재화를 내어서 우리 인간에게 제공하는 것이다.……이 덕으로 말하면 하늘이 나에게 주신 명(命)이고, 몸이 마음에 간직한 성(性)이고, 사람이 참여하는 삼재(三才)의 도이다.……밭이 사람을 길러주는 것은 형기(形氣)이고 역이 사람을 길러주는 것은 성명(性命)이니, 기르는 바의 정하고 거칢이 비록 다르지만 기름을 이루는 방도로서는 그 쓰임이 똑같다. 그러므로 이를 취하여 비견한 것이다.[13]

리의 거울인 역으로는 과연 모든 천지 사물의 리를 궁구할 수 있고, 도의 모범인 역으로는 또 일상생활에 항상 행하는 도를 똑같이 따라 하여 모두 당연한 법칙대로 할 수 있고, 덕의 밭인 역으로는 또 성명과 병이(秉彝)의 덕을 다하여 모든 것에 성실할 수 있는 것이다.[14]

12 《주역》〈계사전 상〉에 "이러므로 군자는 편안히 있으면 그 상을 보고 그 글을 살펴보며, 동하면 그 변화함을 보고 그 점을 살펴본다. 이 때문에 하늘로부터 도와주어 길하여 이롭지 않음이 없는 것이다.〔是故君子居則觀其象而玩其辭, 動則觀其變而玩其占, 是以自天祐之, 吉无不利.〕"라고 보인다.

13 張顯光, 《旅軒性理說》 卷2 〈易卦總說〉, "余敢以三號號易經, 曰理鏡也, 曰道範也, 曰德田也. 何以謂之理鏡? 夫鏡者, 明在於此, 而天下萬物之形像, 無不照現焉. 今此易經之中, 天地事物之理, 無不備具矣. 天地事物雖在於書外, 而其理則皆具於書中.……皆可以此易而通之. 此非所以爲理鏡者乎? 何以謂之道範? 範者, 鑄金者之必用也.……凡其精義妙道無不具載於易書之中矣. 居則觀象玩辭, 動則觀變玩占, 而自天祐之, 吉無不利者是也. 此非所以爲道範者乎? 何以謂之德田? 夫田者, 出貨財以供吾人者也.……若夫德者, 天所與我之命也, 身所爲心之性也, 人所參三之道也.……田之所養人者, 形氣也, 易之所養人者, 性命也. 所養之精粗雖異, 而惟其致養之道則同其用, 故取而擬之也."

위의 서술을 통해, 장현광의 역학관을 확인할 수 있다. 그는 역을 통해, 만사만물의 이치를 궁구하고, 삶의 구체적 법도를 알고 따르며, 자신의 본성을 극진히 발휘할 수 있다고 생각하였다. 역의 의의에 대한 이러한 생각은 그에게 역학에 몰두하게 하는 추동력이 되었을 것이고, 이 추동력을 통해 얻은 역학에의 깊은 조예는 다시 이러한 생각을 더욱 강화하고 구체화하는 밑거름이 되었을 것이다.

5.

제3권은 〈태극설〉과 〈태극설 부록〉으로 구성되어 있고, 〈태극설〉은 〈제설(諸說)〉, 〈제설회통(諸說會通)〉, 〈무극태극설(無極太極說)〉 세 부분으로 구성되어 있다. 〈태극설〉의 서두에서는 먼저 태극에 대한 공자(孔子)·염계(濂溪) 주돈이(周敦頤)·주자(朱子)의 대표적 언설을 나열하고, 이어 〈제설(諸說)〉에서는 태극에 대한 자신의 이해를 58항목으로 나누어 기술하였다. '태극' 개념의 뜻과 연원, 태극의 존재론적 특징 등을 자세히 설명하였는데, 예를 들어 태극의 '극' 자의 뜻에 의거하여 태극의 의의를 아래와 같이 논하기도 하였다.

> 태극(太極)은 일리(一理)의 명칭이니, 극(極)은 '일(一)이 된다'는 뜻이다. '일이 된다'는 것에는 본래 다섯 가지의 뜻이 있는데, 첫 번째는 '본(本 근본하다)'이라는 뜻이고, 두 번째는 '통(統 통괄하다)'이라는 뜻이고, 세 번째는 '순(純 순수하다)'이라는 뜻이고, 네 번째는

14 張顯光, 《旅軒性理說》 卷2 〈易卦總說〉, "其爲鏡也, 果可以窮天地事物之理, 而無所不格焉. 其爲範也, 又可以準日用常行之道, 而無不當然焉. 其爲田也, 又可以盡性命秉彝之德, 而無所不誠焉."

'전(專 전일하다)'이라는 뜻이고, 다섯 번째는 '상(常 고정불변하다)'이라는 뜻이다. 근본이기 때문에 만물을 낳을 수 있고, 통괄하기 때문에 만물을 주재할 수 있고, 순수하기 때문에 만선(萬善)을 낼 수 있고, 전일하기 때문에 만화(萬化)를 주재할 수 있고, 고정불변하기 때문에 만변(萬變)을 총괄할 수 있다. 이 다섯 가지의 '일이 된다'는 뜻은 모두 대적(對敵 상대함)할 것이 없다는 뜻이다. 그러므로 '태극'이라고 한 것이다.[15]

〈제설〉에서 주목할 만한 대목은, 태극의 강령과 조목을 제시한 부분이다. 장현광은 태극의 강령 하나와 조목 열다섯 가지를 나열함으로써, 태극의 존재를 해명하고자 하였다. 그에 따르면, 태극의 강령은 '선(善)'인데, 이 '선'은 태극이 천지만물을 끊임없이 "낳는〔生〕" 원리라는 점에서 성립한다. 태극에는 온갖 이치가 갖추어져 있지만, 이를 모두 포괄할 수 있는 글자를 찾는다면 바로 '선'이 들 수 있다는 것이다. 그리고 이 '선'을 구체화하면 대표적으로 15개의 글자를 들 수 있는데, 이것이 태극의 열다섯 조목이 된다. 열다섯 조목은 다음과 같다.

진(眞)은 거짓이 없는 것이고, 실(實)은 망령됨이 없는 것이고,
상(常)은 변함이 없는 것이고, 직(直)은 굽힘이 없는 것이고,
순(順)은 거스름이 없는 것이고, 평(平)은 험함이 없는 것이고,
중(中)은 치우침이 없는 것이고, 정(正)은 사특함이 없는 것이고,
공(公)은 사사로움이 없는 것이고, 정(定)은 어긋남이 없는 것이고,

15 張顯光, 《旅軒性理說》 卷3 〈太極說〉, "太極卽一理之名也, 而極是爲一之旨也. 其爲一也, 自有五義. 一曰本底義也, 二曰統底義也, 三曰純底義也, 四曰專底義也, 五曰常底義也. 本故能生萬有, 統故能主萬彙, 純故能出萬善, 專故能宰萬化, 常故能總萬變. 五者爲一之義, 皆無對之旨, 故曰太極."

준(準)은 부족함이 없는 것이고, 밀(密)은 누락이 없는 것이고, 전(全)은 틈이 없는 것이고, 완(完)은 결손이 없는 것이고, 통(通)은 막힘이 없는 것이다.[16]

〈제설회통〉과 〈태극설 부록〉에서도 이 강령과 조목을 반복해서 부연하였는데, 그는 이 16개의 글자의 뜻을 상세히 풀이함으로써 태극의 의의를 드러낼 수 있다고 여긴 것이다.

〈무극태극설〉에서는 리(理)에 대한 명칭으로 '무극'이란 호칭이 더해진 이유와, '태극' 및 '무극' 각각이 의미하는 바가 무엇인지를 논술하였다. 즉, 이미 공자가 '태극'이란 말로 리를 지칭하였는데 송대(宋代)의 주돈이가 굳이 '무극'이라는 말을 더한 이유를 설명하면서, 리를 지칭함에 태극이란 말이 나타내는 바와 무극이라는 말이 표현하는 바가 어떻게 다른지에 관하여 설명한 것이다.

태극의 극과 무극의 극은 두 극이 있는 것이 아니요, 이는 모두 다 하나의 리이다. 태극의 극은 이 리가 통솔하지 않는 바가 없음을 가지고 말한 것이요, 무극의 극은 이 리의 시작과 끝마침, 한도와 경계를 가지고 말한 것이니, 이 하나의 리가 통솔하지 않는 바가 없기 때문에 '태극'이라 하였고, 시작과 끝마침이 없고 한도와 경계가 없기 때문에 '무극'이라 한 것이다.[17]

16 張顯光, 《旅軒性理說》 卷3 〈太極說〉, "眞則无僞也, 實則无妄也, 常則无變也, 直則无曲也, 順則无逆也, 平則无險也, 中則无偏也, 正則无邪也, 公則无私也, 定則无忒也, 準則无欠也, 密則无漏也, 全則无隙也, 完則无損也, 通則无塞也."

17 張顯光, 《旅軒性理說》 卷3 〈太極說〉, "太極之極, 無極之極, 非有二極, 皆是一理也. 極之爲太, 以此理無所不統而言之也, 極之爲無, 以此理之始終限際言者也. 蓋此一理無所不統, 故曰太極, 無始終無限際, 故曰無極.

그 실제를 말하면 지극하여 태(太)가 되고 그 한도를 말하면 지극하여 무(無)가 되며, 그 태를 말하면 무가 이 가운데에 들어있고 그 무를 말하면 태가 이 가운데에 들어있어서 극의 극이 되는 것이니, 이것이 전성(前聖 공자를 말함)과 후현(後賢 주돈이를 말함)의 소견(所見)이 서로 부합하는 것이다.[18]

이러한 내용은 주자가 상산(象山) 육구연(陸九淵) 형제에게 보낸 편지에서 이미 언급한 바 있지만,[19] 이처럼 상세하지는 않았기에, 그야말로 '주자가 발명하지 못한 것을 발명한' 의의가 있다고 평가할 수 있다.

6.

장현광의 성리설을 대표하는 이론은 '경위설(經緯說)'이다.[20] 주자학에서 리(理)와 기(氣)의 관계는 '하나이면서 둘이고 둘이면서 하나임〔一而二 二而一〕' 혹은 '서로 떨어지지 않으나 서로 섞이지도 않음〔不相離

18 張顯光, 《旅軒性理說》 卷3 〈太極說〉, "言其實則極而太也, 言其度則極而無也, 言其太而無在其中, 言其無而太在其中, 其所爲極之極, 此前聖後賢之所見相符者歟."

19 朱熹, 《朱子大全》 卷36 〈答陸子靜〉, "不言無極, 則太極同於一物, 而不足爲萬化根本. 不言太極, 則無極淪於空寂, 而不能爲萬化根本."

20 연구자 대부분은 장현광의 경위설을 그의 독창적 학설이자 조선조 주자학사의 매우 이질적인 이론으로 파악한다. 그의 경위설이 누구의 영향을 받아 성립되었는지 대해서도, 연구자들의 의견이 대체로 합치하는데, 연구자들이 대표적으로 꼽는 인물은 나흠순(羅欽順)과 노수신(盧守愼)이다.(김용헌(2010), 〈여헌 장현광 성리설 연구의 쟁점과 과제〉(《한국인물사연구》 13집, 한국인물사연구소), 99~100쪽 참조.) 한편 이희평(2001)은, 경위설의 영향으로 이외에 주자의 《역학계몽》에 인용된 유흠(劉歆)의 하도·낙서의 경위 관계를 들었다.

不相雜]'이라는 모순적 말로 형용된다.[21] 형이상자인 리는 동일적・절대적・불변적이지만, 형이하자인 기는 차별적・상대적・가변적이기에, 이 둘은 구분되는바, '둘임'이라는 말과 '섞이지 않음'이라는 말이 이러한 차이를 나타낸다. 그러나 천지만물은 모두 리와 기의 합물(合物)이어서 리 없는 기가 없고 기 없는 리가 없는바, '하나임'이라는 말과 '떨어지지 않음'이라는 말이 이러한 불가분리성을 나타낸다. 그래서 리와 기에 관하여 연구할 적에는 이 둘을 '합간(合看)'하기도 하고 '이간(離看)'하기도 하면서 유연하게 사고하여야 하는 것이다.[22] 한 측면에만 골몰해서는 주자학의 리기론을 제대로 파악할 수가 없다. 게다가 리는 감각적으로 지각할 수 있는 것이 아니므로, 리에 대한 명확한 인식을 가지기도 어렵다. 주자학 리기론의 이해에 이러한 어려움이 있기 때문에, 주자를 비롯한 주자학자들은 리와 기를 설명함에 여러 개념과 비유를 사용하였는데, '본(本)과 말(末)', '체(體)'와 '용(用)', '원(源)과 류(流)'와 같은 것이 그 대표이다.

장현광은 여기에 '경(經)과 위(緯)'를 추가한다. 이를 통해, 리기 각각의 성격과 양자의 관계를 보다 잘 설명할 수 있다고 본 것이다. 그의 경위설은 《여헌성리설》 제4권 〈경위설〉, 제5권 〈경위설총론(經緯說總論)〉, 제6권 〈경위배설첩(經緯排說帖)〉에 자세하다.

제4권 〈경위설〉에서는 경위의 비유가 가지는 의미를 7개의 항목으로 나누어 기술하였는데, 먼저 경위의 의미를 설명하고, 리와 기를 경위에 비유할 수 있는 이유를 서술하였으며, 경위의 비유를 천지와

21 朱熹, 《朱子語類》 卷5 〈性理二〉, "性猶太極也, 心猶陰陽也. 太極只在陰陽之中, 非能離陰陽也. 然至論, 太極自是太極, 陰陽自是陰陽, 惟性與心亦然, 所謂一而二二而一也."
같은 책, 卷62 〈中庸一〉, "如太極雖不離乎陰陽, 而亦不雜乎陰陽."

22 朱熹, 《朱子語類》 卷74 〈易十〉, "一陰一陽之謂道, 陰陽何以謂之道? 曰, 當離合看."

인간에게도 적용하여 경위의 의미를 더욱 명확히 드러냈다.[23] 또한, 경전의 여러 구절을 인용하여 자신의 경위설을 뒷받침하는 근거로 활용하였다.

제5권 〈경위설총론〉에서는 이러한 내용을 요약하고 총정리하였으며, 제6권 〈경위배설첩〉에서는 이를 짧은 논설과 도식으로 요약하였는데, 이 요약본은, 위에서 언급한 〈우주요괄첩〉처럼, 항상 휴대하고 다니면서 틈틈이 보기 위해서 만든 것이다.[24]

장현광의 경위설에서 '경'은 베틀에 세로로 걸린 경사(經絲 날실)이고, 위는 가로로 움직여 베를 짜는 위사(緯絲 씨실)이다. 베를 짤 적에, 경사를 먼저 베틀에 고정해놓고 위사를 좌우로 움직이는데, 경사와 위사가 교차되면서 직물이 만들어진다. 베를 짜는 방법이 이와 같으므로, '경'에는 불변성과 동일성과 무위성이 부여되고, '위'에는 가변성과 다양성과 유동성이 부여된다. 또한, 경과 위의 관계로 말하면, 경은 위에 우선하고 위의 준거가 되며, 위는 경의 뒤에 있지만 경의 완성을 좌우한다. 경사가 먼저 걸려 있어도, 위사가 움직이지 않으면 직물이 만들어지지 않으며, 경사가 가지런해도 위사에 잡사가 섞여 있거나 그 움직임이 경사를 따르지 않으면 좋은 직물이 만들어질 수 없기 때문이다.

23 경위는 체용이나 본말처럼 그 적용이 고정적이지 않다. 예컨대, 나무 전체를 가지고 말하면, 뿌리 전체와 가지 전체를 본과 말로 비유할 수 있지만, 나뭇가지만 가지고 말하면, 큰 가지가 본이 되고 작은 가지가 말이 된다. 경위 역시, 최상의 경위로 말하면 태극이 경이고 원기(元氣)가 위가 되지만, 태극과 원기에 의해 만들어진 천지, 천지 안에서 태어난 인간을 가지고도 그 안에서 경과 위를 나눌 수 있는 것이다. 인간으로 말하면, 성(性)으로 부여받은 천리(天理)가 경이 되고 기질을 이룬 정기(精氣)가 위가 되며, 본성이 경이 되고 감정이 위가 된다.

24 張顯光, 《旅軒性理說》 卷6 〈經緯排說帖序〉, "今且耄癃劇矣, 眼昏神眩尤艱擧目之視, 則不若謄諸冊子佩持行裝中, 隨時隨處値閑看省之爲要, 故今以冊子代圖焉."

이러한 경사와 위사의 관계는 리와 기의 불리성(不離性)을 나타내준다. 베를 짤 적에, 경사나 위사가 항상 같이 있는 것처럼, 리와 기는 항상 함께 있다. 또한, 경사는 위사가 있어야 경사로 성립되고, 위사는 경사가 있어야 질서 있게 움직일 수 있는 것처럼, 리는 기가 있어야 실현될 수 있고, 기는 리가 있어야 그 동정(動靜)에 올바른 조리를 얻을 수 있다. 이러한 설명은 리와 기를 합간하여, 둘의 상보(相補)·상수(相須) 관계를 파악할 수 있게 한다.

그러나 경사와 위사가 끝내 서로 다른 실인 것처럼, 리와 기 역시 결코 하나의 존재라고 할 수는 없다. 경사와 위사의 구분은 리와 기의 부잡성(不雜性)을 시사한다. 경사는 경사이고, 위사는 위사이다. 마찬가지로 리는 리이고, 기는 기이다. 이 둘은 서로를 필요로 하고 항상 함께 존재하지만, 뒤섞이지 않으므로 구분될 수 있다. 위사의 잡스러운 색깔이나 거친 질감이 경사의 깨끗함을 해치지 않는 것과 마찬가지로, 기가 아무리 오염되었어도 리의 순선함을 해치지 않는다. 이러한 설명은 리와 기를 이간하여, 둘을 구분할 수 있게 한다.

이처럼, 리기경위설은 리와 기를 합간하게도 하고 이간하게도 하여, '하나이면서 둘'인 리·기 관계를 이해하는 데에 큰 도움을 준다. 이를 장현광은 다음과 같이 설명하였다.

> 리(理)와 기(氣)를 어째서 '하나이면서 둘이고 둘이면서 하나'라고 말하는가. 기는 리의 기이다. 기는 리에서 나와서 리를 주장으로 삼아 항상 리 가운데에서 행해지니, 이는 곧 위(緯)는 경(緯)을 통해 나오고 경은 위를 통해 행해지는 것이다. 그러므로 하나라고 말할 수 있는 것이다. 오직 그 리(理)를 가리켜 리라고 하면 마땅히 이것을 기라고 말해서는 안 되고, 기를 가리켜 기라고 말하면 마땅히 이것을 리라고 해서는 안 되니, 하나의 경(經)과 하나의 위(緯)에

구분이 없을 수가 없는바, 그렇다면 둘이라고 말하지 않을 수가 없는 것이다. 그러나 경은 위를 얻어 경이 되고 위는 경을 얻어 위가 되어서, 경과 위가 하나로 합쳐져서 일찍이 두 물건이 되지 않는다. 그러므로 또 '둘이면서 하나'라고 말한 것이다.[25]

리기경위설을 통해 장현광이 명시하고자 했던 것은 리와 기의 '하나이면서 둘이고 둘이면서 하나'인 관계였다. 리와 기를 단순히 일물(一物)로만 파악하여 합간에 집착해서도 안 되고, 둘을 철저히 분리하고 이간에 골몰해서 마치 시간적 선후가 있는 것처럼 생각해서도 안 되기 때문이다. 그러나 위의 서술에서 확인할 수 있듯이, 합간과 이간 중 그가 더 심각한 문제로 간주했던 것은 이간이었던 듯하다. 이는 당대 영남의 학자들이 퇴계(退溪) 이황(李滉, 1501~1570)의 리기호발설(理氣互發說)을 계승하고 강화해갔던 분위기와 무관하지 않을 것이다. 그의 경위설은 다분히 경과 위, 리와 기의 구분보다 합일을 강조하는 데에 기울어져 있다.

7.

장현광 성리설에 관한 연구의 주된 쟁점은 크게 두 가지이다. 하나는 그의 성리설이 퇴계 이황과 율곡(栗谷) 이이(李珥, 1536~1584)의 학설 중 어디에 더 가까운가 하는 문제이고, 또 하나는 그의 성리설의 전반적인 성격을 어떻게 파악하고 규정할 것인가 하는 문제이다.[26]

25 張顯光, 《旅軒性理說》 卷5 〈經緯說總論〉, "理氣何以謂之一而二二而一者也? 夫氣者理之氣也. 氣出於理以理爲主, 而常在理中行, 便是緯以經出, 經以緯行, 故可謂之一也. 惟其指理謂理不當謂之氣, 指氣謂氣不當謂之理, 一經一緯不得無分, 則不可不謂之二也. 然而經得緯爲經, 緯得經爲緯, 而經緯合一, 未嘗爲二物, 故又可謂之二而一也.

이황·이이의 학설과 장현광의 학설을 비교할 적에, 주로 사용되는 논거는 사단칠정설(四端七情說)이다. 예컨대, 사단과 칠정의 관계를 대대(待對) 관계로 논하면 이황의 학설에, 포함 관계로 논하면 이이의 학설에 속하고, 사단과 칠정의 발생구조를 호발(互發)로 보면 이황의 학설에, 일도(一途)로 보면 이이의 학설에 속한다고 판단하는 것이다.[27] 이 쟁점에 대한 각 연구자의 판단은 일차적으로 이황·이이 학설에 대한 그의 견해에 따라 달라지는 것이지만, 이 쟁점을 다룸으로써 조선 유학사에서 장현광의 학설이 가지는 의의와 그 정위를 따져볼 수 있으므로, 충분히 다룰만한 주제라 하겠다. 다만, 장현광이 '칠정이 사단을 포함함'을 주장한다고 해서, 이를 근거로 그의 학설을 이이 학설의 계승으로 판단하는 것은 성급하고 소략한 결론이 될 것이다. 이 문제에 대하여 충분히 숙고하기 위해서는 그의 사단칠정설을 포함하여 리기심성론 전체를 검토해야 하는데, 이 검토에 제7권 〈만학요회(晩學要會)〉를 적극적으로 활용할 필요가 있다. 〈만학요회(晩學要會)〉는 〈이간편(易簡篇)〉, 〈근사편(近思篇)〉, 〈분합편(分合篇)〉 세 부분으로 구성되어 있는데, 특히 〈분합편〉에서는 사단과 칠정의 분합을 비롯하여 인심(人心)과 도심(道心), 정(情)과 의(意), 본연지성(本然之性)과 기질지성(氣質之性) 등의 분합을 논하고 있어, 장현광 심성론의 전모를 파악하는 데에 핵심적인 자료가 된다. 〈경위설〉이 리기론 검토를 위한 자료라면, 〈만학요회〉는 심성론과 인간관 검토를 위한 자료인 것이다.

26 김용헌(2010), 78~79쪽 참조.

27 대표적인 학자는 다카하시 도오루이다. 다카하시는 장현광이 사단을 칠정에 포함시키고 리와 기를 도의 체·용으로 파악했다는 것을 근거로 장현광을 영남학파에서 배제하고 이이의 주장을 따른 학자로 분류하였다. 현상윤과 이병도의 견해도 대동소이하다. 김용헌(2010), 81~82쪽 참조.

장현광 성리설의 전반적 성격을 규정하는 문제에서도, 《여헌성리설》 전체의 검토가 필수적이다. 물론, 그 성격 규정과 관련하여 연구가 축적되지 않은 것이 아니고 《여헌성리설》이 활용되지 않은 것은 아니지만, 간혹 그 성리설 중 일부에만 주목하거나 단장취의로 인한 오독이 있었던 것 역시 부인할 수 없다. 기존 연구의 오류와 한계는 《여헌성리설》 전체가 연구의 자료로 활용될 때 극복될 수 있을 것이므로, 본서의 출간은 장현광 성리설의 연구, 더 나아가 조선 유학사의 서술에 크게 이바지할 수 있을 것이다.

여헌성리설

제1권

圖書發揮
도서발휘

도서발휘 편제 圖書發揮篇題

도(圖)는 바로 하도(河圖)이니, 복희씨(伏羲氏)가 천하를 다스릴 때에 용마(龍馬)가 황하에서 나왔는데 그 등에 1부터 10까지의 숫자가 있으니 그 자목(子目 숫자의 조목)을 총괄하면 바로 모두 55이다.[1] 서(書)는 바로 낙서(洛書)이니, 대우(大禹)가 홍수를 다스릴 때에 신묘한 거북이가 낙수에서 나왔는데 그 등에 1부터 9까지의 숫자가 있으니, 그 자목을 총괄하면 바로 모두 45이다.[2]

회암(晦庵) 주자(朱子)가 《역학계몽(易學啓蒙)》을 지으실 적에 〈본도서(本圖書)〉 편을 두어서 한(漢)나라로부터 이래 여러 설의 잘잘못을 증명하였고, 또 이 하도와 낙서 두 수(數)의 차이를 매우 자세히 말씀하셨으나[3] 아직도 다 발명되지 못함이 있어서 후학들이 지금까지도 알기가 어렵다. 그러므로 이제 나의 늙은 소견으로 감히 이것을 말하니 이것은 일가의 몽류(蒙類 어리석은 소견)를 보이는

1 도(圖)는……55이다 : 고대 중국 복희씨(伏羲氏) 때 황하(黃河)에서 길이 8척이 넘는 용마가 등에 55점의 그림을 지고 나왔다고 전해지는 바, 팔괘(八卦)의 근원이 된다.

2 서(書)는……45이다 : 하(夏)나라 우(禹)임금 때, 낙수(洛水)에서 나온 거북의 등에 있었다고 하는 45점의 점으로 된 그림으로, 《서경(書經)》 홍범(洪範) 구주(九疇)의 근본이 되었다고 전해진다.

3 회암(晦庵) 주자가……말씀하셨으나 : 회암(晦庵)은 주자의 호로, 《역학계몽(易學啓蒙)》은 주자가 저술하고 그 문인인 채원정(蔡元定)이 편집한 것이다. 모두 4권인데 권1은 〈본도서(本圖書)〉로 10이 하도(河圖)가 되고 9가 낙서(洛書)가 되는 것을 논증하였고, 권2는 〈원괘획(原卦畫)〉으로 복희와 문왕의 팔괘도 등을 논하였으며, 권3은 〈명시책(明蓍策)〉으로 고대에 점치는 법을 상고하였고, 권4는 〈고변점(考變占)〉으로 점서(占筮)와 괘변도(卦變圖)를 해설하여 1괘가 64괘로 변하는 이치를 설명하였다.

것이다.

우주(宇宙)는 어찌하여 우주가 되었는가. 우주에는 하늘과 땅과 사람과 물건이 있기 때문이다. 하늘과 땅과 사람과 물건은 어찌하여 하늘과 땅과 사람과 물건이 되었는가. 여기에는 리(理)가 있고, 기(氣)가 있고 상(象)이 있고 수(數)가 있기 때문이다. 그러므로 리와 기, 상과 수를 합하여 도(道)가 된 것이다. 그렇다면 우주에서 하늘과 땅과 사람과 물건이 된 것은 실로 모두 도가 들어있는 기구인 셈이다. 이 리(理)가 없으면 어떻게 그 기(氣)가 있을 수 있겠는가.[4] 리와 기가 없으면 또 어떻게 상이 있고 수가 있겠는가. 리와 기와 상과 수가 없다면 또 어떻게 도가 되어서 하늘과 땅과 만물이 있겠는가. 리가 지극함이 되기 때문에 여기에 기가 있어서 조화의 기틀이 되고, 기가 기틀이 되기 때문에 여기에 상이 있어서 변화하는 품휘(品彙 만물)의 정(精)하고 거침과 크고 작은 구별이 되고, 상이 구별이 되기 때문에 여기에 수가 있어서 시(始)와 종(終), 선(先)과 후(後)의 등급과 차례의 순서가 되는 것이니, 이는 하늘과 땅과 사람과 물건을 통합하여 도가 되어서 우주의 사업[5]이 있게 된 이유이다. 이른바 도라는 것은 이 리가 없으면

4 그렇다면……있겠는가 : 장현광은 그가 지은 〈도통설(道統說)〉에서 "태극(太極)이 도(道)가 된 것이 하늘에 있어 기(氣)가 되면 음양(陰陽)이라 하고, 땅에 있어 질(質)이 되면 유강(柔剛)이라 하고, 사람에 있어 덕(德)이 되면 인의(仁義)라 한다. 기가 기가 된 것도 또한 이 리이고, 질이 질이 된 것도 또한 이 리이고, 덕이 덕이 된 것도 또한 이 리이니, 바로 이 리 아닌 것이 없다. 이 때문에 모두 도라고 이르는 것이다.〔太極之爲道也者, 在天爲氣則曰陰與陽也, 在地爲質則曰柔與剛也, 在人爲德則曰仁與義也. 氣之爲氣, 亦此理也; 質之爲質, 亦此理也; 德之爲德, 亦此理也, 卽莫非此理也, 故皆謂之道.〕"라고 하였다.

5 우주의 사업 : 장현광(張顯光)은 "우주 안에 있는 허다한 사업이 모두 우리 사람에게 있으니, 만약 우리 인간이 그 사업을 해내지 못한다면 우주는 빈 그릇이 되고 만다.〔宇宙內許多事業, 都在吾人. 若非吾人責其事業, 則宇宙爲空器矣.〕"라고 하였다. 《旅軒先生

어떻게 만유(萬有 만물)의 지극함이 되겠는가. 리가 비록 만유의 지극함이 되나 기가 없으면 행해지지 못하고, 상이 없으면 드러나지 못하고, 수가 없으면 갖추어지지 못한다. 그러므로 리와 기와 상과 수가 모두 구비하지 않을 수 없는 것이니, 이렇게 한 뒤에야 도가 여기에 그치지 않는 체가 있고 다함이 없는 쓰임이 되어서 하늘은 하늘이 되고 땅은 땅이 되고 사람은 사람이 되고 물건은 물건이 된 것이다. 그렇다면 수(數) 외에 하늘과 땅과 사람과 물건이 없고, 상 외에 수가 없으며, 기 외에 상이 없고, 리 외에 기가 없는 것이다. 리에서 기가 나오고 기에서 상이 나오고 상에서 수가 나온 것은 바로 하늘과 땅과 사람과 물건이 도가 된 이유이다.

하늘과 땅과 사람과 물건이 진실로 리와 기, 상과 수를 모두 구비하고 있으나 우주가 생겨난 이래로 오직 그 은미한 것을 다하고 묘함을 지극히 해서 가장 공교롭고 또 드러난 것은 바로 하도와 낙서이다. 이 하도와 낙서 두 그림을 가지고 관찰해보면 용마의 등의 무늬는 강(綱)의 수로 세면 1에서부터 10에 이르고 목(目)의 수로 세면 55가 되며,[6] 거북의 등에 있는 문양은 강이 되어서 1에서 9에 이르고 목이

文集 卷7 道統說》 그리고 아래의 〈도덕사업분합(道德事業分合)〉편에서 "무릇 형체가 있는 것은 모두 물건이다. 이미 형체가 있는 물건이 된다면 틀림없이 본래 물건이 된 이치가 있고, 이미 물건이 된 이치가 있으면 또 본래 이치를 행할 책임이 있으니, 이것은 바로 도덕과 사업이 나오게 된 이유이다.……그러므로 물건은 성분(性分)이 있지 않은 것이 없고, 또 직분(職分)이 있지 않은 것이 없으니, 그 성분으로부터 말하면 '도덕'이라 하고, 그 직분으로부터 말하면 '사업'이라고 한다.〔凡有形皆物也. 夫既爲有形之物, 則必自有爲物之理, 既有爲物之理, 則又自有行理之責, 此道德、事業之所以出也.……故物莫不有性分焉, 又莫不有職分焉, 自其性分而言之曰道德; 自其職分而言之曰事業.〕" 라고 하여 우주의 사업으로서 인간이 도덕과 직분의 책무를 다해야 한다고 설명하였다.

6 이 하도와……되며 : 강(綱)과 목(目)은 대강(大綱)과 세목(細目)의 뜻으로, 하도의 작은 점으로 수를 세는 것을 '목수(目數)' 또는 '수지목(數之目)'이라 하고, 선으로 연결하여 놓은 점들의 집합으로 수를 세는 것을 '강수(綱數)' 또는 '수지강(數之綱)'이라

되어서 45가 된 것은 그 수이다. 둥근 것이 있고 네모난 것이 있으며,[7] 같은 것이 있고 다른 것이 있고,[8] 혹은 남고 혹은 부족하며,[9] 혹은 배합

고 한다. 《여헌성리설》 〈도서총수설(圖書總數說)〉에 "그 수 됨이 강이 있고 목이 있으니 1은 하나의 강이 되고, 2는 하나의 강이 되고, 3은 하나의 강이 되고, 4는 하나의 강이 되고, 5는 하나의 강이 되고, 6은 하나의 강이 되고, 7은 하나의 강이 되고, 8은 하나의 강이 되고, 9는 하나의 강이 되고, 10은 하나의 강이 되는데 아울러 10개의 강이 되는 것은 하도 수의 강이기 때문이다. 그러니 이것은 55개의 목에 나아가서 그 근본이 되는 수〔元數〕를 든 것이다. 1은 본래부터 목을 겸하고 있고 2는 2개의 목이 있고, 3은 3개의 목이 있고, 4는 4개의 목이 있고, 5는 5개의 목이 있고, 6은 6개의 목이 있고, 7은 7개의 목이 있고, 8은 8개의 목이 있고, 9는 9개의 목이 있고, 10은 10개의 목이 있는데 아울러 55개의 목이 된 것은 하도 수의 목이기 때문이다. 그러니 이것은 10개의 강에 나아가서 그 실제를 모은 것이다.〔其爲數也, 有綱有目, 一爲一綱, 二爲一綱, 三爲一綱, 四爲一綱, 五爲一綱, 六爲一綱, 七爲一綱, 八爲一綱, 九爲一綱, 十爲一綱, 幷之爲十綱者, 《圖》數之綱也, 此則就五十五目而擧其元數也. 一則自兼目矣, 二有二目, 三有三目, 四有四目, 五有五目, 六有六目, 七有七目, 八有八目, 九有九目, 十有十目, 幷之爲五十五目者, 《圖》數之目也, 此則就十綱而積其實也.〕"라고 하였다.

7 둥근 것이……있으며 : 둥근 것은 하도(河圖)를 가리키고 네모난 것은 낙서(洛書)를 가리킨다. 소옹(邵雍)은 "둥근 것은 별이니, 역기(曆紀)의 수가 아마도 여기에서 시작되었을 것이다. 네모난 것은 땅이니, 주(州)를 구획하고 땅을 정전(井田)한 것은 이것을 따른 것이다. 둥근 것은 하도의 수이고, 네모난 것은 낙서의 글이기 때문에 복희(伏羲)와 문왕(文王)이 이것을 따라 《주역》을 만들고 대우와 기자(箕子)가 이것을 차례로 펴서 〈홍범〉을 지었을 것이다.〔圓者星也, 歷紀之數, 其肇於此乎. 方者土也, 畫州井地之法, 其放於此乎. 蓋圓者《河圖》之數, 方者《洛書》之數, 故羲、文因之而造易, 禹、箕叙之而作《範》.〕"라고 하였다. 《易學啓蒙 本圖書》

8 같은 것이……있고 : 하도와 낙서 모두 1은 북쪽에 있고, 3은 동쪽에 있는데, 하도에서는 9가 서쪽이고 7이 남쪽이며, 낙서에서는 9가 남쪽이고, 7이 서쪽인 것을 가리킨다.

9 혹은……부족하며 : 본문 아래에 "하도는 우수(偶數)는 남고 기수(奇數)는 부족하며, 낙서는 기수는 남고 우수는 부족하다.〔《圖》則偶贏奇乏, 《書》則奇贏偶乏.〕"라고 하였으니, 하도는 우수의 합(30)이 기수의 합(25)보다 많고, 낙서는 기수의 합(25)이 우수의 합(20)보다 많은 것을 가리킨다. 그리고,《역학계몽》 〈본도서(本圖書)〉에 "하도는 온전함을 위주로 한다. 그러므로 10에서 다하여 기(奇)와 우(偶)의 자리가 똑같으니, 그 실제를 모음을 논한 뒤에야 그 우가 남고 기가 부족함을 볼 수 있으며, 낙서는 변화를 위주로 한다. 그러므로 9에서 다하여 그 자리와 실제가 모두 기는 남고 우는

이 되고 혹은 나누어져 있는 것[10]은 그 상이다. 상이 되고 수가 되고, 많음과 적음, 다름과 같음이 되는 것은 그 기이다. 그리고 수가 있고 상이 있고 기가 있어서 자연에서 나오는 것은 그 리이다. 그렇다면 우주 사이에 리와 기, 상과 수가 어찌 하도와 낙서를 벗어난 것이 있겠는가. 하도와 낙서의 수를 보면 사물에 무궁한 수를 다할 수 있고, 하도와 낙서의 상을 보면 음과 양이 변화하는 상을 알 수 있으며, 하도와 낙서의 기를 보면 낳고 이루어지고 사라지고 자라는 기를 증험할 수 있고, 하도와 낙서의 리를 보면 무극(無極)과 태극(太極)의 리를 알 수 있는 것이다. 하늘과 땅과 귀신이 사람에게 보여준 것이 지극하고 극진하니, 이것은 하늘과 땅과 귀신이 사람에게 보여주는데 마음을 둔 것이 아니라 바로 하늘과 땅에 있는 리와 기가 저절로 상이 나타나고 저절로 수가 드러나서 나타난 것이 자연스럽게 이와 같지 않을 수 없는 것이다. 아, 복희와 대우(大禹)처럼 신성(神聖)한 분이 아니라면 어떻게 그 하늘에서 주신 것을 받아 사용해서 그 묘한 이치를 알았겠는가.

부족하다.〔《河圖》主全, 故極於十, 而奇偶之位均, 論其積實, 然後見其偶贏而奇乏也, 《洛書》主變, 故極於九, 而其位與實, 皆奇贏而偶乏也.〕"라고 보인다.

10 혹은……있는 것 : 하도에서 1과 6, 2와 7, 3과 8, 4와 9, 5와 10의 음(陰)과 양(陽)이 생수(生數)와 성수(成數)로서 배합하고, 낙서에서 음과 양이 따로 있는 것을 가리킨다.

1.1 도서발휘 圖書發揮[11]

1.1.1

하도

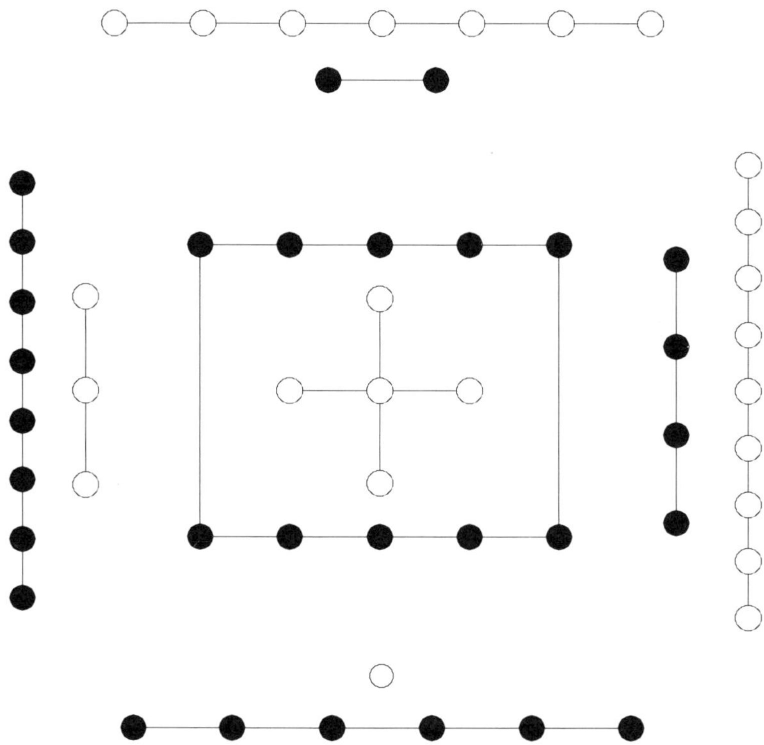

11 도서발휘(도서발휘) : 원문에는 이 소제목이 없으나, 문백과 체계상 별도로 이 첫 번째 제목을 달아주었다.

1.1.1.1

1·3·5·7·9를 기(奇 홀수)라고 하니 바로 하늘의 수이고, 2·4·6·8·10을 우(偶 짝수)라고 하니 바로 땅의 수이다. 기수(奇數)는 북쪽(1)에서 동쪽(3)으로, 동쪽에서 중앙(5)으로, 중앙에서 남쪽(7)으로, 남쪽에서 서쪽(9)으로 가며, 우수(偶數)는 남쪽(2)에서 서쪽(4)으로, 서쪽에서 북쪽(6)으로, 북쪽에서 동쪽(8)으로, 동쪽에서 중앙(10)으로 간다.[12]

○하도의 수는 1에서 시작하여 10에 끝나니 그렇다면 1은 수의 근본이고 10은 수의 강(綱)이다. 1·3·5·7·9를 합하면 25가 되니 이는 기수의 목(目)의 수이고, 2·4·6·8·10을 합하면 30이 되니 30은 우수의 목의 수이며, 25와 30이 합하여 55가 되니 이는 하도수의 목이다.

○〈하도에서〉 기수와 우수가 다 짝이 되어 한 곳에 처하니,[13] 1과 6을 합하면 7이고, 2와 7을 합하면 9이고, 3과 8을 합하면 11이고, 4와 9를 합하면 13이고, 5와 10을 합하면 15이다. 합한 수가 모두 기수가 되는 것은 기수가 우수를 주관하기 때문이다.[14]

12 1……간다 : 하도에서 1과 6은 북쪽을, 2와 7은 남쪽을, 3과 8은 동쪽을, 4와 9는 서쪽을, 5와 10은 중앙을 가리킨다.

13 기수와……처하니 : 하도의 1과 6이 짝이 되어 함께 북쪽에 있고, 2와 7일 짝이 되어 함께 남쪽에 있고, 3과 8일 짝이 되어 함께 동쪽에 있고, 4와 9가 짝이 되어 함께 서쪽에 있는 것을 가리킨다. 하도는 상생(相生)을 위주하여 1·6 수(水)의 북쪽에서 3·8목(木)의 동쪽으로, 동쪽에서 2·7화(火)의 남쪽으로, 남쪽에서 5·10토(土)의 중앙으로, 중앙에서 4·9금(金)의 서쪽으로, 서쪽에서 1·6수(水)의 북쪽으로 좌선(左旋)한다. 좌선은 왼쪽 방향으로 도는 것으로 시계 방향으로 돌아가며 우선(右旋)은 이와 반대로 오른쪽으로 도는 것으로 좌선과 반대이다.

14 합한 수가…… 때문이다 : 아래에서 1·3·7·9가 6·8·2·4를 주관하는 것은 높은 자가 낮은 자에게 임하는 것이라고 하였다.

1.1.1.2

〈하도에서〉 북쪽 안의 1과 서쪽 안의 4를 합하면 바로 5이고, 남쪽 안의 2와 동쪽 안의 3을 합하면 또한 5이고, 중앙 안의 5는 원래 5이다. 6에서 1을 빼면 또한 5이고, 7에서 2를 빼면 또한 5이고, 8에서 3을 빼면 또한 5이고, 9에서 4를 빼면 또한 5이고, 10은 두 개의 5를 합한 것이다. 그러므로 5를 빼도 또한 5인 것이니 5는 생수(生數)[15]의 끝이다.

○〈하도에서〉 1이 9를 연하면 10이 되고, 2가 8을 연하면 10이 되고, 3이 7을 연하면 10이 되고, 4가 6을 연하면 10이 되니, 10은 본래 10이다. 5에 5를 더하면 또한 10이고, 6에 4를 더하면 또한 10이고, 7에 3을 더하면 또한 10이고, 8에 2를 더하면 또한 10이고, 9에 1을 더하면 또한 10이니, 10은 본래 10이다.[16] 10이라는 것은 성수(成數)의 끝으로 하도 수의 강(綱)이다.

○〈하도에서〉 북쪽 밖의 6과 서쪽 밖의 9를 합하면 15가 되고, 남쪽 밖의 7과 동쪽 밖의 8을 합하면 또한 15가 되고, 중앙의 5와 10은 본래 15가 되며, 또 하도 안의 수인 1・2・3・4・5를 합하면 또한 15가 되니, 15는 하도 수가 모인 것이다.

15 생수(生數) : 성수(成數)의 대칭으로, 1부터 5까지는 생수(生數)이며, 6부터 10까지는 성수(成數)이다. 하늘 1은 물을〔天一生水〕, 땅 2는 불을〔地二生火〕, 하늘 3은 나무를〔天三生木〕, 땅 4는 금을〔地四生金〕, 하늘 5는 흙을〔天五生土〕 낳으므로〔生〕 모두 '생수'라고 하고, 땅 6은 물을〔地六成水〕, 하늘 7은 불을〔天七成火〕, 땅 8은 나무를〔地八成木〕, 하늘 9는 금을〔天九成金〕, 땅 10은 흙을〔地十成土〕 이루어주므로〔成〕 모두 '성수'라고 한다. 《周易 總目》

16 1이……10이다 : 하도에 서쪽(4・9)과 북쪽(1・6), 동쪽(3・8)과 남쪽(2・7), 중앙의 5가 각각 이어져 있어서 각 방위의 숫자를 이어져 있는 방위의 숫자와 대입하여 서로 더해보면 모두 10이 되는 것을 의미한다.

1.1.2

낙서

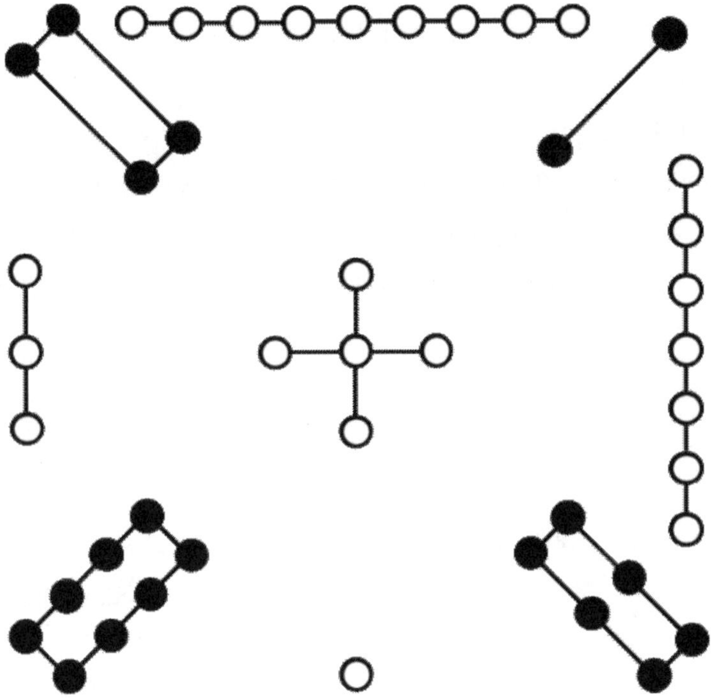

〈낙서에서〉 1·3·5·7·9의 기수(奇數)는 모두 사방과 중앙의 바른 자리에 있고, 2·4·6·8의 우수(偶數)는 모두 사우(四隅 네 모퉁이)의의 치우친 옆에 있는데 하도의 10은 여기에 들어있지 않다. 기수는 북쪽(1)에서 동쪽(3)으로, 동쪽에서 중앙(5)으로, 중앙에서 서쪽(7)으로, 서쪽에서 남쪽(9)으로 가고, 우수는 서남쪽(2) 모퉁이에서 동남쪽(4) 모퉁이로, 서북쪽 모퉁이(6)에서 동북쪽(8) 모퉁이로 간다.

○낙서의 수는 1에서 시작하여 9에 끝나니, 그렇다면 1은 수의 근원이고 9는 수의 강이다. 1·3·5·7·9를 합하여 25가 되는 것은 또한 기수의 목의 수이고 2·4·6·8을 합하여 20이 되는 것은 우수의 목의 수이니, 25에 20을 합하여 45가 되는 것은 이는 낙서 수의 목이다.

○낙서는 기수와 우수가 모두 한 자리로서 거처를 달리한다.

○〈낙서에서〉 정북방의 1과 동남쪽 모퉁이의 4를 합하면 또한 5이고, 서남쪽 모퉁이의 2와 정동(正東)의 3을 합하면 또한 5이고, 6에서 1을 빼고 7에서 2를 빼고 8에서 3을 빼고 9에서 4를 빼면 모두 5인데, 중앙의 5는 본래 5이니 이 또한 하도 수와 똑같지 않음이 없는 것이다.

○〈낙서에서〉 1이 9를 대하면 10이 되고, 2가 8을 대하면 10이 되고, 3이 7을 대하면 10이 되고, 4가 6을 대하면 10이 된다. 5에 5를 더하고 6에 4를 더하고 7에 3을 더하고 8에 2를 더하고 9에 1을 더하면 모두 10인 것은 또한 하도 수와 똑같지 않음이 없는 것이다.[17]

○〈낙서에서〉 중앙 세로의 9·5·1과 오른쪽 세로의 2·7·6과 왼쪽 세로의 4·3·8은 합하면 모두 15이고, 위 가로의 2·9·4와 가운데 가로의 7·5·3과 아래 가로의 6·1·8도 합하면 모두 15이며, 오른쪽으로 기운 대각선의 2·5·8과 왼쪽으로 기운 대각선의 4·5·6도 또한 15이다. 이것은 낙서의 세로와 가로와 대각선이 모두 합하면 15가 되는 바, 이 또한 하도의 중앙의 수와 부합하지 않음이 없는 것이다.[18]

17 1이……것이다 : 낙서에 서쪽(7)과 동쪽(3), 북쪽(1)과 남쪽(9), 동남쪽(4)과 서북쪽(6), 서남쪽(2)과 동남쪽(8)이 각각 마주하고 있는바, 각 방위의 숫자와 상대하는 방위의 숫자를 서로 더하면 모두 10이 되는 것을 말한다.

18 이 또한……것이다 : 하도에서 중앙의 5와 10의 합이 15가 되는 것을 의미한다.

1.1.3

하도와 낙서의 기수는 각각 모두 25이니 이를 합하면 50이 되고, 하도의 우수 30과 낙서의 우수 20을 합하면 모두 50이 된다. 하도는 우수는 남고(30) 기수는 부족하며(25), 낙서는 기수는 남고(25) 우수는 부족하니(20), 하도와 낙서 두 숫자를 합쳐서 함께 보면 기수와 우수의 수가 50으로 똑같고, 그 50을 두 번 하면 바로 100이며, 100은 바로 두 개의 50이고 또 열 개의 10이다.

○하도의 강의 수가 10에 그치고 낙서의 강의 수가 9에 그치니, 두 강의 수를 합하면 19가 되는 바 19는 윤달 일장(一章)의 수이다.[19] 하도의 목의 수가 55에 그치고 낙서의 목의 수는 45에 그치니, 두 목의 수를 합하면 100이 되는 바 100은 원래 시초의 수이다. 55를 가지고 5로 계산하면 열한 개의 5이고, 45를 가지고 5로 계산하면 아홉 개의 5이니 두 가지를 합하면 20개가 다섯이고 또 다섯 개가 20인 것이다.

19 하도의……수이다 : 《역학계몽》 〈본도서(本圖書)〉에 "이종(二終)으로 윤여를 맞춘다.〔二終以紀閏餘.〕"라고 하였고, 주자가 요자회(廖子晦)에게 답한 편지에 "이시(二始)는 1과 2이니, 1은 기수이기 때문에 강(剛)이 되고 2는 우수이기 때문에 유(柔)가 된다. 이중(二中)은 5와 6이니, 5는 10일이고 6은 12신(辰)이다. 이종(二終)은 10과 9이니, 윤여의 법에 19년을 1장(章)으로 삼기 때문에 그 말이 이와 같은 것이다. 그러나 1장의 수는 또 억지로 끌어 맞춘 듯하니, 당시에 우선 그 설을 빌어서 10수가 하도가 됨을 밝힌 것이다.〔二始者, 一、二也, 一奇故爲剛, 二偶故爲柔. 二中者, 五六也, 五者十日, 六者十二辰也. 二終者, 十與九也, 閏餘之法, 以十九歲爲一章, 故其言如此. 然一章之數, 似亦附會, 當時姑借其說以明十數之爲《河圖》耳.〕" 라고 하였다. 여기서 9는 하늘의 수이고 10은 땅의 수인데 이 둘을 합하면 19가 되는바 윤달은 19년에 7번 드는데, 이것을 1장으로 하며 윤달의 수치가 이 19년을 주기로 정확히 맞아 떨어진다. 《晦庵集 卷45 答廖子晦》

1.1.4

하도가 나온 것은 반드시 복희씨 때를 기다렸으니, 아마도 또한 수(數 운수)가 있어서 스스로 그만둘 수 없는 것인가 보다. 당시에 복희씨는 홀로 스스로 그 이치를 알아서 괘(卦)를 긋는 대업(大業)을 이루었을 뿐만 아니요, 또 그 그림을 남겨두어서 만세(萬世)에 보여주셨다. 그러니 이는 어찌 공공(公共)의 이치를 자기 마음대로 사사로이 소유할 수가 없어서, 반드시 천하와 만세에 모두 눈으로 보고 마음으로 이해하게 하신 것이 아니겠는가. 이는 복희씨가 하늘의 뜻을 이어서 극(極 법칙)을 세운 첫 번째 사업이 아니겠는가.[20]

○하늘이 복희씨를 내어서 마침내 하도를 냈으니, 이것은 진실로 하늘과 땅이 무심(無心)하면서도 유심(有心)한 듯한 것이다. 이는 하늘과 땅이 그렇게 하려는 마음이 있어서가 아니요, 이치가 그렇지 않을 수가 없는 것이다. 낙서가 우임금에게서 나온 것도 또한 이 이치와 이 수이니, 하도와 낙서가 앞뒤로 나온 것도 또한 그만둘 수 없는 것 아닌 것이 없다.

○하도와 낙서는 이 리 아닌 것이 없으니 기는 이 가운데의 기가 되고, 상은 이 가운데의 상이 되고, 수는 이 가운데의 수가 된다. 그러므로 우리 인간의 지각(知覺)이 비록 천 만년 뒤에 있더라도 모두 통할 수 있는 것이다. 그러니 오직 이것을 인식하는 자가 그 묘리를 잘 터득

20 이는……아니겠는가 : 〈대학장구서(大學章句序)〉에 "한 사람이라도 총명하고 예지(睿智)하여 그 성을 다하는 자가 그 사이에서 나오면 하늘이 반드시 그에게 명하여 억조(億兆) 백성들의 임금과 스승으로 삼아서, 그에게 백성들을 다스리고 가르쳐서 그 본성을 회복하게 하였으니, 이는 복희(伏羲), 신농(神農), 황제(黃帝), 요순(堯舜)이 하늘의 뜻을 이어 법칙을 세운 까닭이다.〔一有聰明睿智能盡其性者, 出於其間, 則天必命之, 以爲億兆之君師, 使之治而教之, 以復其性, 此伏羲神農黃帝堯舜所以繼天立極.〕"라는 내용이 보인다.

함에 달려 있을 뿐이다.

○리와 기 가운데 기가 되고 물(物 기물)이 된 것은 좌우와 전후, 동서와 남북이 있지 않은 것이 없으니 이미 이들 사방이 있으면 자연스럽게 중앙이 있어서 이것을 합하면 오방(五方)이 되는 것이다. 그러므로 하도와 낙서에 배열한 숫자가 각각 그 방위에 따라 놓여진 것이 있으니, 이것은 자연의 이치 아닌 것이 없다. 어찌 우리 인간들이 뜻을 두어서 억지로 배열한 것과 같겠는가?

○하도를 가지고 보면 1과 6은 북쪽이 되고, 2와 7은 남쪽이 되고, 3과 8은 동쪽이 되고, 4와 9는 서쪽이 되고, 5와 10은 중앙이 되니, 북쪽에서 남쪽으로, 남쪽에서 동쪽으로, 서쪽에서 중앙으로 간 것은 어찌 조물주가 이 사이에 뜻을 두어서 된 일이겠는가. 이치가 마땅히 북으로 가야 하면 북으로 가고, 이치가 마땅히 남쪽으로 가야 하면 남쪽으로 가며, 그 나머지 동쪽으로 가고 서쪽으로 가고 중앙으로 가야 하는 것은 바로 모두 이 리의 자연이다.

○1이라는 것은 최초의 맨 처음 수이니, 이 앞이 없으며 이 위가 없다. 1에 1을 더하면 2이고, 2에 1을 더하면 3이고, 3에 1을 더하면 4이고, 4에 1을 더하면 5이니, 그 나머지는 6이 되고 7이 되고 8이 되고 9가 되고 10이 되는 것이 모두 1을 더하여 쌓이는 것이니, 이것이 1의 첫 번째 수가 2부터 10에 이르는 수에 행해지지 않음이 없는 것이다. 이것을 알아서 미루어 확대하면 무릇 큰 것〔大〕에서 작을 것〔小〕을 내고 작은 것에서 큰 것을 이루며, 적은 것〔寡〕에서 많은 것〔多〕을 총괄하고 많은 것에서 적은 것을 높이며, 시작〔始〕에서 끝〔終〕에 이르고 끝에서 시작을 이루는 이치가 밝아질 수 있을 것이다.

○1이 2가 되고 2가 3이 되고 3이 4가 되고 4가 5가 되고 5가 6이 되고 6이 7이 되고 7이 8이 되고 8이 9가 되고 9가 10이 된 것은 남거나 부족함이 없어서 각각 그 순서를 얻어 서로 문란(紊亂)함이 없으니,

이는 누가 그렇게 똑같게 만드는가. 그리고 누가 이렇게 준칙을 따르게 하였는가. 이는 이 리 아닌 것이 없어서 이렇게 되지 않을 수가 없는 것이다.

○만약 방위를 가지고 보면 안과 밖이 있고 사방이 있으니, 〈하도에서〉 1에서 5까지는 모두 안에 있는 수이고, 6에서 10까지는 모두 밖에 있는 수이다. 안에 있는 것은 모두 생수(生數)이고 밖에 있는 것은 모두 성수(成數)이다. 낳지 않으면 시작이 있을 수 없고, 이루지 않으면 끝마침이 있을 수 없으니, 이는 오행을 낳고 이루는 것이 반드시 각각 수가 있는 것이다.[21]

생수가 안쪽에 있고 성수가 밖에 있는 이유는 이를 가지고 말하면 비록 시(始)와 종(終), 안과 밖, 피(彼)와 차(此)가 없으나 오직 그 자연의 순서는 반드시 먼저 시작하고 뒤에 끝마치며, 먼저 안이 있고 뒤에 밖이 있으며, 먼저 이것을 하고 뒤에 저것을 한다. 그러므로 낳는 것은 반드시 안에서 하고 이루는 것은 반드시 밖에 있어서 물건에 있어 모두 그러하니, 이것이 바로 그 리이다. 그렇다면 북쪽이 북쪽이 되고, 남쪽이 남쪽이 되고, 동쪽이 동쪽이 되고, 서쪽이 서쪽이 되는 것이 모두 중앙에서 연유한 것이다.

○생수는 1·2·3·4·5에 그치므로 1·2·3·4가 사방의 안에 있고 5는 중앙에 있으며, 성수는 6·7·8·9·10에 그치므로 6·7·8·9가 사방의 밖에 있고 10은 5에 배합하여 중앙에 있다.

21 안에……것이다 : 생수와 성수는 1.1.1.2절 각주 15) 참조. 주자는 《주역》 하도의 '오행생성'을 설명하면서 "하늘이 1로 물〔水〕을 낳으면 땅이 6으로 이루어주고, 땅이 2로 불〔火〕을 낳으면 하늘이 7로 이루어주고, 하늘이 3으로 나무〔木〕를 낳으면 땅이 8로 이루어주고, 땅이 4로 금〔金〕을 낳으면 하늘이 9로 이루어주고, 하늘이 5로 흙〔土〕을 낳으면 땅이 10으로 이루어준다.〔天以一生水而地以六成之, 地以二生火而天以七成之, 天以三生木而地以八成之, 地以四生金而天以九成之, 天以五生土而地以十成之.〕" 라고 하였다. 《易本義圖》

○낳고〔生〕 이룬다〔成〕는 이름이 오행(五行)에서 연유하였으니[22] 오행의 생수인 1・2・3・4가 사방의 안에 있고 5만 홀로 사방의 중앙에 있으며, 오행의 성수인 6・7・8・9가 1・2・3・4의 밖에 있고 10만 홀로 중앙 5의 밖에 있으니, 이는 어찌 이미 사방 밖이 있으면 중앙이 있어야만 하므로 1・2・3・4의 생수와 6・7・8・9의 성수가 이미 동・서・남・북의 방위에 편벽되면 생수의 5와 성수의 10이 자연 마땅히 중앙 자리로 있어야만 하는 때문이 아니겠는가.

○1・2・3・4・5는 모두 생수이고 6・7・8・9・10은 모두 성수인데 오직 5와 10이 홀로 중앙에 있는 것은 어째서인가. 5와 10은 바로 오행 가운데 토를 낳고 이루는 수이다. 수・화・금・목의 사행(四行)이 토가 아니면 낳지 못하고 이루지 못하여, 토가 있은 뒤에야 수가 되고 화가 되고 금이 되고 목이 될 수 있는 것이다. 그러므로 토의 위치는 모름지기 사방의 중앙에 있어야 하는 것이니, 이렇게 한 뒤에야 사방의 사행이 비로소 각각 그 본성을 간직하고 각각 그 운행을 행하여 태극과 음양의 리(理)와 기(氣)를 받들어서 조화가 낳고 기르는 큰 공을 낼 수 있는 것이다. 진실로 이 또한 자연스러운 리이다.

22 낳고……연유하였으니 : 오행은 천지 만물을 조성하는 다섯 가지 원기(元氣)로 수(水)・화(火)・목(木)・금(金)・토(土)를 가리킨다. 《서경(書經)》〈홍범(洪範)〉에 "오행은 첫 번째는 물〔水〕, 두 번째는 불〔火〕, 세 번째는 나무〔木〕, 네 번째는 쇠〔金〕, 다섯 번째는 흙〔土〕이다. 물의 성질은 아래로 흘러 적셔주며, 불의 성질은 위로 타오르며, 나무의 성질은 굽고 곧으며, 쇠의 성질은 따라서 바뀌며, 흙은 성질은 이에 곡식을 심고 거두는 것이다.〔五行, 一曰水, 二曰火, 三曰木, 四曰金, 五曰土, 水曰潤下, 火曰炎上, 木曰曲直, 金曰從革, 土爰稼穡.〕"라고 하였다. 주돈이(周敦頤)의 〈태극도설(太極圖說)〉에는 "양이 변하고 음이 합하여 수・화・목・금・토를 낳으니, 다섯 가지 기운이 순하게 펼쳐져 사계절이 운행한다.〔陽變陰合, 而生水火木金土, 五氣順布, 四時行焉.〕"라고 하였는데, 여기서 말한 낳는다〔生〕는 의미는 바로 물은 나무를 낳고〔水生木〕, 나무는 불을 낳고〔木生火〕, 불은 흙을 낳고〔火生土〕, 흙은 쇠를 낳고〔土生金〕, 쇠는 물을 낳는다〔金生水〕는 오행상생(五行相生)의 이치를 가리킨다.

○1이 5를 얻으면 6이 되고, 2가 5를 얻으면 7이 되고 3이 5를 얻으면 8이 되고 4가 5를 얻으면 9가 되고 5가 5를 얻으면 10이 되니, 그렇다면 6・7・8・9・10이 1・2・3・4・5의 성수가 되는 것은 5를 얻어서 이루어짐〔成〕 아님이 없는 것이다.[23]

○또 생수는 1이 9를 얻으면 10을 이루고, 2가 8을 얻으면 10을 이루고, 3이 7을 얻으면 10을 이루고, 4가 6을 얻으면 10을 이루고, 5가 5를 얻으면 10을 이루며, 성수는 10에서 1을 빼면 9가 되고, 2를 빼면 8이 되고, 3을 빼면 7이 되고, 4를 빼면 6이 되고, 5를 빼면 5가 된다. 이는 생수와 성수가 모두 10 수의 가운데를 벗어나지 않는 것이니, 서로 필요로 하고 서로 구비하며 서로 변하고 서로 화(化)함이 그 기틀의 묘함일 것이다.

○9는 생수 1・3・5를 모은 것이니, 모은 수가 모두 기수(奇數 홀수)이므로 노양(老陽)이 된다. 6은 생수 2・4를 모은 것이니, 모은 수가 모두 우수(偶數 짝수)이므로 노음(老陰)이 된다. 8은 9에서 후퇴하여 6으로 향하였으니, 바로 생수 1・3・4를 모은 것이고, 7은 6에서 나아가 9로 향한 것이니, 바로 생수 2와 5를 모은 것이다. 이 두 가지는 모은 수에 모두 기수와 우수가 뒤섞여 있으므로 소양(少陽)과 소음(少陰)이 된다.[24] 소음은 바로 노양에서 변하였으므로 취하여 모은 수가

23 1이……것이다 : 옹영(翁泳)은 "수(水)・화(火)・목(木)・금(金)은 토(土)를 얻지 못하면 각각 하나의 기(器)를 이룰 수 없다.〔水、火、木、金不得土, 不能各成一器.〕"라고 하여, "하늘의 수 1은 수(水)를 낳지만 1이 5를 얻어야 수(水)가 이루어지며, 땅의 수 2는 화(火)를 낳지만 2가 5를 얻어야 화(火)가 이루어진다. 하늘의 수 3은 목(木)을 낳지만 3이 5를 얻어야 목(木)이 이루어지며 땅의 수 4는 금(金)을 낳지만 4가 5를 얻어야 금(金)이 이루어지니, 이들은 모두 가운데의 수 5인 토(土)에 근본하고 있다.〔天一生水, 一得五便爲水之成, 地二生火, 二得五便爲火之成, 天三生木, 三得五便爲木之成, 地四生金, 四得五便爲金之成, 皆本於中五之土也.〕"라고 하였다.《性理大全書 易學啓蒙 本圖書》

노양과 똑같이 세 자리의 수이고, 소양은 노음에서 변하였으므로 취하여 모은 수가 노음과 똑같이 두 자리의 수인 것이다.[25]

○1은 생수의 시작이 되고 6은 성수의 시작이 되며, 2는 생수의 두 번째가 되고 7은 성수의 두 번째가 되며, 3은 생수의 세 번째가 되고 8은 성수의 세 번째가 되며, 4는 생수의 네 번째가 되고 9는 성수의 네 번째가 되며, 5는 생수의 다섯 번째가 되고 10은 성수의 다섯 번째가 되니, 이는 오행의 낳고 이룸이 한 곳에 있는 뜻이다.

○1은 노양의 자리가 되는데 북쪽의 안에 있으니 그렇다면 북쪽의 밖에 있는 것은 바로 노음의 수인 6이고, 2는 소음의 자리가 되는데 남쪽의 안에 있으니 그렇다면 남쪽의 밖에 있는 것은 바로 소음의 수인 7이며, 3은 소양의 자리가 되는데 동쪽의 안에 있으니 그렇다면 동쪽의

24 9는……된다 : 주자는 "9는 생수인 1·3·5를 모은 것이므로 북쪽에서 동쪽으로 가고, 동쪽에서 서쪽으로 가서 4의 바깥에서 이루어진다. 이 6은 생수인 2·4를 모은 것이므로 남쪽에서 서쪽으로 가고, 서쪽에서 북쪽으로 가서 1의 바깥에서 이루어진다. 7은 9가 서쪽에서 남쪽으로 간 것이다. 8은 6이 북쪽에서 동쪽으로 간 것이다.〔其九者, 生數一、三、五之積也, 故自北而東; 自東而西, 以成於四之外. 其六者, 生數二、四之積也, 故自南而西; 自西而北, 以成於一之外. 七則九之自西而南者也. 八則六之自北而東者也.〕"라고 하였는데, 이에 대해서 호방평(胡方平)은 하도와 낙서에서 7·8, 9·6의 수를 언급하여 음(陰)·양(陽)의 노(老)·소(少)를 나누었다고 보아 "7과 9는 양(陽)인데 양은 나아감을 위주로 하니, 소양(少陽)인 7에서 7의 위로 나아가면 8이 되므로 8을 넘어서 9로 나아간다. 9는 끝까지 나아가서 다시 갈 곳이 없어졌기 때문에 이 9가 노양(老陽)이 된다. 6과 8은 음(陰)인데 음은 물러남을 위주로 하니, 소음(少陰)인 8에서 8의 아래로 물러나면 7이 되므로 7을 넘어서 6으로 물러난다. 6은 끝까지 물러나서 다시 물러날 곳이 없어졌기 때문에 6이 노음(老陰)이 된다.〔七、九爲陽, 陽主進, 由少陽七而進七之上爲八, 故踰八而進於九. 九則進之極, 更无去處了, 此九爲老陽. 六、八爲陰, 陰主退 由少陰入而退八之下爲七, 故踰七而退於六. 六則退之極更無轉處了, 故六爲老陰.〕"라고 풀이하였다.《性理大全書 易學啓蒙 本圖書》

25 소음은……것이다 : 위에서 말한 노양인 9는 1·3·5(세 자리)를 모으고, 노음인 6은 2와 4(두 자리)를 모은 것을 가리킨다.

밖에 있는 것은 바로 소음의 수인 8이고, 4는 노음의 자리가 되는데 서쪽의 안에 있으니 그렇다면 서쪽의 밖에 있는 것은 바로 노양의 수인 9이다. 이는 음·양의 노(老)·소(少)가 같은 방위에 있는 뜻이다. 5는 다섯 방위의 근본이 되고 10은 다섯 방위의 모임이 되니, 이는 또한 함께 가운데에 있는 뜻이다.[26]

○노양의 자리와 수인 1·9와 노음의 자리와 수인 4·6이 서쪽과 북쪽 두 방위에서 서로 교차하고, 소양의 자리와 수인 3·7과 소음의 자리와 수인 2·8이 동쪽과 남쪽의 두 방위에 서로 교차하는 것은 지금 한 해를 가지고 말하면 동쪽과 남쪽은 봄과 여름이 맡은 바의 방위인데 한 해의 일으키는 일이 이때에 바로 성대(盛大)하므로 음·양의 두 소(少)가 이 방위에 있고, 서쪽과 북쪽은 가을과 겨울이 맡은 바의 방위인데 한 해의 수확하는 일이 모두 이때에 있으므로 음·양의 두 노(老)가 이 방위에 있다.[27] 이것이 천지조화의 리가 아니겠는가.

중앙의 5와 10은 할 일이 없는 듯하나 5는 1·2·3·4의 근본이 되고[28] 10은 6·7·8·9의 모임이 되니,[29] 1·2·3·4로 하여금 노소음양(老少陰陽)의 자리가 되게 한 것은 10의 반인 5이고, 6·7·8·9로 하여금 노소음양의 수가 되게 한 것은 5를 두 번 곱한 10이다. 이는 5와 10이 중앙에 있는 사업이 더욱 큰 것이다.

26 1은……뜻이다 : 이는 하도의 자리와 수를 가리킨 것이다.

27 노양의……있다 : 호방평은 동쪽과 북쪽에 있는 2개의 상(象)은 노음과 소음으로 음은 작기 때문에 한겨울에 있고 서로 뒤섞여서 겨울과 봄의 괘가 되고, 서쪽과 남쪽에 있는 2개의 상은 노양과 소양으로 양은 크기 때문에 한여름에 있고 서로 뒤섞여서 여름과 가을의 괘가 된다고 하였다.《易學啓蒙通釋 本圖書》

28 5는……되고 : 아래 본문에 5()의 다섯 점이 각각 사방과 중앙의 자리와 수의 근본이라 하였고, 또 1.2.1절에 5의 사방 점의 상을 취하여 1·2·3·4를 이룬다고 하였다.

29 10은……되니 : 1.2.3절에 10에는 1부터 10까지 모든 수가 실려 있다고 하였다.

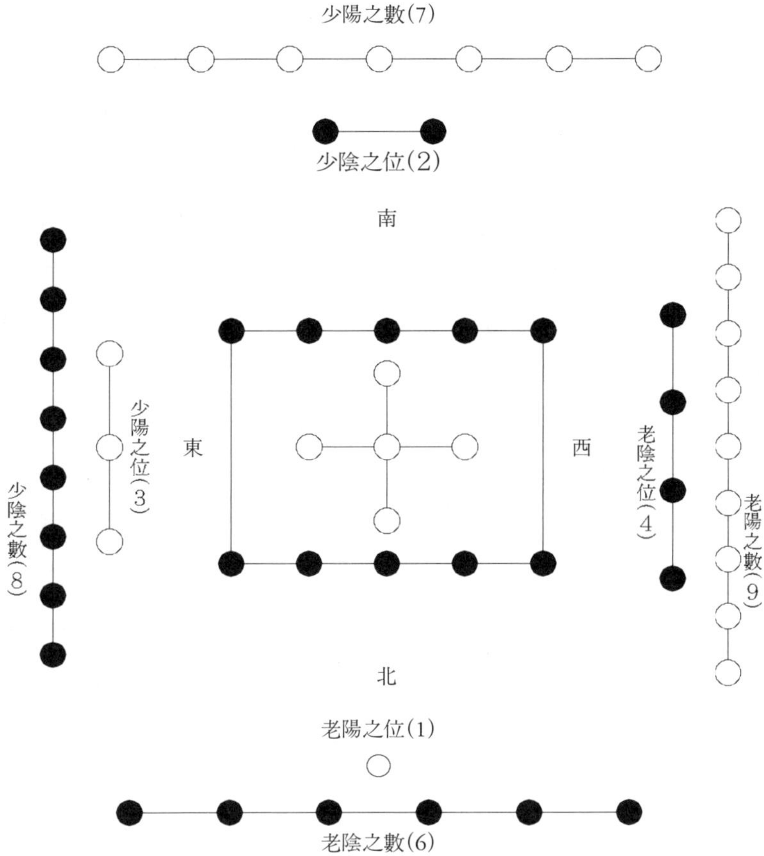

○음・양은 오행의 강령이고 오행은 음・양의 변화이다. 음・양이라 하고 오행이라 하여 그 이름은 비록 다르나 실제는 똑같은 리(理)요, 똑같은 기(氣)이다.[30] 그러므로 음・양을 말하면 오행이 이 가운데에

30 음・양은……기이다 : 주돈이(周敦頤)의 《〈태극도설(太極圖說)》에 "오행은 하나의 음양이요, 음양은 하나의 태극이니, 태극은 본래 무극이다.〔五行一陰陽也, 陰陽一太極也, 太極本無極也.〕" 라는 내용이 있는데, 주자는 이에 대해서 "오행은 형질이 다르고 사시(四時)는 기운이 다르나 모두 음양을 벗어나지 못하니, 다섯 가지 다른 것과 두

들어 있고, 오행을 말하면 음·양이 이 가운데에 들어 있는 것이다. 그러므로 이 하나의 하도 가운데에서 음·양을 가지고 말하면 음·양의 노와 소가 모두 구비되어 있고, 오행을 가지고 말하면 오행의 낳음과 이룸이 모두 구비되어 있으니, 이는 오행이 음·양에서 벗어나지 않고 음·양이 오행에서 벗어나지 않음을 볼 수 있는 것이다.

혹자가 말하였다. "중앙의 5와 10이 오행에 있어서는 바로 하나의 토행(土行)이 되어서 이것을 합한 뒤에야 행이 오행이 되는데, 음·양에 있어서는 두 노와 두 소의 수에 있지 않고 따로 중앙에 있어서 수만 있고 소속이 없는 것은 어째서인가."

이에 내가 말하였다. "수·화·금·목의 사행(四行)이 토가 없으면 행이 될 수 없다. 그러므로 반드시 토가 중앙의 자리에 있은 뒤에야 수·화·금·목의 사행이 각각 그 운행을 행할 수 있으니, 이 때문에 중앙의 토가 함께 하나의 행이 되어서 사행과 아울러 오행이 되는 것이다. 노·소의 음·양이 사상(四象)이 되는 것으로 말하면 음의(陰儀)가 나뉘어 두 상(象 노음과 소양)이 되고 양의(陽儀)가 나뉘어 두 상(象 노양과 소음)이 되어서[31] 아울러 사상이 된 것은 둘에서 곱으로 증가하는 수가 넷에 그쳐서 사상의 밖에 다시 상(象)이 있을 수가 없는데, 다만 사상이 되는 이유에는 또한 반드시 사상이 말미암아 나와서 종주(宗主)로 삼는 바가 있고, 반드시 사상을 합하여 총괄하는 바가 있어야

가지 실제가 남거나 모자람이 없으며, 음양은 자리가 다르고 동정은 때가 다르나 모두 태극을 떠나지 못하니 정추와 본말이 피차의 구분이 없는 것이다.〔五行異質, 四時異氣, 而皆不能外乎陰陽, 五殊二實, 無餘欠也; 陰陽異位, 動靜異時, 而皆不能離乎太極. 精粗本末, 無彼此也.〕"라고 해석하였다. 《近思錄 道體》

31 노·소의……되어서 : 《주역》 〈계사전 상(繫辭傳上)〉에 "역에 태극이 있으니, 이것이 양의를 낳고 양의가 사상을 낳고 사상이 팔괘를 낳는다.〔易有太極, 是生兩儀, 兩儀生四象, 四象生八卦.〕"라고 보이는데, 양의는 음양을 사상은 태양(太陽)·소음(少陰)·소양(少陽)·태음(太陰)을 가리킨다.

한다. 그러므로 중앙의 수로써 통솔함이 없을 수가 없으니, 그렇다면 5와 10이 중앙에 있는 것은 노·소의 음·양이 시작되는 소이가 아니겠는가."

○중앙의 5에서 중심에 있는 한 점은 바로 5의 표적이니, 그 옆에 배열된 네 점을 아우르면 단오(單五 05)가 된다. 그 5를 두 배로 하여 중앙에 함께 있는 것은 이오(二五)[32]의 10이고, 5와 10을 아우르면 삼오(三五)의 15가 된다. 북쪽 안의 1과 서쪽 밖의 4가 합하면 5가 되고, 남쪽 안의 2와 동쪽 안의 3이 합하면 5가 되며, 북쪽 밖의 6에서 안의 1을 빼면 5가 되고, 남쪽 밖의 7에서 안의 2를 빼면 5가 되고, 동쪽 밖의 8에서 안의 3을 빼면 5가 되고, 서쪽 밖의 9에서 안의 4를 빼면 5가 되며, 또 뺀 1과 4를 취하여 합하면 5가 되고, 2와 3을 합하면 5가 되니, 이것을 아우르면 모두 여덟 개의 5가 된다.

북쪽 안의 1과 서쪽 밖의 9를 합하면 10이 되고, 남쪽 안의 2와 동쪽 밖의 8을 합하면 10이 되고, 동쪽 안의 3과 남쪽 밖의 7을 합하면 10이 되니, 이것을 아우르면 네 개의 10이 된다. 사방 안쪽의 1·2·3·4를 중앙의 5와 합하면 15가 되고, 북쪽 밖의 6과 서쪽 밖의 9를 합하면 15가 되고, 남쪽 밖의 7과 동쪽 밖의 8을 합하면 15가 되니, 이것을 아우르면 세 개의 15가 된다.

그렇다면 중앙에 있는 단오〔05〕는 사방 열 개의 5가 종주로 삼는 바가 되고, 열 개의 5는 바로 중앙에 있는 단오가 나누어 준 바이며, 중앙에 있는 이오의 10은 사방 네 개의 10이 종주로 삼는 바가 되고,

32 이오(二五) : '二五'는 '두 개의 5'의 뜻인 경우와 하도 중앙의 10(⁝⁝⁝⁝⁝)을 가리키는 경우가 있는데, 중앙의 10인 경우 '이오'로 번역하였다. 또 1부터 5를 상오(上五) 또는 전오(前五)라 하고 6부터 10을 하오(下五) 또는 후오(後五)라 하는데, 이에 상수(象數)의 의미가 부여되는 경우가 있으므로 그대로 '상오', '하오' 등으로 번역하고, 필요한 경우에만 '위의 5', '아래 5' 등으로 풀어서 번역하였다.

네 개의 10은 바로 중앙에 있는 이오의 10이 나누어 준 바이며, 중앙에 있는 삼오의 15는 사방 세 개의 15가 종주로 삼는 바가 되고, 세 개의 15는 바로 중앙에 있는 삼오의 15가 나누어 준 바이다.

낙서는 비록 10의 숫자가 없으나 중심에 있는 단오가 실로 이오의 10과 삼오의 15를 포함하고 있다. 그렇지 않으면 사정(四正)과 사우(四隅)[33]의 수가 서로 대하면 모두 10이 되고 가로와 세로로 서로 관통하여 합하면 15가 되는 것이 그 어느 곳에서 법칙을 취하여 그 숫자가 되겠는가.

○음·양의 노·소를 가지고 방위를 나누면 북쪽은 노음의 방위가 되고, 남쪽은 노양의 방위가 되고, 서쪽은 소음의 방위가 되고, 동쪽은 소양의 방위가 되며, 1은 노양의 자리가 되고, 2는 소음의 자리가 되고, 3은 소양의 자리가 되고, 4는 노음의 자리가 되며, 6은 노음의 수가 되고, 7은 소양의 수가 되고, 8은 소음의 수가 되고, 9는 노양의 수가 된다. 방위와 자리, 수의 본분을 가지고 말하면 1과 9는 마땅히 남방에 함께 있어야 하고, 4와 6은 마땅히 북방에 함께 있어야 하고, 3과 7은 마땅히 동방에 함께 있어야 하고, 2와 8은 마땅히 서방에 함께 있어야 하니, 이것이 바로 그 본분이다.

하도는 그렇지 않아서 노양의 자리와 노음의 수가 북방에 있고, 노음의 자리와 노양의 수가 서방에 있고, 소양의 자리와 소음의 수가 동방에 있고, 소음의 자리와 소양의 수가 남방에 있으며, 5와 10은 노·소음·양의 한 방위에 치우치지 아니하여 중앙에 있다. 그 자리는 오직 소양의 자리인 3이 동쪽 안에 있는 것이 본 방위를 얻은 것이며, 노양의 자리 1이 북쪽 안에 있고 소음의 자리 2가 남쪽 안에 있고 노음의 자리

33 사정(四正)과 사우(四隅) : 사정은 네 개의 정방향으로 동과 서, 남과 북을 이르며 사우는 네 개의 모퉁이로 동북과 동남, 서남과 서북을 가리킨다.

4가 서쪽 안에 있는 것은 모두 본 방위가 아니다. 그 수는 오직 노음의 수인 6이 북쪽 밖에 있는 것이 그 본 방위를 얻은 것이며, 소양인 7이 남쪽 밖에 있고 소음인 8이 동쪽 밖에 있고 노양인 9가 서쪽 밖에 있는 것은 모두 그 본 방위가 아니다. 그 연고는 무엇인가.

음·양의 자리와 수가 나누어 있는 것은, 자리는 음·양의 큰 구분이므로 사방의 안에 있고 수는 음·양의 성공(成功)이므로 사방의 밖에 있는 것이다. 노양의 자리가 노음의 수의 안에 있고, 노음의 자리가 노양의 수의 안에 있고, 소양의 자리가 소음의 수의 안에 있고, 소음의 자리가 소양의 수의 안에 있는 것은 주자의 이른바 "음·양이 서로 그 집에 감춘다."[34]는 것이 이것이다. 노음의 수가 노양의 자리 밖에 있고, 노양의 수가 노음의 자리 밖에 있고, 소양의 수가 소음의 자리 밖에 있고, 소음의 수가 소양의 자리 밖에 있는 것 또한 모두 음·양이 서로 낳고 서로 이루는 뜻이다. 또 예컨대 소양의 7이 동쪽에 있지 않고 남쪽에 있는 것은, 양기(陽氣)의 성함이 소(少)에 있어 강력한 것은 한창 자라고 있기 때문에 7이 남쪽에 있어서 중(重)함을 행하는 것이다.[35] 양기의 쇠함이 노(老)에 있어 궁한 것은 다 없어짐을 향하기 때문에 노양의 9가 서쪽에 있어서 연장(延長)을 하는 것이다. 또 8이 서쪽에 있지 않고 동쪽에 있는 것은 1년 농사의 이루어짐이 모름지기 서쪽인 금(金)에 있는데 금의 공이 이루어짐은 반드시 동쪽의 목에서

34 음·양이……감춘다 : 양의 안에 음이 있고, 음의 안에 양이 있다는 뜻으로, 음양의 정(精)이 서로 그 집에 감춰져 있다고도 말한다. 여기서는 노양의 자리 1에 노음의 수 6이 감춰져 있는 것 등을 말하고, 팔괘로 예를 들면 이(離)는 음의 괘인데 도리어 해의 상(象)인 것이다. 《易學圖說 摠括》 주자가 하도의 생수와 성수에 대하여 이 말을 사용한 것은 《역학계몽》 〈본도서(本圖書)〉에 보인다.

35 남쪽에……것이다 : 장현광은 〈신증(申增)〉에서 "낙서는 변함을 위주하고 남방은 바로 크게 훌륭한 일을 하는 때에 해당하므로 9의 수가 여기에 처한다.〔《洛書》主變, 而南方正當大有爲之時, 故九數於斯乎處之.〕"라고 하였다.

근본한다. 그러므로 8이 동방에 있어서 근본을 후하게 한 것이다. 또 노음의 6이 홀로 능히 본 방위의 북쪽을 지키는 것은 음은 마땅히 다만 그 본분을 다할 뿐이요 분수를 범하여 한계를 벗어나서는 안 된다. 그러므로 노음의 수로써 노음의 방위에 있는 것이다. 오직 5의 경우에는 사방 음·양의 자리와 수가 모두 5와 모이는 바이니, 5(⁙)의 다섯 점 가운데 남쪽의 한 점은 바로 남쪽 자리와 수의 근본이요, 북쪽의 한 점은 바로 북쪽 자리와 수의 근본이요, 동쪽의 한 점은 바로 동쪽 자리와 수의 근본이요, 서쪽의 한 점은 바로 서쪽 자리와 수의 근본이요, 중앙의 한 점은 바로 중앙 자리와 수의 근본이다. 10은 노·소 음·양의 자리인 1·2·3·4와 노·소 음·양의 수인 6·7·8·9가 모두 10의 가운데에 있고, 5의 두 배(倍)로서 중앙에서 서로 지키고 있으니, 이는 음·양의 자리와 수가 모두 하도 가운데에 갖추어져 있어서 조금의 결함도 없고 조금의 간단(間斷)도 없는 것이다.

오행을 가지고 하도를 관찰하면 다섯 자리에 하늘과 땅이 서로 배합하는 수가 아님이 없으니,[36] 1로써 수(水)를 낳으면 6이 수를 이루어주고, 2로써 화(火)를 낳으면 7이 화를 이루어주고, 3으로써 목(木)을 낳으면 8이 목을 이루어주고, 4로써 금(金)을 낳으면 9가 금을 이루어주고, 5로써 토(土)를 낳으면 10이 토를 이루어줘서 생수와 성수의 합함이 아님이 없으며,[37] 1이 5를 얻으면 6이 되어서 수의 자리에 있고, 2가 5를 얻으면 7이 되어서 화의 자리에 있고, 3이 5를 얻으면 8이

36 다섯……없으니 : 이는 《주역》 〈계사전 상(繫辭傳上)〉에 "하늘의 수가 다섯이고 땅의 수가 다섯이니, 다섯 자리가 서로 맞으며 각기 합함이 있다.〔天數五, 地數五, 五位相得, 而各有合.〕"라고 한 것이다.

37 1로써……없으며 : 이 내용을 주자는 《역학계몽》 〈본도서(本圖書)〉에서 "하늘이 1로써 수(水)를 낳으면 땅이 6으로써 이를 완성하고, 땅이 2로써 화(火)를 낳으면 하늘이 7로써 이를 완성하고……이는 또 이른바 〈계사전〉에 '각기 합함이 있다'는 것이다." 라고 하였다.

되어서 목의 자리에 있고, 4가 5를 얻으면 9가 되어서 금의 자리에 있고, 5가 5를 얻으면 10이 되어서 토의 자리에 있으니, 이는 모두 본분에 순히 합한 것이다. 오직 오행에 있어서는 본분을 얻고 음양에 있어서는 본분에서 변역(變易)한 바가 많은 것은 실로 모두 변화를 이루며 귀신을 행하는[38] 이치이다. 앞에서 조목조목 진술한 말은 모두 이 이치를 발명한 것이다.

○복희씨가 하도를 본받아 역(易)을 지은 것[39]은, 진실로 역에는 본래 태극(太極)·양의(兩儀)·사상·팔괘의 자연의 순서가 있어서 그 리가 이미 팔괘를 긋기 전에 갖추어져 있고, 하늘·땅·만물이 하늘·땅·만물이 됨과 음양·오행이 음양·오행이 된 것이 이 리가 아님이 없으니, 이 하도 가운데에 그 리가 모두 밝게 드러나기 때문에 바로 성인의 마음과 눈을 감동시켜 유발함이 있어서 역이 이에 지어진 것이다. 이는 바로 사물을 열어주고 일을 이루어 천하의 도(道)를 포괄한 것이니,[40] 그 도는 바로 이 하도에 갖추어져 있는 리이다.

38 변화를……행하는 : 이는 《주역》 〈계사전 상〉에 "하늘의 수가 25이고 땅의 수가 30이다. 무릇 천지의 수가 55이니, 이것이 변화를 이루며 귀신을 행하는 것이다."라고 한 것을 인용하였다. 주자의 주에 "'변화'는 1이 변하여 수(水)를 낳으면 6이 화(化)하여 수를 이루고, 2가 화하여 화(火)를 낳으면 7이 변하여 화를 이루고, 3이 변하여 목을 낳으면 8이 화하여 목을 이루고, 4가 화하여 금을 낳으면 9가 변하여 금을 이루고, 5가 변하여 토를 낳으면 10이 화하여 토를 이룸을 이른다. '귀신'은 모든 기(奇)·우(偶)·생(生)·성(成)의 굴신(屈伸)과 왕래(往來)를 이른다."라고 하였다.

39 복희씨가……것 : 복희씨가 괘를 그은 것을 가리킨다. 이후에 문왕(文王)이 괘사(卦辭)를 붙이고 주공(周公)이 효사(爻辭)를 붙였다고 한다. 《周易傳義 易說綱領》

40 사물을……것이니 : 원문 '開物成務, 冒天下之道'는 《주역》 〈계사전 상〉에 "역은 어찌하여 만든 것인가? 역은 사물을 열어주고 일을 이루어 천하의 도를 포괄하였으니, 이와 같을 뿐이다."라고 한 공자의 말씀을 인용한 것이다. 주자의 주에 "'개물성무'는 사람으로 하여금 복서(卜筮)를 하여 길흉을 알아서 사업을 이루게 함을 이른다. '천하의 도를 포괄했다'는 것은 괘효가 이미 설치됨에 천하의 도가 모두 그 가운데에 들어 있음을 이른다."라고 하였다.

○하도에서 모두 기수인 1·3·5·7·9와 모두 우수인 2·4·6·8·10은 바로 양의이고, 노양의 자리 1과 수 9, 소음의 자리 2와 수 8, 소양의 자리 3과 수 7, 노음의 자리 4와 수 6은 바로 사상이다. 안에 있는 다섯 수 중에 1·3·5가 기수이니 바로 세 개의 기수이고, 2와 4가 우수이니 바로 두 개의 우수이다.

기수가 세 개인 것은, 하늘은 둥그니 지름이 1에 둘레가 3이어서 그 3이 온전한 것을 쓴다는 3과 부합하고, 우수가 두 개인 것은 땅의 네모가 지름(변)이 1일 때 둘레가 4여서 그 4가 반을 쓴다는 2와 부합한다.[41] 이는 양이 3이고 음이 2인 시초이다.

서쪽 밖의 9는 바로 3개의 3이 모인 것(9)이니 바로 세 양효(陽爻)의 건(乾)이고, 북쪽 밖의 6은 바로 3개의 2가 모인 것(6)이니 바로 세 음효(陰爻)의 곤(坤)이고, 남쪽 밖의 7은 바로 두 개의 2와 하나의 3이 모인 것(7)이니 바로 두 음효와 한 양효의 진(震)·감(坎)·간(艮)이고, 동쪽 밖의 8은 바로 두 개의 3과 한 개의 2가 모인 것(8)이니 바로 두 양효와 한 음효의 손(巽)·이(離)·태(兌)이다.

또 건(☰)과 태(☱)는 사상의 태양(⚌)에서 생겨나고, 이(☲)와 진(☳)은 사상의 소음(⚍)에서 생겨나고, 손(☴)과 감(☵)은 사상의 소양(⚎)에서 생겨나고, 간(☶)과 곤(☷)은 사상의 태음(⚏)에서 생겨나니, 그렇다면 팔괘가 모두 노소 음·양의 자리와 수의 가운데에 갖추어져 있어서[42] 중앙의 5는 바로 팔괘가 근본한 것이고 중앙의 10은

41 기수가……부합한다 : 《역학계몽》 〈본도서(本圖書)〉에 "양의 상(象)은 둥그니 둥근 것은 지름이 1에 둘레가 3이며, 음의 상은 네모나니 네모난 것은 지름이 1에 둘레가 4이다. 둘레가 3인 것은 1을 하나로 삼기 때문에 한 양을 세 번 하여 3이 되고, 둘레가 4인 것은 2를 하나로 삼기 때문에 한 음을 두 번 하여 2가 되니, 이는 〈설괘전(說卦傳)〉에 이른바 '하늘에서 3을 취하고 땅에서 2를 취한다〔參天兩地〕'는 것이다."라고 하였는데, 호방평(胡方平)의 주에 양은 그 수가 1을 하나로 삼아 그 온전한 것을 쓰고 음은 그 수가 2를 하나로 삼아 그 반을 쓴다고 하였다.

바로 팔괘가 모인 것이다. 이는 복희씨가 역을 지은 법칙이 실로 하도에 근본한 것이다.

○낙서의 수는 바로 모두 하도 가운데에 갖추어져 있는 수인데, 낙서와 하도가 다른 것은 하도는 음·양의 자리와 수가 각 방위에 서로 함께 처하였고, 낙서는 양의 수는 모두 사정에 있고 음의 수는 모두 사우에 있으며, 하도는 1에서 10에 이르러 끝나고 낙서는 1에서 9에 이르러 끝나는 것이다. 양수(陽數) 중에 1이 북쪽에 있고 3이 동쪽에 있고 5가 중앙에 있는 것은 하도와 낙서가 똑같은데, 9는 하도에는 서쪽에 있고 낙서에는 남쪽에 있으며, 7은 하도에는 남쪽에 있고 낙서에는 서쪽에 있다.

하도와 낙서가 이렇게 같고 다른 뜻을 주자가 자세히 말씀하였다.[43] 음양이 함께 있는 것은 서로 필요로 하는 이치이고, 음양이 따로 있는 것은 존비(尊卑)의 구분이다. 10을 구비함은 본체가 확립되는 것이고,

42 건(☰)과……있어서 : 장현광은 〈역괘총설(易卦總說)〉에서 "1은 태양의 자리이고 9는 태양의 수이니 건(乾)이 그 수(9)를 차지하고 태(兌)가 그 자리를 차지한다. 2는 소음의 자리이고 8은 소음의 수이니 리(離)가 그 수(8)를 차지하고 진(震)이 그 자리(2)를 차지한다. 3은 소양의 자리이고 7은 소양의 자리이니 손(巽)이 그 자리(3)를 차지하고 감(坎)이 그 수(7)를 차지한다. 4는 태음의 자리이고 6은 태음의 수이니 간(艮)이 그 자리(4)를 차지하고 곤(坤)이 그 수(6)를 차지한다.〔一爲大陽之位, 九爲大陽之數, 乾居其數, 兌居其位. 二爲少陰之位, 八爲少陰之數, 離居其數, 震居其位. 三爲少陽之位, 七爲少陽之數, 巽居其位, 坎居其數. 四爲大陰之位, 六爲大陰之數, 艮居其位, 坤居其數.〕"라고 하였다.

43 다른 뜻을……말씀하였다 : 주자는 하도와 낙서의 자리와 수가 다른 것에 대하여 "하도는 다섯 개의 생수로 다섯 개의 성수를 통솔하여 함께 같은 방위에 있으니, 전체를 게시하여 사람들에게 보여주어 상수(常數)의 본체를 말한 것이고, 낙서는 다섯 개의 기수로 네 개의 우수를 통솔하여 각각 그 방소에 있으니, 양으로 음을 통솔함을 주장하여 변수(變數)의 용(用)을 시작한 것이다.〔《河圖》以五生數統五成數, 而同處其方, 蓋揭其全以示人, 而道其常數之體也. 《洛書》以五奇數統四偶數, 而各居其所, 蓋主於陽以統陰, 而肇其變數之用也.〕"라고 하였다. 《易學啓蒙 本圖書》

9에 그치는 것은 용(用)을 지극히 한 것이다. 서로 필요로 하는 것은 의(義) 가운데의 인(仁)이고, 분수가 다른 것은 인 가운데의 의이다.

2·4·6·8이 7·9·1·3의 옆에 있는 것은 낮은 자가 높은 자를 호위하는 것이요, 1·3·7·9가 6·8·2·4를 주관하는 것은 높은 자가 낮은 자에게 임하는 것이다. 1·9와 3·7이 상대하고 2·8과 4·6이 상대하여 모두 10이 되는 것으로 말하면 모든 숫자가 10에서 벗어나지 않는 것이다. 또 5가 중심에 있는 것은 천하에 중심이 없는 물건이 없기 때문이고, 그 상(象)도 자연 다섯 방위와 정확히 맞아서 부응(符應)하니, 이것이 진실로 자연의 이치가 아니겠는가.

음·양이 소가 되고 노가 되어 번갈아 운행하고, 오행이 상생(相生)하고 상극(相克)하여 순차적으로 펴지는 것이[44] 혹시라도 중(中)에서 한 번 지나치고 한 번 미치지 못하면 조화가 이루어지지 못해서 1년의 농사가 반드시 잘못되게 된다. 이 때문에 반드시 모두 중앙에서 법을 취한 뒤에야 기운이 편벽되지 않고 운행이 때에 맞는 것인데, 하도 가운데에 1·2·3·4가 안에 있고 6·7·8·9가 밖에 있으며, 낙서 가운데에 1·3·5·7·9가 사정(四正)에 있고 2·4·6·8이 사우(四隅)에 있어서, 각각 마땅히 있어야 할 방위를 잃지 않고 각각 얻어야 할 수에 어긋나지 않는 것은 모두가 5의 수가 중앙에 있어서 그 쓰임을 지극히 하기 때문이다. 그렇다면 하도·낙서가 나타난 때가 꼭 같지

44 오행이……것이 : 오행의 낳는 순서는 1·2·3·4·5의 순서에 따라 수·화·목·금·토이고, 상생의 순서는 사시(四時)의 순서에 따라 목·화·토·금·수이고, 상극의 순서는 수·화·금·목·토이다. 주돈이의 〈태극도설(太極圖說)〉에 '오행의 기운이 순차적으로 펴짐〔五氣順布〕'이라 한 것을 주자는 《근사록(近思錄)》에서 "기운으로써 운행하는 순서를 말하면 목·화·토·금·수이다."라고 하여 상생의 순서로 설명하였다. 여기의 '순차적으로 펴짐'은 상생의 순서로 곧 봄인 목은 여름인 화를 낳고 화는 계하(季夏)인 6월의 중앙의 토를 낳고 토는 가을인 금을 낳고 금은 겨울인 수를 낳고 수는 다시 봄인 목을 낳음을 말한 것이다.

않고, 나온 지역이 똑같지 않으며, 수에 남음과 부족함이 있고 자리에 같음과 다름이 있는 것은 모두 지극한 묘리가 이 사이에 존재하는데, 그 이치는 똑같다. 복희는 하도를 본받아서 팔괘를 만들고 대우(大禹)는 낙서를 인하여 차례로 펴서 구주(九疇)를 만들었으니,[45] 그 일은 비록 다르나 그 도는 똑같다. 똑같은 이치를 가지고 하도와 낙서를 만들고 똑같은 도를 가지고 팔괘와 구주를 만들었으니, 어찌 앞과 뒤의 성인이 이를 만드는데 뜻을 두셨겠는가. 유흠(劉歆)[46]의 이른바 '하도와 낙서가 서로 경위(經緯)가 되고 팔괘와 구주가 서로 표리(表裏)가 된다'[47]는 것이 이것이다.

○다시 하도・낙서의 수와 역과 홍범구주의 뜻을 가지고 이리저리 종합하여 보고 반복해서 연구해보면 하도의 오행은 좌선(左旋)하여 상생하는 순서를 위주하는데 상생하는 가운데에 일찍이 상극의 이치가 없지 않고, 낙서의 오행은 우선(右旋)하여 상극하는 순서를 위주하는데 상극하는 가운데 일찍이 상생하는 순서가 없지 않으니,[48] 그렇다면

45 낙서를……만들었으니 : 구주는 천하를 다스리는 아홉 가지 대법(大法)으로 홍범구주(洪範九疇)라고도 하는데, 《서경》 〈홍범〉에 나오는 오행(五行)・오사(五事)・팔정(八政)・오기(五紀)・황극(皇極)・삼덕(三德)・계의(稽疑)・서징(庶徵)・오복(五福)・육극(六極)을 가리킨다. 장현광은 아래에서 구주가 낙서의 차례를 본받아 따랐다고 하였다.

46 유흠(劉歆) : 한(漢)나라의 학자로 뒤에 이름을 수(秀)로 고쳤다. 아버지 유향(劉向)과 궁중의 장서를 정리하고, 중국 최초의 서적 목록인 《칠략(七略)》을 지었다. 고문경학(古文經學)을 계승하였고, 삼통력(三統曆)의 역법을 만들었다.

47 하도와……된다 : 이는 《전한서(前漢書)》 〈오행지(五行志)〉에 나오는데, 《역학계몽》 〈본도서(本圖書)〉에 인용되어 있다.

48 하도의……않으니 : 하도의 좌선하여 상생하는 순서는 수의 북쪽에서 목의 동쪽으로 가고, 화의 남쪽으로 가고, 토의 중앙으로 가고, 금의 서쪽으로 가고, 수의 북쪽으로 가는 것이며, 낙서의 우선하여 상극하는 순서는 수의 북쪽에서 화의 서쪽으로 가고, 금의 남쪽으로 가고, 목의 동쪽으로 가고, 토의 중앙으로 가고, 수의 북쪽으로 가는 것이다. 장현광은 〈도서총수설(圖書總數說)〉에서 "하도의 수에서 남쪽(화)과 북쪽

오행의 상생과 상극이 서로 주인과 손님이 되는 것이다.

하도의 음·양의 위치와 수는 서로 배합하여 동거(同居)하는 뜻을 위주하는데, 서로 배합하여 동거하는 가운데에 상하와 좌우의 구분[49]이 없지 않고, 낙서의 음·양의 위차(位次)는 사정과 사우의 남음과 부족함[50]의 구분을 위주하는데, 사정과 사우의 남고 부족한 가운데에 임하여 보호하고 수행하여 모시는 도[51]가 없지 않으니, 이는 하도와 낙서의 자리 배열이 서로 상대적인 것이다.

《주역》의 괘가 하도의 상을 본받은 것은 음·양의 노·소의 자리와 수를 취한 것인데[52] 음·양의 자리와 수가 낙서 가운데에 모두 갖추어져 있으니, 그렇다면 또한 낙서를 본받아서 《주역》을 지을 수 있는

(수)이 상대하고 동쪽(목)과 서쪽(금)이 상대하는 것은 진실로 오행의 상극으로써 말한 것이다."라고 하였고, 낙서에서 "북쪽에서 동쪽으로 가는 것은 수가 목을 낳는 것이고, 동쪽과 서쪽이 상대하는 것은 목이 화를 낳는 것이고, 서쪽에서 중앙으로 가는 것은 화가 토를 낳는 것이고, 남쪽과 북쪽이 상대하는 것은 금이 수를 낳는 것이니, 상생의 뜻이 그 사이에 언제나 있는 것이다."라고 하였다.

49 상하와 좌우의 구분 : 이는 하도의 음수가 양수의 아래 또는 왼쪽에 있는 것으로 6이 1의 아래에 있고, 2가 7의 아래에 있고, 8이 3의 왼쪽에 있고, 4가 9의 왼쪽에 있는 것을 가리킨다. 참고로 생수와 성수로 나누어 볼 경우, 생수는 양수 1·3·5가 음수 2·4에 대하여 아래와 왼쪽에 있으며, 성수는 음수 6·8·10이 양수 7·9에 대하여 아래와 왼쪽에 있다. 이에 대하여 《역학도설(易學圖說)》에 "막 생겨날 때 양이 아래와 왼쪽에 있고 음이 위와 오른쪽에 있는 것은 교태(交泰)의 뜻이다.〔方生則陽下左而陰上右者, 交泰之義也.〕" 하고, "이미 이루고 나면 양이 위와 오른쪽에 있고 음이 아래와 왼쪽에 있는 것은 존비의 자리이다.〔既成則陽上右而陰下左者, 尊卑之位也.〕"라고 하였다. 《易學圖說 卷3 巧著 生成陰陽迭居上下之圖》

50 사정과……부족함 : 낙서는 기수의 합이 25, 우수의 합이 20으로 '기수가 남고 우수가 남는다'고 말하는데, 여기서 사정이 남고 사우가 부족하다고 한 것은 사정에 기수가 있고 사우에 우수가 있으므로 말한 듯하다.

51 임하여……도 : 위에서 사우의 우수가 사정의 기수를 호위하고, 사정의 기수가 사우의 우수에 임한다고 한 것을 말한다.

52 주역의……것인데 : 위의 1.1.4절 각주 42) 참조.

것이요, 홍범구주가 낙서의 수를 본받은 것은 1에서 9에 이르는 차례를 따른 것인데 1에서 9에 이르는 것이 하도 가운데에 없지 않으니, 그렇다면 또한 하도를 본받아서 홍범을 지을 수 있는 것이다. 이는《주역》과 홍범의 상과 수가 서로 통하는 것이다.

하도에 10이 있고 낙서에 10이 없는 것으로 말하면 하도는 정상〔常〕이고 낙서는 변(變)이며 하도는 본체〔體〕이고 낙서는 용(用)인 뜻이니, 주자가 이것을 이미 말씀하였다.[53] 이는 선천의 팔괘는 건(乾)·곤(坤)·감(坎)·리(離)가 사정의 자리를 얻고 태(兌)·진(震)·손(巽)·간(艮)이 사우에 있는데, 후천의 팔괘는 감·리가 건·곤의 자리에 있고 진·태가 이·감의 방위에 있고 건·곤은 늙어서 물러가고 간·손은 옆에 있는 차이와 같은 것이다.[54]

용(用)은 본체에서 떠나지 않고 변(變)은 정상의 가운데에 있기 때문에 10이 있는 하도에도 반드시 10이 없는 낙서의 변과 용이 있으며, 본체는 용을 떠나지 않고 정상은 변의 가운데에 있기 때문에 10이 없는 낙서에도 반드시 10이 있는 하도의 정상과 본체가 있는 것이다.

이치는 일찍이 부족한 때와 부족한 곳이 없다. 그러므로 하도가 먼저

53 주자가……말씀하였다 : 위의 1.1.4절 각주 43) 참조.

54 선천의……것이다 : 선천(先天)의 팔괘(八卦)는 복희씨가 만들었다고 후천의 팔괘는 문왕이 만들었다고 전한다. 후천팔괘는 문왕 팔괘라고도 하며 그 방위가《주역》〈설괘전(說卦傳)〉에 나오는 것으로 진은 동, 손은 동남, 이는 남, 곤은 서남, 태는 서, 건은 서북, 감은 북, 간은 동북인데, 소옹(邵雍)은 이를 문왕이 정한 것이니 후천의 학(學)이라 하였다. 선천의 팔괘는 복희 팔괘라고도 하며 소옹의 선천도(先天圖)에 의한 것으로 건은 남, 곤은 북, 이는 동, 감은 서, 진은 동북, 손은 서남, 간은 서북, 태는 동남에 있다. 소옹은 북송(北宋)의 유학자로 시호가 강절(康節)이니, 도가(道家) 학자인 진단(陳摶)이 전수한 학문을 배워 선천도에 근거한 선천상수학(先天象數學)을 확립하였다. 주자는 선천도가 복희가 그린 본래의 그림이고 소옹이 스스로 그린 것이 아니며 진단 이전에 방사(方士)들이 서로 전하던 것이라 하였다.《性理大全書 易學啓蒙 原卦畫》선천팔괘방위도와 후천팔괘방위도는 각각 다음과 같다.

나왔지만 하도에 있는 이치에 흠결이 없고, 낙서가 뒤에 나왔지만 낙서에 있는 이치에도 흠결이 없으니, 하도와 낙서에 10이 있고 10이 없는 이유는 자연의 이치가 아님이 없다. 하늘이 우리 인간에게 보여줄 적에 정상으로 하기도 하고 변으로 하기도 하며, 온전한 본체로 하기도 하고 용으로 하기도 하니, 어찌 사사로운 마음을 두어서 이것을 엿보려 하겠는가.

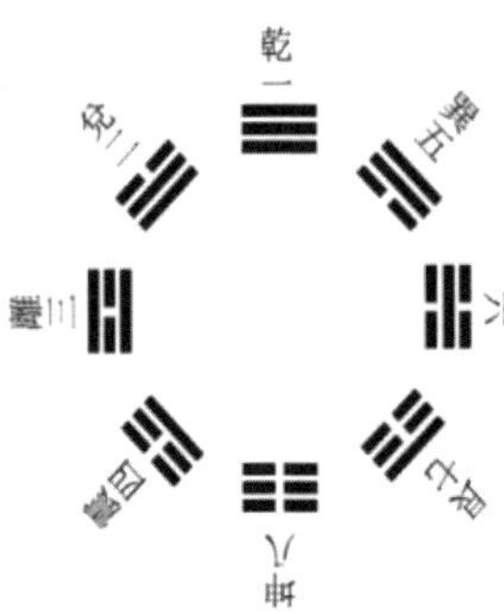

〈先天八卦方位圖〉

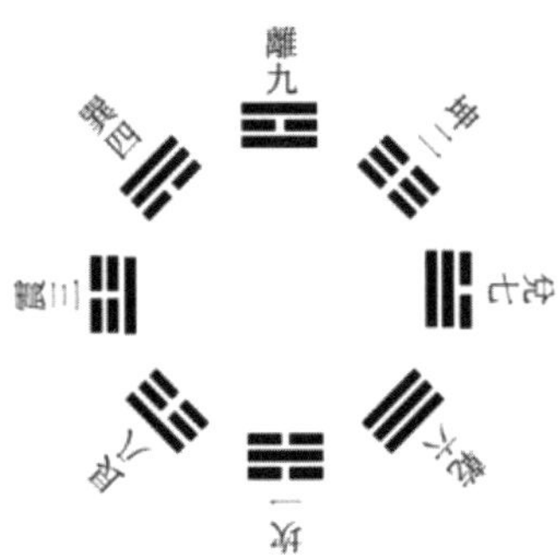

〈後天八卦方位圖〉

1.2 신증 申增

1.2.1

음과 양은 자리를 배열하는 것〔排位〕을 위주하기 때문에 배열한 자리가 모두 상오(上五)에 있고, 수를 갖추는 것〔滿數〕을 실제로 삼기 때문에 갖춘 수가 모두 하오(下五)에 있다.[55] 오행은 생수를 위주하기 때문에 생수가 모두 상오에 있고, 성수를 실제로 삼기 때문에 성수가 모두 하오에 있는 것이다.[56]

대체로 10의 수를 가운데에서 나누면 두 5가 되니, 상오는 앞에 있고 하오는 뒤에 있다. 주수(主數 위주하는 수)를 가지고 말하면 중점이 상오에 있고 실수(實數 실제의 수)를 가지고 말하면 중점이 하오에 있으니, 두 5를 합쳐서 10이 되는 것이 어찌 지극한 이치가 아니겠는가? 하늘과 땅과 사람과 물건의 사업이 모두 10의 수의 가운데에 있는 것이다.[57]

○양은 반드시 나아가기 때문에 1에서 3·5·7을 지나 9에서 지극하

55 음과……있다 : '排位'는 노소의 음·양을 사방의 자리에 각각 배열하는 것으로 1은 노양의 자리, 2는 소음의 자리, 3은 소양의 자리, 4는 노음의 자리이다. '滿數'는 노소의 음·양에 각각의 수를 배치하여 구비하는 것인니, 6은 노음의 수, 7은 소양의 수, 8은 소음의 수, 9는 노양의 수이다. 1.2.2절의 표에 의하면 1은 2의 위, 2는 3의 위인 방식으로 내려가서 10이 가장 아래이니, 상오(上五)는 1·2·3·4·5의 다섯이고 하오(下五)는 6·7·8·9·10의 다섯이다.

56 오행은……것이다 : 1·2·3·4·5는 각각 수(水)·화(火)·목(木)·금(金)·토(土)의 생수이고 6·7·8·9·10은 각각 수·화·목·금·토의 성수이다.

57 하늘과……있으니 : 이는 안에 있는 생수인 1·2·3·4·5가 만물의 생명을 낳고〔生〕 밖에 있는 6·7·8·9·10이 형체를 이루는 것〔成〕을 의미한다.

고 음은 반드시 물러가기 때문에 10에서 8을 지나 6에서 지극한 것이다.[58] 1은 양수의 시작이 되기 때문에 양의 나아감이 1에서 시작하고, 10은 음수의 끝이 되기 때문에 음의 물러감이 10에서 시작하는 것이다. 양은 항상 온전함을 쓰기 때문에 그 나아감이 1에서 시작한 것이 9에 이르러 지극하고, 음은 항상 반으로 줄어들기 때문에 그 물러감이 10에서 시작한 것이 6에 이르러 지극한 것이다.[59] 음은 양 가운데에 있기 때문에 2·4·6·8이 모두 양이 나아가는 가운데에 있고, 양은 음 가운데에 있기 때문에 9·7이 또한 음이 물러나는 가운데에 있는 것이다. 2와 4가 유독 물러가는 수의 가운데에 있지 않은 까닭은 그 노음과 소음의 자리가 되고 또 막 자라는 음이 되기 때문이며, 또 2와 4가 모두 6의 포함하는 바에 있기 때문이다.

○양은 항상 주장이 되기 때문에 북쪽에 있는 1과 동쪽에 있는 3과 중앙에 있는 5가 하도와 낙서에 있어서 변동하는 것이 없다. 7과 9가 서로 그 거처를 바꾼 것으로 말하면 7과 9는 이미 이루어진 수가 되므로 양이 이미 이루어짐에 자연 마땅히 변통하는 묘(妙)가 있어야 하니 이것이 서로 바뀐 것이요, 1·3·5가 막 자라는 때에 있으면 자연 마땅히 그 떳떳함을 지켜야 하는 것이다.[60]

58 양은……것이다 : 주자는 "양(陽)은 기(奇)이고 음(陰)은 우(偶)이기 때문에 7·9는 양이 되고, 6·8은 음이 된다. 양은 물러나기 때문에 9·6은 노(老)가 되고 7·8은 소(少)가 된다. 양이 9에서 극에 이르면 8로 물러나 음이 되고, 음이 6에서 극에 이르면 7로 나아가 양이 되니, 하나는 나아가고 하나는 물러나는 것이 순환하여 끝이 없다.〔陽奇陰偶, 故七、九爲陽, 六、八爲陰. 陽進陰退, 故九、六爲老, 而七、八爲少. 陽極於九, 則退八而爲陰; 陰極於六, 則進七而爲陽, 一進一退, 循環無端.〕"라고 하였다.《易學啓蒙 明蓍策》

59 양은……것이다 : 호방평은 이에 대해서 "양(陽)은 크고 음(陰)은 작으며, 양은 넉넉하고 음은 모자라기 때문에 양은 온전함을 사용하지만 음은 반을 사용하니, 이는 양을 높이는 의미가 여기에서 비롯되었다."〔陽大陰小, 陽饒陰乏, 故陽得用全, 而陰惟用半, 其尊陽之義, 實昉於此矣.〕"라고 해석하였다.《性理大全書 易學啓蒙 本圖書》)

음은 항상 양을 따르기 때문에 2가 처음에는 남쪽 안에 있는데 남쪽 밖에 있는 7이 막 정서(正西)로 옮겨가면 2가 자연히 서남쪽의 구석으로 따라가지 않을 수가 없으며, 4가 처음에는 서쪽 안에 있는데 서쪽 밖에 있는 9가 막 정남(正南)으로 옮겨가면 4가 자연히 동남쪽의 모퉁이로 따라가지 않을 수가 없는 것이다.[61] 그리고 1이 이미 북쪽에서 자리를 바로잡으면 6이 자연히 후퇴하여 서북쪽 구석으로 따라가고, 3이 이미 동쪽에서 자리를 바로잡으면 8이 자연히 후퇴하여 동북쪽 모퉁이로 따라가는 것은 음의 분수 아님이 없는 것이다. 음이 양에 있어서 대대(對待 서로 상대)하는 뜻이 있고 강굴(降屈 낮추고 굽힘)하는 구분이 있으니, 하도 가운데에 한 곳에 함께 있는 것은 바로 대대의 뜻이요, 낙서 가운데에 거처를 달리하는 것은 바로 강굴의 구분이다. 사공(事功)이 세워지는 것은 모름지기 대대를 하여야 직분을 다할 수 있고, 분위(分位)를 정하는 것은 반드시 사정(四正)과 사우(四隅)를 엄하게 분별함에 있으니, 두 뜻이 마땅히 나란히 행해져서 한 가지도

60 7과 9가……것이다 : 하도의 수와 낙서의 수가 자리를 달리 하는 것에 대해서 주자는 "하도가 다섯 개의 생수로 5개의 성수를 통솔하여 함께 그 방위에 있는 것은 전체를 들어서 사람들에게 보여주어 그 떳떳함을 말하기 때문이니, 수(數)의 본체이다. 낙서는 다섯 개의 기수(奇數)로 네 개의 우수(偶數)를 통솔하여 각각 그 자리에 있는 것은 양을 위주로 하여 음을 통솔해서 그 변화를 시작하기 때문이니, 수의 작용이다.〔《河圖》以五生數, 統五成數, 而同處其方, 蓋揭其全以示人, 而道其常, 數之體也. 《洛書》以五奇數, 統四偶數, 而各居其所, 蓋主於陽以統陰, 而肇其變, 數之用也.〕"라고 하였다. 한편, 채연(蔡淵)은 하도는 수가 짝수(1~10)로 고요함이니, 고요함은 움직임을 작용으로 삼고, 낙서는 수가 홀수(1~9)로 움직임이니, 움직임은 고요함을 작용으로 삼는다고 해석하여 하도와 낙서의 자리와 수가 다른 이유에 대해서 설명하였다. 《性理大全書 易學啓蒙 本圖書》

61 음은……것이다 : 위의 〈도서발휘(圖書發揮)〉1.1.2절 낙서에 대한 설명 중, 우수는 서남쪽(2) 모퉁이에서 동남쪽(4) 모퉁이로, 서북쪽 모퉁이(6)에서 동북쪽(8) 모퉁이로 간다고 설명하였다.

폐할 수 없는 것이다.[62]

○하도와 낙서의 1의 수(數)가 모두 북쪽에 있으니, 북쪽은 바로 음이 지극하면 양이 생기는 기틀로 12지(支)의 자방(子方)이다. 일원(一元)의 시작이 자회(子會)에서 비롯되고,[63] 한 해의 시작이 자월(子月)에서 비롯되고, 하루의 시작이 자시(子時)에서 비롯된다. 그러므로 삼재(三才)의 하늘이 자(子)에서 열리고, 사람의 수태(受胎 임신하여 탯속에서 자람)가 또한 신(腎 콩팥)에서 시작하니, 신은 바로 수(水)에 속하는 것으로 모든 물건이 태어날 적에 제일 먼저 만나는 것이 물이다. 팔괘에 있어서 감(坎 ☵)은 수(水)가 되므로 감괘 가운데 획의 양은 바로 1이니, 하도와 낙서의 첫 번째 1이 모두 북쪽에 있는 것은 이 이치이다.

62 음이……것이다 : 대대(對待)는 음과 양이 서로 상대되는 것을 의미하고, 강굴(降屈) 은 음과 양이 번갈아 상호작용을 하는 것으로 주역의 기본 원리이다. 채침(蔡沈)은 "하도에 홀수가 없는 것은 아니나, 작용은 짝수에 남아 있으며, 낙수에 짝수가 없는 것은 아니나 작용은 홀수에 남아있다. 짝수는 음양이 대대(對待)하는 것이며 홀수는 오행이 번갈아 운행하는 것이니, 대대하는 것을 홀로 할 수 없고, 번갈아 운행하는 것은 끝이 없다.〔《河圖》, 非無奇也, 而用則存乎偶; 《洛書》, 非無偶也, 而用則存乎奇. 偶者, 陰陽之對待乎; 奇者, 五行之迭運乎, 對待者, 不能孤; 迭運者, 不可窮.〕"라고 하였다.《洪範皇極內篇 卷2 皇極內篇中》 그리고 유약(劉爚)은 "하도는 음(陰)과 양(陽), 생수(生數)와 성수(成數)가 합쳐진 것이고, 낙서는 음과 양, 홀수와 짝수가 나누어진 것이다. 질(質)을 가지고 논하면 나누어져 각각 자리에 있는 것은 대대(對待)의 정해진 본체이고 기(氣)를 가지고 논하면 합쳐져서 함께 자리에 있는 것은 유행의 오묘한 작용이다.〔《河圖》者, 陰、陽生成之合; 《洛書》者, 陰、陽奇偶之分. 以質而論, 則分而各居其所, 是對待之定體也; 以氣而論, 則合而同處其方, 是流行之妙用也.〕"라고 하였다.《性理大全書 易學啓蒙 本圖書》

63 일원(一元)의……비롯되고 : 소옹의 운회설(運會說)에서 나온 것으로 1원은 12만 9천 6백년이고 여기에 12개의 회(會)가 있는데 이것을 자(子)·축(丑)·인(寅)의 십이지(十二支)로 나누어 1회는 10800년인데 하늘은 자회(子會)에서 열리고 땅은 축회(丑會)에서 열리고 사람은 인회(寅會)에서 태어난다. 그리하여 술회와 해회가 되면 이 천지가 없어지고 새로운 천지가 개벽된다고 하였다.《皇極經世書 卷11 觀物篇》

1이 하도와 낙서의 첫 번째 수가 되는 것은 옳다고 하겠으나 하도의 마지막 수가 되는 10이 들어와 중앙에 있고, 낙서의 마지막 수가 되는 9가 나가서 남쪽에 있으니 이는 무슨 이치인가? 하도는 떳떳함을 주장하는데 10의 수는 성공한 끝에 있으므로 사방에 일삼을 것이 없어서 돌아가 중앙에 감추니 이것은 바로 근본으로 물러가고 원(元)으로 돌아가는 이치이며, 낙서는 변(變)을 주장하는데 남방은 바로 마땅히 크게 훌륭한 일을 할 수 있는 때이므로 9의 수가 여기에 거처해서 천하의 사업이 모두 9에서 이뤄지기를 바라는 것이다.[64]

홍범구주로 말하면 황극(皇極)이 이미 중오(中五)에서 세워지니, 사업을 다른 곳에서 바랄 수가 없으므로 9가 다만. 오복(五福)과 육극(六極)의 되어 황극을 세운 증험이 될 뿐이다.[65] 홍범구주는 그 수에 따라 차례로 나열하였으므로 9가 끝이 되는 것이 맞고 나의 어리석은 설은 방위를 따라 치중하였으므로 9가 성함이 되는 것이 맞으니, 결국 똑같은 이치가 아니겠는가.

○대체로 기수는 반드시 중심에 한 점이 있어서 그 곁을 통솔하니 이것은 모두 중실(中實)이 음을 주장하는 도이고, 모든 우수는 모두 중심의 점이 없어서 옆에 나란히 붙어 있어 서로 균등하니 이것은 모두

64 하도는……것이다 : 호방평은 "하도의 수는 10이니, 10은 대대(對待)하여 그 체(體)를 확립하므로 항상함이 된다. 낙서의 수는 9이니, 9는 유행(流行)하여 그 작용을 이루므로 변화함이 된다.〔《河圖》數十, 十者, 對待以立其體, 故爲常; 《洛書》數九, 九者, 流行以致其用, 故爲變也.〕"라고 설명하였다. 《性理大全書 易學啓蒙 本圖書》

65 홍범구주로……뿐이다 : 〈도서발휘〉 1.1.4절 각주 45) 참고. 오복(五福)과 육극(六極)은 홍범구주의 아홉 번째로, 오복은 장수〔壽〕, 부(富), 강녕(康寧), 덕을 좋아하는 것〔攸好德〕, 명대로 살다가 편안히 죽음〔考終命〕이다. 육극은 지극히 흉악한 여섯 가지 일로, 단명하거나 요절함〔凶短折〕, 질병〔疾〕, 우환〔憂〕, 가난〔貧〕, 포악함〔惡〕, 나약함〔弱〕이다. 채침(蔡沈)의 주에 "오복과 육극은 군주에 있어서는 황극을 세우고 세우지 못함에 관계된다.〔五福, 六極, 在君則係於極之建不建.〕"라고 하였다. 《書經集傳 洪範》

중허(中虛)가 양을 받드는 도이다. 1로 말하면 하나여서 옆에 수가 없어서 자연스레 기수의 주장이 되는 것이고 그 나머지는 예를 들면 3의 수는 앞뒤로 각각 1이 있는데 중앙에 있는 것이 주장이 되고, 5의 수는 앞뒤와 좌우로 모두 각각 한 점이 있는데 중앙에 있는 한 점이 주장이 되고, 7의 수는 좌우에 각각 세 점이 있는데 중앙에 있는 한 점이 주장이 되고, 9의 수는 앞뒤에 각각 네 점이 있는데 중앙에 있는 한 점이 주장이 된다. 기수는 9에 이르러 지극하다. 이 때문에 앞과 뒤 양쪽의 점이 각각 넷이 있는데 넷이 모두 우수이니, 이는 바로 노음의 위치이므로 양이 9에 이르면 노양이 되어서 변하는 것이요, 3과 7은 옆이 모두 홀수이므로 변함이 없는 것이다. 5 역시 옆에 두 우수가 있는 듯하나 좌우와 전후로 고르게 배열되어 2가 될 수 없으므로 우수를 이루지 못하는 것이다.

예를 들어 우수에 2가 되고 4가 되고 6이 되고 8이 되고 10이 되는 경우에는 모두 반으로 나눌 수 있어서 중실이 없으니, 이 때문에 스스로 주장할 수가 없어서 반드시 양을 얻어 주장으로 삼는 것이다. 앞의 2와 4, 뒤의 8과 10은 모두 우수인데도 변함이 없는데 6만 홀로 변함이 있는 것은 음의 도는 항상 굽히므로 이미 앞의 2와 4의 우수를 지나 막 앞뒤 네 우수의 가운데에 있으면 감히 다시 8과 10의 우수를 기다리지 않고 먼저 스스로 변하는 것이다. 그러나 양의 도는 항상 펴지기 때문에 반드시 모름지기 1·3·5·7의 기수가 다하기를 기다려 9에 이르니, 그런 뒤에 비로소 변하는바, 이것은 바로 항상 펴지는 도이다. 이것은 비록 선유의 말씀은 아니지만, 반드시 또한 한 뜻이 아니지는 않을 것이다.

○기수가 되는 1이 2를 얻어 우수가 되면 2는 1의 짝인 것이요, 기수가 되는 3이 4를 얻어 우수가 되면 4는 3의 짝인 것이요, 기수가 되는 5가 6을 얻어 우수가 되면 6은 5의 짝인 것이요, 기수가 되는 7이 8을

얻어 우수가 되면 8은 7의 짝인 것이요, 기수가 되는 9가 10을 얻어 우수가 되면 10은 9의 짝인 것이다. 각 우수가 모두 마땅히 그 기수를 따라야 하니, 그렇다면 2는 마땅히 1의 곁을 따라야 하는데 마침내 7의 안에 있고, 4는 마땅히 3의 곁을 따라야 하는데 마침내 9의 안에 있고, 6은 마땅히 5의 곁을 따라야 하는데 마침내 1의 아래에 있고, 8은 마땅히 7의 곁을 따라야 하는데 마침내 3의 왼쪽에 있고, 10은 마땅히 9의 곁을 따라야 하는데 마침내 5의 밖에 있으니,[66] 이는 모두 그 얻은 바의 본래 순서가 아니나 그 교차하여 배열하고 뒤바꿔 나눈 것은 실로 씀〔用〕을 지극히 하여 서로 이루는 묘한 이치 아님이 없다. 그러나 이것은 또한 천지가 억지로 맞추어 안배하려는데 뜻을 둔 것이 아니요, 바로 자연의 이치이다.

○5의 수가 모두 하도와 낙서의 가운데에 표준이 된 것은 그 사방의 수에 있어서 근저(根底)가 되고 추뉴(樞紐)가 되고 귀숙(歸宿)이 되기 때문이다.[67] 기수와 우수가 서로 차례로 있는 순서를 가지고 살펴보면

66 각 우수가……있으니 : 〈도서발휘〉 1.1.4절 참조.

67 5의 수가……때문이다 : 주자는 하도와 낙서의 중앙이 모두 5인 것에 대해서 "수의 시작은 1인 음(陰)과 1인 양(陽)일 뿐이다. 양의 상은 둥근데 둥근 것은 지름이 1이고 둘레가 3이다. 음의 상은 네모난데 네모난 것은 지름이 1이고 둘레가 4이다. 둘레가 3인 것은 1(하늘)을 하나로 셈하기 때문에 그 하나의 양을 세 배로 하여 3이 된다. 둘레가 4인 것은 2(땅)를 하나로 셈하기 때문에 그 하나의 음을 두 배로 하여 2가 되니, 이것이 이른 바 '삼천(參天)' '양지(兩地)"라는 것이다. 3과 2를 합하면 5가 되니, 이것이 하도와 낙서의 수가 5를 중앙으로 하는 까닭이다.〔凡數之始, 一陰一陽而已矣. 陽之象圓, 圓者徑一而圍三. 陰之象方, 方者徑一而圍四. 圍三者, 以一爲一, 故參其一陽而爲三. 圍四者, 以二爲一, 故兩其一陰而爲二, 是所謂參天兩地者也. 三二之合則爲五矣, 此《河圖》·《洛書》之數, 所以皆以五爲中也.〕"라고 하면서, 하도는 생수를 위주로 하므로 중앙이 5가 되는 것이 또한 다섯 개의 생수의 상(象)을 가지고 있고, 낙서는 홀수를 위주로 하므로 중앙이 5가 되는 것이 또한 다섯 개의 홀수의 상(象)을 가지고 있다고 설명하였다. 《易學啓蒙 本圖書》

반드시 1·2·3·4를 말미암은 뒤에 5가 비로소 그 차례에 해당하지만 중앙과 바깥을 통관(統管)하는 형세로 보면 5가 반드시 중앙에 있은 뒤에야 사방이 여기에서 상을 취하는 것이니, 이것이 바로 근저가 되는 이유이다.

더구나 하도를 용마의 등에 배열할 때에 어찌 사람 손으로 하는 것처럼 먼저 1이 있고 다음으로 2가 있고, 다음으로 3이 있고 다음으로 4가 있어서 5에 이르고, 이미 5가 생긴 뒤에 또다시 6이 있고, 또다시 7이 있고 또다시 8이 있고, 또다시 9가 있어서 10에 이르는 것과 같겠는가. 반드시 한 때에 모두 나타나고 형체에 따라 함께 드러났는데, 그 순서가 자연스레 문란할 수 없는 것이 있고, 그 배열된 것이 자연스레 뒤바뀔 수 없는 것이다.

또 북쪽 안의 1이 5의 북쪽 점의 상을 취하여 북쪽 안에 있고, 남쪽 안의 2가 5의 남쪽 점의 상을 취하여 남쪽 안에 있고, 동쪽 안의 3이 5의 동쪽 점의 상을 취하여 동쪽 안에 있고, 서쪽 안의 4가 5의 서쪽 점의 상을 취하여 서쪽 안에 있으며, 북쪽 밖의 6이 1을 따라 5를 얻어 6이 되고, 남쪽 밖의 7이 2를 따라 5를 얻어 7이 되고, 동쪽 밖의 8이 3을 따라 5를 얻어 8이 되고, 서쪽 밖의 9가 4를 따라 5를 얻어 9가 되고, 5의 밖의 10이 5를 따라 5를 얻어 10이 되었으니, 이는 사방 안팎의 수가 저 어느 것이 5를 얻어 이룬 것이 아니겠는가.[68] 이것이 추뉴가 되는 이유이다.

68 북쪽 안의……아니겠는가 : 이 내용은 다음의 《역학도설(易學圖說)》 '중앙의 5가 다섯 생수(生數)의 상(象)이 되는 그림〔中五象五生數之圖〕'에 보이는데, '5의 아래 한 점은 하늘 1의 상〔五之下一點, 天一之象〕'이고, 5의 위 한 점은 땅 2의 상'〔五之上一點, 地二之象〕'이고, 5의 왼쪽 한 점은 하늘 3의 상'〔五之左一點, 天三之象〕'이고, 5의 오른쪽 한 점은 땅 4의 상'〔五之右一點, 地四之象〕'이고, 5의 가운데 한 점은 하늘 5의 상'〔五之中一點, 天五之象〕'이라고 하였다.

10은 두 5를 아우른 것이므로 두 5를 나누어서 한 5를 중앙 5의 북쪽에 배열하고 한 5를 중앙 5의 남쪽에 배열한 것이니, 이는 또 10이 두 5를 아우른 이오(二五)가 된 이유이다.

또 5와 10을 아울러 삼오(三五)의 15가 되면 15는 바로 사방 안팎의 수를 그 안에 포괄하는 범위인 것이다. 노음의 6과 노양의 9를 합하면 15가 되어서 번갈아 사라지고 자라며, 소양의 7과 소음의 8을 합하면 15가 되어서 번갈아 사라지고 자라난다. 또 사방 안의 1·2·3·4를 합하면 또한 10이 되고, 중앙 5가 저절로 참여되면 또한 15가 되는 것이다. 그렇다면 중앙 5가 10을 아울러 15가 되는 것이 두 가지가 경우가 있으니, 하나는 본수(本數)인 10의 10을 아우르는 것이요, 하나는 사방 안의 수를 합한 10의 10을 아우르는 것이 이것이다. 그렇다면 단오(單五)의 5와 이오의 10과 삼오)의 15가 모두 5를 기준으로 삼는 것이다. 이것이 귀숙이 되는 이유이니, 어찌 중앙의 5가 중앙에 있는 묘리(妙理)가 아니겠는가?

○단오의 5는 바로 아직 이루어지지 않은 5이고, 삼오의 15는 바로 널리 취한 5이다. 그러므로 이오의 10이 그 중간에 있어서 강령이 되는 것이다. 전오(前五 1~5)는 바로 오행의 생수로 음과 양의 자리의 수이며, 후오(後五 6~10)는 바로 오행의 성수로 음과 양의 실제 수이다. 전오가 있지 않으면 후오의 주장이 될 것이 없고, 후오가 있지 않으면 전오의 실제가 될 것이 없으니, 이는 전후의 두 오가 서로 10 가운데의

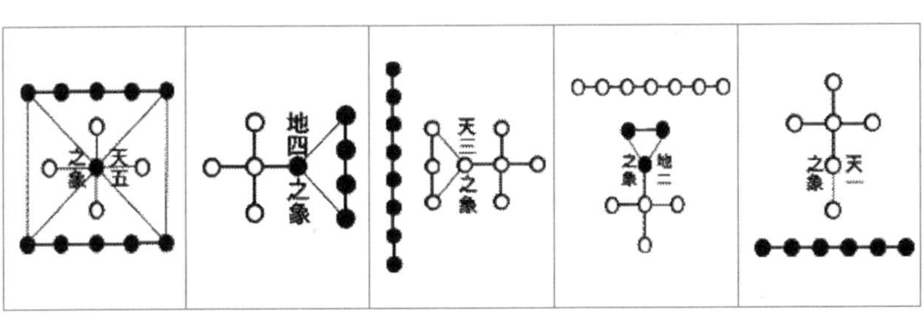

경중(輕重)이 되는데 반드시 모름지기 두 오가 구비한 뒤에야 변화를 이루어 귀신을 행하게 할 수 있는 것이다.

○1은 전오의 시작이고 5는 전오의 끝이고 2와 3과 4가 그 사이에 있으며, 6은 후오의 시작이고 10은 후오의 끝이고 7과 8과 9가 그 중간에 있다. 또 1은 10의 시작이고 10은 10의 끝이고 2·3·4·5·6·7·8·9가 그 중간에 있다. 그러므로 천하의 사물이 시작만 있고 끝이 없으며 끝만 있고 시작이 없는 경우가 없으며, 또 그 시작과 끝이 있고 그 중간이 없는 경우가 없는 것이다.

○낙서의 수가 1을 시작으로 삼는 것은 하도의 수와 같으나 9를 끝으로 삼으니 그렇다면 하도의 수의 10이 없는 것이다. 낙서에 10이 비록 본래 그 수가 없으나 사방과 사우(四隅)의 상대한 것이 10의 수 아님이 없고, 5가 그 중앙에 있어서 사방과 사우의 상대하는 것과 참여하여 꿰뚫으면 15가 되지 않음이 없다.[69] 이것은 바로 단오와 이오와 삼오의 수가 또한 낙서에 갖춰지지 않음이 없는 것이니, 어찌 앞에 하도가 되어서 황하에서 나오고 뒤에 낙서가 되어서 낙수에서 나온 것이 모두 하나의 이치가 아니겠는가. 그리고 이 이치 밖에 어찌 다시 다른 수(數)가 있겠는가.

○〈하도에서〉 저 10이 그 본수(本數)를 얻어서 본 자리〔本位〕를 점유하고 있는 것은 인(仁)에 드러난 것이요, 〈낙서에서〉 이미 그 수가 없고 또 자리가 없는 것은 쓰임에 감춘 것이다.[70]

69 낙서의……없다 : 낙서에서 중앙 9·5·1과 오른쪽 2·7·6과 왼쪽 4·3·8은 합하면 모두 15이고, 위 2·9·4와 가운데 7·5·3과 아래 6·1·8도 합하면 모두 15이며, 오른쪽으로 기운 대각선의 2·5·8과 왼쪽으로 기운 대각선의 4·5·6도 합하면 모두 15이다. 그리고 중앙의 5를 제외하고 가로 세로 대각선 방향으로 합하면 모두 10이 됨을 가리킨다. 위의 〈도서발휘〉 1.1.2절 낙서에 대한 설명 참조.

70 저 10이……것이다 : 《주역》 〈계사전 상〉에 "음과 양의 도(道)는 인(仁)에 드러나며 쓰임〔用〕에 감추어져 만물을 고무(鼓舞)하되 성인과 함께 근심하지 않으니, 성한

혹자는 말하기를 "10은 쓰임에 감춘 바가 있다고 할 수 있지만 5는 쓰임에 감추는 바가 없는 것은 어째서인가?"라고 하였다. 이것은 5는 겨울나무의 뿌리와 그믐달의 테두리와 같으니, 나무가 겨울에 있어 열매와 잎은 비록 사라졌으나 뿌리와 줄기는 그대로 있고, 달은 그믐에 있어 달빛은 비록 다하였으나 테두리는 오히려 항상 있는 것과 같다. 이것은 바로 하도와 낙서의 5가 쓰임을 감춘 때가 없이 떳떳한 수가 있고 떳떳한 위치가 있는 이유인 것이다.

○혹자가 말하였다.

"지금 보면 하도와 낙서가 수 아닌 것이 없으며, 그 수에 기수와 우수, 많고 적음이 있고, 혹은 중앙에 혹은 밖에 있고, 혹은 배합되고 혹은 따로 있는 것은[71] 상(象) 아닌 것이 없으며, 그 수(數)가 되고 상이 된 것은 기(氣) 아닌 것이 없는데, 유독 그 리(理)가 아무 수에 있고 아무 방위에 있는 것은 보지 못하겠다. 주자께서 말씀하시기를 '하도의 5와 10을 비운 것은 태극이고 낙서에 중앙의 5를 비운 것 역시 태극이다'[72]라고 하셨다. 그렇다면 하도와 낙서가 반드시 모두 그 중앙

덕(德)과 큰 업(業)이 지극하다.〔顯諸仁, 藏諸用, 鼓萬物而不與聖人同憂, 盛德大業, 至矣哉.〕"라고 보이는데, 주자는 《주역본의(周易本義)》에서 인(仁)은 조화의 공(功)이고 쓰임은 기함(機緘 기관이 열리고 닫힘)의 묘(妙)라고 하였다.

71 많고……것은 : '많고 적음'은 1은 적고 10은 많은 것과 하도는 우수가 많고 기수가 적으며, 낙서는 기수가 많고 우수가 적은 것 등이다. 중앙에 있는 것은 5와 10이고 밖에 있는 것은 하도의 성수 6・7・8・9이며, 배합되는 것은 하도에서 1・6과 2・7과 3・8과 4・9와 5・10의 음・양이 배합되는 것이고 따로 있는 것은 낙서에서 음・양이 따로 있는 것이다.

72 주자께서……태극이다 : 주자는 "하도는 중앙을 비웠고, 하도는 실수를 총괄하였다. 하도에서 5와 10을 비운 것은 태극이고 기수(奇數) 20과 우수(偶數) 20은 양의(兩儀)이며, 1・2・3・4로 6・7・8・9를 만든 것은 사상(四象)이고, 사방(四方)의 합한 것을 나누어 건(乾)・곤(坤)・리(離)・감(坎)을 만들고 사우(四隅)의 빈 곳을 메워서 태(兌)・진(震)・손(巽)・간(艮)을 만든 것은 팔괘(八卦)이다.〔《河圖》者, 虛其中,

을 비운 뒤에야 비로소 태극이 있는 것이니 그 비우지 않은 앞에 있어서는 진실로 이른바 태극이라는 것이 없다는 말인가? 또 하도와 낙서가 본래 모두 자연히 5가 있어서 10과 단오(單五)의 수가 그 가운데에 함께 있는데 사람이 진실로 이것을 비워서 태극의 자리로 삼을 수 있겠는가." 이에 내가 다음과 같이 대답하였다.

"태극은 본래 진실한 리(理)이다. 이미 형체가 없고 또 방위가 없어서 본래 진실한 리이니 하도와 낙서라고 하여 유무를 따지지 않는다. 하도와 낙서가 나오기 전에도 바로 이 리였고, 하도와 낙서가 이미 나온 뒤에도 또한 바로 이 리이다. 하도가 있게 된 이유도 이 리요, 낙서가 있게 된 이유도 또한 이 리이다. 하도와 낙서에 중앙의 수가 있을 적에도 이 태극이 없는 것이 아니니, 어찌 모름지기 중앙을 비운 뒤에야 태극이 비로소 있겠는가. 더구나 하도와 낙서 가운데에 본래 실제가 있는 수를 비우고자 하여 비울 수 있겠는가. 주자가 이 중앙을 비운다고 말씀하신 이유는 다만 복희가 하도를 본받아서 역을 지을 적에 사방의 합한 것을 나누어서 건(乾)·곤(坤)·이(離)·감(坎)으로 삼고, 사우(四隅)의 빈 곳을 메워서 태(兌)·진(震)·손(巽)·간(艮)으로 삼은 것이 마치 중앙의 5와 10의 수에서 취함이 없는 듯하기 때문이다. 그러므로 중앙을 비운다는 말씀을 하셨으나 복희는 실로 중앙의 5와 10을 비워 태극의 자리로 삼은 것이 아니다. 태극은 이미 형체도 없고 방위도 없는데 도리어 5와 10이 거한 바의 중앙으로 자리를 삼았겠는가.

태극이 진실한 리인 것을 가지고 말하면 하도와 낙서 가운데에

則《洛書》者, 總其實也.《河圖》之虛五與十者, 太極也, 奇數二十、偶數二十者, 兩儀也, 以一、二、三、四, 爲六、七、八、九者, 四象也, 析四方之合, 以爲乾、坤、離、坎, 補四隅之空, 以爲兌、震、巽、艮者, 八卦也.]"라고 하였다.《周易傳義大全 周易朱子圖說》〈역괘총설〉 2.1.14절과 그 각주 참조.

어느 수가 그 리가 아니겠는가. 그리고 태극에 방위가 없는 것을 가지고 말하면 하도와 낙서 가운데에 어떤 자리가 바로 그 자리이겠는가. 《주역》을 가지고 말하면 양의(兩儀)에서 사상(四象)이 되고 팔괘(八卦)가 되고, 64괘(卦)가 되고 384효(爻)가 된 것[73]이 태극의 리 아님이 없는 것이다. 조화를 가지고 말하면 하늘과 땅에서 만물이 되었고, 한 물건을 가지고 말하면 머리와 낯으로부터 터럭에 이르기까지 또한 태극의 리 아님이 없는 것이다. 그렇다면 하도의 한 자리와 한 점과 낙서의 한 자리와 한 점은 바로 모두 태극의 리가 밝게 드러난 것일 뿐이니, 어찌 이른바 태극이라는 것을 별도로 찾을 것이 있겠는가.

중앙의 5와 10이 괘를 그은 수에 끼지 않은 이유는 괘획(卦畫)에 서로 관여되지 않기 때문이 아니요, 다만 쓰지 않는 쓰임이 되었기 때문일 뿐이다. 이 어찌 노소 음·양의 수가 비록 사방 밖에 흩어져 있으나 사방 밖에 흩어져 있게 된 것은 실로 모두 중앙의 5와 10이 통솔한 바이기 때문이 아니겠는가. 이는 바로 태극의 리가 자연히 방위가 없게 된 이유이다."

73 주역을……된 것 : 《주역》 〈계사전 상〉에 "역(易)에 태극(太極)이 있으니, 태극이 양의(兩儀)를 낳고 양의가 사상(四象)을 낳고 사상이 팔괘(八卦)를 낳으니, 팔괘가 길흉(吉凶)을 정하고 길흉이 큰 사업을 낳는다.〔是故易有太極, 是生兩儀, 兩儀生四象, 四象生八卦, 八卦定吉凶, 吉凶生大業.〕"라고 하였다. 정호(程顥)는 이것을 가일배법(加一倍法)이라 하였고, 소옹은 이 가일배법을 이용하여 수리(數理)를 유추하였다.

1.2.2

1	수(數)의 시작	하도(河圖)의 북쪽	이의 위	낙서(洛書)의 정북(正北)
2	일의 아래	하도의 남쪽 안	삼의 위	낙서의 오른쪽 어깨
3	이의 아래	하도의 동쪽 안	사의 위	낙서의 정동(正東)
4	삼의 아래	하도의 서쪽 안	오의 위	낙서의 왼쪽 어깨
5	사의 아래	하도 안의 가운데	육의 위	낙서의 한 가운데
6	오의 아래	하도의 북쪽 밖	칠의 위	낙서의 오른쪽 발
7	육의 아래	하도의 남쪽 밖	팔의 위	낙서의 정서(正西)
8	칠의 아래	하도의 동쪽 밖	구의 위	낙서의 왼쪽 발
9	팔의 아래	하도의 서쪽 밖	십의 위	낙서의 정남(正南)
10	구의 아래	하도 가운데의 밖	수의 끝	낙서에는 방위가 없다

1.2.3

1은 양수(陽數)의 첫 번째가 되는데 양수는 9에서 끝나니 10이 없고, 10은 음수(陰數)의 끝이 되는데 음수는 2에서 시작하니 1이 없다. 그러나 1의 아래에 1을 더하면 2가 되고, 2의 아래에 1을 더하면 3이 되고, 3의 아래에 1을 더하면 4가 되고, 4의 아래에 1을 더하면 5가 되며, 5에 1을 더하면 6이 되고, 6에 1을 더하면 7이 되고, 7에 1을 더하면 8이 되고, 8에 1을 더하면 9가 되고, 9에 1을 더하면 10이 된다. 그렇다면 2부터 10에 이르는 수가 첫 번째 1이 더해진 것 아님이 없는 것이니, 1이 통솔하지 않는 바가 없는 것이다. 1은 본래 1이 되었는데 2부터 이하의 수가 모두 적실(積實 쌓인 실제)의 자목(子目)이 있지 않음이 없으니, 하도와 낙서에 실려 있는 것을 보면 이것을 자세히 알 수 있다. 2의 두 점은 위의 1과 자기요, 3의 세 점은 위의 2와 자기요, 4의 네 점은 위의 3과 자기요, 5의 다섯 점은 위의 4와 자기요, 6의 여섯 점은 위의 5와 자기요, 7의 일곱 점은 위의 6과 자기요, 8의 여덟 점은 위의 7과 자기요, 9의 아홉 점은 위의 8과 자기요, 10의 열 점은 위의 9와 자기이니, 그렇다면 2에서부터 10에 이르는 수가 각각 그 위의 수를 포함하여 그 적실이 되지 않음이 없는 것이다. 그러므로 10은 차례에 있어서는 맨 끝이 되지만 1에서 자기에 이르는 모든 수가 그 쌓인 실제가 되니, 이는 10에 실려 있지 않는 바가 없는 이유가 아니겠는가. 그렇다면 10의 수 가운데에 자목의 적실을 아울러 55가 되는 열 개의 수 가운데에 어찌 한 점이라도 첫 번째 1의 통솔하는 바와 끝 10의 실려 있는 바에 스스로 벗어난 것이 있겠는가? 1이 첫 번째가 된 이유와 10이 끝이 된 이유는 모두 55개의 점이 적실이 되었는데, 이 55개의 점의 위에 한 점을 더하거나 줄일 수 없기 때문이다.[74]

다만 그 차례에 문란할 수 없는 것은 바로 천도(天道)에 자연스러운 순서요, 적실에 부족함을 용납하지 않는 것은 바로 지도(地道)에 반드시 기준이 되는 떳떳함이다. 이 수를 보면 마땅히 하늘과 땅 사이의 사물의 리가 이미 자연스레 문란할 수 없는 질서가 있지 않음이 없고, 또 반드시 기준이 되어서 부족함을 용납하지 않는 떳떳함이 있음을 알 것이다. 이 리를 알아 순히 하고 이 리를 따라 행하면 누가 그 고유한 성분과 당연한 직분을 다하지 않겠는가. 혹자가 말하였다.

74 1이……것이다 : 용마가 황하에서 나왔을 때, 등에 있는 1부터 10까지 조목을 모추 총괄하면 55개인데, 〈도서총수설〉에는 수마다 하나의 강과 목이 있어서, 하도 수의 목이 55개 된다고 설명하였다. 〈도서발휘편제〉 각주 6) 참조.

"하도의 수는 1에서 시작하여 10에서 끝나 음과 양의 기수와 우수가 이미 고르고, 오행의 생수와 성수가 또한 구비하였으니, 과연 기준이 된다고 말할 수 있다. 하지만 낙서는 1에서 시작하여 9에서 끝나서 시작과 끝이 모두 양수(陽數)이니, 어찌 이것을 기준이 된다고 말할 수 있겠는가." 이에 나는 다음과 같이 대답하였다.

"그 리(理)는 하나이고 그 도(道)는 똑같은데 하도는 대대(對待)하는 도를 주장하고 낙서는 존비(尊卑)의 의를 주장하였다. 대대의 도를 가지고 말하면 음과 양이 나란히 서서 서로 이루지 않을 수가 없고, 존비의 뜻으로 말하면 음과 양이 반드시 모름지기 정해진 분수가 있어서 엄격함을 지극히 하는 것이다.[75] 그러므로 하도는 양으로 시작하고 음으로 끝나니 이것은 바로 배합의 떳떳함이요, 낙서는 처음과 끝이 모두 양이니 바로 양이 음을 통솔하는 분수이다. 그러나 그 리는 하나이고 그 도는 똑같다. 그러므로 낙서의 양수가 시작과 끝이 되는 것은 바로 하도의 양수가 처음 1에서 시작하여) 9에 끝나는 것이요, 낙서의 음수가 물러나 사방 모퉁이에 있는 것은 바로 하도의 음수가 모두 아래와 왼쪽에 있는 것이며,[76] 낙서에 또 10이 없는

75 그 리는……것이다 : 1.1.4절 하도에서 "노음의 수(6)가 노양의 자리(1) 밖에 있고, 노양의 수(9)가 노음의 자리(4) 밖에 있고, 소양의 수(7)가 소음의 자리(2) 밖에 있고, 소음의 수(8)가 소양의 자리(3) 밖에 있는 것 또한 모두 음(陰)과 양(陽)이 서로 낳고 서로 이루는 뜻이다."라고 하였다. '존비의 뜻'은 낙서에서 양의 수는 사방의 바른 자리에 있고 음의 수는 사우(四隅)에 있는 것 등이다.

76 하도의……것이며 : 〈도서발휘〉 1.1.4절 각주 48) 참고. 이것은 하도의 음수가 양수의 아래 또는 왼쪽에 있는 것으로 6이 1의 아래에 있고, 2가 7의 아래에 있고, 8이 3의 왼쪽에 있고, 4가 9의 왼쪽에 있는 것을 가리킨다. 참고로 생수(生數)와 성수(成數)로 나누어 볼 경우, 생수는 양수 1·3·5가 음수 2·4에 대하여 아래와 왼쪽에 있으며, 성수는 음수 6·8·10이 양수 7·9에 대하여 아래와 왼쪽에 있다. 이에 대하여 《역학도설》에 "막 생겨날 때 양이 아래와 왼쪽에 있고 음이 위와 오른쪽에 있는 것은 교태(交泰)의 뜻이다.〔方生則陽下左而陰上右者, 交泰之義也.〕"라고 하였고, 또 "이미

것은 음이 감히 그 이름을 차지할 수가 없어서이다. 그러니 이 어찌 양은 홀로 이루지 못하여 음이 반드시 양을 받들어야 하고, 음은 양을 핍박하지 않아서 양이 항상 주장이 되는 이치가 아니겠는가. 아, 하늘과 땅이 사람에게 보여주는 것이 과연 지극하고 극진하다."

1.2.4

1에서 10에 이르는 수는 그 시작과 끝, 많고 적음과 위·아래와 앞·뒤가 계통이 있고 질서가 있어서 서로 응하고 서로 받드는 묘함이 모두 도리가 겉으로 드러난 것이니, 사람의 한 집안을 가지고 형상해보면 아버지와 어머니, 아들과 딸의 도가 있는 것이다. 1은 9의 아버지가 되고 9는 1의 아들이 되며, 2는 8의 어머니가 되고 8은 2의 딸이 되며,[77] 3은 7의 아버지가 되고 7은 3의 아들이 되며, 4는 6의 어머니가 되고 6은 4의 딸이 되며, 5는 하오(下五)의 아버지가 되고 하오는 상오(上五)의 아들이 된다.[78] 이는 1·2·3·4·

이루고 나면 양이 위와 오른쪽에 있고 음이 아래와 왼쪽에 있는 것은 존비의 자리이다. 〔旣成則陽上右而陰下左者, 尊卑之位也.〕"라고 하였다. 《易學圖說 卷3 巧著 生成陰陽迭居上下之圖》

77 1은……되며 : 아래의 본문에 '10은 아버지와 아들의 총수(總數)'라고 하여 합하여 10이 되는 두 수를 부모와 자식의 관계로 보고 있는데, 그 근거는 자세하지 않다. 《역학도설》에는 노양의 자리인 1에 대하여 "이른바 하늘 1은 9의 근본이다.〔所謂天一也, 九之本也.〕"라고 하였고, 노양의 수인 9에 대하여 "이른바 하늘 9는 1의 나머지이다.〔所謂天九也, 一之餘也.〕"라고 하였으며, 2와 8, 3과 7, 4와 6에 대해서도 마찬가지로 말하였다. 《易學圖說 卷3 巧著 一二三四爲四象之位之圖, 九八七六爲四象之數之圖》

78 하오는……된다 : 위의 본문에서 각 수는 그 이하의 수가 누적되어 있는 것이며, 10에는 1부터 10까지의 모든 수가 실려 있다고 하였다. 아래의 본문에 '10 가운데의 하오〔十中下五〕'라고 보이는바, '하오'와 '상오'는 10에 포함되어 있는 수 가운데 1부터 5를 '상오'라 하고 6부터 10을 '하오'라고 한 것이다. 본문의 용례를 보면 10에 포함된 상오는 하나의 수로서 중앙의 5()와 같은 것이고, 하오는 하나의 수로서 10을 대신하

5는 아버지와 어머니의 자리이고, 6·7·8·9·10은 아들과 딸의 항렬인 것이다.

아버지가 된 것이 1·3·5이니, 이것을 아울러 셋이 되면 바로 하늘의 수인 3이고, 어머니가 된 것이 2·4이니 이것을 아울러 둘이 되면 바로 땅의 수인 2가 되는 것이다. 아들이 된 것이 9·7·5(아래 5)이니 이것을 아울러 또한 셋이 되면 이는 아버지에게서 수를 받은 것이요, 딸이 된 것이 8·6이니 이것을 아울러 또한 둘이 되면 어머니에게서 수를 받은 것이다.

5의 아들을 10이라고 말하지 않고 5라고 말한 것은 어째서인가. 위의 5가 아래의 5를 얻어서 10이 되었으면 5 아래의 수는 바로 또한 5이니, 아버지와 아들의 두 5를 아우른 뒤에 10이 되기 때문이다. 10은 아버지와 아들의 총수(總數)이니 그 실제는 상오는 아버지가 되고 하오는 아들이 된 것이다.

또 형과 아우, 언니와 여동생의 도가 있으니,[79] 1은 2의 형이 되고, 2는 1의 여동생과 3의 언니가 되고, 3은 2의 아우와 4의 형이 되고, 4는 3의 여동생과 5의 언니가 되고, 5는 4의 아우와 6의 형이

는 것인 듯하다.

79 형과……있으니 : 《주역》 〈계사전 상〉에 "하늘의 수가 다섯이고 땅의 수가 다섯이니, 다섯의 자리가 서로 맞으며 각기 합함이 있다.〔天數五, 地數五, 五位相得, 而各有合.〕"라고 하였는데, 주자는 "서로 맞는다는 것은 1과 2, 3과 4, 5와 6, 7과 8, 9와 10이 각기 기수(奇數)와 우수(偶數)로서 종류가 되어 스스로 서로 맞음을 이르고, 합함이 있다는 것은 1과 6, 2와 7, 3과 8, 4와 9, 5와 10이 모두 서로 합함을 이른다."라고 하였고, 또 "'서로 맞음'은 형제와 같은 것이고 '합함이 있음'은 부부와 같은 것이다. 이는 서로 맞음은 기수와 우수가 서로 차례로 있어 종류를 변별하여 문란함을 용납하지 않는 점을 취한 것이고, 합함이 있음은 기수와 우수가 서로 생수와 성수가 되어 종류를 합하여 틈을 용납하지 않는 점을 취한 것이기 때문이다.〔'相得'如兄弟, '有合'如夫婦. 蓋以相得則取其奇偶之相爲次第, 辨其類而不容紊也; 有合則取其奇偶之相爲生成, 合其類而不容間也.〕"라고 하였다. 《周易傳義大全 繫辭傳上, 周易朱子圖說》

되고, 6은 5의 여동생과 7의 언니가 되고, 7은 6의 아우와 8의 형이 되고, 8은 7의 여동생과 9의 언니가 되고, 9는 8의 아우와 10의 형이 되고, 10은 9의 여동생이 된다. 그리고 10 가운데의 상오의 아들인 하오는 9에 대하여 여동생이 아니고 아우이다. 이는 1·3·5·7·9는 형과 아우의 순서이고 2·4·6·8·10은 언니와 여동생의 순서인 것이다.

또 남편과 아내의 도가 있으니 1은 6의 남편이 되고 6은 1의 아내가 되어서 함께 북방의 내외가 되며, 7은 2의 남편이 되고 2는 7의 아내가 되어서 함께 남방의 내외가 되며, 3은 8의 남편이 되고 8은 3의 아내가 되어서 함께 동방의 내외가 되며, 9는 4의 남편이 되고 4는 9의 아내가 되어서 함께 서방의 내외가 되며, 5는 10의 남편이 되고 10은 5의 아내가 되어서 함께 중앙의 내외가 되는 것이다.[80] 10은 하오의 양수로서는 5의 아들과 9의 아우가 되고 두 5가 10을 이룬 음수로서는 9의 여동생과 5의 아내가 된다. 이는 1·3·5·7·9는 모두 남편의 도이고 2·4·6·8·10은 모두 아내의 도인 것이다.

또 아래 수는 모두 위의 수의 모임을 얻어 본수(本數)가 되는데 양수는 합함이 다하였고, 음수는 합함이 다하지 못하였다. 1은 위의 수가 없으므로 스스로 하나일 뿐이요, 2는 1이 그 가운데에 들어있으며, 3은 1과 2가 합한 것이니 합함이 극진한 것이요, 4는 1과 3이 합한 것인데 2는 합함이 없으며, 5는 1과 4, 2와 3이 합한 것이니 합함이 극진한 것이요, 6은 1과 5, 2와 4가 합한 것인데 3은 합한

80 또……것이다 : 바로 오행생성(五行生成)의 원리와 상통한다. 즉, 하도의 자리는 1·6(물) 북쪽이며, 2·7(불) 남쪽이며, 3·8(나무) 동쪽이며, 4·9(쇠) 서쪽이며, 5·10(흙)이 가운데이다. 〈도서발휘〉 1.1.4절 각주 22) 참조.

것이 없으며, 7은 1과 6, 2와 5, 3과 4가 합한 것이니 합한 것이 극진하고, 8은 1과 7, 2와 6, 3과 5가 합한 것인데 4는 합한 것이 없으며, 9는 1과 8, 2와 7, 3과 6, 4와 5가 합한 것이니 합한 것이 극진한 것이요, 10은 1과 9, 2와 8, 3과 7, 4와 6이 합한 것인데 5는 합한 것이 없다.

양수는 정확히 합하여 남은 수가 없고, 음수는 모두 남은 수가 있음은 어째서인가? 양수는 독차지하고 충실하므로 합하는 바가 꼭 들어맞고, 음수는 자연스럽게 겸허한 뜻이 있으므로 반드시 모두 남은 수가 있어서 감히 독차지하지 못한 것이니 이 또한 자연의 리이다. 낙서의 홀수가 1부터 9에 이른 것으로 말하면 하도와 같으나 짝수가 2로부터 8에 그쳐서 10이 없는 것은 어찌 10은 음수의 성함이 되기 때문에 차지한 자리를 두지 아니하여 감히 양에게 항거하지 못하게 한 때문이 아니겠는가. 그러나 낙서의 기수와 우수가 서로 대하여 곧 모두 10을 이루니, 그렇다면 비록 독차지한 자리는 없으나 10의 수는 일찍이 들어있지 않음이 없는 것이다.

다만 하도의 수는 아버지와 어머니의 수가 모두 안에 있고, 아들과 딸의 수가 모두 밖에 있으며, 형과 아우와 언니와 여동생이 된 것은 다섯 방위에 나뉘어 있고, 남편과 아내가 된 것은 서로 배합하여 방위가 똑같다. 낙서는 남편이 되고 아버지와 아들이 되고 형과 아우가 된 양수가 모두 정방(正方 정동·정서·정남·정북)에 있고, 아내가 되고 어머니와 딸이 되고 언니와 여동생이 된 음수는 모두 네 모퉁이 자리에 있는데 5가 아내가 없고 자식이 없으며 9가 여동생이 없는 것은 수가 변한 것이다. 이것을 미루어 통한다면 또한 없던 아내가 있을 수 있고, 없던 여동생이 있을 수 있고, 없던 아들이 있을 수 있으니, 이는 자리가 없는 10이 스스로 기수와 우수의 각 수를 머금고 있기 때문이다.

1.3 도서총수설 圖書總數說

1.3.1

하도의 1부터 10까지의 수는 자리에 따라 나뉘고 통솔함에 의해 합해져서 한 용마(龍馬)의 등에 하나의 원도(圓圖)가 되었으니, 이는 태극한 이치가 밝게 드러나는 것 아님이 없는 것이다.[81] 홀수는 반드시 짝수가 있고 짝수는 반드시 홀수에 짝이 되는 것은 태극이 나뉘어 음과 양의 양의가 된 것이고, 1·2·3·4·5가 생수가 되고 6·7·8·9·10이 성수가 된 것은 음·양이 나뉘어 오행이 된 것이다.[82]

그 수가 강(綱)이 있고 목(目)이 있으니, 1이 하나의 강이 되고, 2가 하나의 강이 되고, 3이 하나의 강이 되고, 4가 하나의 강이 되고, 5가 하나의 강이 되고, 6이 하나의 강이 되고, 7이 하나의 강이 되고, 8이 하나의 강이 되고, 9가 하나의 강이 되고, 10이 하나의 강이 되어서 이것을 아울러 열 개의 강이 되는 것은 하도 수의 강이다. 이것은 55개의 목을 가지고 그 원수(元數)를 든 것이다. 1은 자연히 목을 겸하고,

81 하도의…………것이다 : 복희(伏羲) 때 황하에서 용마(龍馬)가 그림을 지고 나왔는데, 이를 보고 그려진 무늬, 즉 하도(河圖)를 보고 팔괘(八卦)를 그었다고 하는데, 하도가 둥근 것은 소옹(邵雍)이 "둥근 것은 하도의 수이고 네모난 것은 낙서의 무늬이다.〔蓋《圖》者, 《河圖》之數; 方者, 《洛書》之文.〕"라고 하였고, 주자가 "하도는 이미 사우(四隅)가 없으니 낙서에 비해 본디 둥글다.〔《河圖》旣無那四隅, 則比之《洛書》固亦爲圓矣.〕"라고 하였다. 《性理大全書 易學啓蒙 本圖書》

82 홀수는……것이다 : 《주역》 〈계사전 상(繫辭傳上)〉에 "역에 태극이 있으니 이것이 양의를 낳는다."라고 하였고, 주돈이(周敦頤)의 〈태극도설(太極圖說)〉에 "양이 변하고 음이 합하여 수·화·목·금·토를 낳는다."라고 하였다. 주자는 '하늘이 1로 물을 낳으면 땅이 6으로 이루어 준다'는 등으로 설명하였다.

2는 두 개의 목이 있고, 3은 세 개의 목이 있고, 4는 네 개의 목이 있고, 5는 다섯 개의 목이 있고, 6은 여섯 개의 목이 있고, 7은 일곱 개의 목이 있고, 8은 여덟 개의 목이 있고, 9는 아홉 개의 목이 있고 10은 열 개의 목이 있어서 이것을 아울러 55개의 목이 되는 것은 하도 수의 목이니, 이것은 10개의 강을 가지고 그 실제를 모은 것이니, 열 개의 강 가운데에 하나의 강도 줄일 수가 없으며, 55개의 목 가운데에 하나의 목도 줄일 수가 없는 것이다.[83]

무릇 수가 되는 것은 또 반드시 어미가 있으면 자식이 있게 마련이다. 본수(本數)가 어미가 되고 용수(用數 사용하는 수)가 자식이 되니, 하도 수의 열 개의 강을 가지고 말하면 1의 강에는 자연히 1의 1, 1의 2, 1의 3, 1의 4, 1의 5, 1의 6, 1의 7, 1의 8, 1의 9, 1의 10이 있으며, 2의 강에는 또한 2의 1, 2의 2, 2의 3, 2의 4, 2의 5, 2의 6, 2의 7, 2의 8, 2의 9, 2의 10이 있으며, 3 이하 3·4·5·6·7·8·9·10의 강에도 각자 1에서부터 10에 이르는 용수가 있지 않은 것이 없다. 이는 강이 되는 열 개의 본수는) 바로 어미의 수가 되고, 부연하여 지극히 해서 또 본수마다 각자 있는 열 개의 수는 바로 그 자식이 수가 되는 것이 아니겠는가. 열 개의 강수가 또 열 개의 어미 수가 되어서 이미 각자 1부터 10까지의 자식의 수가 있으니, 그렇다면 그 실제를 모으면 또 마땅히 각각 55개의 목수가 있는 것이다. 그렇다면 열 개의 10은 바로 100이니 이는 자식의 수의 강수요, 열 개의 55는 바로 550이니 이는 자식 수의 목수(目數)이다. 그렇다면 제일 먼저 1에서 순서를 따라 더하여 10에 이르는 것은 바로 하도의 법이니, 마침내 이 법을 따라 잇따라 더하여 10을 한 단위로 하여 10단위에 이르면 바로 100이

83 그 수가……것이다 : 강(綱)과 목(目)에 대한 설명은 위의 〈도서발휘〉에 상세하게 보인다. 해당 편 각주 6) 참고.

되고, 또 100을 한 단위로 하여 10단위에 이르면 바로 1,000이 되는 것이다.

연달아 이 방법을 사용하여 잇따라 더하여 모으면 그 만(萬)·억(億)·조(兆)·경(京)·자(秭1024)·해(垓10^{20})·양(壤10^{28})·간(澗10^{36})·정(正10^{40})·재(載10^{44})가 되어서 땅에 다 실을 수 없는 많음에 이르는 것도 모두 이 법을 미루어 간 것이다. 그렇다면 열 개의 강과 55개의 목은 다만 용마의 등에 실려 있는 것일 뿐이요, 그 종(縱)으로 미루고 횡(橫)으로 미루어서 자연 무궁한 변화가 있는 것은 모두 이 수에서 나온 것이니, 이는 또 우리들이 모르면 안 되는 것이다.

또 수가 1에서 2·3·4·5가 되어서 다한다. 천하 사물의 이치가 반드시 중앙에 이르러 지극하니, 5의 수가 처한 것이 하도의 중앙에 있다. 그러므로 5가 마땅히 수의 다함이 되는 것이다. 이 때문에 방위에는 동·서·남·북과 중앙이 있어서 다섯이 되고, 색깔에 있어서는 청(青)·황(黃)·적(赤)·백(白)·흑(黑)이 있어서 다섯이 되고, 소리에 있어서는 궁(宮)·상(商)·각(角)·치(徵)·우(羽)가 있어서 다섯이 되고, 냄새에 있어서는 비린내·누린내·향내·탄내·썩은 내가 있어서 다섯이 되고, 맛에 있어서는 신맛·쓴맛·단맛·매운맛·짠맛이 있어서 다섯이 되고, 장기에 있어서는 심장·간장·비장·폐장·신장이 있어서 다섯이 되고, 성에는 인·의·예·지·신이 있어서 다섯이 되니, 이는 오행에서 수를 취하지 않음이 없는 것이다.[84]

84 이 때문에……것이다 : 장현광은 이기음양(理氣陰陽)과 오행상생(五行相生)에서 5가 가지는 의미에 대해서 다음과 같이 설명하였다. "하늘은 아버지의 도(道)가 되고 땅은 어머니의 도가 되니, 법(法)과 상(象)이 서로 응하며 이기(二氣)와 오행(五行)이 차례로 운행하여 떠다니는 기(氣)가 서로 교착하고 조화가 생겨나서 온갖 종류가 생기고 생기니, 이것을 물(物)이라고 한다. 물은 리(理)와 기(氣)를 받아 형(形)과 기(器)로 나누어진 명칭이니, 품부 받은 기운이 빼어나고 이치를 얻은 것이 온전하여 천지의 사이에 자리하고 만물의 위에 우두머리인 것을 사람이라 한다. 안으로 오장(五臟)이

그렇다면 하도의 수가 또 5의 뒤에 반드시 6·7·8·9·10의 다섯 수가 있는 것은 어째서인가. 이는 성수를 가지고 생수에 부합한 것이다. 그러므로 다섯 생수는 바로 하도의 본수인데, 다섯 성수에 이르면 이는 바로 5 뒤의 다섯이니, 6은 바로 5 뒤의 1이고, 7은 바로 5 뒤의 2이고, 8은 바로 5 뒤의 3이고, 9는 바로 5 뒤의 4이고, 10은 바로 5 뒤의 5인 것이다. 그렇다면 6·7·8·9·10도 또한 단지 전오(前五)의 1·2·3·4·5인 것이니, 이는 상오(上五)가 수의 근본이 되고 그 뒤의 6·7·8·9·10은 상오의 용(用) 아님이 없는 것이다. 그러므로 수가 1에서 시작하여 5에서 다한 것이다.

10은 두 개의 5이고 100은 두 개의 50이고 550은 열 개의 55이다. 6은 5 뒤의 1이 되므로 1과 6이 방위를 함께하여 북쪽이 되고, 7은 5 뒤의 2가 되므로 2와 7이 방위를 함께하여 남쪽이 되고, 8은 5 뒤의 3이 되므로 3과 8이 방위를 함께하여 동쪽이 되고, 9는 5 뒤의 4가

있어 오행의 질(質)에 응하는 것을 심(心)·간(肝)·비(脾)·폐(肺)·신(腎)이라 하며, 위에 일곱 구멍이 있어 광(三光)의 상(象)에 응하는 것을 이(耳)·목(目)·구(口)·비(鼻)라 한다……귀로 오성(五聲)을 분별하고 눈으로 오색(五色)을 분별하고 입으로 오음(五音)을 내고 코로 오취(五臭)를 분별하고 손으로 오륜(五倫)을 다스리고 발로 오방(五方)을 밟는데, 오직 이른바 신(神)이 방촌(方寸 마음)에 머물러 있다는 것이 사장(四臟)의 영(靈)을 통솔하고 육부(六腑)의 기관을 관장하며 오상(五常)의 덕을 갖추고 칠정(七情)의 쓰임을 내며 이·목·구·비의 기능을 통일하고 사지(四肢)와 백해(百骸)의 법칙을 표준으로 삼아서 마침내 천지의 도에 참여하고 만물의 이치에 응하여 인극(人極)을 세우고 일신(一身)을 주장한다. 그러므로 이것을 마음〔心〕이라 한다.〔天爲父之道, 地爲母之道, 法象相應, 二五迭運, 遊氣錯綜, 造化胚胎, 而萬類生生焉, 是曰"物". 物者, 受理氣分形器之名, 惟其稟氣之秀, 得理之全, 而位乎天地之間, 首乎萬類之上者, 是曰"人". 內而五臟, 應五行之質, 曰"心、肝、脾、肺、腎"; 上而七竅, 應三光之象曰"耳、目、口、鼻".……五聲, 目辨五色, 口出五音, 鼻辨五臭, 手治五倫, 足履五方, 而惟其所謂'神之宅乎方寸者', 統四臟之靈, 管六腑之機, 具五常之德, 出七情之用, 齊耳目口鼻之司, 準四肢百骸之則. 乃有以參天地之道, 應萬物之理, 立此人極, 主乎一身, 故曰"心".〕《旅軒集 卷6 學部名目會通旨訣》

되므로 4와 9가 방위를 함께 하여 서쪽이 되고, 10은 5 뒤의 5가 되므로 5와 10이 방위를 함께 하여 중앙이 된 것이다. 또 1은 노양의 자리가 되고 9는 노양의 수가 되므로 1과 9가 합하여 10이 되며, 2는 소음의 자리가 되고 8은 소음의 수가 되므로 2와 8이 합하여 10이 되며, 3은 소양의 자리가 되고 7은 소양의 수가 되므로 3과 7이 합하여 10이 되며, 4는 노음의 자리가 되고 6은 노음의 수가 되므로 4와 6이 합하여 10이 되는 것이다.[85]

9는 생수인 1·3·5가 쌓인 것이요, 6은 생수인 2와 4가 쌓인 것이니, 이는 성수의 이노(二老 노음과 노양)의 쌓음이 모두 생수에서 나온 것이며, 7은 생수인 3과 4가 쌓인 것이요, 8은 생수인 1·2·5가 쌓인 것이니, 이는 성수의 이소(二少 소양과 소음)의 쌓음이 모두 생수에서 나온 것이다. 4와 5가 쌓인 경우에도 9가 되고 1·2·3이 쌓여도 6이 되지만 이는 순수한 기수와 순수한 우수가 쌓인 것이 아니어서 9에 4의 음수가 섞여 있고 6에 1과 3의 양이 있으니, 그렇다면 그 쌓임이 바른 것이 아니다.[86]

2와 5가 쌓여도 7이 되고 1과 3·4가 쌓여도 8이 되니, 그 이소(二少)에 있어서는 음·양이 뒤섞여 있는 것은 굳이 말할 것이 못 된다. 그리고 소양의 7이 노음에서 나왔기 때문에 3과 4, 2와 5로서 모두 두 자리

85 또……것이다 : 음양(陰陽)에서 사상(四象)이 나뉘어질 때, 자리는 1이 노양(老陽) 2가 소음(少陰), 3이 소양(少陽), 4가 노음(老陰) 4의 순서인데, 수를 가지고 논하면 노양은 9, 소음은 8, 소양은 7, 노음은 6에 해당함을 가리킨다.

86 4와……아니다 : 노양의 수 9는 양수만의 합이 되어야 하고, 노음의 수 6은 음수만의 합이 되어야 한다는 것이다. 《탁계집(濯溪集)》〈매원산록(梅園散錄)〉에 "9는 1, 3, 5가 누적된 것인데, 누적된 것이 순수한 기수(奇數)이므로 노양이 되었고, 6은 2, 4가 누적된 것인데 누적된 것이 순수한 우수(耦數)이므로 노음이 되었다.〔蓋九則一、三、五之積, 而所積純奇, 故爲老陽; 六則二、四之積, 而所積純耦, 故爲老陰.〕"라고 보인다.

의 쌓임을 취한 것이 노음과 같으며, 소음의 8이 노양에서 나왔기 때문에 1·2·5와 1·3·4로서 모두 세 자리의 쌓임을 취한 것) 노양과 같은 것이다.

또 하도의 수의 남과 북이 상대하고 동과 서가 상대한 것은 진실로 오행의 상극을 가지고 말한 것이다.[87] 그러나 수를 가지고 말하면 1과 2, 3과 4는 모두 생수를 가지고 서로 차례한 것이고, 6과 7, 8과 9는 모두 성수를 가지고 서로 차례한 것이다. 이 가운데에 오직 5와 10은 서로 차례한 것이 아닌데, 모두 생수와 성수 두 수의 끝이 된다. 그러므로 사방의 중앙에 있는 것이다.

하도의 수가 북에서 동으로 가고, 동에서 남으로 가고, 남에서 중앙으로 가고, 중앙에서 서로 가고, 서에서 북으로 가고, 북에서 또 동으로 간 것으로 말하면 진실로 오행의 상생을 가지고 말한 것이다.[88] 그러나 수를 가지고 말하면 1과 3, 2와 4는 모두 생수의 두 홀수와 두 짝수를 가지고 서로 차례한 것이며, 6과 8, 7과 9는 모두 성수의 두 짝수와 두 홀수를 가지고 서로 차례한 것이며, 5와 10으로 말하면 생수와 성수의 홀수와 짝수 가운데에 있으므로[89] 마침내 사방에서 함께 귀숙(歸宿)하는 바가 된 것이다. 낙서의 수에 이르러서는 1부터 9에 끝나는 수가

87 또……것이다 : 《역학계몽》에 "대대(對待)하는 자리는 북쪽의 1·6 수(水)가 남쪽의 남쪽의 2·7 화(火)를 이기고, 서쪽의 4·9 금(金)이 동쪽의 3·8 목(木)을 이긴다.〔對待之位則北方一、六水, 克南方二、七火, 西方四、九金, 克東方三、八木.〕"라고 하였다.

88 하도의……것이다 : 북(1·6)에서 동(3·8)은 수생목(水生木)이고, 동에서 남(2·7)은 목생화(木生火)이고, 남에서 중앙(5·10)은 화생토(火生土)이고, 중앙에서 서(4·9)는 토생금(土生金)이고, 서에서 북은 금생수(金生水)이다. 〈도서발휘〉1.1.4절 각주 22) 참고.

89 생수와……있으므로 : 양은 나아감을 위주하여 9가 노양이 되고 음은 물러남을 위주하여 6이 노음이 되므로 생수와 성수의 홀수에서는 5가 가운데에 있고 짝수에서는 10이 가운데에 있다고 한 듯하다.

홀수는 정방(正方)에 있고, 짝수는 네 모퉁이에 있어서 거북 등의 위에 한 방도(方圖)가 된 것도 또한 모두 태극의 한 이치가 밝게 드러난 것이다.

태극은 바로 한 이치인데 말〔馬〕은 열 군데에 둥글게 있고, 거북〔龜〕은 아홉 군데에 네모져서 그 생김새가 똑같지 않은 것은 어째서인가. 하도는 이로써 음과 양의 홀수와 짝수가 병행함을 보인 것이요 낙서는 음과 양의 홀수와 짝수가 자리를 다르게 함을 보인 것이다. 그러니 덕(德)으로 말하면 병행하지 않을 수가 없고 도(道)로 말하면 자리를 구별하지 않을 수가 없으니, 이것은 바로 또한 한 이치의 자연함이다. 또 그 홀수가 있고 짝수가 있어서 서로 없을 수 없는 것은 또한 양의요, 그 우선(右旋)하여 상극(相克)해서 하도에 좌선(左旋)하여 상생하는 것과 다른 이유는 또한 오행이다.

그 강은 9에 그치고 그 목은 45에 그치는데 9개의 강에서 한 자리도 줄일 수가 없고, 45개의 목에서 한 점도 줄일 수가 없으니, 그렇다면 하도의 수와 같은 것이다. 그리고 여기에도 또한 어미의 수가 있으면 반드시 자식의 수가 있어서, 아홉 개의 강의 수마다 또 각각 45의 수가 있는데 이것을 아우르면 405가 되니, 이는 낙서 수의 자식의 수이다.

수가 반드시 5에 이르러 다하므로 낙서의 수 또한 5가 중앙에 있고, 사정(四正)과 사우(四隅)가 중앙의 5에 돌아와 향하지 않음이 없는 것이다. 1·3의 두 홀수는 5의 앞에 있기 때문에 아래와 왼쪽에 있고, 7·9의 두 홀수는 5의 뒤에 있기 때문에 위와 오른쪽에 있으니, 이는 5를 따라 상하와 좌우가 되지 않음이 없는 것이다. 2는 7과 짝이 되고 4는 9와 짝이 되므로 낙서의 왼쪽 어깨와 오른쪽 어깨가 되며, 6은 1과 짝이 되고 8은 3과 짝이 되므로 함께 낙서의 왼발과 오른발이 되는 것이다. 그러니 이는 홀수의 곁에서 5를 옹위(擁衛)하지 않음이 없는 것이니, 5가 수의 주장이 되는 것이 이 또한 하도의 수와 차이가 없는

것이다.[90]

하도의 수에 있어서 홀수와 짝수가 방위를 함께한 것은 낙서의 수에 있으면 정방위와 측방(側方)의 구별이 있고, 하도의 수에 있어서 사우의 빈 자리가 있는 것은 낙서의 수에 있어서 왼쪽과 오른쪽의 어깨와 발이 있는 것이다. 하도의 수에 있어서 5를 포함한 10이 되는 것은 낙서의 수에 있어서는 그 자리가 없어서 반드시 사정과 사우가 상대하기를 기다린 뒤에야 10이 비로소 이루어지는 것이다. 하도의 수에 있어서는 성수의 6·7·8·9가 모두 생수가 쌓임으로 인하여 이루어지고, 낙서의 수는 생수와 성수를 구분하지 않고 오직 정방위와 측방이 있을 뿐이다. 그러므로 굳이 쌓임을 말하지 않아도 쌓임이 이 가운데에 있는 것이다.

낙서의 수가 북쪽에서 서쪽으로 가고, 서쪽에서 남쪽으로 가고, 남쪽에서 동쪽으로 가고, 동쪽에서 중앙으로 가고, 중앙에서 또다시 북쪽으로 간 것은 비록 오행이 상극하는 순서이나[91] 그 또 북쪽에서 동쪽으로 간 것은 수(水)가 목(木)을 낳은 것이요, 동쪽이 서쪽을 상대하는

90 홀수의……것이다 : 주자는 "하도의 1·2·3·4는 각각 5의 상의 본래 방위인 중앙의 밖에 거하고 6·7·8·9·10은 또 각각 5를 인하여 수를 얻어 생수의 밖에 붙어 있다. 낙서의 1·3·7·9도 각각 5의 상의 본래 방위 밖에 거하고 2·4·6·8은 또 각각 종류에 따라 홀수의 곁에 붙어 있다. 이는 중앙에 있는 것이 주인이 되고 밖에 있는 것이 손님이 되며, 정방위에 있는 것이 군주가 되고 측방(側方)에 있는 것이 신하가 된 것이니, 또한 각각 조리가 있어 문란하지 않다.〔《河圖》之一、二、三、四各居其五象本方之外, 而六、七、八、九、十者又各因五而得數, 以附於其生數之外. 《洛書》之一、三、七、九亦各居其五象本方之外, 而二、四、六、八者又各因其類以附於奇數之側. 蓋中者爲主而外者爲客, 正者爲君而側者爲臣, 亦各有條而不紊也.〕"라고 하였다. 《性理大全書 易學啓蒙 本圖書》

91 낙서의……순서이나 : 북(6)에서 서(7)는 수극화(水克火)이고, 서에서 남(9)은 화극금(火克金)이고, 남에서 동(3)은 금극목(金克木)이고, 동에서 중앙(5)은 목극토(木克土)이고, 중앙에서 북은 토극수(土克水)이다.

것은 목(木)이 화(火)를 낳은 것이요, 서쪽에서 중앙으로 간 것은 화(火)가 토(土)를 낳은 것이요, 중앙에서 남쪽으로 간 것은 토(土)가 금(金)을 낳은 것이요, 남쪽이 북쪽을 상대한 것은 금(金)이 수(水)를 낳은 것이니, 상생의 의의가 일찍이 이 사이에 들어있지 않음이 없는 것이다.

1.3.2

하도의 1부터 10까지의 수를 실제를 모아 총계를 내면 모두 55이니, 이는 바로 천지 자연의 수이다. 그 무릇 쓰임〔用〕에 들어가는 수에는 마땅히 하도의 수와 부합하지 않는 것이 없어야 하는데, 오행으로 하도의 수를 말하면 1·2·3·4·5는 그 생수이고 6·7·8·9·10은 그 성수이며, 1과 6이 수(水)가 되고, 2와 7이 화(火)가 되고, 3과 8이 목(木)이 되고, 4와 9가 금(金)이 되고, 5와 10이 토(土)가 되니, 그렇다면 1부터 10에 이르는 수가 모두 쓰임에 들어가는 가운데에 있어서 남는 수가 없는 것이다.

만약 양의로 하도의 수를 말하면 1·3·5·7·9는 양이 되고, 2·4·6·8·10은 음이 되어서 홀수와 짝수가 각각 다섯이어서 또한 남는 수가 없다. 만약 사상으로 하도의 수를 말하면 1은 노양의 자리가 되고 9는 노양의 수가 되며, 2는 소음의 자리가 되고 8은 소음의 수가 되며, 3은 소양의 자리가 되고 7은 소양의 수가 되며, 4는 노음의 자리가 되고 6은 노음의 수가 되니, 그렇다면 5와 10은 남는 수가 되는 것이다.

팔괘로 하도의 수를 말하면 1은 건(乾)의 자리가 되고, 2는 태(兌)의 자리가 되고, 3은 리(離)의 자리가 되고, 4는 진(震)의 자리가 되고, 5는 손(巽)의 자리가 되고, 6은 감(坎)의 자리가 되고, 7은 간(艮)의 자리가 되고, 8은 곤(坤)의 자리가 되니,[92] 그렇다면 9와 10은 남는 자리가 되는 것이다. 또 실제를 모은 55의 수는 만약 대연(大衍)의 수에 대하여 말하면 대연의 수가 다만 50이 되어서 나머지 5가 남는 것이 되며,[93] 대성괘(大成卦)인 64괘에 대하여 말하면 9(64-55)가 남는 수가 된다.

그리고 효(爻)의 수인 384로 말하면 하도와 낙서의 온전한 수를 아울러 100(55+45)인 것에 대하여 그 남는 것이 284에 이르는 것은 어째서인가. 저 혹 남는 것이 없고, 혹 남는 것이 있는 이유는 어째서인가. 이는 남는 것 없이 하도와 부합하는 것은 체(體)의 수이고, 혹 남거나 혹 부족하여 부합하지 않음이 있는 것은 용(用)의 수인 것이다. 오행과 양의는 수의 온전함을 얻었으니 이 때문에 남는 것이 없고, 사상과 팔괘는 수의 용을 얻었으니 이 때문에 남는 것이 있는 것이다.

사상은 양의에서 가배(加倍)하여 노소의 음·양이 되었다. 그러므로 노소 음·양의 자리가 노음의 자리 4에 그쳐서 하도의 수 5가 남는 것이 되고, 노소 음·양의 수가 노양의 수 9에 그쳐서 하도의 수 10이

92 팔괘를……되니 : 이는 팔괘가 생성되는 순서로 자리를 말한 것이다. 태극이 양의(兩儀)를 낳고, 양의에 각각 기(奇)와 우(耦)의 획을 가하여 사상(四象)이 되는데, 양의(陽儀 ⚊)에서 생성된 태양(太陽 ⚌)과 소음(少陰 ⚍)이 각각 첫 번째와 두 번째이고 음의(陰儀 ⚋)에서 생성된 소양(少陽 ⚎)과 태음(太陰 ⚏)이 각각 세 번째와 네 번째이다. 같은 방식으로 사상에 각각 기와 우의 획을 가하여 팔괘가 되면 태양에 생성된 건(☰)과 태(☱)가 각각 첫 번째와 두 번째이고 이어 리(☲)·진(☳)·손(☴)·감(☵)·간(☶)·곤(☷)의 순서가 된다. 〈역괘총설〉 2.1.1절과 2.1.11절 참조.

93 실제를……되며 : 《주역》 〈계사전 상〉에 "대연의 수가 50이다."라고 보이는데, 주자는 "대연의 수가 50이라는 것은 하도의 중궁(中宮)에 있는 하늘의 수 5에 땅의 수 10을 곱하여 얻은 것이다."라고 풀이하였다. 주자는 또 '5를 부연하여 각각 그 수를 끝까지 미루어 10에 이른 것'이라 하고, "하도의 모은 수는 55인데, 그 중 50이 된 수들은 모두 5를 인한 뒤에 얻은 것이며, 오직 5는 50이 인하는 바가 되고 자신은 인하는 바가 없다. 그러므로 이 5를 비우면 다만 50이 된다.〔《河圖》積數五十五, 其五十者皆因五而後得, 獨五爲五十所因而自無所因, 故虛之則但爲五十.〕"라고 하였다. 《周易傳義》, 《性理大全書 易學啓蒙 明蓍策》

남는 것이 되는 것이다. 그러나 1과 9가 10이 되고, 2와 8이 10이 되고, 3과 7이 10이 되고, 4와 6이 10이 되어서 일찍이 10이 없지 않으며, 10이 있어서 5가 이 가운데에 들어 있으니 또한 일찍이 5가 없지 않은 것이다.

팔괘가 사상에서 가배하여 이루어지면 그 수가 4를 가배하여 8이 되는 것은 자연히 그렇지 않을 수가 없는 것이다. 그러나 그 획은 양획(陽畫 ━)은 획의 수가 홀수(1)이고 음획(陰畫 ╍)은 획의 수가 짝수(2)여서 건(乾 ☰ 3획)이 곤(坤 ☷ 6획)과 상대하면 9가 되고, 태(兌 ☱ 4획)가 간(艮 ☶ 5획)과 상대하면 9가 되고, 리(離 ☲ 4획)가 감(坎 ☵ 5획)과 상대하면 9가 되고, 진(震 ☳ 5획)이 손(巽 ☴ 4획)과 상대하면 9가 되며, 그 자리는 건 1이 곤 8과 상대하면 9가 되고, 태 2가 간 7과 상대하면 9가 되고, 3 리가 감 6을 상대하면 9가 되고, 진 4가 손 5를 상대하면 9가 되니, 그렇다면 팔괘에 일찍이 9가 없지 않은 것이다. 그리고 양획의 수를 모두 합하면 12가 되고 음획의 수를) 모두 합하면 12가 되어서 팔괘의 획을 아울러 24획이 되니, 그렇다면 또한 팔괘에 일찍이 10이 없지 않은 것이다.

그렇다면 사상과 팔괘도 모두 남는 수가 없는 것이니, 이는 낙서의 수에 비록 10과 15의 자리가 없으나 사방과 사우의 수를 상대하여 모두 10이 되고 중앙의 5를 아우르면 또 각각 15가 되는 그 묘한 이치와 똑같은 것이다.

대연의 수에 5가 부족한 것과 64괘에 9가 남는 것과 384효에 284가 남는 것으로 말하면 모두 하도와 낙서의 원수(元數)에 근본하여 활용을 취한 것이다. 남는 것은 남게 하려는데 뜻을 둔 것이 아니요, 부족한 것은 부족하게 하려는데 뜻을 둔 것이 아니요, 모두 자연의 형세를 인하여 남고 부족한 것이니, 그 이치는 똑같다. 그러므로 사용하는 수가 천·만·억·조의 무궁한 변화에 이르는 것이 어찌 모두 하도와 낙서의 수로 통할 수 있는 것이 아니겠는가.

혹자가 말하였다. "하도와 낙서가 나오기 전에는 이른바 수라는 것이 없었습니까?" 이에 내가 대답하였다. "물건은 한 가지 물건만 있는 것이 아니라서 만 가지 종류가 있음에 이르고, 때는 한 때만 있는 것이 아니라서 만 가지 변화가 있음에 이르니, 하늘과 땅이 있은 이래로부터 어찌 수가 없겠는가. 서계(書契)가 있기 전에는 노끈을 맺어 표시함이 있었으니 노끈을 맺은 것도 어찌 또한 수를 사용하지 않았겠는가. 사람이 한 아버지와 어머니에게서 태어난 자는 모두 형과 아우가 되니 그렇다면 형과 아우도 반드시 수가 있는 것이요, 한 경계에서 거주하는 자는 모두 같은 무리가 되니 그렇다면 무리 역시 반드시 수가 있는 것이니, 어찌 홀로 사람뿐이겠는가. 만물이 모두 그러하다.

하루에는 낮과 밤이 있고 한 달에는 그믐과 초하루가 있고 철에는 봄·여름·가을·겨울이 있으니, 그렇다면 또한 어찌 나눔이 없고 수가 없을 수 있겠는가. 형제 몇 사람이 섭제(攝提)의 해에서 시작하여 대가 몇 년이 지났다고 말한 것[94]에 이르러는 그 인물의 수와 간지의 수가 있음을 알 수 있는 것이다. 다만 그 자연의 수가 하늘과 땅에서 나와서 분명하게 차서(次序)의 시(始)와 종(終)이 있으니, 이를 어지럽힐 수 없다는 것을 하도와 낙서가 있고 나서 더욱 증험할 수 있게 되었다."

94 형제……말한 것 : 섭제(攝提)는 고갑자로 인(寅)을 가리키는바, 섭제년은 천지가 처음 생긴 해를 가리킨다. 《십팔사략(十八史略)》〈태고(太古)〉에 "천황씨(天皇氏)는 목덕(木德)으로 왕이 되었는데 섭제년에 일어나서 무위(無爲)로 사람들이 감화가 되었으니, 형제 12명이 각각 1만 8천 세를 누렸고, 지황씨(地皇氏)는 화덕(火德)으로 왕이 되었으니, 형제 11명이 또한 각각 1만 8천 세를 누렸으며, 인황씨(人皇氏)는 형제 9명이 구주(九州)를 나누어 다스렸으니, 모두 150세(世) 도합 4만 5천 6백년이다. 〔天皇氏以木德王, 歲起攝提, 無爲而化, 兄弟十二人, 各一萬八千歲, 地皇氏, 以火德王, 兄弟十一人, 亦各一萬八千歲, 人皇氏, 兄弟九人, 分長九州, 凡一百五十世, 合四萬五千六百年.〕"라고 하였다.

여헌성리설

제2권

易卦總說
역괘총설

2.1 역괘총설 易卦總說

2.1.1

우주(宇宙)란 이름은 사람에게서 나왔으니, 우주의 사이에 있는 사람들이 상하와 사방을 가리켜 말하기를 우(宇)라 하고, 또 지나간 옛날과 지금과 미래를 가리켜 말하기를 주(宙)라 하였다.[1] 그렇다면 이른바 우주라는 것은 다만 이 하늘과 땅 가운데를 근거하여 말한 것이다. 이것을 가지고 인식해 보면 사람들이 말하는 우주는 바로 이 우주이니, 그렇다면 반드시 이 우주의 이전이 있었을 것이다. 반드시 이 우주의 이전이 있었다고 한다면 그 이른바 이 우주의 이전이라는 것은 어떠한 것인가.

우주가 있고 나서 또다시 우주가 있는 것은 하루 앞에 또 하루가 있고 한 해 앞에 또 한 해가 있는 것과 같다.[2] 그렇다면 우주의 이전에 태극이라는 이 리(理)는 과연 어느 때에 있었으며 과연 어느 땅에 있었는가. 우주의 이전에 있어서 우주의 이전이 되게 한 것도 진실로 이

1 우주란……하였다 : 우주에 대한 이 정의는 《회남자(淮南子)》〈제속훈(齊俗訓)〉에 보인다. 장현광은 "우주가 처음에 어찌 일찍이 우주라는 명목(名目)이 있었겠는가. 이것은 바로 우리 인간이 우러러 천문을 관찰하고 굽어 지리를 살펴서 리(理)와 기(氣)의 자연스러움을 알고는 상하와 사방과 지나간 옛날과 지금과 미래의 원래의 틀〔範〕을 지목하여 우주라고 명칭한 것이다."라고 하였다. 《旅軒續集 卷6 究說》

2 우주가……같다 : 장현광은 우주의 시간이 순환한다는 소옹(邵雍)의 설을 따르고 있다. 2.1.12절에서 원(元)·회(會)·운(運)·세(世)의 운행이 마치 고리를 도는 것처럼 끝이 없다고 하였다.

태극의 리이고, 이 우주의 가운데에 있어서 이 우주가 되게 한 것도 또한 이 리이며, 이 우주가 있은 뒤에 뒤의 우주로 하여금 다시 이 우주와 같게 하는 것도 다른 리가 아니고 바로 이 한 태극의 리이다.[3]

또 이것을 가지고 인식해보면 이미 우주가 있었으면 우주의 이전은 마땅히 아직 우주가 있지 않았을 때이니, 이른바 우주가 아직 있지 않았다는 것은 다만 지금의 우주를 근거하여 말했을 뿐이다. 어찌 이 우주가 바로 처음으로 있는 우주라고 생각하여 그 이전에는 전혀 우주가 없다고 말할 수 있겠는가. 그렇다면 아직 우주가 있지 않았을 때로부터 우주가 있은 이래에 이르기까지 무릇 잠시도 정체할 수 없는 것은 일〔事〕이고, 무릇 한 곳에도 없을 수 없는 것은 물건〔物〕이다.

일이라는 것은 작위〔爲〕가 있는 것의 이름이고 물건이라는 것은 형체가 있는 것의 이름이다.[4] 일이 있기 때문에 물건이 있고 물건이 있기 때문에 일이 있어서, 일과 물건이 항상 서로 인(因)하여 그치지 않으니, 이것이 바로 우주가 되는 도이다. 만약 전혀 일이 없고 물건이 없다면 그 어찌 우주가 있겠는가. 이 리가 일에 있는 것을 도(道)라 하고, 이 리가 물건에 있는 것을 성(性)이라 한다. 형이하(形而下)인 것을 일이라 하고 물건이라 하며, 형이상(形而上)인 것을 도라 하고

3 그 우주의……리이다 : 주자(朱子)는 "태극은 상수가 나타나기 전에 그 리가 이미 갖추어진 것의 명칭이다.〔太極者, 象數未形而其理已具之稱.〕" 하고 또 "천지가 있기 이전에 필경 먼저 이 리가 있다."라고 하였다. 《近思錄 卷1 道體》 장현광은 "무극이면서 태극인 리는 하늘과 땅과 만물의 형체의 유무에 관계하지 않고 항상 있고 다하지 않아서 마침내 하늘과 땅과 만물로 하여금 이 가운데 무에서 유가 되고 유에서 무가 되게 하여 무와 유가 또한 무궁하게 한다."라고 하였다. 《旅軒集 卷六 老人事業》

4 일이라는……이름이다 : 장현광은 "우주의 사이에 은미하고 드러남과 크고 작은 것을 구분하지 않고 모든 작위(作爲)하는 것을 일이라 하며, 크고 작음과 귀하고 천한 것을 구분하지 않고 모든 형기(形氣)가 있는 것을 물건이라 한다."라고 하였다. 《旅軒續集 卷6 究說》

성이라 한다. 진실로 일의 밖에 도가 없고 도의 밖에 일이 없으며, 물건의 밖에 성이 없고 성의 밖에 물건이 없는 것이다. 진실로 이 태극의 리가 있기 때문에 이 도가 되고 이 성이 되며, 진실로 이 도와 이 성이 있기 때문에 이 일이 되고 이 물건이 되는 것이다.

이미 우주가 있다면 어찌 일과 물건이 없는 우주가 있겠는가. 이미 일과 물건이 있다면 또 어찌 도와 성이 없는 일과 물건이 있을 수 있겠는가. 이미 도와 성이 있다면 또 어찌 태극이 없는 도와 성이 있을 수 있겠는가. 그렇다면 우주가 우주가 된 것은 만사와 만물이 있기 때문이고, 만사와 만물이 일과 물건이 된 것은 이 도와 이 성이 있기 때문이고, 도와 성이 도가 되고 성이 된 것은 이 태극의 리가 있기 때문인 것이다. 일과 물건을 용납하는 것을 우(宇)라 하고 일과 물건을 만드는 것을 주(宙)라 하며, 일에 행하는 것을 도라 하고 물건에 부여한 것을 성이라 하며, 이 도와 이 성이 된 것을 태극의 리라 한다.

그렇다면 아직 우주가 있기 전에는 무슨 일이 있었으며, 팔황(八荒 팔방(八方)의 먼 곳)과 사해(四海)의 밖에는 무슨 물건이 있는가. 일은 정(精)하고 거칢과 미묘하고 드러남이 있고 물건은 크고 작음과 안과 밖이 있으니, 비록 아직 우주가 있기 전이라도 반드시 천지와 우주가 되는 도가 있었을 것이다. 하늘이 하늘이 되고 땅이 땅이 된 것이 모두 쌓이고 쌓인 뒤에 이루어진 것이다. 그 쌓고 쌓은 것이 바로 이른바 일이니, 우주가 있기 전에 어찌 일이 없다고 말할 수 있겠는가. 비록 팔황과 사해의 밖이라도 반드시 팔황을 싣고 사해를 거두는 법도가 있을 것이니, 팔황이 의지하는 바와 사해를 용납하는 바를 두고 어찌 물건이 없다고 말할 수 있겠는가. 그렇다면 항상 일이 있어 정체할 수 없게 하고 항상 물건이 있어 없을 수 없게 하는 것은 누가 그 주재가 되는가. 이는 바로 이른바 태극의 리이다.

이 리라는 것은 우주가 오고 감과 일과 물건이 시작하고 끝남에 한정

되지 않아 항상 존재하고 항상 한결같아서 일찍이 오고 감과 시작하고 끝남이 있지 않은 것이다. 그러므로 태극이라 한다. 태극이라는 것은 만사의 추뉴(樞紐)이고 만물의 근저(根柢)이니,[5] 어느 일이 조화(造化)보다 큰 것이 있으며 어느 물건이 하늘과 땅보다 더 큰 것이 있겠는가. 사람들은 모두 하늘과 땅이 물건을 만들어 냄이 조화인 것은 알지만 하늘을 만들고 땅을 만드는 것도 조화인 것은 알지 못하며, 사람들은 모두 하늘과 땅 사이의 만물이 물건인 것은 알지만 하늘과 땅도 물건인 것은 알지 못한다. 그렇다면 우주의 이전과 이후를 막론하고 무릇 작위하고 작위하는 것은 다 일이고, 무릇 존재하고 또 존재하는 것은 다 물건이다. 그 작위함이 그치지 않으므로 그 존재함이 무궁하다. 이는 바로 일과 물건이 서로 인(因)하는 것이다.

그 작위하고 또 작위하는 일은 어떤 때에도 정체할 수 없으며 존재하고 또 존재하는 물건은 어떤 때에도 없을 수 없는데, 그 추뉴가 되고 근저가 되는 것은 바로 태극인 이 리이다. 태극이 일의 추뉴가 되고 물건의 근저가 되는 기틀은 바로 음과 양 두 가지에 불과할 뿐이니, 《주역》[6]에 있어서는 기(奇 ━)와 우(耦 ╍)의 두 획이 이것이다. 《주역》이란 책은 이 리가 명(命)이 되고 성이 되고 도가 되는 것을 모방하

5 만사의……근저(根柢)이니 : 주자는 "상천(上天)의 일은 소리도 없고 냄새도 없으나 실로 조화의 추뉴이고 품휘(品彙 만물)의 근저이다. 그러므로 〈〈태극도설(太極圖說)〉에〉 '무극이면서 태극'이라 했다."라고 하였다. 《性理大全書 卷1 太極圖》

6 주역 : 원문은 역서(易書)이다. 〈역괘총설〉의 용례를 보면 장현광은 역의 이치를 실은 책으로서 말할 때는 역서 또는 역경(易經)이라 하고, 현행하는 책으로서 말할 때는 《주역》이라 하였다. 2.1.45절에 "역서가 되어서 역이란 이름이 있게 된 것은 복희가 팔괘를 그은 뒤에 시작된 것이다.……역이 이때에 책이 되어 세상에 행해진 것이다."라고 하였다. 또 2.1.35절에는 하(夏)나라 역인 《연산(連山)》과 상(商)나라 역인 《귀장(歸藏)》은 후세에 가탁하여 만든 것으로 믿을 수 없다고 하였다.

여 만든 것이다. 리는 진실로 우주가 있은 이래로 온갖 작위와 온갖 존재의 추뉴와 근저이니, 만약 변역(變易)하는 기틀이 없다면 어떻게 추뉴가 되고 근저가 되어서 하늘과 땅 사이의 일을 다하고 물건을 갖출 수 있겠는가. 이는 바로 한 번 음하고 한 번 양하는 것이 도가 되는 이유이다.

이 음·양을 나타낸 것이 바로 《주역》의 기와 우의 획이니, 이 때문에 기와 우의 두 획이 음·양의 요체를 다할 수 있고 음·양 두 가지가 《주역》의 묘리를 다할 수 있는 것이다. 그러므로 "한 번 음하고 한 번 양함을 도라고 한다."[7]라고 한 것이다. 그렇다면 역의 도가 어찌 음·양 두 가지에서 벗어나겠는가.

《주역》에 "태극이 양의(兩儀)를 낳았다."[8]라고 한 것은, 양의는 바로 이 음·양이니 처음에는 한 기와 한 우의 획일 뿐인 것이다. 기는 온전한 획이 되어 가운데가 충실하므로 이것을 기(奇)라고 하니, 기라는 것은 스스로 전일(專一)함의 이름이요, 우는 획을 나누어 가운데가 비었으므로 이것을 우(耦)라 하니, 우는 받드는 바가 있음의 이름이다. 만변 만화(萬變萬化)가 모두 이 한 기와 한 우를 말미암아 발동한다.

《주역》에 "양의가 사상(四象)을 낳았다."라고 한 것은, 양의(陽儀)의 위에 한 기의 획을 더한 것은 태양(太陽 ⚌)이 되고 한 우의 획을 더한 것은 소음(少陰 ⚎)이 되며, 음의(陰儀)의 위에 한 기의 획을 더한 것은 소양(少陽 ⚍)이 되고 한 우의 획을 더한 것은 태음(太陰

7 한 번……한다 : 이는 《주역》 〈계사전 상〉에 보이는데, 주자는 "음·양이 번갈아 운행함은 기(氣)이고, 그 리는 이른바 도라는 것이다."라고 하였다.

8 태극이 양의(兩儀)를 낳았다 : 이는 《주역》 〈계사전 상〉에 "역에 태극이 있으니, 태극이 양의를 낳고 양의가 사상을 낳고 사상이 팔괘를 낳았다.〔易有太極, 是生兩儀, 兩儀生四象, 四象生八卦.〕"라고 보인다.

☷)이 되는 것이다. 이것이 사상이다.

《주역》에 "사상이 팔괘를 낳았다."라고 한 것은, 태양의 위에 또 한 기의 획을 더한 것은 건(乾 ☰)이 되고 한 우의 획을 더한 것은 태(兌 ☱)가 되며, 소음의 위에 한 기의 획을 더한 것은 리(離 ☲)가 되고 한 우의 획을 더한 것은 진(震 ☳)이 되며, 소양의 위에 한 기의 획을 더한 것은 손(巽 ☴)이 되고 한 우의 획을 더한 것은 감(坎 ☵)이 되며, 태음의 위에 한 기의 획을 더한 것은 간(艮 ☶)이 되고 한 우의 획을 더한 것은 곤(坤 ☷)이 되는 것이다. 이는 팔괘이니, 바로 괘의 소성(少成)[9]이다.

또 팔괘의 위에 각각 한 기와 한 우의 획을 더한 것은 4획인 16이 되니, 바로 팔괘의 양의(兩儀)이고,[10] 4획인 16의 위에 각각 한 기와 한 우의 획을 더한 것은 5획인 32가 되니, 바로 팔괘의 사상이며, 5획인 32의 위에 각각 한 기와 한 우의 획을 더한 것은 6획인 64가 되는바, 바로 팔괘의 팔괘이다. 이는 바로 괘의 대성(大成)이니, 획을 받는 자리는 만(滿) 여섯 자리가 되고 괘는 64괘가 되고 효는 384효가 되어 만사와 만물의 변화를 이에 다할 수 있다.

그런데 사상이 되고, 팔괘가 되고, 4획인 16이 되고, 5획인 32가 되고, 6획인 64가 된 것이 한 기와 한 우의 획을 더함으로써 모두 이루어진다. 즉, 한 번 1배(倍)를 더한 것은 바로 한 번 변함이요, 여섯 번 변함을 거쳐 대성의 괘가 되니,[11] 한 번 변함으로부터 여섯 번 변함

9 소성(少成) : 일반적으로 小成이라 쓰며 이하 본문에서도 모두 小成으로 썼다. 팔괘를 소성괘(小成卦)라 한다.

10 팔괘의 양의(兩儀)이고 : 주자는 "제4획은 팔괘를 태극으로 삼아 다시 낳은 양의이다.〔第四畫者, 以八卦爲太極而復生之兩儀也.〕"라고 하였다. 《周易傳義大全 周易朱子圖說》

11 즉……되니 : 소옹은 6획의 대성괘를 이루는 것에 대하여 "1이 나뉘어 2가 되고

에 이른 것이 어찌 음·양을 벗어난 것이 있겠는가. 예컨대 하늘은 양을 주장하지만 하늘에는 본래 음·양이 있고 땅은 음을 주장하지만 땅에도 또한 본래 음·양이 있으며,[12] 그 사이의 만물이 각자 모두 음·양이 있다.

이는 다만 물건만 그러한 것이 아니다. 예컨대 세(歲 년(年))는 양을 주장하는데,[13] 1년 가운데 봄과 여름은 양이 되고 가을과 겨울은 음이 되며, 월(月)은 음을 주장하는데 한 달 가운데 보름 이전은 양이 되고 보름 이후는 음이 되며, 일(日)은 양을 주장하는데 하루 가운데 낮은 양이 되고 밤은 음이 되며, 시진〔辰〕은 음을 주장하는데 1시진 가운데 앞의 5각(刻)[14]은 양이 되고 뒤의 5각은 음이 되는 것이다. 또 각·분

2가 나뉘어 4가 되고 4가 나뉘어 8이 되고 8이 나뉘어 16이 되고 16이 나뉘어 32가 되고 32가 나뉘어 64가 되었다."라고 하였다. 정명도(程明道)는 소옹에게 "요부(堯夫 소옹의 자)의 수는 단지 가일배법(加一倍法)입니다."라고 하였는데, 이에 1배를 더하는 소옹의 방법을 가일배법이라 하였다.《性理大全書 皇極經世書 觀物外篇上, 外書》 주자는 "역에 태극이 있으니, 이것이 양의를 낳고 양의가 사상을 낳고 사상이 팔괘를 낳았다." 한 것은 복희가 괘를 그어 나타낸 자연의 형체와 차례에 대하여 공자가 발명한 말씀이니 가장 긴요하다고 하고, 정명도가 가일배법이라 한 것이 또 공자의 말씀을 가장 긴요하게 발명했다고 하였다.《易附錄纂註 卷7》

12 하늘은……있으며 : 주자는 "하늘에서 낮은 양이고 밤은 음이며, 해는 양이고 달은 음이다. 땅에서는 예컨대 높은 곳은 양에 속하고 낮은 곳은 음에 속하며, 평탄한 곳은 양에 속하고 험하여 막힌 곳은 음에 속하며, 동쪽과 남쪽은 양에 속하고 서쪽과 북쪽은 음에 속한다.〔天之晝是陽, 夜是陰; 日是陽, 月是陰. 地如高屬陽, 下屬陰; 平坦屬陽, 險阻屬陰; 東、南屬陽, 西、北屬陰.〕"라고 하였다.《朱子語類 卷74 易10》

13 세는 양을 주장하는데 : 소옹은 원(元)은 태양, 회(會)는 태음, 운(運)은 소양, 세(世)는 소음, 세(歲)는 소강(少剛), 월(月)은 소유(少柔), 일(日)은 태강(太剛), 시진(時辰)은 태유(太柔)라고 하였다.《性理大全書 卷8 皇極經世書 纂圖指要下》

14 앞의 5각(刻) : 조선에서 시헌력(時憲曆)의 시행(1653년) 이전에는 1일이 100각이었고 시헌력 이후에는 1일이 96각이었다. 장현광은 시헌력 이전으로,《역학도설》〈본원(本原) 시령(時令)〉에서 1일을 100각이라 하였다. 12시진 100각의 정시법(定時

(分)・리(釐)・호(毫)[15]에 이르러도 모두 각각 음・양이 있다. 그러므로 천 번 나뉘고 만 번 변한 것에 실로 음・양이 병행되지 않는 것이 없으니, 이는 어찌 음・양이 갖추어지지 않으면 도리가 이루어지지 못하고 조화가 행해지지 못하기 때문이 아니겠는가. 《주역》이란 책은 이 리를 발명했을 뿐이니, '이로써 하늘과 땅의 일을 체행하고 신명(神明)의 덕을 통한다'는 것[16]이 이것이다.

法)은 시진을 초(初)와 정(正)으로 나누고, 초와 정을 각각 초각(初刻)・일각・이각・삼각・사각으로 나누어서 1시진에 10각이 있었다. 1일이 100각이면 1시진은 8각 20분인데, 초각은 10분, 일각에서 사각은 60분으로 하였다. 《石洞遺稿 卷4 璿璣玉衡註解》 본문의 '앞의 5각'은 초초각(初初刻)에서 초사각(初四刻)까지 다섯 각을 말한다. 《역학도설》 권6 〈十二時分百刻之圖〉에 "1시진에 8각 20분이 있으니, 이는 초초각(初初刻)과 정초각(正初刻)의 두 각이 각각 10분이고 초각(初刻) 넷과 정각(正刻) 넷의 여덟 각이 각각 60분인데, 이를 합하면 1시진이 500분이 되고, 자시(子時)부터 해시(亥時)까지 6,000분이 된다.〔一時有八刻二十分, 蓋初初、正初二刻, 各十分, 初四、正四八刻, 各六十分, 幷之爲五百分, 起子至亥而六千分也.〕"라고 보인다.

15 분(分)……호(毫) : 시간의 단위는 사용하는 역법(曆法)에 따라서 글마다 다를 수 있다. 예컨대 《역학도설》 권6 〈二十四氣周於一歲之圖〉에서 한 절기의 운행이 15일 205분 6리 2호 5사(絲)라고 하였는데, 이는 1일을 940분, 1분을 10리, 1리를 10호, 1호를 10사로 한 것이다. 반면에 위의 각주 14)에 언급한 역법은 1일을 6,000분으로 하였고, 채원정(蔡元定)은 《황극경세서》의 주에서 1일을 360분, 1분을 12리, 1리를 30호, 1호를 12사로 하였다. 《性理大全書 皇極經世書 卷8 纂圖指要下》 《황극경세서》는 년・월・일・시진과 마찬가지로 원(元)・회(會)・운(運)・세(世)와 분・리・호・사의 수도 12와 30을 번갈아 곱한 것이다. 본문은 각의 아래에 분・리・호를 말하였으므로 1분을 10리로 하는 것이 나을 듯하다.

16 이로써……것 : 《주역》 〈계사전 하〉에 "건・곤은 역의 문일 것이다. 건은 양물(陽物)이고 곤은 음물(陰物)이니, 음・양이 덕을 합하여 강・유가 체(體)가 있게 되었다. 이로써 하늘과 땅의 일을 체행하며 신명의 덕을 통한다.〔乾坤, 其易之門邪. 乾, 陽物也; 坤, 陰物也. 陰陽合德, 而剛柔有體. 以體天地之撰, 以通神明之德.〕"라고 보인다.

2.1.2

한 괘의 여섯 효를 통해 양의(兩儀)를 말하면, 초효(初爻)는 태극의 양의이고, 이효는 양의의 양의이고, 삼효는 사상의 양의이고, 사효는 팔괘의 양의이고, 오효는 4획인 16의 양의이고, 육효는 5획인 32의 양의이다. 이는 여섯 획이 양의 아님이 없는 것이다.

한 괘의 여섯 효를 통해 사상을 말하면, 위의 두 효는 하늘의 사상이고, 가운데 두 효는 사람의 사상이고, 아래 두 효는 땅의 사상이다.[17] 또 초효에서 이효는 태극의 사상이고, 이효에서 삼효는 양의의 사상이고, 삼효에서 사효는 사상의 사상이고, 사효에서 오효는 팔괘의 사상이고, 오효에서 육효는 4획인 16의 사상이다. 이는 서로 연속한 두 효가 사상 아님이 없는 것이다.

한 괘의 여섯 효를 통해 팔괘를 말하면, 초효에서 삼효는 태극의 팔괘이고, 이효에서 사효는 양의의 팔괘이고, 삼효에서 오효는 사상의 팔괘이고, 사효에서 육효는 팔괘의 팔괘이다. 이는 서로 연속한 세 효가 팔괘 아님이 없는 것이다.

양의와 사상과 팔괘는 다른 리가 아니고, 기와 우는 다른 도가 아니

17 위의……사상이다 : 《주역》 〈계사전 하〉에 "《주역》 책이 광대하여 모두 구비해서 하늘의 도가 있고 사람의 도가 있고 땅의 도가 있으니, 삼재(三才)를 겸하여 두 번 하였다. 그러므로 6이니, 6은 다름이 아니라 삼재의 도이다.〔易之爲書也, 廣大悉備, 有天道焉, 有人道焉, 有地道焉. 兼三才而兩之, 故六. 六者, 非他也, 三才之道也.〕"라고 보이는데, 주자는 "위의 두 효는 하늘이 되고, 가운데 두 효는 사람이 되고, 아래의 두 효는 땅이 된다."라고 하였다. 또 《주역》 〈설괘전〉에 "하늘의 도를 세움은 음과 양이요, 땅의 도를 세움은 유(柔)와 강(剛)이요, 사람의 도를 세움은 인(仁)과 의(義)이니, 삼재를 겸하여 두 번 하였기 때문에 역이 여섯 번 획을 그음에 괘가 이루어졌고, 음으로 나뉘고 양으로 나뉘며 유와 강을 차례로 쓰기 때문에 역이 여섯 자리에 문장을 이룬 것이다.〔立天之道曰陰與陽, 立地之道曰柔與剛, 立人之道曰仁與義. 兼三才而兩之, 故易六畫而成卦, 分陰分陽, 迭用柔剛, 故易六位而成章.〕"라고 보인다.

다. 그러므로 기와 우의 나뉨으로써 관통하여 알 수 있는 것이다.

2.1.3

양의 가운데 한 의(儀) 위에 있는 것은 사상의 두 상이니 양의 위에 있는 것을 아우르면 사상이 되고,[18] 한 의 위에 팔괘의 네 괘가 있으니 양의 위에 있는 것을 아우르면 팔괘가 되고, 한 의 위에 4획인 16의 여덟 가지가 있으니 양의 위에 있는 것을 아우르면 4획인 16이 되고, 한 의 위에 5획인 32의 열여섯 가지가 있으니 양의 위에 있는 것을 아우르면 5획인 32가 되고, 한 의 위에 64괘의 32괘가 있으니 양의 위에 있는 것을 아우르면 64괘가 된다.

사상 가운데 한 상의 위에 있는 것은 팔괘의 두 괘이니 사상 위에 있는 것을 아우르면 팔괘가 되고, 한 상 위에 4획인 16의 네 가지가 있으니 사상 위에 있는 것을 아우르면 4획인 16이 되고, 한 상 위에 5획인 32의 여덟 가지가 있으니 사상 위에 있는 것을 아우르면 5획인 32가 되고, 한 상 위에 64괘의 16괘가 있으니 사상 위에 있는 것을 아우르면 64괘가 된다.

2.1.4

괘에 '여섯 빈자리〔六虛〕'가 있으니, 다만 스스로 기와 우의 자리가 되고 당초에 기와 우의 획은 없으므로 '빈자리'라고 말한 것이다. '여섯'은 세 기의 자리인 1·3·5번째 자리와 세 우의 자리인 2·4·6번째 자리이니, 이를 아우르면 여섯 자리가 된다. 획을 긋기 전에는 빈자리

18 양의……되고 : 이하의 내용은 각주 30)의 복희 팔괘 차서도(次序圖)와 복희 64괘 차서도 참조.

가 되고 획을 그은 뒤에 비로소 실제의 자리가 된다. 64괘의 여섯 자리를 아우르면 384자리가 된다. 효는 여섯 빈자리와 같아야 하므로 64괘의 효도 384효가 되는 것이다.

2.1.5

64괘 각 괘의 위에 각각 한 기와 한 우의 획을 더하여 7획이 되면 그 수가 64에 1배를 더하여 128이 되고, 또 7획인 128의 위에 각각 한 기와 한 우의 획을 더하여 8획이 되면 그 수가 128에 1배를 더하여 256이 된다. 또 8획인 256의 위에 각각 한 기와 한 우의 획을 더하여 9획이 되면 그 수가 256에 1배를 더하여 512가 되고, 또 9획인 512의 위에 각각 한 기와 한 우의 획을 더하여 10획이 되면 그 수가 512에 1배를 더하여 1,024가 된다. 또 10획인 1,024의 위에 각각 한 기와 한 우의 획을 더하여 11획이 되면 그 수가 1,024에 1배를 더하여 2,048이 되고, 또 11획인 2,048의 위에 각각 한 기와 한 우의 획을 더하여 12획이 되면 그 수가 2,048에 1배를 더하여 4,096이 된다.

그 효의 수는 49,152[19]가 되어야 한다. 이는 64괘에서 그대로 기와 우를 사용해서 또다시 여섯 번 1배를 더하여 얻은 것이니, 또한 이 수의 무궁무진함을 볼 수 있다. 그러나 비록 위의 소성(小成)과 대성(大成)의 법을 따라 확장하여 나온 것이지만 너무 번잡하여 도리어 덕행을 신묘하게 할 수 없으니[20] 어떻게 쓰겠는가. 설령 또다시 기와

19 49,152 : 4,096에 획의 수 12를 곱한 것이다.

20 덕행을……없으니 : 《주역》 〈계사전 상〉에 "팔괘에 소성하여 이끌어 펴며 종류에 따라 확장하면 천하의 능사(能事)가 다할 것이니, 도를 드러내고 덕행을 신묘하게 한다. 이 때문에 더불어 수작할 수 있으며 더불어 신을 도울 수 있는 것이다.〔八卦而小成, 引而伸之, 觸類而長之, 天下之能事畢矣, 顯道, 神德行. 是故可與酬酢, 可與祐神矣.〕"

우의 법을 써서 12획의 위에 가배(加倍)를 하여 24획이 됨에 이르러도 그 수가 또한 다하지 않는다. 그러나 단지 12획만 만들어도 이미 상(象)을 취하고 뜻을 취할 수가 없는데, 더구나 24획에 이르면 어떻게 상을 보고 글을 다는 일[21]을 할 수 있겠는가.

또 64괘의 각 괘마다 그 변함이 또한 반드시 64가지를 갖추고 있으니, 그 수가 또한 4,096에서 끝난다.[22] 이는 12획에 이르기까지 가배를 한 숫자와 같은데, 저 수는 64괘의 밖에서 나왔고 이 수는 64괘의 안을 벗어나지 않으니, 바로 그 수는 비록 같으나 쓰이고 버려짐은 마땅히 똑같지 않은 이유이다. 그렇다면 3획을 그어 소성의 팔괘가 된 것은 바로 삼재(三才)의 수를 갖춘 것이고, 6획을 그어 대성의 64괘가 된 것은 삼재를 겸하여 두 번 한 것이니, 괘가 64괘에 그치고 효가 384효에 그친 것은 어찌 성인이 참작하여 알맞게 한 중요한 법이 아니겠는가.

괘가 64괘인 것으로 충분히 우주의 상을 다할 수 있고, 효가 384효인 것으로 충분히 우주의 변화를 다할 수 있다. 그러므로 복희(伏羲)·문왕(文王)·주공(周公)·공자(孔子)[23] 네 성인이 앞에 빛나고 뒤를 밝

라고 보이는데, 주자는 "행(行)은 수(數)로써 신묘해진다."라고 하였다.

21 상을……일 : 《주역》 〈계사전 상〉에 "성인이 괘를 만들어 상을 보고 글을 달아 길흉을 밝혔다.〔聖人設卦, 觀象繫辭焉, 而明吉凶.〕"라고 보이는데, 주자는 문왕(文王)이 괘체(卦體)의 상을 보고 단사(彖辭)를 만들고 주공(周公)이 괘의 효가 변함을 보고 효사(爻辭)를 만들었다고 하였다. 《周易傳義大全 易說綱領》

22 64괘의……끝난다 : 《역학도설》에 "〈여섯 효 가운데〉 한 효와 다섯 효가 변한 것이 각각 6개이니 합하여 12개이고, 두 효와 네 효가 변한 것이 각각 15개이니 합하여 30개이고, 세 효가 변한 것이 20개이고, 여섯 효가 모두 변한 것이 1개이니, 합하여 63개의 변함인데 본괘를 아울러 64개가 되는 것이다. 또 64괘마다 각각 64개의 변하는 수를 더하면 바로 4,096괘이다."라고 하였다. 《易學圖說 卷4 體用上 卦劃》

23 복희(伏羲)……공자(孔子) : 복희는 괘를 만들고 문왕은 단사(彖辭)를 짓고 주공은 효사(爻辭)를 짓고 공자는 십익(十翼)의 전(傳)을 지었다. 복희의 일은 《주역》 〈계

게 비추어서 사물을 열어 주고 일을 이루게 한 것[24]이 모두 이 상수(象數)와 훈사(訓辭)에서 벗어나지 않으니, 천지와 만물의 과거와 미래의 도리가 어찌 이 역에서 벗어남이 있겠는가.

2.1.6

그 책은 진실로 괘·효, 기·우의 일정함과 음·양, 강(剛)·유(柔)의 변역에 지나지 않으나, 그 괘가 되고 효가 되며 기가 되고 우가 되는 가운데와 한 번 음하고 한 번 양하며 한 번 강하고 한 번 유하는 즈음에 삼재의 도와 만사 만물(萬事萬物)의 상(象)과 만변 만화(萬變萬化)의 묘(妙)를 포용하지 않는 바가 없고 구비하지 않는 바가 없다. 나의 인·의·예·지의 성명(性命)과 부자·군신·부부·장유·붕우의 윤리로부터 밝게는 해와 달이 되고 그윽하게는 귀신이 되며, 산과 내, 물과 불, 바람과 우레, 비와 이슬, 밝음과 어둠, 다스려짐과 혼란, 성함과 쇠함, 죽음과 삶의 변화가 되고, 또 하늘도 능히 덮지 못하고 땅도 능히 싣지 못하는 도리에 이르기까지 모두 이 가운데 들어 있다. 그러

사전 하〉에 "옛날 복희씨가 천하에 왕 노릇할 때에 우러러 하늘의 상을 관찰하고 굽어 땅의 법을 관찰하며, 새와 짐승의 문(文)과 천지의 마땅함을 관찰하며, 가까이는 자신에게서 취하고 멀리는 물건에서 취하여, 이에 비로소 팔괘를 만들어 신명의 덕을 통하고 만물의 정(情)을 분류하였다."라고 보이는데, 주자는 "〈계사전〉에서 또 복희가 괘를 그을 때 취한 것이 이와 같다고 하였으니, 역은 단지 하도(河圖)만 가지고 만든 것이 아니다."라고 하였다. 《易學啓蒙 原卦畫》

24 사물을……것 : 원문 '開物成務'는 《주역》 〈계사전 상〉에 "역은 어찌하여 만든 것인가. 역은 사물을 열어 주고 일을 이루어 천하의 도를 포괄하였으니, 이와 같을 뿐이다. 이러므로 성인이 천하의 뜻을 통하며 천하의 사업을 정하며 천하의 의심을 결단한 것이다.〔夫易, 何爲者也? 夫易, 開物成務, 冒天下之道, 如斯而已者也. 是故聖人以通天下之志, 以定天下之業, 以斷天下之疑.〕"라고 보이는데, 주자는 "'개물성무'는 사람으로 하여금 복서(卜筮)를 하여 길흉을 알아서 사업을 이루게 함을 이른다."라고 하였다.

므로 상하와 귀천, 고금과 원근(遠近)에 다 역을 쓸 수 있는 것이다. 천하의 뜻을 통하고 천하의 사업을 정하고 천하의 의심을 결단하니,[25] 이는 역이 위대하고 지극하여 무궁한 이유이다.

2.1.7

처음 태극에서 생겨난 의(儀)는 한 기와 한 우가 되지 않을 수 없으니 그 수는 2이고, 다음에 의에서 생겨난 상(象)은 또 2획이 되지 않을 수 없으니 그 수는 4이고, 다음에 상에서 생겨난 괘는 또 3획이 되지 않을 수 없으니 그 수는 8이다. 팔괘가 이미 이루어지면 반드시 다시 팔괘를 가지고 팔괘의 각 괘에 가해야 하니, 그런 뒤에야 팔괘의 묘함을 비로소 다할 수 있는 것이다.

그러므로 이에 3획의 위에 또 각각 한 기와 한 우의 획을 팔괘에 가하면 4획이 되지 않을 수 없으니 그 수는 16이고, 4획의 위에 또 각각 한 기와 한 우의 획을 각 단락(段落)에 가하면 5획이 되지 않을 수 없으니 그 수는 32이다. 이 두 변함은 비록 그 자리와 수는 있으나 이미 소성의 3획을 지나고 대성의 6획에는 아직 미치지 못하였으니, 괘의 이름을 붙일 수 없어서 4획인 16은 다만 팔괘의 양의가 되고 5획인 32는 다만 팔괘의 사상이 될 뿐이다. 5획의 위에 또 각각 기와 우의 획을 가하게 되면 그 획은 여섯이고 그 수는 64이니, 이것이 팔괘의 팔괘가 아니겠는가.

그렇다면 64괘는 5획인 32가 나뉜 것이고, 5획인 32는 바로 4획인 16이 나뉜 것이고, 4획인 16은 바로 팔괘가 나뉜 것이고, 팔괘는 바로 사상이 나뉜 것이고, 사상은 바로 양의가 나뉜 것이고, 양의는 바로

25 천하의 뜻을……결단하니 : 위의 각주 24) 참조.

한 태극이 나뉜 것이다. 이는 진실로 태극이 본래 양의를 포함하고, 양의가 본래 사상을 갖추고 있고, 사상이 본래 팔괘를 갖추고 있고, 팔괘가 본래 16·32·64의 수를 갖추고 있어서, 낳는 바의 수가 밖에서 얻어지는 것이 아니다. 무릇 아직 생겨나지 않은 수가 부족한 것이 아니고, 이미 생겨난 수가 남는 것이 아니다. 본수(本數)의 가운데에 감추어진 생수(生數)가 원래 있는데, 성인이 이를 굳이 미루어 넓힌 것은 다만 그 변화무궁한 쓰임을 밝힌 것이다. 이렇게 한 뒤에 사물을 열어 주고 일을 이루게 하는 도가 행해질 수 있으니, 역의 도가 천하와 나라와 집안에서 하나하나의 일과 물건에 단 하루도 떠날 수 없는 것이다. 어찌 다만 점을 치는데 쓰일 뿐이겠는가.

2.1.8

역에 태극이 있어서 양의를 낳고 양의가 사상을 낳고 사상이 팔괘를 낳아서 4획인 16과 5획인 32와 6획인 64괘를 낳음에 이르니, 이는《중용》의 '성실하면 나타나고〔誠則形〕, 나타나면 더욱 드러나고〔著〕, 더욱 드러나면 밝아지고〔明〕, 밝아지면 감동시키고〔動〕, 감동시키면 변(變)하고, 변하면 화(化)할 수 있는 것'과 그 순서가 똑같다.《중용》의 성(誠)을 역에 비유하면 태극이다.《중용》의 형(形)을 역에 비유하면 양의이니, 양의는 기(氣)가 나뉘어 형체가 성립된 것이다.《중용》의 저(著)를 역에 비유하면 사상이니, 사상은 태음·태양·소음·소양이 드러난 것이다.《중용》의 명(明)을 역에 비유하면 팔괘이니, 팔괘는 굳셈·순함·동함·들어감·빠짐·걸림·그침·기뻐함의 덕[26]이 밝

26 굳셈……덕 :《주역》〈설괘전〉에 "건은 굳셈이요, 곤은 순함이요, 진은 동함이요, 손은 들어감이요, 감은 빠짐이요, 이는 걸림이요, 간은 그침이요, 태는 기뻐함이다.〔乾,

아진 것이다. 4획인 16을 《중용》에 비유하면 동(動)이니, 네 번째 획은 내괘(內卦)인 정(貞)을 떠나 외괘(外卦)인 회(悔)의 체(體)[27]의 시작이 된 것이다. 5획인 32를 《중용》에 비유하면 변(變)이니, 획이 5획에 이른 것은 괘가 거의 대성이 되어서 상체(上體)의 중(中)이 된 것이다. 6획괘인 64괘를 《중용》에 비유하면 화(化)이다. 효가 6획에 이른 것은 괘가 대성에 이르러 이미 종극(終極)에 미친 것으로 길과 흉, 뉘우침과 부끄러움이 이에 이르러서 결정되는 것이니, 어찌 화함이 되지 않겠는가.

역에서 양의가 되고, 사상이 되고, 팔괘가 되고, 4획인 16이 되고, 5획인 32가 되고, 64괘가 된 것은 모두 한 태극의 리(理)가 은미함으로부터 드러남에 이르는 것이며, 《중용》의 나타남이 되고, 더욱 드러남이 되고, 밝아짐이 되고, 감동시킴이 되고, 변함이 되고, 화함이 된 것은 모두 하나의 성(誠)의 도가 안으로부터 밖에 이르는 것이다. 저 《중용》과 이 역의 나아가는 순서가 이미 서로 똑같고 마침내 성취하는 기틀도 대략 서로 부합하니, 이 어찌 똑같이 하려는데 뜻을 둔 것이겠는가. 그렇게 되지 않을 수 없는 이치와 형세가 저 《중용》이나 이 역에 있어서 똑같은 것이다.

健也; 坤, 順也; 震, 動也; 巽, 入也; 坎, 陷也; 離, 麗也; 艮, 止也; 兌, 說也.〕"라고 보이는데, 주자는 팔괘의 성정(性情)을 말한 것이라 하였다.

27 내괘(內卦)인……체(體) : 6획괘의 아래 세 효를 내괘・정・하체(下體)라 하고, 위의 세 효를 외괘・회・상체(上體)라 한다. 정과 회는 《서경》 〈홍범(洪範)〉에 시초점의 점괘로 "정과 회이다.〔曰貞, 曰悔.〕"라고 보이고, 《춘추좌전》 희공(僖公) 15년 조에 "고괘(蠱卦)의 정은 바람이고, 회는 산이다."라고 보인다. 아래의 각주 277) 참조.

2.1.9

의(儀)는 둘에 그치는데 사상이 이 가운데 들어 있고, 상은 넷에 그치는데 팔괘가 이 가운데 들어 있고, 괘는 여덟에 그치는데 4획인 16이 되고 5획인 32가 되고 64괘가 되는 것이 이 가운데 들어 있다. 의가 되고 상이 되고 괘가 된 것은 한 리의 본연(本然)이 아님이 없고, 둘이 되고 넷이 되고 여덟이 되고 64가 된 것도 실제 수의 저절로 정해짐 아님이 없는 것이다. 의라 하고 상이라 하고 괘라 한 것은 바로 그 본연을 따라 이름한 것이니,[28] 어찌 성인이 스스로 이름을 붙인 것이겠는가. 둘임을 인하여 두 개로 하였고, 넷임을 인하여 네 개로 하였고, 여덟임을 인하여 여덟 개로 하였고, 64임을 인하여 64개로 한 것이 저절로 정해진 수 아님이 없으니, 어찌 성인이 억지로 안배하였겠는가.

2.1.10

64괘가 각기 상이 되기 때문에 괘의 상도 본래 64가지 모양이고,[29] 384효도 또한 각자 상이 되기 때문에 효의 상도 본래 384개의 모양이다. 괘가 각자 하나의 상이 되기 때문에 64괘가 서로 같은 것이 없고, 효가

28 의라……것이니 : 주자는 "의는 짝이니, 양의는 지금 속어에 이른바 '한 쌍'이나 '한 대(對)'라는 말과 같다.〔蓋儀, 匹也, 兩儀如今俗語所謂一雙、一對云爾.〕"라고 하였다. 《주역》 〈계사전 하〉에 "역은 상이니 상은 형상이다.〔易者, 象也, 象也者, 像也.〕"라고 하였다. 《주역정의》의 소에 "괘는 '걸어 놓음〔掛〕'의 뜻이니, 물건의 상을 걸어 놓아서 사람에게 보여 주므로 괘라고 말했다."라고 하였다. 《晦庵集 卷38 答袁機仲》, 《周易正義 卷1 乾》

29 64괘가……모양이고 : 팔괘의 상은 《주역》 〈설괘전〉에 보이는데, 기본적으로 건은 하늘, 곤은 땅, 진은 우레, 손은 바람, 감은 물, 리는 불, 간은 산, 태는 못이고, 이외에도 취하는 바에 따라 여러 가지 상이 될 수 있다. 64괘의 상은 예를 들어 이괘(履卦 ䷉)는 위는 하늘이고 아래는 못인 것이다.

각자 하나의 상이 되기 때문에 384효도 서로 같은 것이 없다. 괘가 서로 같은 것이 없기 때문에 문왕(文王)이 다신 괘사도 괘에 따라 다르고, 효가 서로 같은 것이 없기 때문에 주공(周公)이 다신 효사도 효에 따라 다르다. 이것은 바로 변화가 무궁한 묘리이다.

그러나 천하의 물건이 64개에 그치지 않는데 괘가 64괘에 그치면 어떻게 천하의 사물을 다할 수 있겠는가. 천하의 일이 384개에 그치지 않는데 효가 384효에 그치면 어떻게 천하의 일을 다할 수 있겠는가. 일은 비록 그 실마리가 천만 개이고 물건은 비록 그 종류가 천만 개이나, 한 리 아닌 것이 없으므로 미루어 통함에 서로 응하지 않는 것이 없다. 이것은 바로 역 가운데의 활법(活法)이다.

2.1.11

횡도(橫圖)[30]는 태극이 양의를 낳음으로부터 각각 기와 우의 획을 가하여 배로 늘어나므로 따라서 4가 되고 8이 되고 16이 되고 32가 되어서 64가 됨에 이르면 바로 6획괘이니, 양의(陽儀)의 처음부터 음의(陰儀)의 끝[31]에 이르기까지 그 배열이 저절로 횡이 되어서 어지럽힐 수 없음이 있다. 건・태・리・진・손・감・간・곤의 차례는 소성(小成)하여

30 횡도(橫圖) : 복희 팔괘 차서도(次序圖) 와 복희 64괘 차서도를 가리킨다. 한편 복희 팔괘 방위도(方位圖)와 복희 64괘 방위도를 원도(圓圖)라 하고 이 네 도(圖)를 아울러 선천도(先天圖)라 하는데, 그 학설이 소옹에게서 나왔다. 《주역전의》에 보이는 횡도는 다음과 같다.

<table>
<tr><td>八</td><td>七</td><td>六</td><td>五</td><td>四</td><td>三</td><td>二</td><td>一</td><td rowspan="2">八卦</td></tr>
<tr><td>坤</td><td>艮</td><td>坎</td><td>巽</td><td>震</td><td>離</td><td>兌</td><td>乾</td></tr>
<tr><td colspan="2">太陰</td><td colspan="2">少陽</td><td colspan="2">少陰</td><td colspan="2">太陽</td><td>四象</td></tr>
<tr><td colspan="4">陰</td><td colspan="4">陽</td><td>兩儀</td></tr>
<tr><td colspan="8">太極</td><td></td></tr>
</table>

복희 팔괘 차서도

팔괘를 이룰 때에 양의와 사상을 따라 배정한 것이다. 그러므로 대성의 64괘가 되어도 소성괘의 순서를 바꾸지 않으니, 오른쪽에 있는 32괘는 모두 양의의 위에 있고 왼쪽에 있는 32괘는 모두 음의의 위에 있는 것이 이것이다.

《주역》 대전(大傳)[32]에 이르기를 "건과 곤은 역의 온(蘊)일 것이다.

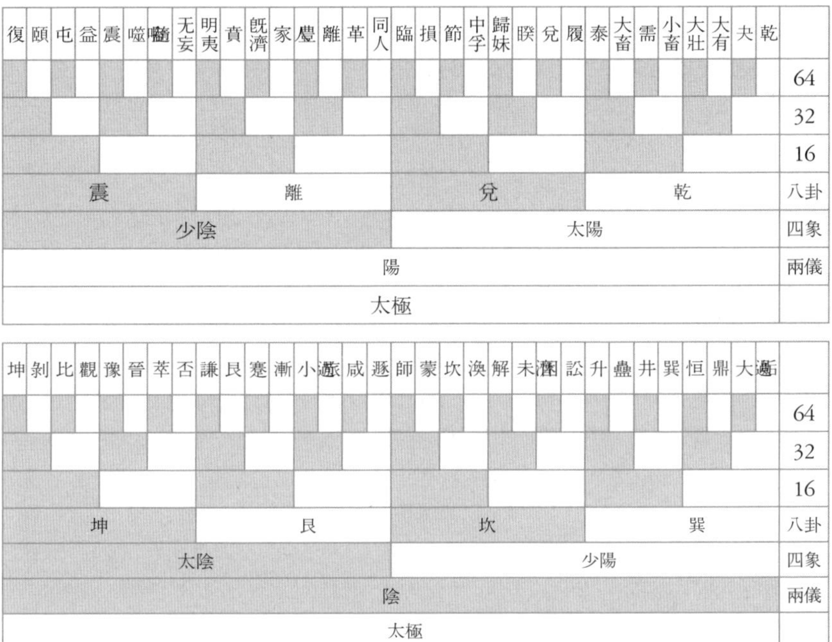

복희 64괘 차서도

(그림의 오른쪽과 왼쪽 부분을 각각 위아래 두 그림으로 나누었다.)

31 양의(陽儀)의……끝 : 양의로부터 생겨난 32괘의 시작인 건괘와 음의로부터 생겨난 32괘의 끝인 곤괘를 가리킨다.

32 주역 대전(大傳) : 공자가 지은 《주역》의 전(傳)으로 〈단전 상·하(彖傳上下)〉, 〈상전 상·하(象傳上下)〉, 〈계사전 상·하(繫辭傳上下)〉, 〈문언전(文言傳)〉, 〈설괘전(說卦傳)〉, 〈서괘전(序卦傳)〉, 〈잡괘전(雜卦傳)〉의 십익(十翼)을 가리킨다. 여기에 인용한 내용은 〈계사전 상〉에 보인다.

건과 곤이 열을 이룸에 역이 그 가운데에 성립되었으니, 건과 곤이 무너지면 역을 볼 수 없고 역을 볼 수 없으면 건과 곤이 혹 거의 종식될 것이다."[33] 하였고, 또 말하기를 "건과 곤은 역의 문일 것이다. 건은 양의 물건이고 곤은 음의 물건이니, 음·양이 덕을 합하여 강·유가 체를 갖게 되었다. 이로써 천지의 일을 체행하며 이로써 신명의 덕을 통한다."[34] 하였다. 지금 보면 횡도의 처음이 건에서 시작하여 그 끝이

33 건과 곤은……것이다 : 蘊은 〈계사전〉의 원문에는 온(縕)이니, 서로 통한다. 주자는 "온은 싸고 함축한 것이니, 옷의 솜과 같다. 역에 들어있는 것은 음·양일 뿐이니, 무릇 양은 모두 건이고 무릇 음은 모두 곤이다. 괘를 그어 자리를 정하면 건·곤 두 가지가 열을 이루어 역의 체가 확립된다. 건과 곤이 무너진다는 것은 괘획이 서지 못함을 이르고, 건과 곤이 종식된다는 것은 변화가 행해지지 못함을 이른다.〔縕, 所包蓄者, 猶衣之著也. 易之所有, 陰陽而已, 凡陽皆乾, 凡陰皆坤. 畫卦定位, 則二者成列而易之體立矣. 乾坤毁, 謂卦畫不立; 乾坤息, 謂變化不行.〕"라고 풀이하였다. 또 소주에 주자의 말로 "'건과 곤은 역의 온(蘊)일 것이다. 건과 곤이 열을 이룸에 역이 그 가운데에 성립되었다.' 한 것은 또 단지 〈계사전〉에 '상을 세워 뜻을 다하며, 괘를 만들어 정위(情僞)를 다한다.'라는 말이다. 역은 단지 한 음·양의 기와 우에 불과하니, 기와 우가 천변하고 만변하면 역의 체가 성립된다. 만약 기와 우가 서로 변하지 않아 기는 순전히 기이고 우는 순전히 우이면 어디에서 역을 보겠는가. 역을 볼 수 없으면 음·양의 기와 우의 쓰임을 어디로부터 살피겠는가. '천지에서는 어떠합니까?'라고 묻자, '천지와 무슨 상관이 있겠는가. 이는 역이 기와 우 두 가지를 벗어나지 않음을 말한 것일 뿐이다.'라고 답하였다.〔'乾坤其易之縕耶! 乾坤成列而易立乎其中', 這又只是言'立象以盡意, 設卦以盡情僞'. 易不過只是一箇陰陽奇耦, 千變萬變, 則易之體立. 若奇耦不交變, 奇純是奇, 耦純是耦, 去那裏見易? 易不可見, 則陰陽奇耦之用, 亦何自而辨? 問: '在天地上如何?' 曰: '關天地甚麽事? 此是說易不外奇耦兩物而已.'〕"라고 하였다. 《周易傳義大全》

34 건과 곤은……통한다 : 주자는 "여러 괘에 강·유의 체가 모두 건·곤이 덕을 합함으로써 이루어졌다. 그러므로 건·곤을 역의 문이라 한 것이다.〔諸卦剛柔之體, 皆以乾坤合德而成. 故曰: 乾坤, 易之門.〕"라고 풀이하였다. 소주에는 주자의 말로 "'건·곤은 역의 문'이라 한 것은 건·곤의 밖에 따로 역이 있는 것이 아니라 단지 역이 바로 건·곤이고 건·곤이 바로 역인 것이다. 이는 두 짝의 사립문과 비슷하여 한쪽의 문이 열리면 다른 쪽의 문은 닫히는 것과 같다. 단지 한 음·양이 하는 것이니, 이를테면 한 짝의 문에서 문을 닫은 것을 곤이라 하고 문을 연 것을 건이라 하는 것이다.〔'乾坤, 易之門',

바로 곤이니, 그 나머지 괘는 모두 건과 곤의 안에 있는 것이다.

양의(陽儀)의 위에 있는 모든 음효는 순음(純陰)인 곤괘의 여섯 효가 양의 위의 31괘에 두루 펴진 것이고, 음의의 위의 모든 양효는 순양인 건괘의 여섯 효가 음의 위의 31괘에 두루 펴진 것이다. 오른쪽 31괘에 음효가 없는 괘가 없고 왼쪽 31괘에 양효가 없는 괘가 없으니, 그렇다면 양효는 모두 건괘 한 괘에서 나뉜 것이고, 음효는 모두 곤괘 한 괘에서 나뉜 것이니,[35] 《주역》에 '건과 곤은 역의 온(蘊)일 것'이라 한 것이 사실이 아니겠는가. 왼쪽에 있는 31괘의 양효가 모두 건에서 나왔고 오른쪽에 있는 31괘의 음효가 모두 곤에서 나왔으니, 《주역》에 '건과 곤은 역의 문일 것'이라 한 것이 또 과연 옳을 것이다.

不是乾坤外別有易, 只易便是乾坤, 乾坤便是易. 似那兩扇門相似, 一扇開, 便一扇閉. 只是一箇陰陽做底, 如闔戶謂之坤, 闢戶謂之乾.〕"라고 하고, 또 "묻기를 '문이란 것은 64괘가 모두 이 건·곤으로 말미암아 나옴이 마치 양의가 사상을 낳음과 같아서 단지 출생하기 때문에 문이라 한 것입니까? 다시 닫고 여는 뜻을 취하기 때문입니까?' 하자, 대답하기를 '단지 닫고 여는 뜻을 취한 것이다. 64괘는 단지 한 음·양이 닫히고 열려서 이룬 것이다. 다만 그 아랫글에 「건은 양의 물건이고 곤은 음의 물건이니, 음·양이 덕을 합하여 강·유가 체를 갖게 되었다.」 한 것을 보면 단지 그 글은 이 두 가지 뜻을 취함을 볼 수 있다.'라고 답하였다.〔問: '門者是六十四卦皆由是出, 如兩儀生四象, 只管生出, 故曰門邪? 爲復是取闔闢之義邪?' 曰: '只是取闔闢之義. 六十四卦只是這一箇陰陽闔闢而成. 但看他下文云「乾, 陽物也; 坤, 陰物也, 陰陽合德而剛柔有體」, 便見得只是這兩箇.'〕"라고 하였다. 《周易傳義大全》

35 양효는 모두……것이니 : 《역학도설》 〈총괄(摠括)〉에 양만리(楊萬里)의 말로 "64괘에서 그 양효는 모두 건에서 나왔고 그 음효는 모두 곤에서 나왔으니, 건·곤 두 괘는 바로 64괘의 오부(奧府)이고 384효의 보장(寶藏)이다. 건·곤이 서면 역이 서고 건·곤이 숨으면 역이 숨으니, 건·곤에 훼손되고 증식되는 리가 있는 것이 아니고 역과 건·곤이 서로 없을 수 없음을 말한 것이다.〔六十四卦, 其陽爻皆乾之自出, 其陰爻皆坤之自出, 乾坤二卦乃六十四卦之奧府, 三百八十四爻之寶藏. 乾坤立則易立, 乾坤隱則易隱, 非乾坤有毁息之理也, 言易與乾坤不可以相無也.〕"라고 하였다.

2.1.12

원도(圓圖)[36]는 바로 횡도의 순서와 똑같이 배열하여 둥글게 만든 것이다.[37]

36 원도(圓圖) : 복희 팔괘 방위도(方位圖)와 복희 64괘 방위도를 가리킨다. 위의 각주 30) 참조. 《주역전의대전》〈주역주자도설(周易朱子圖說)〉에 보이는 원도는 다음과 같은데, 64괘 방위도는 원도의 안에 방도(方圖)를 함께 그린 것이다.

복희 팔괘 방위도

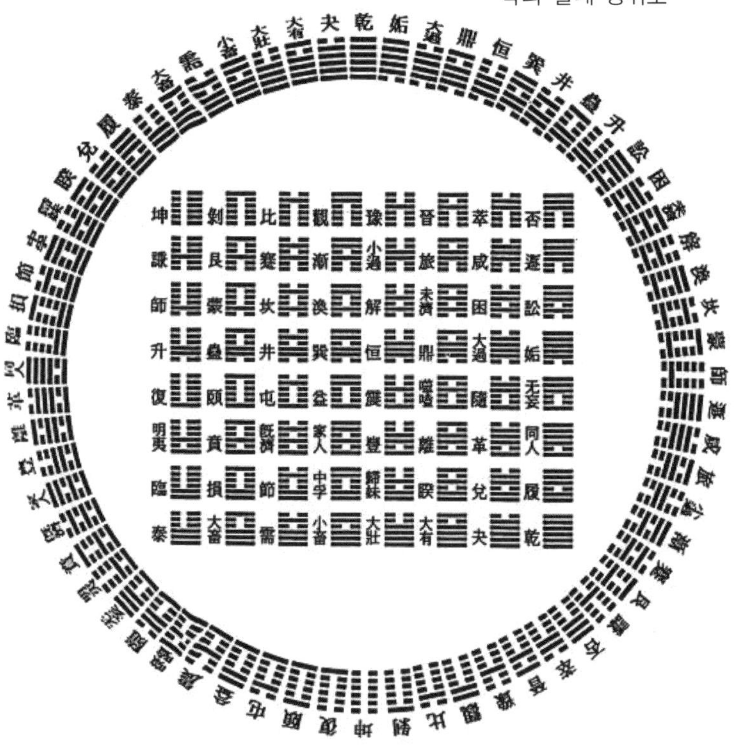
복희 64괘 방위도

원도에서 소성(小成) 팔괘의 방위는 건은 남쪽, 곤은 북쪽, 리는 동쪽, 감은 서쪽, 진은 동북, 손은 서남, 간은 서북, 태는 동남이니, 한 양이 동북의 진(☳)에서 시작하여 이양(二陽)의 리(☲)와 태(☱)를 지나 정남인 삼양(三陽)의 건(☰)이 되었고, 한 음이 서남의 손(☴)에서 시작하여 이음(二陰)의 감(☵)과 간(☶)을 지나 정북인 삼음(三陰)의

37 횡도의……것이다 : 팔괘의 경우, 횡도는 역이 생성되는 순서로 오른쪽부터 건・태・리・진・손・감・간・곤의 순서이고, 원도는 양이 시작되는 진(☳)에서부터 리・태・건에 이르고 다시 음이 시작되는 손(☴)에서 감・간・곤에 이르는 순서이다. 주자는《주역》〈설괘전〉에 "지나간 것을 셈은 순(順)이요 미래를 앎은 역(逆)이다. 그러므로 역(易)은 거슬러서 세는 것이다.〔數往者順, 知來者逆, 是故易逆數也.〕"라고 한 것으로 원도의 순서를 설명하여, "횡도로 보면 건1이 있은 뒤에 태2가 있고, 태2가 있은 뒤에 리3이 있고, 리3이 있은 뒤에 진4가 있고, 진4가 있은 뒤에 손5가 있고, 감6・간7・곤8도 차례대로 생기니, 이는 역이 이루어지는 것이다. 그리고 원도의 왼쪽은 동지(冬至)가 되는 진의 처음에서 시작하여 리와 태의 중간에서 춘분이 되고 건의 끝에 이르러 하지(夏至)와 교차하는데, 모두 나아가 이미 생긴 괘를 얻은 것이니, 오늘로부터 어제를 세는 것과 같으므로 '지나간 것을 셈은 순(順)'이라고 말한 것이다. 원도의 오른쪽은 하지가 되는 손의 처음에서 시작하여 감과 간의 중간에서 추분이 되고 곤의 끝에 이르러 동지와 교차하는데, 모두 나아가 아직 생기지 않은 괘를 얻었으니, 오늘로부터 내일을 미리 계산하는 것과 같으므로 '미래를 앎은 역(逆)'이라고 말한 것이다. 그러나 역(易)이 본래 만들어진 것은 그 선후와 시종이 횡도 및 원도의 오른쪽 순서와 같을 뿐이므로 '역은 거슬러서 세는 것이다.'라고 말한 것이다.〔以橫圖觀之, 有乾一而後有兌二, 有兌二而後有離三, 有離三而後有震四, 有震四而巽五, 坎六、艮七、坤八亦以次而生焉, 此易之所以成也. 而圓圖之左方, 自震之初爲冬至, 離兌之中爲春分, 以至於乾之末而交夏至焉, 皆進而得其已生之卦, 猶自今日而追數昨日也, 故曰'數往者順'. 其右方, 自巽之初爲夏至, 坎艮之中爲秋分, 以至於坤之末而交冬至焉, 皆進而得其未生之卦, 猶自今日而逆計來日也, 故曰'知來者逆'. 然本易之所以成, 則其先後始終, 如橫圖及圓圖右方之序而已, 故曰'易逆數也'.〕"라고 하였다. 이에 대해 호방평(胡方平)은 "진실로 횡도로써 괘의 획이 성립됨을 볼 수 있고 원도로써 괘기의 운행을 볼 수 있으니, 이른바 원도는 실은 바로 횡도를 둥글게 하여 원으로 만든 것일 뿐이다.〔誠以橫圖可以見卦畫之立, 圓圖可以見卦氣之行, 所謂圓圖者, 其實卽橫圖規而圓之耳.〕"라고 하였다.《性理大全書 易學啓蒙 原卦畫》

곤(☷)이 되었다. 그러므로 대성(大成) 64괘의 방위 또한 팔괘의 방위를 따라 배열되었으니, 한 양의 복(復 ䷗)이 북쪽 곤의 왼쪽에 접하여 〈양이 생기기 시작해서〉 6획인 순양의 건(䷀)에서 극에 이르고 한 음의 구(姤 ䷫)가 건의 오른쪽에 접하여 〈음이 생기기 시작해서〉 6획인 순음의 곤(䷁)에서 극에 이르는 것이다. 그러하면 "하늘(☰)과 땅(☷)이 자리를 정하고 산(☶)과 못(☱)이 기운을 통하며 우레(☳)와 바람(☴)이 서로 부딪히고 물(☵)과 불(☲)이 서로 해치지 않는다."[38] 한 것은 실로 조화의 기틀과 묘하게 합하여 크게는 원(元)·회(會)·운(運)·세(世)와 작게는 세(歲)·월(月)·일(日)·시진(時辰)의 운행이 마치 고리를 도는 것처럼 끝이 없는 것도 이와 더불어 부합하는 것이다.[39]

38 하늘과……않는다 : 이는 《주역》 〈설괘전〉에 보이는데, 소백온(邵伯溫 소옹의 아들)은 소옹의 말을 인용하여 "하늘과 땅이 자리를 정함은 건과 곤이 상대함이고, 산과 못이 기운을 통함은 간과 태가 상대함이고, 우레와 바람이 서로 부딪힘은 진과 손이 상대함이고, 물과 불이 서로 해치지 않음은 리와 감이 상대함이니, 이는 복희의 역이다.〔天地定位, 乾與坤對也; 山澤通氣, 艮與兌對也; 雷風相薄, 震與巽對也; 水火不相射, 離與坎對也, 此伏羲之易也.〕"라고 하였다. 《性理大全書 皇極經世書 纂圖指要上》

39 원(元)……것이다 : 소옹의 설에 의하면 원은 천지가 개벽(開闢)하고 닫히는 한 주기(周期)를 가리키는데, 1원은 12회, 1회는 30운, 1운은 12세, 1세는 30년이 되어 129,600년이 1원이 된다. 소옹은 "일(日 해)은 하늘의 원을 경위(經緯 조직하고 통할함)하고, 월(月 달)은 하늘의 회를 경위하고, 성(星 별)은 하늘의 운을 경위하고, 신(辰)은 하늘의 세를 경위한다.〔日經天之元, 月經天之會, 星經天之運, 辰經天之世.〕" 하고, "일로써 월을 경위하면 원의 회를 알 수 있고, 일로써 성을 경위하면 원의 운을 알 수 있고, 일로써 신을 경위하면 원의 세를 알 수 있다.〔以日經月, 則元之會可知之矣; 以日經星, 則元之運可知之矣; 以日經辰, 則元之世可知之矣.〕"라고 하여, 1년이 12달인 것과 같이 1원이 12회이고, 1년이 360일인 것과 같이 1원이 360운이고, 1년이 4,320시진(時辰)인 것과 같이 1원이 4,320세임을 말하였다. 역의 괘와 원·회·운·세·세·월·일·시진의 관계는 《성리대전》 〈황극경세서 찬도지요 하(纂圖指要下)〉의 〈경세일원소장지수도(經世一元消長之數圖)〉와 〈경세천지시종지수도(經世天地始終之數圖)〉에서 볼

2.1.13

하늘의 사상[40]은 태양·태음·소양·소음이니, 태양은 해가 되고 건이

수 있는데, 그 설명은 다음과 같다. 자회(子會)에서 해회(亥會)까지의 1원 12회를 12월의 벽괘(辟卦)에 배정하였는데, 채원정(蔡元定)은 "앞의 여섯 회는 자라남이 되고 뒤의 여섯 회는 사라짐이 되니, 한 해의 자월(子月)에서 사월(巳月)까지 자라남이 되고 오월(午月)에서 해월(亥月)까지 사라짐이 되는 것이다. 76번째 성(星 운(運))에서 만물을 여는 것은 한 해의 경칩과 같고, 315번째 성에서 만물을 닫는 것은 한 해의 입동과 같다.〔前六會爲息, 後六會爲消, 卽一歲之自子至巳爲息, 自午至亥爲消. 開物於星之七十六, 猶歲之驚蟄也; 閉物於三百一十五, 猶歲之立冬也.〕"라고 풀이하였다. 원·회·운·세와 세·월·일·시진의 수가 12와 30을 번갈아 곱하여 얻는 것에 관하여, 12를 곱함은 음의 수를 일으킴이고 30을 곱함은 양의 수를 일으킴이라 하였다. 원·회·운·세·세·월·일·시진을 건·태·리·진·손·감·간·곤에 배정하고, 원의 원은 건의 건인 건괘(䷀)이고, 원의 회는 건의 태인 쾌괘(夬卦 ䷪)인 방식으로 천지의 수에 64괘를 배정하여 음양의 자라나고 사라짐을 수로써 표시하였는데, 천지의 수는 8·8의 곤괘의 수에서 궁극에 이르지만 다시 변하고 낳아서 끝이 없는 것이라 하였다.

40 하늘의 사상 : 이는 소옹의 설을 말한 것이다. 소옹은 양의를 동(動)·정(靜)으로 나누고, 사상을 음·양·강(剛)·유(柔)로 나누고, 팔괘를 태양·태음·소양·소음·소강·소유·태강·태유로 나누고, 이를 해·달·별·신·돌·흙·불·물에 배정하였다. 또 "양이 음과 교착하고 음이 양과 교착하여 하늘의 사상을 낳고, 강이 유와 교착하고 유가 강과 교착하여 땅의 사상을 낳는다.〔陽交於陰, 陰交於陽, 而生天之四象; 剛交於柔, 柔交於剛, 而生地之四象.〕"라고 하여 동(動)에서 나온 것을 하늘의 사상, 정(靜)에서 나온 것을 땅의 사상이라 하였다.《性理大全書 皇極經世書 纂圖指要下, 觀物內篇, 觀物外篇》 소옹의 하늘과 땅의 사상을《역학도설》〈천지사상 위팔괘지도(天地四象爲八卦之圖)〉에 다음과 같이 도표로 정리하였다.《易學圖說 卷4 體用上 卦畫》

<table>
<tr><td colspan="4">地四象</td><td colspan="4">天四象</td></tr>
<tr><td>坤
太柔
水</td><td>艮
太剛
火</td><td>坎
少柔
土</td><td>巽
少剛
石</td><td>震
少陰
辰</td><td>離
少陽
星</td><td>兌
太陰
月</td><td>乾
太陽
日</td></tr>
<tr><td colspan="2">柔</td><td colspan="2">剛</td><td colspan="2">陰</td><td colspan="2">陽</td></tr>
<tr><td colspan="4">靜</td><td colspan="4">動</td></tr>
<tr><td colspan="8">太極</td></tr>
</table>

되고, 태음은 달이 되고 태가 되고, 소양은 별이 되고 리가 되고, 소음은 신(辰)[41]이 되고 진이 된다. 땅의 사상은 소강(少剛)·소유(少柔)·태강(大剛)·태유(大柔)이니, 소강은 돌이 되고 손이 되며, 소유는 흙이 되고 감이 되며, 태강은 불이 되고 간이 되며, 태유는 물이 되고 곤이 된다. 건·태·리·진은 양의 가운데에서 왔고 손·감·간·곤은 음의 가운데에서 왔으니, 이는 노(老)가 소(少)와 교착(交錯)[42]하고 소가 노와 교착하여 그 기틀이 혼연하여 간격이 없는 것이다.[43]

또 하늘의 사상[44]은 태양·소양·소음·태음이니, 태양은 해가 되고 건이 되며 소양은 별이 되고 태가 되어서 1과 2의 자리에 있고, 소음은 신(辰)이 되고 간이 되며 태음은 달이 되고 곤이 되어서 7과 8의 자리에 있다. 땅의 사상은 태강·소강·소유·태유이니, 태강은 불이 되고 리가 되며, 소강은 돌이 되고 진이 되며, 소유는 흙이 되고

41 신(辰) : 별〔星〕은 보이는 별을 가리키고, 신은 보이지 않는 별 또는 하늘의 배경 공간을 가리킨다. 소백온(邵伯溫)은 "별은 해의 잔여〔餘〕이니, 빛이 있어 드러난다. 그러므로 소양이 별이 된다." 하고, "신은 하늘의 토(土)이니, 드러나지 않고 음에 속한다. 그러므로 소음이 신이 된다."라고 하였다. 《性理大全書 皇極經世書 觀物內篇》 본래 신은 해와 달이 만나는 곳으로 12차(次)의 하늘의 방위를 가리킨다.

42 교착(交錯) : 원문인 교(交)는 인용한 설에 따라 의미가 다를 수 있다. 서로 뒤섞임의 뜻일 때는 교착, 서로 맞바꿈의 뜻일 때는 교역, 단지 영향을 주고받음의 뜻일 때는 교류 또는 사귐 등으로 구분하여 번역함이 좋을 듯하다.

43 노(老)가……것이다 : 노는 노양(老陽)과 노음(老陰)에 해당하는 양과 유를 가리키고, 소는 소양과 소음에 해당하는 강과 음을 가리킨다. 위의 각주 40)의 소옹의 말에 대하여 호방평은 "음·양이 서로 교착한다고 한 것은 양의의 음·양을 가리키고 강·유가 교착하는 것은 음의 가운데의 강·유를 가리킨다. 이 때문에 노가 소와 교착하고 소가 노와 교착하여 하늘과 땅의 사상을 낳아 그 기틀이 혼연하여 간격이 없는 것이다."라고 하였다. 또 "음이 양에 교착하여 태양인 건1과 태음인 태2를 낳고, 양이 음에 교착하여 소양인 리3과 소음인 진4를 낳는다." 하고, "유가 강에 교착하여 소강인 손5와 소유인 감6을 낳고, 강이 유에 교착하여 태강인 간7과 태유인 곤8을 낳는다." 하였다.

손이 되며, 태유는 물이 되고 감이 된다. 건・태・간・곤은 두 태(太)에서 생기고 리・진・손・감은 두 소(少)에서 생기니, 두 태가 서로 교착하고 두 소가 서로 교착해서 그 나눔이 찬란하여 분별이 있는 것이다.[45] 이는 하늘과 땅의 사상이 나누어 팔괘가 됨을 말한 것이다.

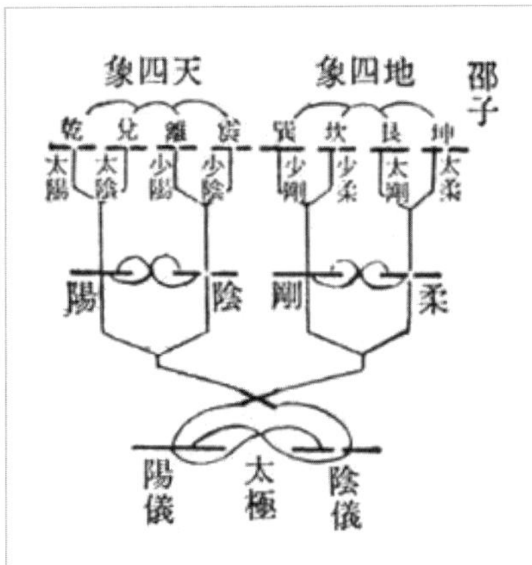

《性理大全書 易學啓蒙 原卦畫》 소옹의 설을 이황(李滉)은 오른쪽 그림으로 정리하였다.
그림의 선은 교착하고 낳는 관계를 나타낸다. 이황은 "소옹의 설에는 양이 음과 교착하고 본래 자리로 돌아와 양의 위의 기와 우를 낳으며, 음이 양과 교착하고 본래 자리로 돌아와 음의 위의 기와 우를 낳는다고 하였는데, 주자의 설에는 양이 음과 교착하여 음 위의 기와 우를 낳고 음이 양과 교착하여 양 위의 기와 우를 낳는다고 바로 말하였다.〔邵說謂: 陽交陰而還生陽儀上之奇偶, 陰交陽而還生陰儀上之奇偶; 朱說直謂: 陽交陰而生陰上之奇偶, 陰交陽而生陽上之奇偶.〕"라고 하였다. 아래의 각주 45) 참조. 《啓蒙傳疑 原卦畫》

44 또 하늘의 사상 : 이는 주자의 설을 말한 것이다. 《역학도설》 〈천지사상 위팔괘지도〉에 주자의 하늘과 땅의 사상을 다음과 같이 도표로 정리하였다. 《易學圖說 卷4 體用上 卦畫》

天四象

地四象

坤 太陰 月	艮 少陰 辰	坎 太柔 水	巽 少柔 土	震 少剛 石	離 太剛 火	兌 少陽 星	乾 太陽 日
太陰		少陽		少陰		太陽	
陰				陽			
太極							

45 두 태가……것이다 : 이는 호방평의 말을 인용한 것이다. 두 태는 태음과 태양이고 두 소는 소양과 소음을 가리킨다. 주자는 위의 각주 40)의 소옹의 말에 대하여 "양은 태양을 말하고 음은 태음을 말하며, 강은 소양을 말하고 유는 소음을 말한다."라고 하여, 태양과 태음이 교착하고 소음과 소양이 교착하는 것으로 풀이하였다. 또 "태양의 아래 절반이 태음의 위 절반에 교착하면 태음 가운데 제3효의 한 기와 한 우를 낳아서 간이 되고 곤이 된다. 태음의 위 절반이 태양의 아래 절반에 교착하면 태양 가운데 제3효의 한 기와 한 우를 낳아서 건과 태가 된다.〔太陽之下半, 交於太陰之上半, 則生太陰中第三爻之一奇一偶而爲艮爲坤矣. 太陰之上半, 交於太陽之下半, 則生太陽中第三爻之一奇一偶而爲乾爲兌矣.〕" 하고 마찬가지로 소양과 소음이 교착하여 리・진과 손・감이 된다고 하였다. 이에 대해 호방평은 "주자는 소자가 말한 양을 바꾸어 태양으로 삼고 음을 태음으로 삼고 강을 소양으로 삼고 유를 소음으로 삼았으니, 두 태가 서로 교착하고 두 소가 서로 교착해서 그 나눔이 찬란하여 분별이 있는 것이다." 하고, "주자의 설은 비록 소자의 본뜻은 아니지만 이로 인하여 원도에서 음과 양을 나눔이 교역으로 이루어진 것임을 알 수 있고 상이 노이거나 소인 것이 애초부터 그 분별을 바꾸지 않았음을 알 수 있다.〔朱子之說, 雖非邵子本意, 然因是可以知圖之分陰分陽者, 以交易而成, 象之或老或少, 初不易其分也.〕"라고 하였다. 주자의 설을 이황은 오른쪽 그림으로 정리하였다. 《啓蒙傳疑 原卦畫》

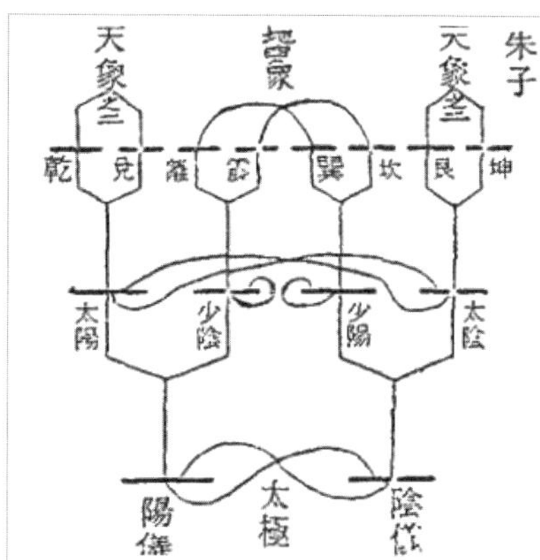

2.1.14

1은 태양의 자리가 되고 9는 태양의 수가 되니,[46] 건이 그 수를 차지하고 태가 그 자리를 차지한다. 2는 소음의 자리가 되고 8은 소음의 수가 되니, 리가 그 수를 차지하고 진이 그 자리를 차지한다. 3은 소양의 자리가 되고 7은 소양의 수가 되니, 손이 그 자리를 차지하고 감이 그 수를 차지한다. 4는 태음의 자리가 되고 6은 태음의 수가 되니, 간이 그 자리를 차지하고 곤이 그 수를 차지한다. 이는 횡도를 근거하

46 1은……되니 : 이는 하도의 자리와 수를 말한 것으로 〈도서발휘〉 1.1.4절 참조. 정리하면 다음 그림과 같다.

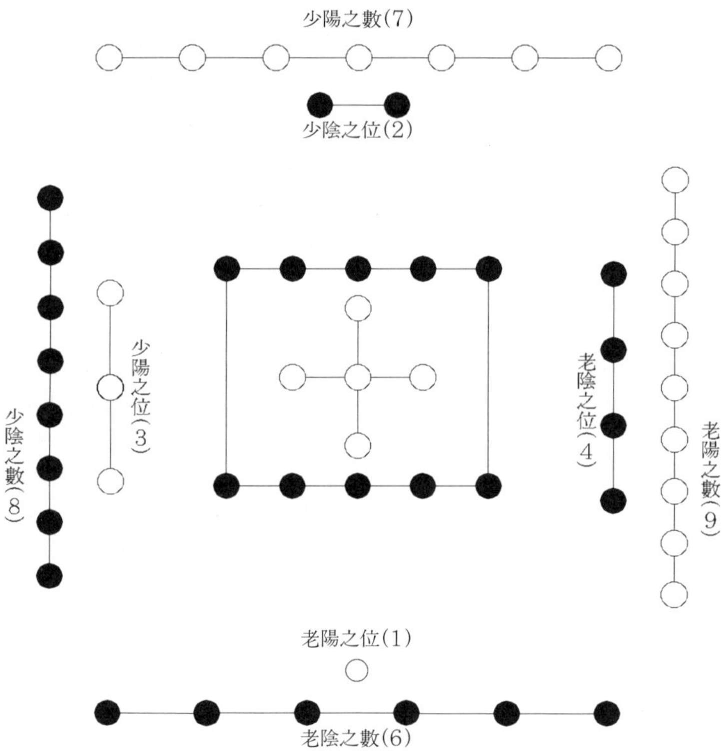

여 배정한 것이다.[47] 5와 10은 중앙에 있어 태극이 되고, 7·8·9·6을 나누어 건·곤·리·감으로 삼고 1·2·3·4를 따라 진·손·태·간으로 삼으니, 이는 원도의 방위를 근거하여 말한 것이다.[48] 이는 복희가

47 횡도를……것이다 : 이는 횡도에서 건과 태가 태양에서 생기는데, 이를 하도의 태양의 수와 자리에 배정함 등을 말한다. 호방평은 "성인이 하도를 본받은 것은 또한 횡도의 괘획(卦畫)이 이루어짐을 인하여 원도의 괘기(卦氣)의 운행을 발휘한 것일 뿐이다. 하도를 근본하여 선천 횡도를 만들면, 이루어진 괘는 1의 자리에 있는 노양이 나뉘어 건·태가 되고, 2의 자리에 있는 소음이 나뉘어 리·진이 되고, 3의 자리에 있는 소양이 나뉘어 손·감이 되고, 4의 자리에 있는 노음이 나뉘어 간·곤이 된다.〔聖人之則河圖也, 亦因橫圖卦畫之成, 以發圓圖卦氣之運耳. 本河圖以爲先天橫圖, 則畫卦之成者, 老陽居一, 分之爲乾、兌; 少陰居二, 分之爲離、震; 少陽居三, 分之爲巽、坎; 老陰居四, 分之爲艮、坤.〕"라고 하였다. 또 이황은 "수를 얻은 것은 그 순서가 〈횡도의〉 왼쪽으로부터 오른쪽으로 가는 것이고, 자리를 얻은 것은 그 순서가 오른쪽으로부터 왼쪽으로 가는 것이다.〔得數者, 其序由左而右; 得位者, 其序由右而左.〕"라고 하고 다음과 같은 그림으로 정리하였다.《性理大全書 易學啓蒙 本圖書》,《啓蒙傳疑 本圖書》

<table>
<tr><td>左 六</td><td>四</td><td>七</td><td>三</td><td>二</td><td>八</td><td>一</td><td>九 右</td></tr>
<tr><td>坤</td><td>艮</td><td>坎</td><td>巽</td><td>震</td><td>離</td><td>兌</td><td>乾</td></tr>
<tr><td colspan="2">太陰</td><td colspan="2">少陽</td><td colspan="2">少陰</td><td colspan="2">太陽</td></tr>
<tr><td colspan="4">陰</td><td colspan="4">陽</td></tr>
<tr><td colspan="8">太極</td></tr>
</table>

48 5와……것이다 : 이는 하도의 사방에 각각 1과 6, 2와 7, 3과 8, 4와 9가 합해 있는 것을 나누어, 수(數)인 7·8·9·6은 각각 건·리·감·곤이 되어 원래의 사방에 두고, 자리인 1·2·3·4는 각각 태·진·손·간이 되어 사우(四隅)에 둔 것이다.《주역전의대전》에 주자는 "사방의 합한 것을 나누어 건·곤·리·감으로 삼고 사우의 빈 곳을 메워서 태·진·손·간으로 삼은 것은 팔괘이다.〔析四方之合, 以爲乾坤離坎, 補四隅之空, 以爲兌震巽艮者, 八卦也.〕"라고 하였고, 소주에 "지금 6·7·8·9의 합한 것을 나누어 건·곤·리·감으로 하여 사정의 자리에 두고, 1·2·3·4의 차례를 따라 진·태·손·간으로 하여 사우의 빈 곳을 메운 것이다.〔今析六、七、八、九之合, 以爲乾、坤、離、坎而在四正之位; 依一、二、三、四之次, 以爲震、兌、巽、艮而補四隅之空也.〕"라고 하였다. 호방평은 "2·7의 합한 것을 나누면 7은 남쪽에 거하여 건이 되고 2는 동남 모퉁이의 빈 곳을 메워 태가 되며, 3·8의 합한 것을 나누면 8은 동쪽에

거하여 리가 되고 3은 동북 모퉁이의 빈 곳을 메워 진이 되며, 4·9의 합한 것을 나누면 9는 서쪽에 거하여 감이 되고 4는 서남 모퉁이의 빈 곳을 메워 손이 되며, 1·6의 합한 것을 나누면 6은 북쪽에 거하여 곤이 되고 1은 서북 모퉁이의 빈 곳을 메워 간이 되니, 이는 하도를 본받아 팔괘를 이룬 것이다." 하고, "하도를 근본하여 선천 원도를 만들면 괘기의 운행은 노음이 북쪽에 있고 소음이 동쪽에 있어서, 나뉘어 간·곤·리·진이 되는 것이다.〔本河圖以爲先天圓圖, 則卦氣之運者, 老陰居北, 少陰居東, 所以分而爲艮、坤、離、震者.〕"라고 하였다. 이황은 주자의 말에 대하여 "'금석(今析)' 이하는 바로 원도의 운행이며, 이미 1·2·3·4의 차례를 따른다고 하고 진2가 태1에 앞서 있는 것은 이미 생긴 괘를 얻기 때문이다.〔'今析'以下卽圓圖之運也. 旣曰依一、二、三、四之次而二震先於一兌者, 得已生之卦故也.〕"라고 하였으며, 호방평이 자리와 수를 팔괘에 분배한 것에 잘못이 있음을 지적하고 다음과 같이 그림으로 정리하였다.

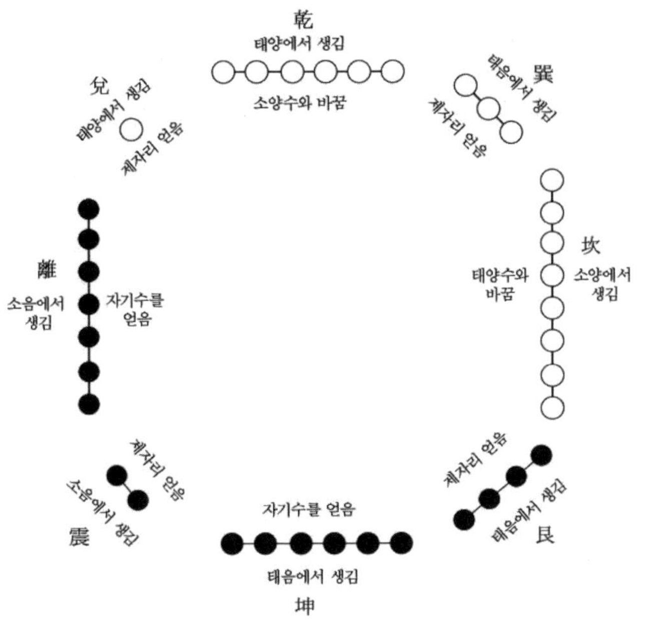

이황은 "건·곤·감·리는 이미 자신의 수를 얻어 사방의 바른 괘가 된다. 진·태·손·간이 제자리를 얻는 것은 또 각각 같은 종류를 따라 그 옆에 붙은 것이다. 이 때문에 진이 소음의 자리 2를 얻어 소음 수의 리8 옆에 붙어서 동북 모퉁이의 괘가 되고, 간이 태음의 자리 4를 얻어 태음 수의 곤6의 옆에 붙어 서북 모퉁이의 괘가 된다. 이는 음의 노와 노, 소와 소가 모두 같은 종류를 따르는 것이다. 태는 태양의 자리 1을 얻어 동남

하도를 본받아 괘를 그음을 말한 것이다.[49]

2.1.15

태양과 태음이 교착하여 태와 간을 낳고, 소음과 소양이 교착하여 진과 손을 낳으니, 이는 건·곤·감·리는 교착하지 않고 진·손·간·태는 서로 교착한 것이다.[50] 사상은 태양과 태음은 동하지 않고 소음과

모퉁이의 괘가 되고 그 정방의 괘인 건의 수가 본래 태양의 수 9인데 지금 소양의 수 7이 되며, 손은 소양의 자리 3을 얻어 서남 모퉁이의 괘가 되고 그 정방의 괘인 감의 수가 본래 소양의 수 7인데 지금 태양의 수 9가 된다. 이는 양의 노와 소, 소와 노가 서로 그 수를 바꾼 것이다.〔蓋乾、坤、離、坎既得其數而爲四方之正卦矣. 其震、兌、巽、艮之得其位者, 又各以類而附其旁. 是故震得少陰之二而附於少陰八離之旁, 爲東北隅之卦; 艮得太陰之四而附於太陰六坤之旁, 爲西北隅之卦. 是則陰之老與老、少與少, 皆從其類者也. 至若兌得太陽之一而爲東南隅之卦, 其正卦乾之數, 本是太陽之九而今爲少陽之七; 巽得少陽之三而爲西南隅之卦, 其正卦坎之數, 本是少陽之七而今爲太陽之九. 是則陽之老與少、少與老, 互易其數者也.〕"라고 하였다. 이는 횡도에 의거해 분배한 것과 비교하여 건과 감의 수과 서로 바뀐 것인데, 이황은 금(金)과 화(火)는 서로 쓰임이 되기 때문에 수를 바꿀 수 있다고 하였다.《性理大全書 易學啓蒙 本圖書》,《啓蒙傳疑 本圖書》

49 복희가……것이다 :《주역》〈계사전 상〉에 "하수에서 도가 나오고 낙수에서 서가 나오자 성인이 본받았다.〔河出圖, 洛出書, 聖人則之.〕"라고 보인다.

50 태양과……것이다 : 이는 팔괘의 교착에 관한 주자의 설이다. 주자는 "태음과 태양이 교착하여 간과 태를 낳고, 소음과 소양이 교착하여 진과 손을 낳는다. 감과 리는 교착하지 않고 각각 본래의 획을 얻으니, 감과 리가 교착함은 제2획에서 양의가 사상을 낳을 때 교착하였다. 노양이 건너가서 음과 교착하고 노음이 건너와서 양과 교착한 것이 바로 태·간의 위 제3획이며, 소음과 소양이 교착한 것이 바로 진·손의 위 제3획이다.〔太陰、太陽交而生艮、兌; 少陰、少陽交而生震、巽. 坎、離不交, 各得本畫, 坎、離之交, 在第二畫兩儀生四象時交了. 老陽過去交陰, 老陰過來交陽, 便是兌、艮上第三畫; 少陰、少陽交, 便是震、巽上第三畫.〕"라고 하였다. 이에 대해 호방평은 "건과 곤에 대해 교착하여 낳는다고 말하지 않은 것은 건의 상효의 양이 태양에서 생기고 곤의 상효의 음이 태음에서 생겨서, 교착하는 뜻에 취하는 바가 없기 때문이다.〔乾、坤

소양은 서로 교착하며, 팔괘는 건·진·손·곤은 동하지 않고 태·리·감·간은 서로 교착한다.[51] 이는 사상과 팔괘에 서로 교착함과 동정

不言交而生者, 以上爻陽生於太陽, 陰生于太陰, 於交之義無取也.〕" 하고, "'감과 리는 교착하지 않고 각각 본래의 획을 얻는다'고 한 것은 리의 상효는 양의의 양을 얻고 감의 상효는 음의의 음을 얻어서, 이 또한 교착하여 낳은 것이 아니기 때문이다.〔'坎、離不交, 各得本畫'者, 離之上, 得陽儀之陽, 坎之上, 得陰儀之陰, 亦非交而生也.〕" 하였다. 《性理大全書 易學啓蒙 原卦畫》 이황은 주자의 설을 오른쪽 그림으로 정리하였다.

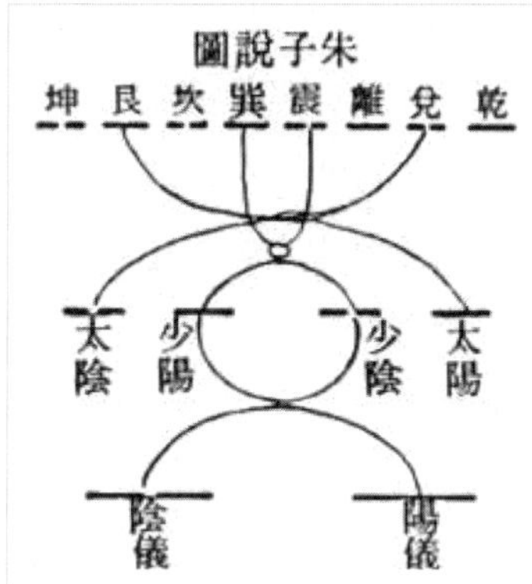

이황은 주자의 설로 "간과 태는 서로 자리를 바꾸어 낳고, 진과 손은 본래 자리로 돌아가서 낳는다.〔兌、艮互位而生, 震、巽還本位而生.〕"라고 하고, 또 이를 풀이하여 "태양이 태음과 교착하여 간의 상효를 낳고, 태음이 태양과 교착하여 태의 상효를 낳는다.〔太陽交太陰而生艮上爻, 太陰交太陽而生兌上爻.〕"라고 하였다. 《啓蒙傳疑 原卦畫》 그림에서 ○는 '본래 자리로 돌아가서 낳음'을 표시하니, 이상정(李象靖)은 소음이 소양과 교착하여 진 위의 한 음효를 낳고 돌아와 소음의 위에 있고, 소양이 소음과 교착하여 손 위의 한 양효를 낳고 돌아와 소양의 위에 있는 것이라고 하였다. 《大山集 卷24 答金道彦》 이는 주자가 노음과 노양은 '건너가서' 교착하였다고 한 반면에 소음과 소양은 단지 교착하였다고 하였으므로 '서로 자리를 바꾸어 낳음'과 '본래 자리로 돌아가서 낳음'으로 구별하여 말한 듯하다.

51 사상은……교착한다 : 이는 팔괘의 교착에 관한 반간 동씨(盤澗董氏 동수(董銖))의 설이다. 동수는 "노양·노음이 동하지 않음은 양의가 본래 자리로 돌아와 양의 상(象)을 낳고 음의가 본래 자리로 돌아와 음의 상을 낳는 것이다. 소양·소음이 교착함은 양의가 도리어 음의 상을 낳고 음의가 도리어 양의 상을 낳는 것이다. 건·곤·진·손이 동하지 않음은 양의 상이 본래 자리로 돌아와 양효를 낳고 음의 상이 본래 자리로 돌아와 음효를 낳는 것이다. 태·리·간·감이 교착함은 양의 상이 도리어 음효를 낳고 음의 상이 도리어 양효를 이루는 것이다.〔蓋二老不動者, 陽儀還生陽之象, 陰儀還生陰之象. 二少則交者, 陽儀乃生陰之象, 陰儀乃生陽之象也. 乾、坤、震、巽不動者, 陽象還生陽爻, 陰象還生陰爻. 兌、離、艮、坎則交者, 陽象乃生陰爻, 陰象乃成陽爻也.〕"라고 하

(動靜)의 차이가 있음을 말한 것이다.

2.1.16

양은 실(實)하기 때문에 기(奇)의 획은 온전하여 한 개의 획이 되고, 음은 허(虛)하기 때문에 우(耦)의 획은 나뉘어 두 개의 획이 된다. 건은 기가 셋이니 그 획이 셋이고, 곤은 우가 셋이니 그 획이 여섯인데, 3과 6을 합하면 9가 된다. 진·감·간은 모두 기가 하나이고 우가 둘이며, 손·리·태는 모두 기가 둘이고 우가 하나이니, 우가 둘이고 기가 하나인 것은 그 획이 모두 다섯이며, 기가 둘이고 우가 하나인 것은 그 획이 모두 넷인데, 4와 5를 합하면 또한 모두 9가 된다. 이는 또한 팔괘가 서로 대대(對待)하여 네 개의 9가 된 것이니,[52] 네 개의 9는 바로 36이다. 9는 노양의 수이니, 36은 노양의 책수(策數)[53]이다.

였다. 이황은 동수의 설을 오른쪽 그림으로 정리하였다. 《性理大全書 易學啓蒙 原卦畫》, 《啓蒙傳疑 原卦畫》

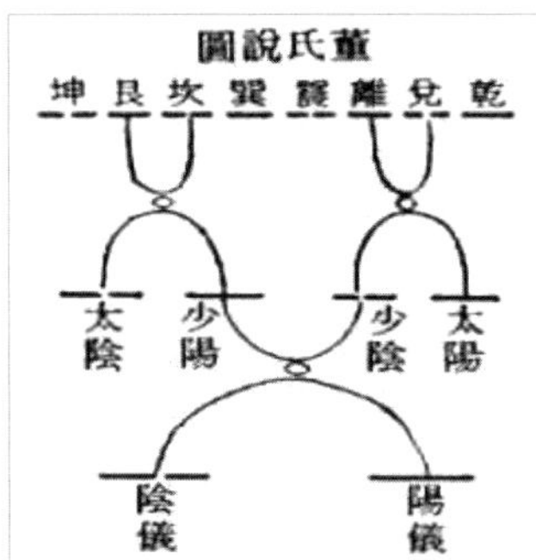

52 팔괘가……것이니 : 복희 팔괘 방위도에서 마주 대하는 건과 곤, 태와 간, 리와 감, 진과 손의 획의 수를 합하면 모두 9가 됨을 말한 것이다.

53 노양의 책수(策數) : 책은 시책(蓍策)으로, 점을 치는 과정에서 손가락에 걸고 끼는 시책과 네 개씩 세어서 떼어 내는 시책이 있는데, 떼어 낸 시책의 수가 36이면 노양이 된다. 《주역》 〈계사전 상〉에 "건괘의 책수가 216이요 곤괘의 책수가 144이다."라고 하였는데, 주자는 "건괘의 책수 216은 각각 36인 여섯 효의 책수를 누적하여 얻은 것이다."라고 하였다. 《易學啓蒙 明蓍策》

2.1.17

건과 곤이 세로로 있고 육자(六子)[54]가 가로로 있는 것은 역의 근본이다.[55] 건1이 곤8과 상대하고, 태2가 간7과 상대하고, 리3이 감6과 상대하고, 진4가 손5와 상대하는바, 그 수가 합하여 모두 9이니,[56] 9는 건의 수로서 이에 포함하지 않는 바가 없는 것이다.[57] 진으로부터 〈왼쪽으로

54 육자(六子) : 진·손·감·리·간·태를 이른다. 《주역》 〈설괘전〉에 건은 부(父), 곤은 모(母), 진은 장남(長男), 손은 장녀(長女), 감은 중남(中男), 리는 중녀(中女), 간은 소남(少男), 태는 소녀(少女)라 하였다. 육자는 여섯 자식으로 3남·3녀인 것이다.

55 건과……근본이다 : 《황극경세서》 〈관물외편〉에 소옹은 "〈복희 팔괘도에서〉 건과 곤이 세로로 있고 육자가 횡으로 있는 것은 역의 근본이고, 〈문왕 팔괘도에서〉 진과 태가 가로로 있고 여섯 괘가 세로로 있는 것은 역의 작용〔用〕이다."라고 하였다. 이에 호방평은 "팔괘가 대대하여 그 본체를 정립함이 역의 근본이다.〔八卦對待, 以立其體, 易之本也.〕"라고 하였다. 《性理大全書 易學啓蒙 原卦畫》

56 건1이……9이니 : 복희 팔괘 방위도에서 마주 대하는 괘의 수를 합하면 모두 9가 됨을 말한 것이다. 이 수는 자리의 수로 횡도에서 오른쪽부터 차례로 세는 수이다.

57 9는……것이다 : 2.1.17절부터 2.1.19절까지의 내용은 쌍호 호씨(雙湖胡氏 호일계(胡一桂))의 설을 인용한 것이 많다. 호일계는 "이 복희 팔괘 방위도를 보면 네 정괘(正卦)를 사방의 바른 방위에 두었으니, 건·곤·감·리는 뒤집어도 단지 하나의 괘이다. 두 반괘(反卦)를 사우의 바르지 않은 방위에 두었으니, 진이 뒤집혀 간이 되고 손이 뒤집혀 태가 되어서, 본래 단지 진과 손의 두 괘인 것이 뒤집혀 네 괘가 된 것이다. 합하여 말하면 하늘(건)은 위에 자리하고 땅(곤)은 아래에 자리하며 해(리)는 동쪽에서 생기고 달(감)은 서쪽에서 생기며 산(간)은 서북쪽을 누르고 못(태)은 동남쪽으로 흘러들며 바람(손)은 서남쪽에서 일어나고 우레(진)는 동북쪽에서 동하여 자연히 천지의 큰 조화와 합하니, 선천 팔괘가 대대하여 본체를 정립함이 이와 같다. 그 자리는 건1과 곤8, 태2와 간7, 리3과 감6, 진4와 손5가 각각 상대하여 합하여 9의 수를 이룬다. 그 획의 수는 건이 3이고 곤이 6이며, 태가 4이고 간이 5이며, 리가 4이고 감이 5이며, 진이 5이고 손이 4이니, 또한 각각 상대하여 합하여 9의 수를 이룬다. 9는 노양의 수로 건의 상이 포함하지 않는 바가 없는 것이니, 조화가 은연중에 건을 높이는 뜻을 볼 수 있다.〔觀此圖, 以四正卦居四方之正位, 乾、坤、坎、離反覆只是一卦. 以二反卦居

돌아〉 건에 이름은 지나간 것을 셈이니 순(順)이고, 손으로부터 〈오른쪽으로 가서〉 곤에 이름은 미래를 앎이니 역(逆)이다.[58] 이는 팔괘 방위의 세로와 가로이다.

2.1.18

하늘이 위에 자리하고 땅이 아래에 자리함은 하늘과 땅이 자리를 정한 것이고, 산이 서북쪽을 누르고 못이 동남쪽으로 흘러듦은 산과 못이 기운을 통하는 것이고, 해가 동쪽에서 생기고 달이 서쪽에서 생김은 물과 불이 서로 해치지 않는 것이고, 우레가 동북쪽에서 동하고 바람이 서남쪽에서 일어남은 우레와 바람이 서로 부딪히는 것이니,[59] 이는 복희의 팔괘가 천지의 조화와 합하는 것이다.

四隅不正之位, 震反爲艮, 巽反爲兌, 本只震、巽二卦反而成四卦. 合而言之, 天位乎上, 地位乎下, 日生於東, 月生於西, 山鎭西北, 澤注東南, 風起西南, 雷動東北, 自然與天地大造化合, 先天八卦對待以立體如此. 其位則乾一・坤八、兌二・艮七、離三・坎六、震四・巽五, 各各相對而合成九數. 其畫則乾三, 坤六; 兌四, 艮五; 離四, 坎五; 震五, 巽四, 亦各各相對而合成九數. 九, 老陽之數, 乾之象而无所不包也, 造化隱然尊乾之意, 可見矣.]"라고 하였다.《周易傳義大全 周易朱子圖說》

58 진으로부터……역(逆)이다 : 위의 각주 37) 참조.

59 하늘이……것이니 : 이는《주역》〈설괘전〉에 "하늘과 땅이 자리를 정하고 산과 못이 기운을 통하며 우레와 바람이 서로 부딪히고 물과 불이 서로 해치지 않는다."라고 한 것을 팔괘의 상과 방위로 풀이한 것이다. 위의 각주 57)과 2.1.46절 참조. 하늘은 건, 땅은 곤, 산은 간, 못은 태, 달과 물은 감, 해와 불은 리, 우레는 진, 바람은 손으로 〈설괘전〉에 보인다. 서북쪽의 산과 동남쪽의 못은 중국의 지형을 가지고 말한 듯하다.

2.1.19

건(☰)·곤(☷)·감(☵)·리(☲)는 뒤집어도 괘가 변하지 않으므로 사방의 바른 방위에 있고, 간(☶)·태(☱)·진(☳)·손(☴)은 뒤집으면 괘가 모두 변하므로 사우(四隅)의 바르지 않은 방위에 있으니, 이는 복희 팔괘의 정괘(正卦)와 반괘(反卦)[60]의 자리이다.

2.1.20

대성(大成)인 6획괘는 괘마다 모두 호괘(互卦)가 있으니, 다만 가운데 네 효를 가지고 호괘를 취하면 또한 저절로 팔괘의 순서를 잃지 않는다.[61] 2효부터 4효까지가 하호(下互)이다. 하호 가운데 팔괘가 순서대로 음의와 양의의 위에 있는 것이 각각 한 배열이 되니, 바로 건·태·리·진·손·감·간·곤의 횡도의 순서이다. 팔괘의 한 배열 가운데

60 정괘(正卦)와 반괘(反卦) : 팔괘의 정괘는 일반적으로 사정(四正)에 있는 괘를 가리키나, 여기서는 뒤집어도 괘의 모양이 변하지 않는 괘를 뜻한다. 반괘는 일반적으로 6획괘에서 본괘를 뒤집어 만들어지는 괘를 가리키나, 여기서는 팔괘에서 뒤집어 괘의 모양이 변하는 괘를 뜻한다. 위의 각주 57) 참조.

61 팔괘의……않는다 : 《역학도설》에 호괘와 그 하체(下體)·상체(上體)의 순서를 다음의 〈64괘 횡도 호체지도(互體之圖)〉로 정리하였다. 두 그림은 각각 횡도의 오른쪽 반과 왼쪽 반이다. 《易學圖說 卷4 體用上 卦劃》

<table>
<tr><td colspan="2">坤</td><td colspan="2">剝</td><td colspan="2">蹇</td><td colspan="2">漸</td><td colspan="2">解</td><td colspan="2">未濟</td><td colspan="2">大過</td><td colspan="2">姤</td><td colspan="2">復</td><td colspan="2">頤</td><td colspan="2">既濟</td><td colspan="2">家人</td><td colspan="2">歸妹</td><td colspan="2">睽</td><td colspan="2">夬</td><td colspan="2">乾</td></tr>
<tr><td></td><td></td><td></td><td></td><td></td><td></td><td></td><td></td><td></td><td></td><td></td><td></td><td></td><td></td><td></td><td></td><td></td><td></td><td></td><td></td><td></td><td></td><td></td><td></td><td></td><td></td><td></td><td></td><td></td><td></td><td></td><td></td></tr>
<tr><td>坤</td><td>坤</td><td>艮</td><td>艮</td><td>坎</td><td>坎</td><td>巽</td><td>巽</td><td>震</td><td>震</td><td>離</td><td>離</td><td>兌</td><td>兌</td><td>乾</td><td>乾</td><td>坤</td><td>坤</td><td>艮</td><td>艮</td><td>坎</td><td>坎</td><td>巽</td><td>巽</td><td>震</td><td>震</td><td>離</td><td>離</td><td>兌</td><td>兌</td><td>乾</td><td>乾</td></tr>
<tr><td>坤</td><td>坤</td><td>坤</td><td>坤</td><td>艮</td><td>艮</td><td>艮</td><td>艮</td><td>坎</td><td>坎</td><td>坎</td><td>坎</td><td>巽</td><td>巽</td><td>巽</td><td>巽</td><td>震</td><td>震</td><td>震</td><td>震</td><td>離</td><td>離</td><td>離</td><td>離</td><td>兌</td><td>兌</td><td>兌</td><td>兌</td><td>乾</td><td>乾</td><td>乾</td><td>乾</td></tr>
<tr><td colspan="8"></td><td colspan="8"></td><td colspan="8"></td><td colspan="8"></td></tr>
<tr><td colspan="16"></td><td colspan="16"></td></tr>
<tr><td colspan="32"></td></tr>
<tr><td colspan="32"></td></tr>
</table>

괘마다 각각 네 개의 정(貞 하체(下體))이 되어 그 수가 4·8은 32이니, 이는 바로 하나의 의(儀) 위의 하호이다. 양의를 아울러 합계하면 64괘가 된다.

3효부터 5효까지가 상호(上互)이다. 상호에서 팔괘가 순서대로 양의(兩儀)의 위에 있는 것이 각각 두 배열이 되니, 양의의 위를 아우르면 모두 네 배열이 된다. 그 한 배열 가운데 괘마다 각각 매 원괘(元卦 본괘(本卦))들의 두 개의 회(悔 상체(上體))가 되니, 하나의 의 위에 있는 것이 두 배열이고, 각각 16괘인 두 배열을 아우르면 32괘가 된다. 또 양의 위에 있는 것을 아우르면 바로 네 배열이고, 한 배열이 각각 16개 원괘의 상호가 되니, 16괘가 넷이면 또한 합계하여 64괘가 된다.

이에 상호와 하호 두 괘를 합하여 6획의 전괘(全卦)가 되면 호괘의 두 건괘(☰)가 원도의 남방에 서로 나란히 있는데, 왼쪽 건괘는 건괘와 쾌괘(夬卦 ䷪)의 호괘가 되고 오른쪽 건괘는 구괘(姤卦 ䷫)와 대과괘(大過卦 ䷛)의 호괘가 된다.[62] 두 쾌괘가 건괘 다음인데, 왼쪽 쾌괘는

坤		剝		蹇		漸		解		未濟		大過		姤		復		頤		既濟		家人		歸妹		睽		夬		乾	
坤	坤	艮	艮	坎	坎	巽	巽	震	震	離	離	兌	兌	乾	乾	坤	坤	艮	艮	坎	坎	巽	巽	震	震	離	離	兌	兌	乾	乾
坤	坤	坤	坤	艮	艮	艮	艮	坎	坎	坎	坎	巽	巽	巽	巽	震	震	震	震	離	離	離	離	兌	兌	兌	兌	乾	乾	乾	乾

62 두 건괘는……된다 : 이하의 내용은 《역학도설》에 다음의 〈64괘 원도 호체지도(互體之圖)〉로 정리하였다. 원도 안의 괘가 호괘이니, 각 호괘는 위의 각주 61) 참조. 《易學圖說 卷4 體用上 卦劃》

대유괘(大有卦 ䷍)와 대장괘(大壯卦 ䷡)의 호괘가 되고 오른쪽 쾌괘는 정괘(鼎卦 ䷱)와 항괘(恒卦 ䷟)의 호괘가 된다. 두 규괘(睽卦 ䷥)가 쾌괘 다음인데, 왼쪽 규괘는 소축괘(小畜卦 ䷈)와 수괘(需卦 ䷄)의 호괘가 되고 오른쪽 규괘는 손괘(巽卦 ䷸)와 정괘(井卦 ䷯)의 호괘가 된다. 두 귀매괘(歸妹卦 ䷵)가 규괘의 다음인데, 왼쪽 귀매괘는 대축괘(大畜卦 ䷙)와 태괘(泰卦 ䷊)의 호괘가 되고 오른쪽 귀매괘는 고괘(蠱卦 ䷑)와 승괘(升卦 ䷭)의 호괘가 된다. 두 가인괘(家人卦 ䷤)는 귀매괘 다음인데, 왼쪽 가인괘는 리괘(履卦 ䷉)와 태괘(兌卦 ䷹)의 호괘가 되고 오른쪽 가인괘는 송괘(訟卦 ䷅)와 곤괘(困卦 ䷮)의 호괘가 된다. 두 기제괘(旣濟卦 ䷾)가 가인괘 다음인데, 왼쪽 기제괘는 규괘와 귀매괘의 호괘가 되고 오른쪽 기제괘는 미제괘(未濟卦 ䷿)와 해괘(解卦 ䷧)의 호괘가 된다. 두 이괘(頤卦 ䷚)가 기제 다음인데, 왼쪽 이괘는

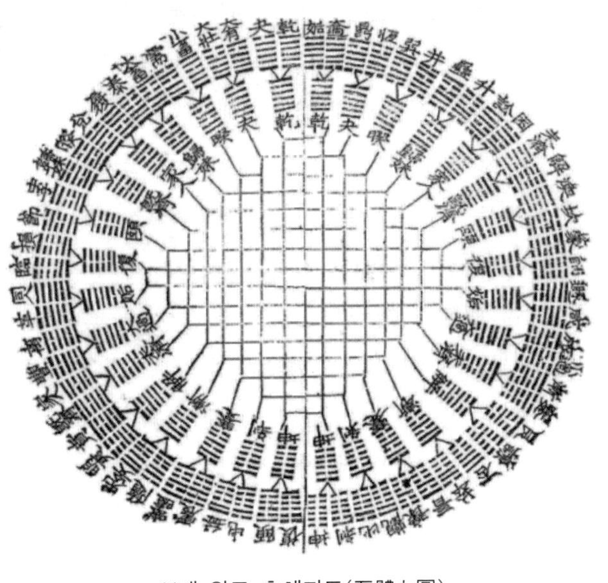

64괘 원도 호체지도(互體之圖)

중부괘(中孚卦 ䷼)와 절괘(節卦 ䷻)의 호괘가 되고 오른쪽 이괘는 환괘(渙卦 ䷺)와 감괘(坎卦 ䷜)의 호괘가 된다. 두 복괘(復卦 ䷗)가 이괘 다음인데, 왼쪽 복괘는 손괘(損卦 ䷨)와 임괘(臨卦 ䷒)의 호괘가 되고 오른쪽 복괘는 몽괘(蒙卦 ䷃)와 사괘(師卦 ䷆)의 호괘가 된다. 이는 모두 남쪽의 좌우에 있는 호괘이다.

호괘의 두 곤괘(䷁)가 북방에 서로 나란히 있는데, 왼쪽 곤괘는 복괘(䷗)와 이괘(䷚)의 호괘가 되고 오른쪽 곤괘는 곤괘와 박괘(剝卦 ䷖)의 호괘가 된다. 두 박괘가 곤괘 다음인데, 왼쪽 박괘는 둔괘(屯卦 ䷂)와 익괘(益卦 ䷩)의 호괘가 되고 오른쪽 박괘는 비괘(比卦 ䷇)와 관괘(觀卦 ䷓)의 호괘가 된다. 두 건괘(蹇卦 ䷦)가 박괘 다음인데, 왼쪽 건괘는 진괘(震卦 ䷲)와 서합괘(噬嗑卦 ䷔)의 호괘가 되고 오른쪽 건괘는 예괘(豫卦 ䷏)와 진괘(晉卦 ䷢)의 호괘가 된다. 두 점괘(漸卦 ䷴)가 건괘 다음인데, 왼쪽 점괘는 수괘(隨卦 ䷐)와 무망괘(无妄卦 ䷘)의 호괘가 되고 오른쪽 점괘는 췌괘(萃卦 ䷬)와 비괘(否卦 ䷋)의 호괘가 된다. 두 해괘(䷧)가 점괘 다음인데, 왼쪽 해괘는 명이괘(明夷卦 ䷣)와 비괘(賁卦 ䷕)의 호괘이고 오른쪽 해괘는 겸괘(謙卦 ䷎)와 간괘(艮卦 ䷳)의 호괘가 된다. 미제괘(䷿)가 해괘 다음인데, 왼쪽 미제괘는 기제괘(䷾)와 가인괘(䷤)의 호괘가 되고 오른쪽 미제괘는 건괘(蹇卦 ䷦)와 점괘(䷴)의 호괘가 된다. 대과괘(䷛)가 미제괘 다음인데, 왼쪽 대과괘는 풍괘(豐卦 ䷶)와 리괘(離卦 ䷝)의 호괘가 되고 오른쪽 대과괘는 소과괘(小過卦 ䷽)와 여괘(旅卦 ䷷)의 호괘가 된다. 두 구괘(䷫)가 대과괘 다음인데, 왼쪽 구괘는 혁괘(革卦 ䷰)와 동인괘(同人卦 ䷌)의 호괘가 되고 오른쪽 구괘는 함괘(咸卦 ䷞)와 돈괘(遯卦 ䷠)의 호괘가 된다. 이는 모두 북쪽의 좌우에 있는 호괘이다.

이 64괘의 호괘가 모두 합하여 16괘인데 좌우를 아울러 32가 되며, 팔괘가 호괘의 각 체(體)인 것이 또한 각각 16가지이다. 호괘의 효의 음・양이 각각 상대하며, 남(男)은 모두 남을 호체(互體)로 하고 여(女)는 모두 여를 호체로 한다.[63]

63 이 64괘의……한다 : 이 내용은 위의 각주 62)의 〈64괘 원도 호체지도〉의 네 모퉁이에 각각 '六十四卦 合爲十六', '八卦各體 亦各十六', '卦爻陰陽 各各相對', '男皆互男 女皆互女'라고 적혀 있다. 이는 호일계(胡一桂)의 《역부록찬주(易附錄纂註)》 〈괘호체도(卦互體圖)〉의 설을 인용한 것으로 보이는데, 《역학도설》의 '64괘 가운데 3획괘 호체로 분류한 그림〔六十四卦中三畫卦互體類分之圖〕'이 호일계의 〈괘호체도〉이다. 〈64괘 원도 호체지도〉를 보면 원도 내부에 16가지의 호괘가 있는데, 오른쪽과 왼쪽의 똑같은 호괘를 가로획으로 연결하였다. 이것이 '좌우를 아울러 32'인 것이다. 위의 각주 61)의 〈64괘 횡도 호체지도〉를 보면 각 팔괘가 호괘의 상체가 되는 것이 8가지이고 하체가 되는 것이 8가지이니, 이것이 '八卦各體 亦各十六'이다. 다만 괘의 수로 보면 태・리・진・손・감・간을 호체(互體)로 하는 괘는 각각 16개이고, 건・곤을 호체로 하는 괘는 중복되는 괘가 있어서 그 수가 각각 12개이다. '卦爻陰陽 各各相對'에 대하여 유원지(柳元之)는 〈64괘 원도 호체지도〉에서 세로획으로 연결된 호괘의 음양이 서로 정반대가 된 것이라 하였다. 예를 들어 호괘인 쾌괘(䷪)와 세로획으로 연결된 박괘(䷖)의 음양이 서로 정반대이다.《拙齋集 卷11 雜著 柳倦翁易圖解》 또 '男皆互男 女皆互女'에 대하여 호일계는 "건괘의 가운데 네 효는 스스로 두 건을 호체로 하여 두 체를 〈본괘・호괘와〉 아우르면 네 건이 되고, 곤괘의 가운데 네 효는 스스로 두 곤을 호체로 하여 두 체를 아우르면 네 곤이 된다. 이는 건이 모두 건을 호체로 하고 곤이 모두 곤을 호체로 하여, 음・양이 순수하여 뒤섞이지 않는 것이다. 세 아들의 괘는 각각 세 아들과 모이고, 세 딸의 괘는 각각 세 딸과 모인다. 예컨대 진괘(䷲)는 2효에서 4효는 간을 호체로 하고 3효에서 5효는 감을 호체로 하며, 감괘(䷜)는 2효에서 4효는 진을 호체로 하고 3효에서 5효는 간을 호체로 하며, 간괘(䷳)는 2효에서 4효는 감을 호체로 하고 3효에서 5효는 진을 호체로 하여, 각각 본괘와 아울러 세 아들을 갖추고 있다. 세 딸의 괘인 손・리・태의 호체도 그러하다. 양은 모두 양을 호체로 하고 음은 모두 음을 호체로 하며, 여는 남을 어지럽히지 않고 남은 여를 어지럽히지 않는 것이다.〔至若乾卦中四爻, 自互二乾, 幷二體爲四乾; 坤卦中四爻, 自互二坤, 幷二體爲四坤。是乾皆互乾, 坤皆互坤, 陰陽之純而不雜也。三男之卦, 各聚三男; 三女之卦, 各聚三女。如震卦自二至四互艮, 自三至五互坎; 坎卦自二至四互震, 自三至五互艮; 艮卦自二至四互坎, 自三至五互震, 各幷本卦而三男備。巽、離、兌三女之卦互體亦然。陽皆互陽, 陰皆互陰, 女不紊男, 男不紊女.〕"라고 하였다.

2.1.21

소성의 괘는 각각 세 효이다. 세 효가 모두 양인 것은 건이 되어서 양의의 첫 번째에 있고, 세 효가 모두 음인 것은 곤이 되어서 음의의 끝에 있다. 두 양에 한 음인 것은 태가 되고 리가 되어서 건의 왼쪽에 차례로 있으니 바로 양의의 가운데이며, 두 음에 한 양인 것은 간이 되고 감이 되어서 곤의 오른쪽에 차례로 있으니 바로 음의의 가운데이다. 진도 두 음에 한 양인데 양의의 끝에 있으니 양이 처음 생겨난 것이며, 손도 두 양에 한 음인데 음의의 시초에 있으니 음이 처음 생겨난 것이다.

한 양이 두 음의 아래에 있는 것은 동함의 상(象)이고, 두 음의 가운데에 있는 것은 빠짐의 상이고, 두 음의 위에 있는 것은 그침의 상이다. 상·중·하가 순양(純陽)인 것은 굳셈〔健〕의 상이다. 한 음이 두 양의 아래에 있는 것은 들어감의 상이고, 두 양의 가운데에 있는 것은 걸림(붙음)의 상이고, 두 양의 위에 있는 것은 기뻐함의 상이다. 상·중·하가 순음(純陰)인 것은 순(順)함의 상이다.[64]

동함과 빠짐과 그침은 모두 굳셈의 쓰임이고 들어감과 걸림과 기뻐함은 모두 순함의 쓰임이다. 굳셈의 덕은 반드시 동함이 있고 빠짐이 있고 그침이 있은 뒤에야 굳셈의 도가 온전해지고, 순함의 덕은 반드시 들어감이 있고 걸림이 있고 기뻐함이 있은 뒤에야 순함의 도가 구비되는 것이다. 동함은 분발하는 뜻이 있고,[65] 빠짐은 성실한 뜻이 있고,[66]

64 한 양이……상이다 : 《주역》 〈설괘전〉에 "건은 굳셈이요, 곤은 순함이요, 진은 동함이요, 손은 들어감이요, 감은 빠짐이요, 리는 걸림이요, 간은 그침이요, 태는 기뻐함이다."라고 보인다.

65 동함은……있고 : 정이천(程伊川)은 《주역》 〈진괘(震卦)〉에서 "진괘는 한 양이 두 음의 아래에서 생겼으니, 동하여 올라가는 것이다. 그러므로 진이라 하였으니, 진은

그침은 굳게 정하는 뜻이 있으니, 어찌 굳셈의 쓰임이 아니겠는가. 들어감은 물러나 겸손한 뜻이 있고, 걸림은 붙고 따르는 뜻이 있고, 기뻐함은 화순하고 편안한 뜻이 있으니, 어찌 순함의 쓰임이 아니겠는가. 굳셈의 쓰임이 되는 것은 반드시 두 음을 얻어 이루어지고 순함의 쓰임이 되는 것은 반드시 두 양을 의뢰하여 이루어지니, 양만 있고 음이 없으면 굳셈의 공을 이룰 수 없으며 음만 있고 양이 없으면 순함의 공효를 이룰 수 없음을 볼 수 있다. 이는 팔괘의 음과 양이 반드시 서로 갖추어 주고 이루어 주어 서로 없을 수 없는 것이다.

2.1.22

대성괘는 각각 6효이니, 이는 삼재(三才)를 겸하여 두 번 한 것이다.[67] 팔괘가 각자 정(貞)이 되고 또다시 모두 팔괘를 그 회(悔)로 하면 팔괘마다 각각 팔괘가 되니, 8・8은 바로 64이다. 6효가 된 소이는 하늘은 음과 양을 기(氣)로 삼고 땅은 강과 유를 형질로 삼고 사람은 인(仁)과 의(義)를 덕으로 삼은 것이다. 기가 되고 형질이 되고 덕이 된 것은 그 도가 비록 다르나 그 리는 동일하다.[68] 삼재의 도가 다 갖춰진 뒤에

동함이다. 그런데 동(動)이라고 말하지 않은 것은 진은 동하고 분발하며 진경(震驚)하는 뜻이 있기 때문이다."라고 하였다.

66 빠짐은……있고 : 감괘의 괘사에 "습감(習坎)은 정성이 있어 마음 때문에 형통하니, 가면 가상함이 있으리라.〔習坎, 有孚, 維心亨, 行, 有尙.〕"라고 하였는데, 정이천은 "양실(陽實)이 가운데에 있으니, 가운데에 부신(孚信)이 있는 것이 된다."라고 하였다.

67 삼재(三才)를……것이다 : 위의 각주 17) 참조.

68 그 도가……동일하다 : 주자는 "음・양이 상을 이룸은 하늘의 도가 확립하는 것이고 강・유가 형질을 이룸은 땅의 도가 확립하는 것이고 인・의의 덕을 이룸은 사람의 도가 확립하는 것이니, 도는 하나일 뿐이나 일에 따라 나타나므로 삼재의 구별이 있는 것이고, 이 가운데에 또 각각 체・용의 구분이 있으니 실상은 하나의 태극이다.〔陰陽成

우주가 빈 기물이 되지 않아서 일이 질서를 얻고 물건이 제자리를 얻으니, 이는 역의 괘가 6획에서 대성하여 사물을 열어 주고 일을 이루게 하는[69] 사업이 성립하는 것이다. 그렇다면 5효와 6효의 두 효는 하늘의 음과 양의 두 기를 형상한 것이고, 3효와 4효의 두 효는 사람의 인과 의의 두 덕을 형상한 것이고, 초효와 2효의 두 효는 땅의 강과 유의 두 형질을 형상한 것이다. 그러나 이는 6획이 괘를 이룬 이유를 근거하여 말한 것이니, 괘가 이루어진 뒤에 상을 취하는 것으로 말하면 모두 사람의 일을 가지고서 역을 사용하는 도를 밝혔는데, 음・양과 강・유의 리는 실로 이 가운데 들어 있다.

2.1.23

팔괘를 효마다 바꿔 보아서 양이 음으로 변하고 음이 양으로 변하면 팔괘의 각 괘마다 모두 일곱 가지 변함이 있다. 건의 하효(下爻)가 변하면 손이 되고, 중효(中爻)가 변하면 리가 되고, 상효(上爻)가 변하면 태가 되고, 중효와 하효 두 효가 변하면 간이 되고, 중효와 상효 두 효가 변하면 진이 되고, 상효와 하효 두 효가 변하면 감이 되고, 세 효가 모두 변하면 곤이 된다.

태의 하효가 변하면 감이 되고, 중효가 변하면 진이 되고, 상효가 변하면 건이 되고, 중효와 하효 두 효가 변하면 곤이 되고, 중효와 상효 두 효가 변하면 리가 되고, 상효와 하효 두 효가 변하면 손이

象, 天道之所以立也; 剛柔成質, 地道之所以立也; 仁義成德, 人道之所以立也. 道一而已, 隨事著見, 故有三才之別, 而於其中又各有體用之分焉, 其實則一太極也.]"라고 하였다. 《性理大全書 卷1 太極圖》

69 사물을……하는 : 역으로 길흉을 알아서 일을 이루게 함을 이른다. 위의 각주 24) 참조.

되고, 세 효가 모두 변하면 간이 된다.

리의 하효가 변하면 간이 되고, 중효가 변하면 건이 되고, 상효가 변하면 진이 되고, 중효와 하효 두 효가 변하면 손이 되고, 중효와 상효 두 효가 변하면 태가 되고, 상효와 하효 두 효가 변하면 곤이 되고, 세 효가 모두 변하면 감이 된다.

진의 하효가 변하면 곤이 되고, 중효가 변하면 태가 되고, 상효가 변하면 리가 되고, 중효와 하효 두 효가 변하면 감이 되고, 중효와 상효 두 효가 변하면 건이 되고, 상효와 하효 두 효가 변하면 간이 되고, 세 효가 모두 변하면 손이 된다.

손의 하효가 변하면 건이 되고, 중효가 변하면 간이 되고, 상효가 변하면 감이 되고, 중효와 하효 두 효가 변하면 리가 되고, 중효와 상효 두 효가 변하면 곤이 되고, 상효와 하효 두 효가 변하면 태가 되고, 세 효가 모두 변하면 진이 된다.

감의 하효가 변하면 태가 되고, 중효가 변하면 곤이 되고, 상효가 변하면 손이 되고, 중효와 하효 두 효가 변하면 진이 되고, 중효와 상효 두 효가 변하면 간이 되고, 상효와 하효 두 효가 변하면 건이 되고, 세 효가 모두 변하면 리가 된다.

간의 하효가 변하면 리가 되고, 중효가 변하면 손이 되고, 상효가 변하면 곤이 되고, 중효와 하효 두 효가 변하면 건이 되고, 중효와 상효 두 효가 변하면 감이 되고, 상효와 하효 두 효가 변하면 진이 되고, 세 효가 모두 변하면 태가 된다.

곤의 하효가 변하면 진이 되고, 중효가 변하면 감이 되고, 상효가 변하면 간이 되고, 중효와 하효 두 효가 변하면 태가 되고, 중효와 상효 두 효가 변하면 손이 되고, 상효와 하효 두 효가 변하면 리가 되고, 세 효가 모두 변하면 건이 된다.

일곱 가지 변함 가운데 한 효가 변한 것이 세 괘이고, 두 효가 변한 것이 또한 세 괘이고, 세 효가 변한 것이 한 괘이니, 본괘를 합하면 다시 팔괘가 된다. 7·8은 56이고, 또 본괘의 수 8을 합하면 64가 된다. 그 변함은 모두 상대하는 괘에서 끝나서, 건은 곤에서 끝나고, 태는 간에서 끝나고, 리는 감에서 끝나고, 진은 손에서 끝나고, 손은 진에서 끝나고, 감은 리에서 끝나고, 간은 태에서 끝나고, 곤은 건에서 끝난다. 변함은 비록 일곱 가지가 있으나 팔괘의 밖을 벗어나는 것이 없는데, 이것이 끝내 중괘(重卦 6획괘)의 수인 64로 돌아가니, 8이고 64인 괘의 수가 진실로 자연의 수가 아니겠는가. 변함은 팔괘를 중첩한 뒤에 나오는데,[70] 여기서 팔괘의 변함을 곧바로 말한 것은 중괘의 변함이 실로 팔괘에 근본하기 때문이다.

2.1.24

역이 교역(交易)의 뜻이 됨은 횡도와 원도, 두 그림의 왼쪽과 오른쪽에 근거하여 알 수 있다. 양의의 위에 있는 괘는 건만 순양이고 나머지 괘는 모두 음효가 섞여 있으며, 음의의 위에 있는 괘는 곤만 순음이고 나머지 괘는 모두 양효가 섞여 있다.[71] 소성(小成)하여 세 효가 된 팔괘에서, 그림의 오른쪽 네 괘는 모두 양의의 괘인데 음효가 3분의 1이고,[72] 왼쪽 네 괘는 모두 음의의 괘인데 양효가 3분의 1이다.

70 변함은……나오는데 : 2.1.1절에 6획의 64괘 384효로 만사와 만물의 변화를 다할 수 있다고 하였다.

71 양의의……있다 : 2.1.11절에 "양의의 위에 있는 모든 음효는 순음인 곤괘의 여섯 효가 양의 위의 31괘에 두루 펴진 것이고, 음의의 위의 모든 양효는 순양인 건괘의 여섯 효가 음의 위의 31괘에 두루 펴진 것이다."라고 하였다.

72 오른쪽……1이고 : 양의의 위에 있는 건(☰)·태(☱)·리(☲)·진(☳)의 12효 가운데 음효가 넷임을 말한다.

대성하여 6획이 된 64괘에서, 그림의 오른쪽 32괘는 모두 양의의 괘인데 음효가 섞인 것이 31괘이고, 왼쪽 32괘는 모두 음의의 괘인데 양효가 섞인 것이 또한 31괘이다. 건과 곤이 순양으로 순음을 상대한 외에 나머지 62괘는 각각의 모든 효가 왼쪽과 오른쪽에서 상대하고 있으니,[73] 그렇다면 양효가 음의에 있고 음효가 양의에 있는 것이 모두 교역의 뜻인 것이다.

역의 변역(變易)하는 뜻으로 말하면 64괘 괘변도(卦變圖)[74]를 근거해 보면 알 수 있다. 무릇 64괘의 모든 각 괘가 각각 63개의 변함이 있으니, 이것이 변역의 뜻이 아니겠는가.

아! 교역과 변역의 두 뜻에 나아가면 역이 되는 리(理)와 역을 쓰는 도(道)를 알게 될 것이다. 리에 교역함이 없으면 어찌 조화의 떳떳한 법〔經〕을 세우고[75] 만물의 등급을 구비하겠는가.[76] 도에 변역이 없으면 어찌 만 가지 단서의 일을 응하고 만 가지 종류의 물건에 상대하겠는가.

73 건과……있으니 : 횡도는 좌우 대칭되는 괘의 음양이 서로 정반대이고, 원도는 마주 보는 괘의 음양이 서로 정반대이다.

74 64괘 괘변도(卦變圖) : 본괘(本卦)의 효가 변하여 64괘가 된 것을 나열한 도표이다. 《역학계몽》 〈고변점(考變占)〉에 32개 도표가 나와 있는데, 각 도표의 마지막 괘부터 거꾸로 볼 수 있으므로 실은 64개의 도표가 된다. 주자는 변괘(變卦)가 이 도표의 제32괘 이전에 있으면 본괘의 괘사·효사로 점을 치고, 변괘가 제32괘 이후에 있으면 변괘의 괘사·효사로 점을 친다고 하였다.

75 조화의……세우고 : 원도에서 괘가 상대하는 것에 대하여, 2.1.12절에서 '조화의 기틀과 묘하게 합한다'고 하고, 2.1.18절에서 '복희의 팔괘가 천지의 조화와 합한다'고 하였다.

76 만물의 등급을 구비하겠는가 : 장현광은 "물건에 허다한 품등〔品類〕이 없다면 반드시 만 가지 쓰임을 충분히 구비하지 못할 것이다."라고 하고, 물건은 모름지기 품등의 구분이 있어야 한다고 하였다. 《旅軒集 卷6 明分》

교역함은 역의 본체이고, 변역함은 역의 용이다.[77] 본체 가운데 또한 스스로 본체와 용이 있고, 용 가운데 또한 스스로 본체와 용이 있으니, 예컨대 양 가운데 또한 스스로 음과 양이 있고 음 가운데 또한 스스로 음과 양이 있는 것과 같다. 교역은 이 한 리에 본래 교역이 있는 것이고, 변역도 한 리에 본래 변역이 있는 것이다. 리에 어찌 교역함과 변역함이 있는가. 리의 본체는 진실로 서로 바꿈이 없는 경(經)이지만, 리의 치용(致用)은 교역과 변역이 없으면 또 경을 받들어 위(緯)를 이룰 수가 없으니,[78] 이 때문에 리가 태극의 리가 되는 것이다. 리가 만약 본체만 있고 용이 없으며 경만 있고 위가 없다면 어떻게

77 교역함은……용이다 : 주자는 "교역은 체가 되니 이것이 가고 저것이 오며, 변역은 용이 되니 때로 정(靜)하고 때로 동한다.〔交易爲體, 往此來彼; 變易爲用, 時靜時動.〕"라고 하였다. 또 교역에 대하여 "선천도의 한쪽은 본래 모두 양이고 한쪽은 본래 모두 음인데 양 가운데에 음이 있고 음 가운데에 양이 있으니, 바로 양이 가서 음과 교역하고 음이 와서 양과 교역하여 양쪽이 각각 상대하는 것이다. 그 실제는 이것이 가고 저것이 온 것이 아니라 단지 그 상이 이와 같은 것이다.〔先天圖一邊本都是陽, 一邊本都是陰, 陽中有陰, 陰中有陽, 便是陽往交易陰, 陰來交易陽, 兩邊各各相對. 其實非此往彼來, 只其象如此.〕" 하였고, 변역에 대하여 "변역은 양이 음으로 변하고 음이 양으로 변하는 것으로, 노양이 변하여 소음이 되고 노음이 변하여 소양이 되는 것이니, 이는 점을 치는 법이다.〔變易是陽變陰, 陰變陽, 老陽變爲少陰, 老陰變爲少陽, 此是占筮之法.〕"라고 하였다. 《周易傳義大全 易五贊 原象》, 《易學啓蒙 考變占》, 《朱子語類 卷65》

78 리의 본체는……없으니 : 경(經)은 베를 짤 때 세로 방향의 날실이고 위(緯)는 가로의 씨실로, 경은 항상 일정한 것을 나타내고 위는 변화하는 것을 나타낸다. 장현광은 "경은 처음부터 끝까지 관통하여 곧바로 이르러 변역함이 없고, 위는 한 번 왼쪽으로 가고 한 번 오른쪽으로 가서 반복 왕래하여 모름지기 곡절을 구비한다."라고 하고, "경이 아니면 위를 낼 수 없고, 위가 아니면 경을 받들 수 없다.〔非經則無以出緯, 非緯則無以承經.〕"라고 하고, 경·위는 체·용과 본·말의 뜻을 겸하며 더 많은 뜻을 포함할 수 있다고 하였다. 4.1.1.1절과 5.1.1절 참조. 또 리의 경·위와 체·용에 대하여, "일정함이 있는 것은 리의 본체이고 일정함이 없는 것은 리의 용이며, 일정함이 있는 것은 리의 경이고 일정함이 없는 것은 리의 위이다.〔蓋有定者, 理之體; 無定者, 理之用. 有定者, 理之經; 無定者, 理之緯也.〕"라고 하였다. 《易學圖說 卷4 體用上 卦劃》

태극이 되겠는가.

2.1.25

64괘를 절기에 나누어 배합하면 하늘과 땅의 닫히고 열림과 해와 달의 나가고 들어옴과 봄·여름·가을·겨울과 그믐·초하루·상현(上弦)·하현(下弦)·보름과 낮과 밤의 길고 짧음과 운행하는 도수의 차고 기욺이 여기에 말미암지 않는 것이 없다.[79] 작게는 하루 12시와 크게는 고금의 129,600년[80]이 다만 이 원[81]의 안에 있으니, 모두 복괘(復卦)로부터 시작한다. 진은 자(子)·축(丑)에 해당하여 축·인(寅)의 한계

79 하늘과……없다 : 이 내용은 《역학도설》 권4 〈선천원도 분배시종지도(先天圓圖分配始終之圖)〉에 정리되어 있다. 소옹은 "건과 곤은 위아래의 자리를 정하고 감과 리는 좌우의 문을 나열하였다. 이는 하늘과 땅이 닫히고 열리는 바이며 해와 달이 나가고 들어오는 바이다.〔乾、坤定上下之位, 坎、離列左右之門. 天地之所闔闢〕"라고 하고, 봄·여름·가을·겨울과 그믐·초하루·상현·하현·보름과 낮과 밤의 길고 짧음과 운행하는 도수의 차고 기욺이 여기에 말미암지 않는 것이 없다고 하였다. 사재 옹씨(思齋翁氏 옹영(翁泳))는 소옹이 말한 좌우의 문에 대하여 묘(卯)는 해의 문이고 유(酉)는 달의 문이라 하고, "다만 해와 달이 나가고 들어올 뿐만 아니라, 크게는 하늘과 땅이 만물을 엶이 비록 인(寅)에서 시작하지만 묘에 이르러 문이 더욱 열리며, 만물을 닫음이 비록 술(戌)에서 이루어지지만 유에 이르러 문이 이미 닫힌다.〔不但日月出入於此, 大而天地之開物, 雖始於寅 至卯而門彌闢, 閉物雖成於戌, 至酉而門已闔.〕"라고 하였다. 호방평은 "위아래의 자리를 정한 건과 곤이 하늘과 땅이 닫히고 열리는 바이고, 좌우의 문을 나열한 감과 리가 해와 달이 나가고 들어오는 바이다.〔乾、坤定上下之位, 天地之所闔闢也; 坎、離列左右之門, 日月之所出入也.〕"라고 하였다. 《易學啓蒙 原卦畫》

80 129,600년 : 원(元)·회(會)·운(運)·세(世)의 일원(一元)의 기간을 이른다.

81 이 원 : 원도를 가리킨다. 주자는 "〈소옹이〉 '선천도는 비록 글이 없으나 내 종일토록 말함에 여기에서 벗어나지 않는다'고 말한 것은 무엇입니까?"라는 물음에 "선천도에 지금 쓰여 있는 것이 이것이다. 한 해의 운행으로 말하면 크게는 고금의 129,600년도 다만 이 원이며 작게는 하루 12시도 다만 이 원이니, 모두 복괘로부터 미루어 간 것이다."라고 답하였다. 《周易傳義大全 周易朱子圖說》

(限界)를 넘고,[82] 리는 인에 해당하여 묘(卯)를 넘고, 태는 묘·진(辰)에 해당하여 진·사(巳)의 한계를 넘고, 건은 사에 해당하여 오(午)를 넘고, 손은 오·미(未)에 해당하여 미·신(申)의 한계를 넘고, 감은 신에 해당하여 유(酉)를 넘고, 간은 유·술(戌)에 해당하여 술·해(亥)의 한계를 넘고, 곤은 해에 해당하여 자를 넘는다. 십간(十干)과 십이지(十二支), 24절기가 모두 이 안에 들어 있다.[83]

2.1.26

복괘(復卦 ䷗)부터 건괘까지는 양효가 112개이고 음효가 80개이며,[84] 《주역》 상경(上經)에 있는 것이 18괘이고 하경(下經)에 있는 것이 14괘이다.[85] 구괘(姤卦 ䷫)부터 곤괘까지는 양효가 80개이고 음효가 112개이며, 상경에 있는 것이 12괘이고 하경에 있는 것이 20괘이다.

양은 아래에서 위로 올라가는 것이 〈양의 방면에서〉 순(順)이 되고 음은 양의 방면에서 역행하며, 음은 위에서 아래로 내려가는 것이 〈음의 방면에서〉 순이 되고 양은 음의 방면에서 역행한다.[86]

82 진은……넘고 : 아래의 각주 83) 참조. 이 내용은 소옹과 주자의 설에 대한 호방평의 주에 근거한 것으로 보인다. 소옹은 "리는 인에 해당하고 감은 신에 해당하는데, 수가 항상 넘는 것은 음·양이 넘치는 것이다. 그러나 수를 사용함은 중(中)을 넘지 않는다.〔離當寅, 坎當申, 而數常踰之者, 陰陽之溢也. 然用數不過乎中也.〕"라고 하였는데, 이에 대해 주자는 "이는 한층 더 생각해야 하는 것이니, 리는 묘에 해당하고 감은 유에 해당하지만 곤을 자반(子半)으로 삼은 것을 알 수 있다.〔此更宜思. 離當卯, 坎當酉, 但以坤爲子半可見.〕"라고 하였다. 호방평의 주에 의하면 '수를 사용함은 중을 넘지 않는 것'이 여기에서 말한 '해당함'이며, '수가 항상 넘는 것'이 주자가 말한 내용이고 여기에서 말한 '넘음'이다. 넘는다는 것은 괘의 경계에서 음·양이 갑자기 바뀌는 것이 아니라 음·양의 왕래가 점차적으로 이루어짐을 말한다. 《易學啓蒙 原卦畫》

83 진은……있다 : 이 내용은 다음의 《역학도설》 '64괘 분배절기지도(分配節氣之圖)'에 보인다.

84 복괘(復卦)로부터……80개이며 : 호방평은 "원도의 음·양은 좌우 양측에서 서로 똑같다. 복괘부터 건괘까지는 원도의 왼쪽에 있으니, 양의 방면이기 때문에 양이 많고 음이 적다. 구괘부터 곤괘까지는 원도의 오른쪽에 있으니, 음의 방면이기 때문에 음이 많고 양이 적다.〔圖之陰陽, 在兩邊正相等. 自復至乾, 居圖之左, 陽方也, 故陽多而陰少. 自姤至坤, 居圖之右, 陰方也, 故陰多而陽少.〕"라고 하였다. 《易學啓蒙 原卦畫》

85 상경(上經)에……14괘이다 : 《주역》을 상경과 하경으로 나눈 뜻은 2.1.35~36절 참조.

86 양은 아래에서……역행한다 : 이는 소옹이 "양이 음의 방면에 있으면 양은 역행하고, 음이 양의 방면에 있으면 음은 역행한다. 양이 양의 방면에 있고 음이 음의 방면에 있으면 모두 순행한다. 이는 진실로 지극한 이치이니, 원도를 살펴보면 알 수 있다.〔陽在陰中, 陽逆行; 陰在陽中, 陰逆行. 陽在陽中, 陰在陰中, 則皆順行. 此眞至之理, 按圖可見之矣.〕"라고 한 것에 대한 주자의 설명을 인용한 것이다. 소옹의 이 말은 학자들의 해설이 일정하지 않고 주자도 두 가지 설을 말하였다. 주자의 한 설에는 양과 음이

〈원도에서〉 벽괘(辟卦)[87]의 양이 복괘에서 시작하여 열여섯 번 변화가는 방향을 내괘와 외괘에서 양효와 음효의 수가 늘어나는 방향으로 풀이하였다. 주자는 "원도의 왼쪽은 양에 속하고 오른쪽은 음에 속한다. 곤은 양이 없고, 간과 감은 한 양이고, 손은 두 양이니, 이는 양이 음의 방면에서 역행함이다. 진은 한 양이고, 태와 리는 두 양이고, 건은 세 양이니, 이는 양이 양의 방면에서 순행함이다. 손은 한 음이고, 감과 간은 두 음이고, 곤은 세 음이니, 이는 음이 음의 방면에서 순행함이다. 이들은 모두 내괘 팔괘 3획의 음・양으로 말한 것이다. 외괘 팔괘로 추론하여도 음・양의 순행과 역행은 이와 같다. 오른쪽 외괘에서 반복되는 네 부분은 모두 건에서 시작하여 곤으로 끝나는데, 네 곤은 양이 없고 각각 한 양인 네 간으로부터 역행하여 세 양인 건에 이른다. 그 양이 모두 원도의 아래로부터 위로 올라가니, 이 또한 '양이 음의 방면에 있으면 양은 역행함'이다. 왼쪽 외괘에서 반복되는 네 부분도 건에서 시작하여 곤으로 끝나는데, 네 건은 음이 없고, 각각 한 음인 네 태로부터 역행하여 세 음인 곤에 이른다. 그 음이 모두 원도의 위로부터 아래로 내려가니, 이 또한 '음이 양의 방면에 있으면 음은 역행함'이다. 왼쪽 외괘의 네 곤은 양이 없고, 각각 한 양인 네 간으로부터 순행하여 세 양인 건에 이르러서, 그 양이 아래로부터 위로 올라가니, 이 또한 '양이 양의 방면에 있으면 양은 순행함'이다. 오른쪽 외괘의 네 건은 음이 없고, 각각 한 음인 태로부터 순행하여 세 음의 곤에 이르러서, 모두 위로부터 아래로 내려가니, 이 또한 '음이 음의 방면에 있으면 음은 순행함'이다.〔圓圖左屬陽, 右屬陰. 坤无陽, 艮、坎一陽, 巽二陽, 爲陽在陰中逆行. 乾无陰, 兌、離一陰, 震二陰, 爲陰在陽中逆行. 震一陽, 兌、離二陽, 乾三陽, 爲陽在陽中順行. 巽一陰, 坎、艮二陰, 坤三陰, 爲陰在陰中順行. 此皆以內八卦三畫陰陽言也. 若以外八卦推之, 陰陽逆順行亦然. 右方外卦四節, 皆首乾終坤, 四坤无陽, 自四艮各一陽逆行, 而至於乾之三陽. 其陽皆自下而上, 亦'陽在陰中, 陽逆行'也. 左方外卦四節, 亦首乾終坤, 四乾无陰, 自四兌各一陰逆行, 而至於坤之三陰. 其陰皆自上而下, 亦'陰在陽中, 陰逆行'也. 左方外卦四坤无陽, 自四艮各一陽順行, 而至於乾之三陽, 其陽皆自下而上, 亦'陽在陽中, 陽順行'也. 右方外卦四乾无陰, 自四兌各一陰順行, 而至於坤之三陰, 皆自上而下, 亦'陰在陰中, 陰順行'也.〕"라고 하였다. 《易學啓蒙 原卦畫》 여기의 순(順)에 대하여 정경세(鄭經世)는 "원도는 본디 음양이 소장(消長)하는 이치와 한서(寒暑)가 운행하는 이치의 묘함을 밝히기 위해 그린 것이다. 그러므로 그 순서가 북쪽으로부터 동쪽, 남쪽, 서쪽으로 돌아서 다시 북쪽으로 와 끝나는바, 바로 자(子)로부터 해(亥)에 이르고, 봄으로부터 겨울에 이르는 순서이다. 양이 양의 방면에 있으면 북쪽에서부터 동쪽으로 가고 다시 남쪽으로 가며, 음이 음의 방면에 있으면 남쪽에서부터 서쪽으로 가고 다시 북쪽으로 간다. 이는 모두 천도(天道)의 운행에 순응하는 것이다. 그러므로 순이라 한 것이다."라고 하였다. 《愚伏集 別集 卷2 思問錄 易學啓蒙》

하여 두 양의 임괘(臨卦 ䷒)가 되고, 또 여덟 번 변하여 세 양의 태괘(泰卦 ䷊)가 되고, 네 번 변하여 네 양의 대장괘(大壯卦 ䷡)가 되고, 두 번 변하여 다섯 양의 쾌괘(夬卦 ䷪)가 되고, 다음에 바로 순양(純陽)의 건괘가 된다.[88] 한 음이 구괘에서 시작하여 열여섯 번 변화하여 두 음의

87 벽괘(辟卦) : 아래의 본문에 언급된 12괘이다. 이를 12달에 배정하여, 한 양이 처음 생긴 복괘는 자월(子月)인 11월, 순양의 건괘는 4월, 한 음이 처음 생긴 구괘는 5월, 순음의 곤괘는 10월이 된다.

88 복괘에서……된다 : 다음은 《역학도설》 〈64괘 음양역순지도(陰陽逆順之圖)〉이다.

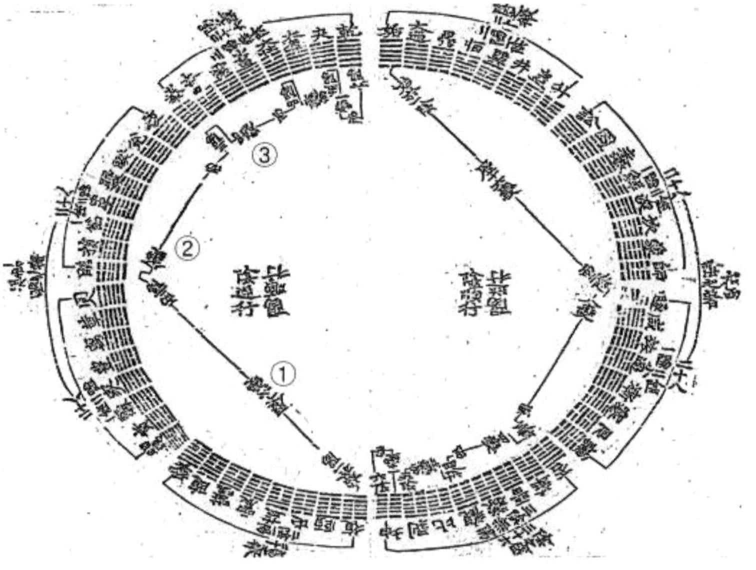

원도 안의 직선 ①은 복괘에서 16번 변화하여 임괘가 됨을 나타내고, 직선 ②는 8번 변하여 태괘가 됨을 나타낸다. 이와 같이 원도의 왼쪽 안의 직선은 벽괘의 양효가 늘어남을 나타내고 원도 오른쪽 안의 직선은 벽괘의 음효가 늘어남을 나타내는데, 이는 음·양이 각각 자신의 방면에서 순행함이다. 사재 옹씨(思齋翁氏)는 이에 대하여 "변화가 처음에는 느리다가 끝에는 빨라져서 그 나아감을 점진적으로 하니, 소옹의 이른바 양이 양의 방면에서 순행함이다.〔始緩而終速, 其進也以漸, 所謂陽在陽中順也.〕"라고 하여 주자와 다른 설을 말하였다. 장현광은 사재 옹씨의 설을 취하지는 않고 다만 그가 언급한 벽괘의 변화 양상만 인용한 것으로 보인다. 《易學啓蒙 原卦畫》

돈괘(遯卦 ䷠)가 되고, 또 여덟 번 변하여 세 음의 비괘(否卦 ䷋)가 되고, 네 번 변하여 네 음의 관괘(觀卦 ䷓)가 되고, 두 번 변하여 다섯 음의 박괘(剝卦 ䷖)가 되고, 다음에 바로 순음(純陰)의 곤괘가 된다.

원도의 왼쪽은 본래 모두 양이었는데 음이 오른쪽에서 온 것이므로[89] 〈왼쪽〉 외괘의 네 곤, 네 간, 네 감, 네 손은 모두 오른쪽에 있는 네 괘이고, 오른쪽은 본래 모두 음이었는데 양이 왼쪽에서 온 것이므로 〈오른쪽〉 외괘의 네 건, 네 태, 네 리, 네 진은 모두 왼쪽에 있는 네 괘이다. 한 번 순행하고 한 번 역행하여 유행하는 가운데에 대대(對待)가 있고, 양쪽이 서로 교역하여 각각 모두 상대하는 것이다.[90]

89 원도의……것이므로 : 주자는 "원도의 동쪽 방면은 본래 모두 양이고 서쪽 방면은 본래 모두 음이며, 동쪽의 음의 획은 본래 모두 서쪽으로부터 왔고 서쪽의 양의 획은 모두 동쪽으로부터 왔다. 서쪽에 있는 구괘(姤卦)는 동쪽에서 5획의 양이 건너왔고, 동쪽에 있는 복괘(復卦)는 서쪽에서 5획의 음이 건너와서, 서로 박역(博易 교환하여 바꿈)하여 이루어졌다.〔蓋東一邊, 本皆是陽; 西一邊, 本皆是陰. 東邊陰畫, 本皆是自西邊來; 西邊陽畫, 都是自東邊來. 姤在西, 是東邊五畫陽過來; 復在東, 是西邊五畫陰過來, 互相博易而成.〕"라고 하였다. 《周易傳義大全 周易朱子圖說》

90 한 번……것이다 : 여기서 '대대'는 원도의 중심에 대칭하여 마주보는 괘의 음양이 반대가 됨을 말하고, '상대'는 원도에서 좌우로 대칭되는 괘의 외괘가 서로 같음을 말한다. 주자는 "원도는 하늘을 형상하여 한 번 순행하고 한 번 역행하여 유행하는 가운데에 대대가 있으니, 예컨대 진이 내괘인 여덟 괘가 손이 내괘인 여덟 괘와 대가 된 따위이다.〔圓圖象天, 一順一逆, 流行中有對待, 如震八卦對巽八卦之類.〕"라고 하고, 또 "양 가운데에 음이 있고 음 가운데에 양이 있어서 양쪽이 교역하여 각각 상대하였다.〔陽中有陰, 陰中有陽, 兩邊交易, 各各相對.〕"라고 하였다. 《周易傳義大全 周易朱子圖說》, 《周易傳義附錄》 유원지(柳元之)는 "64괘 원도의 대대는 번거롭게 풀이할 필요가 없다. 네 건, 네 태, 네 리, 네 진의 양의 방면의 괘는 동쪽에서 왔고, 네 곤, 네 간, 네 감, 네 손은 서쪽에서 왔다. 그러므로 '양쪽이 교역하여 각각 상대하였다.'라고 한 것이다.〔對待不煩解釋. 四乾、四兌、四離、四震陽卦, 自東邊來; 四坤、四艮、四坎、四巽陰卦, 自西邊來, 故曰: '兩邊交易, 各各相對.'〕"라고 하였다. 《拙齋集 卷11 雜著 柳倦翁易圖解》

2.1.27

64괘를 쌓아서 모은 방도(方圖)[91]는, 건을 내괘로 하는 여덟 괘가 횡으로 북쪽에 배열되어 있고, 태를 내괘로 하는 괘, 리를 내괘로 하는 괘, 진을 내괘로 하는 괘, 손을 내괘로 하는 괘, 감을 내괘로 하는 괘, 간을 내괘로 하는 괘, 곤을 내괘로 하는 괘가 건에 연이어 남쪽으로 순서를 따라 배열되어 있으니, 세로와 가로의 괘의 개수가 모두 여덟이다.

건괘는 서북쪽 모퉁이에 있어서 동남쪽 모퉁이의 곤괘와 상대하고, 태괘(泰卦)는 동북쪽 모퉁이에 있어서 서남쪽 모퉁이의 비괘(否卦)와

91 방도(方圖) : 다음은 《역학도설》의 〈64괘 방도 양교고지도(兩交股之圖)〉이다. 《易學圖說 卷4 體用上 卦劃》

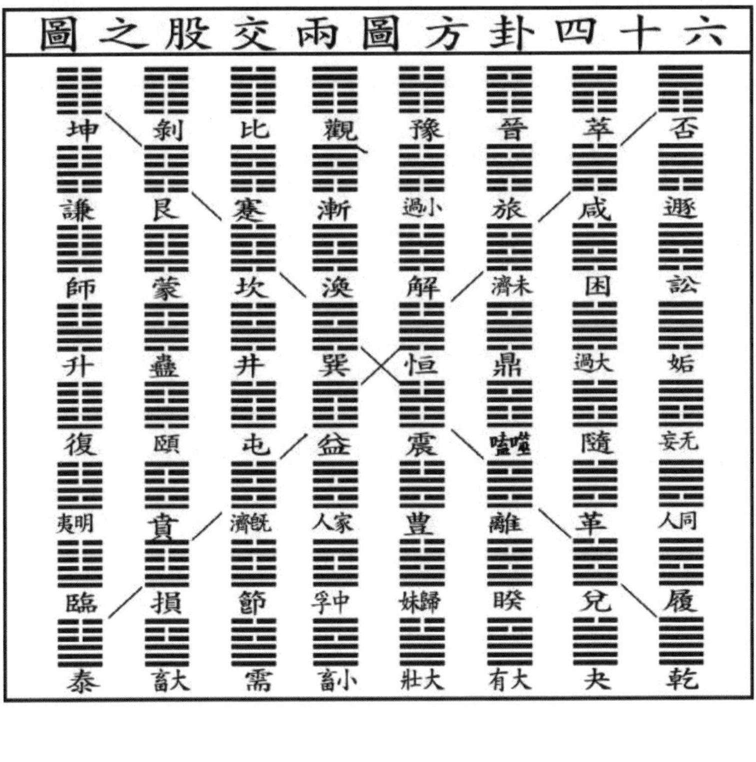

상대한다.[92] 건괘 다음의 태괘(兌卦)가 곤괘 다음의 간괘(艮卦)와 상대하고, 비괘와 태괘의 안쪽 모퉁이에서 손괘(損卦)와 함괘(咸卦)가 대를 이룬다. 태괘와 간괘의 다음 안쪽 모퉁이에서 리괘(離卦)와 감괘(坎卦)가 서로 상대하고, 함괘와 손괘의 안쪽 모퉁이에서 기제괘(旣濟卦)와 미제괘(未濟卦)가 또 상대한다. 진괘와 손괘가 중앙에서 서로 상대하고, 기제괘와 미제괘의 안쪽 모퉁이에서 항괘(恒卦)와 익괘(益卦)가 또 상대한다. 이는 역(逆)만 있고 순(順)은 없어서,[93] 일정한 자리 가운

92 건괘는……상대한다 : 이는 방도에서 대각선으로 마주하는 괘의 음양이 서로 반대임을 말한다. 건괘·곤괘를 모퉁이로 하는 방형뿐만 아니라 그 안에 태괘·간괘를 모퉁이로 하는 방형에서도 대각선의 괘가 상대하고, 다시 그 안의 방형도 마찬가지이다. 위의 각주 91) 참조. 소옹은 이를 시로 읊어서 "하늘과 땅이 자리를 정함에 비(否)와 태(泰)가 유(類)를 반대로 하였고, 산과 못이 기운을 통함에 손(損)과 함(咸)이 뜻을 나타내었다. 바람과 우레가 서로 부딪침에 항(恒)과 익(益)이 뜻을 일으키고, 물과 불이 서로 해치면 기제(旣濟)와 미제(未濟)가 된다. 사상이 서로 사귀어 16가지 일이 이루어지고, 팔괘가 서로 섞여 64괘가 되었다.〔天地定位, 否泰反類. 山澤通氣, 損咸見義. 風雷相薄, 恒益起意. 水火相射, 旣濟未濟. 四象相交, 成十六事. 八卦相盪, 爲六十四.〕"라고 하였는데, 주자는 이에 대하여 "이는 방도 안의 두 교차하는 분지(分枝)를 풀이한 것이다. 예컨대 서북 모퉁이의 건괘와 동북 모퉁이의 곤이 '하늘과 땅이 자리를 정함'인데, 이는 동남 모퉁이의 태괘와 서남 모퉁이의 비괘와 대를 이룬다. 건괘 다음 모퉁이는 태괘이고 곤괘 다음 모퉁이는 간괘인 것이 '산과 못이 기운을 통함'인데, 이는 비괘 다음의 함괘와 태괘 다음의 손괘와 대를 이룬다. 뒤의 네 괘도 이와 같으니, 모두 '16가지 일'이다.〔此是釋方圖中兩交股底. 且如西北角乾、東北角坤, 天地定位, 便對東南角泰、西南角否. 次乾是兌, 次坤是艮, 是山澤通氣, 便對次否之咸、次泰之損. 後四卦亦如此, 共十六事.〕"라고 하였다. 또 호방평은 방도 대각선의 괘에 대하여 "건괘·곤괘·간괘·태괘·감괘·리괘·진괘·손괘는 팔괘의 바른 괘이고, 태괘·비괘·함괘·손괘·기제괘·미제괘·항괘·익괘는 바로 건괘·곤괘·간괘·태괘·감괘·리괘·진괘·손괘가 서로 교역한 괘와 교역하지 않은 괘이다.〔乾、坤、艮、兌、坎、離、震、巽, 八卦之正也. 泰、否、咸、損、旣、未濟、恒、益, 卽乾、坤、艮、兌、坎、離、震、巽之交、不交也.〕"라고 하였다. 《易學啓蒙 原卦畫, 考變占》

93 역(逆)만……없어서 : 주자는 "방도는 땅을 형상하여 역만 있고 순은 없어서, 일정

데에 대대(對待)가 있는 것이다.[94]

한 자리 가운데에 대대가 있어 네 모퉁이가 서로 상대하니, 예컨대 건이 내괘인 여덟 괘가 곤이 내괘인 여덟 괘와 대가 된 따위이다.〔方圖象地, 有逆无順, 定位中有對待, 四角相對, 如乾八卦對坤八卦之類.〕"라고 하였다. 방도와 원도의 비교는 위의 각주 90) 참조. 또 주자는 "하늘에 있는 것은 한 번 역하고 한 번 순하니 괘기가 운행되는 이유이며, 땅에 있는 것은 오직 역을 주장하니 괘의 획이 이루어진 이유이다.〔在天者, 一逆一順, 卦氣所以運; 在地者, 惟主乎逆, 卦畫所以成耳.〕"라고 하였다. 《性理大全書 易學啓蒙 原卦畫》 '역만 있고 순은 없음'에 대하여 이상정(李象靖)은 "방도의 건괘에서 태괘까지는 모두 미생(未生)의 괘를 향하고, 비괘에서 곤괘까지 또한 미생의 괘를 향하고 있으며, 나머지 여섯 괘도 마찬가지이다."라고 설명하였다. 《大山集 卷24 答金道彦》

94 일정한……것이다 : 호방평은 "원도에서 건은 남쪽에 있었는데 이제 방도에는 옮겨서 서북에 있고, 곤은 북쪽에 있었는데 이제 옮겨서 동남에 있고, 간・태・감・리・진・손이 모두 그 자리를 바꾸었으니, 이로써 방도에 일정한 자리가 있을 뿐만이 아니라 변동하고 교역하는 뜻이 있음을 알 수 있다.〔圓圖乾居南, 今轉而居西北, 坤居北, 今轉而居西東, 而艮、兌、坎、離、震、巽皆易其位, 于以見方圖不特有一定之位, 而有變動交易之義也.〕"라고 하였다. 《易學啓蒙 考變占》 또 《역학도설》에는 "방도에서 반절 이하의 진괘・리괘・태괘・건괘는 모두 양의의 괘이고, 반절 이상의 손괘・감괘・간괘・곤괘는 모두 음의의 괘이다. 양이 북에 있고 음이 남에 있어서 이미 서로 대대가 되었는데, 그 가운데 세분하면 진괘와 손괘, 리괘와 감괘, 태괘와 간괘, 건괘와 곤괘가 남과 북에서 대대하지 않는 것이 없다. 또 가로와 세로를 아울러 통괄하여 보면 양의의 네 괘가 안에 있어 정(貞)이 된 것은 모두 북쪽에 있고, 밖에 있어 회(悔)가 된 것은 모두 서쪽에 있으니, 이는 건・태・리・진이 서북을 주관하는 것이다. 음의의 네 괘가 안에 있어 정이 된 것은 모두 남쪽에 있고, 밖에 있어 회가 된 것은 모두 동쪽에 있으니, 이는 곤・간・감・손이 동남을 주관하는 것이다. 그렇다면 양의(兩儀)의 괘가 동서남북을 각각 양분한 것이니, 이것이 대대의 온전함이 아니겠는가. 그렇지만 서북을 주관하는 건・태・리・진은 정이 된 괘는 동북에 이르고 회가 된 괘는 서남에 이르며, 동남을 주관하는 곤・간・감・손은 정이 된 괘는 모두 서남에 근본하고 회가 된 괘는 모두 동북에서 이루어지니, 이는 또 음・양이 사귄 것이다. 대대하는 것은 체이고 서로 사귀는 것은 용이니, 이에 방도의 묘함을 볼 수 있다.〔方圖半截以下震、離、兌、乾, 皆陽儀之卦; 半截以上巽、坎、艮、坤, 皆陰儀之卦也. 陽北陰南, 旣相對待矣, 而就其中細分之, 則震之與巽, 離之與坎, 兌之與艮, 乾之與坤, 無非對待於南北矣. 又竝橫直而統觀之, 則陽儀之四卦處內爲貞者皆居北, 處外爲悔者皆居西, 是乾、兌、離、震主西北也. 陰儀之四卦處內爲貞者皆居南, 處外爲悔者皆居東, 是坤、艮、坎、巽主東南也. 則兩儀

혹자는 말하기를 "원도는 하늘을 형상한 것이니, 상하와 사방의 쇠하고 왕성하고 시작하고 끝마침이 진실로 조화의 오르내림과 부합하지 않음이 없다. 그렇지만 방도로 말하면 땅을 형상한 것인데, 땅이 어찌 괘를 쌓아 배열한 것에 부합할 리가 있겠는가." 하였다. 이에 나는 다음과 같이 말하였다.

"《주역》 대전(大傳)에 '하늘의 도를 세움은 음과 양이고 땅의 도를 세움은 유(柔)와 강(剛)이다.'[95]라고 말하지 않았는가. 원도 가운데 한 음과 한 양이 번갈아 행함이 이미 조화의 묘함과 서로 부합함이 있으니, 그렇다면 방도 가운데 한 강과 한 유가 종횡으로 착종(錯綜 이리저리 뒤섞고 종합함)한 것이 과연 대지(大地)의 방박(磅礴 뒤섞음)한 형세와 서로 부합함이 있지 않겠는가. 더구나 땅의 양은 북쪽에 있고 땅의 음은 남쪽에 있으며,[96] 못의 기운은 하늘과 통하고 산기슭은

之卦就東西南北而各兩分之也, 此非對待之至乎? 雖然, 乾、兌、離、震之主西北者, 其所以爲貞也, 則皆達於東北, 其所以爲悔也, 則皆達於西南; 坤、艮、坎、巽之主東南者, 其所以爲貞也, 則皆本於西南, 其所以爲悔也, 則皆造于東北, 此又陰陽之交也. 對待者, 體也; 相交者, 用也, 亦可以見方圖之妙矣.〕"라고 하였다. 《易學圖說 卷4 體用上卦畫》

95 하늘의……강(剛)이다 : 이는 《주역》 〈설괘전〉에 보인다.

96 땅의 양은……있으며 : 이는 방도에서 건이 북에 있고 곤이 남에 있는 뜻을 말한 것으로 보인다. 소옹은 "하늘의 양은 남쪽에 있고 음은 북쪽에 있다. 땅의 음은 남쪽에 있고 양은 북쪽에 있다. 사람의 양은 위에 있고 음은 아래에 있다. 이미 교역한 뒤에는 양이 아래에 있고 음이 위에 있다.〔天之陽在南而陰在北. 地之陰在南而陽在北. 人之陽在上而陰在下. 旣交則陽下而陰上.〕"라고 하였다. 이에 대하여 황기(黃畿)는 "원도는 건이 남쪽에 있고 곤이 북쪽에 있다. 방도는 곤이 남쪽에 있고 건이 북쪽에 있다. 사람의 심장은 위에 있으니 양이고 신장은 아래에 있으니 음이다. 교역하지 않으면 그 체를 말하므로 건이 위에 있고 곤이 아래에 있으나, 교역한 뒤에는 그 용을 말하므로 감이 위에 있고 리가 아래에 있다.〔圓圖, 乾南坤北. 方圖, 坤南乾北. 人之心在上, 陽也; 腎在下, 陰也. 未交則言其體, 故乾上坤下; 旣交則言其用, 故坎上離下.〕"라고 하였다. 또

땅에 붙어 있으며,[97] 물·불·흙·돌과 바람·우레·비·이슬이 서로 응함이 실로 모두 땅으로부터 변화한 것이니,[98] 그렇다면 방도의 묘함이 어찌 조화의 리가 아니겠는가."

2.1.28

그렇다면 횡도는 양의에서 사상·팔괘·64괘로 가배(加倍)하는 자연의 순서로 양의의 위 32괘가 오른쪽에 있고 음의의 위 32괘가 왼쪽에 있으며, 원도는 양의의 괘가 왼쪽에 있고 음의의 괘가 오른쪽에 있으며, 방도는 양의의 괘가 아래의 네 줄에 있고 음의의 괘가 위의 네 줄에 있어서, 그 순서가 모두 문란함이 없다.

2.1.29

문왕(文王) 팔괘[99]는 건이 아버지이고 곤이 어머니이며, 진(☳)·감

소옹은 "하늘의 양은 남쪽에 있으므로 해가 그쪽에 있고, 땅의 강(剛)은 북쪽에 있으므로 산이 그쪽에 있다. 이 때문에 땅은 서북쪽이 높고 하늘은 동남쪽이 높은 것이다.〔天之陽在南, 故日處之; 地之剛在北, 故山處之. 所以地高西北, 天高東南也.〕"라고 하였다. 《性理大全書 卷11 觀物外篇上》, 《皇極經世書解 卷11 觀物外篇之四》

97 못의……있으며 : 이는 방도의 태와 간이 건·곤의 안쪽 모퉁이에서 상대함을 말한 것으로 보인다. 원도에서 곤 옆의 간과 건 옆의 태가 산택통기(山澤通氣)하는 것에 대하여 오징(吳澄)이 "산기슭이 땅에 붙어 있고 못이 하늘에 맞닿아 하늘과 땅의 기운을 통하는 것이다.〔山根着於地, 澤連接於天, 通乎天地之氣也.〕"라고 한 것을 인용한 듯하다. 《易纂言 卷10》

98 물……것이니 : 물·불·흙·돌은 땅의 사상이다. 소옹은 "물은 비가 되고, 불은 바람이 되고, 흙은 이슬이 되고, 돌은 우레가 되니, 비·바람·이슬·우레가 서로 교체하면서 땅의 화(化)가 모두 다한다.〔水爲雨, 火爲風, 土爲露, 石爲雷, 雨、風、露、雷交而地之化盡之矣.〕"라고 하였다. 《性理大全書 卷9 皇極經世書 觀物內篇之一》

(☵)·간(☶)이 장남(長男)·중남(中男)·소남(少男)의 세 아들이 되고, 손(☴)·리(☲)·태(☱)가 장녀(長女)·중녀(中女)·소녀(少

99 문왕(文王) 팔괘 : 문왕 팔괘 방위도는 다음과 같다.

문왕 팔괘의 설은《주역》〈설괘전〉에 "상제가 진에서 나와 손에 깨끗하고 리에서 서로 만나보고 곤에 일을 맡기고, 태에 기뻐하고, 건에 싸우고, 감에 위로하고, 간에 이룬다. 만물이 진에서 나오니, 진은 동방이다. '손에 깨끗하다'는 것은 손은 동남이니, 제(齊)는 만물이 깨끗함을 말한 것이다. 리는 밝음이니, 만물이 모두 서로 만나보기 때문이니, 남방의 괘이다. 성인이 남면하여 천하를 다스려서 밝은 곳을 향해 다스림은 여기에서 취한 것이다. 곤은 땅이니, 만물이 모두 기름을 이루므로 '곤에 일을 맡긴다'고 한 것이다. 태는 중추(仲秋)이니, 만물이 기뻐하는 바이므로 '태에 기뻐한다'고 하였다. '건에 싸운다'는 것은 건은 서북의 괘이니, 음·양이 서로 부딪힘을 말한 것이다. 감은 물로 정북방의 괘이며, 위로받는 괘로 만물이 돌아가는 바이므로 '감에 위로한다'고 한 것이다. 간은 동북의 괘이니, 만물이 종(終)을 이루고 시(始)를 이루는 것이므로 '간에 이룬다'고 한 것이다.〔帝出乎震, 齊乎巽, 相見乎離, 致役乎坤, 說言乎兌, 戰乎乾, 勞乎坎, 成言乎艮. 萬物出乎震, 震, 東方也. '齊乎巽', 巽, 東南也, 齊也者, 言萬物之潔齊也. 離也者, 明也, 萬物皆相見, 南方之卦也. 聖人南面而聽天下, 嚮明而治, 蓋取諸此也. 坤也者, 地也, 萬物皆致養焉, 故曰'致役乎坤'. 兌, 正秋也, 萬物之所說也, 故曰'說言乎兌'. '戰乎乾', 乾, 西北之卦也, 言陰陽相薄也. 坎者, 水也, 正北方之卦也, 勞卦也, 萬物之所歸也, 故曰'勞乎坎'. 艮, 東北之卦也, 萬物之所成終而所成始也, 故曰'成言乎艮'.〕"라고 보인다. 소옹은 이 괘의 자리는 바로 문왕이 정한 것으로 이른바 후천(後天)의 학(學)이라고 하였는바, 문왕 팔괘를 후천 팔괘라고도 한다.《周易傳義大全 說卦傳》

女)의 세 딸이 된다.[100] 진과 태는 음・양이 처음 교착하는 것이므로 아침과 저녁의 자리에 해당하고, 감과 리는 교착이 지극한 것이므로 자(子)와 오(午)의 자리에 해당하고, 손과 간은 교착하지 않았는데도 음・양이 섞였으므로 쓰는 것 가운데 치우친 자리에 해당하고, 건과 곤은 순양과 순음이므로 쓰지 않는 자리에 해당한다.[101]

100 건이……된다 : 이는《주역》〈설괘전〉에 "건은 하늘이므로 아버지라 칭하고, 곤은 땅이므로 어머니라 칭하고, 진은 첫 번째로 구하여 아들을 얻었으므로 장남이라 이르고, 손은 첫 번째로 구하여 딸을 얻었으므로 장녀라 이르고, 감은 두 번째로 구하여 아들을 얻었으므로 중남이라 이르고, 리는 두 번째로 구하여 딸을 얻었으므로 중녀라 이르고, 간은 세 번째로 구하여 아들을 얻었으므로 소남이라 이르고, 태는 세 번째로 구하여 딸을 얻었으므로 소녀라 이른다.〔乾, 天也, 故稱乎父; 坤, 地也, 故稱乎母. 震一索而得男, 故謂之長男; 巽一索而得女, 故謂之長女; 坎再索而得男, 故謂之中男; 離再索而得女, 故謂之中女; 艮三索而得男, 故謂之少男; 兌三索而得女, 故謂之少女.〕"라고 보인다. 이에 대하여 주자는 "곤이 건에게 구하여 건의 초구(初九)를 얻어 진(☳)이 되었으므로 '첫 번째로 구하여 아들을 얻었다'고 말하였으며, 건이 곤에게 구하여 곤의 초육(初六)을 얻어 손(☴)이 되었으므로 '첫 번째로 구하여 딸을 얻었다'고 말하였다. 곤이 두 번째로 구하여 건의 구이(九二)를 얻어 감(☵)이 되었으므로 '두 번째로 구하여 아들을 얻었다'고 말하였으며, 건이 두 번째로 구하여 곤의 육이(六二)를 얻어 리(☲)가 되었으므로 '두 번째로 구하여 딸을 얻었다'고 말하였다. 곤이 세 번째로 구하여 건의 구삼(九三)을 얻어 간(☶)이 되었으므로 '세 번째로 구하여 아들을 얻었다'고 말하였으며, 건이 세 번째로 구하여 곤의 육삼(六三)을 얻어 태(☱)가 되었으므로 '세 번째로 구하여 딸을 얻었다'고 말하였다."라고 풀이하였다.《易學啓蒙 原卦畫》

101 진과……해당한다 : 이는 소옹의 말을 인용한 것이다. 이에 대하여 채원정은 "이 한 절은 음・양이 자리를 바꾸는 것으로 교착함을 논하였다. 양은 본래 위에 있고 음은 본래 아래에 있는데, 간은 한 양이 위에 있고 손은 한 음이 아래에 있으므로 '교착하지 않는다'고 말한 것이다. 진은 한 양이 아래에 있고 태는 한 음이 위에 있으므로 '처음 교착함'이 된다. 감은 양이 가운데에 있고 리는 음이 가운데에 있으므로 '교착이 지극한 것'이 된다.……간은 한 양에 두 음이고 손은 두 양에 한 음이어서 여전히 쓰는 바가 있으며, 건은 순양이고 곤은 순음이어서 쓰지 않는다. 동방은 양이어서 씀을 주관하고 서방은 음이어서 쓰지 않는다. 그러므로 건과 곤은 서쪽 모퉁이에 있고 간과 손은 동쪽 모퉁이에 있는 것이다.〔此一節論陰陽以易位爲交. 陽本在上, 陰本在下, 艮一陽在上, 巽

2.1.30

후천(後天) 팔괘는 건이 세 아들을 통솔하여, 장남과 중남 두 아들로 하여금 동쪽과 북쪽 두 정방(正方)에 자리하여 양덕(陽德)의 성취를 주재하게 하고, 인하여 소남으로 하여금 그 중간에 있으며 돕게 한다. 서북의 사이는 이미 한 해의 농사가 이루어진 뒤에 있어서 가장 일이 없는 자리가 되므로 건이 이 자리에 있으니, 이는 바로 노인을 노인으로 섬기는 뜻이며, 또 서남쪽의 음을 방비하고 억제해서 두 음 안에

一陰在下, 故云'不交'. 震一陽在下, 兌一陰在上, 故爲'始交'. 坎陽在中, 離陰在中, 故爲'交之極'.……艮一陽二陰, 巽二陽一陰, 猶有用. 乾純陽, 坤純陰, 不爲用. 東方爲陽主用, 西方爲陰不用, 故乾、坤居西隅, 艮、巽居東隅也.〕"라고 하였다. 호방평은 다르게 설명하여 "한 음과 한 양이 바른 자리에 있으면 상대하여 교역하는 뜻이 있으나, 치우친 자리에 있으면 상대하지 않아, 교역하는 뜻을 취하지 않는다. 후천 팔괘에서 바른 자리에 있으면서 상대하는 것은 진・태와 감・리이고 치우친 자리에 있으면서 상대하지 않는 것은 건・곤・간・손이다. 그러므로 상대하는 동・서・남・북의 괘는 교역함을 취하나, 상대하지 않는 동북・동남・서북・서남의 괘는 교역함을 취하지 않는 것이다. 교역하는 것으로 논하면, 진은 동쪽에 있고 태는 서쪽에 있으니, 교역의 시작이 되고 묘(卯)와 유(酉) 각각의 가운데와 아침과 저녁의 자리에 해당한다. 리는 남쪽에 있고 감은 북쪽에 있으니, 교역의 지극함이 되고 자(子)와 오(午)의 자리와 하늘과 땅의 가운데에 해당한다. 교역하지 않은 것으로 논하면, 손과 간은 동남과 동북에 있으니, 건과 곤에 비하여 음・양이 더욱 섞여 있으므로 손은 조금 씀을 향하고 간은 전혀 쓰지 않으며, 이 때문에 쓰는 것 가운데 치우친 자리에 해당하는 것이다. 건과 곤이 서남과 서북에 있는 것은 손과 간에 비하여 음・양이 순수하기 때문이니, 이른바 부모가 늙은 뒤에 쓰지 않는 곳에 물러나 있는 것이다.〔一陰一陽居正, 則相對而有交易之義, 居偏, 則不對而於交之義无取. 後天八卦, 正而對者, 震、兌、坎、離, 偏而不對者, 乾、坤、艮、巽, 故在東西南北者相對則取其交, 而在東北、東南、西北、西南者不對則不取其交也. 自其交者論之, 震東兌西, 爲交之始, 當卯·酉之中、朝·夕之位也. 離南坎北, 爲交之極, 當子·午之位、天地之中也. 自其不交者論之, 巽、艮居南北之東, 比於乾坤陰陽爲尤雜, 故巽稍向用而艮全未用, 所以爲當用中之偏. 乾、坤居南北之西, 比於巽、艮爲陰陽之純, 所謂父母既老而退處於不用之地也.〕"라고 하였다.《易學啓蒙 原卦畫》

있는 북방의 양을 보양(保養)할 수 있다.

곤은 세 딸을 통솔하여, 중녀와 소녀 두 딸로 하여금 서쪽과 남쪽의 두 정방을 맡게 하고, 장녀로 하여금 동남쪽의 만물을 깨끗이 하는 기틀[102]을 맡아 중녀와 소녀 두 딸의 사업을 돕게 한다. 서남의 사이는 실로 일을 맡기는 자리[103]인데, 이는 노부(老婦)가 좋게 여기는 것이므로 곤이 이 자리에 있으며, 또 양에 붙어 있는 남방의 작은 음[104]을 양성할 수 있다.

진이 장남으로서 만물을 낳는 동방[105]에 자리하였으면 마땅히 장녀인 손을 만물을 이루는 서방에 자리하게 하여야 하는데, 소녀인 태를 서방에 자리하게 한 것은 어째서인가. 만물을 낳는 것은 양의 도인데, 양의 도는 장성한 것이 능히 변화를 주장하므로 진이 동방에 자리하였고, 만물을 이루는 것은 음의 도인데, 음의 도는 어린 것이 능히 변화하므로 태가 서방에 자리한 것이다.[106]

102 깨끗이 하는 기틀 : 《주역》 〈설괘전〉의 '손에 깨끗함〔齊乎巽〕'을 말한 것이다. 위의 각주 99) 참조.

103 일을 맡기는 자리 : 《주역》 〈설괘전〉의 '곤에 일을 맡김〔致役乎坤〕'을 말한 것이다. 위의 각주 99) 참조.

104 양에……음 : 리(☲)는 여(麗 걸림, 붙음)이다. 음이 위아래의 양에 붙은 것을 취하여 붙음〔附麗〕의 뜻이 된다. 《周易傳義 說卦傳, 離卦》

105 만물을 낳는 동방 : 사덕(四德) · 사방(四方) · 사시(四時) · 오행의 배속은 다음과 같다.

사덕	원(元)	형(亨)	이(利)	정(貞)
사시	봄	여름	가을	겨울
사방	동	남	서	북
오행	목	화	금	수

106 태가……것이다 : 주자는 "진이 동쪽에 있고 태가 서쪽에 있는 것은, 양은 나아감을 주장하므로 장성한 것을 우선하여 왼쪽에 자리하였고, 음은 물러감을 주장하므로

아버지의 도는 가르침을 주장하기 때문에 양의 방면의 첫 번째에 거하여 엄숙한 명령을 내고, 어머니의 도는 기름을 주장하기 때문에 음의 방면의 가운데에 거하여 거두어 이루는 일을 총괄하였다.[107] 이는 아버지와 어머니, 아들과 딸의 분별이다.

만약 음·양의 많고 적은 분수(分數)를 가지고 보면, 동쪽과 북쪽은 양의 방면이므로 감·간·진의 세 양괘(陽卦)가 여기에 있는데, 세 괘는 모두 한 양에 두 음이어서 양의 분수가 적고 음의 분수가 많은바, 이 때문에 추위가 지극하고 따뜻함이 시작하는 자리에 있는 것이다. 서쪽과 남쪽은 음의 방면이므로 손·리·태의 세 음괘(陰卦)가 여기에 있는데, 세 괘는 모두 두 양에 한 음이어서 음의 분수가 적고 양의 분수가 많은바, 이 때문에 더위가 지극하고 추위가 시작하는 자리에 있는 것이다. 또 감은 음 가운데 양이므로 북방의 중앙에 있고, 리는 양 가운데 음이므로 남방의 중앙에 있으니, 이것이 이른바 '양괘는 음이 많고 음괘는 양이 많다'[108]는 것이 아니겠는가.

어린 것을 귀하게 여겨 오른쪽에 자리한 것이다.〔震東兌西者, 陽主進, 故以長爲先而位乎左; 陰主退, 故以少爲貴而位乎右也.〕"라고 하였다. 《易學啓蒙 原卦畫》

107 아버지의……총괄하였다 : 주자는 "건이 서북쪽에 있고 곤이 서남쪽에 있는 것은 부모가 이미 늙어 쓰지 않는 자리에 물러나 있는 것이다. 그러나 어머니는 친하고 아버지는 존엄하므로 곤은 아직 절반을 쓰고 건은 전혀 쓰지 않는 것이다.〔乾西北, 坤西南者, 父母旣老而退居不用之地也. 然母親而父尊, 故坤猶半用而乾全不用也.〕"라고 하였고, 호방평은 "곤이 서남쪽에서 아직 절반을 쓰는 것은, 길러 양성함과 거두어 이룸이 교차하는 시절에 해당하여 어머니의 도는 마땅히 친해야 함을 말한 것이고, 건이 서북쪽에서 전혀 쓰지 않는 것은, 몹시 춥고 정(靜)함을 주장하는 시절에 해당하여 아버지의 도는 항상 존엄함을 말한 것이다.〔坤西南猶半用者, 謂其當長養收成之交, 母道當親也; 乾西北全不用者, 謂其當嚴凝主靜之候, 父道常尊也.〕"라고 하였다. 《性理大全書 易學啓蒙 原卦畫》

108 양괘는……많다 : 이는 《주역》 〈계사전 하〉에 "양괘는 음이 많고 음괘는 양이 많으니, 그 연고는 어째서인가? 양괘는 기이고 음괘는 우이기 때문이다. 덕행은 어떠한

또 오행(五行)이 상생(相生)하는 순서를 가지고 살펴보면, 북방의 감수(坎水)가 진과 손의 목(木)[109]을 낳는데, 수(水)는 토(土)를 얻지 못하면 목을 낳지 못하므로 간토(艮土)가 그 사이에 있는 것이다. 진·손의 목은 남방의 리화(離火)를 낳고, 리화는 곤토(坤土)를 낳고, 곤토는 태·건의 금(金)을 낳고, 태·건의 금은 북방의 감수를 낳으니, 그 순서가 순하지 않은가.[110]

가? 양은 한 군주에 두 백성이니 군자의 도이고, 음은 두 군주에 한 백성이니 소인의 도이다.〔陽卦多陰, 陰卦多陽, 其故何也? 陽卦奇, 陰卦耦. 其德行何也? 陽, 一君而二民, 君子之道也; 陰, 二君而一民, 小人之道也.〕"라고 보인다. 소옹은 "태·리·손은 양을 얻음이 많고 간·감·진은 음을 얻음이 많기 때문에 하늘과 땅의 쓰임이 된 것이다. 건은 극양(極陽)이고 곤은 극음(極陰)이기 때문에 쓰이지 않는 것이다.〔兌、離、巽, 得陽之多者也; 艮、坎、震, 得陰之多者也, 是以爲天地用也. 乾極陽, 坤極陰, 是以不用也.〕"라고 하였다. 《易學啓蒙 原卦畫》

109 진과 손의 목(木) : 진은 하도의 생수(生數) 3의 목에 해당하고 손은 성수(成數) 8의 목에 해당하니, 진을 양목(陽木)이라 하고 손을 음목(陰木)이라 한다. 아래의 각주 236) 참조.

110 순서가 순하지 않은가 : 진재 서씨(進齋徐氏 서기(徐幾))는 "감과 리는 천지의 큰 용(用)이니, 건과 곤의 중(中)의 기를 얻었으므로 리화가 남쪽에 있고 감수가 북쪽에 있다. 진은 동함이니, 물건이 생기는 시초이므로 동쪽에 있다. 태는 기뻐함이니, 물건이 이루어진 뒤이므로 서북쪽에 있다. 이는 감·리·진·태의 네 괘가 각각 사정(四正)의 자리에 있는 것이다. 진은 목에 속하고 손도 목에 속하니, 진은 양목(陽木)이고 손은 음목(陰木)이다. 그러므로 손이 동남쪽 사(巳)의 방위에 있는 것이다. 태는 금에 속하고 건도 금에 속하니, 태는 음금(陰金)이고 건은 양금(陽金)이다. 그러므로 건이 서북쪽 해(亥)의 방위에 있는 것이다. 곤과 간은 모두 토이니, 곤은 음토(陰土)이고 간은 양토(陽土)인데, 곤은 서남쪽에 있고 간은 동북쪽에 있는 것은 사시(四時)에 고루 왕성한 것이다. 이는 손·건·곤·간의 네 괘가 사우(四隅)에 나뉘어 있는 것이다. 후천팔괘가 진·손·리·곤·태·건·감·간의 순서인 것은, 진·손이 목에 속하고 목이 화를 낳으므로 리가 그 다음이고, 리화가 토를 낳으므로 곤이 그 다음이고, 곤토가 금을 낳으므로 태·건이 그 다음이고, 금이 수를 낳으므로 감이 그 다음이고, 수는 토가 없으면 목을 낳을 수 없으므로 간이 그 다음인 것이다. 팔괘의 용(用)과 오행의 상생이 순환하여 다하지 않는 것이니, 이는 조화의 유행하는 순서가 되는 것이다.〔坎、

2.1.31

또 착종하여 보면 감의 양효가 두 음 가운데 있는 것은 두 가지 뜻이 있다. 하나는 두 음이 함께 가운데에 양을 빠트리는 것이니, 이는 음에게 핍박을 당하는 것이고, 하나는 두 음이 좌우에서 양을 도와주는 것이니, 이는 음에게 도움을 받는 것이다. 빠짐을 당함은 이미 생겼으나 아직 성함에 미치지 못한 상이고, 도움을 받음은 처음 잉태하여 지금 가운데에 있는 상이다. 빠짐을 당하면 마땅히 물리쳐 버려야 하는 형세이고 도움을 받으면 마땅히 길러서 양성해야 하는 형세이니, 빠짐을 당함과 도움을 받음이 모두 양을 붙드는 도이다.

리의 음효가 두 양 가운데 있는 것에도 두 가지 뜻이 있으니, 하나는 음이 양 가운데 붙어 있는 것이고 하나는 음이 성한 양에서 처음 잉태된 것이다. 음이 양에 붙어 있는 것은 진실로 아름다움을 함축하고 양을 높이는 것이며, 음이 처음 잉태된 것도 장차 양의 짝이 되어 끝마침이 있는 것인데, 다만 지나치게 성하여 용의 싸움[111]을 이루어서는 안 된다.

간이 동북의 사이에 있는 것으로 말하면, 감은 축(丑)에서 끝나고

離, 天地之大用也, 得乾、坤之中氣, 故離火居南, 坎水居北也. 震, 動也, 物生之初也, 故居東. 兌, 悅也, 物成之後也, 故居西北. 四者各居正位也. 震屬木, 巽亦屬木, 震陽木也, 巽陰木也, 故巽居東南巳之位也. 兌屬金, 乾亦屬金, 兌陰金也, 乾陽金也, 故乾居西北亥之方也. 坤、艮皆土也, 坤, 陰土, 艮, 陽土, 坤居西南, 艮居東北者, 所以均旺乎四時也. 此四者分居四隅也. 後天八卦以震、巽、離、坤、兌、乾、坎、艮爲次者, 震、巽屬木, 木生火, 故離次之, 離火生土, 故坤次之, 坤土生金, 故兌、乾次之, 金生水, 故坎次之, 水非土亦不能以生木, 故艮次之. 水土又生木, 水又生火, 八卦之用、五行之生, 循環无窮, 此所以爲造化流行之序也.〕"라고 하였다. 《周易傳義大全 說卦傳》

111 용의 싸움 : 음의 지극히 성하여 양과 다툼을 이른다. 《주역》〈곤괘〉 상육(上六) 효사에 "용이 들에서 싸우니, 그 피가 검고 누렇다.〔龍戰于野, 其血玄黃.〕"라고 보이고 〈문언전〉에 "음이 양과 대등해지면 반드시 싸우니, 양이 없다고 혐의할까 염려하였으므로 용이라 칭하였다.〔陰疑於陽, 必戰. 爲其嫌於无陽也, 故稱龍焉.〕"라고 하였다.

진은 인(寅)에서 시작하므로 간이 두 방위의 사귀는 지점에 있어서 이미 지나간 만물의 종(終)을 이루고 장차 오는 만물의 시(始)를 이루는 것이다.[112] 또 감 가운데 빠짐을 당한 양이 간에서는 두 음의 위로 나와 있으니, 이는 감의 종을 이루는 것이다. 양이 두 음의 위에서 그쳐서 더 갈 곳이 없게 되면 반드시 다시 중음(重陰)의 아래에서 생기니, 이는 진의 시를 이루는 것이다. 이는 간이 종을 이루고 시를 이루는 것이다.

태 또한 한 음이 두 양의 위에 있으나 〈간과 같이〉 그치는 뜻이

112 감은……것이다 : 위의 각주 99)의 《주역》 〈설괘전〉 내용 참조. 또 다음의 《역학도설》 〈후천 팔괘 분배시방지도(分配時方之圖)〉 참조. 《易學圖說 卷4 體用上 卦劃》

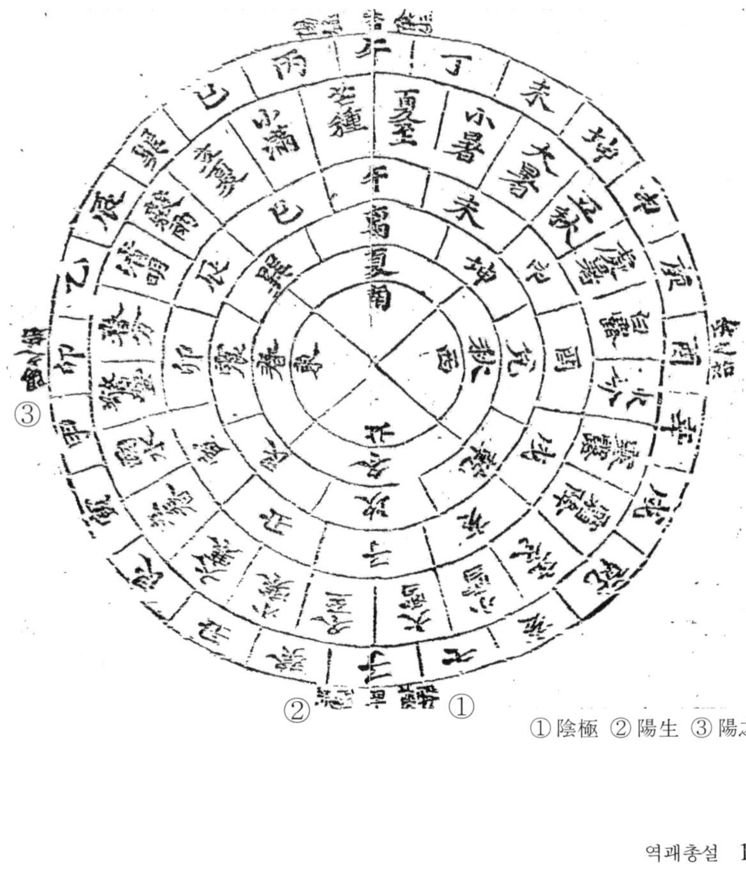

① 陰極 ② 陽生 ③ 陽之始

될 수 없는 것은, 양이 음 위에 있으면 분수가 이미 정해져서[113] 그 형세가 그치는 것이지만, 음이 양 위에 있는 것은 서로 교감하여 기뻐하는 뜻이 있을 뿐이니 어떻게 그침이 되겠는가. 더구나 노양(老陽)이 앞을 가로막아 큰 제한이 됨에 있어서랴.

손의 음효가 두 양의 아래에 있는 것은 들어가 엎드리는 뜻이 있다. 이는 진의 양이 아래에서 막 분발할 뜻을 가지고 동방의 만물을 낳는 바른 방위를 얻으면 음이 마땅히 굽혀서 복종한 뒤에야 양의 형세를 도와서 조화의 기틀을 세울 수 있는 것이다. 그렇다면 후천 팔괘 자리의 변천이 양을 붙들고 음을 억제하는 도 아님이 없는 것이다.

2.1.32

역이란 도의 모범(模範)이고,[114] 도란 삼재(三才)의 도이다. 도가 삼재에 있으면 하늘이 하늘이 된 이유와 땅이 땅이 된 이유와 사람이 사람이 된 이유가 바로 이 도이다. 이 도가 아니면 하늘이 단 하루도 하늘이 될 수 없고, 땅이 하루도 땅이 될 수 없고, 사람이 하루도 사람이 될 수 없으니, 도는 진실로 삼재가 잠시도 떠날 수 없는 것이다. 그러나 찾을 만한 단서가 없고 제시할 만한 요지(要旨)가 없으면 사람이 비록 가장 영특하나 어떻게 진퇴와 소장(消長)의 리, 길흉과 뉘우침과 부끄러움의 기미를 알아서 의심을 결단하고 뜻을 통하고 사업을 정하겠는가.[115]

113 분수가 이미 정해져서 : 2.1.42절에 한 양이 두 음의 위에 있는 간에 대하여 "한 양이 주(主)가 되어 위에 있으면 아래에 있는 두 음이 스스로 자기 분수를 지켜서 감히 항거하지 못한다."라고 하였다.

114 도의 모범(模範)이고 : 2.1.48절 참조.

115 의심을……정하겠는가 : 《주역》 〈계사전 상〉에 "성인이 역으로 천하의 뜻을 통하

그러므로 성인이 역을 지어서, 상(象)을 세워 뜻을 다하며, 괘를 만들어 실정과 거짓을 다하며, 글을 달아 그 말을 다하며, 변통(變通)해서 이로움을 다하며, 고무(鼓舞)하여 신묘함을 다하였다.[116] 그러므로 역은 도의 모범이라고 한 것이니, 모범이라는 것은 체용과 본말을 구비한 것이고, 대소(大小)와 경위(經緯)를 구비한 것이고, 상하와 존비를 구비한 것이고, 시종과 선후를 구비한 것이니, 만일 구비하지 않는 바가 있으면 모범이라고 말할 수 없는 것이다.

이 역은 체용과 본말을 가지고 찾아보면 체용과 본말을 구비하지 않은 것이 없고, 대소와 경위를 가지고 찾아보면 대소와 경위를 구비하지 않은 것이 없고, 상하와 존비를 가지고 찾아보면 상하와 존비를 구비하지 않은 것이 없고, 시종과 선후를 가지고 찾아보면 선후와 시종을 구비하지 않은 것이 없다. 이는 역이 도의 모범이 되는 것이다.

태극에서 양의가 되고, 양의에서 사상이 되고, 사상에서 팔괘가 되니, 팔괘는 괘가 소성(小成)한 것이다. 세 양의 건이 있으면 반드시 세 음의 곤이 있고, 태(☱)가 있으면 반드시 간(☶)이 있고, 리(☲)가 있으면 반드시 감(☵)이 있고, 진(☳)이 있으면 반드시 손(☴)이 있으니, 이는 양의와 사상으로 말미암아 자연히 생겨난 순서이다.

괘가 여덟에 이르러 소성이 되면 팔괘는 진실로 한 괘를 더하거나 줄일 수 없고, 효는 팔괘를 통틀어 24개가 되면 24효도 한 효를 더하거나 줄일 수 없다. 거듭하여 64괘가 되면 또한 한 괘를 더하거나 줄일 수 없고, 64괘를 통틀어 384효가 되면 또한 한 효를 더하거나 줄일

며 천하의 사업을 정하며 천하의 의심을 결단한 것이다."라고 하였다.

116 상(象)을……다하였다 : 이 내용은 《주역》 〈계사전 상〉에 보이는데, 이 앞에 "글로는 말을 다하지 못하고 말로는 뜻을 다하지 못하니, 그렇다면 성인의 뜻을 볼 수 없단 말인가.〔書不盡言, 言不盡意, 然則聖人之意, 其不可見乎?〕"라고 하였다.

수 없다.

사상은 양의에 준(準 똑같이 따라 함)하였고, 팔괘는 사상에 준하였고, 64괘의 중괘(重卦)는 팔괘에 준하였다. 그러므로 이들을 횡으로 배열할 적에 그 순서를 준하였고, 원으로 배열할 적에 그 둘레를 준하였고, 방형으로 배열할 적에 그 쌓임을 준하였다. 통괄하여 보면 태극의 리에 준하지 않은 것이 없다. 그러므로 어디서나 이에 준하지 않는 바가 없는 것이니, 이것이 어찌 인위로 미칠 수 있는 것이겠는가.

한 효가 갖추어지지 못하면 괘를 이루지 못하고, 한 괘가 갖추어지지 못하면 역을 이루지 못한다. 역이 만일 이루어지지 못하면 어떻게 이 도를 모범으로 하여 물건을 열어 주고 일을 이루게 하는 사업이 있겠는가. 그러므로 우주가 있은 이래로 한 일과 한 물건도 팔괘의 리와 팔괘의 상이 없는 것이 없다.

한 마음이 되면 한 마음의 팔괘가 있고, 한 몸이 되면 한 몸의 팔괘[117]가 있고, 한 집이 되면 한 집의 팔괘가 있고, 한 나라가 되면 한 나라의 팔괘가 있고, 천하가 되면 천하의 팔괘가 있으니, 이는 횡(橫)으로 말한 팔괘이다. 하루는 하루의 팔괘가 있고, 한 달은 한 달의 팔괘가 있고, 한 해는 한 해의 팔괘가 있고, 세(世)와 운(運)과 회(會)와 원(元)에도 모두 팔괘의 리와 상이 있으니,[118] 이는 종(縱)으로 말한 팔괘이다. 이는 마치 저울이 각각의 만물에 무게의 기준〔本〕이 되고, 척도(尺度)가 각각의 만물에 길이의 기준이 되고, 그림쇠와 곱자가 각각의

117 몸의 팔괘 : 《주역》 〈설괘전〉에 "건은 머리가 되고, 곤은 배가 되고, 진은 발이 되고, 손은 다리가 되고, 감은 귀가 되고, 리는 눈이 되고, 간은 손이 되고, 태는 입이 된다.〔乾爲首, 坤爲腹, 震爲足, 巽爲股, 坎爲耳, 離爲目, 艮爲手, 兌爲口.〕"라고 하였다.

118 하루는……있으니 : 2.1.25절과 위의 각주 83)의 〈64괘 분배절기지도(分配節氣之圖)〉와 각주 112)의 〈후천 팔괘 분배시방지도(分配時方之圖)〉 참조.

만물에 방형과 원형의 기준이 되고, 수준기와 먹줄이 각각의 만물에 수평과 곧음의 기준이 되는 것과 같다. 그렇다면 팔괘의 도가 넓고 커서 과연 이 도의 모범이 되지 않겠는가.

2.1.33

문왕은 선천 팔괘를 바꾸어 후천 팔괘로 만들었는데, 팔괘라는 것에는 차이가 없으니, 후천 팔괘가 바로 선천 팔괘이다. 이제 괘효가 변한 것을[119] 가지고 말하겠다. 선천 팔괘 건의 중효가 변하여 후천 팔괘 리(☲)가 되고, 곤의 중효가 변하여 감(☵)이 되고, 감의 하효가 변하여 태(☱)가 되고, 리의 상효가 변하여 진(☳)이 되며, 간(☶)의 중효·하효 두 효가 변하여 건이 되고, 손(☴)의 중효·상효 두 효가 변하여 곤이 되며, 진의 상효·하효 두 효가 변하여 간이 되고, 태의 상효·하효 두 효가 변하여 손이 되었다.

만일 방위가 변한 것을 가지고 본다면, 진은 리의 자리에 있고, 태는 감의 자리에 있고, 감은 곤의 자리에 있고, 리는 건의 자리에 있고, 건은 간의 자리에 있고, 곤은 손의 자리에 있고, 간은 진의 자리에

119 괘효가 변한 것을 : 선천의 괘가 같은 자리에 있는 후천의 괘로 변한 것을 말한다. 반간 동씨(盤澗董氏 동수(董銖))는 괘효의 변함에 대하여 "하늘(건)과 땅(곤)은 중효를 서로 바꾸어 리와 감이 되고, 물(감)과 불(리)은 상효와 하효를 서로 바꾸어 태와 진이 되고, 못(태)과 우레(진)는 상효와 하효를 서로 바꾸어 손과 간이 되고, 바람(손)과 산(간)은 위의 두 효와 아래의 두 효를 서로 바꾸어 곤과 건이 된다. 육자(六子)는 모두 한 효를 변역하였는데 건과 곤만은 두 효를 변역한 것은 음·양이 순수하기 때문이다.〔天、地以中相易爲坎、離, 水、火以上下相易爲震、兌, 澤、雷以上下相易爲巽、艮, 風、山以上下交相易爲乾、坤. 六子竝以一爻變, 惟乾、坤變其二爻, 陰陽之純故也.〕"라고 하였다. 《周易傳義大全 周易朱子圖說》 이는 《역학도설》 〈후천역선천방위동설도(後天易先天方位董說圖)〉에 정리되어 있다. 《易學圖說 卷4 體用上 卦劃》

있고, 손은 태의 자리에 있다.[120]

경(經)을 역이라고 이름한 것은 변역(變易)을 취하여 뜻으로 삼은 것이니,[121] 복희가 이미 선천 팔괘의 방위를 정한 뒤에 문왕이 후천 팔괘로 선천의 방위를 바꾼 것은 바로 변역의 중대한 부분이다. 그러므로 단지 복희가 그린 괘효에 모두 변역의 상이 있을 뿐만 아니라 문왕과 주공이 붙인 글에도 모두 변역의 뜻이 있는 것이다. 그러므로 독자가 만약 한 구절의 말을 한 가지 뜻으로만 본다면 불가한 것이니, 그 말이

120 방위가……있다 : 후천 팔괘의 방위 변화에 대하여 쌍호 호씨(雙湖胡氏 호일계(胡一桂))는 "선천 건의 중효가 내려와 곤의 중효를 바꾸면 감을 이루고 곤의 자리를 인습하니, 이 때문에 하늘의 기운이 아래로 내려와 건이 서북쪽에 자리한다. 선천 곤의 중효가 올라가 건의 중효를 바꾸면 리를 이루고 건의 자리를 인습하니, 이 때문에 땅의 기운이 위로 올라가 곤이 서남쪽에 자리한다. 선천 리의 하효가 감의 하효를 바꾸면 태를 이루고 선천 감의 자리를 인습하니, 이 때문에 리가 남쪽에 있어 여름이 되고 태가 서쪽에 있어 여름 다음의 가을이 된다. 선천 감의 상효가 리의 상효를 바꾸면 진을 이루고 선천 리의 자리를 인습하니, 이 때문에 감이 북쪽에 있어 겨울이 되고 진이 동쪽에 있어 겨울 다음의 봄이 된다. 후천 건이 이미 서북쪽에 자리하여 선천 간의 자리를 맡으면 간은 나아가 동북쪽에 자리하여 선천 진의 자리를 인습하니, 간은 또한 진과 뒤집힌 반대이다. 후천 곤이 이미 서남쪽에 자리하여 선천 손의 자리를 맡으면 손은 물러나 동남쪽에 자리하여 선천 태의 자리를 인습하니, 손은 또한 진과 뒤집힌 반대이다.〔先天乾中爻, 下變坤中爻, 則成坎而襲坤之位, 故天氣下降而乾位西北. 先天坤中, 上變乾中爻, 則成離而襲乾之位, 故地氣上騰而坤位西南. 先天離下爻, 變坎下爻則成兌, 襲先天坎之位, 故離居南而爲夏, 兌居西而次夏爲秋. 先天坎上爻, 變離上爻則成震, 襲先天離之位, 故坎居北而爲冬, 震居東而次冬爲春. 後天乾旣位西北而當先天艮之位, 則艮進而位於東北, 襲先天震之位, 艮亦震之反也. 後天坤旣位西南而當先天巽之位, 則巽退而位於東南, 襲先天兌之位, 巽亦兌之反也.〕"라고 하였다.《周易傳義大全 周易朱子圖說》이는《역학도설》〈후천변선천방위 호설도(後天變先天方位胡說圖)〉에 정리되어 있다.《易學圖說 卷4 體用上 卦劃》

121 경(經)을……것이니 : 정현(鄭玄)은 "易은 한 이름에 세 가지 뜻을 포함하였으니, 이간(易簡)이 첫 번째이고, 변역이 두 번째이고, 불역(不易)이 세 번째이다."라고 하였다.《周易正義 卷首》

비록 같더라도 일에 따라 뜻이 변하기 때문이다. 이는 역의 도를 아는 자가 스스로 어떻게 이해하느냐에 달려 있는 것이다.

2.1.34

소자(邵子)는 복희가 괘를 그은 역을 선천이라 하고 문왕이 부연한 역[122]을 후천이라 하였으니, 이는 어찌 선천은 따로 선천이 되고 후천은 따로 후천이 되어서 그 리가 서로 통하지 못하고 그 도가 서로 상관이 없다고 여긴 것이겠는가. 선천의 역은 체가 되고 후천의 역은 용이 되니, 선천의 역이 없으면 후천의 역이 무엇에 말미암아 용이 되겠는가. 후천의 역이 없으면 선천의 역이 어떻게 체가 되겠는가. 그러므로 선천의 역을 이미 그으면 후천의 역이 이 가운데 들어 있고, 후천의 역을 이미 부연하면 선천의 역이 이 가운데 들어 있는 것이다.

복희와 문왕이 동일한 도이고 선천과 후천이 동일한 리이니, 두 역을 합쳐서 함께 보면 선천 역의 한 괘와 한 효도 후천의 역에 빠뜨린 것이 없으며, 후천 역의 한 괘와 한 효도 선천의 역에서 벗어난 바가 없다. 건은 똑같은 건이고, 곤은 똑같은 곤이고, 태는 똑같은 태이고, 간은 똑같은 간이고, 리는 똑같은 리이고, 감은 똑같은 감이고, 진은 똑같은 진이고, 손은 똑같은 손이다.

두 역이 다른 것은 자리와 순서가 바뀐 것이다. 선천의 역은, 건과 곤이 남쪽과 북쪽에서 상대하는 것은 하늘과 땅이 자리를 정한 것이고,[123] 감과 리가 서쪽과 동쪽에서 상대하는 것은 물과 불이 서로 해치

122 문왕이 부연한 역 : 《사기(史記)》 〈일자 열전(日者列傳)〉에 "복희가 팔괘를 만들고 주나라 문왕이 384효를 부연하자 천하가 다스려졌다.〔自伏羲作八卦, 周文王演三百八十四爻而天下治.〕"라고 보인다.

123 하늘과……것이고 : 위의 각주 38) 참조.

지 않는 것이고, 진과 손이 서북쪽과 동남쪽에서 상대하는 것은 우레와 바람이 서로 부딪히는 것이고, 간과 태가 서북쪽과 동남쪽에서 상대하는 것은 산과 못이 기운을 통하는 것이다.

건부터 진까지는 모두 양의(陽儀)의 괘이고 손부터 곤까지는 모두 음의의 괘이니, 양의(兩儀)의 자리가 변함이 없는 것이다. 태양과 소음이 똑같이 양의인데 서로 왼쪽에 연이어 있고, 태음과 소양이 똑같이 음의인데 서로 오른쪽에 연이어 있으니, 사상의 자리에 변함이 없는 것이다. 이는 선천의 역이 체가 되는 것이다. 후천의 역은 괘가 순서와 자리를 바꾸어 양의와 사상의 자리도 모두 뒤섞였으니, 이는 후천의 역이 용이 되는 것이다.

그러나 순서와 자리가 달라도 괘효는 변함이 없다. 더구나 복희가 처음 괘를 그은 것은 바로 하도의 수를 본받은 것이고,[124] 문왕이 부연한 오행의 순서[125]는 실로 하도의 오행이 상생하는 순서[126]와 부합하지 않음이 없으니, 그 리(理)에 어찌 두 가지가 있겠는가. 이는 선천의 역이 단지 체만 있고 용이 없으며 후천의 역이 단지 용만 있고 체가 없는 것이 아니다. 체 가운데 용이 있고 용 위에 체가 있으니, 복희와 문왕이 동일한 도가 아니겠는가. 똑같은 리와 똑같은 도인데 선천의 역을 인하여 후천의 역을 만들었으니, 이것이 바로 역이 역(易)이 되는 소이(所以)이다. 역의 뜻이 과연 여기에 있을 것이다.

124 하도의……것이고 : 2.1.14절 참조.

125 문왕이……순서 : 2.1.30절 참조.

126 하도의……순서 : 하도는 수(북), 목(동), 화(남), 토(중앙), 금(서), 수(북)의 오행이 상생하는 순서로 좌선(左旋)한다. 〈도서발휘〉 1.1.4절과 〈도서총수설〉 1.3.1절 참조.

2.1.35

하(夏)나라 역을 《연산(連山)》이라 하는데 간이 수괘(首卦)가 되었고, 상(商)나라 역을 《귀장(歸藏)》이라 하는데 곤이 수괘가 되었으니,[127] 각각의 순서는 어떠하며, 끝마치는 괘는 무엇이며, 이 역에도 괘의 이름과 괘사와 효사가 있었는가. 후세에 비록 그 이름을 가탁하여 책을 만든 것이 있으나 모두 위작(僞作)으로 여겨지니,[128] 어찌 이것을 취하여 믿을 수 있겠는가.

지금 현행하는 것은 바로 《주역》인데, 상경은 감괘(䷜)와 리괘(䷝)로 끝마치고 하경은 기제괘(旣濟卦 ䷾)와 미제괘(未濟卦 ䷿)로 끝마쳤

127 하(夏)나라……되었으니 : 《주례》 〈춘관(春官) 태복(大卜)〉에 "태복은 세 가지 역의 법을 관장하니, 첫 번째는 《연산》이고, 두 번째는 《귀장》이고 세 번째는 《주역》이다."라고 보인다. 《주례》의 정현(鄭玄) 주에는 두자춘(杜子春)이 "《연산》은 복희의 역이고, 《귀장》은 황제(黃帝)의 역이다." 한 것을 인용하였으나, 《주역정의》에는 정현의 《역찬(易贊)》과 《역론(易論)》을 인용하여, 하나라 역을 《연산》이라 하고 은나라 역을 《귀장》이라 하였다. 《주례》에서 정현은 "《연산》이라 이름한 것은 산이 기운을 내고 들임과 같은 것이고, 《귀장》은 모든 만물이 그 가운데로 돌아가 숨는 것이다."라고 하였는데, 가공언(賈公彦)의 소에 《연산》은 "그 괘가 순간(純艮)을 수괘(首卦)로 하였는데, 간은 산이니 산이 괘의 상체와 하체에 있기에 《연산》이라 이름하였다. 구름의 기운이 산에서 나오고 산으로 들어가므로 역을 이름하여 《연산》이라 한 것이다.〔其卦以純艮爲首, 艮爲山, 山上山下, 是名《連山》. 雲氣出內於山, 故名易爲《連山》.〕"라고 하고, 《귀장》은 "순곤(純坤)을 수괘로 하였는데, 곤은 땅이므로 모든 만물이 그 가운데로 돌아가 숨는 것이다. 그러므로 《귀장》이라 한 것이다.〔以純坤爲首, 坤爲地, 故萬物莫不歸而藏於中, 故名爲《歸藏》也.〕"라고 하였다.

128 후세에……여겨지니 : 마단림(馬端臨)은, 수(隋)나라의 경학자 유현(劉炫)이 《연산역》을 위조하여 조정에 바쳤고, 진(晉)나라 참군(參軍) 설정(薛貞)의 주(註)로 13편의 《귀장》이 있었는데 세 편이 남아 있다고 하였다. 《文獻通考 卷175 經籍考2》 《귀장》은 청(淸)나라 학자들의 집일본(輯佚本)이 있고, 1993년에 중국 호북성(湖北省) 왕가대(王家台)에서 출토되어 선진(先秦)의 책으로 증명된 진간본(秦簡本)이 있다.

으니,[129] 이것은 어찌 수(水)와 화(火)는 바로 건과 곤의 큰 쓰임이며,[130] 바람과 우레는 바로 수와 화가 따로 행하는 것이고 산과 못은 바로 수와 화가 응집된 것이기 때문이 아니겠는가.[131] 그러므로 상경과 하경이 모두 수와 화로써 결국 끝마쳤으니, 문왕의 뜻이 절로 깊은 것이다.

2.1.36

경(經)의 이름을 반드시 역이라고 한 것은 도는 모름지기 변역이 있어야 하니, 그런 뒤에야 공용(功用)이 이루어지고 사업이 성립되기 때문

129 상경은……끝마쳤으니 : 정이천은 "건・곤은 하늘과 땅의 도이고 음・양의 근본이므로 상편(上篇)의 머리가 되었고, 감과 리는 음・양의 바탕을 이룬 것이므로 상편의 끝이 되었다. 함(咸)・항(恒)은 부부(夫婦)의 도이고 낳고 기르는 근본이므로 하편(下篇)의 머리가 되었고, 미제는 감・리가 합한 것이고 기제는 감・리가 사귄 것이니, 합하고 사귀면 만물을 낳는바 음・양의 공을 이룬 것이므로 하편의 끝이 되었다.〔乾、坤, 天地之道, 陰陽之本, 故爲上篇之首. 坎、離, 陰陽之成質, 故爲上篇之終. 咸、恒, 夫婦之道, 生育之本, 故爲下篇之首. 未濟, 坎、離之合; 旣濟, 坎、離之交, 合而交則生物, 陰陽之成功也, 故爲下篇之終.〕"라고 하였다. 《周易傳義大全 上下篇義》

130 수(水)와……쓰임이며 : 정이천은 《주역》 〈기제괘〉에서 "물이 불 위에 있으니, 물과 불이 서로 사귀면 쓰임이 된다. 각기 그 쓰임에 마땅하므로 기제라 하였다." 하였고, 〈미제괘〉에서 "리가 위에 있고 감이 아래에 있어 불이 물 위에 있으니, 서로 쓰임이 되지 못한다. 그러므로 미제라 한 것이다."라고 하였다.

131 바람과……아니겠는가 : 이는 바람・우레・산・못이 모두 수와 화로부터 비롯함을 말한 듯하다. 위의 각주 129)에 정이천이 '감과 리는 음・양의 바탕을 이룬 것'이라 한 것에 대하여 주자는 "음・양의 바탕을 이룸에 수와 화가 우선한다. 그러므로 〈홍범〉에 '오행의 첫 번째는 수이고, 두 번째는 화이다.'라고 한 것이다.〔陰陽成質, 水、火爲先, 故《洪範》'一曰水, 二曰火'.〕"라고 하였는데, 이와 비슷한 뜻으로 보인다. 《晦庵集 卷47 答呂子約》 '따로 행함〔別行〕'은 건・곤으로부터 나온 수와 화가 각자 작용을 행하여 바람과 우레가 일어남을 말한 듯하다.

이다. 태극이 양의를 낳아서 한 음과 한 양이 된 것은 바로 변역의 근본이며, 그 다음 사상에서 팔괘가 되고 팔괘에서 64괘가 된 것은 모두 변역의 순서이고, 64괘 가운데 양의와 음의가 서로 교역하여 각각 32괘와 192효가 된 것은 모두 서로 바꾸어서 64괘를 이루고 384효가 된 것이다. 그러므로 《주역》을 상경과 하경으로 나눈 것은 모두 그 교역의 뜻을 취하여 나눈 것이다.

한번 살펴보면, 상경은 30괘에 그치는데 정대(正對)의 괘로서 뒤집어도 변하지 않아 항상 본괘(本卦)가 되는 것이 여섯 개이고 뒤집으면 변해서 두 괘가 되는 것이 12괘이니, 이것을 합하면 18궁(宮)이 된다.[132] 하경에 있는 것이 34괘인데 정대의 괘로서 변하지 않는 것이

132 상경은……된다 : 궁(宮)은 소옹이 "36궁이 모두 봄이다.〔三十六宮都是春.〕"라고 한 구절에서 나온 것인데 이를 해설하여, 뒤집어 서로 반대인 두 괘는 합하여 한 궁이라 하고 뒤집어도 변하지 않는 괘는 한 괘를 한 궁이라 한다. 소옹은 "중첩한 괘의 상은 변하지 않는 것이 8가지이고 뒤집어 변하는 것이 28가지이니, 36가지 변함으로 64괘를 이루는 것이다.〔重卦之象, 不易者八, 反易者二十八, 以三十六變而成六十四也.〕"라고 하였다. 《性理大全書 卷11 皇極經世書 觀物外篇上》《주역전의대전》〈서괘전〉의 소주에 "괘에는 정대(正對)와 반대(反對)가 있다. 건괘(䷀)·곤괘(䷁)·감괘(䷜)·리괘(離卦 ䷝)·이괘(頤卦 ䷚)·대과괘(大過卦 ䷛)·중부괘(中卦卦 ䷼)·소과괘(小過卦 ䷽)의 여덟 괘는 정대이니, 뒤집은 괘와 바르게 상대해서 변하지 않으므로 뒤집어 보아도 단지 여덟 괘를 이룬다. 나머지 56괘는 '반대'이니, 뒤집어 상대한 괘가 모두 변하므로 뒤집어 보면 모두 28괘(궁(宮))이다. 정대의 괘를 반대의 괘와 합하여 보면 총괄하여 36괘가 된다. 상경에 있는 것은 변하지 않는 괘가 모두 여섯이니, 건괘·곤괘·감괘·리괘·이괘·대과괘가 이것이다. 둔괘(屯卦)·몽괘(蒙卦) 이하의 24괘는 뒤집으면 12궁이 되어, 12에 6을 더하면 18이다. 하경에 있는 것은 변하지 않는 괘가 모두 둘이니, 중부괘·소과괘가 이것이다. 함괘(咸卦)·항괘(恒卦) 이하의 32괘는 뒤집으면 16궁이 되어, 16에 2를 더하면 역시 18이다. 상경과 하경의 많고 적은 수는 같지 않은 적이 없다.〔卦有正對, 有反對. 乾、坤、坎、離、頤、大過、中孚、小過八卦, 正對也, 正對不變, 故反覆觀之, 止成八卦. 其餘五十六卦, 反對也, 反對者皆變, 故反覆觀之, 共二十八卦. 以正對卦合反對卦觀之, 總而爲三十六卦. 其在上經, 不變卦凡六, 乾、坤、坎、離、頤、大過是也. 自屯、蒙以下二十四卦, 反之則爲十二, 以十二

두 괘이고 뒤집으면 변하여 두 괘가 되는 것이 16괘이니, 이것을 합하면 역시 18궁이 된다. 18궁 가운데 변하여 두 괘가 되는 경우는 그 뒤집힘이 본래부터 변역이고, 항상 본괘가 되어서 뒤집어도 변함이 없는 경우는 반드시 모두 변화하는 변함이 있다. 예컨대 건괘 여섯 효의 양은 곤괘 여섯 효의 음과 상대하고, 네 음과 두 양의 감괘(䷜)는 네 양과 두 음의 리괘(離卦 ䷝)와 상대하고, 리(☲)와 비슷한 이괘(頤卦 ䷚)는 감(☵)과 비슷한 대과괘(大過卦 ䷛)를 상대하고,[133] 두터운 획[134]의 리인 중부괘(中卦卦 ䷼)는 두터운 획의 감인 소과괘(小過卦 ䷽)와 상대한다. 이는 모두 여섯 효가 다 변화하는 변함이니, 이 또한 변역인 것이다. 그렇다면 《주역》의 상경과 하경에서 각각 18궁이 된

而加六則十八也. 其在下經, 不變卦凡二, 中孚、小過是也. 自咸、恒而下三十二卦, 反之則爲十六, 以十六而加二亦十八也. 其多寡之數則未嘗不均也.〕"라고 하였다.

133 리와 비슷한……상대하고 : 이괘의 위아래는 양이고 가운데는 음인 것이 팔괘 리와 비슷하고, 대과괘의 위아래는 음이고 가운데는 양인 것이 팔괘 감과 비슷함을 말한 것이다. 호일계(胡一桂)는 《주역》의 괘사·효사·단전에서 상을 취하는 예의 하나로 사체(似體)가 있다고 하고, "이괘는 리와 비슷하여 〈효사에서 리의 상인〉 거북을 말하고, 대장괘(䷡)는 태(☱)와 비슷하여 〈효사에서 태의 상인〉 양(羊)을 말한 것과 같은 종류이다.〔如頤似離而稱龜, 大壯似兌而稱羊之類也.〕"라고 하였다. 《周易啓蒙翼傳 下篇 彖爻取象例》 윤동야(尹東野)는 "사체는 예컨대 이괘의 위아래 양이 리와 비슷하여 거북을 말하고, 대장괘 위의 두 음이 태와 비슷하여 양을 말한 것이다.〔似體, 如頤上下陽似離而稱龜, 大壯上二陰似兌而稱羊也.〕"라고 하였다. 《弦窩集 卷5 雜著 漫錄》

134 두터운 획 : 《주역전의대전》 〈잡괘전〉의 소주에 인용된 주자의 말에는 "중부괘는 큰 리이고, 소과는 큰 감이다.〔中孚便是箇大底離, 小過是箇大底坎.〕" 하고, 또 "중부괘는 두 겹의 리이고, 소과는 두 겹의 감이다. 대과괘는 두터운 획의 감이고, 이괘는 두터운 획의 리이다.〔中孚是箇雙夾底離, 小過是箇雙夾底坎. 大過是箇厚畫底坎, 頤是箇厚畫底離.〕"라고 하였다. 호일계(胡一桂)는 중부괘를 두터운 획의 리라고 하고, 소과괘를 두터운 획의 감이라고 해서, '두터운 획〔厚畫〕'을 주자가 말한 '두 겹'의 뜻으로 사용하였다. 《易附錄纂註 卷15 卦序圖》 여기서 장현광은 호일계의 용어를 사용하는데, 대체로 후대의 학자들도 그러한 듯하다.

것은 모두 변역의 상인 것이다.[135]

2.1.37

괘의 이름은 성인이 정(貞)과 회(悔)가 되는 하체(下體)・상체(上體)의 상을 보고서 이름하였다.[136] 괘사(爻辭)는 혹은 괘덕(卦德)을 취하고,[137] 혹은 괘재(卦才)[138]를 취하고, 혹은 괘기(卦氣)[139]를 취하고, 혹

135 주역의……것이다 : 《주역》 64괘는 뒤집어 서로 반대가 되는 두 괘가 짝하고, 뒤집어도 변함이 없는 괘는 여섯 효가 모두 변화하여 상대하는 괘와 짝하여, 상경・하경 각 18궁의 차서를 이루고 있다. 《역학도설》 권4 〈周易六十四卦三十六宮次序上下經各十八之圖〉 참조.

136 괘의……이름하였다 : 2.1.54절에 정과 회가 되어서 체와 용을 서로 나타낸다고 하였다. 아래의 각주 277) 참조. 상에서 괘의 이름을 취하는 방식은 여러 가지가 있어서, 공영달(孔穎達)은 괘체의 물상(物象)을 괘의 이름으로 삼은 경우, 상의 용(用)이 되는 것을 괘의 이름으로 삼은 경우, 괘체의 물상을 취하였으나 사람의 일을 괘의 이름으로 삼은 경우가 있다고 하였다. 《周易正義 上經 乾》 또 《주역전의대전》 〈역설강령〉에는 "성인이 그 상에 나아가 괘의 이름을 명명하였으니, 효의 나아가고 물러감을 가지고 말한 것은 박괘(剝卦)와 복괘(復卦) 같은 종류이며, 형체의 유사함을 가지고 말한 것은 정괘(鼎卦)와 정괘(井卦) 같은 종류이니, 이는 복희가 괘체(卦體) 전체를 가지고 이름을 붙인 것이 이와 같은 것이다."라고 하였다.

137 괘덕(卦德)을 취하고 : 주자는 강건(剛健)과 중정(中正)은 건의 덕이고, 유순(柔順)과 이정(利貞)은 곤의 덕이라 하였으며, 리는 "한 음이 두 양의 사이에 붙어 있으므로 그 덕이 붙어 있음〔麗〕이 되고 문명(文明)이 된다." 하고, 손은 "한 음이 두 양의 아래에 엎드려 있으므로 그 덕이 공손함〔巽〕이 되고 들어감〔入〕이 된다." 하고, 태는 "한 음이 두 양의 위에 나타나므로 그 덕이 기뻐함〔說〕이 된다." 하고, 진은 "한 양이 두 음의 아래에서 동하므로 그 덕이 동함〔動〕이 된다." 하고, 감은 "한 양이 두 음의 사이에 빠져 있으므로 그 덕이 빠짐〔陷〕이 되고 험난함〔險〕이 된다." 하고, 간은 "한 양이 두 음의 위에 멈춰 있으므로 그 덕이 그침〔止〕이 된다."라고 하였다. 《周易傳義大全》 여기의 '취하였다'는 말은 괘사에 직접 괘덕을 언급한 경우와 괘사를 해설한 〈단전(彖傳)〉에 언급한 경우를 포함하여 말한 듯하다.

138 괘재(卦才) : 괘재는 본래 정이천이 주로 사용한 용어인데, 분명한 정의가 없다.

은 괘변(卦變)[140]을 취하였다. 효사(爻辭)는 혹은 효가 만난 때를 따르

2.1.43절에 효의 재(才)를 강(剛)과 유(柔), 중(中)과 부중(不中), 정(正)과 부정(不正)이라 하였으니, 이는 장현광이 정이천의 주에 근거하여 말한 것으로 보인다. 괘재는 괘의 주효(主爻) 혹은 여러 효의 재를 말한 듯하다. 정이천의 용례를 보면, 수괘(需卦 ䷄)에서 "괘재로써 말하면 오(五)가 군위(君位)에 있어서 수(需)의 주체가 되고 강건중정(剛健中正)의 덕이 있으며 성신(誠信)이 가운데에 충실하니 중실(中實)은 성실함이 있는 것이다. 성실함이 있으면 광명하여 형통하며 정정(貞正)함을 얻어 길하다." 하였다. 또 복괘(復卦 ䷗)의 단전(彖傳)에 "동하여 순함으로 행하기 때문에 '병이 없어서 벗이 와야 허물이 없음'이 된 것이다." 한 것에 대하여 정이천은 '괘재로 그 소이연을 말한 것'이라 하였는데, 이는 초(初)에 양이 돌아오고 음이 자신을 낮추어 양을 따름을 괘재라고 한 것이다. 곽열(郭說)은 "괘재는 강과 유, 굳셈과 순함에 따라 강약의 구분이 있는 것이다.〔卦才, 剛柔健順, 有强弱之分.〕"라고 하였고, 유언호(兪彦鎬)는 "강과 유가 서로 미루어 변화를 낳는 것이 바로 괘재이다.〔剛柔相推而生變化者, 是卦才也.〕"라고 하였고, 이상정(李象靖)은 〈정전(程傳)〉의 괘재가 바로 〈본의(本義)〉의 괘체(卦體)라고 하였다. 《西浦集 卷1 雜著 易傳要義》, 《燕石 冊5 與權能彦書》, 《大山集 卷23 書答李學甫周易箚疑》 또 정병석은 괘재는 '주어진 어떤 상황〔時勢〕에서 주체가 가지고 있는 덕성을 구체적으로 실현하는 능력'을 의미한다고 하였다. 《정병석, 김덕화, 정이천(程伊川)의 주역(周易) 해석에 보이는 괘재(卦才), 중국학보 89집, 한국중국학회, 2019, 259쪽》

139 괘기(卦氣) : 역의 64괘와 그 효를 사시(四時), 12개월, 24절기 등에 배속하는 것으로 한(漢)나라 경방(京房) 등의 설이다. 주자와 호방평은 12월 벽괘(辟卦)에서 음·양이 소장(消長)하는 것으로 괘기를 주로 말하는바, 여기의 괘기도 그 뜻인 듯하다. 2.1.26절과 각주 93) 참조. 예컨대 복괘(復卦 ䷗)의 괘사에 형통함을 말한 것에 대하여 주자는 "양이 깎여 다하면 순곤(純坤)인 10월의 괘가 되는데, 양기(陽氣)가 이미 아래에서 생기니, 쌓아서 한 달이 지난 뒤에야 한 양의 체가 비로소 이루어져 와서 회복한다. 그러므로 11월은 그 괘가 복(復)이 된 것이다. 양이 이미 갔다가 다시 돌아왔으므로 형통할 도가 있다."라고 풀이하였다. 또 임괘(臨卦 ䷒)의 괘사에 "8개월에 이르면 흉함이 있으리라." 한 것에 대하여 주자는 "8개월은 복괘(復卦)인 일양(一陽)의 달로부터 돈괘(遯卦 ䷠)인 이음(二陰)의 달에 이르는 것이니, 음이 자라고 양이 은둔할 때이다."라고 풀이하였다.

140 괘변(卦變) : 본괘(本卦)의 효가 변하여 다른 괘가 됨을 말하는데, 여러 설이 있다. 예컨대 주자는 수괘(隨卦 ䷐)의 괘변에 대하여 곤괘(困卦 ䷮)의 구이(九二)가

고,[141] 혹은 효가 있는 체를 따르고,[142] 혹은 효가 거한 자리[143]를 따르고,

아래의 초(初)에 와서 수괘로 변한 경우와 서합괘(噬嗑卦 ䷔)의 상구(上九)가 아래의 오(五)에 와서 수괘로 변한 경우와 미제괘(未濟卦 ䷿)가 앞의 두 괘변을 겸하여 수괘로 변한 경우의 세 가지를 말하고, 이는 모두 강(剛)이 와서 유(柔)를 따르는 뜻이라고 하여 괘의 이름 수(隨)의 뜻을 풀이하였다. 주자는 이와 같이 한 효가 이웃한 효로 오는 것을 위주하여 괘변을 설명하였다. 반면에 정이천은 본래 상체는 건이고 하체는 곤인 것에서 변한 것으로 보아, 건의 상효(上爻)가 곤의 아래로 오고 곤의 초효(初爻)가 건의 위로 가서 수괘가 되었다고 하였다. 주자는 정이천의 설에 견강부회함이 있고 왕필(王弼)의 괘변도 자연스럽지 못한데, 자신의 설은 자연스러운 기상이 있음을 깨달아 다만 한 효만 바꿀 뿐이라 하였다. 《周易傳義大全 周易朱子圖說》

141 만난 때를 따르고 : 《주역》의 '때'는 포괄적인 개념이므로 글자 그대로 '때를 따랐다'고 하면 의미가 너무 넓다. 문맥상 여기의 '따랐다〔因〕'는 말은 효사와 그 전(傳)에서 때에 관련한 언급을 한 경우로 한정해야 할 듯하다. 예컨대 건괘 구이(九二)의 '見龍在田'에 대하여 〈문언전〉에 "현룡(見龍)이 밭에 있다는 것은 '때로 멈추라〔時舍〕'는 것이다."라고 하였는데, 정이천은 "지상에 출현하여 그 덕이 이미 드러났으니, 성인으로 말한다면 순(舜)임금이 농사짓고 고기 잡던 때이다."라고 풀이하였다. 이난숙은 《주역》의 시(時)는 시세(時勢), 시변(時變), 시황(時況), 시연(時然)의 뜻을 포괄하여, 효위(爻位)의 공간성과 초효부터 상효까지 변화되는 시간성을 포괄한다고 하였다. 《이난숙, 주역□시용괘(時用卦) 해석의 의미와 특징, 퇴계학논총 31집, 퇴계학부산연구원, 2018, 79쪽》

142 있는 체를 따르고 : 예컨대 고괘(蠱卦 ䷑)의 하체는 손인데 구삼(九三) 효사에 "아버지의 일을 주관함이니, 다소 뉘우침이 있으나 큰 허물은 없으리라." 하였는바, 정이천은 "손의 체에 있어서 비록 강함이 지나쳐도 순함이 없는 것이 아니니, 순함은 어버이를 섬기는 근본이며 또 거함이 정(正)을 얻었기 때문에 큰 허물이 없는 것이다."라고 풀이하였다.

143 효가 거한 자리 : 6획괘의 효의 자리를 '여섯 빈자리〔六虛〕'라고 하는데, 각각 초(初)·이·삼·사·오·상(上)으로 부른다. 주자는 자리에 대하여 "무릇 괘의 여섯 빈자리에 기와 우가 자리가 다르니, 기의 양과 우의 음이 각기 그 유(類)에 따른다. 자리를 얻으면 정(正)이라 하고 이(二)와 오를 중(中)이라 하며, 이(二)는 신하이고 오는 군주이며, 초는 시(始)이고 상은 종(終)이다.〔凡卦六虛, 奇偶殊位, 奇陽偶陰, 各以其類. 得位爲正, 二五爲中, 二臣五君, 初始上終.〕"라고 하였다. 《周易傳義大全 易五贊 稽類》 정이천과 주자의 주를 보면, 초와 상은 지위가 없는 자, 삼과 상은 극(極),

혹은 응하는 효[144]를 따르고, 혹은 받드는 효를 따르고, 혹은 타는 효[145]를 따르고, 혹은 괘의 주효(主爻)를 따르고,[146] 혹은 한 괘 가운데 여러

사는 군주와 가까운 자리, 오는 존위(尊位) 등으로 주로 표현한다. 초는 백성, 이는 사(士), 삼은 대부, 사는 공(公)·경(卿), 오는 천자, 상은 상왕(上王)·국사(國師)에 배속하기도 한다.《김석진, 대산주역강의1, 한길사, 1999, 134쪽》

144 응하는 효 : 주자는 "정(貞)과 회(悔)로 체가 나누어지고 효는 자리로 응하니, 음·양이 서로 구하여야 정응(正應)을 얻는다.〔貞悔體分, 爻以位應, 陰陽相求, 乃得其正.〕"라고 하였으니, 상체와 하체의 초와 사, 이와 오, 삼과 상의 음·양이 서로 달라야 응하는 것이다.《周易傳義大全 易五贊 稽類》

145 받드는……효 : '받드는 효'는 위에 있는 효를 말하니 승(承)이라 하고, '타는 효'는 아래에 있는 효를 말하니 승(乘)이라 한다.《주역》에서 이 용어를 직접 쓴 것은 유(柔)가 강(剛)을 타는 경우인데, 여러 괘의 〈상전〉에 부정적인 뜻으로 언급되어 있다. 반대로 강이 유를 타는 경우는 언급하지 않았는데, 정이천은 "강이 유를 타는 것은 떳떳한 이치이니, 굳이 말할 것이 없다."라고 하였다. 승(承)과 승(乘)을 강과 유의 관계로 한정하여 설명하기도 하지만, 정이천과 주자의 주에는 다양한 경우에 이 용어를 사용한다. 예컨대 송괘(訟卦 ䷅)의 육삼은 승(承)과 승(乘)이 모두 강인데 정이천은 이를 '위태로운 자리에 처함'으로 풀이하였고, 손괘(巽卦 ䷸)의 초육은 승(承)이 강인데 정이천은 '지나치게 비손(卑巽)한 자'로 풀이하였고, 비괘(比卦 ䷇)의 육삼은 승(承)과 승(乘)과 응(應)이 모두 음인데 주자는 가까이 있는 자가 모두 좋은 사람이 아닌 상으로 풀이하는 등 괘체에 따라 해석이 다르다.

146 주효(主爻)를 따르고 : 주효에 대하여 정조(正祖)는 "문왕(文王)이 단사를 붙일 적에는 괘의 상과 덕을 종합하여 괘 이름을 붙였고, 주공(周公)이 효사를 붙일 적에는 더욱 괘 이름이 나오게 된 효를 중시하였으니, 이것이 이른바 주효라는 것이다."라고 하였다.《弘齋全書 卷108 經史講義45 易》 예컨대 예괘(豫卦 ䷏)에서 정이천은 "구사(九四)는 〈상체 진에서〉 동(動)의 주체가 되어 위아래의 여러 음이 함께 응하고 〈하체인〉 곤이 또 순함으로써 받드니, 이는 동함에 위아래가 순히 응하는 것이다. 그러므로 화예(和豫)의 뜻이 된 것이다."라고 하여 구사가 괘의 주효임을 말하였다. 또 초육 효사의 '즐거움을 울림〔鳴豫〕'을 풀이하여 "사(四)는 예(豫)의 주체인데 초육에 응하니, 이는 중정하지 못한 소인이 예(豫)에 처하여 윗사람에게 총애를 받아서 지의(志意)가 가득 차고 지극하여 그 즐거움을 이기지 못해서 성음(聲音)에까지 나타나는 것이다."라고 풀이하였는데, 이러한 것이 '주효를 따르는' 효사인 듯하다.

효의 뜻을 따랐다.[147]

그러므로 양이 선하고 음이 악한 것이 비록 떳떳한 것이나, 양이 간혹 선하지 않은 경우도 있고 음이 간혹 악하지 않은 경우도 있다.[148] 양효가 양의 자리를 얻고 음효가 음의 자리를 얻은 것이 정위(正位)가 되나, 양효가 혹 양의 자리를 얻고도 길하지 않고[149] 음의 자리에 있어도 흉하지 않은 경우가 있으며,[150] 음효가 혹 양의 자리에 거하여도 허물이 없고[151] 음의 자리에 거하여도 길하지 않은 경우가 있다. 또 음・양이 초(初)에 거하여 길한 경우와 종(終)에 거하여 흉한 경우가

147 여러……따랐다 : 예컨대 비괘(比卦 ䷇)의 육삼 효사에 "가까이 있는 바가 좋은 사람이 아니로다."라고 하였는데, 주자는 승(承)인 육사와 승(乘)인 육이와 응(應)인 상육이 모두 음인 것으로 풀이해서 세 효에서 뜻을 취하였다.

148 양이……있다 : 주자는 "무릇 음・양은 조화의 근본이니 서로 없을 수 없고, 소장(消長)이 일정함이 있으니 역시 사람이 덜어내고 더할 수 있는 것이 아니다. 그러나 양은 낳음을 주장하고 음은 죽임을 주장하니, 그렇다면 그 부류에 선악의 분별이 있다. 그러므로 성인이 역을 지을 적에 서로 없을 수 없는 것에는 이미 건(健)・순(順)과 인(仁)・의(義)의 등속으로 이를 밝혀서 양만을 편벽되게 주장한 바가 없고, 소장의 실제와 선악의 구분에 이르러서는 일찍이 양을 붙들어주고 음을 억제하는 뜻을 지극히 하지 않은 적이 없었으니, 이는 천지의 화육(化育)을 도와서 천지에 참여하는 것이니, 그 뜻이 깊다."라고 하였다. 《周易傳義 坤卦》

149 양효가……않고 : 예컨대 양효가 삼(三)에 있는 것에 대하여 주자는 "삼은 양의 자리이니 거듭 강(剛)하고 중(中)하지 못하며, 하괘(下卦)의 위에 있으니 위태로운 자리이다."라고 하였다. 《周易傳義 乾》

150 음의……있으며 : 예컨대 몽괘(蒙卦 ䷃) 구이(九二) 효사에 "몽매함을 포용해주면 길하고 부인의 말을 받아들이면 길할 것이다." 하였는데, 주자는 "효의 덕이 강하되 과하지 않으니 능히 포용하는 바가 있는 상이 되고, 또 양으로서 음을 받아들이니 부인의 말을 받아들이는 상이 된다."라고 하였다.

151 허물이 없고 : 원문은 무구(无咎)로, 《주역》 〈계사전 상〉에 "무구는 과실을 잘 보충한 것이다.〔无咎者, 善補過也.〕"라고 하였다. 주자는 "여러 효에 무구라고 말한 것은 이와 같이 하면 허물이 없다는 것이다."라고 하였다. 《周易傳義 小畜》

있으며, 혹은 초에 거하여 흉한 경우와 종에 거하여 길한 경우가 있다.[152] 상체와 하체 각각의 세 효에 모두 서로 응하는 자리가 있으니, 응하는 것이 통상 길하나 혹은 응하지 않아도 길한 경우가 있고 혹은 서로 응하여도 길하지 않은 경우가 있다.[153] 오직 음・양은 모두 중(中)을 얻음을 덕으로 삼으니, 이미 중이면 바름은 이 가운데 들어 있다. 이상은 괘・효의 뜻을 취한 대략이다.

기기(氣機)[154]의 운행은 반드시 진퇴와 소장(消長)이 있고, 사물의 정(情)은 반드시 선악과 사정(邪正)이 있고, 세도(世道)의 변함은 반드시 존망과 득실이 있고, 화복(禍福)의 응함은 반드시 길과 흉, 뉘우침과 부끄러움,[155] 위태로움과 위태롭지 않음, 이로움과 불리함, 허물

152 초(初)에……있다 : 예컨대 소축괘(小畜卦)는 양이 초에 있어 길한 경우이고 이괘(頤卦)는 양이 초에 있어 흉한 경우이며, 임괘(臨卦)는 음이 상에 있어 길한 경우이고 항괘(恒卦)는 음이 상에 있어 흉한 경우이다.

153 응하는……있다 : 예컨대 응함을 편사(偏私)로 보는 경우에는 응함이 부정적인 뜻이 된다. 동인괘(同人卦 ䷌) 육이 효사에 "남과 함께 하되 종당(宗黨)과 하니, 부끄럽다" 하였는데, 주자는 "위에 응이 있어서 대동(大同)하지 못하고 사(私)에 매이니, 부끄러운 도이다."라고 하였다. 또 태괘(兌卦 ䷹) 초구 효사에 "화(和)하여 기뻐함이니, 길하다." 하였는데, 정이천은 계응(係應)이 없어 사사로운 바가 없는 자로 풀이하였다.

154 기기(氣機) : 기의 기틀로 음・양의 동정(動靜)을 말한다. 주자는 "태극은 본연의 묘함이요 동정은 탄 바의 기틀이다.〔蓋太極者, 本然之妙也, 動靜者, 所乘之機也.〕" 한 것의 기(機)를 기기(氣機)라 하고, 태극의 리의 동정을 음・양의 기의 동정을 인하여 아는 것이 마치 사람이 말〔馬〕을 타는 것과 같다고 설명하였다. 《近思錄集解 卷1》 장현광은 "기는 리(理)가 일과 물건을 조화하는 기틀인 것이니, 한 번 음하고 한 번 양하며 동(動)하고 정(靜)하고 닫히고 열리며 오르고 내리고 굽히고 펴는 것이 이것이다."라고 하였다. 《旅軒集 卷6 事物論》

155 뉘우침과 부끄러움 : 원문은 회린(悔吝)으로, 《주역》 〈계사전 상〉에 "길과 흉은 득・실을 말한 것이고, 뉘우침과 부끄러움은 약간의 하자를 말한 것이다.〔吉凶者, 言乎其失得也; 悔吝者, 言乎其小疵也.〕" 하였고, "뉘우침과 부끄러움은 근심과 헤아림의 상이다.〔悔吝者, 憂虞之象也.〕"라고 하였다. 주자는 "근심과 헤아림은 비록 흉함에는

이 있고 없음의 서로 다름이 있는 것이다. 이에 성인이 괘를 만들고 효를 세우며 상을 보고 글을 달아서[156] 사람들로 하여금 일에 따라 경중을 저울질하고, 물건에 따라 취사선택하고, 때에 따라 변통하고, 변화에 따라 수행하게 하였다. 이렇게 한 뒤에야 길함으로 나아갈 수 있고 흉함을 피할 수 있으며, 뉘우침을 면할 수 있고 부끄러움을 제거할 수 있으며, 위태로움을 편안히 할 수 있고 허물을 없앨 수 있으며, 천하의 잡란(雜亂)한 일에 응하고 전례(典禮)의 핵심〔會〕에 통달할 수 있어서,[157] 성명(性命)·도덕과 오상(五常)·오륜(五倫)[158]의 리(理)가 모두 여기에서 벗어나지 않게 되었다.

이르지 않았으나 이미 뉘우침을 이루어 부끄러움을 취할 수 있는 것이다. 길과 흉은 상대가 되고 뉘우침과 부끄러움은 그 중간에 위치하니, 뉘우침은 흉함으로부터 길함으로 나아가는 것이요, 부끄러움은 길함으로부터 흉함으로 향하는 것이다."라고 하였다.

156 성인이……달아서 : 복희가 괘를 만들고 문왕이 단사를 만들고 주공이 효사를 만든 것을 말한다. 위의 각주 21)과 23) 참조.

157 천하의……있어서 : 《주역》 〈계사전 상〉에 "성인이 천하의 잡란(雜亂)함을 보고서 그 형용(形容)에 모의(模擬)하고 그 물건에 마땅함을 형상하였다. 이 때문에 상(象)이라 일렀고, 성인이 천하의 동함을 보고서 그 회통(會通)함을 관찰하여 전례(典禮)를 행하며, 글을 달아 길·흉을 결단하였다. 이 때문에 효(爻)라 이른다.〔聖人有以見天下之賾, 而擬諸其形容, 象其物宜, 是故謂之象. 聖人有以見天下之動, 而觀其會通, 以行其典禮, 繫辭焉, 以斷其吉凶, 是故謂之爻.〕"라고 보인다. 주자는 "회(會)는 이치가 모여 있어 빠뜨릴 수 없는 부분을 이르고, 통(通)은 이치가 통행할 수 있어 막힘이 없는 부분을 이르니, 포정(庖丁)이 소를 해체할 때에 회는 힘줄과 뼈가 모인 곳이요, 통은 그 빈 곳인 것과 같다."라고 하였다.

158 오상(五常) 오륜(五倫) : 오상은 인(仁)·의(義)·예(禮)·지(智)·신(信)을 가리키고, 오륜은 부자(父子)·군신(君臣)·장유(長幼)·부부(夫婦)·붕우 간의 윤리를 가리킨다.

2.1.38

《주역》은 하늘과 땅과 사람과 물건의 리(理)를 싣고 있는 것이다. 리가 흩어져서 일과 물건이 된 것이 천 갈래 만 갈래이고, 운행하여 시세(時世)가 된 것이 천 가지로 만 가지로 나뉘니, 크고 작고 정(精)하고 거친 일과 물건이 낳고 낳아 다하지 않는 것을 무엇으로써 그 요점을 알며, 오고 가고 변천하는 시세가 지나가고 지나가 무궁한 것을 무엇으로써 묘리를 알겠는가. 그 기틀은 한 번 음하고 한 번 양함에 불과할 뿐이니,[159] 한 번 음하고 한 번 양함은 바로 《주역》 가운데 양의가 되고 사상이 되고 팔괘가 되고 거듭하여 64괘와 384효가 되는 것이 이에 의한 것이다.

그 괘와 효는 비록 64괘와 384효의 구분이 있으나 이들은 모두 이 리가 나누어진 바이고 이 도가 관통하는 바이다. 이 리가 없으면 일과 물건이 없고 이 도가 없으면 시세가 없으니, 일과 물건이 없고 시세가 없으면 우주가 우주가 될 수 없는 것이다.[160] 그 리를 밝히고 그 도를 드러냄이 있으니, 이 때문에 진실로 《역경(易經)》을 짓지 않을 수 없었던 것이다. 역에는 천지(天地)의 역이 있고 성인의 역이 있으니,[161]

159 기틀은……뿐이니 : 위의 각주 154) 참조.

160 우주가……것이다 : 2.1.1절에 "우주가 우주가 된 것은 만사와 만물이 있기 때문이요, 만사와 만물이 일과 물건이 된 것은 이 도(道)와 이 성(性)이 있기 때문이요, 도와 성이 도가 되고 성이 된 것은 이 태극의 리가 있기 때문인 것이다. 일과 물건을 용납하는 것을 우(宇)라 하고 일과 물건을 만드는 것을 주(宙)라 한다."라고 하였다.

161 역에는……있으니 : 장현광은 "역은 바로 천지이니, 천지가 있음으로 말미암아 만변 만화(萬變萬化)와 만사 만물(萬事萬物)이 이 가운데에 있게 되었다. 역이 어찌 이것을 벗어나 별도로 딴 도리가 있겠는가. 그렇다면 천지는 진실로 스스로 천지가 있고, 만변 만화는 진실로 스스로 만변 만화가 있고 만사 만물은 진실로 스스로 만사 만물이 있는 것이니, 이것이 바로 천지가 자연히 역이 되는 것이다. 고유한 천지와

천지의 역은 조화 가운데에 있는 것이 이것이고, 성인의 역은 중용을 체행하는 것이 이것이다.

천지에 하루라도 역이 없다면 조화의 기틀이 멈추고, 우리 인간에 하루라도 역이 없다면 중용의 도가 폐지된다. 조화를 가지고 말한다면 작은 한 물건과 짧은 한 시각에도 괘·효의 상과 괘·효의 리가 있지 않음이 없는 것이다. 중용을 가지고 말하면 한 번 말하고 침묵하는 사이와 한 번 동(動)하고 정(靜)하는 즈음에 괘·효의 상과 괘·효의 리가 있지 않음이 없는 것이다. 천지는 지극히 성실하고 쉼이 없어서 심원하여 그치지 않는다.[162] 그러므로 천지가 조화를 행하는 것이 일찍이 쉰 적이 없으니, 바로 만물이 함께 길러져 서로 해치지 않고 도가 함께 행해져 서로 위배되지 않는 것[163]이 모두 역인 것이다.

성인 또한 천리(天理)에 순수하여 그치지 않는다. 그러므로 천지와 그 덕이 합하고, 해와 달과 그 밝음이 합하고, 사시(四時)와 그 질서가 합하고, 귀신과 그 길흉이 합하니,[164] 중용을 하여 일상생활에서 항상

고유한 변화와 고유한 사물을 보면 여기에 역이 있는 것이니, 역을 굳이 다시 책을 만들 필요가 없다. 그런데도 성인이 반드시 역의 책을 만든 것은 어째서인가. 이는 바로 우리 인간을 위하여 만든 것이다."라고 하였다. 《旅軒集 卷8 易學圖說序》

162 심원하여 그치지 않는다 : 원문 '於穆不已'는 《시경》 〈주송(周頌) 유천지명(維天之命)〉의 구절로 《중용》에 인용되었는데, 주자는 지성무식(至誠無息)의 뜻을 밝힌 것이라 하였다. 《中庸章句》

163 만물이……것 : 이는 《중용》에 보이는데, 이어서 "작은 덕은 냇물의 흐름이요 큰 덕은 조화를 도타이 하니, 이는 천지가 위대함이 되는 것이다〔小德川流, 大德敦化, 此天地之所以爲大也.〕"라고 하였다. 주자는 "'해치지 않고 위배되지 않음'은 작은 덕의 냇물의 흐름이고 '함께 길러지고 함께 행해짐'은 큰 덕의 조화를 도타이 함이다."라고 풀이하였다. 《中庸章句》

164 천지와……합하니 : 이는 건괘 효사 '利見大人'의 대인을 풀이한 것으로 〈문언전〉에 보인다.

행하는 것이 역이 아님이 없다.

일반인으로 말하면 기품(氣稟)의 구애와 물욕(物慾)의 가림을 면치 못한다. 그러므로 나갈 적에 그 문을 경유하지 않는 이가 없으나 능히 올바른 길을 따르는 이는 적고,[165] 음식을 먹고 마시지 않는 이가 없으나 제대로 맛을 아는 이가 드물고,[166] 날로 그물과 덫과 함정의 가운데로 떨어지면서도 피할 줄을 알지 못하는 것[167]이니, 어찌 애처롭지 않겠는가.

이는 네 성인이 서로 이어 천명(闡明)해서 사물을 열어주고 일을 이루는 도를 보여주신 것이다. 천지의 역을 밝힌 자는 복희이고, 복희의 역을 밝힌 자는 문왕이고, 문왕의 역을 밝힌 자는 주공이고, 세 성인의 역을 밝힌 자는 공자이니, 이 어찌 하늘과 인간이 똑같은 리이고 네 성인이 똑같은 도인 때문이 아니겠는가. 그렇다면 역이라는 것은 때에 따라 변역해서, 바뀌지 않는 리와 항상 행하는 도를 다한 것이다.

2.1.39

"역에 태극이 있다."라는 것은 역이 역(易)이 됨이 태극에서 나옴을

165 나갈……적고 : 이는 사람들이 도를 따르지 않음을 탄식한 말로, 《논어》 〈옹야(雍也)〉에 "누가 밖을 나갈 적에 문을 경유하지 않는가. 그런데 어찌하여 이 도를 따르는 이가 없는가.〔誰能出不由戶, 何莫由斯道也?〕"라고 보인다.

166 음식을……드물고 : 이는 《중용》에서 인용한 것인데, 주자는 "도는 떠날 수가 없는데 사람들이 스스로 살피지 않는다."라고 풀이하였다. 《中庸章句》

167 그물과……것 : 이는 중용을 택하고도 지키지 못함을 비유한 말로, 《중용》에 "사람들이 모두 말하기를 내가 지혜롭다 하나 그물과 덫과 함정의 가운데로 몰아넣어도 피할 줄을 알지 못하며, 사람들이 모두 말하기를 내가 지혜롭다 하나 중용을 택하여 1개월도 지키지 못한다.〔人皆曰予知, 驅而納諸罟擭陷阱之中而莫之知辟也, 人皆曰予知, 擇乎中庸而不能期月守也.〕"라고 보인다.

말한 것이지[168] 태극이 역에서 나왔다고 말한 것은 아니다. 그 아래에 이른바 "이 태극이 양의를 낳고 양의가 사상을 낳고 사상이 팔괘를 낳았다."라는 것이 바로 역(易)이다. 의(儀)가 되어 2이고, 상이 되어 4이고, 괘가 되어 8인 그 소이(所以)가 진실로 역인데, 천지에 미루어 보고 만물에 미루어 보면 양의·사상·팔괘가 모두 구비되어 있으며, 방위의 대대(對待)에 미루어 보고 기수(氣數)의 유행에 미루어 보아도 모두 2·4·8의 나눔이 있는 것이 모두 이 역이다.

위에서 하늘이 되고 아래에서 땅이 되며, 하늘에는 일(日)·월(月)·성(星)·신(辰)이 있고 땅에는 수(水)·화(火)·토(土)·석(石)이 있는 것은[169] 다 2가 되고 4가 되고 8이 된 것인데, 8이 바로 4이고 4가 바로 2이니, 2는 음·양이다. 그렇다면 역의 명칭과 실제는 음·양 두 가지에서 벗어나지 않을 뿐이다. 사람은 남자와 여자가 있고 새는 자웅(雌雄)이 있고 짐승은 빈모(牝牡)가 있으며, 식물에 이르러도 또한 빈모에 비견될 만한 것이 많이 있으니, 이는 대대(對待)의 역이다. 하루는 하루의 음·양이 있고 한 달은 한 달의 음·양이 있고 한 해는 한 해의 음·양이 있으며 1원(元)에 이르러도 또한 1원의 음·양이 있으니,[170] 이는 유행(流行)의 역이다. 그렇지만 대대의 역과 유행의 역은 두 가지 역이 아니고 바로 하나의 역이다.

그렇다면 역은 2로써 역이라는 이름을 얻었다. 그러므로 4도 2에서

168 역에……것이지 : 인용한 말은 《주역》 〈계사전 상〉에 보인다. 그 주에서 주자는 "역은 음·양의 변(變)이요, 태극은 그 리이다."라고 하였으니, 여기의 '역이 역이 됨'은 음·양의 변역(變易)을 말한 듯하다. 2.1.34절에도 역이 역이 되는 소이로서 변역을 말하였다.

169 하늘에는……것은 : 소옹의 설에 의하면 일·월·성·신은 하늘의 사상이고 수·화·토·석은 땅의 사상이다. 위의 각주 40) 참조.

170 하루는……있으니 : 2.1.1절과 각주 39) 참조.

나누어졌을 뿐이고, 8도 4에서 나누어졌을 뿐이니, 나누는 것을 모두 2로써 하였다. 그러므로 이를 가배법(加倍法)이라 한 것이니,[171] 역이 과연 2의 밖으로 벗어나겠는가.

이른바 2는 또 어디에서 나누어진 것인가. 바로 이른바 1에서 나누어졌다는 것[172]이 아니겠는가. 1이라는 것은 무엇을 말하는가. 바로 이른바 태극이라는 것이 아니겠는가. 태극이라는 것은 상대가 없는 명칭이니, 만약 상대가 없는 1이 위에서 극(極)이 되지 않으면 2가 어떻게 2가 되고 4가 있고 8이 있겠는가. 그렇다면 상대가 없는 1은 바로 태극이니, 태극은 바로 리를 말한 것이다.

리는 진실로 형체로 말할 수 없고 방소(方所)로 말할 수 없고 소리와 빛으로 말할 수 없다. 리는 형체가 없고 소리와 빛이 없고 방소가 없지만, 조화에 이것이 없으면 조화가 될 수 없고, 품휘(品彙)에 이것이 없으면 품휘가 될 수 없고, 인물(人物)의 성정(性情)과 도덕에 이르러도 이것이 없으면 성정과 도덕이 될 수 없으니, 이 때문에 이것을 리라 하는 것이다.

리라는 것은 만변(萬變)이 변하는 소이와 만화(萬化)가 화(化)하는 소이와 만유(萬有)가 있게 된 소이를 말한다. 리인데 이것을 태극이라고 말하는 것은 어째서인가. 이는 이미 지나간 것을 궁구해 보아도 그 시작을 궁구할 수 없고 장래에 미루어 보아도 그 끝을 미룰 수 없으니, 이것은 시작도 없고 끝도 없는 것이며, 지극히 광대한 경지에서 궁구해 보아도 포함하지 않는 바가 없고 지극히 세미한 가운데에서

171 가배법(加倍法)이라 한 것이니 : 위의 각주 11) 참조.

172 1에서 나누어졌다는 것 : 소옹은 "태극이 나누어지면 양의가 성립된다.……이 때문에 1이 나뉘어 2가 된다.〔太極旣分, 兩儀立矣.……是故一分爲二.〕"라고 하였다. 《性理大全書 卷11 皇極經世書 觀物外篇上》

궁구해 보아도 있지 않은 곳이 없으니, 이것은 바깥도 없고 안도 없는 것이다. 진실로 본래 시작도 없고 끝도 없고 바깥도 없고 안도 없는데, 한 번 음하고 한 번 양하는 역을 내는 것은 절로 무궁무진하니, 그렇다면 '역에 태극이 있다'고 말한 것이 분명한 뜻이 아니겠는가.

또 말하기를 "낳고 낳는 것을 역이라 한다."[173] 하였다. '낳고 낳는 것'은, 만변(萬變)이 되고 만화(萬化)가 되고 만유(萬有)가 됨이 모두 낳는 것인데, 낳고 또 낳아서, 낳음을 그치지 않아서 그 낳음이 무수히 많고 무한정함을 이른다. 이미 이것을 낳고 또 저것을 낳으면 이것은 한 종류의 이것이 아니고 저것은 한 종류의 저것이 아니어서 저것과 이것이 마땅히 무한한 것이다. 이미 앞을 낳고 또 뒤를 낳으면 앞은 하나의 앞이 아니고 뒤는 하나의 뒤가 아니어서 앞과 뒤가 마땅히 무수히 많은 것이다. 그렇다면 낳고 낳는 역이 어느 곳에서 다함이 있으며 어느 때에 그침이 있겠는가. 그러므로 또 말하기를 "역은 궁하면 변하고, 변하면 통하고, 통하면 오래간다."[174] 한 것이다.

이는 진실로 역의 도가 무궁한 것인데, 역의 도가 무궁한 것은 바로 태극이 항상 있기 때문이고, 태극이 항상 있는 것은 무극(無極)이면서 태극[175]이기 때문이다. 무극옹(無極翁 주돈이(周敦頤))의 이른바 "음·양

173 낳고……한다 : 이는 《주역》 〈계사전 상〉에 보인다.

174 역은……오래간다 : 이는 《주역》 〈계사전 하〉에 보인다.

175 무극(無極)이면서 태극 : 주돈이(周敦頤)의 〈태극도설(太極圖說)〉에 "무극이면서 태극이니, 태극이 동하여 양을 낳아 동이 극에 달하면 정(靜)하고, 정하여 음을 낳아 정이 극에 달하면 다시 동한다. 한번 동하고 한번 정함이 서로 그 뿌리가 되어, 음으로 나누고 양으로 나눔에 따라 양의(兩儀)가 서게 되었다. 양이 변하고 음이 합하여 수·화·목·금·토를 낳아 오행의 기가 순차적으로 펴짐에 사시(四時)가 행하게 된다. 오행은 한 음·양이요 음·양은 한 태극이니, 태극은 본래 무극이었다."라고 보인다. 주자는 '무극이면서 태극'을 해설하여 "상천(上天)의 일은 소리도 없고 냄새도 없으나 실로 조화의 추뉴(樞紐)이고 만물의 근저(根柢)이다. 그러므로 '무극이면서 태극'이

은 한 태극이니, 태극은 본래 무극이었다."라는 것은 바로 공자께서 말씀하신 '역에 태극이 있다'는 뜻이다.

2.1.40

"역에 태극이 있으니, 태극이 양의를 낳고 양의가 사상을 낳고 사상이 팔괘를 낳았다." 한 것은, 미루어 올라가 저 일원(一原)의 리를 지극히 연구해 보면 형상할 수 없고 추측할 수 없으므로 태극이라 한 것이다. 태극은 리이고 양의는 기이다. 리가 있으면 반드시 기가 있게 마련인데, 기는 동(動)과 정(靜)으로 나뉘니, 바로 둘이다. 역에 있어서는 한 양획(陽畫)과 한 음획(陰畫)을 합하면 둘이 된다. 리는 하나이고 기는 둘이니, 둘이 하나로부터 둘이 되었으므로 '태극이 양의를 낳았다'고 말한 것이다.

양의(兩儀)의 획을 그은 뒤에 한 획의 양의(陽儀)를 다시 음・양으로 나누어 기와 우의 두 획을 각각 그 위에 가하여 두 상이 되면 이를 태양과 소음이라 하며, 한 획의 음의를 다시 음・양으로 나누어 기와 우의 두 획을 각각 그 위에 가하여 두 상이 되면 이를 소양과 태음이라 한다. 이에 두 획의 상이 된 것은 둘을 가배(加倍)하여 넷이 된다. 그러므로 '양의가 사상을 낳는다'고 한 것이다.

사상의 획을 그은 뒤에 한 상을 다시 음・양으로 나누어 기와 우의 두 획을 각각 2획의 위에 가하면 3획의 괘가 된다. 그러므로 사상이 각각 두 괘로 나뉘어 3획의 괘가 된 것은 넷을 가배하여 여덟이 되니, 건과 태는 태양에서 나뉜 것이고, 리와 진은 소음에서 나뉜 것이고,

라 하였으니, 태극 이외에 다시 무극이 있는 것은 아니다."라고 하였다. 《近思錄集解 卷1》 장현광이 '무극이면서 태극'을 해설한 것은 〈태극설〉 3.1.1.32~33절에 보인다.

손과 감은 소양에서 나뉜 것이고, 간과 곤은 태음에서 나뉜 것이다. 그러므로 '사상이 팔괘를 낳는다'고 한 것이다.

그렇다면 태극에서 나뉘어 양의가 되고, 양의에서 나뉘어 사상이 되고, 사상에서 나뉘어 팔괘가 되었으니, 팔괘는 바로 사상이고, 사상은 바로 양의이고, 양의는 한 태극인 것이다. 그러므로 3획괘에 대하여 말하기를 "처음 그은 것을 양의라 하고, 가운데에 그은 것을 사상이라 하고, 위에 그으면 팔괘를 이룬다."[176] 하였으니, 이는 서로 관통하고 서로 포함하는 뜻을 말한 것이다. 4획인 16이 되고, 5획인 32가 되고, 64괘가 되어 384효가 있는 것도 모두 2·4·8이 모여서 한 태극에 통합된 것이다.

이른바 '낳는다'는 것은 할아버지가 아버지를 낳고, 아버지가 자식을 낳고, 자식이 손자를 낳아서 각각 한 대가 되고 각각 사업이 있는 것과 같은 것은 아니다. 2가 1을 얻어 2가 되고 1이 2를 써서 1이 되며, 4가 2를 얻어 4가 되고 2가 4를 써서 2가 되며, 8이 4를 얻어 8이 되고 4가 8을 써서 4가 된 것이다. 4 가운데 8이 있으니 팔괘의 사업은 바로 사상의 사업인 것이고, 2 가운데 4가 있으니 사상의 사업은 바로 양의의 사업인 것이고, 1 가운데 2가 있으니 양의의 사업은 바로 태극의 사업인 것이다. 큰 것은 작은 것이 없을 수 없어서 작은 것을 합하여 큰 것이 되고, 체는 용이 없을 수 없어서 용을 기다려 체가 된 것이다. 이는 모두 리와 기의 자연스러운 것이다.

1에서 2가 되고, 2에서 4가 되고, 4에서 8이 되는 것을 가지고 살펴보면, 2는 1보다 많고, 4는 2보다 많고, 8은 4보다 많으니, 이는 적음에서 점점 더하여 많아져서 8을 가배하여 16이 되고, 16을 가배하여 32가

176 처음……이룬다 : 이는 주자의 〈역오찬(易五贊) 원상(原象)〉에 보인다.

되고, 32를 가배하여 64가 됨에 이르기까지 점점 많아지는 수가 아님이 없는 듯하다. 효가 2개에서 384개에 이른 것은 그 많고 적은 차이가 크지 않은가.

그러나 그 도를 가지고 말하면, 4에 있는 것이 2보다 많은 것이 아니고, 8에 있는 것이 4보다 많은 것이 아니고, 64에 있는 것도 본래 2이고 4이고 8인 것의 도이니, 2이고 4이고 8이라 하여 도가 더 많고 적은 것이 아니고, 양의·사상·팔괘라 하여 도에 선후(先後)가 있는 것이 아니다. 큰 것을 나누어 작은 것이 되고, 줄기를 나누어 가지가 되었으므로 가지와 실마리가 점점 배가(倍加)하였으나, 그 모범은 통체(統體)인 한 태극[177]이다. 《주역》을 읽는 자가 다만 양의·사상·팔괘가 층층이 나뉜 것만 알고 서로 관통하고 서로 포함하는 묘리를 알지 못한다면 제대로 태극을 아는 자가 아니다.

2.1.41

양의(兩儀)가 사상을 낳은 것을 가지고 말하면, 태양(⚌)이 양의(陽儀)에서 생겨나고 태음(⚏)이 음의에서 생겨난 것은 정상이지만, 소음(⚍)이 양의에서 생겨나고 소양(⚎)이 음의에서 생겨난 것은 어째서인가. 사상이 팔괘를 낳은 것을 가지고 말하면, 건(☰)이 태양에서 생겨

177 통체(統體)인 한 태극 : 만물의 총합이자 만리(萬理)의 총괄로서 태극을 가리킨 말이다. 주자는 "합하여 말하면 만물이 한 태극의 통체에 통합되고, 나누어 말하면 한 물건이 각각 한 태극을 간직하고 있는 것이다.〔蓋合而言之, 萬物統體一太極也; 分而言之, 一物各具一太極也.〕"라고 하였다. 《近思錄集解 卷1》 장현광은 "리는 본래 통체가 된 것이 있고 각구(各具)가 된 것이 있다. 통체인 것은 만리(萬理)를 총괄하여 하나가 된 것이고 각구인 것은 속하고 있는 물건에 따라 각자 성이 된 것이다." 하였고, "만화(萬化)의 원두(原頭)가 되고 만물의 총회(總會)가 되는 것으로 이 리를 살펴보면 그것이 통체가 됨을 알게 된다."라고 하였다. 〈태극설〉 3.1.1.44절과 3.1.1.46절 참조.

나고, 곤(☷)이 태음에서 생겨나고, 리(☲)가 소음에서 생겨나고 감(☵)이 소양에서 생겨난 것은 정상이지만, 태(☱)가 태양에서 생겨나고, 간(☶)이 태음에서 생겨나고, 진(☳)이 소음에서 생겨나고, 손(☴)이 소양에서 생겨난 것은 어째서인가. 이는 또 그 이유가 있는 것이다.

이는 음이 양을 낳고 양이 음을 낳은 것이다. 그러므로 육자(六子)가 서로 뿌리를 두고[178] 서로 자리를 바꾸어 낳는[179] 변함이 있는 것이다. 사상에서 태양과 태음은 음·양의 주체이므로 생길 때 모두 본래 자리를 바꾸지 않았고, 소양과 소음은 음·양의 쓰임이므로 생길 때 변화가 없을 수 없는 것이다. 팔괘에서 건과 곤이 또한 음·양의 주체이고 감과 리가 음·양의 바름[180]이므로 생겨난 본래를 바꾸지 않았으며,

178 육자(六子)가……두고 : 세 아들의 괘인 진·감·간이 음인 곤에 뿌리를 두고, 세 딸의 괘인 손·리·태가 양인 건에 뿌리를 둔 것을 말한다. 《주역》〈설괘전〉에 "진은 첫 번째로 구하여 아들을 얻었다." 한 것에 대하여 주자는 곤이 건에게 구하여 건의 초구(初九)를 얻어 진이 된 것이라고 하였다. 위의 각주 100) 참조. 이에 대해 호방평은 "세 아들은 양으로 건과 비슷한 것이니 이에 곤이 건에게 구한 뒤에 얻은 것으로 귀속하였으며, 세 딸은 음으로 곤과 비슷한 것이니 이에 건이 곤에게 구한 뒤에 얻은 것으로 귀속하였다. 이는 어째서인가. 세 아들은 본래 곤의 체인데 각각 건의 한 양효를 얻어서 이루어진 것이니, 이는 양의 괘가 음에 뿌리를 둔 것이므로 곤에 귀속한 것이다. 세 딸은 본래 건의 체인데 각각 곤의 한 음효를 얻어 이루어진 것이니, 이는 음의 괘가 양에 뿌리를 둔 것이므로 건에 귀속한 것이다.〔三男, 陽也, 乾之似也, 乃歸之於坤求而後得; 三女, 陰也, 坤之似也, 乃歸之於乾求而後得. 何也? 蓋三男本坤體, 各得乾一陽而成. 此陽根於陰, 故歸之坤也. 三女本乾體, 各得坤一陰而成. 此陰根於陽, 故歸之乾也.〕"라고 하였다. 《性理大全書 易學啓蒙 原卦畫》

179 자리를 바꾸어 낳는 : 태양과 태음이 서로 자리를 바꾸어서 태양이 간의 상효를 낳고 태음이 태의 상효를 낳은 것이다. 이는 초효를 본래의 획으로 보아서 이효나 상효가 초효와 음양이 다르면 이를 음양이 교착하여 낳았다고 한 것이다. 진과 손도 소음과 소양이 교착하여 낳은 것인데 이는 '본래 자리로 돌아가서 낳는다〔還本位而生〕'고 하였다. 위의 각주 50) 참조.

진・손・간・태는 음・양의 편벽함이므로 모두 생겨난 본래가 아닌 것이다. 바뀔 수 없는 것이 있으므로 반드시 바뀌는 것도 있으며, 정상을 지키는 것이 있으므로 변함을 이루는 것도 있는 것이다. 이는 역(易)이 되지만 도는 동일할 뿐인 것이다.

2.1.42

건(☰)은 세 양이다.【곤으로부터 이상으로 태까지는 모두 건이 덮어 준 바가 된다. 그러므로 "건은 굳셈이다."[181] 한 것이다. ○태부터 간까지 여섯 괘의 양은 모두 순양(純陽) 건의 양을 얻은 것이다.】

태(☱)는 한 음이 두 양의 위에 있고 두 양이 한 음의 아래에 있다.【한 음이 비록 위에 있으나 이제 한창 자라는 두 양을 대적할 수가 없으면 다만 스스로 기쁨을 취할 뿐이다. 그러므로 "태는 기쁨이다." 하였으니, 6획괘에서 한 음이 위에 있는 쾌괘(夬卦 ䷪)에 '위태롭게 여김이 있어야 한다'[182]는 경계가 없을 수 없는 것과는

180 음양의 바름 : 이는 감(☵)의 양이 두 음 사이의 중(中)에 있고 리(☲)의 음이 두 양 사이의 중에 있음을 말한 듯하다. 유사한 대조로, 융산 이씨(隆山李氏 이순신(李舜臣))는 건괘・곤괘・감괘・리괘가 《주역》의 상경에 있는 것에 대하여 "건・곤은 음・양의 순전함이고 감・리는 음・양의 중(中)이어서 음・양이 편벽한 진(☳)・손(☴)・간(☶)・태(☱)와는 같지 않다.〔乾、坤者陰陽之純, 而坎、離者陰陽之中, 不若震、巽、艮、兌爲陰陽之偏也.〕"라고 하였다. 《易學圖說 卷1 摠括》

181 건은 굳셈이다 : 《주역》 〈설괘전〉에 나오는 팔괘의 성정(性情)을 말한 것이다.

182 위태롭게……한다 : 쾌괘의 괘사에 "왕의 조정에서 드러내어 정성으로 호소하여야 하나 위태롭게 여김이 있어야 한다.〔揚于王庭, 孚號, 有厲.〕"라고 하였다. 주자는 쾌(夬)는 결단(決斷)함이니, 양이 음을 결단하는 것이라 하고, "다섯 양으로 한 음을 제거하니, 결단할 뿐이다. 그러나 결단할 때에 그 죄를 바로 이름하고, 정성을 다하여 무리들에게 호소하여 서로 힘을 합하여야 하나 또한 아직도 위태로움이 있으니, 편안히 여기고 마음을 놓지 말 것이다."라고 하였다.

같지 않다.】

리(☲)는 두 양이 한 음을 끼고 있고 한 음이 두 양 사이에 있다.【한 음이 두 양의 사이에 있으면 해(害)가 되지 못하고 양에 붙어서 돕는 상이다. 그러므로 "리는 붙음이다." 하였고, 또 겸허한 뜻이 있다.[183] 또 양은 음이 없을 수 없으므로 양 가운데의 음이 되어 후천의 오(午)의 방위에 잉태되어서,[184] 손(☴)의 아래에 음이 엎드리고, 감(☵)의 위아래에서 음이 양을 끼고 있고, 간(☶)의 가운데와 아래에 음이 그쳐서, 순음의 곤(☷)이 된다.】

진(☳)은 두 음이 한 양의 위에 있고 한 양이 두 음의 아래에서 일어난다.【두 음이 그 위에 있으면서 양을 가리므로 아래에 있는 한 양이 일어나 동하여 우레가 되니, 우레는 진동하고 분발하는 상이 있다. 그러므로 "진은 동한다." 한 것이다.】

손(☴)은 두 양이 한 음의 위를 누르고 있고 한 음이 두 양의 아래에 엎드려 있다.【두 양이 위에 있어 음을 누르므로 아래에 있는 한 음이 굴복하여 바람이 되니, 바람은 들어오는 상이 있다. 그러므로 "손은 들어옴이다." 한 것이다.】

183 겸허한 뜻이 있다 : 리는 〈설괘전〉에 걸림(붙음), 밝음, 불 등등의 뜻이 나온다. 겸허함은 '가운데가 허함〔虛中〕'에서 뜻을 취한 것으로 보인다. 정이천은 리괘(離卦 ䷝)에서 리는 허명(虛明 청허함)의 상이라 하였고, 대유괘(大有卦 ䷍) 상체의 리에 대하여 '虛中文明大中之德'이 있다고 하였다.

184 오(午)의 방위에 잉태되어서 : 오의 방위는 남쪽의 리의 방위를 말한다. 권구(權榘)는 "곤이 물러나 건을 만나면 서남쪽에 멈춰 건과 짝이 되어서 건 가운데의 음을 역생(逆生)하여 남쪽에서 음을 잉태한다. 건이 나아가 곤을 만나면 서북쪽에 멈춰 곤과 서로 지켜서 곤 가운데의 양을 순생(順生)하여 북쪽에서 양을 잉태한다.〔坤退而遇乾, 則止於西南, 與乾爲偶而逆生乾中之陰, 以胎陰於南. 乾進而遇坤, 則止於西北, 與坤相守而順生坤中之陽, 以胎陽於北.〕"라고 하였다.《屛谷集 卷5 讀易瑣義》

감(☵)은 두 음이 한 양을 끼고 있고 한 양이 두 음 사이에 있다.【한 양이 두 음의 사이에 있으면 음에 빠진 바가 된다. 그러므로 "감은 빠짐이다." 하였다. 또 신실(信實)한 뜻이 있다.[185] 또 음은 양이 없을 수 없으므로 음 가운데의 양이 되어 후천의 자(子)의 방위에 잉태되어서, 진(☳)의 아래에서 양이 동하고, 리(☲)의 위아래에서 양이 음을 끼고 있고, 태(☱)의 가운데와 아래에서 양이 기뻐하여, 순양의 건(☰)이 되었다.】

간(☶)은 한 양이 두 음의 위에 있고 두 음이 한 양의 아래에 있다.【한 양이 주(主)가 되어 위에 있으면 아래에 있는 두 음이 스스로 자기 분수를 지켜서 감히 항거하지 못한다. 그러므로 "간은 그침이다." 하였으니, 6획괘에서 한 양이 위에 있는 박괘(剝卦 ䷖)에 "가는 바를 둠이 이롭지 않다."[186]라는 경계가 있는 것과는 같지 않다.】

곤(☷)은 세 음이다.【건으로부터 이하로 간까지는 모두 곤이 실어 준 바가 된다. 그러므로 "곤은 순함이다." 한 것이다. ○간부터 태까지 여섯 괘의 음은 모두 순음(純陰) 곤의 음을 얻은 것이다.】

2.1.43

삼재(三才)가 삼재가 된 이유는 도(道)이니, 도라는 것은 삼재로서

185 신실(信實)한 뜻이 있다 : 감괘(坎卦 ䷜)의 괘사에 "습감(習坎)은 정성이 있어 마음 때문에 형통하다.〔習坎, 有孚, 維心亨.〕"라고 하였는데, 정이천은 "양실(陽實)이 가운데에 있으니, 가운데에 부신(孚信)이 있는 것이 된다."라고 하였다.

186 가는……않다 : 이는 박괘의 괘사인데, 주자는 "박(剝)은 떨어짐이다. 다섯 음이 아래에 있으면서 막 자라나고 한 양이 위에 있으면서 장차 다하려고 하여 음은 성하게 자라나고 양은 사라져 떨어진다.……음이 성하고 양이 쇠하니 소인이 건장하고 군자가 병든 것이며, 또 안은 곤이고 밖은 간이니 때에 순히 하여 그치는 상이 있다. 그러므로 점쳐서 이 괘를 얻은 자는 가는 바를 두어서는 안 되는 것이다."라고 하였다.

삼재의 리(理)를 다하는 것이 이것이다.[187] 만약 이 도를 다하지 않으면 삼재가 삼재다운 삼재가 될 수 없으니, 도를 어찌 하루와 한 시각이라도 떠날 수 있겠는가. 도는 진실로 떠날 수 없는데, 이 도를 알고 이 도를 행하는 것은 어떤 방법으로 능히 할 수 있겠는가. 그 방법은 역을 씀에 불과할 뿐이다. 이는 바로 옛날 신성(神聖)이 역을 지어서 만세에 전하지 않을 수 없었던 것이다. 천하에 앞서 사물을 열어 주고 천하의 뒤에 일을 이루게 함이[188] 《주역》이 없이 가능하겠는가.

삼재에 있는 이 도는 그 변함을 다할 수 없으니, 일에 따라 변하고, 물건에 따라 변하고, 때에 따라 변하고, 지위에 따라 변하며, 한 일과 한 물건 가운데에 있는 것도 모두 각자 천 가지와 만 가지의 변함이 있다. 우주가 있은 이래로 일이 얼마나 많았으며, 물건이 얼마나 많았으며, 때가 얼마나 많았으며, 지위가 얼마나 많았는가. 그 허다한 일과 허다한 물건과 허다한 때와 허다한 지위에 대하여 누가 그 요점을 알아서 한결같이 그 리를 다하여 그 도를 잃지 않을 수 있겠는가. 오직 역만이 이를 다할 수 있는 것이다.

역의 근원은 한 태극이니, 태극이 있으면 양의가 없을 수 없고, 양의가 있으면 사상이 없을 수 없고, 사상이 있으면 팔괘가 없을 수 없다.

187 삼재(三才)가……이것이다 : 장현광은 "반드시 위에 하늘이 있고 아래에 땅이 있고 그 가운데에 사람이 있어 삼재가 갖추어진다. 재(才)라는 것은 리기(理氣)를 합하여 조화가 되고 사업을 이룸을 말하며, 사업이란 그 도를 행하여 다함을 말한다. 그러므로 삼재가 모두 사업이 있는 것이니, 이런 뒤에야 삼재의 도를 다하는 것이다."라고 하였다. 《旅軒集 卷7 孔聖》

188 천하에……함이 : 《주역전의대전》〈역서(易序)〉에 "《주역》에는 괘·효·단(彖)·상(象)의 뜻이 갖추어져 천지만물의 실정(實情)이 드러나 있으니, 성인이 천하 후세를 근심하심이 지극하다. 천하에 앞서 사물을 열어주고, 천하의 뒤에 일을 이루게 하였다."라고 보인다.

태극의 한 리가 부족한 것이 아닌데 또 반드시 양의가 있는 것은 태극의 리가 양의가 있은 뒤에야 그 쓰임을 다할 수 있고, 의(儀)가 둘인 것이 부족한 것이 아닌데 또 반드시 사상이 있는 것은 양의가 사상이 있은 뒤에야 그 쓰임을 다할 수 있고, 상이 넷인 것이 부족한 것이 아닌데 또 반드시 팔괘가 있는 것은 사상이 팔괘가 있은 뒤에야 그 쓰임을 다할 수 있기 때문이다. 의(儀)로서 그 획이 하나이고 그 수가 둘이며, 상으로서 그 획이 둘이고 그 수가 넷이며, 괘로서 그 획이 셋이고 그 수가 여덟이니, 획이 셋에 이르면 삼재의 상이 구비된다.

팔괘의 가운데에 양은 순양의 괘, 양이 아래에 있는 괘, 양이 가운데에 있는 괘, 양이 위에 있는 괘의 네 괘가 있고, 음은 순음의 괘, 음이 아래에 있는 괘, 음이 가운데에 있는 괘, 음이 위에 있는 괘의 네 괘가 있으니, 이를 합하면 여덟 괘가 된다. 이에 각 괘의 음·양이 순수하고 뒤섞이며 많고 적은 상을 인하여 괘의 이름을 만들었으니, 바로 이른바 건·태·리·진·손·감·간·곤이다. 괘에는 각각 덕이 있으니, 굳셈·순함·동함·들어감·빠짐·붙음·그침·기뻐함이 이것이고, 효에는 각각 재(才)가 있으니, 강(剛)과 유(柔),[189] 중(中)[190]과 부중(不中), 정(正)[191]과 부정(不正)이 이것이다. 그렇다면 괘가 세 효에 이르면 역의 도를 갖추었다고 말할 수 있다. 그러므로 "팔괘가 길흉을 정하고 길흉이 큰 사업을 낳는다."[192]라고 한 것이다.

그러나 도는 반드시 체와 용이 서로 갖춰진 뒤에 변화가 이루어지고

189 강(剛)과 유(柔) : 양효와 음효를 가리킨다.

190 중(中) : 팔괘에서는 효가 이(二)의 자리에 있음을 가리킨다.

191 정(正) : 팔괘에서는 양효가 양의 자리인 초(初)와 삼(三)에 있고, 음효가 음의 자리인 이(二)에 있음을 가리킨다.

192 팔괘가……낳는다 : 이는 《주역》 〈계사전 상〉에 보인다.

사업이 커진다. 태극이 양의를 낳으면 태극이 체가 되고 양의가 용이 되며, 양의가 사상을 낳으면 양의가 체가 되고 사상이 용이 되며, 사상이 팔괘를 낳으면 사상이 체가 되고 팔괘가 용이 된다. 괘가 비록 여덟 개에 이르러 소성(小成)이 되지만, 팔괘가 이미 스스로 본체가 되었는데 팔괘의 용이 없다면 어떻게 사물의 무궁한 변화를 다할 수 있겠는가. 성인이 이 리를 밝게 아셨기 때문에 앞의 가배법(加倍法)을 따라 마침내 팔괘를 다시 팔괘의 각 괘 위에 가하였으니, 효가 6획이 되고 괘가 64개가 된 것이다.

이에 괘의 체가 정(貞)과 회(悔)를 겸비하고 효가 위와 아래에 응하여서, 밝게 비치지 않는 일이 없고, 속하지 않는 물건이 없고, 통하지 않는 때가 없고, 갖추지 않은 지위가 없다. 천 갈래 만 갈래의 리가 모두 모이는 바이고 천변만화(千變萬化)의 의(義)가 모두 실려 있는 것이니, 이를 천지에 세워도 기준이 되고 고금에 미루어도 기준이 되어서, 삼강(三綱)이 이를 얻어 삼강이 되고 오륜(五倫)이 이를 얻어 오륜이 되고 구법(九法)[193]이 이를 얻어 구법이 된다. 일월(日月)이 이를 벗어나서 밝을 수 없고, 사시(四時)가 이를 벗어나서 질서를 이룰 수 없고, 귀신이 이를 벗어나서 길흉을 알 수 없다.[194] 이는 역의 도가

193 구법(九法) : 《서경》 〈홍범(洪範)〉의 구주(九疇)를 가리킨다. 본래 한유(韓愈)의 〈여맹간상서서(與孟簡尙書書)〉에 있던 구절을 주자가 〈경재잠(敬齋箴)〉에 인용하여 "삼강이 이미 없어지고 구법이 또한 무너지리라.〔三綱既淪, 九法亦斁.〕"라고 하였는데, 이황(李滉)은 구법을 구주라 하고, 한유가 〈쌍조시(雙鳥詩)〉에서 '大法失九疇'라 한 것으로 고증하였다. 《退溪集 攷證 卷3》 홍범 구주는 아홉 종류의 천하를 다스리는 큰 법이라는 뜻이니, 오행(五行) · 오사(五事) · 팔정(八政) · 오기(五紀) · 황극(皇極) · 삼덕(三德) · 계의(稽疑) · 서징(庶徵) · 오복(五福)이다.

194 귀신이……없다 : 《주역》 〈건괘 문언전〉에 "무릇 대인(大人)이란 천지와 그 덕이 합하며, 일월과 그 밝음이 합하며, 사시와 그 질서가 합하며, 귀신과 그 길흉이 합한다.〔夫大人者, 與天地合其德, 與日月合其明, 與四時合其序, 與鬼神合其吉凶.〕"라고 하였

지극히 크고 지극히 넓고 지극히 은미하고 지극히 묘한 것이 되는 이유이다. 복희의 획과 문왕의 단사(彖辭)와 주공의 효사(爻辭)와 공자의 전(傳) 모두가 우주의 사업을 다할 수 있는 것이니,[195] 그렇다면 삼재의 도를 어찌 다른 데에서 찾겠는가.

2.1.44

음·양은 시세(時世)를 가지고 말해야 할 경우가 있으니 크고 작으며 멀고 가까운 시기와 같은 것이 이것이고,[196] 방위(方位)를 가지고 말해

는데, 이이(李珥)는 "귀신과 길흉이 합한다는 것은 성인이 일의 길흉을 아는 것이 귀신과 같이 밝은 것이다." 하였고, 이황(李滉)은 "귀신의 굴신(屈伸)과 변화가 무궁하여 길흉의 응함이 서로 사람의 일에 찾아온다. 성인이 숨고 나타나고 날고 뛰며 나아가고 물러나고 사라지고 불어나서 때와 함께 행하여 그 바름을 잃지 않으니, 이것이 길흉이 합하는 것이다. 만약 길흉을 아는 것으로 말하면 '합(合)'자와 뜻이 서로 응하지 않는다." 라고 하였다. 《近思錄集解 卷1》 여기서는 원문의 '吉凶'을 이이의 풀이에 따라 해석하였다. 이황을 따라 해석한다면 '길흉을 만든다'고 할 수 있을 듯하다.

195 우주의……것이니 : 장현광은 "하늘은 하늘의 사업이 있고 땅은 땅의 사업이 있고 사람은 사람의 사업이 있으니, 삼재 중에 한 재(才)가 없으면 우주가 우주다운 우주가 되지 못한다. 그러므로 하늘과 땅이 비록 하늘에 있고 땅에 있는 사업을 다한다 하더라도 반드시 우리 인간이 사람에게 있는 사업을 다한 뒤에야 하늘과 땅의 사업이 그 사업을 이루고 우주가 우주다운 우주가 될 수 있는 것이니, 우리 인간의 사업이 크게 삼재에 참여되고 중하게 삼재를 꿰뚫고 있는 것이 어떠하겠는가."라고 하였고, 우주 사이의 사업을 자신의 임무로 삼아야 한다고 하였다. 《旅軒集 卷7 孔聖》, 《旅軒續集 卷5 標題要語》

196 시세(時世)를……이것이고 : 시세(時世)는 아랫글에 시운(時運)이라고 하였으니, 소옹의 원(元)·회(會)·운(運)·세(世)·세(歲)·월(月)·일(日)·시진(時辰) 등의 시기(時期)를 말하는 듯하다. 소옹은 이를 대운(大運)과 소운(小運)이라 말하였다. 《性理大全書 卷11 皇極經世書 觀物外篇上》 장현광은 2.1.12절에서 64괘의 운행이 시운과 부합함을 말하여 "크게는 원·회·운·세와 작게는 세·월·일·시진의 운행이 마치 고리를 도는 것처럼 끝이 없는 것도 이와 더불어 부합하는 것이다."라고 하였다.

야 할 경우가 있으니 동·서·남·북과 같은 것이 이것이고,[197] 기후(氣候)를 가지고 말해야 할 경우가 있으니 따뜻함과 서늘함, 추위와 더위와 같은 것이 이것이고,[198] 형질을 가지고 말해야 할 경우가 있으니 방형과 원형,[199] 위로 올라간 것과 아래로 내려간 것[200]과 같은 것이

주자는 "한 해에는 또 한 해의 음양이 있고, 한 달에는 또 한 달의 음양이 있고, 하루와 한 때도 모두 그러하다.〔一年又有一年之陰陽, 一月又有一月之陰陽, 一日一時皆然.〕" 하였고, 또 "한 해를 둘로 나눌 때 앞부분은 양이고 뒷부분은 음이다.〔把來折做兩截時, 前面底便是陽, 後面底便是陰.〕"라고 하였다. 《朱子語類 卷1 理氣上, 卷65 易1》

197 방위(方位)를……이것이고 : 주자는 "양은 북쪽에서 생겨 동쪽에서 자라고 남쪽에서 성하며, 음은 남쪽에서 처음 생겨서 서쪽에서 중간이 되고 북쪽에서 마친다.〔陽生於北, 長於東而盛於南; 陰始於南, 中於西而終於北.〕"라고 하였다. 《周易傳義大全 坤卦》

198 기후(氣候)를……이것이고 : 주자는 "해와 달이 운행하여 한 번 춥고 한 번 더운 것은 음·양의 순환이다.〔日月運行, 一寒一暑, 此陰陽之循環也.〕"라고 하였다. 《近思錄 卷1 道體》

199 방형과 원형 : 소옹은 "양의 종류는 원형이나 형체를 이루면 방형이고, 음의 종류는 방형이나 형체를 이루면 원형이다.〔陽之類圓, 成形則方; 陰之類方, 成形則圓.〕"라고 하였다. 이에 대해 장행성(張行成)은 "양의 종류가 원형인 것은 양이 하늘의 종류인 것이고, 형체를 이루면 방형인 것은 양이 땅과 교류하여 형체를 이루기 때문이다. 음의 종류가 방형인 것은 음이 땅의 종류인 것이고, 형체를 이루면 원형인 것은 음이 하늘과 교류하여 형체를 이루기 때문이다.〔陽之類圓, 天類也, 成形則方, 交於地而成也. 陰之類方, 地類也, 成形則圓, 交於天而成也.〕"라고 하였다. 《性理大全書 卷11 皇極經世書 觀物外篇上》, 《皇極經世觀物外篇衍義 卷6》

200 위로……것 : 정이천은 양의 성질은 위로 올라가고 음의 성질은 아래로 내려온다고 하였고, 《주역》 〈건괘 문언전〉에 "하늘에 근본한 것은 위를 친히 하고 땅에 근본한 것은 아래를 친히 하니, 각기 그 종류를 따르는 것이다.〔本乎天者, 親上, 本乎地者, 親下, 則各從其類也.〕"라고 한 것에 대하여 "하늘에 근본한 것은 해와 달, 별과 같은 것들이고, 땅에 근본한 것은 벌레와 짐승, 초목과 같은 것들이다. 음과 양이 각기 그 종류를 따르니, 사람과 물건도 그렇지 않음이 없다."라고 하였다. 또 장횡거(張橫渠)는 "떠서 올라간 것은 양의 깨끗한 것이고, 내려서 아래로 가라앉는 것은 음의 탁한 것이니, 감동하여 만나고 뭉치고 흩어져서 바람과 비가 되고 서리와 눈이 되며 만 가지 물건이

이것이고, 동류(同類)의 물건을 가지고 말해야 할 경우가 있으니 자웅(雌雄)과 빈모(牝牡)와 같은 것이 이것이고, 사정(事情)을 가지고 말해야 할 경우가 있으니 끝마침〔終〕과 시작〔始〕,[201] 모음과 흩어짐[202]과 같은 것이 이것이다. 이는 모두 도리의 당연한 바로서 변화의 기틀이 되고 광대한 범위가 되고 정미한 요점이 되는 것이다.

우(宇)가 되는 상하와 사방은 음・양이 아니면 상하와 사방이 있을 수 없고, 주(宙)가 되는 옛날과 지금은 음・양이 아니면 옛날과 지금이 있을 수 없다. 이는 진실로 음이 양을 얻지 못하면 음이 될 수 없고, 양이 음을 얻지 못하면 양이 될 수 없고, 우주가 음・양을 얻지 못하면 우주가 될 수 없기 때문이다. 하물며 우주 사이에 있는 것이 어찌 하루와 한 시각이라도 음・양이 없이 우주 사이의 물건이 되겠는가. 한번 그 지극함을 궁구하여 말해 보겠다.

항상 있으면서 일찍이 없었던 적이 없는 것은 무극이면서 태극인 한 리이다. 그러나 이 한 리에서 나와 시운(時運)이 되고 방위가 되고 기후가 되고 형질이 되고 동류의 물건이 되고 사정이 된 것은, 항상

형체를 간직함과 산천이 뭉침과 술지게미와 불타고 남은 재가 모두 가르침이다.〔浮而上者, 陽之淸; 降而下者, 陰之濁. 其感遇聚散, 爲風雨, 爲霜雪, 萬品之流形、山川之融結、糟粕、煨燼, 無非敎也.〕"라고 하였다. 《性理大全書 卷5 正蒙》

201 끝마침과 시작 : 주자는 양은 물건의 시작이고 음은 물건의 끝마침이라 하였다. 《性理大全書 卷1 太極圖》《주역》〈곤괘 문언전〉에 "음은 비록 아름다움이 있으나 이를 머금어 왕사(王事)에 종사하여 감히 이루지 말아야 하니, 이것이 땅의 도이며 아내의 도이며 신하의 도이니, 땅의 도는 이룸이 없고 대신하여 끝마침이 있는 것이다."라고 하였는데, 《주역정의》의 소에 "땅의 도는 반드시 양이 시작하여 선창하기를 기다린 뒤에 양을 대신하여 끝마침이 있는 것이다.〔必待陽始先唱, 而後代陽有終也.〕"라고 하였다.

202 모음과 흩어짐 : 장횡거(張橫渠)는 "음의 성질은 응집하고 양의 성질은 발산한다.〔陰性凝聚, 陽性發散.〕"라고 하였다. 《性理大全書 卷5 正蒙》

있지 못하고 항상 없지 못하여, 없어지면 반드시 있게 되고, 있게 되면 반드시 없어지니, 우주가 생긴 이래로 없다가 있게 되고, 있다가 없어지지 않는 것이 없다.

그러나 없다가 있게 되고 있다가 없어졌다는 것이, 이미 지나간 것이 비록 과거에 갔지만 지금 다시 올 뿐이어서, 이제 장차 올 것이 단지 전에 이미 지나갔던 것이라는 말은 아니다. 이는 없는 가운데 본래 반드시 있는 리가 있고, 있는 가운데 본래 반드시 없는 리가 있는 것이다. 그러므로 있다가 없어진 것은 과거의 것이 지나간 것이고, 없다가 있게 된 것은 미래의 것이 이어진 것이다. 어찌 한 물건이 혹은 있다가 혹은 없으며 혹은 갔다가 혹은 오면서 항상 한 물건인 것이 있겠는가. 과연 이전의 천지가 다시 지금의 천지가 되고 이전 천지의 사람과 물건이 다시 지금 천지의 사람과 물건이 되는 일이 있겠는가.

이는 다만 무극이면서 태극인 리가 항상 있어서 일찍이 없는 때가 없으므로 이 리 가운데에서 나오는 것이 낳고 낳아 다하지 않아서 없어지면 반드시 있게 되고 있으면 반드시 없어져서, 있다가 없다가 하는 것도 이 때문에 무궁한 것이다. 그렇다면 만유(萬有)가 없다가 있게 된 것이 어찌 양이 아니며, 만유가 있다가 없어진 것이 어찌 음이 아니겠는가. 있게 되어 양이 되고 없어져 음이 되는 소이가 어찌 리가 아니겠는가.

그런데 《주역》 대전(大傳)에 이른바 "한 번 음하고 한 번 양함을 도라고 한다."라고 한 것은 다만 삼재(三才)에 있어서 우주 사이에 유행하는 음·양을 말한 것이다. 닫아서 우주가 나오기 이전이 되게 하고 열어서 우주가 만들어진 뒤가 되게 하는 것도 이 한 리 가운데의 음·양인데, 이는 다만 음·양의 가장 큰 것이다. 이는 1원(元)[203]의 음·양이니, 하늘과 땅 사이의 사람이 누가 능히 우주 밖의 음·양을 알 수 있겠는가. 그러므로 음·양의 큰 것을 가지고 말하면 그 큰 것은 수가 미치지 못하는 것이고, 음·양의 작은 것을 가지고 말하면 그 작은 것은 수로 나타낼 수 없는 것이다.

크게는 미쳐 셀 수 없는 넓고 멂에 이르고 작게는 수로 나타낼 수 없는 세미함에 이르니, 음·양의 묘함이 과연 무궁하지 않은가. 그렇다면 하늘과 땅이 닫히고 열리고 뒤집어짐도 이 음·양이고, 한 작은 일과 한 작은 물건이 시작하고 끝마침과 있고 없음도 이 음·양이다. 우주가 우주가 되는 것이 음·양의 변화 이외에 다른 방도가 있겠는가.

마침내 수가 미치지 못하는 것을 가지고 미루어 보면, 어찌 우주가 닫히고 열리는 것의 밖에 다시 우주의 닫히고 열림보다 더욱 큰 음·양이 있어서 마치 년(年) 위에 세(世 30년)가 있고, 세 위에 회(會 10,800년)가 있고, 회 위에 원(元)이 있는 것과 같은지 알겠는가. 또 수로 나타낼 수 없는 것을 가지고 미루어 보면, 시진(時辰)의 아래에 각(刻)이 있는데 각은 각 가운데의 음·양이 있고, 각 아래에 분(分)이 있는데 분은 분 가운데의 음·양이 있으며, 분 아래의 리(釐)와 리 아래의 호(毫)와 호 아래의 사(絲)와 사 아래의 홀(忽)에도[204] 모두 음·양이 있는데, 다만 지극히 미세한 상수(象數)로서 이를 나타낼 수 있겠는가.

그렇다면 역 가운데의 음·양은 형상할 수 있고 셀 수 있는 것을 가리켜 밝힌 것이다. 이 때문에 획이 6획에 그치고, 체가 정(貞)과 회(悔)에 그치고, 괘가 64괘에 그치고, 효가 384효에 그친 것이다. 이는 마치 황제(黃帝)가 영륜(伶倫)[205]에게 명하여 율려(律呂)를 만들

203 원(元) : 천지가 개벽(開闢)하고 닫히는 한 주기(周期)로 129,600년이다.

204 시진(時辰)의……홀(忽)에도 : 시간의 단위는 사용하는 역법(曆法)에 따라 다를 수 있는데, 2.1.1절의 용례를 참조하면 1일은 12시진, 1시진은 10각, 1각은 50분, 1분은 10리, 1리는 10호, 1호는 10사, 1사는 10홀이라 할 수 있다. 위의 각주 14)와 15) 참조.

205 영륜(伶倫) : 황제의 악관(樂官)으로, 황제의 명을 받아 해계(嶰谿)에서 대나무를 잘라 황종의 음을 내는 관을 만들고, 12개의 관을 만들어 완유산(阮隃山)에 가서

적에, 율(律)은 황종(黃鍾)에 그치고 여(呂)는 중려(仲呂)에 그친 것과 같다. 율이 황종을 넘으면 커서 쓸 수 없고, 여가 중려를 넘으면 작아서 쓸 수 없기 때문에[206] 알맞은 소리와 알맞은 음률을 취하여 율과 여가 모두 여섯을 넘지 않은 것이다. 아! 도를 아는 자가 아니면 어찌 더불어 음·양의 묘함을 논할 수 있겠는가.

2.1.45

무릇 우주가 있기 전과 뒤에 항상 보존되어 있는 리와 항상 행하는 도가 바로 역이다. 이른바 리가 리인 것은 역을 가지고 말하여 리라 한 것이고, 도가 도인 것은 역을 가지고 말하여 도라 한 것이니, 역은 도와 리의 실제를 일컫는 말이다. 하늘이 하늘이 된 이유가 바로 역이고 땅이 땅이 된 이유가 바로 역이니, 하늘과 땅 사이의 만물이 만물이 된 이유도 모두 역이다. 하늘은 역 가운데의 하늘이 되니, 역이 없으면

봉황의 울음소리를 듣고 12율을 분별하였다고 한다. 《呂氏春秋 仲夏紀 古樂》

206 율려(律呂)를……때문에 : 율려는 12율을 음높이의 순서로 배열할 때 홀수 번째에 있는 양률(陽律)과 짝수 번째에 있는 음려(陰呂)를 함께 일컫는 말이다. 가장 낮은 음인 황종부터 차례로 대려(大呂)·태주(太簇)·협종(夾鍾)·고선(姑洗)·중려(仲呂)·유빈(蕤賓)·임종(林鍾)·이칙(夷則)·남려(南呂)·무역(無射)·응종(應鍾)이다. 황종의 관의 길이가 가장 긴데, 이에서 3분의 1을 줄여 임종의 관을 만들고, 임종의 관에서 3분의 1을 늘려 태주의 관을 만든다. 이와 같이 양률은 3분의 1을 줄여 음려를 낳고, 음려는 3분의 1을 늘려 양률을 낳다가, 유빈 이후에는 반대로 양률은 3분의 1을 늘려 음려를 낳고, 음려는 3분의 1을 줄여 양률을 낳는다. 이와 같은 삼분손익(三分損益)의 법에 의해 서로 낳는 차서는 황종·임종·태주·남려·고선·응종·유빈·대려·이칙·협종·무역·중려이다. 《禮記集說大全 禮運》 유빈부터 낳는 법이 달라지기 때문에 가장 짧은 응종이 마지막에 나오지 않고 유빈의 앞에 나오게 된다. 본문에서 중려를 넘는다고 한 것은 12율보다 많은 수의 율을 제정함을 말한 것으로, 중려가 생긴 차서가 마지막이므로 말한 듯하다.

하늘이 단 하루도 하늘이 될 수 없으며, 땅은 역 가운데의 땅이 되니, 역이 없으면 땅이 단 하루도 땅이 될 수 없으며, 만물은 역 가운데의 만물이 되니, 역이 없으면 만물이 단 하루도 만물이 될 수 없는 것이다.

하늘과 땅과 만물이 미처 하늘과 땅과 만물이 되기 전에도 역의 리와 역의 도가 본래 항상 보존되고 항상 행해졌으며, 하늘과 땅과 만물이 이미 다한 뒤에도 역의 리와 역의 도가 항상 보존되고 항상 행해지는 것은 변함이 없다. 하물며 하늘과 땅이 현재 하늘과 땅이고 만물이 현재 만물인 때에 이 리와 이 도가 어찌 일시와 일각이라도 역이 아닌 때가 있겠는가. 항상 보존됨으로 말하면 도가 항상 리 가운데에 들어 있고, 항상 행해짐으로 말하면 리가 항상 도 가운데에 들어 있다. 항상 보존된 가운데 항상 행해지지 않을 수 없고, 항상 행해지는 가운데 항상 보존되지 않을 수 없는 것이다.

본래 있는 것으로 이름하여 리라 하고 항상 행해지는 것으로 이름하여 도라 하였으니, 리가 되고 도가 되는 이유 또한 이 역이다. 그렇다면 리이고 도인 역은 역이라는 이름이 아직 성립되지 않았을 때부터 본래 보존되지 않고 행해지지 않은 적이 없는 것이다. 만일 본래 역이 없다면 우주가 무엇으로부터 우주가 되었겠는가.

지금 말하는 역은 바로 책으로 쓴 역을 이름한 것이니, 역서(易書)가 되어서 역이란 이름이 있게 된 것은 복희가 팔괘를 그은 뒤에 시작된 것이다. 복희가 팔괘를 긋고 서계(書契)를 만든 뒤에 인문(人文)이 비로소 열리고 문자가 비로소 제작되어서 명칭이 처음 성립되었으니,[207]

207 복희가……성립되었으니 : 공안국(孔安國)의 〈상서 서(尙書序)〉에 "옛날 복희씨가 천하에 왕 노릇을 할 적에 처음으로 팔괘를 긋고 서계를 만들어서 노끈을 매어 다스리는 정치를 대신하니, 이로부터 문적(文籍)이 생겨났다."라고 하였다. 서계는 나무를 깎아서 측면에 문자를 적은 것이다. 《經典釋文》

그렇다면 역이 이때 책이 되어 세상에 행해진 것이다. 그러나 오직 신성(神聖)한 사람만이 역의 리와 역의 도에 본래 이와 같음이 있음을 알았다. 평범한 사람은 다만 이 역이란 책은 이와 같은 괘와 효가 처음 성인의 손에서 나와 이 책이 되었음을 알 뿐이니, 그 리와 그 도가 본래 이와 같으므로 성인이 이 리와 이 도를 인하여 괘효를 그어서 책을 만든 것을 어찌 알았겠는가. 그렇다면 이 역은 성인이 사사로운 생각으로 지어낸 것이 아니고, 진실로 역이 리이고 도인 것이 본래 이와 같으므로 이 리와 이 도를 근거하여 손수 모사(模寫)한 것이다.

팔괘는 소성의 괘인데 모든 형이하(形而下)의 크고 작으며, 정(精)하고 거칠며, 종(縱)이 되고 횡(橫)이 되며, 멀고 가까운 것의 법과 상[208]이 3획 팔괘의 배열 가운데에 갖추어지지 않은 것이 없다. 세 획이 혹은 음이고 혹은 양이며, 세 자리가 혹은 강이고 혹은 유이며,[209] 세 효가 혹은 아래에 있고 혹은 가운데에 있고 혹은 위에 있는 것이 모두 자연(自然)의 묘함이며, 팔괘의 배열에 혹은 순수하고 혹은 뒤섞이며,[210] 혹은 먼저 하고 혹은 뒤에 하며,[211] 그 획의 수가 3이나 6이나

208 법과 상 : 원문 '法象'은 〈계사전 상〉에 "법과 상은 천지보다 더 큼이 없다.〔法、象莫大乎天地.〕"라고 보이는데, 《주역전의대전》의 소주에 "법은 효법(效法)이고 상은 성상(成象)이다."라고 하였다. '효법'은 《주역》 〈계사전 상〉에 "상을 이룸을 건이라 하고 법을 드러냄을 곤이라 한다.〔成象之謂乾, 效法之謂坤.〕"라고 보이는데, 주자는 "효(效)는 드러냄이고, 법은 조화(造化)가 상세하고 치밀하여 볼 수 있음을 이른다."라고 하였다.

209 강이고 혹은 유이며 : 기수의 자리는 강(剛)이고 우수의 자리는 유(柔)이다.

210 순수하고 혹은 뒤섞이며 : 원문 純과 雜은 2.1.43절에 '음·양이 순수하고 뒤섞였다〔陰陽純雜〕'고 한 뜻인 듯하다. 음·양이 섞이지 않은 순양의 건괘와 순음의 곤괘를 순괘(純卦)라고 한다. 2.1.29절에서는 음·양의 순수함과 교착하여 섞임으로써 문왕 팔괘의 자리를 설명하였다. 또 《역학도설》 권6에 "순음과 순양은 오직 건과 곤 두 괘뿐이고 나머지 괘는 음·양이 모두 뒤섞였다. 이는 조화가 천지에 유행함이 진실로 순수한 것이 지극히 적고 뒤섞인 것이 매우 많은 것이다. 인물이 천지에서 품부함도 순수한

4이나 5인 것[212]도 모두 자연으로 이루어진 것이다.

하늘이 하늘이 됨과 땅이 땅이 됨과 조화가 조화가 됨과 만물이 만물이 됨은, 비록 그것이 가벼움과 맑음이 되고 중함과 탁함이 되고 기후(氣候)가 되고 형질이 된 것은 다르나 모두 팔괘의 리와 팔괘의 도가 있는 것이어서, 일찍이 부족한 적도 없었고 남는 적도 없었다.

팔괘를 거듭하여 64괘를 만들면 이는 대성의 괘인데, 여기에도 크고 작으며, 정하고 거칠며, 종이 되고 횡이 되며, 멀고 가까운 사물의 변화가 64괘 배열과 384획의 가운데에 갖추어지지 않은 것이 없다. 여섯 획의 효가 혹은 상체에 있고 혹은 하체에 있으며, 혹은 양이 양의 자리에 있고 음이 음의 자리에 있으며, 혹은 양이 음의 자리에 있고 음이 양의 자리에 있으며, 혹은 시초에 있거나 종말에 있거나 시초와 종말의 중간에 있으며, 혹은 머리가 되거나 꼬리가[213] 되거나 머리와 꼬리의

것이 지극히 적고 잡박한 것이 매우 많다.〔純陽、純陰, 唯乾、坤二卦而已, 餘卦則陰陽皆雜焉. 蓋造化之流行於天地者, 固是純者極少而雜者甚多. 人物之稟受於天地者, 亦必粹者極少而駁者甚多.〕"라고 보인다. 참고로 순괘라는 말은 6획괘에서 상체와 하체가 동일한 여덟 괘를 가리키는 경우도 있다.

211 먼저……하며 : 이는 횡도, 복희 팔괘 방위도, 문왕 팔괘 방위도에서 팔괘의 배열을 말한 듯하다.

212 3이나……것 : 이는 2.1.16절을 참조하면, 기의 획을 1획, 우의 획을 2획으로 볼 때 복희 팔괘 방위도에서 3획의 건과 6획의 곤이 마주 대하고, 각각 5획과 4획인 진과 손, 감과 리, 간과 태가 마주 대하여 획의 합이 모두 9가 됨을 말한 듯하다.

213 시초에……꼬리가 : 여기서 시초〔始〕와 종말〔終〕은 각각 초(初)와 상(上)의 자리를 말하고, 머리〔首〕와 꼬리〔尾〕는 각각 상효와 초효의 상을 말한다. 주자는 〈오찬(五贊) 계류(稽類)〉에서 "초효는 시이고 상효는 종이다."라고 하였고, 비괘(比卦) 상육(上六) 〈상전(象傳)〉의 주에 "위아래의 상으로 말하면 머리가 없음이 되고 종시(終始)의 상으로 말하면 종말이 없음이 된다."라고 하였는바, 시·종은 효를 말하기도 하고 효의 상을 말하기도 하며, 수(首)는 상효의 상이 된다. 미(尾)는 돈괘(遯卦) 효사에 "초육(初六)은 돈(遯)의 꼬리이다." 하고, 주자의 주에 "은둔하면서 뒤에 있음은 꼬리의

중간이 된 것도 모두 자연으로 만들어진 것이다.

64괘의 배열에서 어떤 괘는 양의(陽儀)의 위에 있고 어떤 괘는 음의의 위에 있어서 양의(兩儀)의 5획이 되고, 어떤 괘는 태양과 소음의 위에 있고 어떤 괘는 태음과 소양의 위에 있어서 사상의 4획이 되고, 또 각 괘가 모두 각각 팔괘의 위에 있어서 6획을 이루어 팔괘의 팔괘가 된 것도 모두 자연으로 이루어진 것이다. 그러하니 천운(天運)의 오르고 내림과 사라지고 자라남,[214] 지질(地質)의 높고 낮음과 합하고 뭉침,[215] 조화의 굽히고 폄과 모이고 흩어짐, 국가의 흥하고 망함과 다스려지고 혼란함, 만물의 성하고 쇠함과 꽃피고 시듦, 인사(人事)의 잘하고 잘못함과 근심하고 기뻐함이 어느 것인들 괘효의 속에 포함되지 않는 것이 있겠는가.

앞의 성인이 괘효를 그어 배열하고 뒤의 성인이 글을 달아 발명한 것은 바로 사람들로 하여금 이 리가 본래 그러함을 알고 이 도가 마땅히 그러함을 알아서, 길함으로 나아가고 흉함을 피하며 뉘우침을 방지하고 부끄러움을 사라지게 해서, 회통(會通)을 얻어 떳떳한 예를 행할 수 있게[216] 한 것이다. 그러므로 "역은 물건을 열어 주고 일을 이루어서 천하의 도를 포괄하니, 이와 같을 뿐이다."[217]라고 한 것이다.

상이다."라고 하는 등 초효를 꼬리의 상으로 말한 경우가 있다.

214 천운(天運)의……자라남 : 여기의 천운은 '하늘의 운행'과 시운(時運)의 뜻을 겸하는 것으로 볼 수 있을 듯하다. 〈복괘(復卦) 단전〉에 "그 도를 반복하여 7일 만에 와서 회복함은 하늘의 운행〔天行〕이다." 한 것에 대하여 주자는 "음・양의 사라지고 자라남은 천운이 그러한 것이다."라고 하였고, 태괘(泰卦)의 주에 정이천은 "음・양이 오르고 내림은 바로 시운(時運)이 비색(否塞)해지고 통태(通泰)해지는 것이다."라고 하였다.

215 합하고 뭉침 : 물이 합하고 흙이 뭉쳐서 하천과 산이 됨을 가리킨다.

216 회통(會通)을……있게 : 위의 각주 157) 참조.

2.1.46

팔괘의 초획(初畫)은 바로 양의이고 초획으로부터 제2획에 이르면 바로 사상이니, 제3획에 이른 뒤에 초획과 제2획을 합하여 팔괘가 된다. 양의와 사상과 팔괘를 그은 것은 애당초 성인이 자신의 생각으로 안배하여 만든 것이 아니다. 하늘을 우러러보고 땅을 굽어보아 그 사이에 사람이 볼 수 있는 만변 만화(萬變萬化)는 한 음과 한 양일 뿐이다.[218] 이른바 음·양은 비록 양의라고 하고 두 기(氣)라고 하나 그 근본은 실로 한 리이고 본래 한 기였다. 대대(對待)하는 것으로 보면 반드시 두 개가 나란히 서지 않을 수 없고 아울러 행해지지 않을 수 없는 바가 있으며, 운행하는 것으로 보면 한 번 가고 한 번 오며 한 번 사라지고 한 번 자라나는 형세가 반드시 있고 반드시 그런 때가 있는 것이다. 그러므로 이것을 양의라고 말하지 않을 수 없고 두 기라고 말하지 않을 수 없는 것이다.

동(動)과 정(靜)으로 말하면 음은 체이고 양은 용이며,[219] 조화로

217 역은……뿐이다 : 이는 역을 만든 이유를 말한 것으로 《주역》 〈계사전 상〉에 보인다.

218 하늘을……뿐이다 : 주자는 〈역설강령〉에서 "성인이 역을 만든 시초에 우러러 관찰하고 굽어 살펴서 천지 사이에 가득한 것이 모두 한 양과 한 음의 리임을 보셨다."라고 하였다.

219 동(動)과……용이며 : 동은 양이고 정은 음이니, 〈태극도설〉에 "태극이 동하여 양을 낳아 동이 극에 달하면 정하고, 정하여 음을 낳아 정이 극에 달하면 다시 동한다. 한번 동하고 한번 정함이 서로 그 뿌리가 되어, 음으로 나누고 양으로 나눔에 따라 양의가 서게 되었다."라고 하였고, 《황극경세서》에는 양의를 동·정으로 나누었다. 동은 용이고 정은 체이니, 주자는 "동이 태극이 아니라 다만 동하는 것이 태극의 용이고, 정이 태극이 아니라 다만 정하는 것이 태극의 체이다.〔動不是太極, 但動者太極之用耳; 靜不是太極, 但靜者太極之體耳.〕"라고 하였다. 《朱子語類 卷94》

말하면 양이 먼저이고 음이 뒤이다.[220] 양이 크고 음이 적으며,[221] 양이 바르고 음이 편벽됨에[222] 이르기까지 모두 서로 필요하고 서로 이루는 것이다. 그러므로 성인이 양의와 사상과 팔괘를 그어 배열해서 역의 가르침을 세웠으니, 그 획은 기(奇)와 우(偶)가 이것이다.

양의 기는 항상 스스로 실(實)하다.[223] 그러므로 한 양의 획을 만들었

220 조화로……뒤이다 : 음・양의 선후는 대체적으로 말하거나 순리라고 말하는 경우가 있다. 예컨대 주자는 〈계사전 상〉에 "건은 큰 시작을 주장하고 곤은 물건을 만들어 완성한다.〔乾知大始, 坤作成物.〕" 한 것의 주에서 "대저 양이 먼저이고 음이 뒤이다.〔大抵陽先陰後.〕" 하였고, 정이천은 소축괘(小畜卦) 괘사의 주에서 "양이 선창하면 음이 화답함은 순리이므로 화하는 것이고, 만일 음이 양보다 먼저 선창하면 순리가 아니므로 화하지 못하는 것이다.〔陽倡而陰和, 順也, 故和. 若陰先陽倡, 不順也, 故不和.〕"라고 하였다. 음・양의 선후를 일정하게 나눌 수 없다고 말하는 경우가 있으니, 예컨대 이이(李珥)는 "음・양은 순환하여 끝이 없다. 어찌 선후를 나눌 수 있겠는가."라고 하였다. 《栗谷全書 卷31 語錄》 본문은 조화가 만물을 화생(化生)하거나 천지를 만들 때의 음・양의 선후를 말한 것이다. 이 경우에는 양이 먼저라고 말하니, 예컨대 이상정(李象靖)은 소옹이 "용은 천지 이전에 일어나고, 체는 천지 이후에 확립되었다.〔用起天地先, 體立天地後.〕" 한 것을 인용하여 '조화의 유행(流行)을 말하면 용인 양이 체인 음보다 먼저'라고 하였다. 《大山集 卷37 答權聖臣》

221 양이 크고……적으며 : 예컨대 대과괘(大過卦 ䷛)의 대(大)는 양이라 하고 소과괘(小過卦 ䷽)의 소(小)는 음이라 하여 각각 양이 과하고 음이 과한 것으로 풀이하였다.

222 양이……편벽됨에 : 장현광은 〈부설(附說)〉에서 여러 가지를 음・양으로 상대하여 말하였는데 일부를 인용해 보면, 편벽됨과 바름은 도(道)로 말한 것이고, 동(動)과 정(靜)은 성(性)으로 말한 것이고, 건(健)과 순(順)은 덕으로 말한 것이고, 강(剛)과 유(柔)는 본질로 말한 것이고, 위와 아래는 위치로 말한 것이고, 청(淸)과 탁(濁)은 기로 말한 것이고, 선과 악은 종류로 말한 것이고, 귀(貴)와 천(賤)은 분수로 말한 것이라 하였다. 《旅軒續集 卷5 附說》

223 양의……실(實)하다 : 《주역》에서 양을 실(實)로 말하는 경우가 있으니, 예컨대 몽괘(蒙卦 ䷃) 육사(六四)의 〈상전〉에 "곤몽(困蒙)의 부끄러움은 홀로 실(實)과 멀기 때문이다." 한 것에 대하여 정이천은 "'실'은 양강(陽剛)을 이른다."라고 하였다. 양의 실을 성실, 독실, 정성으로 말하는 경우가 있으니, 예컨대 감괘(坎卦 ䷜)의 괘사에 '정성이 있다〔有孚〕'고 한 것에 대하여 정이천은 "양실(陽實)이 가운데에 있으니, 가운

으니, 바로 이른바 기(奇)이다. 기는 그 획이 충실(充實)하니, 충실한 것은 하나이다. 음의 기는 항상 스스로 허(虛)하다.[224] 그러므로 한 음의 획을 만들었으니, 바로 이른바 우(偶)이다. 우는 그 획이 가운데가 비었으니, 빈 것은 둘이다. 획이 빈 것과 충실한 것으로 음·양을 나눌 수 있으니, 이것이 양의이다.

이에 양의(兩儀)의 각 획에 나아가서 또 각각 기와 우의 한 획을 가하면, 획이 각각 둘이고 그 수가 2를 가배(加倍)하여 4가 된다. 태양은 양의(陽儀) 위의 첫 번째 자리에 있고, 소음은 그 왼쪽의 두 번째 자리에 있고, 태음은 음의(陰儀) 마지막의 네 번째 자리에 있고, 소양은 그 오른쪽의 세 번째 자리에 있으니, 이것이 사상이다. 그렇다면 태양이 양의의 오른쪽에 있고 태음이 음의의 왼쪽에 있는 것은 정상을 얻은 것이지만, 소음도 양의의 위에 있어 태양의 다음 자리가 되고 소양도 음의의 위에 있어 태음의 오른쪽 자리가 되는 것은 어째서인가.

이는 그 음이 양에서 생겼으므로 소음이 태양의 왼쪽에 있고, 그 양이 음에서 생겼으므로 소양이 태음의 오른쪽에 있는 것이니, 두 소(少)는 음·양이 처음 생긴 것이기 때문이다. 태양과 태음이 반드시 소음과 소양을 낳는 것은, 태양과 태음의 음·양이 지극히 성하여, 나아감이 지극하면 물러감이 시작되므로 소음이 태양의 다음이 되고, 물러감이 지극하면 나아감이 시작되므로 소양이 태음의 다음이 된 것이니, 음이 물러가고 양이 나아감은 또한 떳떳한 이치이다.

사상의 위에 나아가서 각 자리마다 다시 각각 한 기와 한 우를 가하

데에 부신(孚信)이 있는 것이 된다."라고 하였다.

224 음의……허(虛)하다 : 예컨대 익괘(益卦 ䷩)의 육이(六二)에 대하여 정이천은 '허중(虛中)의 상이 있으니, 사람이 중정(中正)의 도에 처하여 중(中 마음)을 비우는 것'으로 풀이하였다.

면, 획이 셋이 되고 그 수가 4를 가배하여 8이 된다. 건은 태양에 한 기의 획을 가한 것이고 태는 태양에 한 우의 획을 가한 것이므로 모두 태양의 위에 있다. 리는 소음에 한 기의 획을 가한 것이고 진은 소음에 한 우의 획을 가한 것이므로 모두 소음의 위에 있다. 손과 감은 소양에 한 기와 한 우의 획을 가한 것이므로 모두 소양의 위에 있고, 간과 곤은 태음에 한 기와 한 우의 획을 가한 것이므로 모두 태음의 위에 있다. 이는 팔괘의 자리에 그 차례가 당연한 것이다.

팔괘를 모아 총괄하여 보면 건은 양의(陽儀)의 첫 번째 자리에 있고 다음은 태이고 다음은 리이고 진이 양의의 마지막에 있으며, 손은 음의의 처음이 되고 다음은 감이고 다음은 간이고 곤이 음의의 끝에 있다. 양의의 위에 각각 네 괘가 되고, 사상의 위에 각각 두 괘가 된다.

양의(兩儀)로 말하면 건·태·리·진은 양의(陽儀)의 괘가 되고 손·감·간·곤은 음의의 괘가 되며, 사상으로 말하면 건·태·손·감은 양괘가 되고 곤·간·진·리는 음괘가 되니,[225] 이는 바로 양 가운데 음이 있고 음 가운데 양이 있기 때문이다.

두 순괘(純卦)를 위주하면 건은 순양이 되는데, 가운데 여섯 괘의 양효는 모두 건괘가 낳은 것이고, 곤은 순음이 되는데, 가운데 여섯 괘의 음효는 모두 곤이 낳은 것이다.

양의 성질은 굳세므로 굳셈의 전체(全體)가 건에 있는 것이다. 한 양이 아래에 있는 진은 동하는 뜻이 있고, 한 양이 가운데 있는 감은 실(實)의 뜻이 있고, 한 양이 위에 있는 간은 그치는 뜻이 있으니,

225 양괘가……되니 : 이는 태양·소양의 위에 있는 괘를 양괘라 하고 태음·소음의 위에 있는 괘를 음괘라 한 것이다. 이와 달리 아버지와 세 아들의 괘인 건·진·감·간을 양괘라 하고 어머니와 세 딸의 괘인 곤·손·리·태를 음괘라 하는 경우도 있다. 2.1.30절 참조.

동함과 실함과 그침은 모두 굳셈의 뜻이다.[226] 한 음이 아래에 있는 손은 엎드리는 뜻이 있고, 한 음이 가운데에 있는 리는 붙는 뜻이 있고, 한 음이 위에 있는 태는 기뻐하는 뜻이 있으니, 엎드림과 붙음과 기뻐함은 모두 순함의 뜻이다. 이는 건・곤 두 괘가 여섯 괘의 주체가 되는 것이다.

소장(少長)으로 말하면 진은 처음 생긴 양이 되고, 리와 태에 이르러서 성하게 자란 양이 되고, 순괘인 건에 이르러 지극하며, 손이 처음 생긴 음이 되고, 감과 간에 이르러 성하게 자란 음이 되고, 순괘인 곤에 이르러 지극하다.

덮어 주고 실어 주는 것으로 말하면 태에서 곤까지는 모두 건이 덮어 준 것이고 간에서 태까지는 모두 곤이 실어 준 것이다.

건은 양이 지극한 것이므로 횡도에서는 첫 번째 자리에 있고 선천 원도에서는 남방의 바른 방위에 있으니, 바로 하늘이 위에 자리한 것이다.[227] 곤은 음이 지극한 것이므로 횡도에서는 마지막 자리에 있고 선천 원도에서는 북방의 바른 방위에 있으니, 바로 땅이 아래에 자리한 것이다. 리(☲)는 안은 음이고 밖은 양이니, 횡도에서는 양의(陽儀)의 가운데에 있고 선천 원도에서는 정동(正東)에 자리하니, 바로 해가 동쪽에서 생긴 것이다. 감(☵)은 안은 양이고 밖은 음이니, 횡도에서는 음의의 가운데에 있고 선천 원도에서는 정서(正西)에 자리하니, 바로 달이 서쪽에서 생긴 것이다.[228]

진(☳)은 한 양이 두 음의 아래에 있어서 분발하는 상[229]이 있고 동북

226 동함과……뜻이다 : 2.1.21절에는 "동함과 빠짐과 그침은 모두 굳셈의 쓰임이고 들어감과 걸림(붙음)과 기뻐함은 모두 순함의 쓰임이다."라고 하였다.

227 건은……것이다 : 횡도와 원도는 위의 각주 30)과 36) 참조.

228 달이……것이다 : 2.1.18절 참조.

쪽인 곤과 리의 사이에 있으니, 바로 양이 회복하는 방위이다. 손(☴)은 한 음이 두 양의 아래에 있어서 굴복하는 상이 있고 동남쪽인 건과 리의 사이에 있으니, 바로 바람이 일어나는 방위이다. 태(☱)는 두 양이 이제 한창 자라서 한 음이 기뻐함이 되니, 이는 바로 못이 동남쪽으로 흘러드는 것이다. 간(☶)은 두 음이 이제 한창 자라서 한 양에게 억제됨이니, 바로 산이 서북쪽을 누르는 것이다. 이는 복희 선천도의 방위이니, 바로 팔괘의 자연한 순서로 배열한 것이지 성인이 뜻을 두어 배열한 것이 아니다.

3획의 팔괘가 이미 이루어진 뒤에 또 각 괘에 나아가 다시 앞의 방법과 같이 한 기와 한 우의 획을 가하면, 4획이 된 것은 그 수가 8을 가배하여 16이 된다. 4획의 위에 또 앞의 방법과 같이 기와 우의 획을 가하면, 5획이 된 것은 그 수가 16을 가배하여 32가 된다. 5획의 위에 또 기와 우를 가하면, 6획이 된 것은 그 수가 32를 가배하여 64가 된다. 이는 바로 괘의 대성(大成)이다.

그러나 팔괘의 밖에 별도로 다른 도리를 만들어서 6획괘를 이룬 것이 아니고, 다만 앞의 팔괘의 각 괘를 정(貞)으로 삼고 다시 팔괘를 하나의 정 위에 모두 가하여 여덟 개의 회(悔)로 삼은 것이니, 앞 팔괘의 각 괘마다 또 각각 회가 된 팔괘가 있어서 8이 여덟인 수가 자연히 64가 된 것이다. 그렇다면 4획인 16은 앞 팔괘의 양의이고, 5획인 32는 앞 팔괘의 사상이고, 6획인 64괘는 앞 팔괘의 팔괘이니, 이는 모두 양의·사상·팔괘의 법을 벗어나지 않는 것이다. 팔괘의 위에 다시 팔괘를 가하면 우주 사이의 사물의 변화에 어찌 64괘와 384효의 가운데를 벗어난 것이 있겠는가. 3획 팔괘의 횡도와 원도에 포함되고 관통

229 분발하는 상 : 위의 각주 65) 참조.

되지 않은 것이 없다.

문왕이 선천도의 방위를 바꾸어서 후천도를 만든 것도 선천도의 묘용(妙用) 아님이 없다. 문왕의 도는 바로 복희의 도이고 후천의 리는 바로 선천의 리이니, 한 천지의 사이에 어찌 두 가지 도와 리가 있겠는가.

이제 후천의 역을 살펴보아 괘효가 변한 것을[230] 가지고 말하면 후천의 리(☲)는 선천 건괘의 중효가 음으로 변하여 리가 되었고, 후천의 감(☵)은 선천 곤괘의 중효가 양으로 변하여 감이 되었으며, 후천의 진(☳)은 선천 리괘의 상효가 음으로 변하여 진이 되었고, 후천의 태(☱)는 선천 감괘의 하효가 양으로 변하여 태가 되었으며, 후천의 건은 선천 간괘(☶)의 중효·하효 두 효가 양으로 변하여 건이 되었고, 후천의 곤은 선천 손괘(☴)의 중효·상효 두 효가 음으로 변하여 곤이 되었으며, 후천의 간은 선천 진괘의 상효·하효 두 효가 변하여 양이 되고 음이 되어서 간이 되었고, 후천의 손은 선천 태괘의 상효·하효 두 효가 변하여 양이 되고 음이 되어서 손이 된 것이다.

방위가 변한 것을 가지고 말하면 리는 정동에서 좌선(左旋)하여 동남쪽의 중간 한 자리를 넘어 정남에 있고, 감은 정서에서 좌선하여 서북쪽의 중간 한 자리를 넘어 정북에 있고, 진은 북동쪽 간방(間方)의 자리에서 좌선하여 정동으로 옮겨갔고, 태는 동남쪽 간방의 자리에서 좌선하여 정남과 서남쪽의 두 자리를 넘어 정서에 있고, 건은 정남에서 좌선하여 서남쪽과 정서의 두 자리를 넘어 서북쪽 간방의 자리에 있고, 곤은 정북에서 우선(右旋)하여 서북쪽과 정서의 두 자리를 넘어 서남쪽 간방의 자리에 있고, 간은 서북쪽 간방의 자리에서 좌선하여 정북

230 괘효가 변한 것을 : 위의 각주 119)와 120) 참조.

한 자리를 넘어 동북쪽 간방의 자리에 있고, 손은 서남쪽 간방의 자리에서 우선하여 정남의 한 자리를 넘어 동남쪽 간방의 자리에 있다.

그리고 만약 의리를 가지고 말하면 감괘는 한 양이 가운데에 있고 리괘는 한 음이 가운데에 있으니, 음·양이 가운데에서 사귐은 그 사귐이 깊기 때문에 감과 리의 두 괘는 남쪽과 북쪽의 바른 방위에 있는 것이다.

진괘는 하효의 양이 중효·상효 두 음과 처음 사귀니, 그 사귐이 비록 얕으나 분발하는 뜻이 중하므로 정동에 거하여 한 해의 일을 시작한 것이다.

태괘는 상효 한 음이 비록 위에 있으나 그 형세가 중효와 하효의 이제 한창 자라는 성한 양을 당할 수가 없으니, 유순하여 두 양에게 기쁨을 취해서 능히 거두고 완성하는 조화를 이룬다. 그러므로 정서에 거하여 한 해의 일을 이루는 것이다.[231]

손괘는 처음 생겨난 음으로서 감히 스스로 중효·상효의 두 양에 항거할 수 없어서 자연 순종하는 뜻이 있으므로 봄과 여름의 사이, 동쪽과 남쪽의 사이에 거하여 생장(生長)의 사업을 돕는 것이다.

간괘는 한 양이 두 음의 위에 처하여 과강(過剛)한 재(才)[232]를 가지고 위에 있는 형세를 차지해서 지난해의 마침을 이루고 새해의 시작을 만들 수 있으니, 북쪽과 동쪽 사이에 거하여 조화를 행하는 것이 어찌 예사롭겠는가.

곤괘는 순음의 지극히 순한 덕으로 세 딸이 공적을 세우는 사이에

231 정서에……것이다 : 동쪽은 봄의 방위이고 서쪽은 가을의 방위이므로 진에서 한 해의 일을 시작하고 태에서 한 해의 일을 이룬다고 한 듯하다.

232 과강(過剛)한 재(才) : 정이천과 주자의 주에, 양이 하체와 상체의 극(極)인 삼(三)과 상(上)에 처한 경우 '과강(지나치게 강(剛)함)'이라 하였다.

있으니, 딸들을 위무(慰撫)하고 도탑게 대하는 것은 바로 그러한 때와 자리에 있기 때문이다.[233]

건괘로 말하면 일곱 괘의 군주이고 아버지이다. 선천의 때와 선천의 자리에 있을 적에 이미 전통(傳統)을 열어 놓고 극(極 표준)을 세우며 차례로 배열하여 기강과 법도가 각각 소속이 있게 하였으니, 쓰임을 지극히 하는 후천의 때에 이르러서는 진실로 물러가 한가하고 고요함을 지켜야 하지 스스로 여러 가지 임무를 맡아서는 안 된다. 그러므로 가을과 겨울이 교차하는 때에 있고 서쪽과 북쪽의 사이에 자리하여 존엄한 교화를 지극히 하니, 이것이 어찌 시중(時中)의 도리가 아니겠는가.

이는 후천 팔괘의 때와 자리이다.

진실로 선천과 후천이 두 가지 리가 아니고 복희와 문왕이 두 가지 도가 아니니, 체와 용, 경(經)과 위(緯)가 되는 것이 실로 여기에 있다. 《역경(易經)》은 하도를 본받아 양의・사상・팔괘를 위주하고 《서경》 〈홍범(洪範)〉은 낙서를 본받아 오행을 위주한 것은, 이 또한 한 리와 한 도인 것이다.[234] 하도와 낙서의 근본은 한 태극인데, 양의가 있으면

233 곤괘는……때문이다 : '세 딸이 공적을 세운다'는 것은 중녀인 리는 남쪽의 바른 방위를 맡고 있고, 소녀인 태는 서쪽에서 한 해의 일을 이루고, 장녀인 손은 동남쪽에서 생장의 사업을 도움을 말한다. 2.1.30절에 곤이 세 딸을 통솔하며, 그 자리인 서남쪽은 일을 맡기는 자리라고 하였다. 곤의 때는 여름과 가을의 사이이다.

234 역경(易經)은……것이다 : 〈계사전 상〉에 "하수에서 도(圖)가 나오고 낙수에서 서(書)가 나오자 성인이 본받았다."라고 보인다. 공안국(孔安國)은 "하도는 복희씨가 천하에 왕 노릇을 할 적에 용마(龍馬)가 황하에서 나오자 마침내 그 무늬를 본받아 팔괘를 그었고, 낙서는 우왕(禹王)이 홍수를 다스릴 적에 등에 무늬가 있는 신구(神龜)가 나왔는데 등에 나열되어 있는 수가 9까지 있으므로 우왕이 마침내 이것을 인하여 차례로 나열하여 구류(九類)를 이루었다."라고 하였고, 유흠(劉歆)은 "하도와 낙서는 서로 경위(經緯)가 되고, 팔괘와 구장(九章)은 서로 표리(表裏)가 된다."라고 하였다.

반드시 사상이 있고, 사상이 있으면 반드시 팔괘가 있는 것은 역의 순서이다. 오행의 생겨남은 반드시 두 기에 말미암는데, 두 기는 바로 음·양이다. 사상은 바로 음·양의 노(老)와 소(少)이니, 어찌 오행의 상이 아니겠는가. 팔괘가 괘가 되고 자리가 된 것도 모두 오행이 분포(分布)된 것이다.

이제 팔괘를 가지고 오행을 말하면 하도의 4·9는 바로 노양의 수인데 건과 태는 바로 노양이 낳은 것이며,[235] 3·8은 바로 소음의 수인데

《周易傳義大全 周易朱子圖說》 구류와 구장은 홍범구주(洪範九疇)를 가리키는데, 구주의 첫 번째가 오행이다.

235 하도의……것이며 : 이는 아래에 '팔괘가 낙서의 수를 얻어 괘가 되었다'고 한 것의 내용인 듯하니, 하도의 수를 낙서의 자리에서 선천 팔괘에 배정한 듯하다. 주자는 낙서가 팔괘가 됨을 말하여 "낙서에서 사정의 바른 방위를 건·곤·리·감으로 삼고 사우의 모퉁이를 태·진·손·간으로 삼으면 이 또한 팔괘이다.〔四方之正以爲乾、坤、離、坎, 四隅之偏以爲兌、震、巽、艮, 則亦八卦也.〕" 하였는데, 이에 대하여 호방평은 "이는 1·6은 노음의 수이어서 괘를 그으면 간과 곤이 되어 간은 6에 거하고 곤은 1에 거하며, 3·8은 소음의 수이어서 괘를 그으면 리와 진이 되어 리는 3에 거하고 진은 8에 거하며, 4·9는 노양의 수이어서 괘를 그으면 건과 태가 되어 건은 9에 거하고 태는 4에 거하며, 2·7은 소양의 수이어서 괘를 그으면 손과 감이 되어 손은 2에 거하며 감은 7에 거한다. 이는 낙서도 팔괘가 될 수 있는 것이다.〔蓋一、六老陰之數而畫卦爲艮、坤, 艮居六, 坤居一也; 三、八少陰之數而畫卦爲離、震, 離居三, 震居八也; 四、九老陽之數而畫卦爲乾、兌, 乾居九, 兌居四也; 二、七少陽之數而畫卦爲巽、坎, 巽居二, 坎居七也. 此《洛書》亦可以爲八卦也.〕"라고 하였다. 여기서 노음의 자리인 4를 노양의 수라고 한 것에 대하여 이황(李滉)은 "혹자는 '이는 각각 성수(成數)를 주로 해서 겸하여 말한 것일 뿐이다.' 하였고, 주자는 '6은 1로써 5를 얻은 것이고, 7은 2로써 5를 얻은 것이며, 8은 3으로써 5를 얻은 것이고, 9는 4로써 5를 얻은 것이다.' 하였다. 이는 노음의 6은 1로 말미암아 이루어졌기 때문에 1을 노음에 붙여 말할 수 있고 소양의 1은 2로 말미암아 이루어졌기 때문에 2도 소양에 붙여 말할 수 있으며, 3을 소양에, 4를 노양에 붙이는 것도 이와 같다는 말이다. 혹자는 '1을 노음에, 4를 노양에 붙이는 것은 노음과 노양이 서로 감추고 있기 때문이고, 2를 소양에 3을 소음에 붙이는 것은 소음과 소양이 서로 감추고 있기 때문에 다 통해서 말할 수 있다.' 하였다."라고 설명하

리와 진은 바로 소음이 낳은 것이며, 2・7은 바로 소양의 수인데 손과 감은 바로 소양이 낳은 것이며, 1・6은 바로 노음의 수인데 곤과 간은 바로 노음이 낳은 것이다. 그렇다면 하도의 4・9, 1・6, 2・7, 3・8은 모두 금・목・수・화를 낳고 이루는 수이며, 이 가운데 5와 10은 바로 토를 낳고 이루는 수인 것이다.[236] 낙서의 수는 비록 그 기수와 우수의 자리가 하도와 다르나 이 또한 하도의 오행의 수 아님이 없는데, 팔괘가 모두 이것을 얻어 괘가 되었으니, 팔괘가 오행의 안에 있지 않겠으며 오행이 팔괘의 가운데에 있지 않겠는가. 후천 팔괘의 방위와 때의 순서는,[237] 수・화・금・목・토에 있어서 하늘의 때와 땅의 방형(方

였다. 《性理大全書 易學啓蒙 本圖書》, 《啓蒙傳疑 本圖書》 하도의 수를 바로 선천 팔괘에 배정하는 설과 횡도에 배정하는 설은 2.1.14절과 그 각주에 보인다.

236 그렇다면……것이다 : 주자는 하도의 생수(生數)와 성수(成數)로 오행의 생성을 말하여 "하늘이 1로써 수를 낳으면 땅이 6으로써 이를 이루고, 땅이 2로써 화를 낳으면 하늘이 7로써 이를 이루고, 하늘이 3으로써 목을 낳으면 땅이 8로써 이를 이루고, 땅이 4로써 금을 낳으면 하늘이 9로써 이를 이루고, 하늘이 5로써 토를 낳으면 땅이 10으로써 이를 이룬다.〔天以一生水而地以六成之, 地以二生火而天以七成之, 天以三生木而地以八成之, 地以四生金而天以九成之, 天以五生土而地以十成之.〕"라고 하였다. 《性理大全書 易學啓蒙 本圖書》

237 후천……순서는 : 위의 각주 110)과 《역학도설》 권4 〈後天八卦順布五行之圖〉 참조. 또 호방평은 후천 팔괘의 방위에 대하여 "우선 감과 리를 각각 자(子)와 오(午)의 가운데인 북과 남의 정방에 해당시키니, 두 괘는 각각 수와 화의 한 상에 해당한다. 리는 땅 2와 하늘 7의 화에 해당하여 남쪽에 있고, 감은 하늘 1과 땅 6의 물에 해당하여 북쪽에 있다. 이외의 여섯 괘는 각 괘가 한 상에 함께 해당한다. 진은 목을 낳는 것이니 동쪽에서 하늘 3의 목에 해당하고, 손은 목을 이루는 것이니 동남쪽에서 땅 8의 목에 해당한다. 태는 금을 낳는 것이니 서쪽에서 땅 4의 금에 해당하고, 건은 금을 이루는 것이니 서북쪽에서 하늘 9의 금에 해당한다. 간은 토를 낳는 것이니 동북쪽에서 하늘 5의 토에 해당하고, 곤은 토를 이루는 것이니 서남쪽에서 땅 10의 토에 해당한다. 곤과 간이 유독 중궁(中宮)의 5와 10에 배정된 것은 토가 실로 사계절에 붙어 왕성해서 있지 않은 곳이 없으므로 중앙의 수에 배정하였을 뿐이니, 후천 팔괘가 실로 하도와 부합한다.〔且以坎、離當南北之正、子·午之中, 則兩卦各當夫水、火之一象. 離當地二、天七

形)의 정상(正常)[238] 아님이 없으니, 이는 성인이 마음을 두어 배열한 것이 아니고 자연의 리가 이와 같지 않을 수 없는 것이다.

또 말하였다. 팔괘 중에 뒤집어도 변하지 않는 괘가 넷이니 건·곤·리·감이다. 뒤집으면 변하는 괘가 둘이니, 간(☶)이 뒤집어져 진(☳)이 되고 진이 뒤집어져 간이 되며, 태(☱)가 뒤집어져 손(☴)이 되고 손이 뒤집어져 태가 되는 것이다. 변하지 않는 것은 바름이고, 뒤집어 변하는 것은 바르지 않음이다.[239] 바른 괘는 마땅히 항상 바른 방위에 있어야 할 터인데, 건과 곤은 순양과 순음으로서 단지 선천 팔괘에서만 남쪽과 북쪽의 바른 방위에 있고 후천 팔괘에서는 바른 방위에 있지 않으며, 감과 리는 선천 팔괘에서 동쪽과 서쪽의 바른 방위를 얻고 후천 팔괘에서 남쪽과 북쪽의 바른 방위에 있어서, 선천과 후천에서

之火而居南, 坎當天一、地六之水而居北. 外此六卦則每卦共當一象. 震者, 木之生, 當天三之木於東; 巽者, 木之成, 當地八之木於東南. 兌者, 金之生, 當地四之金於西; 乾者, 金之成, 當天九之金於西北. 艮者, 土之生, 當天五之土於東北; 坤者, 土之成, 當地十之土於西南. 坤、艮所以獨配夫中宮之五、十者, 以土實寄旺於四季, 无乎不在, 故配夫中數耳, 其卦實與河圖合焉.]"라고 하였다. 《性理大全書 易學啓蒙 原卦畫》

238 하늘의……정상(正常) : 소옹은 말하기를 선천도는 "하늘의 때에 응한다.[應天之時也.]" 하고, 후천도는 "땅의 방형에 응한다.[應地之方也.]" 하였는데, 이에 대하여 호방평은 "선천도는 건·곤·감·리의 교착을 위주해서 그 교착이 장차 변하여 일정한 자리가 없으니, 하늘의 때가 다하지 않는 것이다. 그러므로 '하늘에 응한다.' 한 것이다. 후천도는 감·리·진·태의 교착을 위주해서 그 교착이 변하지 않아 일정한 자리가 있으니, 땅이 방형이어서 정상이 있는 것이다. 그러므로 '땅에 응한다.' 한 것이다.[先天主乾、坤、坎、離之交, 其交也將變而无定位, 天時之不窮也, 故曰'應天'. 後天主坎、離、震、兌之交, 其交也不變而有定位, 地方而有常也, 故曰'應地'.]"라고 설명하였다. 《性理大全書 易學啓蒙 原卦畫》 소옹은 하늘의 때는 변함이 있고 땅의 방형은 일정한 것으로 비유하였으나, 본문은 하늘의 때와 땅의 방형을 모두 일정한 것으로 비유하였다.

239 변하지……않음이다 : 2.1.19절에 뒤집어도 변하지 않는 괘를 정괘(正卦)라 하고 뒤집으면 변하는 괘를 반괘(反卦)라 하였다.

모두 바른 방위를 얻어 동서와 남북에서 모두 바름을 잃지 않은 것은 어째서인가.

이는 도는 중을 얻음을 귀함으로 삼기 때문이다. 건과 곤이 비록 음・양이 순수한 괘이나, 기가 순수함에 이르면 노쇠하여 장차 다하게 되므로 처음은 비록 바른 방위에 있었으나 끝내 반드시 한가한 곳으로 돌아가는 것이다. 감과 리의 경우는 양이 양에 지극하지 않아서 양 가운데 음이 있고 음이 음에 편벽되지 않아서 음 가운데 양이 있으니, 모두 중을 얻은 상이 된다. 그러므로 선천과 후천의 팔괘에서 모두 바른 방위를 얻는 것이다.

또 말하였다. 감 가운데의 양은 여러 양의 근본〔根〕이 되는데,[240]

240 감……되는데 : 이 뜻은 분명하지 않다. 여기의 근(根)은 주돈이(周敦頤)가 "수는 음인데 양에 뿌리를 두고, 화는 양인데 음에 뿌리를 둔다.〔水陰根陽, 火陽根陰.〕"라고 한 것과는 의미가 다른 듯하다.《性理大全書 通書1》세 아들의 괘인 진・감・간은 곤에 뿌리를 두고 세 딸의 괘인 손・리・태는 건에 뿌리를 둔다고 하는데, 이 역시 음이 양에 뿌리를 두고 양이 음에 뿌리를 둔다는 뜻이다. 위의 각주 178) 참조. 운장유씨(雲莊劉氏 유약(劉爚))는 감이 다른 양괘인 진과 다름을 다음과 같이 말하였다. "수는 음인데 하늘 1에서 생기고 화는 양인데 땅 2에서 생기니, 이는 막 생긴 시초에 음・양이 서로 뿌리를 두는 것이다. 그러므로 그 운행에서 수는 극음(極陰)의 방위인 자(子)에 거하는데 양이 이미 자에서 생기고, 화는 극양(極陽)의 방위인 오(午)에 거하는데 음이 이미 오에서 생긴다. 목이 하늘 3에서 생겨서 오로지 양에 속하므로 목이 봄에 행함도 양에 속하며, 금이 땅 4에서 생겨 오로지 음에 속하므로 금이 가을에 행함도 음에 속하는 경우는 음・양으로 서로 말할 수 없다. 이는 수와 화가 아직 기(氣)를 벗어나지 못해서 음・양이 서로 합하는 시초에 그 기에 자연 서로 뿌리를 두는 묘함이 있는 것이다. 목은 양이 발달(發達)한 것이고 금은 음이 수렴한 것이어서 일정한 질(質)이 있는 것이니, 이는 목・금이 수・화와 다른 이유이다.〔水, 陰也, 生於天一; 火, 陽也, 生於地二, 是其方生之始, 陰陽互根. 故其運行, 水居子位極陰之方而陽巳生於子, 火居午位極陽之方而陰巳生於午. 若木生於天三, 專屬陽, 故其行於春亦屬陽; 金生於地四, 專屬陰, 故其行於秋亦屬陰, 不可以陰陽互言矣. 蓋水、火未離乎氣, 陰陽交合之初, 其氣自有互根之妙. 木則陽之發達, 金則陰之收斂, 而有定質矣, 此其所以與水、火不同也.〕"《周易傳義大全 周易朱子圖說》

장남의 책임이 진에 귀속되며, 리 가운데의 음은 여러 음의 근본이 되는데, 장녀의 순서가 손에 귀속되는 것은 어째서인가. 이는 감 가운데의 양은 두 음의 사이에 있어서 곤궁에 빠지는 상이 있으므로 음이 성할 때를 당하여 그 양기를 발휘하지 못하고, 리 가운데의 음은 두 양의 사이에 있어서 의지하여 따르는 상이 있으므로 양이 성할 때를 당하여 또 그 음기를 발휘하는 것이니, 그 형세가 당연한 것이다. 또 모든 괘가 다 아래에 있는 초효를 먼저로 삼으므로 음·양이 모두 하효에서 시작되어 중효가 다음이고 상효가 다음인 것이 그 차례이다. 그러므로 진이 장남의 책임을 담당한 것이다.

또 말하였다. 양괘는 가장 연장(年長)인 것이 자리를 얻어 일을 맡는데, 음괘는 가장 연소(年少)한 것이 정서(正西)에서 지위를 얻음은[241] 어째서인가. 음은 연장을 귀하게 여기지 않고 연소가 능히 순종하기 때문이다.

2.1.47

역의 도와 리는 이미 그어진 괘효를 얻은 뒤에 그 괘효를 인하여 비로소 갖추어진 것이 아니고, 괘효가 그어지기 전에 그 도와 리가 이미 스스로 갖추어져 있었다. 그렇지 않다면 천지의 조화와 만물의 변화가 무엇을 따라 천지의 조화와 만물의 변화가 되었겠는가. 성인이 천지의 사이와 만물의 가운데에서 태어나 조화를 행하고 변화를 만드는 도와 리가 이와 같은 것이 있음을 아셨다. 그러므로 이에 비로소 괘효를 그어서 도와 리를 모방한 것이다. 그렇다면 소성의 팔괘가 되어 그 효가 24개

241 양괘는……얻음은 : 장남인 진이 동쪽을 맡고 소녀인 태가 서쪽을 맡은 것을 가리킨다.

이고 대성의 64괘가 되어 그 효가 384개인 것에서 진실로 한 괘와 한 효도 없어서는 안 되는 것이니, 이는 그 도와 리가 본래 이와 같아서 사람이 더하거나 줄일 수 없기 때문이다.

의(儀)가 반드시 둘인 것은 둘이 아니면 안 되기 때문이고, 상이 반드시 넷인 것은 넷이 아니면 안 되기 때문이고, 괘가 반드시 여덟이 되고 인하여 64개가 되며 효가 반드시 24개가 되고 인하여 384개가 된 것은 모두 이 수를 채우지 않으면 안 되기 때문이니, 어찌 한 괘와 한 효를 이 수보다 더하고 이 수보다 줄일 수 있겠는가.

그러나 천하 사물의 형상이 과연 64가지에 그치고 천하 사물의 변화가 과연 384가지에 그치는가. 삼가 역의 활법(活法)을 살펴보면 음·양 두 효가 오르내리고 오고 감에 불과할 뿐이다. 음·양 두 효가 6획의 한 괘에서 오르내리고 오고 가면 그 변함이 항상 64가지이다. 그러므로 또 64괘에서 오르내리고 오고 가는 것은 그 변함이 합하여 4,096괘가 되는 것이다.

그렇다면 3획인 팔괘로 그 효가 24개인 것은 본체이고, 64괘로 그 효가 384개인 것은 용이다. 또 괘가 64괘에 그치고 효가 384개에 그친 것은 본체이고, 64괘가 4,096괘가 되고 384효의 변함이 괘마다 각각 본래 수와 똑같이 있는 것은 용이다. 원래 정해진 괘와 효는 그 수와 자리에 일찍이 변동이 없지만 그 효가 변동하고 교역하고 오르내리고 오고 가는 것은 자연 무궁하다. 이는 역의 도가 일마다 관통하지 않음이 없고 물건마다 통솔하지 않음이 없고 위치마다 통하지 않음이 없고 때마다 부합하지 않음이 없어서, 세대와 사물의 변함이 모두 이 상과 수, 이 도와 리를 피할 수 없는 이유이다. 당연히 이 이루어진 상과 수에 의거해서 무궁한 도와 리로써 미루어 이를 이끌어 펴며 종류에 따라 확장할[242] 뿐이니, 이는 《대역(大易)》[243]의 무궁한 묘용이 아니겠는가. 아! 진실로 용을 다할 수 없다. 그러나 그 실제는 팔괘일 뿐이고 그 리는 태극일 뿐이니, 어찌 그 밖에 쓸데없는 말을 늘어놓고 군더더기 수를 헤아릴 필요가 있겠는가.

2.1.48

공자가 역의 리를 이름하여 태극이라 하셨으니,[244] 극은 바로 비유를 취한 호칭이다.[245] 그렇다면 역의 책도 호칭을 붙일 수 있을 것이다. 나는 감히 세 가지 호칭으로 《역경》을 이름하여 이경(理鏡 리의 거울)이라 하고 도범(道範 도의 모범)이라 하고 덕전(德田 덕의 밭)이라 한다.

어째서 이경이라 하는가. 거울이라는 것은 밝음이 이곳에 있으면 천하 만물의 형상이 모두 비쳐서 나타나는 것이다. 지금 이 《역경》 가운데 천지 사물의 리가 갖추어지지 않음이 없다. 천지의 사물은 비록 《역경》 밖에 있으나 그 리는 모두 《역경》 가운데 갖추어져 있다. 그러므로 시작이 없는 예전[246]으로부터 끝마침이 없는 뒤에 이르고, 깨뜨릴 수 없는 작은 것으로부터 실을 수 없는 큼에 이르고, 하늘에서 상을

242 이끌어……확장할 : 《주역》 〈계사전 상〉에 "팔괘에 조금 이루어 이끌어 펴며 종류에 따라 확장하면 천하의 능사(能事)가 다할 것이다.〔八卦而小成, 引而伸之, 觸類而長之, 天下之能事畢矣.〕"라고 보인다.

243 대역(大易) : 일반적으로 《주역》을 가리키는데, 여기는 '역의 큰 도'의 뜻으로 보아도 될 듯하다.

244 공자가……하셨으니 : 《주역》 〈계사전 상〉에 "역에 태극이 있다.〔易有太極.〕"라고 하였는데, 주자의 주에 "역은 음·양의 변(變)이고 태극은 그 리이다."라고 하였다.

245 극은……호칭이다 : 2.1.39절에 태극은 리가 시작도 없고 끝도 없고 바깥도 없고 안도 없는 것이라 하였다.

246 시작이 없는 예전 : 장현광은 리는 시작과 끝마침이 없고 기와 사물은 시작과 끝마침이 있다고 하였다. 〈태극설〉 3.1.1.6절에 "시종(始終)이 없으면서도 천지 인물로 하여금 시종이 있게끔 하는 것이 바로 태극이다."라고 하였다.

이루는 일·월·성·신과 땅에서 법을 드러내는[247] 수·화·토·석, 낳고 낳아 다하지 않는 조화, 사물의 근간이 되어 빠뜨릴 수 없는 귀신,[248] 모든 천지 사이의 많고 많은[249] 만물, 우주가 있는 이래로 분분한 사물의 변화를 모두 이 역으로 통달할 수 있다. 이것이 '이경'이 되는 이유가 아니겠는가.

어째서 도범(道範)이라 하는가. 범(範 거푸집)이라는 것은 쇠를 주조(鑄造)하는 자가 반드시 사용하는 틀이다. 네모지고 둥글며 크고 작으며 길고 짧으며 깊고 얕은 집기를 만들려고 하면 반드시 먼저 다른 물건으로 이 집기의 모범(模範)을 만든 뒤에 그 재료인 쇠를 녹여 붓는다. 이 때문에 집기는 반드시 그 본뜬 바의 집기가 되어 오차가 없는 것이다.

도는 진실로 우리 인간이 날마다 쓰며 항상 행하여 잠시도 떠날 수 없는 것인데, 응하는 일이 동일한 형편이 아니고 접하는 물건이 동일한 모양이 아니고 거하는 위치가 동일한 자리가 아니고 만난 때가 동일한 날이 아니다. 응대하여 시행하고 조처하는 것을 일과 물건과 때와 자리에 따라 달리하여 반드시 각각 당연한 법칙을 얻은 뒤에야 지선(至善)이 되어서 반드시 여기에 그칠 수 있으며,[250] 중용이 되어서 편벽됨과 기욺, 과(過)와 불급(不及)이 없을 수 있어서, 부자(父子)가 되면 부자

247 상을……드러내는 : 원문의 法과 象은 2.1.45절에 나오는 '법과 상'인 듯하다. 위의 각주 208) 참조.

248 사물의……귀신 : 《중용》에 귀신에 대하여 "보아도 보이지 않으며 들어도 들리지 않으나 사물의 체(근간)가 되어 빠뜨릴 수 없다.〔視之而弗見, 聽之而弗聞, 體物而不可遺.〕"라고 하였다.

249 많고 많은 : 원문의 林總은 林林總總의 준말로 번다한 모양이다.

250 지선(至善)이……있으며 : 이는 《대학》의 '止於至善'을 인용한 것인데, 주자는 "지선은 사리(事理)의 당연한 극(極 표준)이다."라고 하였다.

의 도를 다하고, 군신(君臣)이 되면 군신의 도를 다하고, 부부가 되고 장유(長幼)가 되고 붕우가 됨에 이르러도 그 도를 다하지 않는 바가 없게 된다. 이것이 경중과 완급(緩急), 진퇴와 소장(消長)의 기미를 알지 않고서 능하겠는가.

무릇 정밀한 뜻과 오묘한 도가 《주역》 가운데 자세히 실리지 않은 것이 없다. '편안히 있으면 상을 보고 글을 살펴보며, 동하면 변화를 보고 점(占)을 살펴보아서, 하늘로부터 도와주어 길하여 이롭지 않음이 없는 것'[251]이 이것이다. 이것이 도범이 되는 이유가 아니겠는가.

251 편안히……것 : 이는 《주역》 〈계사전 상〉에 "성인이 괘를 만들어 상을 보고 글을 달아 길흉을 밝히며, 강과 유가 서로 미루어 변화를 낳으니, 그러므로 길흉은 실(失)과 득(得)의 상이요, 뉘우침과 부끄러움은 근심과 헤아림의 상이요, 변(變)·화(化)는 나아감과 물러감의 상이요, 강·유는 낮과 밤의 상이요, 여섯 효의 동함은 삼극(三極)의 도이다. 그러므로 군자가 거하여 편안히 여기는 것은 역의 차례이고, 즐거워하여 구경하는 것은 효의 글이니, 그러므로 군자는 편안히 있으면 그 상을 보고 그 글을 살펴보며, 동하면 그 변화함을 보고 그 점(占)을 살펴본다. 이 때문에 하늘로부터 도와주어 길하여 이롭지 않음이 없는 것이다.〔聖人設卦, 觀象繫辭焉而明吉凶, 剛柔相推而生變化. 是故吉凶者, 失得之象也; 悔吝者, 憂虞之象也; 變化者, 進退之象也; 剛柔者, 晝夜之象也; 六爻之動, 三極之道也. 是故君子所居而安者, 易之序也; 所樂而玩者, 爻之辭也. 是故君子居則觀其象而玩其辭, 動則觀其變而玩其占, 是以自天祐之, 吉无不利.〕" 라고 보인다. 주자는 이를 설명하여 "역에 상【팔괘와 여섯 효】이 있은 뒤에 글【괘사와 효사】이 있고, 점괘에 변화【노음과 노양】가 있은 뒤에 점【변효의 효사】이 있다. 상의 변화는 리에 있으나 아직 일에 드러나지 않은 것이며, 글은 각각 상을 인하여 그 길흉을 가리킨 것이고, 점은 내가 만난 글을 인하여 결단하는 것이니, 사람에게 보여 줌이 점점 자세하다. 그러므로 군자가 편안히 거하여 역을 배우면 상을 살펴보기도 하고 글을 살펴보기도 하여 처한 바의 옳고 그름을 고찰하고, 동하여 점을 물으면 변화를 보기도 하고 점을 살펴보기도 하여 만난 바의 길흉을 고찰한다. 선하여 길하면 행하며, 잘못되어 흉하면 그치니, 이 때문에 동정(動靜)의 사이에 리를 어김이 전혀 없어 '하늘로부터 도와주어 길하여 이롭지 않음이 없는 것'이다. 관(觀)은 한 번 보고 판단함이고 완(玩)은 반복하여 그만두지 않는다는 말이다.〔蓋易有象【八卦、六爻】, 然後有辭【卦爻之辭】; 筮有變【老陰、老陽】, 然後有占【變爻之辭】. 象之變也, 在理而未形於事者也, 辭則各因象而指其吉

어찌하여 덕전(德田)이라 하는가. 밭이라는 것은 재화를 내어서 우리 인간에게 제공하는 것이다. 우리 인간은 추위와 더위에 대처하는 깃털・털・비늘・껍질이 없고 먹이를 쟁취하는 발톱과 이빨이 없다. 그러므로 부모를 섬기고 군주와 정승을 섬기고 제사를 받들고 처자를 기르고 친척을 도와주고 빈객을 접대하는 것이 모두 밭에서 취하여 충족하는 것이다. 이 덕으로 말하면 하늘이 나에게 주신 명(命)이고, 몸이 마음에 간직한 성(性)이고,[252] 사람이 참예하는 삼재(三才)의 도이다.[253]

사람이 옷과 밥이 없으면 삶이 있을 수 없으니, 만일 그 덕이 없다면 이는 바로 삶의 리가 없는 것이다. 삶의 리가 없고서 하늘과 땅 사이에 사람이 될 수 있겠는가. 그렇다면 우리 인간의 삶을 길러 주는 것은 밭이 되는 땅이고, 우리 인간의 삶의 리를 길러 주는 것은 경(經)이

凶, 占則又因吾之所值之辭而決焉, 其示人也益以詳矣. 故君子居而學易, 則既觀象矣, 又玩辭以考其所處之當否; 動而諏筮, 則既觀變矣, 又玩占以考其所值之吉凶. 善而吉者則行, 否而凶者則止. 是以動靜之間, 擧無違理, 而'自天祐之, 吉無不利'也. 蓋觀者, 一見而決, 玩者, 反復而不舍之辭也.〕"라고 하였다. 《晦庵集 卷45 答丘子野》

252 덕으로……성(性)이고 : 주자는 "물건이 받은 것을 성이라 하고 하늘이 부여한 것을 명이라 한다.〔物所受爲性, 天所賦爲命.〕" 하였고, "마음은 몸의 주재자이다.〔心者, 身之所主也.〕" 하였고, "마음에 얻은 것을 덕이라 한다.〔得之於心爲德.〕" 하였다. 《周易傳義 乾卦》, 《大學章句》, 《朱子語類 卷6》

253 사람이……도이다 : 장현광은 〈역학도설서(易學圖說序)〉에서 "사람이면서 이 도리를 알지 못한다면 이 역시 새와 짐승일 뿐이요 풀과 나무일 뿐이며, 서되 마땅히 서야 할 땅을 알지 못하고 행하되 마땅히 행하여야 할 길을 알지 못한다면 어찌 삼재의 도에 참예하겠는가. 성인이 이것을 걱정하여 부득이 역을 만들어서 방책(方冊)의 위에 천지를 모상(模象)하였다. 이렇게 한 뒤에야 신명의 덕을 이로써 통하고 만물의 정을 이로써 유추할 수 있었다." 하였다. 또 "하늘이 하늘이 된 리를 순히 하는 것은 하늘의 도이고, 땅이 땅이 된 리를 순히 하는 것은 땅의 도이고, 사람이 사람이 된 리를 순히 하는 것은 사람의 도이다." 하였다. 《旅軒集 卷8 易學圖說序, 卷7 道統說》

되는 역이다. 밭이 사람을 길러 주는 것은 형기(形氣)이고 역이 사람을 길러 주는 것은 성명(性命)이니, 기르는 바의 정하고 거칢이 비록 다르지만 기름을 이루는 방도로서는 그 쓰임이 똑같다. 그러므로 이를 취하여 비견한 것이다.

고금과 귀천에 관계없이 이 역을 사용하는 자가 동하고 고요하고 말하고 침묵하며 행하고 은둔하고 벼슬하고 그칠 적에 과연 괘효의 상과 점을 어기지 않고 회통(會通)하는 떳떳한 예(禮)를 한결같이 따라서, 이로써 일에 응하고 이로써 때를 따르고 이로써 떳떳함에 처하고 이로써 변화에 대처한다면, 인(仁)·의(義)·예(禮)·지(智)가 이로 말미암아 온전해지고 성명과 도덕이 이로 말미암아 다하게 될 것이다. 이것이 덕전이 되는 이유가 아니겠는가.

리의 거울인 역으로는 과연 모든 천지 사물의 리를 궁구할 수 있고, 도의 모범인 역으로는 또 일상생활에 항상 행하는 도를 똑같이 따라하여 모두 당연한 법칙대로 할 수 있고, 덕의 밭인 역으로는 또 성명과 병이(秉彝)의 덕[254]을 다하여 모든 것에 성실할 수 있는 것이다.

혹자는 말하기를 "세 가지 호칭으로 이름한다면 역이란 이름은 버려도 됩니까?" 하기에 내가 다음과 같이 말하였다.

"그렇지 않다. 세 호칭을 만든 것은 바로 머리의 경(經)[255]인 것을

254 성명과 병이(秉彝)의 덕 : 장현광은 인(仁)·의(義)·예(禮)·지(智)·신(信)을 성(性)의 조목이라 하고, "다섯 가지의 성이 하늘로부터 부여되었으므로 이것을 명이라 하며, 하늘의 명을 부여받아 내 마음의 리가 되었으므로 이것을 성이라 하며, 사람에게 성은 고유하기 때문에 상(常)이라 하며, 이미 고유한 떳떳한 성이어서 마치 굳게 잡고 있는 것과 같으므로 병이(秉彝)라 한다." 하고, "원(元)·형(亨)·이(利)·정(貞)이 하늘에 있는 것은 모두 지극히 선하고 지극히 바르고 지극히 공정한 리이므로 이것을 덕이라 하며, 사람의 성이 되어서 인·의·예·지·신이 된 것도 모두 지극히 선하고 지극히 바르고 지극히 공정하므로 또한 이것을 덕이라 한다."라고 하였다. 《旅軒集 卷6 學部名目會通旨訣》

인하여 별도로 세 호칭을 세워서 다만 이 경이 실로 역이 됨을 밝혔을 뿐이다. 역이라는 호칭은 바로 지극히 신묘하여 방소도 형체도 없음을 일컫는 이름이다. 지극히 신묘하여 방소도 형체도 없기 때문에 자연 무궁한 쓰임이 있어서 단 하루도 버릴 수 없으니, 마땅히 천지와 함께 시작하고 끝마치는 것이다. 《역경》을 이미 이경이라고 호칭하였으나 미진한 바가 있으므로 다시 이름하여 도범이라 하였고, 도범도 미진하므로 또다시 이름하여 덕전이라 한 것이다. 이는 《역경》이 바뀌지 않는 역[256]과 항상 변하지 않는 경이 되는 이유가 아니겠는가."

2.1.49

역의 팔괘에서 건과 곤은 바로 하늘과 땅의 상이다. 만약 생겨난 순서로 말하면 양의(兩儀)가 생긴 것이 태극의 뒤와 사상의 앞에 있어서 가장 먼저이니, 마땅히 양의로 하늘과 땅을 형상하여 양의(陽儀)를 가리켜 하늘이라 하고 음의를 가리켜 땅이라 해서 사상의 위에 있어야 옳을 듯한데, 역에서 상을 취한 것은 그렇지 않아서 반드시 3획인 양

255 머리의 경(經) : 경은 항상 일정한 것을 나타내고 위(緯)는 변화하는 것을 나타내는데, 리에도 일정한 경과 변역하는 위가 있다. 2.1.24절 참조. 앞에서 역이 '이경'이 되는 이유를 말하여, 역의 리는 시작이 없는 예전에도 있었고 모든 사물에 갖추어져 있다고 하였다. 이처럼 역의 리가 경으로서 근본이고 첫째라 할 수 있으므로 '머리의 경〔首經〕'이라고 한 듯하다.

256 바뀌지 않는 역 : 2.1.38절에 "역이라는 것은 때에 따라 변역해서, 바뀌지 않는 리와 항상 행하는 도를 다한 것이다."라고 하였다. 정현(鄭玄)은 역의 이름에 이간(易簡)·변역(變易)·불역(不易)의 세 가지 뜻이 있다고 하고, 〈계사전 상〉에 "하늘은 높고 땅은 낮으니 건과 곤이 정해지고, 낮은 것과 높은 것이 진열되니 귀(貴)와 천(賤)이 자리하고, 동(動)과 정(靜)이 일정함이 있으니 강(剛)과 유(柔)가 결단되었다." 한 것을 인용하여 "이는 그 자리가 펼쳐져 배열되어 바뀌지 않음을 말한 것이다.〔此言其張設布列, 不易者也.〕"라고 하였다. 《周易正義 卷首》

을 하늘이라 하고 3획인 음을 땅이라 하여 사상의 뒤에 둔 것은 어째서인가.

가만히 생각해 보면 다음과 같다. 수를 가배(加倍)하는 법의 처음에 반드시 1로써 2를 낳는 것은 자연스러운 리이다. 천지가 아직 천지가 되기 전에도 이 도와 이 수는 항상 본래 무궁하였으니, 이 천지의 전에 몇 번의 천지를 지나온 것인가. 서로 이어 천지가 크게 열리고 닫힌 것도 양의가 아니겠는가. 또 양의는 음·양이 첫 번째로 나뉜 것이니, 다만 한 음과 한 양이 반드시 상대하고 교대함을 밝혔을 뿐이고 그 안에 포함된 변화에는 아직 미치지 않은 것이다. 이 때문에 양의를 하늘과 땅에 해당시키지 않은 것이다. 사상의 경우는 또 양의에 각자 양의가 있어서 음·양에 대소(大小)와 노소(老少)의 구별이 없을 수 없으니, 그런 구별이 있은 뒤에 쓰임을 다할 수 있음을 밝힌 것이다.

그러나 획이 둘에 그치고 자리가 넷에 그치면 아직도 다 구비하지 못한 것이다. 획이 셋에 이르고 자리가 여덟에 이른 뒤에야 상과 수가 이미 이루어지고 도와 덕이 또한 구비되어 비로소 삼재의 상을 모의(模擬)하여[257] 신명(神明)의 덕을 통하고 만물의 정을 분류할 수 있는 것이다.[258] 이에 세 양의 괘를 하늘에 모의하되 그 덕이 이미 순수하고 그 도가 지극히 굳세므로 건이라 하였으며, 세 음의 괘를 땅에 모의하되 그 덕이 또한 순수하고 그 도가 지극히 순하므로 곤이라 한 것이다. 건과 곤이 위와 아래에 자리하면 그 사이의 여섯 괘가 건과 곤을 계승하

257 삼재의 상을 모의(模擬)하여 : 초효는 땅, 중효는 사람, 상효는 하늘의 상이 된다.

258 신명(神明)의……것이다 : 《주역》 〈계사전 하〉에 복희씨가 팔괘를 만들어 신명의 덕을 통하고 만물의 정을 분류하였다고 하였는데, 주자는 "신명의 덕은 건(健)·순(順)·동(動)·지(止)와 같은 성(性)이고, 만물의 정은 뇌(雷)·풍(風)·산(山)·택(澤)과 같은 상이다."라고 하였다.

여 그 쓰임을 다하지 않음이 없다.

한 양이 두 음의 아래에 있는 것을 진이라 하고, 한 양이 두 음의 가운데에 있는 것을 감이라 하고, 한 양이 두 음의 위에 있는 것을 간이라 하니, 이른바 세 아들이다. 한 음이 두 양의 아래에 있는 것을 손이라 하고, 한 음이 두 양의 가운데에 있는 것을 리라 하고, 한 음이 두 양의 위에 있는 것을 태라 하니, 이른바 세 딸이다. 양의에서 나온 것으로 말하면 태에서 진까지는 모두 건에 속하고 손에서 간까지는 모두 곤에 속하며, 남녀의 뜻으로 말하면 세 아들의 괘는 건에 속하고 세 딸의 괘는 곤에 속하여 음·양의 자리가 뒤섞여 있다.

오직 양의에서 사상이 되고 사상에서 팔괘가 되어서 그 획이 반드시 셋이 된 뒤에야 상이 이루어지고 덕이 구비해서 팔괘의 이름을 각각 얻게 된다. 그렇다면 건과 곤의 명칭과 하늘과 땅의 성립이 어찌 양의와 사상이 생긴 때에 있겠는가. 그러므로 하늘과 땅의 이전에 이미 양의와 사상의 도가 있다고 한 것이다.

혹자는 말하였다. "가배법(加倍法)의 생겨나는 순서로 배열하면 비록 서열의 선후가 없을 수 없으나 그 실제는 한 태극에 양의·사상·팔괘의 수를 모두 포함하여 양의를 낳을 때에 이미 본래 사상과 팔괘의 리가 있고 사상을 낳을 때에 이미 본래 팔괘의 리가 있는 것이다. 태극을 말할 때에 양의·사상·팔괘가 그 가운데 들어 있고, 양의를 말할 때에 사상·팔괘가 그 가운데 들어 있고, 사상을 말할 때에 팔괘가 그 가운데 들어 있는 것이니, 어찌 생겨남에 순서가 있다고 하여 양의·사상·팔괘에 각각 자리를 배열해서 건·곤과 육자(六子)가 반드시 양의와 사상의 뒤에 생겼다고 의심하겠는가. 한때에 모두 구비하였기 때문에 팔괘의 초획은 모두 양의이고, 초획에서 제2획까지는 모두 사상이고, 제3획에 이른 뒤에야 마침내 팔괘라고 하는 것이다."

이에 내가 다음과 같이 말하였다. "팔괘가 이미 이루어진 뒤를 근거하여 말하면 비록 초획을 가리켜 양의라 하고 제2획까지를 사상이라고 하지만, 사상의 네 자리가 이미 팔괘의 이전에 갖추어지고 양의의 두 자리가 이미 사상의 이전과 태극의 이후에 성립되니, 어찌 양의·사상·팔괘를 한때에 함께 생긴 것으로 여겨 하늘과 땅의 생김이 양의·사상의 뒤에 있지 않다고 하겠는가. 생겨난 순서는 반드시 먼저 양의가 있고서 그 다음에 사상이 되고, 또 모름지기 먼저 사상이 있고서 그 다음에 팔괘가 되었다. 반드시 먼저 있고 반드시 뒤에 있는 순서가 이미 이와 같다면 한때에 함께 생겨났다고 말할 수 없는 것이 반드시 옳지 않겠는가.

다만 양의가 되고 사상이 되고 팔괘가 된 리는 본래 태극의 가운데에 다 갖추어져 있었으니, 건과 곤의 이루어짐이 비록 3획이 이루어진 뒤에 있었으나 건과 곤의 기축(機軸)은 이미 양의가 되고 사상이 된 때에 성립된 것이다. 하늘과 땅의 개벽이 비록 지금 원(元)의 자회(子會)와 축회(丑會)에 있었으나 누적된 근본은 반드시 앞의 원이 쇠퇴하는 때에 발단한 것이다.[259] 지극히 높고 밝은 하늘과 지극히 넓고 두터

259 하늘과……것이다 : 1원은 129,600년으로 자회(子會)에서 해회(亥會)까지 12회가 있다. 주자는 "하늘은 자회에서 열렸고, 땅은 축회에서 열렸고, 인물은 인회(寅會)에서 생겨났다.〔天開於子, 地闢於丑, 人生於寅.〕"라고 하였다. 이는 《황극경세서》에 근거한 것으로 주자는 "소강절의 설에 1원이 12회를 통괄하는데 앞에 있는 자와 축의 두 자리를 비우고 인의 자리에 이르러 비로소 인물을 기원하여 인물이 인년(寅年) 인월(寅月) 인시(寅時)에 생겼다고 하였다. 뜻으로 미루어 보면 반드시 먼저 하늘이 있어야 비로소 땅이 있고 천지가 교감함이 있어야 비로소 인물이 생겨난다.〔康節說, 一元統十二會, 前面虛却子、丑兩位, 至寅位始紀人物, 云人是寅年寅月寅時生. 以意推之, 必是先有天, 方有地, 有天地交感, 方始生出人物來.〕"라고 하였다. 또 인물은 술회(戌會)에 닫히고 천지도 닫히는데, 1원으로 끝이 아니라 궁극에 이르면 변하고 변하면 생겨나서 끝이 없는 것이다. 《論語集註 衛靈公》, 《朱子語類 卷45》, 《性理大全書 皇極經世書纂圖指要下》

운 땅을 어찌 한 시기에 완성할 수 있겠는가.

그런데 팔괘의 소성이 비록 3획인 때에 있으나 그 이루어짐이 아직도 미진함이 있다. 그러므로 반드시 3획을 거듭하여 6획을 만들어 팔괘의 위에 각각 팔괘를 가한 뒤에야 그 뜻이 비로소 갖추어지고 건과 곤이 온전한 덕을 지니게 되어서 천하와 고금의 사물의 변화를 다할 수 있는 것이다. 이는 팔괘가 대성하여 천지의 능사(能事)를 다하는 것이 아니겠는가."

2.1.50

공자의 《주역》 전(傳)에 "태극이 양의를 낳고 양의가 사상을 낳고 사상이 팔괘를 낳았다."라고 하였다. 그 도로 말하면 태극의 가운데에 양의가 있고, 양의의 가운데에 사상이 있고, 사상의 가운데에 팔괘가 있다. 그러므로 이미 태극이 있으면 양의가 없을 수 없고, 이미 양의가 있으면 사상이 없을 수 없고, 이미 사상이 있으면 팔괘가 없을 수 없는 것이다. 이는 태극이 있을 때에 양의·사상·팔괘는 아직 생기지 않았다는 것이 아니며, 막 양의를 낳을 때에 태극은 이미 무(無)로 돌아가고 사상과 팔괘는 아직 생기지 않았다는 것이 아니며, 막 사상을 낳을 때에 태극과 양의는 이미 무로 돌아가고 팔괘는 아직 생기지 않았다는 것이 아니다. 세 번 획을 가하여 64괘가 되는 것도 그러하다.

주염계(周濂溪)의 〈태극도설〉에 "태극이 동하여 양을 낳고 정(靜)하여 음을 낳아서 양의가 이미 성립함에 양이 변하고 음이 합하여 수·화·목·금·토를 낳는다."[260]라고 하였다. 이 또한 태극의 가운데에

260 태극이……낳는다 : 〈태극도설〉의 원문에는 "태극이 동하여 양을 낳아 동함이 극에 달하면 정(靜)하고, 정하여 음을 낳아 정함이 극에 달하면 다시 동한다. 한번

본래 음양이 있고 음양의 가운데에 본래 오행이 있으므로 이미 태극이 있으면 음양이 없을 수 없고 이미 음양이 있으면 오행이 없을 수 없는 것이다. 또한 태극이 있을 때에 음양과 오행은 아직 생기지 않았다는 것이 아니며, 막 음양이 있을 때에 태극은 이미 무로 돌아가고 오행은 아직 생기지 않았다는 것이 아니다. 《주역》으로 말하면 태극이 양의·사상·팔괘를 얻어서 태극이 되었고, 양의가 사상과 팔괘를 얻어서 양의가 되었고, 사상이 팔괘를 얻어서 사상이 된 것이지만, 〈태극도설〉로 말하면 태극이 음양과 오행을 얻어 태극이 되었고, 음양이 오행을 얻어 음양이 된 것이다.

그렇다면 그 '있음'은 저것과 이것이 따로 있는 것이 아니고 그 '낳음'은 먼저와 뒤가 있는 것이 아니며, 다만 대(大)를 종주(宗主)로 삼아 소(小)가 되어 소가 대의 가운데 있음을 말한 것이니, 말하는 형세상 자연 저것과 이것이 없을 수 없고 먼저와 뒤가 없을 수 없기 때문이다. 그런데 《주역》 전에 다만 태극만 말하고 양의·사상·팔괘를 말하지 않았다면 사람들은 태극에 양의가 있고 양의에 사상이 있고 사상에 팔괘가 있음을 알지 못했을 것이며, 《태극도설》에 다만 태극만 말하고 음양과 오행을 말하지 않았다면 사람들은 태극에 음양이 있고 음양에 오행이 있음을 알지 못했을 것이다.

또 누가 혼연한 통체(統體)[261] 가운데에 본래 찬연한 절목(節目)이 갖추어져 있어서 통체가 절목을 버리고 통체가 될 수 없으며 절목이

동하고 한번 정함이 서로 뿌리가 되어, 음으로 나누고 양으로 나눔에 따라 양의가 성립한다. 양이 변하고 음이 합하여 수·화·목·금·토를 낳아 오행의 기가 순차적으로 펴짐에 사시(四時)가 행하게 된다."라고 하였다.

261 통체(統體) : 태극을 가리킨다. 태극은 만리(萬理)를 총괄하고 만물이 한 태극의 통체에 통합된다. 위의 각주 177) 참조.

통체를 떠나 절목이 될 수 없음을 알겠는가. 반드시 통체가 확립되고 절목이 모두 갖추어진 뒤에야 조화가 행해져 사업이 이루어지는 것이다. 이는 도와 리가 자연 그렇지 않을 수 없는 것이 아니겠는가. 아! 만일 도와 리를 아는 자가 아니면 누가 그 묘함을 알겠는가.

2.1.51

태극이 양의를 낳은 것이 첫 번째 변함이 되고, 양의가 사상을 낳은 것이 두 번째 변함이 되고, 사상이 팔괘를 낳은 것이 세 번째 변함이 된다. 그러므로 소성괘의 효가 셋에 그친 것은 바로 세 번 변한 수인 것이다.

○양의가 1획이고 사상이 2획이고 팔괘가 3획이니, 그 1획과 2획과 3획을 합하면 6획이 된다. 그러므로 대성괘의 효가 6효에 그친 것은 바로 양의·사상·팔괘의 본체 획의 수에 의한 것이니, 이는 상체의 세 획이 다만 소성괘의 획을 거듭한 것이기 때문이다.

○소성괘의 수가 8에 그친 것은 하도에서 사방의 생수와 성수의 개수를 합하면 8이 되어 그치기 때문이다. 5와 10의 두 수는 하도의 안쪽에 숨어서 그곳을 비워 태극의 자리가 된다. 그러므로 하도의 사방에 합해 있는 생수와 성수를 각각 취하여 8이 된 것이고, 중앙의 자리에 있는 5와 10을 합하면 10의 온전한 수가 되는 것이다.[262]

262 하도에서……것이다 : 주자는 성인이 하도를 본받은 것에 대하여 "하도에 5와 10을 비운 것은 태극이고, 기수 20과 우수 20은 양의이며, 1·2·3·4로 6·7·8·9를 만든 것은 사상이고, 사방의 합한 것을 나누어 건·곤·리·감으로 삼고 사우의 빈 곳을 메워서 태·진·손·간으로 삼은 것은 팔괘이다.〔河圖之虛五與十者, 太極也; 奇數二十、偶數二十者, 兩儀也; 以一、二、三、四爲六、七、八、九者, 四象也; 析四方之合, 以爲乾、坤、離、坎, 補四隅之空, 以爲兌、震、巽、艮者, 八卦也.〕"라고 하였

○대성괘의 수가 64에 그친 것은 소성괘의 수가 8에서 그치면 8·8의 수가 64에서 다하기 때문이니, 이 또한 8의 수에서 벗어나지 않을 뿐이다. 이는 자연의 묘함 아님이 없으니, 성인의 수법은 바로 천기(天機)[263]이다.

2.1.52

리(理)는 본래 상이 없고 수가 없으나 기(氣)가 있게 된 뒤에는 기의 상과 기의 수가 있고, 물건이 있게 된 뒤에는 물건의 상과 물건의 수가 있다. 역은 도와 리가 모두 모여 있는 것이고 역에서 말한 기와 물건은 도와 리의 찌꺼기〔糟粕〕인데, 상과 수를 가지고 역을 말한 것은 어째서인가. 이는 반드시 형이하의 기(器)가 있은 뒤에야 형이상의 도가 있기 때문이다.[264]

역이 만약 다만 도와 리만 있고 기(器)에 미치지 않았다면 어찌 굳이 책을 지을 것이 있겠는가. 책이 과연 형이하의 기(器)가 아니겠는가. 책 가운데에 그린 괘효는 모두 이미 기(氣)와 연관된 것이고, 말한 여러 종류의 일은 모두 이미 이루어져 물건인 것이니, 그렇다면 그 상과 그 수가 도와 리로부터 나오지 않은 것이 있겠는가. 만일 기(氣)가 되고 물건이 된 형이하가 있지 않다면 도와 리가 어디로부터 분명히

다.《周易傳義大全 周易朱子圖說》

263 천기(天機) : 김장생(金長生)은 "천기는 천리가 자연히 발현되어 작용하는 묘한 곳이다.〔天理自然發用之妙處也.〕"라고 하였다. 《近思錄集解 卷12》

264 형이하의……때문이다 : 〈계사전 상〉에 "형이상을 도라 이르고 형이하를 기(器)라 이른다.〔形而上者, 謂之道; 形而下者, 謂之器.〕"라고 하였는데, 그 주에 주자는 "괘효의 음·양은 모두 형이하이고, 그 리는 도이다."라고 하였고, 《근사록》에 주자는 "기(器)는 형적(形迹)이다."라고 하였다. 《近思錄 卷1 道體》

드러나겠는가. 이는 바로 《주역》에 실려 있는 것이 상과 수 아님이 없는 것이다. 다만 그 상·수는 처음에 역을 지은 상·수가 있고, 중간에 역을 밝힌 상·수가 있고, 끝에 역을 사용하는 상·수가 있으니, 이는 구분하지 않을 수가 없다.

상고 시대에는 역이 하늘과 땅에 있어서 책을 아직 짓지 않았는데, 복희가 삼황(三皇)[265]의 뒤에 태어나서 우러러 하늘의 상을 관찰하고 굽어 땅의 법을 관찰하며 새와 짐승의 문(文)과 하늘과 땅의 마땅함을 관찰하며 가까이는 자신에서 취하고 멀리는 물건에서 취하였으며,[266] 또 리가 정교하게 드러나는[267] 하도의 상서(祥瑞)가 있었다. 이에 비로소 팔괘를 만들어 신명의 덕을 통하고 만물의 정(情)을 분류하였으니, 복희가 관찰하고 취한 것이 위아래와 멀고 가까운 곳에 드러나는 상과

265 삼황(三皇) : 삼황의 설은 여러 가지가 있는데, 장현광은 〈전통첩(傳統帖)〉에서 천황(天皇)·지황(地皇)·인황(人皇)을 복희의 앞에 두었다. 또 천황씨는 처음 천도(天道)를 밝혀서 사람들을 가르쳤고, 지황씨는 지리(地理)를 밝혀 법을 드리웠고, 인황씨는 인도(人道)를 밝혀서 가르쳤을 것이라 하였다. 《旅軒集 卷5 宇宙要括帖, 卷6 究說》

266 우러러……취하였으며 : 이는 〈계사전 하〉에 보인다.

267 리가 정교하게 드러나는 : 원문의 '巧而著'는 주자의 다음 말을 참조하여 번역하였다. "성인이 역을 지은 시초에는 우러러 관찰하고 굽어살펴서 천지 사이에 가득한 것이 모두 한 양과 한 음의 리 아님이 없음을 보셨으니, 리가 있으면 상이 있고 상이 있으면 그 수가 곧 그 속에 있으니, 비단 하도·낙서만이 그러한 것이 아니다. 이른바 수라는 것은 다만 기의 분한(分限)과 절도가 있는 부분이니, 양을 얻으면 반드시 기가 되고 음을 얻으면 반드시 우가 된다. 모든 사물이 다 그렇지만 하도·낙서가 특별히 정교하게 드러난다. 이에 성인이 이로 인하여 괘를 그으셨으니, 처음에는 다만 한 기를 그어 양을 상징하고 한 우를 그어 음을 상징하였을 뿐이었다.〔聖人作易之初, 蓋是仰觀俯察, 見得盈乎天地之間, 无非一陰一陽之理. 有是理則有是象, 有是象則其數, 便自在這裏, 非特《河圖》、《洛書》爲然. 蓋所謂數者, 秖是氣之分限、節度處, 得陽必奇, 得陰必偶, 凡物皆然, 而《圖》、《書》爲特巧而著耳. 於是聖人因之而畫卦, 其始也只是畫一奇以象陽, 畫一偶以象陰而已.〕"《周易傳義大全 易說綱領》

수가 아니겠는가. 처음 획을 그을 적에 태극에서 한 번 변하여 의(儀)가 되고 두 번 변하여 상이 되고 세 번 변하여 괘가 되어서, 3획으로 소성이 되고 6획으로 대성이 된 것이 모두 상이며, 의가 둘이고 상이 넷이고 괘가 소성하여 여덟이고 대성하여 육십사인 것이 모두 수이다. 이는 바로 역을 지은 상과 수이다.

괘가 소성함에 이르러서 굳셈·순함·동함·들어감·붙음·빠짐·그침·기뻐함을 살펴 그 덕성(德性)을 밝히고, 하늘·땅·산·못·물·불·우레·바람을 취하여 그 실정(實情)을 드러내며, 대성하여 위아래 두 체가 안과 밖이 되고 정(貞)과 회(悔)가 됨을 보고서 괘의 이름을 세운 것이 모두 상이다.[268] 소성한 괘가 8개에 그 효가 24개이고 대성한 괘가 64개에 그 효가 384인 것이 모두 수이다. 이는 역이 이루어진 뒤의 상과 수이다.

대연(大衍)의 수 50의[269] 시초(蓍草) 수를 취하여, 하나를 남겨 두어

268 위아래……상이다 : 2.1.37절에 "괘의 이름은 성인이 정과 회가 되는 하체·상체의 상을 보고서 이름하였다"라고 하였고, 2.1.54절에 정과 회가 되어서 체와 용을 서로 나타낸다고 하였다. 아래의 각주 277) 참조.

269 대연(大衍)의 수 50의 : 〈계사전 상〉에 "대연의 수가 50이니, 사용하는 것은 49이다. 이를 나누어 둘로 만들어 양의를 상징하고, 하나를 손가락 사이에 걸어서 삼재를 상징하고, 넷씩 떼어서 세어 사시를 상징하고, 남은 것을 손가락 사이에 끼워서 윤달을 상징하니, 5년에 윤달이 두 번이므로 두 번 손가락에 끼운 뒤에 거는 것이다.〔大衍之數五十, 其用四十有九. 分而爲二, 以象兩, 掛一, 以象三, 揲之以四, 以象四時, 歸奇於扐, 以象閏. 五歲再閏, 故再扐而後掛.〕"라고 보인다. 주자는 "하도와 낙서 중앙의 수는 모두 5인데, 이를 부연하여 각각 그 수를 끝까지 미루어 10에 이르면 합하여 50이 된다. 하도의 합계한 수는 55인데, 그 중 50이 된 수들은 모두 5를 인한 뒤에 얻은 것이며, 오직 5는 50이 인하는 바가 되고 자신은 인하는 바가 없다. 그러므로 이 5를 비우면 다만 50이 된다. 또 55 가운데 40이 된 수들은 나뉘어 노소 음·양의 수가 되는데 5와 10은 하는 바가 없으니, 또 5를 10에 곱하거나 10을 5에 곱하여도 모두 50이 된다. 낙서의 합계한 수는 45인데, 그 중 40은 밖에 흩어져 분포하여 노소 음·양의 수로

태극을 상징하고,[270] 둘로 나누어 양의를 상징하고, 하나를 손가락 사이에 걸어 삼재를 상징하고, 넷씩 떼어서 세어 사시(四時)를 상징하고, 세고 남은 것을 손가락 사이에 끼워서 윤달을 상징한 것도 모두 상이다. 또 걸고 끼운 시초와 세어서 떼어 낸 시초가 늘어나고 줄어들어서 내려가고 올라감에 각각 법이 있고[271] 노소 음·양을 얻는 삼변(三變)

나뉘며, 오직 5는 중앙에 거하여 하는 바가 없으니, 또한 스스로 5의 수를 머금어 합하여 50이 된다.〔《河圖》、《洛書》之中數皆五, 衍之而各極其數以至於十, 則合爲五十矣. 《河圖》積數五十五, 其五十者皆因五而後得, 獨五爲五十所因而自無所因, 故虛之則但爲五十. 又五十五之中, 其四十者分爲陰陽老少之數, 而其五與十者無所爲, 則又以五乘十, 以十乘五, 而亦皆爲五十矣. 《洛書》積數四十五, 而其四十者散布於外而分陰陽老少之數, 唯五居中而無所爲, 則亦自含五數而幷爲五十矣.〕"라고 하였다. 또 주자는 '대연의 수가 50'인 것은 여러 가지 설로 통할 수 있다고 하였다. 《性理大全書 易學啓蒙 明蓍策》

270 하나를……상징하고 : 주자는 "시초 가운데 하나를 쓰지 않고 남겨 두어 이로써 태극을 상징해서, 쓰이는 시초는 모두 49개이니, 이는 양의의 체가 갖추어졌으나 아직 나뉘지 않은 상이다.〔置其一不用以象太極, 而其當用之策凡四十有九. 蓋兩儀體具而未分之象也.〕"라고 하였다. 《性理大全書 易學啓蒙 明蓍策》

271 걸고……있고 : 이는 노소의 음·양을 얻는 시초의 수가 줄어들고 늘어나서 서로 변화함을 말한 것이다. 시초를 세는 법에 둘로 나누고 하나를 걸고 넷으로 세고 나머지를 끼우는 것을 변(變)이라 하고 제1변·제2변·제3변에서 걸고 끼운 시초가 모두 기(奇)이면 노양이 되는데, 처음 걸은 시초를 제외하면 걸고 끼운 시초는 합계하여 12개이고 세어서 떼어 낸 시초는 36개이다. 두 번 기이고 한 번 우(偶)이면 소음이니 걸고 끼운 시초가 16개이며, 한 번 기이고 두 번 우이면 소양이니 걸고 끼운 시초가 20개이며, 세 번 모두 우이면 노음이니 걸고 끼운 시초가 24개이다. 주자는 "무릇 이는 음이 양과 함께 두 종류가 되어 번갈아 줄어들고 늘어날 뿐만 아니라, 한 종류의 가운데 이 두 가지가 또 각자 한 종류가 되어 번갈아 줄어들고 늘어나는 것이다. 서로 함께 내려가고 올라감이 마치 저울과 같고, 서로 함께 나뉘고 합함이 마치 부절(符節)과 같다.〔凡此不唯陰之與陽旣爲二物而迭爲消長, 而其一物之中, 此二端者又各自爲一物而迭爲消長. 其相與低昂如權衡, 其相與判合如符契.〕"라고 하였는데, 호방평은 이를 풀이하여 "음·양의 '두 종류'는 노음·노양을 가리켜 말한 것이다. '번갈아 줄어들고 늘어남'은 걸고 끼운 시초와 세어서 떼어 낸 시초를 가리켜 말한 것이다. 걸고 끼운 시초의 수가 줄어들고 늘어난 것이 똑같은데 노양은 늘어나 소음으로 변하고 노음은 줄어들어

의 기(奇)와 우(偶)에 각각 그 양식(樣式)이 있음[272]을 밝히는 것도

소양으로 변하며, 세어서 떼어 낸 시초의 수가 줄어들고 늘어난 것이 똑같은데 노양은 늘어나 소음으로 변하고 노음은 줄어들어 소양으로 변하니, 이는 번갈아 줄어들고 늘어나 소음·소양을 이루는 것이다. '한 종류'는 노양 한 종류나 노음 한 종류를 가리켜 말한 것이다. '두 가지'는 걸고 끼운 것과 세어서 떼어 낸 것을 가리켜 말한 것이다. 우선 노양 한 종류로 논하면 노양의 걸고 끼운 수 12는 소음의 걸고 끼운 수 16에 비해 줄어든 것이고, 소음의 걸고 끼운 수 16은 노양의 걸고 끼운 수 12에 비해 늘어난 것이다. 노양의 세어서 떼어 낸 수 36은 소음의 세어서 떼어 낸 수 32에 비해 늘어난 것이고, 소음의 세어서 떼어 낸 수 32는 노양의 세어서 떼어 낸 수 36에 비해 줄어든 것이다. 이는 걸고 끼운 수가 늘어나면 세어서 떼어 낸 수가 줄어들고, 세어서 떼어 낸 수가 늘어나면 걸고 끼운 수가 줄어든 것이다. 노음 한 종류에 미루어도 그러하다. '서로 함께 내려가고 올라감이 마치 저울과 같음'은 양이 늘면 양이 올라가고 음이 내려가며, 음이 늘면 음이 올라가고 양이 내려가서 마치 저울에 경중을 저울질함이 있음과 같은 것이다. '서로 함께 나뉘고 합함이 마치 부절과 같음'은 합하면 음·양 두 종류가 번갈아 줄어들고 늘어나며, 나누면 한 종류의 가운데 또 각자 줄어들고 늘어남이 있어서 마치 부절에 나누고 합함이 있음과 같은 것이다.〔陰陽'二物', 指二老言. '迭爲消長', 指掛扐過揲言. 同一掛扐也, 老陽以長而變爲少陰, 老陰則以消而變爲少陽; 同一過揲也, 老陽以消而變爲少陰, 老陰則以長而變爲少陽, 此迭爲消長以成二少也. '一物', 指或爲老陽一物, 或爲老陰一物言. '二端', 指掛扐過揲言. 且以老陽一物論之, 老陽掛扐十二, 視少陰掛扐十六消矣; 少陰掛扐十六, 視老陽掛扐十二則爲長焉. 老陽過揲三十六, 視少陰過揲三十二長矣; 少陰過揲三十二, 視老陽過揲三十六則爲消焉. 掛扐長則過揲消, 過揲長則掛扐消. 推之老陰一物之中, 亦然. '相與低昂如權衡', 陽長則陽昂而陰低, 陰長則陰昂而陽低, 如權衡之有輕重也. '相與判合如符契', 合焉而陰陽二物迭爲消長, 判焉而一物之中又各自有消長, 如符契之有判合也.〕"라고 하였다.《性理大全書 易學啓蒙 明蓍策》

272 삼변(三變)의……있음 : 제1변을 한 뒤에 걸고 끼운 시초의 수는 5개 또는 9개가 된다. 예컨대 좌우에 둘로 나누어 놓았던 시초를 걸고 넷씩 센 뒤에 왼쪽에서 3개가 남고 오른쪽에서 1개가 남고 걸은 것이 1개이면 걸고 끼운 시초가 5개인 경우인데, 이를《역학계몽》에서는 다음과 같이 표시하였다.

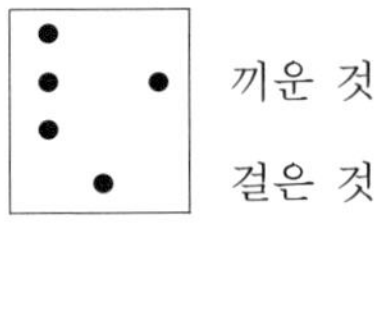

모두 수이다. 상이 서면 수는 그 가운데 들어 있는 것이다. 괘사와 효사를 다는 때에 이르러 취하여 거론한 것은 사람의 몸이거나 집안이거나 물건이거나 일이니, 모두 우주 사이에서 여러 사람들이 경험하고 사람들이 함께 보고 들은 것으로 비유한 것이다. 이는 모두 역을 사용하는 상과 수이다.

이상은 네 성인이 천하의 잡란(雜亂)함을 보고 천하의 동(動)함을 회통(會通)하여 형용(形容)에 모의(模擬)하고 그 전례(典禮)를 행한 것이다.[273] 아! 역이 상과 수가 아니면 어떻게 도리의 미묘함과 사물

제1변에서 5개를 얻는 경우는 다음의 3가지이니, 5는 4가 한 번 들어가기 때문에 기(奇)가 된다.

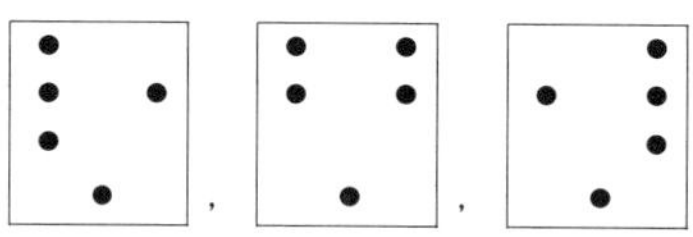

9개를 얻는 경우는 다음의 한 가지이니, 9는 4가 두 번 들어가기 때문에 우(偶)가 된다.

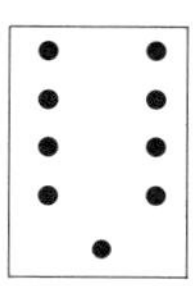

제2변을 한 뒤에 걸고 끼운 시초의 수는 4개 또는 8개가 된다. 4개를 얻는 경우는 다음의 두 가지이니, 기가 된다.

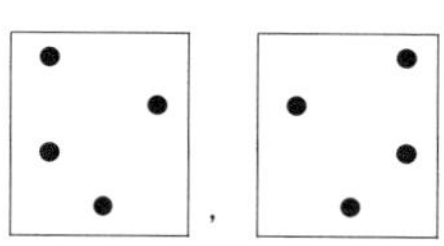

8개를 얻는 경우는 다음의 두 가지이니, 우가 된다.

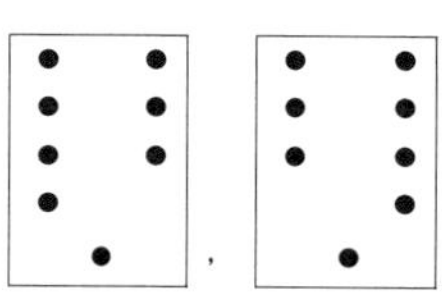

제3변의 경우는 제2변과 같다. 《性理大全書 易學啓蒙 明著策》

변화의 곡절을 발명할 수 있겠는가.

2.1.53

공자의 《주역》 〈계사전〉에 "역에 태극이 있으니, 태극이 양의를 낳고 양의가 사상을 낳고 사상이 팔괘를 낳았다."라고 하였다. 그렇다면 팔괘를 낳은 것은 사상이고, 사상을 낳은 것은 양의이고, 양의를 낳은 것은 태극이다. 그 생겨난 순서는 반드시 먼저 생기고 뒤에 생긴 것이 없을 수 없는데, 복희가 역을 지은 것은 태극·양의·사상의 세 근본을 놓아두고 곧바로 팔괘를 그은 것은 어째서인가. 복희가 이미 팔괘를 그었으면, 팔괘의 이전에 반드시 사상이 있은 뒤에야 팔괘가 있고, 양의가 있은 뒤에야 사상이 있고, 태극이 있은 뒤에야 양의가 있음을 모른 것이 아니다. 그런데도 괘를 긋기 이전에 태극·양의·사상의 세 단계를 배열하지 않은 것은 어찌 까닭이 없겠는가.

공자가 하(夏)·은(殷)·주(周)의 세 정월을 논하실 적에 반드시 하나라의 책력을 취하신 것은,[274] 하나라 정월인 인월(寅月)의 이전에 축월(丑月)의 초하루가 있고 축월의 초하루의 이전에 자월(子月)의

273 네 성인이……것이다 : 네 성인은 복희·문왕·주공·공자를 가리킨다. 《주역》 〈계사전 상〉에 "성인이 천하의 잡란함을 보고서 그 형용에 모의하고 그 물건에 마땅함을 형상하였다. 이 때문에 상(象)이라 일렀고, 성인이 천하의 동함을 보고서 그 회통함을 관찰하여 전례를 행하며, 글을 달아 길·흉을 결단하였다. 이 때문에 효(爻)라 이른다." 라고 하였다.

274 공자가……것은 : 《논어》 〈위령공(衛靈公)〉에 나라를 다스리는 것을 묻자 공자는 "하나라의 책력을 행한다.〔行夏之時.〕"라고 하였다. 하나라의 책력은 인월(寅月)을 정월로 삼는데, 인월은 북두칠성의 자루가 초저녁에 인방(寅方)을 가리키는 달로 지금의 음력 정월이다. 은나라는 축월(丑月)을 정월로 하고 주나라는 자월(子月)을 정월로 하였다. 하·은·주의 세 정월을 각각 인정(人正)·지정(地正)·천정(天正)이라 한다.

초하루가 있는데 지난해의 동지(冬至)가 항상 자월에 있어서, 지난해의 동지가 된 뒤에는 다음 해의 새로운 양이 이미 다시 생기고 새 양이 이미 다시 생겼으면 이때를 다음 해의 처음으로 삼을 수 있음을 모르신 것이 아니다. 그런데 반드시 하나라 정월인 인월을 기다린 뒤에 첫 번째 달로 삼은 것은, 어찌 새 양이 비록 자월에 이미 싹트지만 이때의 기가 미약해서 반드시 자월 초하루가 지나고 또 축월 초하루가 지난 뒤에야 양기(陽氣)가 비로소 땅 위에 발현되므로 마침내 땅 위에 발현된 것을 취하여 일정한 법도로 삼은 것이 아니겠는가.

복희의 역도 태극·양의·사상이 팔괘 이전에 있지 않은 것이 아니나 마땅히 팔괘로부터 처음 획을 그은 것은 또한 이러한 뜻이다. 역이 태극의 단계에 있을 적에는 혼연한 한 리일 뿐이다가 동하여 양이 되고 정하여 음이 됨에 이른 뒤에야 비로소 음·양의 나누어진 자리가 있어서 의(儀)라고 이름할 수가 있으며 또 마땅히 양의(陽儀)의 위에 다시 음·양의 획을 가하고 음의의 위에 다시 음·양의 획을 가하여 태양·소양·태음·소음의 네 자리를 만든 뒤에야 비로소 상이라고 이름할 수 있는 것이다. 이에 태양·태음·소양·소음의 네 자리 두 획의 위에 다시 각각 음·양의 기와 우의 획을 가한 뒤에야 3획이 이루어져서 삼재의 상이 갖추어지는 것이다. 이에 비로소 괘라고 이름하고 소성(小成)이라고 하니, 그 획은 셋이고 그 자리는 여덟이다. 이는 비록 생겨난 순서를 말하지 않았으나 이미 팔괘를 그었으면 양의와 사상이 팔괘 가운데에 모두 들어 있는 것이다.

팔괘의 초획(初畫)이 모두 양의를 벗어나지 않고 중획(中畫)이 모두 사상을 벗어나지 않으며, 획이 제3획에 이르러서야 소성의 괘가 되는데, 양의가 되고 사상이 되고 팔괘가 된 것은 또 모두 태극의 한 리가 그 사이에 유통(流通)한 것이다. 만약 태극이 없다면 어떻게 양의·사상·팔괘가 되겠는가.

세 가지는, 양의는 따로 양의이고 사상은 따로 사상이고 팔괘는 따로 팔괘인 것이 아니라, 팔괘의 가운데에 사상이 본래 존재하고 사상의 가운데에 양의가 본래 존재하고 양의 · 사상 · 팔괘의 가운데에 태극의 한 리가 본래 존재하는 것이다. 어제 태극이 있고 오늘 양의가 있고 내일 사상이 있고 그 다음 날 팔괘가 있는 것이 아니라, 있으면 함께 있고 행하면 함께 행하는 것이다. 여기서 '함께〔俱〕'라고 말한 것은 다만 그 명칭과 자리가 각각 성립함에 근거하여 이 구(俱) 자를 놓은 것이니, 어찌 저것과 이것을 나누고 앞과 뒤를 나눌 수 있겠는가. 다만 그 혼연한 가운데 찬란한 것이 없을 수 없고, 찬연한 가운데 혼연한 것이 없을 수 없는 것이다.[275]

그 리가 이와 같으므로 팔괘 각 자리의 위에 또 각각 한 기와 한 우의 획을 가하면 4획이 된 것이 16자리이고, 4획 각 자리의 위에 또 각각 한 기와 한 우의 획을 가하면 5획이 된 것이 32자리이고, 5획 각 자리의 위에 또 각각 한 기와 한 우의 획을 가하면 6획이 된 것이 64자리이다. 4획인 16은 바로 팔괘의 양의이고, 5획인 32는 바로 팔괘의 사상이고, 6획인 64괘는 바로 팔괘의 팔괘인 것이다. 합하면 384개인 효는 한 태극의 리 아님이 없으니, 어찌 각 자리의 어떤 한 효라도 앞뒤의 어떤 한 시각이라도 서로 따르지 않음이 있겠는가.

그러므로 다만 태극을 말하여도 양의 · 사상 · 팔괘가 모두 태극의 가운데에 들어 있고, 다만 양의를 말하여도 위의 태극과 아래의 사상 · 팔괘가 모두 양의의 가운데에 들어 있고, 다만 사상을 말하여도 위의 태극 · 양의와 아래의 팔괘가 모두 사상의 가운데에 들어 있는 것이니, 다만 팔괘를 그어도 태극 · 양의 · 사상이 과연 팔괘의 가운데에 들어

275 다만……것이다 : 2.1.50절에 태극을 혼연한 통체(統體)라 하고 양의 · 사상 · 팔괘를 찬연한 절목(節目)이라 하였다.

있지 않겠는가. 그러므로 "신(神)은 일정한 방소가 없고 역은 일정한 형체가 없다."[276] 한 것이니, 이는 양의 · 사상 · 팔괘를 가지고 그 리를 말한 것이 아니겠는가.

2.1.54

혹자가 말하였다. "복희가 역을 지을 적에 곧바로 팔괘로부터 시작하여 태극 · 양의 · 사상을 먼저 하지 않은 것은 그렇다고 하겠지만, 이미 팔괘를 그었으면 팔괘에서 천지와 인물과 허다한 사물 변화가 모두 그 상을 갖추는데, 또 굳이 각 팔괘의 위에 한 기와 한 우의 획을 가하여 16자리의 4획이 되고, 4획 각 자리의 위에 또 각각 한 기와 한 우의 획을 가하여 32자리의 5획이 되고, 5획 각 자리의 위에 또 각각 한 기와 한 우의 획을 가하여 64자리의 6획이 된 뒤에야 비로소 대성이 되는 것은 어째서인가."

이에 나는 다음과 같이 말하였다. "이 또한 팔괘를 가지고 그 상을 미루어 변화를 다한 것에 불과할 뿐이다. 어찌하여 이렇게 말하는가. 역이 3획의 팔괘에 그치면 정(貞)과 회(悔)가 아직 갖추어지지 못하여 건은 스스로 건이 될 뿐이니, 어떻게 건을 거듭한 건괘(䷀)의 묘함을 보겠는가. 정과 회가 되어서 체와 용을 서로 나타내는 것을[277] 보지

276 신(神)은……없다 : 이는 〈계사전 상〉에 보인다. 이 앞에 "천지의 조화를 범위(範圍)하여 지나치지 않으며, 만물을 곡진히 이루어 빠뜨리지 않으며, 주야(晝夜)의 도를 겸하여 안다. 그러므로……〔範圍天地之化而不過, 曲成萬物而不遺, 通乎晝夜之道而知. 故……〕"라고 하였고, 주자의 주에 "〈성인이〉 이와 같이 한 뒤에야 지신(至神)의 묘함이 일정한 방소가 없고, 역의 변화가 형체가 없음을 볼 수 있는 것이다."라고 하였다.

277 체와……것을 : 주자는 "정은 한 정(靜)의 본체이고 회는 동용(動用)의 뜻이다.〔貞便是一箇靜之本體, 悔是動用之意.〕" 하였고, "정은 바른 것이니 바로 본체이고, 회는 지나간 것이니 동하면 뉘우침이 있다.〔貞是正底, 便是體; 悔是過底, 動則有悔.〕"

못할 뿐만 아니라, 정과 회에서 각 효의 세(世)와 응(應)의 뜻이 다른 것을[278] 또한 볼 수 없으며, 위아래 여섯 효가 자리를 달리하여 뜻이 다름과[279] 종(終)과 시(始),[280] 멂과 가까움,[281] 이것과 저것[282]이 서로

하였고, "정은 훈이 정(正)이니 일이 지금 바로 이와 같은 것이다. 회는 일이 이미 이와 같이 된 것이다. 무릇 뉘우침〔悔〕과 부끄러움은 모두 일이 지나간 뒤에 비로소 뉘우침과 부끄러움이 있다. 내괘의 점은 일이 지금 이와 같은 것이고, 외괘의 점은 이미 이루어진 일이 이와 같은 것이다. 두 글자는 또 시작과 끝마침의 뜻도 있다.〔貞訓正, 事方正如此. 悔是事已如此了. 凡悔吝者, 皆是事過後, 方有悔吝. 內卦之占, 是事方如此; 外卦之占, 是事之已然者如此. 二字又有始終之意.〕"라고 하였다. 또 본괘(本卦)를 정이라 하고 지괘(之卦)를 회라 하기도 하니, 호방평은 "대체로 점치는 법은, 변괘가 있으면 본괘를 정으로 삼고 지괘를 회로 삼으며, 변괘가 없으면 내괘를 정으로 삼고 외괘를 회로 삼는다.〔大抵筮法, 有變卦則以本卦爲貞, 之卦爲悔; 无變卦則以內卦爲貞, 外卦爲悔.〕"라고 하였다. 본문에는 내괘·외괘로서 정과 회를 말한 것이지만, 위에 주자가 말한 정과 회는 내괘·외괘와 본괘·지괘를 아우르는 뜻인 듯하다. 《周易傳義大全 易五贊 原象》, 《朱子語類 卷66》, 《易學啓蒙 考變占》

278 세(世)와……것을 : 세(世)와 응(應)은 한(漢)나라 경방(京房)의 용어로, 한 괘의 주인이 되는 효를 세라 하고 주인의 상대가 되는 효를 응이라 한다. 경방은 팔괘마다 한 궁(宮)을 만들어 팔괘가 거듭된 괘를 궁의 첫 번째 괘로 하고 이로부터 변한 일곱 괘를 그 궁에 소속시켰다. 이 일곱 괘를 일세(一世)·이세(二世)·삼세(三世)·사세(四世)·오세(五世)·유혼(游魂)·귀혼(歸魂)이라 한다. 각 괘의 세효(世爻)를 정하는 법은 다음과 같다. 궁의 첫 번째 괘는 상효가 세가 된다. 첫 번째 괘의 초효가 변하여 일세가 되고 일세의 제2효가 변하여 이세가 되는 방식으로 오세까지 변하며, 유혼은 오세에서 제4효가 변하는데, 각각 변한 효가 세효가 된다. 귀혼은 유혼에서 초·2·3의 효가 변하는데, 제3효가 세효가 된다. 응효는 세효와 두 자리를 사이에 둔 효로, 예컨대 세효가 제5효이면 응효는 제2효이다. 또 초효는 원사(元士), 제2효는 대부, 제3효는 삼공(三公), 제4효는 제후, 제5효는 존위(尊位), 제6효는 종묘로써 풀이한다. 경방의 역학은 《경씨역전(京氏易傳)》에 보인다. 《역학도설》에는 '괘로 점치는 법〔卜卦法〕'에 대하여 "통상 세효를 나로 삼고 응효를 타인으로 삼으니, 세효가 응효를 이기면 내가 길하고 응효가 세효를 이기면 내가 흉한 것이다.〔常以世爲我, 應爲他人. 世若克應, 我吉; 應若克世, 我凶.〕"라고 하였다. 《易學圖說 卷8 旁行》

279 자리를……다름과 : 여섯 효의 자리에 각각 배속되는 상이 있어서, 이에 따라 효사가 다름을 말하는 듯하다. 예컨대 이(二)는 신하, 오(五)는 군주, 초(初)와 상(上)

의뢰하는 것의 다름도 모두 볼 수 없게 된다. 성인이 구비한 물건을[283] 어떻게 분변하며 만나는 때를 어떻게 징험할 수 있겠는가. 천변만화(千變萬化)의 뜻이 괘에 담기지 않게 된다.[284] 이 때문에 반드시 정과 회의 6획과 내괘와 외괘의 두 체를 세운 뒤에야 무궁한 묘리가 여기에 모두 갖추어져서 사물을 열어 주고 일을 이루는 도가 확립될 수 있는 것이다. 그렇다면 이미 소성이 있으면 또 반드시 대성이 있어야 하니, 그런 뒤에 역의 쓰임이 무궁무진한 것이다. 그렇다면 팔괘의 앞에서 태극·양의·사상을 굳이 말하지 않았지만 뒤에서 4획·5획·6획을 다 갖추지 않을 수 없는 것은 모두 이 리인 것이다."

은 지위가 없는 자, 삼(三)과 상은 극(極)으로 풀이하기도 한다.

280 종(終)과 시(始) : 초(初)는 시이고 상(上)은 종으로, 효사에서 각각 시초와 종말로 풀이하기도 한다.

281 멂과 가까움 : 어떤 효와 멀고 가까움으로 효를 풀이하는 것을 말한다. 예컨대 〈계사전 하〉에서 "이(二)와 사(四)는 공(功)이 같으나 자리가 달라 선함이 같지 않으니, 이(二)는 칭찬이 많고 사는 두려움이 많음은 군주의 자리와 가깝기 때문이다. 유(柔)의 도는 멀리 있는 것이 이롭지 않으나 그 요점에 허물이 없음은 모두 유로써 중(中)을 쓰기 때문이다.〔二與四同功而異位, 其善不同. 二多譽, 四多懼, 近也. 柔之爲道, 不利遠者, 其要无咎, 其用柔中也.〕"라고 하였다.

282 이것과 저것 : 이는 분명하지 않다. '이것'과 '저것'은 효가 거하는 체(體)와 다른 쪽의 체가 될 수도 있고, 한 효와 이에 응하는 효 등등이 될 수 있을 듯하다.

283 성인이 구비한 물건을 : 원문은 '備物之物'으로, 〈계사전 상〉에 "물건을 구비하며 씀을 지극히 하며, 기물을 이루어 천하의 이로움을 삼음은 성인보다 더 큼이 없다.〔備物致用, 立成器, 以爲天下利, 莫大乎聖人.〕"라고 한 것을 참조하여 번역하였다.

284 천변만화(千變萬化)의……된다 : 2.1.43절에, 6획괘가 되면 천변만화의 뜻이 모두 실려 있다고 하였다.

여헌성리설

제3권

太極說
태극설

3.1 태극설 太極說[1]

태극(太極)[2]은 완전무결하게 하나의 선(善)을 갖추고 있다. 64괘(卦) 384효(爻) 가운데 선(善)이 있고 악(惡)이 있는 것은 모두 음양(陰陽)이 변화한 후에 비로소 선악이 있게 된 것이다.【이상은 회암(晦庵) 주자(朱子)의 말씀인데, 《주역(周易)》〈계사전 상(繫辭傳上)〉 역유태극장(易有太極章)[3]의 집주(輯註)에 나온다.】

1 태극설(太極說) : 여헌(旅軒) 장현광(張顯光)의 이 〈태극설〉은 그의 나이 79세에 지은 것으로, 모두 세 부분으로 구성되어 있다. 첫 번째 '태극에 관한 제설(諸說)'에서는 공자(孔子), 주염계(周濂溪), 주자(朱子)의 태극설에 이어서 '태극은 도덕의 두로(頭顱)'라는 명제를 필두로 하여 태극에 대한 개념과 연원에 대한 자신의 견해를 58항목으로 나누어 기술하였는데, 주자의 태극설을 구체적으로 정리하고 제시하는 동시에 태극이 단순히 천지 만물의 원리나 법칙에 그치는 것이 아니라 인간이 행하는 도덕의 근원임을 분명히 하였고, 두 번째 '제설회통(諸說會通)'에서는 태극이 하나의 리(理)로 하나의 강령(綱領 선(善))과 15개의 조목(條目)을 갖고 있음을 밝혔고, 세 번째 '무극태극설(無極太極說)'에서는 태극이 시작과 끝마침, 한도와 경계가 없는 점을 들어 '무극이면서 태극이다.〔無極而太極〕'라는 주자(朱子)의 설을 공고히 하였다.

2 태극(太極) : 성리학(性理學)에서 모든 존재와 가치의 근원이 되는 궁극적 실체를 이른다. 주자(朱子)는 이 태극을 리(理)로 규정하여 형체도 없고 작용도 없는 형이상학적(形而上學的) 존재로 보고 모든 존재자가 존재자이게 할 수 있는 근원 존재이면서 동시에 구체적인 현상의 존재자들 모두의 속에도 들어있는 개별적인 이치라고 하였다. 반면 《한서(漢書)》〈율력지(律曆志)〉에는 태극을 원기(元氣)로 보았고, 《주역정의(周易正義)》의 공영달(孔穎達)의 소(疏)에서는 천지가 나누어지기 이전에 혼돈 상태로 있는 원기로 보았으며, 노장(老莊)에서는 태극을 기(氣)로 보았다.

3 역유태극장(易有太極章) : 《주역(周易)》〈계사전 상(繫辭傳上)〉 제11장의 "역(易)에 태극(太極)이 있으니, 태극이 양의(兩儀)를 낳고 양의가 사상(四象)을 낳고 사상이 팔괘(八卦)를 낳으니, 팔괘가 길흉(吉凶)을 정하고 길흉이 큰 사업(事業)을 낳는다.〔易有太極, 是生兩儀, 兩儀生四象, 四象生八卦, 八卦定吉凶, 吉凶生大業.〕"라는 내용을 말한다. 양의는 음(陰)과 양(陽)을 말하고, 사상은 태양(太陽) · 소음(少陰)

위의 '六十四卦'라는 네 개의 글자는 내가 덧붙인 것으로, 실제는 384효가 있는 곳이다.[4]

공자(孔子)께서 《주역》 〈계사전〉에 이르기를 "역(易)에 태극(太極)이 있다"라고 하셨고,

주염계(周濂溪)[5]가 〈태극도설(太極圖說)〉[6] 첫 구절에서 이르기를

· 소양(少陽) · 태음(太陰)을 말하고, 팔괘는 건괘(乾卦) · 태괘(兌卦) · 이괘(離卦) · 진괘(震卦) · 손괘(巽卦) · 감괘(坎卦) · 간괘(艮卦) · 곤괘(坤卦)를 말한다.

4 태극(太極)은……곳이다 : 이 부분은 이 글에 대한 여헌(旅軒)의 자주(自註)로, 여기서 인용한 주자(朱子)의 말씀에 기초하여 이 글이 쓰여졌음을 밝힌 것이다.

5 주염계(周濂溪) : 북송(北宋)의 유학자(儒學者) 주돈이(周敦頤, 1017~1073)로, 자는 무숙(茂叔)이고 염계는 호이며, 장횡거(張橫渠), 정명도(程明道), 정이천(程伊川), 소강절(邵康節) 등과 함께 '북송 오자(北宋五子)'로 불린다. 도주(道州) 영도현(營道縣) 출신으로 본래 이름은 돈실(敦實)이었으나 송나라 영종(英宗)의 이름을 피하기 위해 돈이로 바꾸었다. 도가(道家)와 불교의 주요 인식과 개념들을 받아들여 우주의 원리와 인성(人性)에 관한 형이상학적인 새로운 유학 이론을 개척했고, 그의 사상은 명도(明道) 정호(程顥), 이천(伊川) 정이(程頤), 회암(晦庵) 주희(朱熹) 등을 거치며 정주학파(程朱學派)라고 불리는 중국 유학의 중심적 흐름을 형성했다. 이로 인해 그는 한(漢)나라 이후 끊어졌던 성(性)과 도(道)에 관한 철학적 논의를 되살려 유학을 새롭게 부흥시킨 인물이라는 평가를 받는다. 저술로 〈태극도설(太極圖說)〉 · 〈통서(通書)〉 등이 있으며, 훗날 청(淸)나라 때 편찬된 《주자전서(周子全書)》가 있다.

6 태극도설(太極圖說) : 주염계가 무극(無極)인 태극(太極)에서부터 음양(陰陽) · 오행(五行)과 만물이 생성하는 발전 과정을 그림으로 풀이하여 〈태극도(太極圖)〉를 만들고, 이에 설명을 붙인 철학서이다. 《주역(周易)》에 나타난 본체관(本體觀)을 좀 더 상세히 설명하려 했는데, 무극(無極)과 동정(動靜)의 개념을 첨가하여 무극과 태극이 하나이며, 태극이 음(陰)과 양(陽)으로 나뉘고, 여기에서 다시 화(火) · 수(水) · 목(木) · 금(金) · 토(土)의 오행(五行)이 생겨난다고 하였다. 그리고 이를 근거로 인간의 선(善) · 악(惡)과 인(仁) · 의(義) · 예(禮) · 지(智) · 신(信)의 오상(五常)을 설명하려 하였다. 〈태극도설〉은 리기(理氣) 철학의 기본형식을 제시해 성리학의 발달에

큰 영향을 끼쳤다.

주염계의 〈태극도(太極圖)〉는 다섯 층으로 나누어져 있는데, 첫째 맨 위층은 무극(無極)이며, 둘째 층은 음양(陰陽)을 품고 있는 태극(太極)으로 검은 색은 음(陰)을, 흰색은 양(陽)을 나타낸다. 셋째 층은 오행(五行)을 나타낸 것이며, 하나의 작은 원(圓)은 오행의 묘합(妙合)을 의미한다. 넷째 층에 있는 원은 천지(天地)의 이기(二氣)를 나타내며, 맨 아래 다섯째 층의 원은 만물의 화생(化生)을 의미한다.

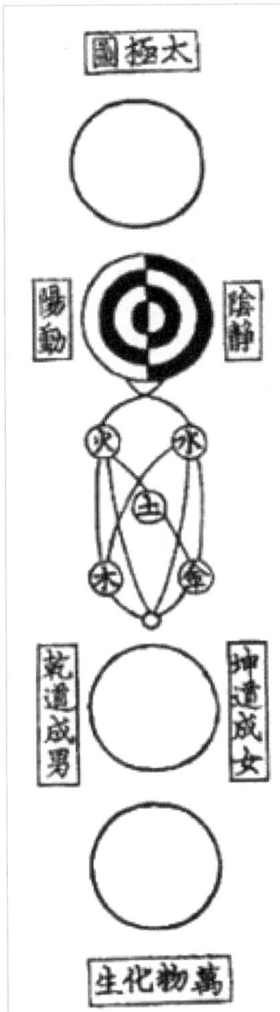

〈태극도(太極圖)〉

참고로 〈태극도설〉의 전문(全文)은 다음과 같다. "무극(無極)이면서 태극(太極)이니, 태극이 동(動)하여 양(陽)을 낳아 동이 극(極)에 달하면 정(靜)하고, 정(靜)하여 음(陰)을 낳아 정이 극에 달하면 다시 동(動)하니, 한 번 동하고 한번 정함이 서로 그 뿌리가 되어 음으로 나뉘고 양으로 나뉨에 양의(兩儀)가 확립되었다. 양이 변하고 음이 합하여 수(水)·화(火)·목(木)·금(金)·토(土)를 낳으니, 오행(五行)의 기운이 순차적으로 펴짐에 사시(四時)가 운행하게 된다. 오행은 하나의 음·양이고 음·양은 하나의 태극이니, 태극은 본래 무극이다. 오행이 생겨남에 각기 그 성(性)을 하나씩 간직하였다. 무극의 진리(眞理)와 이기(二氣)·오행(五行)의 정기(精氣)가 묘(妙)하게 합하고 엉기어, 건도(乾道)는 남(男)을 이루고 곤도(坤道)는 여(女)를 이루어 두 기운이 교감하여 만물(萬物)을 화생(化生)하니, 만물이 낳고 낳아 변화가 무궁하게 된다. 오직 사람만이 빼어난 기운을 얻어 가장 영특하니, 형체(形體)가 생기자 지혜(智慧)가 발한다. 그리하여 오성(五性)이 감동하여 선악(善惡)이 나뉘고 만사(萬事)가 나온다. 성인(聖人)이 중(中)·정(正)·인(仁)·의(義)로써 정(定)하되 정(靜)을 주장하시어 사람의 극(極)을 세우셨다. 그러므로 성인은 천지(天地)와 덕(德)이 합(合)하며 일월(日月)과 밝음이 합하며 사시(四時)와 차례가 합하며 귀신(鬼神)과 길흉(吉凶)이 합하는 것이니, 군자(君子)는 이것을 닦기 때문에 길(吉)하고 소인(小人)은 어

"무극이면서 태극이다"라고 하였으며,

회암(晦庵) 주자(朱子)가 《역전(易傳)》[7]의 주에서 "태극이라는 것은 상수(象數)[8]가 드러나기 전에 그 리(理)가 이미 갖추어진 것을 지칭하고, 형기(形器)[9]가 이미 갖추어진 뒤에 그 리(理)가 조짐이 없는 것

기기 때문에 흉(凶)하다. 그러므로 말하기를 '하늘의 도(道)를 세움은 음(陰)과 양(陽)이요, 땅의 도를 세움은 유(柔)와 강(剛)이요, 사람의 도를 세움은 인(仁)과 의(義)이다.' 하였고, 또 말하기를 '시작을 근원해보고 끝을 궁구해본다. 그러므로 사생(死生)의 원리를 안다.' 하였으니, 위대하다, 주역(周易)이여! 지극하도다.〔無極而太極, 太極動而生陽, 動極而靜, 靜而生陰, 靜極復動, 一動一靜互爲其根, 分陰分陽, 兩儀立焉. 陽變陰合, 而生水火木金土, 五氣順布, 四時行焉. 五行一陰陽也, 陰陽一太極也, 太極本無極也. 五行之生也, 各一其性. 無極之眞、二五之精, 妙合而凝, 乾道成男, 坤道成女, 二氣交感, 化生萬物, 萬物生生, 而變化無窮焉. 惟人也得其秀而最靈, 形旣生矣, 神發知矣. 五性感動而善惡分, 萬主出矣. 聖人定之以中正仁義, 而主靜, 立人極焉. 故聖人與天地合其德, 日月合其明, 四時合其序, 鬼神合其吉凶. 君子修之吉, 小人悖之凶, 故曰立天之道曰陰與陽, 立地之道曰柔與剛, 立人之道曰仁與義. 又曰原始反終, 故知死生之說. 大哉! 易也, 斯其至矣.〕"

7 역전(易傳) : 유가의 학자들이 《주역》에 대하여 쓴 각종의 주석서를 말하는데, 주로 정이(程頤)의 《역전(易傳)》과 공자의 십익(十翼 〈단전 상(彖傳上)〉·〈단전 하(彖傳下)〉·〈상전 상(象傳上)〉·〈상전 하(象傳下)〉·〈계사전 상(繫辭傳上)〉·〈계사전 하(繫辭傳下)〉·〈문언전(文言傳)〉·〈설괘전(說卦傳)〉·〈서괘전(序卦傳)〉·〈잡괘전(雜卦傳)〉)을 말한다. 여기서는 〈계사전 상〉을 가리켜 말한 것이다.

8 상수(象數) : 《주역》의 괘(卦)에 나타난 형상(形象)과 변화(變化)를 이른다. 이 상과 수를 우주만물의 근본요소와 연결시켜, 이를 가지고 천지(天地)간의 만상(萬象)의 전개를 해석하고 설명하는 학문을 상수학(象數學)이라고 하는데, 이의 대표적인 학자가 북송(北宋)의 역학자(易學者)인 강절(康節) 소옹(邵雍, 1011~1077)이다.

9 형기(形器) : 유형(有形)의 기(器)란 의미로, 기(氣)로 인해 만들어지는 구체적이며 개별적인 유형(有形)의 존재를 이른다. 《주역》 〈계사전 상〉에 "형(形)으로부터 그 이상을 도(道)라 이르고 형(形)으로부터 그 이하를 기(器)라 이른다.〔形而上者謂之道, 形而下者謂之器.〕"라고 하였는바, 기(器)는 유형의 구체적인 사물을 뜻한다.

을 지목한 것이다."라고 하였다.

3.1.1 태극에 관한 제설(諸說)[10]

3.1.1.1

주자가 〈태극도설〉에 주하기를 "상천(上天)의 일은 소리도 냄새도 없으나,[11] 실로 조화(造化)의 추뉴(樞紐 문의 지도리와 옷의 단추로 중심축)이고 품휘(品彙 만물)의 근저(根柢 뿌리)이다."라고 하였다. 나는 지금 그 말씀에 이어서 "태극이라는 것은 도덕의 두로(頭顱 머리)이다"라고 말한다.【이것은 주자의 말 중 아래 두 구인 '품휘의 근저', '조화의 추뉴'의 문법을 따른 것이다.】

3.1.1.2

이른바 '상수(象數)가 드러나기 전에 그 리(理)가 이미 갖추어진 것을 지칭하고, 형기(形器)가 이미 갖추어진 뒤에 그 리가 조짐이 없는

10 태극에 관한 제설(諸說) : 원문에는 이 소제목이 없으나, 글의 내용과 체계 상 별도로 이 첫 번째 소제목을 달아주었다.

11 상천(上天)의……없으나 : 원문의 '상천(上天)의 일은 소리도 없고 냄새도 없다.〔上天之載, 無聲無臭.〕'라는 것은 진리(眞理)나 지극한 덕(德)을 가리킨다. 이 말은 《시경(詩經)》〈대아(大雅) 문왕(文王)〉에 보이는데, 《중용장구(中庸章句)》 제33장에 불현(不顯)의 덕(德)을 말하면서 "《시경》에 '덕은 가볍기가 터럭과 같다.' 하였는데, 터럭도 오히려 비교할 만한 것이 있으니, '상천(上天)의 일은 소리도 없고 냄새도 없다.'는 표현이어야 지극하다.〔詩云: 德輶如毛. 毛猶有倫, 上天之載, 無聲無臭, 至矣〕" 하였다.

것을 지목한 것'이라는 것은 모두 《역경(易經)》에 있는 태극을 가지고 말한 것이고, 이른바 '조화의 추뉴'라는 것은 천지에 있는 태극을 가지고 말한 것이고, 이른바 '품휘의 근저'라는 것은 만물에 있는 태극을 가지고 말한 것이다. 내가 말하는 '도덕의 두로'라는 것은 바로 3재(三才)[12]를 아울러 총괄한 태극을 가지고 말한 것이다.

3.1.1.3

공자께서 이미 이것을 태극(太極)이라고 하셨다면 그 안에 무극(無極)의 묘(妙)가 포함되어 있는 것이다. 그러므로 단지 '태극'이라고 말씀하신 것이다. 그런데 염계(濂溪)가 태극의 위에 굳이 무극을 가한 것은 그보다 더 훌륭하기를 바란 것이 아니다. 단지 후세 사람들이 태극이라는 명칭에 실제로 본래 무극의 묘가 있다는 것을 미처 알지 못할까 염려하여 "무극이면서 태극이다.〔無極而太極〕"라고 말한 것이니, 이른바 '무극'이라는 것은 바로 태극의 묘를 밝히려는 것이다. 이는 태극 외에 별도로 하나의 극이 되는 무극이 따로 있는 것이 아니다.

3.1.1.4

만물(萬物)[13]이 있기 전에는 만물의 소이연(所以然)과 소필연(所必

12 3재(三才) : 하늘〔天〕, 땅〔地〕, 사람〔人〕을 이른다. 《근사록(近思錄)》 권1 〈도체(道體)〉에 "음양(陰陽)이 상(象)을 이룸은 천도(天道)가 서는 까닭이고, 강유(剛柔)가 질(質)을 이룸은 지도(地道)가 서는 까닭이고, 인의(仁義)가 덕(德)을 이룸은 인도(人道)가 서는 까닭이다. 도(道)는 하나일 따름인데 일〔事〕에 따라 드러난다. 그러므로 삼재(三才)의 구별이 있다. 이중에 또 각각 체(體)와 용(用)의 나뉨이 있다. 그 실제는 하나의 태극(太極)이다." 하였다.

然)이 되고, 만물이 바야흐로 있을 때에는 소고연(所固然)과 소당연(所當然)이 되고, 만물이 다한 뒤에는 스스로 소상연(所常然)이 되고 또다시 소이연(所以然)이 된다.[14]

13 만물(萬物) : 원문은 '만유(萬有)'로 만물이라는 말과 같다. 《자화자(子華子)》 〈양성서거문(陽城胥渠問)〉에 "태초에 배태하니, 만물이 시작되었네.〔太初胚胎, 萬有權輿.〕"라고 보인다.

14 만물의……된다 : 소이연(所以然)은 성리학(性理學)에서 사물의 존재 근거로 말하는 리(理)이고, 소당연은 사물의 존재 법칙으로 말하는 리이다. 소이연은 소당연이 나오게 되는 원리(原理)로 인(仁)·의(義)·예(禮)·지(智)·신(信)의 오성(五性)과 태극(太極)·천도(天道) 등을 이르고, 소당연은 사람이 마땅히 행해야 할 도리로 충(忠)·효(孝)나 오륜(五倫) 등의 인륜(人倫)을 이른다. 《논어(論語)》 〈위정(爲政)〉편 4장에 공자가 말씀하신 "나는 마흔 살에 의혹하지 않았고, 쉰 살에 천명(天命)을 알았다.〔四十而不惑, 五十而知天命.〕"에 대하여, 《집주(集註)》에서 "사물의 소당연에 대해서 모두 의혹하는 바가 없다면, 아는 것이 분명해서 지키는 것을 일삼을 필요가 없다. 천명은 천도가 유행하여 사물에 부여한 것이니, 바로 사물에 당연한 바의 소이연이다. 이것을 안다면 앎이 그 정(精)함을 지극히 하여 의혹하지 않음을 또 굳이 말할 것이 없을 것이다.〔於事物之所當然, 皆無所疑, 則知之明而無所事守矣. 天命卽天道之流行而賦於物者, 乃事物所以當然之故也. 知此則知極其精而不惑, 又不足言矣.〕"라고 하였다. 참고로, 여헌(旅軒)은 자신의 문집인 《여헌집(旅軒集)》 속집(續集) 제6권 〈평설(平說)〉에서 위의 다섯 가지 '연(然)'에 대하여 아래와 같이 설명하였다.
"소이연(所以然)이 있기 때문에 이에 소필연(所必然)이 되고, 소필연이 있기 때문에 이에 소당연(所當然)이 되고, 소당연이 있기 때문에 이에 소고연(所固然)이 되고, 소고연이 있기 때문에 그것이 소자연(所自然)이 됨을 알 수 있다. 소이연에서 시작되어 소자연에서 이루어지는데, 소필연과 소당연과 소고연은 그 사이에 들어 있다. 소이연은 그 시작을 근원한 것이고 소필연과 소당연과 소고연은 그 실제를 가리킨 것이고 소자연은 그 끝을 요약한 것이니, 이 다섯 개의 연(然)을 세우면 리(理)가 리가 됨을 알 수 있을 것이다. 그러나 리 자체가 다섯 가지의 순서를 기다려 이루어지는 것이 아니라, 사람이 이 리를 인식하기 위해서 모름지기 다섯 개의 글자를 가지고 서로 인(因)하는 순서를 따라 함께 관찰한 뒤에야 근거하는 바가 있어서 그 실제를 알 수 있을 것이다. 다섯 개의 소(所)는 정(定)함이 있는 말〔辭〕이요, 다섯 개의 연(然)은 형기(形氣)가 드러난 것이요, 이(以)와 필(必)과 당(當)과 고(固)와 자(自)는 서로 징험하는 조목이다. 그렇다면 천지와 만물(萬物), 만변(萬變)과 만화(萬化)를 벗어나서 리를 관찰할

3.1.1.5

기왕(旣往)으로 미루어 가도 시작된 바를 알지 못하며, 미래(未來)로 미루어 가도 끝나는 바를 알지 못한다. 만물 중에 가장 앞선 것이 천지의 시작인데 태극은 천지가 시작되기 이전에 시작이 되었으며, 만물 중에 가장 나중인 것이 천지의 끝남인데 태극은 천지가 이미 끝나고도 끝이 없다. 그 통체자(統體者 만물이 전체로 하나의 태극이 된 것)를 가리켜서 '일리(一理)'라고 하고 그 각구자(各具者 물건마다 각각 태극을 갖추고 있는 것)를 가리켜서 '만리(萬理)'라고 하니, 이것은 하나〔一理〕가 되어도 부족함을 볼 수 없고 만 가지〔萬理〕가 되어도 남음을 볼 수 없다. 흩어져 각각의 물건(物件 일정한 형체를 갖춘 모든 물질적 대상)마다 갖추고 있는 만리가 되어도 일찍이 통체자에게 손해가 된 적이 없으며, 비록 '각각의 물건마다 갖추고 있는 만리'라고 하더라도 일찍이 통체자에 포괄되지 않음이 없다.

3.1.1.6

포함하지 않는 것이 없고 갖추지 않은 것이 없고 주장하지 않는 것이 없고 관통하지 않는 것이 없으며, 혹이라도 간단(間斷)하는 때가 없고 혹이라도 밖으로 벗어나는 경우가 없고 혹이라도 빠뜨리는 일이 없고 혹이라도 빠뜨리는 물건이 없으며, 향하는 곳이 없으나 있지 않은 곳이 없고 인위적으로 하는 일이 없으나 하지 않는 것이 없고 행하는 것이 없으나 행하지 않는 것이 없으며, 변화가 없으나 온갖 변화를 내고 형체가 없으나 만물의 온갖 형체를 내고 소리가 없으나 천하의 소리를 내고 색깔이 없으나 천하의 색깔을 내며, 왕래가 없으

수 있겠는가? 오직 우리 인간이 묵묵히 이해함에 달려 있을 뿐이다."

면서도 천지 인물(天地人物 하늘과 땅과 사람과 물건)로 하여금 왕래하게 하고 진퇴(進退)가 없으면서도 천지 인물로 하여금 진퇴하게 하고 시종(始終)이 없으면서도 천지 인물로 하여금 시종이 있게끔 하는 것이 바로 태극이다.

3.1.1.7

태극(太極)보다 앞선 것이 없고 태극보다 뒤에 있는 것이 없으며, 태극보다 밝은 것이 없고 태극보다 은미한 것이 없으며, 태극보다 큰 것이 없고 태극보다 작은 것이 없으며, 태극보다 높은 것이 없고 태극보다 낮은 것이 없으며, 태극보다 깊은 것이 없고 태극보다 얕은 것이 없으며, 태극보다 먼 것이 없고 태극보다 가까운 것이 없다. 앞섬은 태극에 시작이 없음을 말한 것이고 뒤에 있음은 태극에 끝이 없음을 말한 것이며, 밝음은 태극에 장애(障礙)가 없음을 말한 것이고 은미함은 태극에 상(象)이 없음을 말한 것이며, 큼은 태극에 밖이 없음을 말한 것이고 작음은 태극에 안이 없음을 말한 것이며, 높음은 태극에 위가 없음을 말한 것이고 낮음은 태극에 아래가 없음을 말한 것이며, 깊음은 태극을 헤아릴 수 없음을 말한 것이고 얕음은 태극을 떠날 수 없음을 말한 것이고, 멂은 태극에 끝닿은 데가 없음을 말한 것이고 가까움은 평소의 말과 행실[15]을 말한 것이다.

15 평소의 말과 행실 : 원문의 '용언행(庸言行)'은 '용언(庸言)'과 '용행(庸行)'을 합쳐 쓴 것으로, 평소의 말과 평소의 행동을 말한다. 《주역》 〈건괘(乾卦) 문언전(文言傳) 구이(九二)〉에 "'나타난 용(龍)이 밭에 있으니 대인(大人)을 만나 봄이 이롭다.'라는 것은 무슨 뜻인가?〔見龍在田, 利見大人, 何謂也?〕"라고 자문(自問)하고, "〈대인은〉 용덕(龍德)을 지니고 정중(正中)에 위치한 자이니, 평소의 말을 미덥게 하고 평소의 행동을 삼가서 사(邪)를 막고 성(誠)을 보존하며, 세상을 좋게 하고도 자신의 공로를 자랑하지 않으며, 덕이 넓게 퍼져서 남들을 교화하는 자이다. 《주역》에 '나타난 용이

앞은 능히 뒤가 될 수 있는 앞이고 뒤는 능히 앞이 될 수 있는 뒤이며, 밝음은 능히 은미해질 수 있는 밝음이고 은미함은 능히 밝아질 수 있는 은미함이며, 큼은 능히 작아질 수 있는 큼이고 작음은 능히 커질 수 있는 작음이며, 높음은 능히 낮아질 수 있는 높음이고 낮음은 능히 높아질 수 있는 낮음이며, 깊음은 능히 얕아질 수 있는 깊음이고 얕음은 능히 깊어질 수 있는 얕음이며, 멂은 능히 가까워질 수 있는 멂이고 가까움은 능히 멀어질 수 있는 가까움이다.

3.1.1.8

태극(太極)은 일리(一理)의 명칭이니, 극(極)은 '일(一)이 된다'는 뜻이다. '일이 된다'는 것에는 본래 다섯 가지의 뜻이 있는데, 첫 번째는 '본(本 근본하다)'이라는 뜻이고, 두 번째는 '통(統 통괄하다)'이라는 뜻이고, 세 번째는 '순(純 순수하다)'이라는 뜻이고, 네 번째는 '전(專 전일하다)'이라는 뜻이고, 다섯 번째는 '상(常 고정불변하다)'이라는 뜻이다. 근본이기 때문에 만물을 낳을 수 있고, 통괄하기 때문에 만물을 주장할 수 있고, 순수하기 때문에 만선(萬善)을 낼 수 있고, 전일하기 때문에 만화(萬化)를 주재할 수 있고, 고정불변하기 때문에 만변(萬變)을 총괄할 수 있다. 이 다섯 가지의 '일이 된다'는 뜻은 모두 대적(對敵 상대하다)할 것이 없다는 뜻이다. 그러므로 '태극'이라고 한 것이다.

밭에 있으니 대인을 만나 봄이 이롭다.'라고 하였으니, 이는 군주의 덕이다.〔龍德而正中者也, 庸言之信, 庸行之謹, 閑邪存其誠, 善世而不伐, 德博而化, 易曰: 見龍在田, 利見大人. 君德也.〕"라고 자답(自答)한 공자의 말씀이 보인다.

3.1.1.9

무릇 살아 움직이는 곳에서 리(理)를 볼 수 있으니, 살아 움직이는 것이 기(氣)의 작용이라면 살아 움직이게 하는 것은 리이다. 밝은 곳에서 리를 징험할 수 있으니, 밝은 것이 기의 현상이라면 밝게 하는 것은 리이다. 신령스러운 곳에서 리를 알 수 있으니, 신령스러운 것이 기의 기밀(機密)이라면 신령스럽게 하는 것은 리이다. 오묘한 곳에서 리를 알 수 있으니, 오묘한 것이 기의 변화라면 오묘하게 하는 것은 리이다. 정밀한 곳에서 리를 볼 수 있으니, 정밀한 것이 기의 정상(正常)이라면 정밀하게 하는 것은 리이다. 질서정연한 곳에서 리를 알 수 있으니, 질서정연한 것이 기의 차례라면 질서정연하게 하는 것은 리이다. 흡족한 곳에서 리를 알 수 있으니, 흡족한 것이 기의 지극함이라면 흡족하게 하는 것은 리이다. 되돌아오는(회복하는) 곳에서 리를 알 수 있으니, 되돌아오는 것이 기의 불어남이라면 되돌아오게 하는 것은 리이다.

3.1.1.10

리(理)는 본래 체질(體質)이 없고 모상(貌象)이 없고 모범(模範)이 없고 방위(方位)가 없고 시종(始終)이 없다. 게다가 또 지각(知覺)과 성정(性情)으로 말할 수 없으니, 그렇다면 무엇에 근거해야 이것을 알 수 있겠는가? 한번 굽어보고 우러러 보는 것〔俯仰 천지〕을 가지고 살펴보면, 위에는 하늘이 있고 아래는 땅이 있으며 그 사이에 만물이 있으니, 하늘에서 상(象)을 이룬 것은 일(日)·월(月)·성(星)·신(辰)이요, 땅에서 본받은 것은 산릉(山陵)과 천택(川澤)이요,[16] 천지 사이에 유행하는 것은 음양(陰陽)·오행(五行)이다. 이것들이 오고가며 번갈아 운행하는 것은 밤·낮·추위·더위이고,

때에 따라 베풀어지는 것은 바람·번개·비·이슬이다.

내 한 몸에 나아가 말해보면, 오장(五臟)·육부(五臟六腑)와 기혈(氣血)이 안에 있고, 이(耳)·목(目)·구(口)·비(鼻)와 사지(四肢)가 밖에 있고, 성정(性情)과 언행(言行)이 일용(日用)의 사이에 있으니, 이는 누가 그렇게 되도록 하였는가? 태극이라는 하나의 리(理)가 없다면, 하늘이 하늘이 되고 땅이 땅이 되고 사람이 사람이 되고 물건이 물건이 되어 각자 제자리를 얻고 각자 자기의 도(道)를 행할 수 있겠는가.

천지 만물이 만변만화(萬變萬化)하고 병육병행(竝育竝行)[17]하는 것이, 하루라도 리가 없다면 어찌 이런 일이 있겠는가. 이는 참으로 귀가 있고 눈이 있는 사람이라면 모두 듣고 볼 수 있는 것이다. 그런데 보고 들을 수 있는 것을 통해 보이지도 들리지도 않는 근원을 알게 되니, 그렇다면 이것이 바로 태극이 아니겠는가.

16 하늘에서……천택(川澤)이요 : 《주역》〈계사전 상〉 5장에 "상(象)을 이룸을 건(乾)이라 하고 법(法)을 드러냄(모방함)을 곤(坤)이라 한다.〔成象之謂乾, 效法之謂坤.〕"라고 보인다.

17 병육병행(竝育竝行) : 《중용장구(中庸章句)》 제30장에 "만물(萬物)이 함께 길러지면서 서로 해치지 않으며, 도(道)가 함께 행해지면서 서로 위배되지 않는다. 작은 덕(德)은 냇물의 흐름과 같고, 큰 덕은 교화를 돈후히 하니, 이것이 바로 천지가 위대한 까닭이다.〔萬物竝育而不相害, 道竝行而不相悖. 小德川流, 大德敦化, 此天地之所以爲大也.〕"라고 보이는데, 《집주》에 "하늘이 덮어주고 땅이 길러줌에, 만물이 그 사이에서 함께 길러지면서 서로 해치지 않고 사시(四時)와 일월(日月)이 교대로 밝아서 서로 어긋나지 않으니, 해치지 않고 위배되지 않음은 작은 덕의 천류(川流)이고 함께 길러지고 함께 행해짐은 큰 덕의 돈화(敦化)이니, 작은 덕은 전체(全體)가 나누어진 것이고 큰 덕은 만수(萬殊)의 근원이다.……이는 천지의 도를 말씀하여 윗글에서 비유를 취한 뜻을 나타내신 것이다.〔天覆地載, 萬物竝育於其間而不相害, 四時日月錯行代明而不相悖, 所以不害不悖者, 小德之川流, 所以竝育竝行者, 大德之敦化. 小德者, 全體之分, 大德者, 萬殊之本.……此言天地之道, 以見上文取譬之意也.〕"라고 하였다.

3.1.1.11

이 우주(宇宙)가 우주가 된 까닭은 우주에 많은 사(事 일)와 물(物 물건)[18]이 있기 때문이다. 여기에서 이른바 '사(事)'라는 것은 천(天)·지(地)·인(人) 삼재(三才)가 나온 것으로 바로 사 중에 가장 앞선 것이며, 이른바 '물(物)'이라는 것은 삼재의 체질이 각각 이루어진 것으로 바로 물 중에 가장 큰 것이다. 사와 물은 스스로 사와 물이 될 수 있는 것이 아니다. 사와 물로 하여금 반드시 이 사가 되어 이 사가 있게 하며 반드시 이 물이 되어 이 물이 있게 하는 소이(所以)는, 바로 하나의 리(理)가 태극이 되었기 때문이다. 그렇다면 사·물이 사·물이 되고 또 사·물이 있을 수 있는 것은 실로 태극이 사·물이 되게 하고 사·물이 있게 하였기 때문이다.
태극의 리에 있어서는, 무엇이 이것을 되게 하고 있게 하여 태극이 되었는가? 이른바 '된다'는 것은 반드시 조작을 통해 이것이 되고, 이른바 '있다'는 것은 반드시 배치를 통해 이것이 있게 되는 것이다. 그러나 리는 그렇지 않아서, 이것이 리가 된 것은 무언가가 조작함으로 말미암아 된 것이 아니라 스스로 리가 된 것이며, 이것이 있는 것은 무언가가 배치함으로 말미암아 있는 것이 아니라 리가 스스로 있는 것이다.

리가 리가 되고 또 리가 있는 것은 본래 이와 같으므로, 그 용(用)이 나오는 것도 교묘한 계책을 부려서 변화를 내는 것이 아니다.

18 사(事)와 물(物) : 여헌(旅軒)은 "우주의 사이에 은미하고 드러남과 크고 작은 것을 구분하지 않고 모든 작위(作爲)하는 것을 '일'이라 하며, 크고 작음과 귀하고 천한 것을 구분하지 않고 모든 형기(形氣)가 있는 것을 '물건'이라 한다.〔于其間也, 不分微顯大小, 凡所作爲曰事也. 不分巨細貴賤, 凡爲形氣曰物也.〕"라고 하였다. 《旅軒集 續集 卷6 雜著 究說》

무형(無形), 무상(無象)의 가운데에서 스스로 리가 되었으니, 이것이 도덕(道德)이 되고 사업(事業)이 되는 것[19]은 본래 어쩔 수 없는 것이다. 어찌 무언가를 한 자취를 두려고 그것을 하겠는가.

3.1.1.12

리(理)라는 것은 세대와 세월을 가지고 그 시종(始終)을 궁구할 수 없으며, 구역과 경계를 가지고 그 방위(方位)를 알 수 없으며, 길이와 너비를 가지고 그 모범(模範)을 말할 수 없으며, 강유(剛柔)와 경중(輕重)을 가지고 그 체질(體質)을 말할 수 없으며, 성색(聲色 소리와 색깔)과 취미(臭味 냄새와 맛)를 가지고 그 기개(氣槪)를 말할 수 없으며, 지각(知覺)과 운동을 가지고 그 성정(性情)을 찾을 수 없다.

3.1.1.13

또 리(理)는 귀와 눈으로 접할 수 없으나 실로 나의 견문(見聞)에서 벗어나지 않으며, 사다리나 배로 찾을 수 없으나 실로 나의 심신(心身)에서 벗어나지 않으며, 셈법으로 계산할 수 없으나 실로 나의

19 도덕(道德)이……것 : 여헌은 자신의 〈도덕사업분합(道德事業分合)〉에서 "무릇 형체가 있는 것은 모두 물건이다. 이미 형체가 있는 물건이 되었다면 틀림없이 본래 물건이 된 리(理)가 있고, 이미 물건이 된 리가 있다면 또 본래 리를 행할 책임이 있으니, 이것이 바로 도덕(道德)과 사업(事業)이 나오게 된 이유이다.……그러므로 물건은 성분(性分)이 있지 않은 것이 없고, 또 직분(職分)이 있지 않은 것이 없으니, 그 성분의 입장에서 말하면 '도덕'이라고 하고, 그 직분의 입장에서 말하면 '사업'이라고 한다.〔凡有形皆物也. 夫旣爲有形之物, 則必自有爲物之理, 旣有爲物之理, 則又自有行理之責, 此道德、事業之所以出也.……故物莫不有性分焉, 又莫不有職分焉, 自其性分而言之曰道德; 自其職分而言之曰事業.〕"라고 하였다.

지각(知覺)에서 벗어나지 않으며, 방소로 가리킬 수 없으나 실로 형기(形器)에서 벗어나지 않으며, 모범(模範)으로 똑같게 할 수는 없으나 실로 나눌 수 있는 경계가 있으며, 한계를 헤아릴 수는 없으나 실로 찾을 수 있는 맥락이 있다.

3.1.1.14

이 리(理)를 제대로 이해하지 못하는 자들은, 이 리가 태극(太極)이라는 명칭을 가졌다는 이유로 마침내 이 리를 유(有 있음)라고 여기고 실체(實體)라고 여긴다. 그리하여 매양 이 리를 모사(摹寫)할 수 있는 형상을 가진 하나의 물건에 견주어서, 이 리가 본래 형기(形器)에 섞이지 않는다는 것을 알지 못한다. 또 어떤 자들은 이 리가 무극(無極)이라는 명칭을 가졌다는 이유로 마침내 이 리를 무(無 없음)라고 여기고 허상(虛像)이라고 여긴다. 그리하여 매양 이 리를 아득하고 고원한 경지로 돌려서, 이 리가 실제로는 형기와 분리되지 않는다는 것을 알지 못한다.

이 두 경우는 모두 태극이 태극이 됨을 제대로 아는 것이 아니다. 천지 이하의 유(有)에는 태극만 한 지유(至有)가 없으며, 천지 이하의 실(實)에는 태극만 한 지실(至實)이 없다. 형이하(形而下)의 것[20]의 유는, 유가 반드시 무로 돌아간다. 그런 뒤에 뒤의 유가 전(前)의 유를 잇지만, 이 뒤의 유는 전의 유가 아니다. 또 형이하의 것의 실은, 실이 반드시 허로 돌아간다. 그런 뒤에 뒤의 실이 전의 실을

20 형이하(形而下)의 것 : 형상을 가진 물질 또는 그런 속성 자체를 가리키는 말로, 시간·공간 속에 모양을 갖추고 나타나서 감성적인 경험으로 파악할 수 있는 것을 의미한다. 이 말은 《주역》 〈계사전 상〉의 "형상(形象) 이하의 것을 기(器)라고 한다.〔形而下者謂之器.〕"에서 유래하였다.

잇지만, 이 뒤의 실은 전의 실이 아니다. 그러나 형이상(形而上)의 것[21]의 유는 전후가 없이 곧 동일한 유이며, 형이상의 것의 실은 전후가 없이 곧 동일한 실이니, 어찌 지무(至無)한 가운데 지유(至有)가 되고 지허(至虛)한 가운데 지실(至實)이 되기 때문이 아니겠는가.

3.1.1.15

한계가 없기 때문에 하늘이 덮을 수 없고 땅이 실을 수 없으며, 간극(間隙)이 없기 때문에 귀신이 도망하여 피할 수 없으며, 변역(變易)이 없기 때문에 사시(四時)가 변화시킬 수 없으며, 체질(體質)이 없기 때문에 해와 달이 분명하게 비추지 못하고 물이 빠뜨리지 못하고 불이 태워 없애지 못한다.

3.1.1.16

리(理)는 일정(一定)하니, 덜어내려 해도 덜어낼 수 없고, 더하려 해도 더할 수 없고, 무너뜨리려 해도 무너뜨릴 수 없고, 깨뜨리려 해도 깨뜨릴 수 없고, 어지럽히려 해도 어지럽힐 수 없고, 수고롭게 하려해도 수고롭게 할 수 없다. 리는 지정(至正)하니, 속이려 해도 속일 수 없고, 거스르려 해도 거스를 수 없고, 가리려 해도 가릴 수 없다.

21 형이상(形而上)의 것 : 사물이 형체를 갖기 이전의 근원적인 본모습으로 인간의 감각을 초월한 도(道)를 가리키는 말로, 형체가 없어 감각적으로 파악할 수 없고 오직 직관에 의해서만 포착되는 초자연적이고 관념적인 것을 의미한다. 이 말은 《주역》 〈계사전 상〉의 "형상 이상의 것을 도(道)라고 한다.〔形而上者謂之道.〕"에서 유래하였다.

3.1.1.17

태극은 천지 인물에 대하여, 율려(律呂)[22]가 음률을 바로잡고, 규구(規矩 걸음쇠와 곡척(曲尺))가 방원(方圓 네모와 원)을 그리고, 척도(尺度 자)가 길이를 재고, 두량(斗量 되와 말)이 부피를 달고, 권형(權衡 저울)이 무게를 재는 것과 같다. 따라서 천지 인물은 태극에 대하여, 마치 해와 달이 하늘을 떠날 수 없고, 산과 내가 땅을 떠날 수 없고, 물고기가 물을 떠날 수 없고, 식물이 흙을 떠날 수 없고, 동물이 기(氣)를 떠날 수 없는 것과 같다.

3.1.1.18

하늘은 높고 땅은 낮으니 그 자리가 바뀌지 않으며, 해는 낮에 뜨고 달은 밤에 뜨니 그 상(象)이 바뀌지 않으며, 봄은 만물을 낳고 가을은 만물을 시들게 하니 그 도(道)가 바뀌지 않으며, 여름은 덥고 겨울은 추우니 그 철이 바뀌지 않으며, 사람은 귀하고 물건은 천하니 그 등급이 바뀌지 않으며, 동물은 항상 움직이고 식물은 항상 곧게 서 있으니 그 류(類)가 바뀌지 않으며, 가는 것은 반드시 지나가고 오는 것은 반드시 이어지니 그 변화가 무궁하다.

오장(五臟)은 반드시 다섯 개이고 육부(六腑)는 반드시 여섯 개이며,[23] 구규(九竅)[24]는 몸에서 소통하는 구멍이 되고 사지(四肢)는 몸

22 율려(律呂) : 고대 음악의 표준이 되었던 십이율(十二律)로, 양(陽)에 해당하는 육률(六律)은 황종(黃鐘)·태주(太簇)·고선(姑洗)·유빈(蕤賓)·이칙(夷則)·무역(無射)이고, 음(陰)에 해당하는 육려(六呂)는 대려(大呂)·협종(夾鐘)·중려(中呂)·임종(林鐘)·남려(南呂)·응종(應鐘)인데, 십이율의 기수번(奇數番)이 율(律), 우수번(偶數番)이 여(呂)가 된다.

23 오장(五臟)은……개이며 : 오장은 간장(肝臟)·심장(心臟)·비장(脾臟)·폐장

에서 움직이는 지체(肢體)가 되며, 오상(五常)[25]은 마음에서 성(性)이 되고 칠정(七情)[26]은 성(性)에서 용(用)이 되어 똑같이 그러하지 않은 것이 없으니, 일리(一理)가 태극이기 때문에 이러한 일이 있는 것이 아니겠는가.

3.1.1.19

내 일찍이 이에 대해 다음과 같이 말하였다.

"공자(孔子)께서 '역(易)에 태극(太極)이 있다.〔易有太極〕'라고 하셨으니, 태극이라는 명칭이 여기에서 처음 비롯되었다. 그런데 송(宋)나라 염계(濂溪) 주자(周子)가 공자께서 처음 말씀하신 태극을 이어 받아 〈태극도설(太極圖說)〉을 저술하고 첫머리에서 '태극' 앞에 '무극'을 더하여 '무극이면서 태극이다.〔無極而太極〕'라고 하였으니, 무극이라는 명칭은 여기에서 나온 것이다. 그렇다면 태극은 바로 문자가 있은 이래로 지극하고 극진한 이 리(理)를 이름 한 것이니, 리가 과연 어떠하기에 태극이라고 이름 하였는가. '리(理)'라고

(肺臟)·신장(腎臟)이고, 육부(六腑)는 대장(大腸)·소장(小腸)·쓸개〔膽〕·위(胃)·삼초(三焦)·방광(膀胱)을 이른다.

24 구규(九竅) : 몸에 있는 9개의 구멍으로 양쪽 귀, 양쪽 눈, 양쪽 콧구멍, 입, 요도, 항문을 이른다.

25 오상(五常) : 인(仁)·의(義)·예(禮)·지(智)·신(信)을 이른다. 《중용장구》 제1장에 "하늘이 명한 것을 성이라 한다.〔天命之謂性〕" 하였는데, 《집주》에 "사람과 물건이 세상에 나올 적에 각기 부여받은 리(理)를 얻음으로 인하여 건순(健順)·오상(五常)의 덕을 삼게 되니, 이것이 이른바 성(性)이라는 것이다.〔人物之生, 因各得其所賦之理, 以爲健順五常之德, 所謂性也.〕"라고 하였다.

26 칠정(七情) : 사람이 가지고 있는 일곱 가지의 감정으로, 희(喜), 노(怒), 애(哀), 락(樂), 애(愛), 오(惡), 욕(欲)을 말하는데, 락 대신 구(懼)를 넣기도 한다.

하였으니, 그렇다면 기(氣)도 아니고, 기(器)도 아니고, 물건도 아니다. 참으로 기(氣)도 기(器)도 물건도 아니라면 무엇에 근거하여 그 리를 인식할 수 있겠는가?

아! 리는 참으로 형언하기 어렵다. 그러나 형언하기 어렵다고 해서 말하지 않는다면, 끝내 어떻게 그것을 밝힐 수 있겠는가. 이제 처음으로 문자와 언어를 사용해서 감히 이 리를 말해 보려 하니, 리는 본래 그러하나 그러하다는 것이 드러나지 않으며 항상 완전하나 완전한 것이 드러나지 않아서 탐구할 수도 없고 형상할 수도 없다. 그렇다면 그 리를 어찌 말할 수 있겠는가. 참으로 이른바 '말할 수 없다'[27]는 것이다.

마땅히 징험되어 덕(德)이 되고 유행하여 도(道)가 되는 것에 나아가 알고서 견주고 비유하여 말해야 하니, 그런 뒤에야 그 대략을 형용할 수 있을 것이다. 덕(德)도 리의 덕이고 도(道)도 리의 도이지만, 덕을 가리켜 리라 하고 도를 가리켜 리라고 한다면 옳지 않다. 리는 본래 덕의 근본이지만 그 리가 덕이 되는 데에서 징험되지 못하면 덕을 리라 할 수 없으며, 리는 본래 도의 근원이지만 그 리가 도가 되는 데에서 드러나지 못하면 또한 도를 리라 할 수 없다.

따라서 모름지기 대본(大本), 대원(大原)이 된 이 리가 징험되어 덕이 되고 도가 되어야 하니, 그런 뒤에야 징험된 덕과 드러난 도를 근거하여 아직 징험되지 않고 아직 드러나지 않은 리를 알 수 있는 것이다. 리 중에 항상 불변한 것이 덕이 되고, 리 중에 유행하는

27 말할 수 없다 : 원문의 '불용설(不容說)'은 명도(明道) 정호(程顥)의 말로, 《이정유서(二程遺書)》 권1에 "태어난 이후를 성(性)이라고 하는데, 사람이 태어나기 이전은 말할 수 없고 성이라 말할 수 있을 때는 이미 성이 아니다.〔生之謂性, 人生而靜以上不容說, 纔說性時, 便已不是性也.〕"라고 보인다.

것이 도가 된다. 그러므로 도와 덕은 모두 리에서 나와서 리 밖에는 도와 덕이 없으니, 태극의 리를 알려면 도와 덕을 버려두고 어찌 그 본원을 궁구할 수 있겠는가."

3.1.1.20

한번 알아보건대, 태극(太極)의 강령(綱領)이 되는 것으로 하나가 있으니 '선(善)'이며, 조목(條目)이 되는 것으로 열다섯 가지가 있으니 '진(眞)', '실(實)', '상(常)', '직(直)', '순(順)', '평(平)', '중(中)', '정(正)', '공(公)', '정(定)', '준(準)', '밀(密)', '전(全)', '완(完)', '통(通)'이다.[28]

저 선(善)이 강령이 되는 것은 어째서인가? 이는 본래 낳고 낳는 근원이니, 이 리가 없다면 어찌 천지 인물이 있겠는가. 리의 항상 불변한 것을 가지고 알아보면, 천지 인물로 하여금 길(吉)함이 있고 흉(凶)함은 없게 하며, 이로움이 있고 해로움은 없게 하며, 성공이

28 태극(太極)의……통(通)이다 : 이 부분에 대하여 활재(活齋)는 다음과 같이 이견을 제시하였다.
"적이 생각건대, 태극의 리(理)는 바로 천지 인물의 온갖 선(善)의 강령(綱領)이고, 천지 인물의 온갖 선의 리는 바로 태극의 조목(條目)이다. 일리(一理)라고 말했으니 강령은 더없이 크고, 온갖 선〔萬善〕이라고 말했으니 조목은 더없이 많다. 그런데 지금 여기에서 말한 15개의 조목은 하나의 강령의 뜻을 다 포괄하기에 부족할 듯하다.〔竊惟太極之理, 乃天地人物萬善之綱也, 天地人物萬善之理, 乃太極之目也. 旣謂一理則綱莫大焉, 旣謂萬善則目莫衆焉. 今此十五之目, 恐未足以該盡一綱之旨也.〕"《活齋集 卷3 性理說疑錄》 활재는 이구(李榘, 1613~1654)의 호로, 본관은 전주(全州), 자는 대방(大方)이다. 병자호란 이후에 과거를 폐하고 성리학(性理學)에 전념하였다. 상주(尙州) 산양(山陽)에 살아서 산양처사라고 불렸다. 그는 자신의 문집인 《활재집》 권3의 〈성리설의록〉에서 여헌(旅軒) 장현광(張顯光)의 성리설에 대하여 46조로 나누어 비판하였다.

있고 실패는 없게 하며, 이어줌이 있고 끊어짐은 없게 하며, 복이 있고 화는 없게 하니, 이것이 바로 태극의 본지(本旨)이다. 선한 대의(大義)가 그것의 주재(主宰)가 되지 않음이 없으니, 그렇다면 선을 태극의 강령으로 보는 것이 옳지 않겠는가. 항상 불변인 것 외의 변화로 말하면, 그것은 태극이 주장하는 것이 아니다.

그 조목을 가지고 알아보면, 진(眞)은 거짓이 없는 것이고, 실(實)은 망녕됨이 없는 것이고, 상(常)은 변함이 없는 것이고, 직(直)은 굽힘이 없는 것이고, 순(順)은 거스름이 없는 것이고, 평(平)은 험함이 없는 것이고, 중(中)은 치우침이 없는 것이고, 정(正)은 사특함이 없는 것이고, 공(公)은 사사로움이 없는 것이고, 정(定)은 어긋남이 없는 것이고, 준(準)은 부족함이 없는 것이고, 밀(密)은 누락이 없는 것이고, 전(全)은 틈이 없는 것이고, 완(完)은 결손이 없는 것이고, 통(通)은 막힘이 없는 것이다. 이것이 일리(一理)가 태극이 되어 조화(造化)에 있어서는 추뉴(樞紐)가 되고, 만물(萬物)에 있어서는 근저(根底)가 되고, 도덕(道德)에 대해서는 두로(頭顱)가 되는 까닭이다. 그렇다면 이 리를 태극이라고 하는 것이 바로 이 때문이 아니겠는가.

혹자가 말하기를 "태극이라는 리(理)는, 본래 형체(形體)를 갖추지 않고 기물(器物)이 되지 않았으며 소리가 없고 냄새가 없는 것이니, 강령과 조목을 만들어 말할 수 없다. 그런데 지금 강령을 만들고 조목을 만들었으니 온당치 못한 것이 아닌가." 하기에, 내가 다음과 같이 말하였다.

"강령이라 하고 조목이라 한 것이 온당치 못하다는 것은 잘 알고 있다. 그러나 이는 다만 이것(태극)이 리가 됨을 나타내 밝히기 위해서 어쩔 수 없이 가설(假設)을 한 것이다. 일리(一理) 가운데 온갖 묘(妙)가 갖춰져 있는데, 온갖 묘에는 반드시 전체의 뜻을 다 포괄할 수 있는 한마디 말이 있기 마련이다. 이에 먼저 선을 들어 강령이라고 칭하고 열다섯 글자를 모아서 조목이라고 칭하였으니, '선'이라는 한 글자로 열다섯 글자의 뜻을 포함할 수 있고 열다섯 글자의 뜻 또한 '선' 자의 총괄(總括)에서 벗어나지 않기 때문이다.

그러나 가설한 하나의 강령과 열다섯 개의 조목은 모두 이 리(理)가 네 번 변하여 기(氣)가 되고 재(才)가 되고 도(道)가 되고 덕(德)이 된 것에서 나온 것에 나아가 미루어 올라간 것이니, 이로써 리가 반드시 이와 같음을 아는 것이다. 그대가 만약 태극에서 강령이 되는 선과 조목이 되는 열다섯 개의 말을 찾고자 한다면, 어찌 강령이라 하고 조목이라고 하는 말을 붙여서 정의(定義)로 삼을 수 있겠는가. 여기에서 더욱더 그 묘(妙)를 알지 않아서는 안 된다."

혹자가 말하기를, "《주역》에 '글로는 말을 다할 수 없고, 말로는 뜻을 다할 수 없다' 하였으니,[29] 지금 이 한 글자의 강령과 열다섯 글자의 조목으로 과연 태극의 뜻을 다할 수 있겠는가?"라고 하기에, 내가 다음과 같이 말하였다.

"태극의 리는 근거하여 알 길이 없으니, 만약 문자가 아니면 그 뜻을 나타내 밝힐 다른 방도가 없다. 이에 굳이 문자를 써서 말해 내려 한다면, 하나의 강령과 열다섯 개의 조목 중에 한 글자도 뺄 수가 없으니, 이 때문에 감히 이 강령과 조목의 설(說)을 두게 된 것이다."

혹자가 또 말하기를 "《주역》에서 또 말하기를 '성인이 상(象)을 세워 뜻을 다하고 괘(卦)를 베풀어 정위(情僞 실정과 거짓)를 다한다'

29 주역에……하였으니 : 이 말은 《주역》 〈계사전 상〉 12장에 보인다.

하였으니,[30] 저 양의(兩儀), 사상(四象), 팔괘(八卦) 세 가지도 상과 수(數)를 세워 그 뜻과 정위를 다할 수 있는데, 태극만 유독 상과 수를 세워 그 뜻을 다할 수 없단 말인가?" 하기에, 내가 다음과 같이 말하였다.

"양의 이하로부터 사상, 팔괘까지는 이미 형이하(形而下)의 기(器)에 속하므로 상과 수를 세울 수 있다. 그러나 태극에 있어서는 바로 형이상(形而上)의 도(道)이니, 상과 수를 더할 수 있겠는가?"

혹자가 말하기를 "염계(濂溪)와 회암(晦庵)은 모두 음·양(陰陽)의 양의(兩儀) 위에 태극의 그림을 두었는데, 모두 하나의 여백에 선(線)을 둘러 원(圓)을 만들었으니, 이것이 곧 태극의 상이 아닌가?" 라고 하기에, 내가 다음과 같이 말하였다.

"태극은 다만 리일 뿐이니, 어찌 참으로 견줄 만한 네모나 원의 형태가 있겠는가. 여백에 선을 두른 하나의 원을 둔 것은 바로 저 태극이 있기는 참으로 있으나 본래 형체가 없고 상이 없다는 것을 밝히기 위한 것이다. 그러므로 여백에 선을 둘러서 태극에 견준 것이니, 태극의 상이 여백에 선을 두른 원과 같다고 말한 것이 아니다. 만약 그렇다면 태극은 상이 있는 것으로 귀결될 것이니, 이것이 어찌 주염계(周濂溪), 주회암(朱晦庵) 두 현자(賢者)의 뜻이겠는가."

3.1.1.21

태극의 강령인 선(善)은, 천지 만물의 일원(一原)이면서도 스스로 그 존엄한 지위를 차지하지 않으며, 무궁한 조화를 내면서도 스스로 그 공(功)을 차지하지 않으며, 수많은 만물을 낳으면서도 스스로

30 주역에……하였으니 : 이 말은 《주역》 〈계사전 상〉 12장에 보인다.

그 덕(德)을 차지하지 않으며, 앞에 있지만 앞에 있으려고 의도한 것이 아니며, 뒤에 있지만 뒤에 있으려고 의도한 것이 아니며, 은미하지만 은미하려고 의도한 것이 아니며, 밝지만 밝아지려고 의도한 것이 아니며, 지극히 높고 깊고 멀고 크지만 스스로 귀하게 여기지 않으며, 지극히 낮고 천하고 가깝고 작지만 스스로 천하게 여기지 않으며, 혼돈(混沌)[31]의 어둠으로 그 어둠을 따르지 않으며, 개벽(開闢)[32]의 밝음으로 그 밝음을 더하지도 않으며, 천지의 시작을 시작으로 삼지 않으며, 천지의 종말을 종말로 삼지 않는다.

15개의 조목은, 참되어〔眞〕 거짓이 없는 데에 한결같고, 성실하여〔實〕 망녕됨이 없는 데에 한결같고, 항상되어〔常〕 변함이 없는 데에 한결같고, 곧아서〔直〕 굽힘이 없는 데에 한결같고, 순하여〔順〕 거스름이 없는 데에 한결같고, 평탄하여〔平〕 험함이 없는 데에 한결같고, 중도에 맞아〔中〕 치우침이 없는 데에 한결같고, 정직하여〔正〕 사특함이 없는 데에 한결같고, 공변되어〔公〕 사사로움이 없는 데에 한결같고, 일정하여〔定〕 어긋남이 없는 데에 한결같고, 표준에 맞아〔準〕 부족함이 없는 데에 한결같고, 치밀하여〔密〕 누락됨이 없는 데에 한결같고, 온전하여〔全〕 틈이 없는 데에 한결같고, 완전하여〔完〕 결손이 없는 데에 한결같고, 통하여〔通〕 막힘이 없는 데에 한결같은 것이다.

31 혼돈(混沌) : 세상이 개벽(開闢)하기 전 원기(元氣)가 나뉘지 않아 모호한 덩어리의 상태를 이른다. 한(漢)나라 반고(班固)의 《백호통(白虎通)》 〈천지(天地)〉에 "혼돈이 이어져 보아도 보이지 않고 들어도 들리지 않더니, 그런 뒤에 천지가 나뉘었다.〔混沌相連, 視之不見, 聽之不聞, 然後剖判.〕"라고 하였다.

32 개벽(開闢) : 하늘이 열리고 땅이 열려 우주가 시작됨을 이른다. 고대 신화에 의하면 반고씨(盤古氏)가 천지를 열었다고 한다.

3.1.1.22

진(眞)은 태극의 본연(本然)을 말한 것이고, 실(實)은 태극이 충족됨을 말한 것이고, 상(常)은 태극이 길이 존재함을 말한 것이고, 직(直)은 태극이 반드시 옳음을 말한 것이고, 순(順)은 태극이 화순하고 평온함을 말한 것이고, 평(平)은 태극이 안정되고 견고함을 말한 것이고, 중(中)은 태극이 합당함을 말한 것이고, 정(正)은 태극이 곧고 확고함을 말한 것이고, 공(公)은 태극이 고르고 치우치지 않음을 말한 것이고, 정(定)은 태극이 유일(惟一)함을 말한 것이고, 준(準)은 태극이 알맞고 가지런함을 말한 것이고, 밀(密)은 태극이 빠짐없이 다 갖추고 있음을 말한 것이고, 전(全)은 태극이 두루 다 융합하고 있음을 말한 것이고, 완(完)은 태극이 무엇에도 구속을 받지 않고 자약(自若)함을 말한 것이고, 통(通)은 태극이 변화에 통달(通達)함을 말한 것이다.

3.1.1.23

'진(眞)'은 잠시 빌려온 것이 아니고 그때그때 임시변통한 것이 아니라 자연히 그러하고 당연히 그러하고 일부러 하지 않아도 그렇게 되고 보존하지 않아도 보존되는 것이다.

'실(實)'은 천(天)·지(地)·인(人)·물(物)의 리(理)를 갖고 있어서 반드시 하늘이 되고 반드시 땅이 되고 반드시 사람이 되고 반드시 물건이 되는 것이다.

'상(常)'은 옛날에도 이와 같았고 지금도 이와 같으며 여기에서도 이와 같고 저기에서도 이와 같은 것이다.

'직(直)'은 교묘하고 훌륭한 말솜씨로도 옳고 그름, 삿되고 바름을 어지럽힐 수 없으며, 도거(刀鋸)와 정확(鼎鑊)[33]의 형벌로도 절의

(節義)를 지키려는 뜻을 굴복시킬 수 없는 것이다.

'순(順)'은 불은 반드시 위로 타 올라가고 물은 반드시 적셔주고 아래로 흘러내려가니, 도(道)를 어기면 패(敗)하고 덕(德)을 거스르면 망(亡)하는 것이다.

'평(平)'은 아버지는 자애롭고 자식은 효도하며 형은 사랑하고 아우는 공손하니, 성(性)이 아닌가. 귀로 듣고 눈으로 보며 손으로 잡고 발로 걸으니, 일상이 아닌가.

'중(中)'은 만물(萬物)에 있어서는 성(性)이 되고 만사(萬事)에 있어서는 의(義)가 되어 모두 일정하여 바뀔 수 없는 것이니, 이른바 '중(中)'이 아닌가.

'정(正)'은 온갖 부정한 것이 부정한 것을 용납할 수 없고 온갖 거짓이 감히 거짓을 행하지 못하여 만 가지로 변(變)하고 만 가지로 화(化)함에 각각 그 법칙을 따르는 것이니, 이른바 '정(正)'이 아닌가.

'공(公)'은 부여받은 성(性)을 만물이 다 얻었고 생육(生育)의 도(道)를 만물이 다 입어서 예나 지금이나 크나 작으나 차별이 없는 것이다.

'정(定)'은 있어야 하면 반드시 있고 없어야 하면 반드시 없으며 가야 하면 반드시 가고 멈춰야 하면 반드시 멈추며, 물은 불이 되지 않고 불은 물이 되지 않는 것이니, 변경이 없는 것이다.

'준(準)'은 많아야 하면 반드시 많고 적어야 하면 반드시 적으며 커야 하면 반드시 크고 작아야 하면 반드시 작은 것이니, 가감(加減)

33 도거(刀鋸)와 정확(鼎鑊) : 고대에 죄인에게 형벌을 가하거나 사형을 시킬 때 쓰던 형구(刑具)로, 도(刀)는 거세(去勢)하는 형벌인 궁형(宮刑)에 쓰던 칼이고, 거(鋸)는 발꿈치를 베는 형벌인 월형(刖刑)에 쓰던 톱이며, 정(鼎)과 확(鑊)은 사람을 삶아 죽이던 가마솥이다.

이 없는 것이다.

'밀(密)'은 조리(條里)와 두서(頭緖)를 갖추고 온갖 부류의 무리를 포괄하여 맥락이 나뉘고 차례가 분명해지는 데에 착오가 없는 것이다.

'전(全)'은 갖추지 않은 것이 없고 미치지 않은 것이 없어서 만물이 어느 곳에서나 충족한 것이다.

'완(完)'은 쇠하거나 다함이 없고 점차 줄어듦이 없는 것이다.

'통(通)'은 움직임이 지극해지면 고요해지고 고요함이 지극해지면 움직이게 되며, 가면 반드시 오는 것이 있고 닫히면 반드시 열리는 것이 있는 것이다.

3.1.1.24

거짓이 없는 것은 진(眞)의 지극함이고, 망녕됨이 없는 것은 실(實)의 지극함이고, 변함이 없는 것은 상(常)의 지극함이고, 굽힘이 없는 것은 직(直)의 지극함이고, 거스름이 없는 것은 순(順)의 지극함이고, 험함이 없는 것은 평(平)의 지극함이고, 치우침이 없는 것은 중(中)의 지극함이고, 사특함이 없는 것은 정(正)의 지극함이고, 사사로움이 없는 것은 공(公)의 지극함이고, 바뀜이 없는 것은 정(定)의 지극함이고, 부족함이 없는 것은 준(準)의 지극함이고, 누락됨이 없는 것은 밀(密)의 지극함이고, 틈이 없는 것은 전(全)의 지극함이고, 결손이 없는 것은 완(完)의 지극함이고, 막힘이 없는 것은 통(通)의 지극함이다.

3.1.1.25

'진(眞)', '실(實)', '상(常)' 세 개의 글자는 뜻이 서로 비슷하고, '직

(直)', '순(順)', '평(平)' 세 개의 글자도 뜻이 서로 비슷하니, 위의 여섯 개의 글자는 덕(德)으로써 말하였으나 도(道)가 이 가운데에 있다.

'중(中)', '정(正)', '공(公)' 세 개의 글자는 뜻이 서로 비슷하고, '정(定)', '준(準)', '밀(密)' 세 개의 글자도 뜻이 서로 비슷하니, 위의 여섯 개의 글자는 도로써 말하였으나 덕이 그 가운데에 있다.

'전(全)', '완(完)', '통(通)' 세 개의 글자는 뜻이 서로 비슷하다. 이 글자들은 도와 덕을 겸하여 말하였으니, 위의 진(眞)으로부터 밀(密)까지의 열두 개의 글자를 모은 것이다.

3.1.1.26

리(理)는 본래 있는 것이지만 그냥 저절로 리가 될 수는 없으니, 반드시 대용(大用 모든 곳에 두루 미치는 작용)에 드러날 수 있은 연후에야 비로소 리가 되는 실제를 얻게 된다. 그러므로 이것이 기(氣)가 되는 것이 바로 첫 번째 변함이고, 이것이 재(才)가 되는 것이 바로 두 번째 변함이고, 이것이 도(道)가 되는 것이 바로 세 번째 변함이고, 이것이 덕(德)이 되는 것이 바로 네 번째 변함이다.

기(氣)는 변화의 기틀이고, 재(才)는 작위(作爲)하는 도구이고, 도(道)는 유행(流行)하는 체(體)이고, 덕(德)은 생성(生成)된 공효(功效)이다. 기는 리의 보좌이고, 재는 리기(理氣)의 작용이고, 도는 리기가 발달한 것이고, 덕은 리기가 모인 것이다.

기가 있은 뒤에 재가 있고 재가 있은 뒤에 도가 있고 도가 있은 뒤에 덕이 있다. 따라서 태극의 리는 반드시 네 번의 변함이 있어야 하니, 그런 뒤에야 비로소 사업(事業)[34]이 끝나게 된다.[35] 그 사업이란 바로 천・지・인・물이 있는 것이 이것이다.

34 사업(事業) : 주돈이(周敦頤)의 《통서(通書)》 〈누편(陋篇)〉에 "성인(聖人)의 도(道)를 귀로 듣고 마음속에 간직하여 그것을 몸에 쌓아 두면 덕행(德行)이 되고 밖으로 행하면 사업(事業)이 된다. 저 문사(文辭)만을 일삼는 사람은 비루하다.〔聖人之道, 入乎耳, 存乎心, 蘊之爲德行, 行之爲事業. 彼以文辭而已者, 陋矣.〕"라고 하였고, 《주역》 〈계사전 상〉에는 "천하의 백성에게 시행하여 따르게 하는 것을 일러 사업이라고 한다.〔擧而措之天下之民, 謂之事業.〕"라고 하였다.

35 이 조항에 대하여 활재(活齋) 이구(李榘)는 다음과 같이 이론(異論)을 제기하였다. "적이 생각건대, 자사자(子思子)가 말씀하기를 '하늘이 명(命)한 것을 성(性)이라 하고 성을 따르는 것을 도(道)라 한다.'라고 하였으니, '하늘이 명한 성'이라는 것은 바로 태극의 리(理)이고 '성을 따르는 도'는 바로 태극의 도이다. '도'와 '리' 두 글자는 똑같은데, 다만 도의 소이연자(所以然者)를 일러 리라 하고 리의 소당연자(所當然者)를 일러 도라 하여, 이에 그 이름을 달리한 것일 뿐이니, 어찌 애당초 선후(先後)와 피차(彼此)의 차이가 있겠는가.
지금 '기(氣)가 있은 뒤에 재(才)가 있다.'라고 하였으니, 참으로 옳다. 그러나 또 말하기를 '재(才)가 있은 뒤에 도(道)가 있다.'라고 하였으니, 이 말대로라면 기와 재가 있기 전에는 도가 없는 것이다. 그렇다면 주자(朱子)가 말씀한 '태극은 형이상(形而上)의 도'라는 것은 과연 무엇인가? 양의(兩儀)를 낳으며 한 번 양(陽)이 되고 한 번 음(陰)이 되는 것이 이 도가 아니면 과연 무엇인가? 텅 비어 아무런 조짐이 없으나 만상(萬象)이 빼곡하게 이미 갖춰져 있는 것이 바로 이 도인데, 이 도의 체용(體用)은 포함하지 않는 바가 없고 관통하지 않는 바가 없으니, 어찌 형기(形器)가 이루어지기를 기다린 뒤에 비로소 이 도가 있게 된단 말인가.
리 밖에 도가 없고 도 밖에 리가 없는데, 지금 리가 세 번 변하여 도가 된다고 하니, 그렇다면 리와 도가 나뉘어 둘이 되어 피차(彼此)가 되고 선후(先後)가 될 수 있단 말인가. 그리고 덕(德)은 리에서 얻어 그 도가 있는 것인데, 또 어찌 도가 변하여 덕이 된단 말인가. 단지 이와 같이 나눈다면 흡사 구분이 뒤섞여 차례를 잃은 것과 같으니, 이와 같이 이해하여 말해서는 안 될 듯하다.
노장(老莊)이 허무(虛無)를 최상으로 여기고 다음은 도덕(道德), 다음은 인의(仁義)라고 한 것은 도덕이 인의가 되고 인의가 도덕이 됨을 알지 못한 것이니, 이 때문에 이단(異端)이 된 것이다. 지금 비록 리의 태극을 지극히 찬미하였지만 도리어 도와 덕을 기(氣)와 재(才)의 두 번의 변함 뒤에 차례차례 배치하였으니, 이는 태극에는 애당초 도와 덕이 없고 단지 변하여 기와 재가 되는 것이다. 도와 덕이 성명(性命)에 연계됨이 없고 도리어 형기(形器)에서 나온 것이 되었으니, 이것이 어찌 명의(名義)의

3.1.1.27

리(理)를 가지고 강령(綱領)과 조목(條目)을 말하면, 강령에는 선(善)만 있고 악(惡)은 없으며, 그 조목인 진(眞), 실(實), 상(常), 직(直), 순(順), 평(平), 중(中), 정(正), 공(公), 정(定), 준(準), 밀(密), 전(全), 완(完), 통(通)은 모두가 강령인 선의 떳떳한 도리인 것이다.

그런데 리가 네 번 변하는 과정에서 기(氣)는 청(淸)·탁(濁)과 후(厚)·박(薄)의 차이가 없을 수 없고, 재(才)는 우(優)·열(劣)의 차이가 없을 수 없고, 도(道)는 정(正)과 사(邪)가 없을 수 없고, 덕(德)은 길(吉)과 흉(凶)이 없을 수 없다. 그러므로 선이 모두 순전할 수는 없고 악이 전혀 없을 수는 없어서, 반드시 진(眞)에 반하는 거짓됨이 있고, 실(實)에 반하는 망령됨이 있고, 상(常)에 반하는 변함이 있고, 직(直)에 반하는 굽힘이 있고, 순(順)에 반하는 거스름이 있고, 평(平)에 반하는 험함이 있고, 중(中)에 반하는 치우침이 있고, 정(正)에 반하는 사특함이 있고, 공(公)에 반하는 사사로

작은 잘못일 뿐이겠는가.〔竊惟子思子曰: 天命之謂性, 率性之謂道. 夫天命之性, 卽太極之理也, 率性之道, 卽太極之道也. 道理二字. 只是一般, 但以道之所以然者謂之理, 以理之所當然者謂之道, 此所以異其名耳, 初豈有先後彼此之間哉? 今曰: 有氣然後有才. 此固然矣. 又曰: 有才然後有道. 是氣才之前, 無有道也. 然則朱子所謂太極形而上之道者, 何耶? 生兩儀而一陰而一陽之者, 非此道而何? 沖漠無眹而萬象森然已具者, 乃此道也, 則此道之體用, 無所不包, 無所不貫, 豈須待形器已成之後, 方始有此道耶? 理外無道, 道外無理, 今以爲理三變而爲道, 則理與道, 其可離而貳之, 彼此而先後之耶? 德則得於理而有其道者, 又豈有道變而爲德也哉? 只恁分離, 似覺舛錯, 恐不當如是理會說道也. 老莊以虛無爲上, 次道德, 次仁義, 是不知道德之爲仁義, 仁義之爲道德, 所以爲異端. 今雖極贊理之太極, 而乃反以道德層層排置於氣才二變之後, 是太極初無道德而只變爲氣才. 道德不係於性命而乃生於形器也, 此豈名義之小失也哉?〕"《活齋集 卷3 性理說疑錄》

움이 있고, 정(定)에 반하는 어긋남이 있고, 준(準)에 반하는 부족함이 있고, 밀(密)에 반하는 누락됨이 있고, 전(全)에 반하는 틈이 있고, 완(完)에 반하는 결손이 있고, 통(通)에 반하는 막힘이 있으니, 이는 어째서인가?

이는 리(理)가 그냥 저절로 리가 되는 것이 아니라 기(氣)를 용(用)으로 삼지 않으면 안 되기 때문이다. 그런데 기는 순전하게 청(淸)하지도 못하고 순전하게 후(厚)하지도 못해서 반드시 청에 반하는 탁(濁)이 있고 후에 반하는 박(薄)이 있기 때문에 그중 청하고 후한 것을 품부받은 것은 선류(善類)가 되고 탁하고 박한 것을 품부받은 것은 악류(惡類)가 되는 것이니, 이것이 어찌 태극(太極)이 관여할 바이겠는가. 그렇다면 일에 옳고 그름이 있고 물건에 선과 악이 있고 삶에 장수(長壽)와 요절(夭折)이 있고 세상에 치세(治世)와 난세(亂世)가 있고 국가에 흥성과 쇠망이 있는 것은 모두 다 피할 수 없는 것이다.

혹자가 묻기를 "그렇다면 리도 항상되고 한결같지 못하며, 태극에도 지극한 표준이 되지 못하는 점이 있다는 것인가?" 하기에, 내가 다음과 같이 대답하였다.

"그렇지 않다. 상(常 떳떳함)에 변함이 없을 수 없는 것은 기(氣) 이하에서는 반드시 있는 현상이다. 그러나 리가 어찌 한결같지 않은 적이 있으며, 태극이 어찌 일찍이 지극한 표준이 되지 못하는 점이 있었는가. 이 때문에 네 번의 변함이 상(常)에 반하는 것이 없을 수는 없지만, 결국은 모두 다 이 리의 한결같음으로 같이 귀결되는 것이다.

악한 것이 반드시 선한 것에 교화되는 것은 도의 떳떳함이고, 그릇된 것이 옳은 것을 따르는 것은 일의 떳떳함이고, 나쁜 것이 좋은 것에 굽히는 것은 물건의 떳떳함이고, 혼란하면 반드시 안정이 있는 것은 세상의 떳떳함이고, 망하면 반드시 흥함이 있는 것은 나라의 떳떳함이고, 어린 사람이 나이 든 사람에게 보호를 받는 것은 사람의 떳떳함이니, 어찌 한때의 변함 때문에 일정하여 변하지 않는 리에 대해 의심을 갖는단 말인가. 이것이 바로 태극이 태극이 되는 이유인 것이다. 그러나 글자를 만들어서 리라고 하고 명칭을 세워서 태극이라고 한 것은 어째서인가?

우주가 있은 이래로 그 사이에서 어떠한 일을 하는 것이 조화(造化)인데, 조화 가운데 창조하고 화육(化育)하는 것을 형이하(形而下)의 것을 가지고 말을 하면, 기(氣)에서 시작되어 그 다음에는 질(質), 그 다음에는 재(才), 그 다음에는 기(器)가 된다. 그런데 이른바 '기', '질', '재', '기'라는 것은 스스로 기가 되고 질이 되고 재가 되고 기가 되는 것이 아니라, 반드시 그것들로 하여금 기, 질, 재, 기가 되게 하는 것이 있다.

또 조화 가운데 창조하고 화육하는 것을 형이상(形而上)의 것을 가지고 말을 하면, 명(命)에서 시작하여 그 다음에는 성(性), 그 다음에는 도(道), 그 다음에는 덕(德)이 된다. 그런데 이른바 '명', '성', '도', '덕'이라는 것은 스스로 명이 되고 성이 되고 도가 되고 덕이 되는 것이 아니라, 반드시 그것들로 하여금 명, 성, 도, 덕이 되게 하는 것이 있다.

만약 기, 질, 재, 기와 명, 성, 도, 덕을 되게 하는 것이 그것들의 앞에 있지 않다면, 어떻게 반드시 형이하가 되고 또 어떻게 반드시 형이상이 되어 각각 맥락이 있고 차례가 있어서 바뀔 수 없는 일정한 형체가 되고 또 마땅히 그러해야하는 떳떳한 법칙이 될 수 있겠는가. 이것들로 하여금 그렇게 되게 한 까닭을 궁구해보면, 글자를 만들어 리(理)라고 한 것이 바로 그것이다.

더없이 높고 더없이 밝은 것이 하늘이지만 하늘은 단지 위에서 하늘이 될 뿐이고, 더없이 넓고 더없이 두터운 것이 땅이지만 땅은 단지 아래에서 땅이 될 뿐이며, 더없이 많고 더없이 구비된 것이 만물이지만 만물은 단지 하늘이 덮어주고 땅이 실어주는 사이에서 각각 물건이 될 뿐이다. 그래서 위에 있는 것은 아래로 내려갈 수 없고 아래에 있는 것은 위로 올라갈 수 없고 가운데 있는 것은 위로 올라갈 수도 아래로 내려갈 수도 없으니, 이것이 어찌 천지 만물이 비록 크고 작고 높고 낮음의 차이가 있으나 각각 형체가 있는 하나의 물건이 되지 않음이 없기 때문이 아니겠는가.

그러나 이 리가 태극이 된 것으로 말하면, 위에 있어도 위에 치우치지 않고 아래에 있어도 아래에 치우치지 않고 가운데 있어도 가운데 치우치지 않아서, 본래 형(形)과 상(象)이 없고 소리와 냄새가 없는 본체로서 항상 방향과 처소를 두지 않고 그림자와 자취를 남기지 않는 곳에 있다. 그러면서 주장하는 것은 항상 하늘은 하늘이 되고 땅은 땅이 되고 사람은 사람이 되고 물건은 물건이 되어서 모두 스스로 그만둘 수 없게 하는 것이니, 이것이 이 리가 아니겠는가. 이것이 명칭을 세워서 태극이라고 한 이유이다. 그러므로 태극의 실제를 궁구한다면 이 리가 바로 그것이고, 이 리의 묘를 궁구한다면 태극이 바로 그것이다.

리(理)라는 글자를 만들고 태극을 말하지 않은 것은 복희씨(伏羲氏)[36]의 지혜가 공자(孔子)에 미치지 못해서가 아니고, 리라는

36 복희씨(伏羲氏) : 중국 고대 전설 속의 삼황(三皇) 중 한 명으로, 문자와 팔괘(八卦)를 처음 만들고 그물을 발명하여 고기 잡는 방법을 가르치는 등 인류 문명의 창시자로 여겨지는 인물이다. 《주역》 〈계사전 하(繫辭傳下)〉 2장에 "옛날 포희씨가 천하에 왕 노릇 할 때 위로 하늘의 상(象)과 아래로 땅의 법(法)을 관찰하고, 새와 짐승의 문(文)과 천지의 마땅함을 관찰하며, 가까이는 자신에게서 취하고 멀리는 물건에게서 취하여 이에 비로소 팔괘를 만들었다.〔古者, 包犧氏之王天下也, 仰則觀象於天, 俯則觀

글자를 만든 뒤에 태극이라는 명칭을 쓴 것은 공자의 견해가 복희씨보다 뛰어나서가 아니다. 리라는 글자를 만들었으면 그 가운데에 태극의 묘(妙)가 있고, 태극이라고 칭하였으면 그 가운데 리의 실(實)이 있으니, 선성(先聖 복희씨)과 후성(後聖 공자)의 도(道)가 똑같이 이 리이며 똑같이 이 태극인 것이다. 그렇다면 주염계(周濂溪)가 무극(無極)을 말한 것이 과연 복희씨와 공자의 뜻 밖에서 나온 것이겠는가.

3.1.1.28

리(理)는 곧 태극(太極)이며 태극은 곧 리이다. 태극의 실제를 리라 하고 리를 특별히 태극이라고 칭한 것이니, 이 리 외에 따로 태극이 있는 것이 아니다.

'리'라는 글자는 복희씨(伏羲氏)가 글자를 만들었을 때에 비로소 생겼고, '태극'이라는 명칭은 공자(孔子)가 역전(易傳)[37]을 지을 때에 비로소 나왔다. 그러나 리라는 글자가 비록 복희씨 때에 만들어지고 태극이라는 칭호가 비록 공자에게서 시작되었으나, 그 리가 되고 태극이 되는 실제는 본래 리라는 글자가 생기기 이전에 있었고 태극이라는 명칭이 생기기 이전에 이미 있었다. 리가 되고 태극이 되는 실제가 본래 있었기 때문에, 복희씨가 리라는 글자를 만들었고 공자가 태극이라는 명칭을 세운 것이다. 그렇다면 어찌 그 실제에 근거한 바 없이 마음대로 글자를 만들고 마음대로 명칭을 세운 것이겠는가.

法於地, 觀鳥獸之文與地之宜, 近取諸身, 遠取諸物, 於是始作八卦.〕"라고 보인다. 포희씨는 태호복희씨(太昊伏羲氏)로, 보통 복희씨라고 약칭(略稱)한다.

37 역전(易傳) : 여기서는 《주역》 〈계사전 상〉의 '역유태극장(易有太極章)'을 가리켜 말한 것이다.

그러나 본래 형(形)과 상(象)이 없고 방(方 방향)과 소(所 처소)도 없으며 그림자와 자취도 없고 소리와 냄새도 없는데, 성인(聖人)은 과연 무엇을 통해서 그것이 본래 있다는 것을 알아서 글자를 만들고 명칭을 세웠는가? 이는 아마도 다만 위에는 하늘이 있고 아래에는 땅이 있고 하늘과 땅 사이에는 만물이 있는 것을 통해서 이것이 본래 있다는 것을 알았을 것이다. 만약 이 리가 스스로 태극이 되어 천지 만물이 있기 전에 이미 있지 않았다면, 하늘과 땅이 어떻게 하늘과 땅이 될 수 있으며 만물이 어떻게 만물이 될 수 있었겠는가.

하늘이 되는 리가 먼저 있었기 때문에 위에서 하늘이 되고, 땅이 되는 리가 먼저 있었기 때문에 아래에서 땅이 되고, 만물이 되는 리가 먼저 있었기 때문에 이에 천지의 사이에서 만물이 된 것이다. 이 때문에 성인이 천지 만물을 보고서, 천지 만물이 된 것 중에 이 리가 근본이 되지 않음이 없다는 것을 알게 된 것이다. 이 리가 천지 만물의 근본이 되는 까닭은 이것이 태극이 되기 때문이니, 태극 외에 어찌 리가 있으며, 리 외에 어찌 태극이 있겠는가.

3.1.1.29

태극(太極)은 바로 이 리(理)이다. 그런데 성인(聖人 공자)이 역전(易傳)을 찬술하면서 "역(易)에 이 리가 있으니, 이것이 양의(兩儀)를 낳는다."라고 하지 않고, 굳이 "역에 태극이 있으니, 이것이 양의를 낳는다."라고 한 것은 어째서인가? 이는, 리를 리라고 칭하면 사람들이 모두 이 리에 미묘하고 정밀한 만 가지 조목(條目)이 있다는 것만 알고, 미묘하고 정밀한 가운데 본래 조목을 하나로 관통하고 거두어 모으는 하나의 강령(綱領)이 있다는 것을 알지 못할 것이기 때문이다.

만약 하나로 관통하고 거두어 모으는 것이 있어서 하나의 강령이 되지 않는다면, 미묘하고 정밀함을 있게 하는 것이 어떻게 만 가지의 조목이 되겠는가? 그러나 강령이 되는 하나에 따로 하나의 리가 있는 것이 아니고, 조목이 되는 만 가지에 따로 만 가지 리가 있는 것이 아니다. 하나가 저절로 만 가지가 되고 만 가지가 저절로 하나가 되니,[38] 이 때문에 바로 이 리가 태극이 되는 것이다.

이것이 사물이 있기 전에는 사물의 소이연자(所以然者)가 되어 그칠 수 없으며, 사물의 가운데에서는 사물의 소당연자(所當然者)가 되어 바뀔 수 없으며, 사물이 사라진 뒤에서는 사물의 소이연자(所已然者)가 되어서 사물을 따라서 사라질 수 없으니, 앞의 소이연(所以然)은 곧 가운데의 소당연(所當然)이 되고 가운데의 소당연은 곧 뒤의 소이연(所已然)이 된다. 그러므로 그 그칠 수 없으면서 바뀔 수 없는 것이 되고, 그 바뀔 수 없으면서 사라질 수 없는 것이 되는 것이다.

만변(萬變)과 만화(萬化)를 내면서도 하나는 그대로이고, 만물(萬物)과 만류(萬類)를 만들어내면서도 하나는 그대로이다. 하나가 만 가지가 되어도 하나는 줄어든 적이 없으며 만 가지가 하나로 돌아가도 만 가지는 소모된 적이 없으니, 하나가 되는 것은 합침의 지극함이고 만 가지가 되는 것은 나뉨의 지극함이다. 그러나 합치는 것은 만 가지를 합치는 것에 종사(從事 힘을 씀)하는 것이 아니고, 나뉘는 것도 하나를 나누는 것에 종사하는 것이 아니다. 스스로 합치고 스스로 나뉘어서 어디에 있든 지극하지 않음이 없고 어디를 가든 지극하

38 하나가……되니 : 우주의 근원은 유일(唯一)의 이치인데 그것이 천만 가지 현상으로 분리되어 각각 다른 물건의 형태로 나타나며, 또 동시에 수많은 사물이 아무리 다르다 하더라도 그 생성(生成)의 원리는 동일함을 말한 것이다.

지 않음이 없으니, 이 때문에 공자가 굳이 태극이라 하여 이 리를 이름 하신 것이다. 이미 극(極)을 취하여 이 리를 이름하고 여기에 태(太)를 더하여 이 리를 높였으니, 공자가 이 리를 칭한 뜻이 참으로 지극하고도 극진하다. 그런데 주자(周子)가 〈태극도설〉을 짓고 또 굳이 '무극이(無極而)' 세 글자를 그 위에 더하였으니, 이 뜻 또한 어찌 매우 지극하지 않겠는가.

3.1.1.30

태극(太極)이란 지무(至無)라고도 할 수 있고 지유(至有)라고도 할 수 있다. 견줄 수 있는 형상(形象)이 없으므로 지무가 되고, 참되고 지극한 실리(實理)가 있으므로 지유가 되는 것이다. 그것이 있는 것은 어딘가로부터 생겨나와서 있는 것이 아니고, 그것이 이루어진 것은 누군가의 조작을 통해서 이루어진 것이 아니다.

그 요점은 하나의 강령인 선(善)에 모두 열거되어 있고 그 실제는 열다섯 개의 조목에 자세히 갖춰져 있는데, 본래 고금(古今)이 없으므로 예전에는 있었고 지금은 없다고 할 수 없으며, 본래 피차(彼此)가 없으므로 저기에는 있고 여기에는 없다고 할 수 없다. 합하여 통체(統體)가 되어도 그 큼을 볼 수 없으며, 흩어져서 각구(各具)가 되어도 그 많음을 볼 수 없다.[39]

39 합하여……없다 : '통체(統體)'는 만물의 생성변화와 존재 근거로서의 이치인 고유의 태극인 통체태극(統體太極)을 말하며, '각구(各具)'는 태극이 만물을 생성하면서 개개의 만물 속에 내재되는 개별화된 태극인 각구태극(各具太極)을 말하는바, 주염계가 지은 〈태극도설(太極圖說)〉에 대한 주자(朱子)의 해설에 "남녀의 입장에서 보면 남녀가 각각 그 성(性)을 하나씩 간직하여 남녀가 한 태극이 되고, 만물의 입장에서 보면 만물이 각각 그 성(性)을 하나씩 간직하여 만물이 한 태극이 된다. 합하여 말하면 만물이 한 태극을 통합하여 본체로 간직하였고, 나누어 말하면 하나의 물건이 각각

하늘은 이것을 얻어서 하늘이 되고 땅은 이것을 얻어서 땅이 되고 사람은 이것을 얻어서 사람이 되니, 천(天)·지(地)·인(人) 삼재(三才)는 모두 태극의 전체를 얻은 것이다. 또 물건은 이것을 얻어서 물건이 되는데, 만물은 각자 분수(分數 전체가 아닌 일부분)를 얻어서 만물이 된 것이다.

삼황(三皇)[40]은 이것을 얻어 삼황이 되었고 오제(五帝)[41]는 이것을 얻어서 오제가 되었고 삼왕(三王)[42]은 이것을 얻어서 삼왕이 되었으니, 이 세 세대의 성인(聖人)들은 모두 태극의 전체를 얻은 것이다. 오패(五霸)[43]는 이것을 빌려서 패자(霸者)가 되었고, 오패 이하는 각자 분수를 얻어서 역대의 군주가 된 것이다.

3.1.1.31

이 리(理)를 태극(太極)이라고 이름 한 것에는 또 하나의 설(說)이 있다. 진실로 이 리가 리가 된 것은, 비록 내 마음으로 이것을 인식하

한 태극을 간직하고 있는 것이다.〔自男女而觀之, 則男女各一其性, 而男女一太極也; 自萬物而觀之, 則萬物各一其性, 而萬物一太極也. 蓋合而言之, 萬物統體一太極也; 分而言之, 一物各具一太極也.〕"라고 보인다.

40 삼황(三皇) : 전설상 상고 시대의 세 명의 제왕(帝王)으로, 여러 설이 있으나 보통 복희(伏羲), 신농(神農), 황제(黃帝)를 이른다.

41 오제(五帝) : 상고 시대의 다섯 명의 제왕으로, 여러 설이 있으나 보통 소호(少昊), 전욱(顓頊), 제곡(帝嚳), 당뇨(唐堯), 우순(虞舜)을 이른다.

42 삼왕(三王) : 하(夏)나라의 우왕(禹王), 은(殷)나라의 탕왕(湯王), 주(周)나라의 문왕(文王)·무왕(武王)을 이른다.

43 오패(五霸) : 춘추 시대(春秋時代) 다섯 명의 패자(霸者)로, 제(齊)나라 환공(桓公), 진(晉)나라 문공(文公), 진(秦)나라 목공(穆公), 송(宋)나라 양공(襄公), 초(楚)나라 장왕(莊王)을 이른다.

고 내 안에 있는 하늘로 이것을 이해하더라도, 실로 그 은미함을 필설(筆舌)로 말하고 그 오묘함을 칭술(稱述)하기는 어렵다. 그러므로 공자가 마침내 두 글자를 들어서, 필설로 말하지 못한 은미함을 말씀하고 칭술하지 못한 묘함을 칭술하시어 마침내 이것을 '태극'이라 하셨으니, 이 리 밖에 별도로 또 이른바 '태극'이란 것이 있다고 말씀한 것이 아니다.

무릇 물건이 된 것들은 모두 형(形)과 기(器)를 가지고 있다. 이미 저 형과 기가 있는 물건이 된 것들은, 큰 것은 본래 커서 작아지지 못하고 작은 것은 본래 작아서 커지지 못하며, 높은 것은 본래 높아서 낮아지지 못하고 낮은 것은 본래 낮아서 높아지지 못하며, 또 깊은 것, 얕은 것, 먼 것, 가까운 것도 모두 다 각자 본래 깊고 얕고 멀고 가까워서 그 묘함을 서로 아우르지 못한다. 앞선 것은 뒤가 되지 못하고 뒤에 있는 것은 앞이 되지 못하며, 저것은 이것이 되지 못하고 이것은 저것이 되지 못하는 따위가 모두 그러하다.

그러나 이 리는 크면서도 작고 작으면서도 크며, 높으면서도 낮고 낮으면서도 높으며, 또 깊고 얕은 것, 멀고 가까운 것, 앞서고 뒤에 있는 것, 저것이 되고 이것이 되는 것이 일찍이 어느 한 쪽으로 일정하게 치우친 적이 없다. 그러나 변하고 바뀌는 입장에서 보면, 그 변함은 천 번 변하고 그 바뀜은 만 번 바뀌며, 변하지 않고 바뀌지 않는 입장에서 보면, 천 번 변하고 만 번 바뀌는 가운데에서도 본래 변하지 않고 바뀌지 않는 항상됨이 있다.

또 나뉘고 흩어지는 입장에서 보면, 그 나뉨은 무수히 많고 그 흩어짐은 헤아릴 수 없이 많으며, 나뉨이 없고 흩어짐이 없는 입장에서 보면, 무수히 많고 헤아릴 수 없이 많은 가운데에서도 본래 항상 온전하고 항상 완전한 하나가 있으니, 이 때문에 이것이 리가 되고 이것을 태극이라고 이름 하게 된 것이다.

그렇다면 체(體)가 없는 것을 체로 삼아서 지무(至無)한 가운데 지실(至實)한 것이 보존되어 있고, 상(象)이 없는 것을 상으로 삼아서 지일(至一)한 가운데 지비(至備)한 것이 저장되어 있으며, 무궁(無窮)을 불범지범(不範之範 틀을 짓지 않은 틀)으로 삼고 무진(無盡)을 불한지한(不限之限 한계를 짓지 않은 한계)으로 삼았으니, 그 무체지체(無體之體 체가 없는 체)를 어떻게 모방할 수 있으며, 무상지상(無象之象 상이 없는 상)을 어떻게 말로 형용할 수 있으며, 불범지범을 어떻게 파괴할 수 있으며, 불한지한을 어떻게 없앨 수 있겠는가. 이것이 바로 이 리가 태극이 되고 태극이 무극(無極)이 되는 이유이다.

그러므로 태극의 리를 찾고자 하는 자는 이목(耳目)의 총명(聰明)을 사용해서는 안 되고 모름지기 심신(心神)의 자연스러운 지각(知覺)을 사용해야 하며, 내 마음의 태극을 기르려는 자도 모름지기 물망 물조(勿忘勿助)[44]의 경지에서 계신 공구(戒愼恐懼)[45]하는 공부를 해야 하니, 그런 뒤에 거의 태극을 체회(體會 몸으로 체득하여 깨달아 앎)할 수 있을 것이다.

44 물망 물조(勿忘勿助) : 항상 마음속에 간직하여 잊지도 말며 빨리 이룩하려고 서둘지도 말라는 뜻으로, 《맹자》 〈공손추 상(公孫丑上)〉에 "반드시 호연지기(浩然之氣)를 기르는 데 힘쓰되 효과를 미리 기대하지 말아서, 마음에 잊지도 말고 억지로 조장하지도 말아야 한다.〔必有事焉而勿正, 心勿忘, 勿助長也.〕"라고 보인다. 본래는 호연지기를 기르는 방법으로 언급한 것이나, 마음을 보존하는 방법으로도 많이 쓰인다.

45 계신 공구(戒愼恐懼) : 경계하고 근신하며 조심하고 두려워한다는 뜻으로, 《중용장구》 제1장에 "도(道)라는 것은 잠시도 떠날 수가 없으니, 떠날 수 있다면 이것은 도가 아니다. 그런 까닭에 군자는 보지 않을 때에도 경계하고 근신하는 것이며, 들리지 않을 때에도 조심하고 두려워하는 것이다.〔道也者, 不可須臾離也, 可離, 非道也. 是故, 君子戒愼乎其所不睹, 恐懼乎其所不聞.〕"라고 하였다. '계신 공구'는 신독(愼獨)과 상대하여 계구(戒懼)로 요약하여 말하는데, '신독'은 감정이 이미 발한 뒤에 이를 모두 절도(節度)에 맞게 하는 공부이고, '계구'는 희(喜)·노(怒)·애(哀)·락(樂)의 감정이 아직 발하지 않은 상태인 정시(靜時)에 마음을 보존하여 지키는 공부이다.

3.1.1.32

태극(太極)에는 두 가지 뜻이 있으니, 하나는 주재(主宰)하고 통일(統一)하여 위도 없고 밖도 없다는 것이고, 또 하나는 전(前)으로 미치고 후(後)로 미쳐서 시작도 없고 끝도 없다는 것이다. 주재하고 통일하여 위도 없고 밖도 없기 때문에 이에 태극이 어느 곳에서나 극을 다하지 않음이 없게 되며, 전으로 미치고 후로 미쳐서 시작도 없고 끝도 없기 때문에 이에 태극이 어느 때에나 극을 다하지 않음이 없게 되는 것이다. 어느 곳에서나 극을 다하지 않음이 없는 것과 어느 때에나 극을 다하지 않음이 없는 것 이것이 바로 이른바 '극이면서 크다'는 것이다.

무극(無極)에도 두 가지 뜻이 있으니, 하나는 형상이 없다는 것이고 또 하나는 다함이 없다는 것이다. 무릇 기(氣)에 속한 것은 청탁(淸濁 깨끗함과 혼탁함)이 있고 형(形)에 속한 것은 방원(方圓 모난 것과 둥근 것)이 있지만, 이 리는 청탁으로도 말할 수 없고 방원으로도 말할 수 없으니, 이것이 바로 형상이 없음이 되는 이유이다. 또 기에 속한 것은 반드시 소장(消長 쇠하여 사라짐과 성하여 자라남)이 있고 형에 속한 것은 반드시 취산(聚散 모임과 흩어짐)이 있지만, 이 리는 일찍이 소장도 있은 적이 없고 취산도 있은 적이 없으니, 이것이 바로 다함이 없음이 되는 이유이다. 형상이 없고 다함이 없는 것 이것이 바로 이른바 '극이면서 없다'는 것이다.

공자가 말씀하신 태극 중에는 실로 무극의 묘함이 포함되어 있으니, 부족하거나 누락된 뜻이 있는 것이 아니다. 그런데 주자(周子)가 굳이 무극이라는 말을 드러내어 〈태극도설〉의 첫 구절에 놓은 것은 참으로 군더더기 말을 덧붙여서 자신을 자랑하려한 것이 아니다. 이는 바로 태극의 묘함을 천명(闡明)하여 공자가 밝히지 않은 깊은 뜻을 밝혀서 후학들에게 거듭 쉽고 자세하게 알려주고자[46] 한 것이다.

그리고 무극과 태극 사이에 하나의 '이(而)' 자를 끼워 넣었는데, '이' 자에도 두 가지 뜻이 있으니, 하나는 서로 갖춰준다는 것이고 또 하나는 서로 이어준다는 것이다. 무극의 묘함이 있기 때문에 태극의 실제가 되고 태극의 실제가 있기 때문에 무극의 묘함이 되는 것이니, 그렇다면 '이' 자를 그 사이에 둔 것은 서로 갖춰주기 위함이 아니겠는가. 태극은 본래 무극이고 무극은 바로 태극이니, 그렇다면 '이' 자를 두어서 그 둘을 엮은 것은 서로 이어주기 위함이 아니겠는가.

'태극이무극(太極而無極)' 다섯 글자를 갖춰서 하나의 구절을 만들었는데 한 글자도 더하거나 덜어낼 수 없으니, 그렇다면 무극과 태극에 대해서 전성(前聖 공자)과 후현(後賢 주자(周子))이 말씀한 요지가 충분히 드러나지 않았는가.

3.1.1.33

혹자가 물었다. "주자(周子)가 '태극은 본래 무극이다.〔太極本無極〕'라고 했으니, 태극은 본래 형질(形質)이 없고 방위(方位)가 없고 피차(彼此)가 없고 고금(古今)이 없는 것이다. 그렇다면 어떤 사람이 천지의 상하(上下)와 사방(四方)을 '우(宇)'라 하고 예로부터 지금까

46 쉽고 자세하게 알려주고자 : 원문의 '지장(指掌)'은 사리(事理)가 천근(淺近)하여 알기 쉽거나 사정(事情)에 대하여 익숙하게 알고 있음을 비유하는 말로, 《논어》 〈팔일(八佾)〉에 "어떤 사람이 체(禘) 제사의 내용을 묻자, 공자께서 '알지 못하겠다. 그 내용을 아는 자는 천하를 다스림에 있어 여기에다 올려놓고 보는 것과 같을 것이다.' 하시며 당신의 손바닥을 가리켰다.〔或問禘之說, 子曰: 不知也. 知其說者之於天下也, 其如示諸斯乎! 指其掌.〕"라고 한 데서 유래하였다.

지를 '주(宙)'라고 하였으니,[47] 우주(宇宙)를 태극이라 할 수는 없는가? 천지와 태극이 본래 나뉠 수 없으니 하나라고 할 수는 없는가?"

이에 내가 대답하였다. "천지가 비록 크긴 하지만 역시 형체가 있는 하나의 물건이다. 각각 하나의 물건이 되었다면 어찌 태극이라고 할 수 있겠는가. 태극은 바로 리(理)이다. 리가 태극이 되면 이때에 가장 먼저 있는 것은 원기(元氣)인데, 이 원기 또한 음(陰)과 양(陽)으로 나뉘지 않을 수 없다. 그러므로 그중 가볍고 맑은 것은 둥글어서 하늘이 되고 무겁고 탁한 것은 네모져서 땅이 된다.[48] 《주역》의 내용을 가지고 말하면 이는 바로 양의(兩儀)로서 바로 태극이 낳은 것이니,[49] 그렇다면 천지가 어떻게 태극과 하나가 될 수 있단 말인가.

그러므로 소자(邵子)가 말하기를 '만물을 창조할 수 있는 것은 천지이고, 천지를 창조할 수 있는 것은 태극이다.'라고 하였으니,[50]

47 어떤……하였으니 : 《회남자(淮南子)》 〈원도훈(原道訓)〉에 "사방으로 가로놓여 음과 양을 품고, 우주의 밧줄이 되어 해, 달, 별을 빛나게 한다.〔橫四維而含陰陽, 紘宇宙而章三光.〕" 하였는데, 이에 대해 고유(高誘)가 "위, 아래와 사방(四方)을 우(宇)라 하고 예로부터 지금까지를 주(宙)라 하니, 이로써 천지를 비유하였다."라고 풀이하였다.

48 가볍고……된다 : 《주자어류(朱子語類)》 권1에 "하늘이 쉼 없이 운행하여 밤낮으로 빠르게 돌아가기 때문에 땅이 그 가운데를 차지하고 있다. 만약 하늘이 한 순간이라도 멈춘다면, 땅은 아래로 꺼지게 마련이다. 하늘이 빠르게 돌아가기 때문에 그 가운데에서 많은 찌꺼기들이 응결될 수 있는 것이니, 땅이라는 것은 기(氣)의 찌꺼기이다. 그러므로 '가볍고 맑은 것은 하늘이 되고, 무겁고 탁한 것은 땅이 된다.'라고 말하는 것이다.〔天運不息, 晝夜輾轉, 故地推在中間. 使天有一息之停, 則地須陷下. 惟天運轉之急, 故凝結得許多渣滓在中間. 地者, 氣之渣滓也, 所以道: 輕淸者爲天, 重濁者爲地.〕"라고 보인다.

49 주역의……것이니 : 《주역》 〈계사전 상〉의 "역에 태극이 있으니, 이것이 양의를 낳는다〔易有太極, 是生兩儀.〕"라는 내용을 말한 것이다.

50 소자(邵子)가 ……하였으니 : 소자는 북송(北宋)의 역학자(易學者)인 소옹(邵雍,

그렇다면 천지는 태극 가운데 형체를 가진 하나의 거대한 물건이 아니겠는가. 하물며 우주는 천지간을 일컫는 별호(別號)인데 어찌 천지의 별호를 가지고 극이 없는 태극에 견줄 수 있단 말인가. 그러나 천지는 형체가 있는 것 중에서 가장 먼저 나오고 기(器)[51]가 된 것 중에서 가장 큰 것이 되어서 만물을 낳고 이뤄주는 것을 도(道)로 삼고 있으니, 태극이 태극이 되는 것은 모두 천지가 천지가 되는 데에 달려 있다.

만약 천지가 있지 않다면 천지를 낸 것이 태극이라는 것을 어찌 알겠는가. 또 우주 가운데의 만물에 이르러서는, 어느 것인들 천지의 조화로부터 품부받아서 만물의 각자에 갖춰 있는 태극[52]이 된 것이 아니겠는가."

혹자가 또 물었다. "선유(先儒)가 '만물은 각각 하나의 태극을 갖고 있다.'라고 하였는데,[53] 작은 물건들은 이루 헤아릴 수 없을 정도

1011~1077)으로, 자는 요부(堯夫), 호는 안락와(安樂窩), 시호는 강절(康節)이다. 하남(河南) 사람으로, 이지재(李之才)에게서 하도(河圖)와 낙서(洛書), 천문(天文)과 역수(易數)를 배웠으며, 상수(象數)를 원리로 하는 관념론적 철학을 수립하였다. 인종(仁宗)과 신종(神宗) 연간에 유일(遺逸)로 천거되었으나 사양하고, 세상을 떠날 때까지 30년 가까이 낙양에 숨어 살면서 사마광(司馬光) 등 구법당(舊法黨)과 교류하며 학자로 일생을 마쳤다. 선천학(先天學)을 창시하고 만물은 모두 태극에서 말미암아 변화, 생성된다고 주장하였다. 저서에 《격양집(擊壤集)》, 《황극경세서(皇極經世書)》 등이 있다. 여기에서 인용한 말은 《황극경세서》 〈외서(外書)〉에 보인다.

51 기(器) : 형체가 있는 구체적인 사물로, 도(道)와 상대되는 개념이다. 《주역》 〈계사전 상〉에 "형이상(形而上)의 것을 도(道)라 하고, 형이하(形而下)의 것을 기(器)라고 한다.〔形而上者謂之道, 形而下者謂之器.〕"라고 하였는데, 공영달(孔穎達)의 소(疏)에 "도는 체(體)가 없는 것의 명칭이고, 형은 질(質)이 있는 것의 명칭이다.〔道是無體之名, 形是有質之稱.〕"라고 풀이하였다.

52 만물의……태극 : 만물의 생성변화와 존재 근거로서의 이치인 태극이 만물을 생성하면서 개개의 만물 속에 갖춰놓은 개별화된 태극〔各具太極〕을 말한다.

로 많으니, 그것들이 각각 갖추고 있는 태극이 되는 것을 과연 모든 물물(物物)마다에서 징험하여 증명할 수 있겠는가?"

이에 내가 대답하였다. "아무리 몹시 작고 천한 것이라 할지라도 하나의 물건이 되어 형체를 갖게 되면, 반드시 물건이 되고 형체가 되게 하는 리가 있기 마련이고, 반드시 한쪽으로 치우친 것〔一偏〕[54]이 마땅히 쓰일 도(道)가 있기 마련이며, 또 반드시 각각의 분수(分數)가 마땅히 있어야 할 장소가 있기 마련이니, 천하에 어찌 리를 벗어난 물건이 있겠는가. 이것이 이른바 '각각의 만물에 갖춰있는 태극'이라는 것이다."

3.1.1.34

무릇 이른바 '연(然 그러하다)'이라는 것은 사물(事物)이 이미 이루어

53 선유(先儒)가……하였는데 : 주자(朱子)의 〈태극도설해(太極圖說解)〉에 "남녀의 입장에서 보면, 남녀가 각각 하나의 성(性)을 가지지만 남녀는 하나의 태극이다. 만물의 입장에서 보면 만물이 각각 하나의 성을 가지지만 만물은 하나의 태극이다. 합하여 말하면 만물이 통째로 하나의 태극이며, 나누어 말하면 물건마다 각각 하나의 태극을 갖추고 있다. 이른바 '천하에 성(性) 밖의 물건이 없고 성이 없는 곳이 없다.'는 것이니, 여기에서 더욱 그 전체(全體)를 볼수 있다.〔自男女而觀之, 則男女各一其性, 而男女一太極也. 自萬物而觀之, 則萬物各一其性, 而萬物一太極也. 蓋合而言之, 萬物統體一太極也, 分而言之, 一物各具一太極也. 所謂天下無性外之物而性無不在者, 於此尤可以見其全矣.〕"라고 보인다.

54 한쪽으로 치우친 것 : 태극(太極)의 전체(全體)가 각각의 물건 가운데 모두 갖추어져 있으나, 오직 사람만이 오행(五行)의 전기(全氣)를 품수(稟受)하였기 때문에 오상(五常)인 인(仁)·의(義)·예(禮)·지(智)·신(信)의 덕(德)을 다 얻었다. 이에 반하여, 물건은 오행의 온전한 기를 받지 못하고 겨우 천지의 치우친 기를 받았으니, 예를 들면, 금수(禽獸)는 옆으로 자라고, 초목(草木)은 머리가 아래로 향하고 꼬리가 위에 있으며, 까마귀는 효(孝)를 알고 수달은 제사를 알며, 개는 집을 지키고 소는 밭을 갊을 말한 것이다.

져 지금 막 존재하고 있는 것을 가리킨다. 체질(體質)이 있고 형상(形象)이 있고 성색(聲色)이 있고 방소(方所)가 있으며, 성정(性情)이 되고 재기(才技)가 되고 도덕(道德)이 되고 사업(事業)이 된 뒤에야, 이미 이루어져 지금 막 존재하고 있다고 말할 수 있으니, 하늘이 위에 있고 땅이 아래에 있고 인물이 그 사이에 있는 것이 모두 그렇게 된 것이다.

이른바 '리'라는 것은 바로 하늘, 땅, 사람, 물건으로 하여금 반드시 그렇게 되게 한 것을 찾아 가리킨 것이다. 하늘이 하늘이 되고 땅이 땅이 되고 사람과 물건이 사람과 물건이 된 것은 바로 그렇게 되게 하는〔所以然〕 리(理)가 있기 때문이니, 만약 그렇게 되게 하는 리가 사물이 모두 이루어져 존재하기 전에 있지 않다면, 만사(萬事)와 만물(萬物)이 모두 그러한 것이 어떻게 모두 그러한 사업이 될 수 있겠는가.

3.1.1.35

도(道)와 덕(德)은 다른 두 개의 리(理)가 아니다. 도에 나아가 지선(至善)한 것을 가리켜 덕이라고 하고, 덕에 나아가 지성(至誠)한 것을 가리켜 도라고 하니, 지선은 치우치거나 사사로움이 없고, 지성은 그치거나 단절됨이 없다. 덕이 일상생활에서 행해져 잠시도 떠날 수 없는 것을 일러 도라 하고, 도가 항상 중정(中正)하여 고금을 막론하고 변하지 않는 것을 일러 덕이라고 하니, 잠시도 떨어질 수 없다면 중(中)이 되는 것이 아니겠는가? 고금을 막론하고 변하지 않는다면 정(正)이 되는 것이 아니겠는가? 그러므로 도를 말하면 덕이 도 가운데 있고, 덕을 말하면 도가 덕 가운데 있게 되는 것이다.

천지 인물은 도가 아니면 고금을 막론하고 천지 인물이 될 수 없으며, 덕이 아니면 잠시라도 천지 인물이 될 수 없다. 그러나 도가 되고 덕이 되는 것은 실로 태극이라는 하나의 리 때문이니, 그렇다면 태극은 진실로 도덕의 두로(頭顱)가 아니겠는가. 그러므로 '무극이면서 태극'이라고 한 것이다.

3.1.1.36

크고도 지극하도다! 무극태극(無極太極)의 극(極)이 됨이여. 처음 천지 만물이 있기 전에 만약 이 리가 본원(本原)이 되지 않았다면, 천지 만물이 어떻게 천지 만물이 될 수 있었겠는가. 또 천지 만물이 생겨난 뒤에 이 리가 주재(主宰)가 되지 않았다면, 천지 만물이 어떻게 천지 만물일 수 있었겠는가.

그렇다면 천지는 진실로 이 리를 떠나서 천지가 될 수 없고 만물 또한 이 리를 떠나서 만물이 될 수 없으니, 천지 만물이 이 리를 떠나서 천지 만물이 될 수 없는 것은, 마치 뭍에서 나는 물건이 뭍을 떠나 물로 들어가 물의 물건이 될 수 없고 물에서 나는 물건이 물을 떠나 뭍에 올라 뭍의 물건이 될 수 없는 것과 같다. 그 까닭은 어째서인가? 천지 만물 중에는 이 리를 근본하지 않고 천지 만물이 된 것이 없으므로, 하루라도 이 리를 벗어나면 하늘일 수 없고 땅일 수 없고 사람일 수 없고 물일 수 없기 때문이다.

한번 우리가 늘상 보는 크고 작은 형체가 있는 것을 가지고 말해 보겠다. 하늘은 어떻게 이처럼 높고 커서 위에서 굳건하게 덮어주지 않는 것이 없단 말인가. 땅은 어떻게 이처럼 넓고 두터워서 아래에서 유순하게 실어주지 않는 것이 없단 말인가. 하늘에 걸려있는 상(象)인 해, 달, 별은 어떻게 그 빛과 위차(位次)[55]를 갖고 있으며, 궤도를 운행하면서 서로 엇갈려 뒤섞이지 않는단 말인가. 땅에서 이뤄진

질(質)인 산과 강은 어떻게 반드시 우뚝 솟아 있고 반드시 흐르며, 땅의 형세를 다스리면서 일찍이 바뀐 적이 없단 말인가.

음양, 오행, 낮과 밤, 추위와 더위가 항상됨을 잃지 않는 것은 무엇이 그렇게 되게 한 것인가? 조화(造化)가 유행하는 것이 다하는 때가 없고 만물이 물건이 되는 것이 갖춰지지 않음이 없는 것은 무엇이 그렇게 되게 한 것인가? 우리 인간이 천지의 가운데에 서서 안에는 오장육부를 갖추고 밖에는 아홉 개의 구멍과 팔다리를 갖추고 있으며, 근골(筋骨)과 모발이 반드시 같고 말소리와 모양새가 같은 것은 어떻게 이럴 수 있는 것인가?

천지간의 만물 중에 동물로서 머리를 가로로 하고 있는 것이 몇 종류이며 식물로서 머리를 아래로 두고 있는 것이 몇 종류인데, 자신의 삶을 살지 않는 것이 없고 자신의 형체를 갖추지 않은 것이 없고 자신의 처소를 두지 않은 것이 없고 자신의 분수를 분명히 알지 않는 것이 없으니, 이는 어떻게 그럴 수 있는가? 항상된 형체를 가진 것은 어느 물건 하나도 혹 그 형체가 이지러진 것이 없으며 항상된 수를 가진 것은 어느 물건 하나도 혹 그 수가 부족한 것이 없으니, 무엇이 정교함과 완벽함을 다하여 그렇게 된 것인가?

또 항상 징험하는 귀천(貴賤)과 성정(性情)을 가지고 말해 보겠다. 천지는 건(健)·순(順)을 성정으로 삼아서 원(元), 형(亨), 이(利), 정(貞) 네 개의 덕(德)이 모두 갖춰졌다.[56] 그러므로 조화를

55 위차(位次) : 원문의 '전차(躔次)'는 해, 달, 별이 운행하는 궤도에서 정해진 자리를 말한다.

56 천지는……갖춰졌다 : '건(健)·순(順)'의 건(健)은 하늘의 상징인 건(乾)의 성정(性情)으로 꾸준하여 쉼이 없음을 의미하고, 순(順)은 땅의 상징인 곤(坤)의 성정으로 유순함을 의미한다. 《周易 說卦傳》 '원(元)·형(亨)·이(利)·정(貞)'은 천지의 덕으로, 원(元)은 만물의 시(始 시작)로 봄에 속하고 인(仁)에 해당하며, 형(亨)은 만물의

내고 만물을 만드는 것이 고금에 유행하고 천지 사이에 충만한 것은 모두가 그러하다. 원, 형, 이, 정 네 개의 덕이 모두 갖춰진 것도 이렇게 되도록 한 것이 있으며, 성정이 건·순한 것도 이렇게 되도록 명한 것이 있는가? 조화가 무궁한 것은 무엇이 추뉴(樞紐)가 되었으며, 만물이 갖춰진 것은 무엇이 근저(根柢)가 되었는가?

사람은 보잘 것 없는 작은 육신으로 품부받은 것이 온전하여 천지의 네 개의 덕 중에 원(元)은 반드시 인(仁)이 되고 형(亨)은 반드시 예(禮)가 되고 이(利)는 반드시 의(義)가 되고 정(貞)은 반드시 지(智)가 되니, 무엇이 사람에게 이를 조목조목 부여하였는가? 자신의 성(性)을 다할 수 있고 남의 성도 다하게 할 수 있으며 더 나아가서는 천지의 화육(化育)에 참여하여 도울 수 있으니,[57] 이는 무엇 때문에 이렇게 되는 것인가?

물건 중에 형질(形質)이 있고 혈기(血氣)가 있어서 동물(動物)이 된 것은 본래 동물의 성정을 갖고 있으며, 형질은 있으나 혈기는 없어서 식물(植物)이 된 것은 본래 식물의 성정을 갖고 있다. 동물 중에는 날아다니는 것과 뛰어다니는 것이 있고 뭍에 사는 것과 물에

장(長 자람)으로 여름에 속하고 예(禮)에 해당하며, 이(利)는 만물의 수(遂 거둠)로 가을에 속하고 의(義)에 해당하며, 정(貞)은 만물의 성(成 갈무리)으로 겨울에 속하고 지(智)에 해당한다.

57 자신의……있으니 : 이 내용은 《중용장구(中庸章句)》 제22장에 "오직 천하에 지극히 성실한 분만이 그 본성(本性)을 다할 수 있으니, 자신의 본성을 다할 수 있으면 남의 본성을 다하게 할 수 있고, 남의 본성을 다하게 할 수 있으면 만물의 본성을 다하게 할 수 있고, 만물의 본성을 다하게 할 수 있으면 천지 만물의 화육(化育)을 도울 수 있고, 천지 만물의 화육을 도울 수 있으면 천지와 함께 〈삼재(三才)의 하나로〉 참여할 수 있게 된다.〔唯天下至誠, 爲能盡其性, 能盡其性, 則能盡人之性, 能盡人之性, 則能盡物之性, 能盡物之性, 則可以贊天地之化育, 可以贊天地之化育, 則可以與天地參矣.〕"라고 보인다. '화육'은 천지의 조화가 만물을 생육(生育)함을 이른다.

사는 것이 종류가 다르며, 식물 중에는 풀과 나무가 있고 산에 나는 것과 들에 나는 것이 종류가 다르다. 그러나 그 종류가 비록 다르더라도 성정을 갖고 있지 않은 것이 없음은 똑같지 않은 적이 없다.

각각 형질이 있고 각각 성정을 갖고 있는 것은 같은데, 형질에는 모두 각자 일정한 형질이 있고 성정에는 모두 각자 일정한 성정이 있어서 고금을 막론하고 변하지 않으며 피차를 막론하고 바뀌지 않아서, 큰 것은 작은 것을 아우르지 못하고 강한 것은 약한 것에게서 빼앗지 못하고 귀한 것은 천한 것을 없애지 못하고 정(精)한 것은 거친 것을 버리지 못하여, 모두 생육하는 하나의 물건이 되어 어느 것 하나 빠짐없이 분수(分數) 안에서 쓰임을 다하니, 이는 무엇이 그 기틀을 주장하여 낳고 낳으며 화(化)하고 화하게 하는 것[58]인가?

이는 모두 태극이 극이 되어 큰 것은 크게 하고 작은 것은 작게 하며 귀한 것은 귀하게 하고 천한 것은 천하게 하며, 저것은 저것이게 하고 이것은 이것이게 하며, 앞선 것은 앞서게 하고 뒤진 것은 뒤지게 하여 어지럽게 섞이지 않고 부족함이 없게 한 것이다.

만약 천지가 없다면 만물을 생육하지도 못하고 만물을 덮어주지도 실어주지도 못한다. 그러므로 이에 반드시 천지가 먼저 있어야 하는 것이다. 천지가 생긴 뒤에 만물이 없으면 낳고 낳으며 화하고 화하는 도에 응하지도 못하고 천지의 사공(事功 책무)을 다하지도 못한다. 그러므로 이에 반드시 만물이 있어야 하는 것이다.

천지가 있고 만물이 있는데 우리 사람이 천지의 가운데 서서 만물

58 낳고……하는 것 : 〈태극도설(太極圖說)〉에 "무극의 진리와 이기오행(二氣五行)의 정기가 묘하게 합하고 엉겨서 건도는 남(男)을 이루고 곤도는 여(女)를 이루어 두 기운이 교감하여 만물을 화생하니, 만물이 낳고 낳아 변화가 무궁하게 된다.〔無極之眞, 二五之精, 妙合而凝, 乾道成男, 坤道成女, 二氣交感, 化生萬物, 萬物生生而變化無窮焉.〕"라고 하였으므로 이렇게 말한 것이다.

의 우두머리가 되지 않는다면 재성 보상(財成輔相)의 업(業)[59]을 이루고 참찬 화육(參贊化育)의 도(道)[60]를 이룰 수 없다. 그러므로 이에 우리 사람에게 가장 신령스럽고 가장 귀한 재능(才能)과 덕(德)을 주어서 천지 만물의 극(極)을 잘 알아서 우주의 삼재(三才)에 부합할 것을 바란 것이다. 그렇다면 천지가 있고 우리 인간이 있고 만물이 있는 것은 바로 태극의 효용(效用)이고 공업(功業)인 것이다.

그러므로 "천지 인물이 있기 전에 태극이 극이 되어있지 않았다면, 천지 인물이 어떻게 생겨났겠는가? 천지 인물이 생긴 후에 태극이 극이 되지 않았다면, 천지 인물이 어찌 하루나 잠시라도 천지 인물일 수 있겠는가?"라고 하였으니, 여기에서 무극태극이 큰 추뉴가 되고 큰 근저가 되는 것이 아니겠는가. 우리의 마음과 눈을 키우고 우리의 사려를 정밀하게 한 뒤에야 비로소 이 리를 깊이 연구하여

59 재성 보상(財成輔相)의 업(業) : 지나친 것을 억제하고 모자란 것을 보충해서 천지간에 조화가 이루어지도록 돕는 성인(聖人) 혹은 임금의 일을 말한다. 《주역》 〈태괘(泰卦) 상(象)〉에 "하늘과 땅이 사귐이 태(泰)이니, 군주가 이것을 보고서 하늘과 땅의 도(道)를 재성(財成)하고 하늘과 땅의 마땅함을 보상(輔相)하여 백성을 도와준다.〔天地交泰, 后以財成天地之道, 輔相天地之宜, 以左右民.〕"라고 하였는데, 재성은 지나친 것을 억제함을 뜻하고 보상은 모자란 것을 보탬을 뜻한다.

60 참찬 화육(參贊化育)의 도(道) : '참찬화육'은 '참천지찬화육(參天地贊化育 천지에 참여하여 화육을 돕는다)'의 줄인 말로, 지성(至誠)의 덕을 갖춘 성인(聖人)이 되면 자신과 남의 본성을 다할 수 있을 뿐 아니라 천지의 화육까지도 돕게 됨을 이른다. 《중용장구》 제22장에 "오직 천하에 지극히 성실한 분〔聖人〕만이 그 본성을 다할 수 있으니, 자신의 본성을 다할 수 있으면 남의 본성을 다하게 할 수 있고, 남의 본성을 다하게 할 수 있으면 만물의 본성을 다하게 할 수 있고, 만물의 본성을 다하게 할 수 있으면 천지 만물의 화육을 도울 수 있고, 천지 만물의 화육을 도울 수 있으면 천지와 함께 참여할 수 있게 된다.〔唯天下至誠, 爲能盡其性, 能盡其性, 則能盡人之性, 能盡人之性, 則能盡物之性, 能盡物之性, 則可以贊天地之化育, 可以贊天地之化育, 則可以與天地參矣.〕" 하였다.

이해할 수 있게 될 것이다.

그렇다면 태극은 형상(形象)이 없으나 우주 안의 모든 형상이 있는 것들이 형상을 갖게 된 것은 형상이 없는 리(理)에 근본한 것이 아닌 것이 없으며, 태극은 체질(體質)이 없으나 모든 체질이 있는 것들이 체질을 갖게 된 것은 체질이 없는 리에 근본한 것이 아닌 것이 없으며, 태극은 성색(聲色)이 없으나 모든 성색이 있는 것들이 성색을 갖게 된 것은 성색이 없는 리에 근본한 것이 아닌 것이 없으며, 태극은 정의(情意)가 없으나 모든 정의가 있는 것들이 정의를 갖게 된 것은 정의가 없는 리에 근본한 것이 아닌 것이 없다.

그렇다면 아마도 태극이 형상이 없는 가운데 형이 되고 상이 되는 리가 있고, 체질이 없는 가운데 체가 되고 질이 되는 리가 있고, 성색이 없는 가운데 성이 되고 색이 되는 리가 있으며, 정의가 없는 가운데 정이 되고 의가 되는 리가 있기 때문이 아니겠는가.

형상이 없고 체질이 없고 성색이 없고 정의가 없는 것은 리의 본연(本然 본래 그러함)이다. 형상이 있고 체질이 있고 성색이 있고 정의가 있는 것은 기(氣)를 거쳐 물건이 되었기 때문이다. 리가 있은 뒤에 기가 되고 물건이 되니, 기가 되고 물건이 되어 형상이 있고 체질이 있고 성색이 있고 정의가 있는 것에 근본이 되는 리가 없다면, 이것들이 있을 수 있겠는가. 이것이 바로 태극이 천지 만물의 태극이 되는 까닭이다.

만일 태극이 본래 형상이 있고 본래 체질이 있고 본래 성색이 있고 본래 정의가 있다면, 그것이 어떻게 천지 만물의 허다한 형상, 허다한 체질, 허다한 성색, 허다한 정의의 태극이 되겠는가. 태극은 본래 형상이 없고 체질이 없고 성색이 없고 정의가 없으나, 스스로 형상이 되고 체질이 되고 성색이 되고 정의가 되는 리가 있다. 그러므로 형상이 있고 체질이 있고 성색이 있고 정의가 있는 것은 리에서 모범을 취하지 않는 것이 없다.

형상을 가지고 말하면, 둥근 하늘과 네모난 땅으로부터 크고 작고 길고 짧은 만물에 이르기까지 본래 그러한 형상이 아닌 것이 없으며, 체질을 가지고 말하면, 가볍고 맑은 하늘과 무겁고 탁한 땅으로부터 귀하고 천하고 곱고 거친 만물에 이르기까지 본래 그러한 체질이 아닌 것이 없으며, 성색을 가지고 말하면, 검은 하늘, 누런 땅, 해, 달, 바람, 우레로부터 울부짖고 싸우며 여러 색깔의 곱고 추한 만물에 이르기까지 본래 그러한 성색이 아닌 것이 없으며, 정의를 가지고 말하면, 천지가 물건을 낳는 마음과 사람의 사단 칠정(四端七情)[61]으로부터 날짐승, 들짐승, 곤충, 물고기가 새끼를 아끼고 짝을 좋아하고 살고 싶어하고 죽기 싫어하는 것과 초목이 비와 햇볕, 서리와 이슬에 감응하는 것 또한 본래 그러한 정의 아닌 것이 없으니, 어찌 태극으로부터 오지 않은 기(氣), 물(物), 변(變), 화(化), 감(感), 응(應)이 하나라도 있겠는가.

그러나 형상이 있는 것이 혹 그 형상의 법칙을 잃고 체질이 있는 것이 혹 그 체질의 법칙을 잃고 성색이 있는 것이 혹 그 성색의 법칙을 잃고 정의가 있는 것이 혹 그 정의의 법칙을 잃으면, 곧바로 태극의 리가 아니게 되니, 어찌 태극의 리를 잃고서 물건이 될 수 있겠는가.

사람에게 있는 것을 가지고 말하면, 부자유친(父子有親)은 아버지와 아들의 리(理)이고, 군신유의(君臣有義)는 군주와 신하의 리이며, 부부(夫婦) 사이에 구별이 있는 것과 장유(長幼) 사이에 차례

61 사단 칠정(四端七情) : '사단'은 인(仁), 의(義), 예(禮), 지(智)의 단서가 되는 네 가지 마음씨로, 측은지심(惻隱之心), 수오지심(羞惡之心), 사양지심(辭讓之心), 시비지심(是非之心)을 이른다. '칠정'은 사람이 가지고 있는 일곱 가지의 감정으로, 희(喜), 노(怒), 애(哀), 낙(樂), 애(愛), 오(惡), 욕(欲)을 이른다.

가 있는 것과 붕우(朋友) 사이에 신실(信實)이 있는 것은 각각 다 부부, 장유, 붕우의 리이다.

아버지와 아들이 친애(親愛)함이 있어야 하는 리를 잃으면 아버지는 아버지답지 못하고 아들은 아들답지 못하며, 군주와 신하가 군신(君臣)의 리를 잃으면 군주는 군주답지 못하고 신하는 신하답지 못하며, 부부가 되고 장유가 되고 붕우가 된 자들도 그 리를 잃고서 부부가 되고 장유가 되고 붕우가 된 경우는 없다.

이 한 몸을 가지고 말하면, 마음이 그 리를 잃으면 하우(下愚)[62]가 되고 몸이 그 리를 잃으면 기인(棄人 포기하는 사람)이 되며, 시청(視聽)과 언동(言動) 하나하나가 그 리를 잃게 되면 천 리 밖에서 거스를 뿐만 아니라 천지를 격동시키게 되니, 무극태극이 속이기 어려움이 이와 같다.

그러므로 우리 인간은 《주역》 중의 한 괘(卦), 한 효(爻) 사이에서 그 리를 살펴 음미하고 순응해야 하며, 일용(日用)의 사이에서 작은 하나의 일과 물건에 대해서도 그 리를 연구하고 살펴서 대처해야 하니, 그런 뒤에야 공자(孔子)와 주자(周子)의 가르침을 저버리지 아니하여 하늘이 도와 길(吉)하여 이롭지 않음이 없게 될 것이다.[63]

62 하우(下愚) : 매우 어리석은 사람을 이른다. 《논어》 〈양화(陽貨)〉에 "가장 지혜로운 자와 가장 어리석은 자는 변화시킬 수 없다.〔唯上智與下愚不移.〕"라고 보인다.

63 하늘이……것이다 : 《주역》 〈계사전 상〉 2장에 "그러므로 군자는 거(居)하면 그 상(象)을 보고 그 말을 살펴보며, 동(動)하면 그 변화함을 보고 그 점(占)을 살펴본다. 이 때문에 하늘이 도와주어 길(吉)하여 이롭지 않음이 없는 것이다.〔是故君子居則觀其象而玩其辭；動則觀其變而玩其占，是以自天祐之，吉无不利.〕"라고 보인다.

3.1.1.37

선유(先儒)가 말하기를 "태극(太極)은 천지 인물의 모든 선(善)과 지극히 좋은 것의 표덕(表德)이다."라고 하였으니,[64] 이 말이 거의 이치에 가깝다. 그러나 적이 생각해보건대, '표덕'이라는 말은 태극이라는 이름을 세운 뜻을 곡진히 표현하기에는 부족할 듯하니, 태극이 리(理)에 있어서 어찌 그 덕(德)을 드러낼 뿐이겠는가. 리라는 것은 물건을 생성하는 근본이고 온갖 선(善)의 본원이다.

무릇 세상에서는 종요(宗要 요체)로 삼는 바를 들어 칭할 적에 반드시 '강령(綱領)'이라 하고 '추뉴(樞紐)'라 하고 '근저(根底)'라 하고 '두로(頭顱)'라 하고 '골수(骨髓)'라고 한다. 그런데 강령이 되고 추뉴가 되고 근저가 되고 두로가 되고 골수가 되는 것 또한 하나의 물건 가운데 종요가 될 뿐 다른 물건에도 아울러 종요가 되지는 못한다. 그러므로 속하고 있던 물건이 다하게 되면 그 강령, 추뉴, 근저, 두로, 골수 또한 따라서 사라지게 된다.

그러나 대본(大本)이 되고 대원(大原)이 되고 대종(大宗)이 되고 대요(大要)가 되는 이 리의 경우는, 한 물건에서 극(極)이 되고 또 만물에서도 모두 극이 되며, 한때에 극이 되고 또 모든 때에 다 극이 되니, 이 때문에 극이 되는 것이다.

그렇다면 하나의 '덕(德)' 자로 이것을 다 드러낼 수 없고 하나의 '도(道)' 자로 이것을 다 드러낼 수 없으며, 그 은혜를 가리켜 헤아릴 수 없고 그 공(功)을 가리켜 헤아릴 수 없으니, 또 어찌 표자(表字

64 선유(先儒)가……하였으니 : 이 내용은 《주자어류》 권94에 보인다. '표덕(表德)'은 자(字)나 별호(別號)를 이르는바, 북제(北齊) 안지추(顔之推)의 《안씨가훈(顔氏家訓)》 〈풍조(風操)〉에 "옛날에는 이름으로 몸을 바르게 하고, 자로 덕을 드러내었다.〔古者, 名以正體, 字以表德.〕"라고 하였다.

자(字)로 표덕(表德)이라는 말과 같음)로 그것을 다 밝힐 수 있단 말인가.

나는, 이 리를 태극이라고 이름 한 것은 이름 할 수 있는 것이 없어서 이름이 아닌 이름으로 이름 하여 그 칭호를 높이고 빛나게 했을 뿐이라고 생각한다. 옛사람이 별도의 이름을 세운 것 중에는 높이는 뜻으로 호칭한 경우도 있고 찬미하는 뜻으로 호칭한 경우도 있다.

하늘에 대해서는 그 위치를 가지고 '상천(上天)'이라 부르고 존엄함을 가지고 '황천(皇天)'이라 부르고 광대함을 가지고 '호천(昊天)'이라 부르고 인(仁)으로 덮어줌을 가지고 '민천(旻天)'이라 부르고 만물을 주재함을 가지고 '상제(上帝)'라고 불렀으며, 땅에 대해서는 박후함을 가지고 '후토(后土)'라고 하였으며, 성인(聖人)에 대해서는 '원성(元聖)'이라 하고 '대성(大聖)'이라 하고 '지성(至聖)'이라 하였으며, 사람의 덕에 대해서는 인(仁)을 '광거(廣居)', '안택(安宅)'이라 하고 예(禮)를 '정위(正位)', 의(義)를 '정로(正路)' 등으로 불렀던 것[65]이 모두 이에 해당한다.

그렇다면 리를 태극이라고 하는 것 또한 어찌 높이고 찬미하는

65 인(仁)을……것 : 《맹자》 〈이루 상(離婁上)〉에 맹자가 "인은 사람의 편안한 집이고, 의(義)는 사람의 바른 길이다. 편안한 집을 비워 두고 거처하지 않으며, 바른 길을 버려두고 가지 않으니, 슬프다!〔仁, 人之安宅也. 義, 人之正路也. 曠安宅而弗居, 舍正路而不由, 哀哉!〕"라고 한 내용이 보인다. 또 〈등문공 하(滕文公下)〉에 "천하의 넓은 집〔廣居〕에서 살고, 천하의 바른 자리〔正位〕에 서고, 천하의 대도(大道)를 행하여, 뜻을 이루면 백성과 더불어 그것을 행하고, 뜻을 이루지 못하면 그 도를 혼자서 행해서, 부귀로 홀릴 수 없고 빈천으로 지조를 바꿀 수 없고 권위와 무력으로도 굴복시킬 수 없는 사람을 '대장부'라고 한다.〔居天下之廣居, 立天下之正位, 行天下之大道, 得志與民由之, 不得志大道獨行其道, 富貴不能淫, 貧賤不能移, 威武不能屈, 此之謂大丈夫.〕"라고 보이는데, 《집주(集注)》에서 "광거(廣居)는 인이고, 정위(正位)는 예이며, 대도는 의이다.〔廣居, 仁也. 正位, 禮也. 大道, 義也.〕"라고 풀이하였다.

칭호가 아니겠는가. 사람들이 이 리에 대하여 진실로 극진하게 이해하지 못한다면, 어찌 이 태극이라는 이름을 밝히 깨달아 알 수 있겠는가.

이 리가 진(眞)이 됨은 그 어느 것도 미혹시킬 수 없으니, 이 리를 미혹시키려 하면 스스로 망하게 된다. 실(實)이 됨은 그 어느 것도 거짓되게 할 수 없으니, 이 리를 거짓되게 하려 하면 스스로 어지러워진다. 상(常)이 됨은 그 어느 것도 해칠 수 없으니, 이 리를 해치려 하면 스스로 해를 입는다. 직(直)이 됨은 그 어느 것도 어지럽힐 수 없으니, 이 리를 어지럽히려 하면 스스로 실패한다. 순(順)이 됨은 그 어느 것도 범할 수 없으니, 이 리를 범하려 하면 스스로 멸망한다. 평(平)이 됨은 그 어느 것도 흠잡을 수 없으니, 이 리를 흠잡으려 하면 스스로 질곡에 빠지게 된다. 중(中)이 됨은 그 어느 것도 속일 수 없으니, 이 리를 속이려 하면 스스로 넘어지게 된다. 정(正)이 됨은 그 어느 것도 막을 수 없으니, 이 리를 막으려 하면 스스로 꺾이게 된다. 공(公)이 됨은 그 어느 것도 거스를 수 없으니, 이 리를 거스르려 하면 스스로 위험에 빠지게 된다. 정(定)이 됨은 그 어느 것도 저항할 수 없으니, 이 리에 저항하려 하면 스스로 추락하게 된다. 준(準)이 됨은 그 어느 것도 이간할 수 없으니, 이 리를 이간하려 하면 스스로 손해를 입게 된다. 밀(密)이 됨은 그 어느 것도 방해할 수 없으니, 이 리를 방해하려 하면 스스로 궁하게 된다. 전(全)이 됨은 그 어느 것도 망가뜨릴 수 없으니, 이 리를 망가뜨리려 하면 스스로 무너지게 된다. 완(完)이 됨은 그 어느 것도 훼손시킬 수 없으니, 이 리를 훼손시키려 하면 스스로 끊어지게 된다. 통(通)이 됨은 그 어느 것도 깰 수 없으니, 이 리를 깨려 하면 스스로 멸망하게 된다. 이 모두가 이 리가 태극이 되는 까닭이다.

이 리가 태극이 됨은, 왼쪽에서만 극이 되고 오른쪽에서는 극이 되지 않는 것이 아니며, 오른쪽에서만 극이 되고 왼쪽에서는 극이 되지 않는 것이 아니다. 또 앞에서만 극이 되고 뒤에서는 극이 되지 않는 것이 아니며, 뒤에서만 극이 되고 앞에서는 극이 되지 않는 것이 아니다. 크고 작음을 막론하고 극이 되지 않는 일이 없으며, 귀하고 천함을 막론하고 극이 되지 않는 물건이 없으며, 안과 밖을 막론하고 극이 되지 않는 곳이 없으며, 처음과 끝을 막론하고 극이 되지 않는 때가 없으니, 이것이 또 태극이 무극이 되는 까닭이다.

아, 이 리는 천지 인물이 일상으로 행하는 인륜(人倫) 가운데에서 벗어난 것이 아니다. 그런데 이미 명칭을 태극이라고 하였기 때문에 사람들이 모두 이 리가 고원하여 오르기 어렵다고 여겨 절근(切近)한 곳에서 찾을 수 있다는 것을 알지 못하고, 또 무극이라고 하였기 때문에 사람들이 모두 이 리가 아득하여 찾기 어렵다고 여겨 실지(實地)에서 만날 수 있다는 것을 알지 못하니, 성현(聖賢)이 말씀하신 뜻과 거리가 너무 멀지 않은가.

태극이 어찌 멀리 있겠는가. 하나의 일이 있으면 본래 하나의 일의 리가 있으니 리가 일 가운데 있으며, 하나의 물건이 있으면 본래 하나의 물건의 리가 있으니 리가 물건 가운데 있다. 내가 나 됨 또한 이 리 때문이니 리가 나에게 있으며, 사람이 사람됨 또한 이 리 때문이니 리가 사람에게 있다. 오늘은 이 리 가운데의 오늘이니 리가 오늘에 있으며, 내일 또한 이 리 가운데의 내일이니 리가 내일에 있다.

작은 나의 육신으로부터 크나큰 천지에까지 이르고, 오늘 이내로부터 미루어 천지가 있기 전까지 올라가고 미루어 천지가 다한 후까지 궁구해본다 하더라도 모두 이 하나의 리이니, 그렇다면 리가 과연 멀리 있단 말인가. 리가 과연 다함이 있단 말인가.

이 리가 고금을 통해 유행하는 것을 '도(道)'라 하니 도 또한 태극의 도이며, 이 리 가운데 온갖 선(善)이 갖춰져 있는 것을 '덕(德)'이라 하니 덕 또한 태극의 덕이다. 이 리의 진실무망(眞實無妄)한 것을 '성(誠)'이라 하니[66] 성 또한 태극이며, 이 리의 묘용막측(妙用莫測)한 것을 '신(神)'이라 하니 신 또한 태극이며, 이 리가 주재(主宰)가 된 것을 '심(心)'이라 하니 심 또한 태극이며, 이 리가 만물에 부여된 것을 '성(性)'이라 하니 성 또한 태극이다.

리에 사랑이 없을 수 없으니 이것이 인(仁)이고, 리에 제재(制裁)가 없을 수 없으니 이것이 의(義)이고, 리에 차례가 없을 수 없으니 이것이 예(禮)이고, 리에 구별이 없을 수 없으니 이것이 지(智)이니, 인(仁), 의(義), 예(禮), 지(智)의 4덕이 모두 태극의 리이다. 삼강(三綱)·오륜(五倫)[67]이 모두 이 가운데 있으며, 《주역》 가운데의 양의(兩儀)가 되고 사상(四象)이 되고 팔괘(八卦)가 되고 64괘(卦)가 되고 384효(爻)가 되는 것이 이 하나의 리의 조리(條理)가 아닌 것이 없으니, 우주 사이의 사물(事物) 중에 어느 것이 태극을 벗어나

66 진실무망(眞實無妄)한……하니 : 《중용장구》 제20장에 "성실히 하는 것은 하늘의 도(道)요, 성실히 하려고 노력하는 것은 사람의 도이다. 성실한 자는 굳이 애쓰지 않고도 중도(中道)에 맞으며 생각하지 않고도 터득하여 자연스럽게 도에 합치되니, 이런 분이 성인(聖人)이다. 반면에 성실히 하려고 노력하는 자는 선(善)을 택해서 굳게 잡고 행하는 사람을 말한다.〔誠者, 天之道也. 誠之者, 人之道也. 誠者, 不勉而中, 不思而得, 從容中道, 聖人也. 誠之者, 擇善而固執之者也.〕"라고 보이는데, 《집주》에서 "성(誠)은 진실되어 망령됨이 없음을 이르니, 천리(天理)의 본연(本然)이다.〔誠者, 眞實無妄之謂, 天理之本然也.〕"라고 풀이하였다.

67 삼강(三綱)·오륜(五倫) : '삼강'은 임금과 신하, 어버이와 자식, 남편과 아내 사이에 마땅히 지켜야 할 도리로, 신하는 군주에게 충성하고 자식은 부모에게 효도하고 부인은 남편에게 정조를 지키는 군위신강(君爲臣綱), 부위자강(父爲子綱), 부위부강(夫爲婦綱)을 말하며, '오륜'은 오상(五常) 또는 오전(五典)이라고도 하는데 부자유친(父子有親), 군신유의(君臣有義), 부부유별(夫婦有別), 장유유서(長幼有序), 붕우유신(朋友有信)을 말한다.

있을 수 있단 말인가. 설령 이 우주의 전에 이미 지나간 우주가 쌓여 있고 이 우주의 뒤에 무궁한 우주가 다시 있다 해도, 이 리가 태극이 되는 것은 역시 한결같을 뿐이다. 그렇지 않다면 공자와 주자(周子) 두 성현께서 어찌 '태극과 무극'을 말씀하셨겠는가.

3.1.1.38

무릇 우주 사이에서 기(氣)가 되고 물건이 된 것은 그 수(數)가 없는 것이 없으나,[68] 태극으로 말하면 그 수가 없다. 기가 있고 물건이 있은 뒤에야 그 수도 따라서 있게 되니, 그러므로 리(理)는 실로 수와 상관이 없는 것이다. 리는 진실로 형상(形象)이 없으므로 태극이라고 하니, 시종(始終)과 한계(限界)로 말할 수 없고 넓고 좁음과 길고 짧음으로 말할 수 없으니, 어떻게 위경(圍徑 둘레와 지름)과 등제(等第 차례)를 계산할 수 있으며, 어떻게 척도(尺度)와 보리(步里)[69]를 쓸 수 있으며, 어떻게 세대(世代)와 연령을 기록할 수 있겠는가. 그렇다면 어찌 무극의 극에 어떤 수를 붙일 수 있겠는가.

'일(一)'은 최초라는 뜻이니, 태극이 천지 만물보다 앞에 있으므로 최초의 일을 태극의 수로 삼을 수 있을 듯하다. 그러나 태극이 비록 천지의 앞에 있으나 그 시작이 없고, 또 태극이 비록 천지의 뒤에 있으나 그 끝이 없으니, 이에 최초의 일을 태극의 차례로 삼을 수 없는 것이다.

'일(一)'은 통체(統體)라는 뜻이니, 태극이 천지 만물의 극이 되므

68 기(氣)가……없으나 : 여기에서 말한 수(數)는 숫자로 표시할 수 있는 크기와 넓이와 길이와 연도 등을 통틀어 말한 것이다.

69 보리(步里) : 모두 거리를 재는 단위로, 시대별로 차이가 있으나 주대(周代)에는 8척(尺)을 1보라 하고, 300보를 1리라고 하였다.

로 통체의 일을 태극의 수로 삼을 수 있을 듯하다. 그러나 태극은 천지 만물의 통체로서의 태극일 뿐만 아니라 또 흩어져 천지 만물이 각각 갖추고 있는 태극이 되니, 이에 또 통체의 일을 태극의 수로 삼을 수 없는 것이다.

'일(一)'은 무대(無對 대적할 것이 없음)라는 뜻이니, 태극 또한 무대를 칭한 것이므로 무대의 일을 태극의 수로 삼아도 될 듯하다. 그러나 마음으로는 무대의 묘함을 이해하더라도 그 무대의 상(象)을 볼 수 없으니, 그렇다면 또한 어찌 무대의 일을 상이 없는 극에 더할 수 있겠는가.

3.1.1.39

노자(老子)가 말하기를 "어떤 물건이 혼연(渾然)히 이루어져 천지에 앞서 생겨났다."라고 하였으니,[70] 저 이른바 '혼연히 이루어졌다〔混成〕'는 것은 과연 어떠한 물건인가. 만약 리(理)를 말한 것이라면 리는 혼연히 이루어졌다고 말할 수 없으며, 또 만약 기(氣)를 말한 것이라면 기가 어찌 천지에 앞서 미리 이루어질 수 있겠는가. 이루어진다〔成〕는 것은 물건이 됨을 말한 것이다. 물건 중에 큰 것으로는 천지만 한 것이 없어서, 가장 먼저 형체를 이룬 것이 하늘이고 하늘 다음이 땅이니, 어찌 천지에 앞서 이루어진 것이 있겠는가.

70 노자(老子)가……하였으니 : 노자의 《도덕경(道德經)》 25장에 "어떤 물건이 혼연히 이루어져 천지에 앞서 생겼노라. 소리도 없고 형체도 없이 홀로 서서 변하지 않고 어디를 가더라도 위태롭지 않으니, 천지의 어머니로다. 내 그 이름은 알 수 없으나, '도(道)'라고 쓰고 억지로 '대(大)'라고 명명하였다.〔有物混成, 先天地生. 寂兮寥兮, 獨立不改, 周行而不殆, 可以爲天下母. 吾不知其名, 字之曰道, 强爲之名曰大.〕"라고 한 내용을 말한 것이다. 이는 도가(道家)에서 말하는 태극으로, 도(道)에서 천지가 생겨났음을 말한 것이다.

태극을 가지고 말하면, 천지에 앞서 있었다고 말하는 것이 참으로 마땅하다. 그러나 태극은 리일 뿐이니 '이루어졌다〔成〕'와 '아직 이루어지지 않았다〔未成〕'로 말할 수 없는데, 게다가 또 어찌 '혼(混)' 자를 덧붙일 수 있겠는가. 만일 '혼(混)'과 '성(成)' 두 글자를 덧붙일 수 있다면 이는 기가 되는 것이니, 노자의 말이 너무 잘못되지 않았는가.

3.1.1.40

장자(莊子)가 또 "도(道)가 태극의 앞에 있다."라고 하였으니,[71] 그가 말한 '도'는 과연 무슨 도이기에 태극의 앞에 있다고 하고, 그가 말한 '태극'은 무슨 태극이기에 도의 뒤에 있다고 하였는가? 도와 태극이 나뉘어 둘이 되어 앞이 되고 뒤가 될 수 있단 말인가. 이는 도가 도가 되고 태극이 태극이 되는 것을 알지 못해서, 본래 기(氣)가 앞에 있고 뒤에 있는 것을 가지고 도라고 하고 태극이라고 한 것에 지나지 않으니, 이 리(理)까지 제대로 안 자가 아니다.

71 장자(莊子)가……하였으니 : 《장자》 〈대종사(大宗師)〉에 "도(道)에는 정(情)이 있고 미쁨〔信〕이 있으나 행위도 없고 형체도 없어서, 전할 수는 있으나 받을 수는 없고 알 수는 있으나 볼 수는 없다. 스스로 본원(本原)이 되고 근저(根底)가 되어 천지가 있기 이전 예로부터 엄연히 존재하여, 귀신(鬼神)을 신령하게 하고 상제(上帝)를 신령하게 하며 하늘을 낳고 땅을 낳았다. 태극의 앞에 있어도 높지 않고, 육극(六極)의 아래에 있어도 깊지 않으며, 천지에 앞서 존재했어도 오래지 않고, 상고보다 오래되었어도 늙지 않는다.〔夫道, 有情有信, 無爲無形, 可傳而不可受, 可得而不可見. 自本自根, 未有天地, 自古而固存, 神鬼神帝, 生天生地. 在太極之先而不爲高, 在六極之下而不爲深, 先天地生而不爲久, 長於上古而不爲老.〕"라고 한 내용을 말한 것이다.

3.1.1.41

《한서(漢書)》〈율력지(律曆志)〉에서 말한 '태극(太極)은 셋을 머금어서 하나가 된 것이다.'[72]라는 것은 바로 혼륜(渾淪)[73]하여 아직 분명하게 나뉘지 않은 물건이니, 뒤섞여 모호하여 아직 분명하게 나뉘지 않은 물건이라는 것 또한 본래 기(氣)가 모인 것이다. 리(理)가 비록 기 가운데 있지만 뒤섞여 모호한 것은 리가 아니니, 어찌 이것을 태극이라고 이름 할 수 있겠는가. 그런데 셋을 포함하여 하나가 된 것을 태극이라고 했으니, 이는 기를 가리켜 태극이라고 한 것이지, 리를 태극이라고 한 것이 아니다.

72 한서(漢書)……것이다 : 《한서(漢書)》 권21상(上) 〈율력지(律曆志) 1상〉에 "태극의 원기는 셋을 머금어서 하나가 된 것이다.〔太極元氣函三爲一.〕"라고 보이는데, 맹강(孟康)의 주에 "원기는 자(子)가 아직 나뉘지 않은 때에 처음 시작되었으니, 천(天)·지(地)·인(人)이 혼합하여 하나가 되었으므로 자의 수만 유독 일(一)이다.〔元氣始起於子未分之時, 天地人混合爲一, 故子數獨一也.〕" 하였다. 자(子)는 십이지(十二支)의 자로, 강절(康節) 소옹(邵雍)의 《황극경세서(皇極經世書)》에 "30年을 1세(世)라 하고, 12세 즉 360년을 1운(運)이라 하고, 30운 즉 10,800년을 1회(會)라 하며, 회는 십이지에 따라 모두 12회가 있는데, 하늘은 자회(子會)에서 열리고 땅은 축회(丑會)에서 열리고 사람과 만물은 인회(寅會)에서 생겨났다.〔天開於子, 地闢於丑, 人生於寅.〕" 하였다.

73 혼륜(渾淪) : 우주가 생기기 전 모호한 상태 또는 만물이 뒤섞여 나뉘지 않은 상태를 이른다. 《열자(列子)》〈천서(天瑞)〉에 "태초(太初)는 기(氣)가 시작된 것이고, 태시(太始)는 형(形)이 시작된 것이고, 태소(太素)는 질(質)이 시작된 것이다. 기와 형과 질이 갖춰졌으나 아직 서로 떨어져 있지 않았으므로 혼륜이라고 하니, 혼륜은 만물이 서로 뒤섞여 떨어져 있지 않은 것을 말한다.〔太初者, 氣之始也 ; 太始者, 形之始也 ; 太素者, 質之始也. 氣形質具而未相離, 故曰渾淪. 渾淪者, 言萬物相渾淪而未相離也.〕"라고 보인다.

3.1.1.42

소자(邵子 소옹(邵雍))가 말한 '도(道)가 태극이다.'라는 것은 이 리(理)가 유행하고 있는 것을 가지고 말한 것이요, 그가 말한 '마음이 태극이다.'라는 것은 이 리가 통솔하고 모으는 것을 가지고 말한 것이다.[74] 소자가 가리켜 말한 것이 비록 다르기는 하지만, 리를 태극으로 본 것이 아닌 것이 없으니, 어찌 따로 하나의 설(說)이 되겠는가.

그가 말한 '무극(無極)의 이전에는 음(陰)이 양(陽)을 머금었고, 상(象)이 있은〔有象〕 이후에는 양이 음을 나누었다.'라는 경우에 있어서는, 이 무극은 상이 있음을 상대하여 말한 것이다. '상이 있다'는 것은 선천원도(先天圓圖)의 복괘(復卦)부터 건괘(乾卦)까지를 가리켜 말한 것이고 '무극'은 구괘(姤卦)부터 곤괘(坤卦)까지를 가리켜 말한 것이니, 이 무극은 바로 하나의 음이 사라져 자취를 감추는 것을 가리켜 말한 것이지 주자(周子)가 말씀한 무극이 아니다.[75]

74 소자(邵子)가……것이다 : "마음이 태극이다.〔心爲太極.〕"와 "도(道)가 태극이다.〔道爲太極.〕"라는 말은 소옹의 《황극경세서》 권14 〈관물외편 하(觀物外篇下)〉에 보인다.

75 무극(無極)의……아니다 : '무극(無極)의 이전에는 음(陰)이 양(陽)을 머금었고, 상(象)이 있은〔有象〕 이후에는 양이 음을 나누었다.'라는 내용은 소옹의 《황극경세서》 권13 〈관물외편 상(觀物外篇上)〉에 보이는데, 이에 대하여 주자(朱子)는 "소자(邵子)는 그림(복희씨(伏羲氏)의 64괘(卦) 방위도(方位圖)의 원도(圓圖)인 선천원도(先天圓圖))에서 순환하는 뜻을 말한 것이니, 구괘(姤卦 ䷫)로부터 곤괘(坤卦 ䷁)까지는 음(陰)이 양(陽)을 머금은 것이고, 복괘(復卦 ䷗)로부터 건괘(乾卦 ䷀)까지는 양이 음을 나누는 것이다. 곤괘와 복괘 사이가 바로 무극이고, 곤괘로부터 구괘로 돌아오는 것이 바로 무극 이전이다.〔邵子就圖上說循環之意, 自姤至坤是陰含陽, 自復至乾是陽分陰. 坤復之間乃无極, 自坤反姤是无極之前.〕라고 하였다. 《朱子語類 卷63》 참고로 선천원도는 다음과 같다.

3.1.1.43

후대의 유자(儒者)들이 무극(無極)과 태극(太極)을 해석한 것은 그 설(說)이 많으나 혹 말한 뜻이 적확(的確)하지 못한 것이 있다. 이는 리(理)가 본래 말로 형용하기 어려워서 비슷한 것만 보고 그 진면목은 보지 못했거나, 한쪽으로 치우친 것만 보고 그 온전한 것은 보지 못했거나, 심지어는 먼저 들은 것만 믿고 스스로 실제 본 것이 없어서 그러한 것이 아니겠는가.

저들은 태극의 앞에 무극을 더한 것을 지붕 위에 지붕을 얹어놓고 상 위에 상을 포개놓은 것이라고 여기니,[76] 이는 〈태극도설〉 중

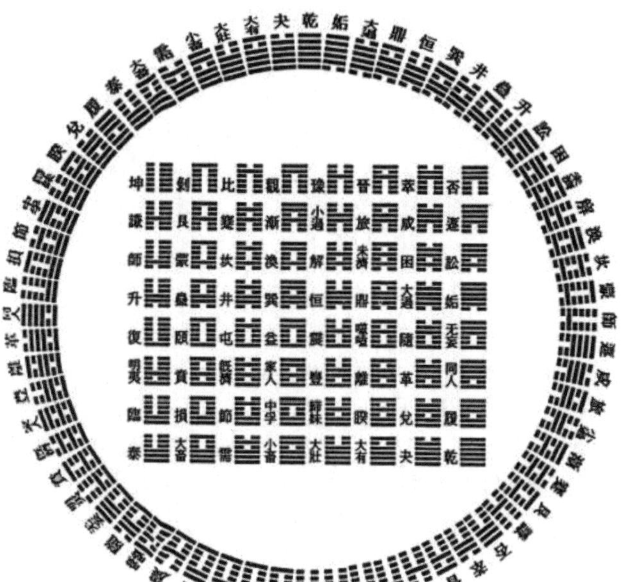

76 저들은……여기니 : '무극이태극(無極而太極)'에 대하여, 육상산(陸象山)이 태극 앞에 무극이라는 말을 붙이는 것은 도가(道家) 내지 불가(佛家)의 논리라고 비판하고, 무극이라는 말은 옥상가옥(屋上架屋)과 같아 필요 없다는 논리를 제기한 것을 가리켜

에 '태극은 본래 무극이다.〔大極本無極〕'라는 뜻을 알지 못하기 때문이다.

만약 무극을 태극과는 별도의 하나의 극이라고 여겨서 태극의 앞에 놓았다면, 저들이 지붕 위의 지붕, 상 위의 상이라고 하는 것이 마땅하다. 그러나 무극을 말한 것은 태극이 극이 됨을 밝히려는 것이니, 그렇다면 어찌 극을 겹쳐놓았다고 할 수 있겠는가. 또 그렇지 않다면 어찌 '태극은 본래 무극이다.'라고 했겠는가. '본래 무극이다.'라는 것은 태극이 하나의 극이 됨을 밝히려는 것이다.

또 혹자가 말하기를 "태극 밖에 과연 이른바 무극이라는 것이 있으니, 태극이 태극이 된 것은 바로 무극으로부터 태극이 된 것이다."라고 하였으니,[77] 이는 〈태극도설〉의 첫 구절인 '무극이면서 태극이

말한 것이다. 이에 주자(朱子)는 '무극이면서 태극'이라고 해석하면서 "태극 외에 무극이 따로 있는 것이 아니다. 그러나 무극을 빼놓고 태극만을 논한다면 태극이 마치 하나의 물건처럼 되어서 조화(造化)의 근원이 될 수 없고, 반대로 태극을 빼놓고 무극만을 논한다면 공허(空虛)가 되어 역시 조화의 근원이 될 수 없다."라고 반박하였다.

77 혹자가……하였으니 : 송(宋)나라의 정사(正史)가 쓰이기 전, 남송(南宋)의 제2대 효종(孝宗) 재위기간인 순희(淳熙, 1174~1189) 연간에 홍매(洪邁, 1123~1202)가 《사조국사(四朝國史)》를 편찬하였는바, 여기의 〈염계전(濂溪傳)〉에 〈태극도설〉의 내용을 소개하였는데, '무극이태극(無極而太極)'을 '자무극이위태극(自無極而爲太極 무극으로부터 태극이 되었다)'이라고 하였다. 이 《사조국사》는 염계(濂溪) 주돈이(周敦頤)가 세상을 떠난 지 100여 년이 지나서 기록된 역사물이라 어느 문장이 옳고 그른가에 대하여 논쟁이 벌어졌는데, 가장 대표적인 것이 주자(朱子)와 육상산(陸象山)의 논쟁이다. 이 논쟁의 초점은 1)과연 주염계가 〈태극도설〉을 지었는가 2)'무극이태극'에서 무극이라는 말이 필요한가 3)태극의 극(極)은 중(中)의 의미인가, 지극(至極)의 의미인가 4)무극에서 태극이 나왔는가 하는 것이었다. 육상산은 주염계가 도가(道家) 사상을 익혔고 무극이라는 말이 유가(儒家)에는 없는 용어라는 점을 이유로 '무극이태극'은 '자무극이위태극'으로 해석해야 한다고 주장하였다. 이에 대해 주자(朱子)는 "태극의 밖에 또다시 무극이 있다는 것이 아니다.〔非太極之外復有無極.〕"라고 하여 태극과 무극은 둘이 아니라 하나이며, 무극은 무궁(無窮)의 뜻으로 이해해야 한

다.〔無極而太極〕'라는 뜻을 알지 못하기 때문이다. 만일 태극을 기(氣)라고 한다면, 기 이전에 일찍이 기가 있었고 기 밖에 다시 기가 있다고 하는 것이 그나마 혹 본뜻에 견줄 수도 있을 것이다.

그러나 태극은 본래 하나의 리이니, 어찌 이 하나의 리 외에 또다시 무언가를 말미암아 이 리가 되는 것이 있단 말인가. 태극은 바로 천지 만물이 천지 만물이 된 소이(所以)에 나아가 최초, 최상의 원두(原頭)에까지 미루어서 이름 한 것이니, 어찌 태극의 이전에 또다시 최초가 되고 최상이 되는 원두가 있어서 별도의 이름을 세울 수 있겠는가.

또 비유를 만들어서 해설한 자가 있으니, 말하기를 "이것은 그 물건은 없고 그 도(道)는 있음을 말한 것이니, '그 물건이 없다'는 것은 무극의 뜻을 풀이한 것으로 극(極)의 형체가 없음을 말한 것이고, '그 도가 있다'는 것은 태극의 뜻을 풀이한 것으로 극의 도가 있음을 말한 것이다. 저 극은 용마루를 이름 한 것인데, 용마루라는 물건은 한 집의 모든 자재(資材)가 모이는 곳으로 통솔하고 총괄하는 것이다. 그런데 저 도리(道理)가 천지 인물에 있어서 천지 인물을 통솔하고 총괄하는 것 또한 용마루가 지붕 위에서 모든 자재를 통솔하고 총괄하는 것과 같다. 그러므로 볼 수 있는 형체가 있는 용마루를 빌어서, 천지 인물 가운데 형체도 없고 상(象)도 없으나 실제로는 천지 인물을 통솔하고 총괄하는 도리를 비유한 것이다. 태극이 용마루를 빌어 비유한 것이라면, 그(주염계)가 '무극이태극'이라고 말한 것은 '애당초 극이 아니면서 바로 태극이 되었다'는 뜻이다."라고 하였다.[78]

다고 반박하였다.

78 비유를……하였다 : '용마루의 비유를 들어 해설한 자'는 면재 황씨(勉齋黃氏)로,

이에 대한 그의 설(說)이 《성리대전(性理大全)》 권1 〈태극도(太極圖)〉에 보이는데, 내용은 다음과 같다.

"〈용마루가〉 극이라는 이름을 얻은 것은, 용마루가 집의 높은 곳에 있으면서 모든 목재가 모이고 사방이 우러르는 곳이라서 집의 목재 중에 이를 능가할 것이 없기 때문이니, 극의 뜻이 비록 '지극(至極)'이지만 실제로는 방소(方所)와 형상(形狀)이 있는 것을 가지고 극이라는 이름을 붙인 것이다. 예컨대 북극(北極), 황극(皇極), 이극(爾極), 민극(民極) 따위도 모두 이것에서 취한 것이다. 그러나 이들은 모두 물건에 방소와 형상이 있는 것이 극(極 용마루)과 흡사하고 지극하다는 뜻을 갖추고 있기 때문에 극을 가지고 밝힌 것이니, 물건을 가지고 물건을 비유하는 것은 알기 어려운 점이 없기 때문일 것이다. 그런데 《대전(大傳)》(《주역》 〈계사전〉)에서 역(易)의 지극한 이치를 역 가운데에서 온갖 이치가 모이고 온갖 변화가 근원하여 온천하의 이치 중에 이것을 능가할 것이 없다고 하였다. 그 뜻은 이름을 붙일 수 없으나 극(極 용마루)과 비슷하므로 이에 극을 취하여 이름 하고 태(太)를 덧붙였으니, 그 존귀함은 상대할 것이 없고 또 다른 극이 견줄 바가 아니다. 그렇다면 태극(太極)이라는 것은 다만 이 물건을 빌어다가 이 이치를 이름 한 것이니, 비록 방소와 형상이 있는 것을 말미암아 이름 하였으나, 찾을 수 있는 방소와 형상이 있는 것이 아니다. 또 비록 다른 글에서 사용한 '극' 자와 취한 뜻이 대략 같지만, 실(實)을 가지고 허(虛)를 비유하고 유(有)를 가지고 무(無)를 비유하여 비유한 바가 말 밖에 있으니, 그 뜻은 다르다. 주자(周子)가 이를 보고서, 사람들이 다른 글의 그다지 중요하지 않은 글자의 예(例)를 가지고 찾다 보면 혹 방소와 형상에 얽매여 성인(聖人 공자)이 비유하신 뜻을 놓치게 될까 두려워하였다. 그러므로 말씀하기를 '무극이태극(無極而太極)'이라고 하였다. 말씀을 하시는 법이 '형체가 없으면서 지극한 형체이고, 방소가 없으면서 큰 방소이다.'라고 말한 것과 같으니, 사람들로 하여금 이 극인 용마루가 있어서 태극이라고 한 것이 아니라 다만 용마루에 가탁하여 이치를 밝혔을 뿐임을 알게 하려 하신 것이다.〔極之得名, 以屋之脊棟爲一屋之中, 居高處, 盡爲衆木之總會, 四方之尊仰, 而擧一屋之木莫能加焉, 故極之義雖訓爲至, 而實則以有方所形狀而指名也, 如北極、皇極、爾極、民極之類, 皆取諸此. 然皆以物之有方所形狀適似於極, 而具極之義, 故以極明之, 以物喩物, 蓋無難曉. 惟大傳以易之至理, 在易之中爲衆理之總會、萬化之本原, 而擧天下之理莫能加焉, 其義莫可得名, 而有類於極, 於是取極名之, 而係以太, 則其尊而無對, 又非它極之比也. 然則太極者, 特假是物以名是理, 雖因其有方所形狀以名, 而非有方所形狀之可求, 雖與他書所用極字取義略同, 而以實喩虛, 以有喩無, 所喩在於言外, 其意則異. 周子有見於此, 恐夫人以它書閑字之例求之, 則或未免滯於方所形狀, 而失聖人取喩之意. 故爲之言曰: 無極而太極, 蓋其措辭之法, 猶曰: 無形而至形, 無方而太方, 欲人知夫非有是極而謂之太極, 亦特托於極以明

이 말의 뜻을 살펴보면 다소 거칠고 천박한 듯하니, 이것이 과연 공자(孔子)와 주자(周子)가 말씀하신 본의(本義)이겠는가. 공자가 《역전(易傳)》에서 태극을 말씀하신 것[79]이 어찌 반드시 용마루의 극에서 빌어 이 리를 이름 했다고 장담할 수 있겠는가. 아마도 '극' 자는 본래 모든 사물에 있어서 통솔하고 주재하는 것이 지극하고 극진하여 여기에 다시 더할 것이 없는 명목이고, 이미 이전에 쓰였기 때문에 공자께서 단지 '태' 자를 더하여 처음 게시하신 것일 것이다.

또 주자(周子)가 〈태극도설〉의 첫머리에 '무극'을 덧붙인 것이, 어찌 태극을 애당초 형체가 있는 용마루가 아니라고 여겨서 이에 극에 '무(無)' 자를 더하여 이 극이 형체가 있는 극이 아님을 밝힌 것이라고 장담할 수 있겠는가.

성현(聖賢 공자와 주자(周子))이 말씀하시는 법은 반드시 정밀하고 심오하여 문인(文人)들이 말하는 것과는 같지 않으니, 반드시 이처럼 거칠고 천박하지는 않을 것이다. 하물며 주회암(朱晦庵 주희(朱熹))이 이 글을 해설하면서 '극' 자가 비유라는 것을 일찍이 언급한 적이 없으니, 후대의 유자(儒者)들이 이 말을 해석한 것이 지나치게 편벽된 것이 아닌가.

그리고 애당초 형(形)과 상(象)이 없는데 굳이 형과 상이 있는 물건을 빌어서 이름 한 경우는 도(道)가 그렇고 리(理) 또한 그러하다. 도라는 이름은 도로(道路)의 도에서 나왔으니, 도의 도 됨은

理耳.〕" 면재 황씨는 황간(黃榦, 1152~1221)으로 자는 직경(直卿)이며 면재는 그의 호이다. 주자(朱子)의 제자이며 셋째 사위로, 주자의 사후(死後) 그 문인(門人)들을 결집시키는 데 많은 공헌을 하였다.

79 공자가……것 : 《주역》 〈계사전 상〉 제11장의 "역에 태극이 있으니, 태극이 양의를 낳고 양의가 사상을 낳고 사상이 팔괘를 낳는다.〔易有太極, 是生兩儀, 兩儀生四象, 四象生八卦.〕"라는 내용을 말한다.

곧 천지 인물이 고금을 통틀어 똑같이 행하여 잠시도 떠날 수 없는 것으로 사람과 물건이 천지 사이에서 오가는 것과 흡사한 점이 있으며, 도로가 사방 원근에 두루 통하여 하루도 이를 따르지 않고는 갈 수 없기 때문에 이에서 취하여 천지 인물의 도를 말한 것이다.

리라는 이름은 옥(玉)의 표면의 결에서 나왔으니, 리의 리 됨은 하나가 나뉘어 만 가지가 되고 만 가지가 모여 하나가 되어 애당초 나뉘지 않음이 없고 또 애당초 모이지 않음도 없어서 세밀하게 나뉘어도 어지럽힐 수가 없으니, 이는 옥 표면의 결이 본래 가닥이 있어 뒤섞여 어지러워지지 않아서 표면의 결에 통솔되지 않을 수 없는 것과 유사하다. 그러므로 이에서 취하여 천지 만물의 리를 이름 한 것이다.

그러나 이로써 이름 한 것이 비록 형상할 수 있는 것을 통해서이지만, 도리(道理)의 도(道)로 삼았으면 성현이 도를 말씀할 때에 반드시 형이상(形而上)의 것을 가지고 말씀하였지, 도로의 도에서 끌어다가 붙여놓지는 않았을 것이다. 또 도리의 리(理)로 삼았으면 성현이 리를 말씀할 때에 반드시 대본(大本)에 있는 것을 가지고 말씀하였지, 옥 표면의 결에서 끌어다가 붙여놓지는 않았을 것이다.

설령 태극의 극이 과연 이 용마루의 비유라서 실제로 용마루의 극에서 나왔다고 할지라도, 태극의 뜻을 풀이할 적에 곧바로 거칠고 천박한 말을 사용해서 "본래 극이 없는데 이 태극이 된 것이다."라고 하였겠는가.

더구나 이 태극이라는 명칭이 어떤 명목이며, 또 어떤 성인에게서 나왔는가. 이는 바로 정정당당하여 무너뜨릴 수도 없고 부술 수도 없으며, 지극히 순전하고 지극히 한결같아 다하지 않고 바뀌지 않으며, 크게도 하고 작게도 하며, 예전에도 통하고 지금도 통하는 도리로, 뭇 성인이 미처 말씀하지 못했던 것을 공자(孔子)께서 처음 말씀하신 것이다. 또 염계(濂溪) 주자(周子)는 얼마나 정확하게 보았기에 마침내 공자께서 가장 정밀하고 가장 큰 것을 도출하여 이름 한 것(태극) 위에 따로 심오한 뜻(무극)을 발명하였겠는가. 결단코 거칠고 천박하고 속된 생각으로 그 깨끗하고 고요하며 정밀하고 은미하여[80] 십분 지극한 것에 이른 본뜻에 외람되이 해당시키지는 않았을 것이다.

만일 옥극(屋極 지붕의 용마루)을 가지고 말하면, 지붕에는 극(極 용마루)이 있는데 지붕마다 각각 극을 갖고 있으므로 천만 개의 지붕이 있으면 극도 응당 천만 개가 될 것이다. 그러나 그 천만 개의 극을 합하여 하나가 되는 극이 되지는 못하고 단지 스스로 각 지붕의 극이 될 뿐이니, 통체(統體)의 극이 있는 것이 아니다.

그러나 이 리가 극이 되는 것으로 말하면, 《주역》 가운데의 양의(兩儀), 사상(四象), 64괘(卦), 384효(爻)와 조화 가운데의 천지 만물이 이 리를 극으로 삼지 않는 것이 없으므로 '태(太)'자를 더한 것이니, 우주 간에 극이 된 것 중에 이 극보다 더 큰 것은 없다. 또 옥극이 극이 되는 것은 지붕이 사라지면 극 또한 사라진다.

비단 옥극이 지붕이 사라짐에 따라 함께 사라질 뿐 아니라, 황극(皇極)[81]이 극이 된 경우는 그야말로 크지만 제왕(帝王)이 제왕답지

80 깨끗하고……은미하여 : 《주역(周易)》의 가르침의 본질을 나타내는 말로, 《예기(禮記)》 〈경해(經解)〉에 "그 나라에 들어가서 그 나라의 가르침을 알 수 있으니, 그 사람됨이 온화, 유순하고 돈후함은 《시경(詩經)》의 가르침이요, 소통하여 원대함을 앎은 《서경(書經)》의 가르침이요, 광박하고 평이하고 선량함은 《악경(樂經)》의 가르침이요, 깨끗하고 고요하며 정밀하고 은미함은 《역경(易經)》의 가르침이다.〔入其國, 其教可知也. 其爲人也, 溫柔敦厚, 詩教也; 疏通知遠, 書教也; 廣博易良, 樂教也; 潔靜精微, 易教也.〕"라는 공자의 말씀이 보인다.

81 황극(皇極) : 제왕이 천하를 통치하는 준칙으로, 이른바 대중지정(大中至正)의 도

못하면 그 극 또한 따라서 무너지게 된다. 또 예컨대 이른바 '신극(宸極)' 이하 '민극(民極)', '사방지극(四方之極)'[82] 등 모든 극(極)이라고 불리는 것들은 모두 변역(變易)의 때가 없을 수 없다.

그러나 오직 태극이 극이 됨은 천지 만물이 비록 모두 다하더라도 이 리가 다할 때는 없다. 그러므로 만물이 다하여도 또다시 만물이 있으며 천지가 다하여도 또다시 천지가 있으니, 이는 이 리가 항상 존재하여 다함이 없기 때문이다. 이것이 바로 '태극은 본래 무극이다.'라는 것이 아니겠는가. 그렇다면 태극에 무극을 더하여 '무극이면서 태극이다.〔太極而無極〕'라고 한 것이 어찌 주자(周子)가 이 비유를 하여 말씀한 것이겠는가?

3.1.1.44

주자(朱子)의 〈태극도해(太極圖解)〉[83]에 이르기를 "중(中), 인(仁),

리이다. 《서경》 〈주서(周書) 홍범(洪範)〉에 기자(箕子)가 주나라 무왕(武王)에게 천하를 다스리는 아홉 가지의 대법(大法)을 일러주며 말하기를, "다섯 번째 황극은 군주가 표준을 세움이니, 이 표준을 세워 모여든 오복을 거두어서 여러 백성들에게 복을 펴서 주면, 이 여러 백성들이 너의 표준을 잘 받들고 지켜 네가 표준을 보전할 수 있게 해줄 것이다.〔五皇極, 皇建其有極, 斂是五福, 用敷錫厥庶民, 惟時厥庶民, 于汝極, 錫汝保極.〕"라고 하였다.

82 신극(宸極)……사방지극(四方之極) : '신극'은 북극성으로 천구(天球) 상의 북극 가까이에서 빛나는 작은곰자리의 가장 밝은 별인데, 위치가 거의 변하지 않아 방위나 위도의 지침이 된다. '민극'은 백성들의 준칙(準則)으로, 《서경》 〈군석(君奭)〉에 "전인(前人 무왕)이 자기 마음을 펴시어 모두 너에게 명하여 너를 백성의 극으로 삼으셨다.〔前人敷乃心, 乃悉命汝, 作汝民極.〕"라고 보인다. '사방지극'은 사방(四方)의 표준으로, 《시경》 〈은무(殷武)〉에 "상(商)나라의 도읍이 잘 정돈되어 있으니 사방의 표준이로다.〔商邑翼翼, 四方之極.〕"라고 보인다. 이들의 극(極)은 각각 '끝, 법칙, 최선, 준칙' 등의 의미가 있다.

감(感)은 이른바 양(陽)이니 태극의 용(用)이 유행하는 것이요, 정(正), 의(義), 적(寂)은 이른바 음(陰)이니 태극의 체(體)가 선 것이다."라고 하였으니, 이는 특별히 동(動)과 정(靜)에 나아가 체와 용을 나누었을 뿐이다. 태극의 본체로 말하면 본래 형상이 없고 방위가 없고 한계가 없으니, 어떻게 음양(陰陽), 적감(寂感)과 인의(仁義), 중정(中正)으로 그 체와 용을 나눌 수 있겠는가.

태극의 체는 음양, 적감과 인의, 중정의 위에 서지 않은 적이 없고, 태극의 용도 음양, 적감과 인의, 중정의 가운데에서 유행하지 않은 적이 없으니, 이것이 태극이 태극이 된 까닭이며 또 무극을 태극 위에 더하여 사람들에게 보인 까닭이다.

그러나 태극이 한 번 동하고 한 번 정하는 것과 같은 것은 바로 기(氣)이니, 기가 비록 리에 근본하지만 리는 아니다. 동하여 양이 되는 것도 기이고 정하여 음이 되는 것도 기이니, 이 모두 태극의 용이라고 말해야지, 오직 양동(陽動)을 태극의 용이라고 하고 음정(陰靜)을 가리켜서 태극의 체라고 해서는 안 된다.[84]

83 〈태극도해(太極圖解)〉: 주자(朱子)가 주염계의 〈태극도(太極圖)〉와 〈태극도설〉에 주석을 달아 《태극해의(太極解義)》를 편찬하였는데, 그중 〈태극도〉에 관한 주석 부분을 〈태극도해〉라고 한다.

84 주자(朱子)의……안 된다 : 이 부분에 대하여 활재 이구는 다음과 같이 이견을 제시하였다.

"적이 생각건대, 주부자(朱夫子)께서 말씀하시기를 '형이상(形而上)의 것을 가지고 말하면 텅 비어 아무런 조짐이 없는 것은 본래 체(體)가 되고 사물의 사이에서 그것이 발한 것은 용(用)이 되며, 형이하(形而下)의 것을 가지고 말하면 사물(事物)은 체가 되고 그 리가 발현된 것은 용이 되니, 일괄적으로 형이상의 것이 도(道)가 된다고 말해서는 안 된다. 천하의 달도(達道) 다섯 가지는 도의 용이 된다.'라고 하였다. 그렇다면 형이상의 것은 바로 태극(太極)의 리(理)이다. 태극의 리는 비록 소리와 냄새, 방향과 처소가 없고 텅 비어 아무런 조짐이 없는 것이 바로 그 체이지만, 잠깐 사이에 응하고 처하는 것도 바로 이 리가 운용하는 것이니, 그렇다면 태극에 어찌 말할 만한 체와 혹자가 말하였다. “태극은 리이니 항상 스스로 체(體)가 없는 것을 체(體)로 삼고, 태극에 동정과 음양이 있는 것은 기이니 기는 바로 태극의 용이다. 그러므로 음·양이 스스로 체와 용으로 나뉜다고 한다면 괜찮겠지만, 음을 태극의 체로 보고 양을 태극의 용으로

용이 없어서 반드시 형이하의 것에 나아간 뒤에야 비로소 체와 용을 나눌 수 있단 말인가. 음양(陰陽), 적감(寂感), 인의(仁義), 중정(中正)은 애당초 태극을 벗어나지 않으니, 그렇다면 태극의 전체(全體)와 대용(大用)의 묘(妙)는 바로 하나의 음, 하나의 양, 하나의 적(寂), 하나의 감(感)과 인, 의, 중, 정 가운데 있는 것이다. 만약 체와 용을 형기(形器)에 국한시켜서 도리어 체용의 밖에서 태극을 찾는다면 텅 비어 아득하고 아무 것도 없는 허무(虛無)에 가깝지 않겠는가. '체와 용을 나눌 수 없다.'라고 하였으니, 그렇다면 이른바 '태극의 본체'라는 것은 과연 어떤 체인가? 퇴계(退溪) 선생께서 일찍이 연로(蓮老)의 '마음에 체용이 없다.'는 설에 대하여 변론하시기를 '도리(道理)에는 정(靜)이 있고 동(動)이 있으므로 정한 것을 가리켜 체라 하고 동하는 것을 가리켜 용이라고 한다. 그렇다면 도리의 동정(動靜)의 실(實)은 바로 도리의 체용(體用)의 실이니, 또 어찌 체와 용이 없는 하나의 도리가 따로 있어서 본(本)이 되고 동정의 앞에 있단 말인가.'라고 하셨으니, 이 말씀이 바로 이 단락의 문제점을 말씀하신 것이다. '체(體)'와 '용(用)' 두 글자는 스스로 완전하게 구비되어 있어서, 도리에 나아가 말한 것도 있고 사물에 나아가 말한 것도 있고 도리와 사물을 통틀어 말한 것도 있으니, 요컨대 하나만을 고집하여 논해서는 안 된다.〔竊惟朱夫子有言: 若以形而上者言之, 沖漠者固爲體, 其發於事物之間者爲之用. 若以形而下者言之, 事物又爲體, 而其理之發見者爲之用, 不可槩謂形而上爲道之體. 天下之達道五, 爲道之用也. 然則形而上者, 乃太極之理也. 太極之理, 雖無聲臭方所, 而沖漠無眹者, 乃其體也。小間應處, 亦只是此理之發用, 則太極豈無體用之可言, 而必須就形而下者, 而後始可分體用耶? 陰陽寂感仁義中正, 初不外於太極, 則太極之全體大用之妙, 正在於一陰一陽一寂一感, 曰仁曰義曰中曰正之中也. 若拘體用於形器, 而反求太極於體用之外, 則不幾於虛無渺茫空蕩蕩了耶? 旣曰不可以體用分, 則所謂太極之本體者, 畢竟是何體? 旣謂本體, 則又何得以言不可分體用耶? 退溪先生嘗辨蓮老心無體用之說曰: 道理有靜有動, 故指其靜者爲體, 指其動者爲用. 然則道理動靜之實, 卽道理體用之實, 又安得別有一道理無體用者爲之本, 而在動靜之先乎云云, 此正說得此段病處. 蓋體用二字, 却自該備, 有就道理而言者, 有就事物而言者, 有通道理事物而言者, 要不可以執一論也.〕” 연로(蓮老)는 연방(蓮坊) 이구(李球, ?~1573)로, 자는 숙옥(叔玉)이며, 서경덕(徐敬德)의 문인이다.

본다면, 후학들이 태극이 체가 없는 체라는 것을 어찌 알며, 또 음·양의 두 기(氣)가 실로 모두 태극의 용이라는 것을 어찌 알겠는가. 이것은 참으로 옳지만, 태극에는 통체자(統體者)로 말한 것이 있고 각구자(各具者)로 말한 것이 있으니, 통체자가 어찌 태극의 체가 아니며 각구자가 어찌 태극의 용이 아니겠는가."

이에 내가 다음과 같이 말하였다. "통체가 되든 각구가 되든 태극은 바로 하나의 리이다. 통체의 리는 곧 각구의 리이고 각구의 리는 곧 통체의 리이니, 하나의 리 가운데 어찌 체와 용을 나눌 수 있겠는가. 만화(萬化)의 원두(原頭)가 되고 만류(萬類)의 총회(總會)가 되는 것으로 이 리를 살펴보면 이것이 통체가 됨을 알게 되고, 만화의 법칙이 되고 만물의 본성이 되는 것으로 이 리를 살펴보면 이것이 각구가 됨을 알게 된다. 통체는 별도로 통체가 되는 것이 아니라 본래 각구 가운데의 통체이고, 각구는 별도로 각구가 되는 것이 아니라 본래 통체 가운데의 각구이니, 통체가 아니면 각구가 각구가 될 수 없고 각구가 아니면 통체가 통체가 될 수 없다. 이는 통체와 각구가 비록 때와 장소에 따라 그 칭호와 명목을 달리하나 하나의 리가 되는 것은 항상 그대로이니, 진실로 큰 것을 나누어 작게 해서 각구가 되는 것이 아니고, 작은 것을 거두어 크게 해서 통체가 되는 것이 아니다.

합하여 봐도 본래 리이고 나누어 봐도 본래 리이고 크게 봐도 본래 리이고 세밀하게 봐도 본래 리이니, 이것을 어찌 체와 용으로 말할 수 있겠는가. 크게 보면 큰 체가 되고 세밀하게 보면 작은 체가 되며 위에서 보면 위에서 체가 되고 아래에서 보면 아래에서 체가 되어 때와 장소를 막론하고 체가 되지 않음이 없으니, 이에 이 리가 태극이 되고 무극이 되는 것이다."

3.1.1.45

혹자가 말하였다. "〈태극도설〉에서 또 말하기를 '태극이 동(動)하여 양(陽)을 낳고 정(靜)하여 음(陰)을 낳는다.〔太極動而生陽, 靜而生陰.〕'라고 하였다. 저 태극이라는 것은 리(理)이고 동하고 정하는 것은 기(氣)인데, 기의 동·정을 가지고 리가 동하고 정한다고 하였으니, 리에 과연 동·정이 있단 말인가. 리가 스스로 동하고 정할 수 있다면, 어찌 굳이 기의 도움을 받은 뒤에야 용(用)이 될 수 있단 말인가."

이에 내가 말하였다. "이른바 '리'는 기의 리이고 이른바 '기'는 리의 기이니, 리 밖에 기가 있고 기 밖에 리가 있는 것이 아니다. 리가 기를 내고 기는 리로부터 나오니, 그렇다면 기의 동은 바로 리의 동이고 기의 정은 바로 리의 정이다. 기가 동하고 정할 수 있는 것은 기 스스로 동하고 정할 수 있는 것이 아니요, 바로 리 때문에 동하고 정하는 것이다. 그렇다면 주자(周子)가 '태극의 동·정'이라고 말씀한 것은 기의 동·정이 곧 리의 동·정이기 때문이 아니겠는가."

3.1.1.46

혹자가 또 말하였다. "〈태극도설(太極圖說)〉에서 또 말하기를 '오행(五行)[85]은 하나의 음양(陰陽)이고, 음양은 하나의 태극(太極)이며,

85 오행(五行) : 천지 만물을 조성하는 다섯 가지 원기(元氣)로 수(水)·화(火)·목(木)·금(金)·토(土)를 가리킨다. 《공자가어(孔子家語)》〈오제(五帝)〉에 "하늘에 오행이 있으니 목, 화, 금, 수, 토인데, 때를 나누어 화육하여 만물을 이루어준다.〔天有五行, 木火金水土, 分時化育, 以成萬物.〕"라고 하였으며, 《서경(書經)》〈홍범(洪範)〉에는 "오행은 첫 번째는 물〔水〕, 두 번째는 불〔火〕, 세 번째는 나무〔木〕, 네 번째는 금〔金〕, 다섯 번째는 흙〔土〕이다. 물의 성질은 아래로 흘러내려가면서 만물을 적셔주

태극은 본래 무극(無極)이다. 오행이 생겨남에 각기 그 성(性)을 하나씩 간직하였다.〔五行一陰陽也, 陰陽一太極也, 太極本無極也. 五行之生也, 各一其性.〕'라고 하였다. '오행은 하나의 음양이고 음양은 하나의 태극이다.'라고 하였으니, 그렇다면 음양오행은 본래 모두 태극인 것이다. 또 '오행이 생겨남에 각기 그 성을 하나씩 간직하였다.'라고 하였으니, 그렇다면 태극과 성은 과연 두 개의 리(理)가 되어 서로 통일되지 않는 것인가?"

이에 내가 말하였다. "태극 밖에 어찌 성이 있겠는가. 성이 어찌 태극을 벗어나서 성이 될 수 있단 말인가. 리는 본래 통체(統體)가 된 것이 있고 또 각구(各具)가 된 것이 있다. 통체자는 만리(萬理)를 총괄하여 하나가 된 것이고, 각구자는 속하고 있는 물건에 따라 각자 성이 된 것이다. 통체의 일리(一理)가 있지 않으면 각구의 만리가 따라 종주(宗主)를 삼을 것이 없으며, 각구의 만리가 있지 않으면 통체의 일리가 총괄하여 용(用)을 이룰 수 있는 것이 없게 된다.

오행의 각 성(性)을 갖춘 뒤에야 음양의 두 기(氣)를 다할 수 있고, 음양의 두 기를 아우른 뒤에야 태극의 일리(一理)를 다할 수 있다. 이 때문에 태극이 있으면 음양이 없을 수 없고, 음양이 있으면 오행이 없을 수 없다. 그러므로 태극이 음양이 되고 음양이 오행이 된 연후에 조화(造化)가 유행하고 만물(萬物)이 다 갖춰지는 것이다. 그렇다면 음양이 다른 기가 되고 오행이 각각의 성이 된 것은 모두 다 하나의 태극이 극이 된 것이니, 이미 성이 되었다면, 그것이

며, 불의 성질은 위를 향해 불타오르며, 나무의 성질은 굽기도 하고 곧기도 하며, 쇠의 성질은 조건에 따라서 바뀌며, 흙은 이에 곡식을 심고 거둔다.〔五行: 一曰水, 二曰火, 三曰木, 四曰金, 五曰土. 水曰潤下, 火曰炎上, 木曰曲直, 金曰從革, 土爰稼穡.〕"라고 하였다.

태극의 리에서 벗어날 수 있겠는가."

3.1.1.47

혹자가 또 말하였다. "〈태극도설〉에 또 이르기를 '무극(無極)의 진리(眞理)와 음양오행(陰陽五行)의 정(精)이 묘(妙)하게 합(合)하여 응집되었다.〔無極之眞、二五之精, 妙合而凝.〕' 하였다. 진(眞)은 리(理)로써 말하였고 정(精)은 기(氣)로써 말하였는데, 〈태극도설〉에서 합했다고 하였으니, 이는 리와 기가 본래 다른 두 물건인데 이제 하나로 합친 것이다. 그렇다면 어찌하여 기가 리에서 나왔다고 하고 리가 기를 타고 행한다고 말하는가?"

이에 내가 말하였다. "주자(周子)의 뜻은, 과연 리가 하나의 물건이고 기가 하나의 물건인데 두 물건이 이에 합했다고 말씀한 것이 아니다. 리는 기를 용(用)으로 삼고 기는 리를 주재(主宰)로 삼으니, 리가 존재하면 기도 이에 존재하고 기가 행해지면 리도 이에 행해져서 일찍이 빈틈이 없다. 그러므로 '합했다〔合〕'라고 한 것이니, 본래 리를 기에 합한 것이 아니고 또 기를 리에 합한 것도 아니다. 다만 리가 기 가운데에 있고 기가 리 가운데에 있으니, 이 때문에 합했다고 말한 것이다. 대개 리라고 하고 기라고 하였으면 체용(體用)의 구분과 경위(經緯)의 분별이 없지 못하니, 이미 합했다고 말했으면 체용의 구분과 경위의 분별이 없지 못하다. 또 묘하다고 말했으면 이로 인해 체와 용의 근원이 하나가 되고 경과 위의 간격이 없게 되는 것이다. 진(眞)은 정(精) 가운데에 들어있고 정은 진에서 나오니, 또한 이른바 '하나이면서 둘이고 둘이면서 하나'라는 것이다.[86]"

86 주자(周子)의……것이다 : 마지막 구절의 '하나이면서 둘이고 둘이면서 하나'라는

3.1.1.48

혹자가 또 말하였다. "〈태극도설〉에 또 이르기를 '오성(五性)[87]이 감동하여 선(善)과 악(惡)이 나뉘고 만사(萬事)가 나온다.〔五性感動而善惡分, 萬事出矣.〕' 하였다. 선이 오성에 근본하는 것은 진실로 당연하지만, 이제 선을 악과 함께 말한 것은 어째서인가?"

이에 내가 말하였다. "오성의 리(理)는 진실로 선뿐이니, 오성의 리가 태극의 리에서 나왔기 때문이다. 리가 사람에게 부여된 것이

말은 리(理)와 기(氣), 체(體)와 용(用)은 혼륜(渾淪)하여 서로 떨어질 수 없고〔不離〕 또 판연히 상이하여 서로 뒤섞여 합하지 못하니〔不離〕, 서로 떨어지지 못하므로 일(一)이 되고, 서로 뒤섞여 합하지 못하므로 둘〔二〕이 된다는 말로, 이천(伊川) 정이(程頤)의 "생(生)의 도(道)를 알면 사(死)의 도를 알고 사람 섬기는 도를 다하면 귀신 섬기는 도를 다할 것이니, 사와 생, 인과 귀는 하나이면서 둘이고 둘이면서 하나이다.〔知生之道, 則知死之道, 盡事人之道, 則盡事鬼之道, 死生人鬼, 一而二, 二而一者也.〕"라는 말에서 유래하였다.《二程全書 卷25》

한편 이 부분에 대하여 활재 이구는 다음과 같이 이견(異見)을 제시하였다.

"내 적이 생각건대, 리(理)는 진실로 기(氣)를 용(用)으로 삼지만 기는 혹 리의 용이 되지 않기도 하며, 기는 진실로 리를 주재(主宰)로 삼지만 기는 혹 리에게 주재를 당하지 않기도 하니, 이에 리와 기가 하나의 일〔事〕이 아니라는 것을 알 수 있다. 또 게다가 리와 기가 온 바〔所從來〕를 미루어 보면, 필경 리가 먼저이고 기가 나중이다. 그러므로 '태극이 음양오행을 낳으니, 무극의 진리와 음양오행의 정(精)이 묘(妙)하게 합(合)하여 응집되었다.' 라고 하였으니, 만약 리와 기가 원래 하나의 물사(物事)라면, 어찌 굳이 합하였다고 말하겠는가. 체용(體用)의 구분과 경위(經緯)의 분별이 없을 수 없는 것은, 리는 리이고 기는 기라서 본래 이와 같지 않을 수 없는데, 이미 체용과 경위라고 말하고 또 뒤섞어 말해서 하나로 만들려고 하니, 스스로 서로 모순되는 듯하다.〔竊惟理固以氣爲用, 而氣或不爲理用, 氣固以理爲主, 而氣或不主於理, 斯可見理與氣非一事. 而且推其所從來, 則畢竟是先有理而後有氣. 故曰太極生陰陽五行, 眞與精合凝云云, 若元是一箇物事, 何苦而謂之合? 體用之分、經緯之別不能無者, 理自理, 氣自氣, 自不得不爾, 旣謂之體用經緯, 而又欲渾說作一箇, 似覺自相矛盾矣.〕"

87 오성(五性) : 인(仁)、의(義)、예(禮)、지(智)、신(信)을 이른다.

성(性)이 되는데, 사람이 부여받은 기(氣)는 본래 청(淸 깨끗함)과 탁(濁 혼탁함), 정(正 바름)과 편(偏 치우침)의 차이가 없지 못하다. 리가 이 가운데에 있으면서 그 기질의 깨끗하고 바른 것을 따르면 온전함을 얻고, 그 기질의 혼탁하고 치우친 것을 따르면 흠이 없을 수가 없으니, 리가 그 온전함을 얻으면 선하여 이에 순수하고, 리가 흠이 없는 것을 얻지 못하면 악이 혹 뒤섞인다.

이른바 '감동한다'는 것은 성(性)이 발하여 정(情)이 되는 것이니, 정이 절도(節度)에 맞은 것은 이른바 '선'이고 절도에 맞지 못한 것은 바로 이른바 '악'이다. 이 때문에 성인(聖人)이 반드시 중정(中正)과 인의(仁義)로써 정(定)하여 사람의 극(極)을 세우는 것이고,[88] 군자(君子)는 이를 닦아서 길하고 소인은 이를 거슬러서 흉한 것이다.[89]

88 성인(聖人)이……것이고 : 이에 대해 쌍봉 요씨(雙峯饒氏)는 다음과 같이 말하였다.
"중(中)・정(正)・인(仁)・의(義)는 성(性)의 네 가지 덕(德)으로, 중(中)은 예(禮)이고 정(正)은 지(智)이다.…… 중・정・인・의는 성이 동정(動靜)에 두루 흐르는 것을 말한 것이니, 건괘(乾卦)와 곤괘(坤卦)의 원(元)・형(亨)・이(利)・정(貞)과 같다.……동정에 두루 흐르는 것으로 말하면 이름은 비록 네 가지이지만 실은 하나의 태극이 유행(流行)하는 것이다. 그러므로 중(中)은 동(動)하여 지나치거나 미치지 못함이 없음을 이름 한 것이니, 태극의 용(用)이다. 정(靜)은 가만히 있으면서 치우치거나 기울지 않음을 이르니, 태극의 체(體)이다. 중(中)은 일에서 드러나고 정(正)은 마음속에서 주장하여 확고하여 바꿀 수 없는 것이니, 지게문에 지도리가 있고 수레에 비녀장이 있고 하늘에 남극과 북극이 있는 것과 같다. 따라서 만사(萬事)를 정(定)하여 사람의 극(極)을 세우는 데에는 이보다 먼저 할 것이 없다.〔中正仁義, 性之四德, 中卽禮, 正卽智也.……中正仁義則以性之周流乎動靜者言, 若乾坤之元亨利貞也.……以周流動靜者言, 則名雖有四, 而實則一太極之流行也. 故中者, 動而無過不及之名, 極之用也. 正者, 靜而不偏不倚之謂, 極之體也. 中見於事, 正主乎中, 確乎其不可移易, 若戶之有樞, 車之有管轄, 天之有南北極也. 定萬事以立人極, 莫先乎此.〕"

89 군자(君子)는……것이다 : 주자(朱子)는 〈태극도설해(太極圖說解)〉에서 "성인(聖人)은 태극의 전체(全體)로, 한 번 동(動)하고 한 번 정(靜)함에 어디를 가든 중

그렇다면 기가 고르지 않은 것은 성의 탓이 아니다.

3.1.1.49

혹자가 또 말하였다. "〈태극도설〉의 끝에 굳이 《주역》의 글을 인용하고 '위대하도다, 역(易)이여! 지극하구나.〔大哉易也, 斯其至矣.〕' 라고 찬미한 것은 어째서인가?"

이에 내가 말하였다. "《주역》 가운데에 포함된 리(理)는 〈태극도설〉에서 말한 바를 벗어나지 않고, 〈태극도설〉에서 밝힌 바는 모두 주역 가운데에 포함된 리이다. 그러므로 《주역》의 글을 인용하여 증명한 것이니, 《주역》의 글을 인용하여 찬미한 것은 그 뜻이 어찌 심오하고 또 원대하지 않은가.[90]

(中)·정(正)·인(仁)·의(義)의 극(極)이 아님이 없으니, 닦지 않아도 저절로 그러하다. 군자(君子)는 여기에 미치지 못하여 닦으니 길(吉)하게 되고, 소인(小人)은 이를 알지 못하여 어기니 흉(凶)하게 된다. 닦는 것과 어기는 것 또한 공경함〔敬〕과 방자함〔肆〕의 사이에 달려있을 뿐이다. 공경하면 욕망이 줄어들고 리(理)가 밝아지며, 욕망이 줄어들고 또 줄어들어 없어지게 되면, 정할 때는 텅 비고〔虛〕 동할 때는 곧으니〔直〕, 성인은 배울 수 있다.〔聖人太極之全體, 一動一靜, 無適而非中正仁義之極, 蓋不假修爲而自然也. 未至此而修之, 君子之所以吉也, 不知此而悖之, 小人之所以凶也. 修之悖之, 亦在乎敬肆之間而已矣. 敬則欲寡而理明, 寡之又寡以至於無, 則靜虛動直, 而聖可學矣.〕"라고 하였다.

90 《주역》 가운데에……않은가 : 주자는 〈태극도설해〉에서 "《주역》 책은 광대하여 모든 것을 갖추고 있다. 그러나 그 지극함을 말하면 이 〈태극도〉에서 극진히 다하였으니, 그 뜻이 어찌 심오하지 않은가.〔易之爲書, 廣大悉備. 然語其至極, 則此圖盡之, 其指豈不深哉!〕"라고 하였다. 또 절재 채씨(節齋蔡氏)는 《관규외편(管窺外篇)》 권상(上)에서 "〈태극도설〉은 모두 《주역》에 근본을 두었다. 음을 낳고 양을 낳는 것은 바로 양의(兩儀)의 뜻이고, 오행(五行)의 용(用)은 천지(天地)의 수(數) 5의 뜻이며, 두 기(氣)의 조화와 만물의 생성과 성인(聖人)이 천지(天地)·일월(日月)·사시(四時)·귀신(鬼神)과 합(合)하는 일과 천(天)·지(地)·인(人) 삼재(三才)가 세운 도(道)

3.1.1.50

혹자가 또 말하였다. "주자(周子)가 그림으로 그리고 설명한 태극(太極)은 바로 복희씨(伏羲氏)가 알고 공자(孔子)가 발명한 태극인데, 《주역》에서의 괘(卦)의 배치와 〈태극도〉에서의 그림의 모양이 크게 서로 유사하지 않은 것은 어째서인가?"

이에 내가 말하였다. "《주역》에서 주장하는 것은 바로 상수(象數)를 곱절로 더하는 법〔加倍之法〕[91]이요, 〈태극도〉에서 주장하는 것은 바로 조화(造化)가 유행하는 묘(妙)이다. 그러므로 《주역》의 괘획(卦畫)은 아래로부터 위로 올라가서 마치 나무의 뿌리에서 줄기가 나오고 줄기에서 가지가 나오는데 가지 가운데에 작은 가지와 잎새와 꽃과 열매가 다 구비하고서 그치는 것과 같고, 〈태극도설〉은 위에서 아래로 내려와서 구슬을 꿸 적에 하나에서 둘이 되고 둘에서 셋이 되고 셋에서 넷이 되고 넷에서 다섯이 되어 차례가 다하는 것과 같다.

그렇다면 《주역》의 괘획은 바로 이른바 법상(法象)[92]이란 것이요,

를 나열한 것과 원시반종(原始反終)과 생사(生死)의 이론 등 《주역》에서 취하지 않은 것이 없다.〔圖說皆本於易, 生陰生陽, 卽兩儀之義也. 五行之用, 卽天地數五之義也. 二氣之化, 萬物之生, 聖人與合之事, 三才立道之數, 始終生死之說, 無非取於易者.〕"라고 하였다.

91 곱절로 더하는 법〔加倍之法〕: 《주역》 〈계사전 상〉의 "역(易)에 태극(太極)이 있으니 이것이 양의(兩儀)를 낳고 양의가 사상(四象)을 낳고 사상이 팔괘(八卦)를 낳는다." 에 대하여, 강절(康節) 소옹(邵雍)이 "1이 나뉘어 2가 되고 2가 나뉘어 4가 되며, 4가 나뉘어 8이 되고 8이 나뉘어 16이 되며, 16이 나뉘어 32가 되고 32가 나뉘어 64가 된다." 하였는데, 소옹의 이 수리(數理)하는 법을 명도(明道) 정호(程顥)는 '가일배법(加一倍法)'이라 하였고, 주자(朱子)는 '가배지법'이라고 하였다.

92 법상(法象) : 자연계의 모든 사물과 현상을 총칭(總稱)하는 말로, 《주역》 〈계사전 상〉에 "법상은 천지보다 큰 것이 없고, 변통은 사시보다 큰 것이 없다.〔法象莫大乎天地,

주자(周子)의 〈태극도설〉은 바로 이른바 도리(道理)라는 것이다. 괘획의 법상은 바로 도설 가운데의 도리가 나타난 것이요, 도설의 도리는 바로 괘획 가운데의 법상이 응축되어 있는 것이다. 법상은 도리가 나타난 것이므로 눈이 있는 자가 모두 그 법상을 보고서 그 도리를 알 수 있고, 도리는 법상이 응축한 것이므로 마음이 있는 자가 모두 그 도리를 알아 그 법상을 징험할 수 있다.

이 때문에 괘획의 법상을 가지고 도설의 도리를 찾아보면 부합하지 않는 것이 없고, 도설의 도리를 가지고 괘획의 법상을 찾아보면 똑같지 않은 것이 없으니, 이것이 바로 복희씨의 괘획과 주자(周子)의 도설이 서로 발명함이 있어서 피차가 모두 없어서는 안 되는 이유이다. 공자가 복희씨보다 뒤에 태어나시고 주자(周子)보다 앞서 사시면서 《주역》의 〈계사전〉 가운데에 태극이란 이름을 발명하셨으니, 이것이 어찌 복희씨의 뜻을 밝히고 주자(周子)의 뜻을 열어준 것이 아니겠는가."

3.1.1.51

공자께서 이 리(理)를 칭하여 태극(太極)이라고 하신 것은 특별히 이 리를 찬미하여 이 지극히 높고 지극히 큰 칭호를 세우신 것이다. 주자(周子)가 〈태극도설〉을 지음에 이르러 태극에 무극(無極)을 더한 것은 태극이 리의 묘함이 됨을 밝히려고 하신 것이다.

태극이라는 칭호를 사람들이 혹 잘못 알면 도리어 형상이 있는 듯하고 도리어 경계가 있는 듯하고 도리어 궁진(窮盡)함이 있는 듯하니, 이렇게 되면 사람들이 태극을 하나의 물건이라고 여기지 않으

變通莫大乎四時.]"라고 보인다.

리라고 단정할 수만은 없을 것이다. 이 때문에 주자(周子)가 마침내 '무극(無極)' 두 글자를 그 위에 더하고 또 '이(而)' 한 글자를 그 사이에 두신 것이니, 그 뜻은, 공자가 칭하신 태극은 본래 무극의 뜻을 포함하고 있는데, 후학들의 식견(識見)이 혹 밝히 통달하여 지극한 데에 이르지 못하면 반드시 형상이 있고 경계가 있고 궁진함이 있다고 의심하지 않을 수만은 없다고 여기신 것이다.

그러므로 마침내 '무극이(無極而)' 세 글자를 태극의 위에 더하신 것이니, 이는 바로 주자(周子)가 공자를 계술해서 그 온축된 심오한 뜻을 발명하신 것이다. 그렇다면 이것을 무극이라 한 것은 태극에 본래 무극의 묘함이 있기 때문이니, 그러므로 태극이 된 것이다. '이(而)'자가 비록 허자(虛字)이지만 바로 무극과 태극을 합쳐서 하나로 만든 것으로, '무극이태극(無極而太極)'은 무극인 태극이라고 말한 것과 같으니, 주자(周子)의 뜻이 지극하고 극진하다고 이를 만하다.

리라는 것은 일정하여 바뀌지 않고 반드시 그러하여 옮기지 않고 항상 보존되어 없어지지 않고 고유하여 깨지지 않아서 더하고 줄어드는 때가 없고 비거나 부족한 곳이 없어서 하지 못하는 바가 없는 근본(根本)이고 하지 못하는 바가 없는 주재(主宰)이니, 이 리가 근본이 되지 않으면 조화(造化)가 어디로부터 생겨나며, 이 리가 주재가 되지 않으면 사물(事物)이 무엇에 통솔되어 법칙으로 삼겠는가.

그러므로 진실로 우주의 시종(始終), 천지의 개합(開闔), 만물의 사생(死生), 만변의 번복(飜覆)에 관계없이 이 리가 됨은 항상 그대로인 것이다. 만약 단 하루라도 이 리가 없다면 우주가 없고 천지가 없고 만물이 없고 만변(萬變)이 없을 것이다. 그렇다면 무엇이 이 리보다 큰 것이 있으며 무엇이 이 리보다 완전한 것이 있겠는가.

이것이 극(極)의 태(太)가 되고 극의 무(無)가 되는 이유는, 곧 형상이 없고 경계가 없고 궁진함이 없기 때문이다. 그 큼이 이와 같고 그 완전함이 이와 같은데도, 하나의 작은 일과 하나의 천한 물건에 이르기까지 모두다 이 리가 근본이 되고 주재가 된다. 그러므로 일에 있는 것을 사리(事理)라 하고 물건에 있는 것을 물리(物理)라 하는 것이다.

그런데 이미 사리라 하고 물리라 하면 사람들은 반드시 일이 작고 물건이 천하다는 이유로 이 리 또한 작고 천하다고 여길 뿐, 그 대본(大本)이 되는 것은 본래 무궁하고 그 통체(統體)가 되는 것은 진실로 측량할 수 없다는 것을 알지 못한다. 그러므로 전성(前聖 공자)과 후현(後賢 주자(周子))이 특별히 태극이란 칭호를 세우고 또 무극이란 말을 더하신 것이다.

만약 단지 무극이란 말만 있고 태극이란 칭호가 있지 않으면 사람들은 그 극이 되는 실제를 알지 못할 것이요, 단지 태극이라는 칭호만 있고 무극이라는 말이 있지 않으면 사람들은 그 극이 되는 묘함을 알지 못할 것이다. 그렇다면 공자가 태극을 말씀하시고 주자(周子)가 무극을 말씀하셨으니, 전성과 후현이 이 리를 말씀한 것이 이에 이르러 더 이상 미진한 점이 없게 되었다.

또 이것을 가지고 미루어 알 수 있으니, 무릇 형체를 가진 것은 대(大)와 소(小)를 막론하고 모두 기(氣) 안에 갇혀있고 무릇 기가 된 것은 대와 소를 막론하고 모두 리(理) 안에 갇혀있다. 형체가 기 안에 갇혀있으면 형체는 다함이 있어도 기는 다함이 없고 기가 리 가운데에 갇혀있으면 기는 다함이 있어도 리는 다함이 없으니, 이것이 바로 대와 소, 선(先)과 후(後)가 구분이 있게 되는 이유이다.

그러나 리가 비록 기와 형체를 낳지만 또 일찍이 기가 되고 형체가 된 것 가운데에 있지 않음이 없고, 기가 비록 형체를 낳지만 또 일찍이 형체가 된 것 가운데에 있지 않음이 없으니, 이는 또 대와 소, 선과 후가 끝내는 하나의 도(道)로 함께 돌아가는 것으로, 이것이 바로 이 도를 리(理)와 기(氣), 형(形)과 기(器)를 합쳐서 이름 하게 된 까닭이다. 우리 인간이 진실로 그 시작을 근원(根源)하여 대와 소, 선과 후가 본래 그 구분이 있음을 알고, 또 종말을 궁구(窮究)하여 대와 소, 선과 후가 반드시 같은 데로 돌아감을 안다면, 그 리기(理氣)가 체용(體用)이 되는 것이 우리 인간의 마음과 눈 가운데에 있지 않음이 없을 것이다.

3.1.1.52

우주(宇宙)를 해석하는 자가 상하(上下)와 사방(四方)을 일러 '우(宇)'라 하고 예로부터 지금까지를 일러 '주(宙)'라고 하였으니,[93] 상하와 사방이 어찌 다만 천지(天地) 사이를 말하겠는가. 예로부터 지금까지가 어찌 다만 우리 사람들의 이목(耳目)이 미치는 것뿐이겠는가. 만약 상하와 사방을 우라 하고 예로부터 지금까지를 주라고 한다면, 우가 우가 되는 것은 반드시 이 천지의 큼으로써 다할 수 없을 것이요, 주가 주가 되는 것 또한 이 천지의 장구(長久)함으로써 다할 수가 없을 것이다.

어찌하여 이렇게 말하는가? 천지가 아무리 크고 또 장구하더라

93 우주(宇宙)를……하였으니 : 《회남자(淮南子)》 〈원도훈(原道訓)〉의 "사방으로 가로놓여 음과 양을 품고, 우주의 밧줄이 되어 해, 달, 별을 빛나게 한다.〔橫四維而含陰陽, 紘宇宙而章三光.〕"에 대해, 고유(高誘)가 "상하(上下)와 사방(四方)을 우(宇)라 하고 예로부터 지금까지를 주(宙)라 하니, 이로써 천지를 비유하였다."라고 한 것을 가리켜 말한 것이다.

도, 천지는 곧 형체가 있는 물건이다. 그런데 무릇 물건이 된 것은 이미 형체가 있으면 상하와 사방이 없을 수 없으니, 이미 형체 밖의 상하와 사방이 있다면, 천지가 어찌 우(宇)의 큼을 다할 수 있겠는가. 또 형체가 있는 것의 고금(古今)은 바로 그 형체가 있은 이래(以來)의 고금을 고금으로 삼고, 그 형체가 있기 이전과 이후는 그 고금으로 삼을 수가 없으니, 천지가 어떻게 주(宙)의 장구함을 다할 수 있겠는가.

그렇다면 우주의 상하와 사방, 우주의 예로부터 지금까지를 과연 누가 다할 수 있겠는가? 이는 바로 한 태극의 리(理)에 불과하다. 태극이라는 것은 진실로 본래 상하와 사방이 없고 또 고금이 없다. 그러므로 이것을 태극이라 하였으면 우주와 천지가 모두 이 가운데에 들어있게 되는 것이다. 우주는 태극 가운데의 우주가 되고 천지는 또 우주 가운데의 천지가 되니, 우주와 천지가 모두 태극 가운데에 들어있으면 태극이 항상 태극이 되어서 혹 하루와 한순간의 짧은 시간, 한 모퉁이와 한 틈의 작은 공간이라도 없을 수 없음을 알 수 있는 것이다.

오직 태극이라야 비로소 우주의 큼을 다하고 우주의 장구함을 다할 수 있으니, 그렇다면 우주를 우주가 되게 한 것이 태극이 아니겠는가. 우주가 우주가 된 것이 바로 태극 때문이라면, 우주가 어찌 단 하루라도 태극이 없이 우주가 될 수 있겠는가. 우주 또한 단 하루도 태극이 없이 우주가 될 수 없으니, 그렇다면 하물며 우주 가운데의 물건이 된 것이 어찌 단 하루, 한순간이라도 태극이 없이 우주 가운데의 물건이 될 수 있겠는가.

그렇다면 리는 과연 어떠한 모범(模範)이기에 그 태극이 됨이 이처럼 지극함에 이르렀는가. 이는 천지 인물의 밖에 별도로 하나의 근원이 된 것이 아니요, 다만 본래 천지 인물의 하나의 리일 뿐이다.

우리 인간들이 미루어 연구하는 것이, 어찌 귀와 눈으로 보고 듣는 형기(形器)와 사려로 생각할 수 있는 정심(精深)하고 미묘(微妙)한 것에서 벗어날 수 있겠는가.

하늘에서는 하늘의 리가 되고 땅에서는 땅의 리가 되고 사람에게서는 사람의 리가 되는 것은 모두가 이 하나의 태극이 아닌 것이 없으니, 이것이 명(命)을 어길 수 없고, 성(性)을 바꿀 수 없고, 도(道)를 떠날 수 없고, 덕(德)을 거스를 수 없는 이유인 것이다. 천만 사람의 마음이 똑같이 얻은 것이요, 천만 사람의 정(情)이 똑같이 기뻐하는 것이요, 천만 사람의 지각(知覺)이 똑같이 그렇게 여기는 것이요, 천만 사람의 공론(公論)이 똑같이 옳게 여기는 것이니, 어찌 이것을 벗어나서 리가 있겠는가. 이것을 일러 태극이라고 하는 것은 이 때문이다.

3.1.1.53

태극은 본래 리(理)이니 진실로 선후(先後)와 피차(彼此)로 말할 수가 없지만, 음양(陰陽)과 오행(五行)에 이르러서도 어찌 천지가 있은 뒤에 비로소 천지의 가운데에 있었겠는가. 만물의 시종(始終)은 일찍이 천지의 가운데에서 벗어난 적이 없으니 우리 사람들이 다 알 수 있지만, 천지의 시종에 이르러서는 사람들이 아직 본 적이 없으니 그렇다면 이것을 아는 자가 있겠는가.

그러나 천지 또한 리(理)와 기(氣) 가운데에 갇혀있으니, 그렇다면 어찌 시종이 없을 수 있겠는가. 음양에는 닫히고 열림과 굽히고 폄이 있고, 오행에는 각각의 덕(德)과 각각의 운(運)이 있어서 서로 낳고 서로 차례를 이루니,[94] 천지 이전에 어찌 일찍이 음양과 오행이 없었겠는가. 천지의 시작은 바로 양(陽)이 열리고 펴진 것이요, 천지의 끝은 바로 음(陰)이 닫히고 굽힌 것이다.

천지 이전에 반드시 선천지(先天地)의 무궁함이 있었고 천지의 뒤에 또 반드시 후천지(後天地)의 무궁함이 있을 것이니, 그렇다면 오행의 운과 오행의 덕에 어찌 틈이 있을 수 있겠는가. 그렇다면 음양이 기(氣)가 되고 오행이 행(行)이 됨이 어찌 이 천지의 사이에만 있을 뿐이겠는가. 우리 사람들은 우리 귀와 눈이 미칠 수 있는 것을 가지고 리기(理氣)의 한계로 삼아서는 안 되니, 반드시 모름지기 그 마음을 키우고 그 총명(聰明)을 넓힌 뒤에야 거의 리기의 묘함을 측량할 수 있을 것이다.

3.1.1.54

리(理)는 태극의 실제 이름이고 태극은 리의 별칭이니, 리와 태극은 애당초 두 종류가 아니다. 다만 리라고 말하면 사람들은 이것이 심오하고 은미하여 알기 어려울 것이라고 의심하고, 태극이라고 말하면 사람들은 이것이 높고 커서 측량하여 알기 어렵다고 의심하니, 이는 바로 이름을 세우고 칭호를 만든 것에 실상이 가려진 것이다. 이름을 세우고 칭호를 만든 것은 실로 실상을 가리는 근심을 있게 하려는 것이 아닌데, 사람들의 소견이 본래 정밀하지 못하기 때문에 이름을

94 오행에는……이루니 : '서로 낳는 것〔相生〕'은 오행(五行)이 서로 발생시키고 조장하는 것으로, 목(木)이 화(火)를 낳고 화가 토(土)를 낳고 토가 금(金)을 낳고 금이 수(水)를 낳고 수가 다시 목을 낳는 것〔木生火, 火生土, 土生金, 金生水, 水又生木.〕이며, '서로 차례를 이루는 것〔相序〕'은 사시(四時)가 서로 교대하는 것으로, 이 역시 오행의 상생에 따라 봄은 목이고 여름은 화이고 계하(季夏)는 토이고 가을은 금이고 겨울은 수인바, 주염계의 〈태극도설〉에서 말한 "양(陽)이 변하고 음(陰)이 합하여 수·화·목·금·토를 낳으니, 오행의 기운이 순차적으로 펴짐에 사시가 운행하게 된다.〔陽變陰合, 而生水火木金土, 五氣順布, 四時行焉.〕"는 것이다.

세우고 칭호를 만든 본의(本義)를 살피지 못하고 망녕되이 의혹을 내기 때문이다.

이른바 '리'라는 것이 어찌 일찍이 심오하고 은미한 데 치우쳐서 알 수 없는 것이겠는가. 이른바 '태극'이라는 것이 어찌 일찍이 지나치게 높고 커서 측량할 수 없는 것이겠는가. 성인(聖人)이 서계(書契)를 만든 이래[95]로 이 리를 가리켜 태극의 실제라고 하고서 그 묘함을 따라 그 명목을 세운 것은, 비단 리라 하고 태극이라고 말한 것뿐만이 아니다. 예를 들면 이른바 성(誠), 명(命), 심(心), 성(性), 도(道), 덕(德), 선(善), 인(仁), 의(義), 칙(則), 병이(秉彝), 인륜(人倫), 천질(天秩), 천서(天敍) 등의 명목은 모두 이 하나의 리와 하나의 태극의 바뀐 이름이니, 그렇다면 이 리를 태극이라고 한 것이 어찌 각 항의 여러 명목의 밖에 별도로 한 종류를 만들어서 심오하고 오묘하게 하려는 것이겠는가.

지극히 진실하고 망녕됨이 없는 것을 성(誠)이라 하고,[96] 물건에 따라 부여한 것을 명(命)이라 하고, 주재(主宰)가 되어 신명(神明)한 것을 심(心)이라 하고, 명(命)을 받아 리(理)가 된 것을 성(性)이

95 성인(聖人)이……이래 : 성인은 복희씨(伏羲氏)를 가리키고, 서계(書契)는 문자(文字)를 가리킨 말이다. 《주역》 〈계사전 하〉에 "상고 시대에는 노끈으로 매듭을 지어 다스렸는데, 후세에 성인이 이를 서계로 바꾸었다.〔上古結繩而治, 後世聖人易之以書契.〕" 하였고, 《서경(書經)》 서(序)에 "옛날 복희씨가 천하에 왕 노릇을 할 적에 처음으로 팔괘를 그리고 서계를 만들어서 결승(結繩)의 정치를 대신하니, 이로부터 문적(文籍)이 생겨났다.〔古者伏羲氏之王天下也, 始畫八卦, 造書契, 以代結繩之政, 由是文籍生焉.〕"라고 보인다.

96 진실하고……하고 : 《중용장구》 제20장에 "성실히 함은 하늘의 도(道)요, 성실히 하려고 노력하는 것은 사람의 도이다.〔誠者, 天之道也; 誠之者, 人之道也.〕" 하였는데, 주자(朱子)는 "성은 진실하고 망녕됨이 없음을 이르니, 천리(天理)의 본연(本然)이다.〔誠者, 眞實無妄之謂, 天理之本然也.〕"라고 풀이하였다.

라 하고,[97] 날마다 쓰고 항상 행하여 잠시도 떠날 수 없는 것을 도(道)라 하고,[98] 좋아할 만하고 기뻐할 만하여 싫어하는 바가 없는 것을 덕(德)이라 하고, 측은하고 애통한 마음을 견딜 수 없는 것을 인(仁)이라 하고, 지극히 순하고 지극히 반듯하여 어긋남이 없는 것을 선(善)이라 하고, 일마다 마땅함에 부합하는 것을 의(義)라 하고, 물건마다 리를 갖추고 있는 것을 칙(則)이라 하고, 성(性)으로 받은 바의 떳떳함을 병이(秉彝)라 하고,[99] 접함에 따라 도리를 다하는 것을 인륜(人倫)이라 하고, 본래 정해진 순서가 있어서 어지럽힐 수 없는 것을 천질(天秩)이라 하고, 본래 정해진 질서가 있어서 바꿀 수 없는 것을 천서(天敍)라 하는 것이다.[100] 그렇다면 세운 바의

97 물건에……하고 : 《중용장구》 제1장에 "하늘이 명한 것을 성(性)이라고 한다.〔天命之謂性〕" 하였는데, 주자는 "명(命)은 영(令)과 같고, 성은 바로 리(理)이다. 하늘이 음양(陰陽)·오행(五行)으로 만물을 화생(化生)함에 기(氣)로써 형체를 이루고 리 또한 부여하니, 명령함과 같다. 이에 사람과 물건이 태어남에 각기 부여받은 리를 얻음으로 인하여 건순(健順)·오상(五常)의 덕을 삼으니, 이른바 성(性)이라는 것이다.〔命, 猶令也. 性, 卽理也. 天以陰陽五行, 化生萬物, 氣以成形而理亦賦焉, 猶命令也. 於是, 人物之生 因各得其所賦之理, 以爲健順五常之德, 所謂性也.〕"라고 풀이하였다. 또 주자는 "마음은 신명(神命)의 집으로 일신을 주재한다.〔心是神明之舍, 爲一身之主宰.〕"라고 하였다. 《朱子語類 卷98》

98 날마다……하고 : 《중용장구》 제1장에 "도(道)는 잠시도 떠날 수 없으니, 떠날 수 있으면 도가 아니다.〔道也者, 不可須臾離也, 可離, 非道也.〕하였는데, 주자는 "도는 일용 사물에 마땅히 행하여야 할 리(理)이니, 모두가 성(性)의 덕(德)으로 마음에 갖추어져 있어서 물건마다 있지 않음이 없고 때마다 그러하지 않음이 없으니, 이 때문에 잠시도 떠날 수 없는 것이다.〔道者, 日用事物當行之理, 皆性之德而具於心, 無物不有無時不然. 所以不可須臾離也.〕"라고 풀이하였다.

99 성(性)으로……하고 : '병이(秉彝)'는 사람의 마음에 가진 떳떳한 도리로, 《시경(詩經)》 〈대아(大雅) 증민(烝民)〉에 "사람이 떳떳한 본성을 가진지라 이 아름다운 덕을 좋아하도다.〔民之秉彝, 好是懿德.〕"라고 보인다.

100 본래……것이다 : '천질(天秩)'은 하늘이 상하(上下)의 품계를 차례하여 예(禮)

각 명목 중에 그 무엇이 태극의 리를 벗어남이 있겠는가. 이것은 그 큰 것이다.

낮에는 각자 자신의 일에 종사하고 밤에는 각자 자신의 집에서 쉬며 목마를 때에는 반드시 물을 마시고 굶주릴 때에는 반드시 먹을 것을 찾는 것에서부터, 한 번 동(動)하고 한 번 정(靜)하며 한 번 말하고 한 번 침묵함에 이르기까지, 걸맞은 때와 걸맞은 의(義)가 있지 않음이 없으니, 이 중에 태극의 리가 아닌 것이 있겠는가.

3.1.1.55

선유(先儒 주염계(周濂溪))가 리(理)를 설명하기를 "무극이면서 태극이다.〔無極而太極〕"라고 하였으니, '태극'이라는 것은 이 리가 천지만물의 원두(元頭 근본)가 되어서 다시 더할 바가 없음을 말한 것이요, '무극'이라는 것은 이 리가 전후에 뻗쳐있어서 궁진(窮盡)하는 바가 없음을 가지고 말한 것이다. 다시 더할 바가 없고 궁진하는 바가 없다는 것은 다른 뜻이 아니라, 본래 다시 더할 바가 없기 때문에 마침내 궁진하는 바가 없을 수 있고 오직 궁진한 바가 없기 때문에 마침내 다시 더할 바가 없게 되는 것이니, 이 때문에 이것을 일러 '무극이면서 태극이다.'라고 하는 것이다.

기(氣)라는 것은 리에서 나와 리와 짝이 된 것이다. 리는 기를

가 있게 한 것으로 즉 존비 귀천(尊卑貴賤)의 차서(次序)를 말하고, '천서(天敍)'는 하늘이 사람의 타고난 성품을 차례하여 각자에게 주어진 본분을 둔 것으로 부의(父義)・모자(母慈)・형우(兄友)・제공(弟恭)・자효(子孝)를 말하는바, 《서경》〈고요모(皐陶謨)〉에 "하늘이 차례로 펴서 법을 두시니 우리 오전(五典)을 바로잡아 다섯 가지를 후하게 하시며, 하늘이 차례하여 예를 두시니 우리 오례(五禮)로부터 하여 다섯 가지를 떳떳하게 하소서.〔天敍有典, 勅我五典, 五惇哉; 天秩有禮, 自我五禮, 有庸哉.〕"라고 보인다. 오전은 바로 오륜(五倫)이다.

타고서 리가 되고 기는 리를 받들어 기가 된다. 그러므로 리가 있으면 기가 없을 수 없고 기가 되었으면 리가 없을 수 없으니, 이것은 진실로 리와 기가 서로 떨어질 수 없는 것인데, 기는 반드시 리를 기준으로 삼는 것이다.

리가 진실로 무극이므로 기는 리의 무극을 기준으로 삼아서 그와 더불어 무극이 되지 않을 수가 없고, 리가 태극이 되므로 기는 리의 태극을 기준으로 삼아서 그와 더불어 태극이 되지 않을 수 없다. 이것이 바로 기가 반드시 리를 기준으로 삼는 이유이니, 예로부터 지금에 이르기까지 반드시 두 가지를 합칭하여 '리기(理氣)'라고 하였다.

그러나 리는 시종(始終)이 없고 대소(大小)가 없으나 기는 시종이 있고 대소가 있으며, 리는 영허(盈虛 가득 참과 텅 빔)가 없고 성쇠(盛衰)가 없으나 기는 영허가 있고 성쇠가 있으니, 그렇다면 시종이 있고 대소가 있는 기가 어떻게 저 시종이 없고 대소가 없는 리를 기준으로 삼을 것이며, 영허가 있고 성쇠가 있는 기가 어떻게 저 영허가 없고 성쇠가 없는 리를 기준으로 삼을 수 있겠는가?

이 기가 반드시 시종이 있고 반드시 대소가 있고 반드시 영허가 있고 반드시 성쇠가 있는 것은, 바로 모두 이 리가 그렇게 만든 것이다. 반드시 시종이 있고 반드시 대소가 있은 뒤에야 비로소 시종이 없고 대소가 없는 이 리를 기준으로 삼을 수 있으며, 반드시 영허가 있고 반드시 성쇠가 있은 뒤에야 비로소 영허가 없고 성쇠가 없는 이 리를 기준으로 삼을 수 있는 것이니, 이것이 바로 리와 기가 하나로 합쳐지는 묘(妙)이다.

이미 무극태극이 된 리가 있고 또 무극태극을 기준으로 삼는 기가 있다면, 리는 단지 리가 아니고 기는 단지 기가 아니어서 반드시 리와 기의 큰 사업(事業)이 있어야 하니, 이미 리가 되고 기가 되었는데도 만약 큰 사업이 있지 않다면 리와 기가 된 것이 무슨 소용이 있겠는가. 이 때문에 이미 리와 기가 있고 또 반드시 훌륭한 일을 할 수 있는 큰 기틀이 있는 것이다.

이른바 '훌륭한 일을 할 수 있는 큰 기틀'이라는 것은 바로 큰 사업을 이루어지게 하는 기관이니, 어찌 리와 기의 대용(大用)으로서 무극태극의 본체(本體)로부터 나온 것이 아니겠는가.

그렇다면 큰 기틀의 작용과 그것이 만들어내는 큰 사업이라는 것은 무엇을 말하는가? 이 무극태극은 언제나 그렇지 않은 때가 없고 어디든 혹 벗어나는 곳이 없으나, 그 대용이 됨에 이르러서는 반드시 원기(元氣)를 크게 모아서 하늘이 되게 하고 땅이 되게 한 뒤에야 조화(造化)의 대국(大局)이 되는 것이니, 대국이라는 것은 공력(功力)을 오로지하여 일을 성취하는 처소이다.

큰 기틀의 발동이 있기 때문에, 원기가 크게 모인 것이 상하에 혼륜(渾淪 서로 뒤섞여 나뉘지 않음)하여 바로 하늘이 되고, 모이고 뭉친 것이 중간에 방박(磅礴 충만함)하여 바로 땅이 되었다. 하늘이 있고 땅이 있어서 곧 조화의 대국이 되었으면, 이에 조화의 공용(功用)이 천지 가운데에 두루 가득하여 낳고 낳으며 화(化)하고 화하며 많고 많으며 번다하고 번다한 것이 모두다 이것이니, 그렇다면 리와 기의 큰 사업이 이미 끝난 것이 아니겠는가. 이 때문에 리가 무극태극이 되고 기가 이 리를 받들어 기준 삼는 것이 과연 이와 같은 것이다.

하늘은 한갓 아래를 굽어볼 수만은 없으므로 위에 해와 달과 별이 있은 연후에 우주 안이 밝아지고, 땅은 한갓 두텁고 기름질 수만은 없으므로 아래에 산악과 천독(川瀆 시내와 강 등의 물줄기)이 있은 연후에 기(氣)가 서로 응하는 것이다. 물에서 사는 종족은 물에서 자라고 육지에서 사는 물건은 육지에서 생산되니, 이것들은 굳이 종자(種子)를 퍼뜨리기를 기다리지 않아도 번식한다.

또 초목이 토지에서 자라고 이와 서캐가 옷에서 화생(化生)하는 것이 과연 심어주고 길러주는 것에 연유하겠는가. 소리와 색깔과 냄새와 맛이 들어올 때에는 반드시 구멍이 있으며 썩어 문드러지고 더러운 악취가 나갈 때에도 또한 각기 길이 있으니, 이것이 어찌 물물(物物)마다에게 베풀어 구비하게 한 것이겠는가.

사단 칠정(四端七情)의 발현과 오륜 백행(五倫百行)의 실행이 어찌 사람사람마다에게 가르쳐 일깨워준 것이겠는가. 어린아이도 어버이를 사랑하고 어른을 공경할 줄 모르는 아이가 없고,[101] 삼척동자(三尺童子)가 손을 모으고 저잣거리를 걸어가면 포악한 지아비와 사나운 병졸들도 감히 함부로 대하지 못하니,[102] 이것이 어찌 거짓으로 꾸며서 그러한 것이겠는가.

심지어는 천지 인물의 형체(形體)와 성정(性情)이 고금을 통하여 그 떳떳함이 바뀌지 않고 음양오행의 낮밤과 사시(四時)가 고금을 통하여 그 질서를 잃지 않는 것에 이르러서도, 이 리가 무극태극이 되어서 그러한 것이 아니겠는가. 우리 인간이 된 자들은 이 리의 전체(全體)를 그 마음에 본성(本性)으로 삼지 않는 이가 없으니, 그렇다면 무극태극의 묘(妙)는 자연 방촌(方寸 마음)의 지각(知覺)에서 벗어나지 않는 것이다.

101 어린아이도……없고 : 이 내용은 《맹자》 〈진심 상(盡心上)〉에 "해제(孩提)의 어린아이도 자기 부모를 사랑할 줄 모르는 아이는 없다.〔孩提之童, 無不知愛其親也.〕"라고 보이는데, 《집주》에 "해제는 두세 살 정도 되는 웃을 줄 알고 손을 잡아 주고 안아 줄 만한 아이이다.〔孩提, 二三歲之間, 知孩笑可提抱者也.〕"라고 하였다.

102 삼척동자(三尺童子)가……못하니 : 이 내용은 이천(伊川) 정이(程頤)의 〈예서(禮序)〉에 보인다.

3.1.1.56

태극(太極)이란 바로 이 리(理)의 존칭(尊稱)이고 휘호(徽號 아름다움을 찬미하는 칭호)이니, 바로 하늘을 칭하여 상제(上帝)라고 말하는 것과 같다. 똑같은 하늘인데 만약 주재(主宰)하여 명령을 내는 방도를 말할 때에는 하늘을 상제라고 칭한다.

대전(大傳)[103]에서도 장차 《대역(大易 주역)》의 큰 사업을 말하려고 하였으므로 공자가 역(易)의 리에 대하여 그 칭호를 높이고 그 칭호를 아름답게 해서 태극이라 하셨으니, 만약 '태극'이라고 말하지 않고 오직 "리가 양의(兩儀)를 낳았다."라고 말했으면, 사람들은 반드시 늘 하는 말이라고 심상하게 보아 넘겼을 것이니, 누가 여기에 무궁무진(無窮無盡)한 실제가 있음을 알겠는가. 이 때문에 리라고 말씀하지 않고 태극이라고 말씀한 것이니, 어찌 이 리 밖에 별도로 이른바 '태극'이라는 것이 있겠는가.

그렇다면 굳이 리를 태극이라고 한 것은 어째서인가? 저 리라는 것은 사물이 있기 전에는 사물의 소이연자(所以然者)가 되어서 없을 수가 없고, 사물의 가운데에 있을 때에는 사물의 소당연자(所當然者)가 되어서 바뀔 수가 없다. 앞의 소이연자는 바로 뒤의 소당연이고, 뒤의 소당연자는 바로 앞의 소이연으로 바로 똑같은 하나의 리이니, 만변(萬變)과 만화(萬化)를 내지만 한결같이 변함이 없고 만품(萬品 만물)과 만휘(萬彙 만물)를 내지만 한결같이 그대로이다.

하나가 만 가지가 되지만 하나가 일찍이 감손(減損)된 적이 없고, 만 가지가 하나로 돌아가지만 만 가지가 일찍이 소모된 적이 없으니, 그 하나가 됨은 합함이 지극한 것이요 그 만 가지가 됨은 나뉨이

103 대전(大傳) : 여기서는 《주역》 〈계사전〉을 가리켜 말한 것이다.

지극한 것이다. 그 큼을 말하면 지극히 크고 그 작음을 말하면 지극히 작으며, 그 멂을 말하면 지극히 멀고 그 가까움을 말하면 지극히 가까우며, 그 높고 낮음이 될 때에는 지극히 높고 지극히 낮으며, 그 깊고 얕음이 될 때에는 지극히 깊고 지극히 얕으며, 숨고 드러남이 되고 정하고 거칢이 되어서도 지극하지 않는 바가 없다. 그러므로 마침내 '극(極)'이라고 칭하고 또 '태(太)'를 더한 것이다.

오직 이 리가 지극하고 크니, 그렇다면 무릇 만물을 변화시키는 만 가지가 되는 소이(所以 까닭)가 어느 것인들 이 리에서 벗어난 것이 있겠는가. 이 때문에 공자가 반드시 이것을 양의(兩儀), 사상(四象), 팔괘(八卦)의 위에 놓아 그 칭호를 높이고 아름답게 하신 것이다.

이미 '태극'이라고 말했으면 리가 리 됨이 그 실제를 다하였는데, 염계(濂溪) 주자(周子)가 또 '무극이(無極而)' 세 글자를 다시 태극의 위에 더한 것은 어째서인가? 진실로 '극'이라는 한 글자에는 종주(宗主)가 되어 통일한다는 뜻이 있고, 또 극에 도달하여 궁진하다〔至到窮盡〕는 뜻이 있으니, 종주가 되어 통일한다는 뜻이 되면 비길 만한 형(形)·상(象)과 방(方)·소(所)가 있을 듯하고, 극에 도달하여 궁진하다는 뜻이 되면 끝내 다하여 소멸하는〔終畢滅熄〕 시절이 있을 듯하니, 이에 어찌 그 끝내 잘못 이해하는 근심이 없으리라고 보장할 수 있겠는가. 주자(周子)는 아마도 이것을 염려하신 듯하다.

오직 그 종주가 되어 통일한다는 뜻이 된 까닭은 바로 그 스스로는 형체가 되지 않았으나 만형(萬形)으로 하여금 각각 그 형체를 형체로 갖게 하며, 스스로 상(象)이 되지 않았으나 만상(萬象)으로 하여금 각각 그 상을 상으로 갖게 하며, 스스로 방위가 있지 않으나 만사(萬事)로 하여금 각각 그 방위를 방위로 삼게 하며, 스스로 처소를 가지고 있지 않으나 만물(萬物)로 하여금 각각 그 처소를 처소로 삼게 하기 때문이니, 그렇다면 리에 과연 어찌 형과 상이 있으며 과연 어찌 방위와 처소가 있겠는가.

극에 도달하여 궁진하다는 뜻이 되는 까닭은 바로 언제나 있지 않은 때가 없고 어디나 있지 않은 곳이 없으며, 그보다 위도 없고 아래도 없으며, 그보다 안도 없고 밖도 없으며, 그보다 먼저도 없고 나중도 없어서, 지극함〔至〕은 나타나지 않는 지극함이 되고 도달함〔到〕은 경계를 짓지 않는 도달함이 되며 끝〔窮〕은 끝이 없는 끝이 되고 다함〔盡〕은 다함이 없는 다함이 되어서 종(縱)으로는 고금(古今)에 미치고 횡(橫)으로는 상하(上下)와 사방(四方)을 통하기 때문이니, 그렇다면 또 어찌 끝내 다할 때가 있고 또 어찌 소멸할 때가 있겠는가. 이에 '무극'이라는 글자를 더하여서 태극이 형·상과 방·소가 없고 끝내 다하여 소멸함이 없음을 밝힌 것이다.

태극이 항상 태극이 되는 것은 무극 때문이 아니겠는가. 그렇다면 무극이라는 것은 저 태극을 분명하게 밝혀주는 것이고 태극은 본래 무극이니, 어찌 무극이 따로 하나의 극이 되고 태극이 또 따로 하나의 극이 되어서 두 가지의 극이 있을 수 있겠는가. 그러므로 하나의 '이(而)' 자를 무극과 태극 사이에 두어 서로 연결시켜서 그 둘이 하나의 극이 됨을 밝힌 것이다. 여기에서 주자(周子)가 태극에 무극을 더한 것은, 바로 공자(孔子)의 깊은 뜻을 드러내어 밝혀서 후학들로 하여금 잘못 인식하게 하는 근심이 없게 한 것이다.

아, 극(極)을 말하여 리(理)의 묘(妙)함이 극진해졌고, 태(太)를 말하고 무(無)를 말하여 극의 뜻이 또 극진해졌으니, 주자(朱子)의 이른바 '만고(萬古)에 어리석은 자들을 깨우쳐 준다.'는 것[104]이 이

104 주자(朱子)의……것 : 주자가 진자앙(陳子昂)의 시 〈감우(感遇)〉를 읽고 감흥이 일어 지은 〈재거감흥(齋居感興)〉 20수(首) 중 7번째 시의 마지막 구절에 "《춘추(春

것이다.

3.1.1.57

공자가 《역대전(易大傳)》에서 이르시기를 "형이상(形而上)의 것을 도(道)라 하고, 형이하(形而下)의 것을 기(器)라 한다."라고 하셨다.[105] 도와 기의 구별을 각각 형이상과 형이하로 나누어 지목했으니, 도와 기가 어찌 일찍이 서로 떨어져 도와 기가 되었겠는가. 기에는 도가 그 위에 있고 도에는 기가 그 아래에 있어서, 도는 기가 실어주는 바가 되고 기는 도가 붙어있는 바가 되니, 도와 기는 과연 다른 물건이 아니다.[106]

秋)》의 몇 마디 말이 만고에 어리석은 자들을 깨우쳐 주네.〔春秋二三策, 萬古開群蒙.〕"라고 보인다.

105 공자가……하셨다 : 《역대전(易大傳)》은 공자가 《주역》의 심오한 원리를 찬술한 십익(十翼)을 말하는데, 십익은 〈단전 상(彖傳上)〉·〈단전 하(彖傳下)〉·〈상전 상(象傳上)〉·〈상전 하(象傳下)〉·〈계사전 상(繫辭傳上)〉·〈계사전 하(繫辭傳下)〉·〈문언전(文言傳)〉·〈설괘전(說卦傳)〉·〈서괘전(序卦傳)〉·〈잡괘전(雜卦傳)〉을 말한다. 여기서는 〈계사전 상〉을 말하는바, 여기에 "형이상의 것을 도(道)라고 하고 형이하의 것을 기(器)라고 한다.〔形而上者謂之道, 形而下者謂之器.〕"라고 보이는데, 도는 무형(無形)의 추상적인 도리를 말하고, 기는 유형(有形)의 구체적인 사물을 말한다.

106 공자가……아니다 : 이 부분에 대하여 활재(活齋) 이구(李榘)는 다음과 같이 이견을 제시하였다.
"내 적이 생각건대, 도(道)와 기(器)가 과연 하나의 물건이라면, 공자께서는 단지 '형체가 있는 것을 일러 도기(道器)라고 한다.'라고만 말씀하셨어야 하는데, 어찌 굳이 〈도와 기를〉 형이상(形而上)과 형이하(形而下)로 나누어 말씀하셨겠는가. 도는 기에 붙어 있고 기는 그 도를 싣고 있으니, 그렇다면 참으로 도와 기가 서로 떨어져 있어서는 안 된다. 그러나 아무리 그렇다고 하더라도 어찌 기를 도라 하고 도를 기라 하여 한데 섞어 말할 수 있겠는가.〔竊惟道與器, 果是一物, 則孔子只當曰形者謂之道器, 何必以形而上下分說? 道寓於器, 器載其道, 則雖固不可相離, 而亦豈可以器爲道, 道爲器, 雜而

무엇을 기라고 하는가. 바로 양의(兩儀) 이하가 이것이니, 양의가 사상(四象)이 되고 사상이 팔괘(八卦)가 되어서 64괘(卦) 384효(爻)가 됨에 이르면, 우주 사이에 허다한 사물의 변화가 이 안에 들어있지 않은 것이 없으니, 이것이 이른바 '형이하의 기'란 것이 아니겠는가. 우주 사이에 하나의 일과 하나의 물건처럼 미미한 것도 모두 자연의 떳떳한 이치를 갖고 있는데, 이것이 바로 일이 되게 하고 물건이 되게 하는 법칙이니, 그렇다면 이것이 이른바 '형이상의 도'란 것이 아니겠는가.

그렇다면 천지 인물은 바로 태극이 붙어있는 기요, 태극은 바로 천지 인물이 싣고 있는 도이다. 그 기(氣)가 되고 질(質)이 되고 재(才)가 되고 기(器)가 되는 소이(所以)가 바로 이른바 '형이하'라는 것이 아니겠는가. 그 명(命)이 되고 성(性)이 되고 도(道)가 되고 덕(德)이 되는 소이가 바로 이른바 '형이상'이라는 것이 아니겠는가.

3.1.1.58

형이상(形而上)의 것을 도(道)라 하는데 도는 거저 행해지지 않아서 모름지기 형이하(形而下)의 기(器)를 얻은 뒤에야 비로소 행해질 수 있다. 이른바 '기'라는 것은 양의(兩儀) 이하가 모두 이것이니, 양의가 사상(四象)이 되고 사상이 팔괘(八卦)가 되어서 64괘(卦) 384효(爻)에 이른 것이 모두 우주 사이의 무궁한 변화를 상징한 것이니, 도가 어찌 일찍이 이것을 떠나 도가 되겠는가.

기는 도가 아니면 기가 될 수 없고, 도는 기가 아니면 도가 될 수 없으니, 이는 진실로 체(體)와 용(用)이 근원이 하나이고 드러

爲說耶?]"

난 것과 은미한 것이 간극(間隙 틈)이 없어서 서로 떨어질 수 없는 것이다.[107]

기(氣)가 되고 질(質)이 되고 재(才)가 되고 기(器)가 된 것은 바로 그 형이하의 것이요, 명(命)이 되고 성(性)이 되고 도(道)가 되고 덕(德)이 된 것은 바로 그 형이상의 것이다. 그렇다면 천지 인물 중 어느 것이 기와 질과 재와 기가 되지 않고서 능히 그 형체를 소유할 수 있겠는가. 또 천지 인물 중 어느 것이 명과 성과 도와 덕을 얻지 못하고서 능히 그 천성(天性)을 실천[108]할 수 있겠는가. 이는 모두 태극의 리가 그렇게 만든 것이다.

혹자가 말하였다. "도(道)와 기(器)가 서로 떨어질 수 없음은 진실로 이와 같지만, 천지 인물이 있은 뒤에 태극의 리(理)가 천지 인물을 기(器)로 삼아서 거기에 붙어있게 되니, 천지 인물이 있기 이전에

107 기는……것이다 : 이천(伊川) 정이(程頤)의 〈역전서(易傳序)〉에 "지극히 은미한 것은 리(理)이고 지극히 드러난 것은 상(象)이니, 체(體)와 용(用)은 근원이 하나이고 은미한 것과 드러난 것은 간극(間隙)이 없다.〔至微者理也, 至著者象也, 體用一原, 顯微無間.〕"라고 보이는데, 주자는 이에 대해 "리(理)의 입장에서 말하면, 체에는 용이 그 안에 들어 있으니 이른바 일원(一原)이며, 상(象)의 입장에서 말하면, 드러난 것에는 은미한 것이 밖으로 벗어날 수 없으니 이른바 '간극이 없다'는 것이다.〔自理而言, 則卽體而用在其中,所謂一原也. 自象而言, 則卽顯而微不能外, 所謂無間也.〕" 하였다. 《朱子大全 券30 答汪尙書》 '체와 용은 근원이 하나이고 은미한 것과 드러난 것은 간극이 없다.'는 것은 정주학(程朱學)의 중요한 명제(命題) 중의 하나로, 체(體)가 본질이고 본체이고 리(理)이고 형이상(形而上)의 절대적 진리를 표상하는 개념으로서 은미함을 그 속성으로 한다면, 용(用)은 작용이고 기능이고 자취이고 형이하(形而下)의 현상세계를 표상하는 개념으로서 드러남을 그 속성으로 한다.

108 천성(天性)을 실천 : 원문의 '천기형(踐其形)'은 사람이 품부받은 천성(天性)을 체현(體現)하는 것을 말한다. 《맹자》 〈진심 상(盡心上)〉에 "형색(形色)은 천성이니, 오직 성인(聖人)이라야 타고난 천성을 실천할 수 있다.〔形色, 天性也. 惟聖人然後, 可以踐形.〕"라고 보인다.

는 태극의 리가 무슨 물건을 기로 삼아 스스로 형이상의 도가 되는 것인가?"

이에 내가 말하였다. "음양(陰陽)과 뒤섞이지 않는 것이 태극의 체요, 음양과 떨어지지 않는 것이 태극의 용이다. 태극의 리가 음양과 뒤섞이지 않았을 때에는 본래 그 리가 될 뿐이니, 어찌 기를 필요로 하겠는가. 그 체는 한갓 체만이 아니어서 반드시 용에서 나온 연후에 하늘이 되고 땅이 되어서 도가 하늘과 땅에 있으며, 사람이 되고 물건이 되어서 도가 사람과 물건에 있는 것이다. 그 하늘과 땅과 사람과 물건에 있는 도는 다른 도가 아니요, 바로 본래 태극의 리이다.

이 리는 언제나 있지 않은 때가 없고, 어느 물건이나 있지 않은 데가 없다. 그러므로 태극이라 하였으니, 만약 기 밖에서 도를 찾는다면 기 밖에 어찌 도가 있겠는가. 또 더구나 천지 인물이 기가 된 것은, 비록 크고 작은 차이가 있으나 태극 가운데에 별도로 리(理)와 기(氣)를 각각 품부받아서 기(器)가 되지 않은 것이 없다.

사람과 물건이 하늘과 땅의 리와 기를 얻어 사람과 물건이 되었고, 하늘과 땅은 아직 천지가 있기 이전의 리와 기를 얻어서 하늘과 땅이 되었다. 천지가 있기 이전에 이미 그 천지가 되는 리(理)가 있다면 또한 본래 천지가 되는 기(氣)도 있을 것이니, 또한 어찌 도(道)와 기(器)가 서로 갖춰진 것이 아니겠는가."

3.1.2 제설회통 諸說會通

3.1.2.1

태극(太極)의 리(理)는 천지 인물(天地人物 하늘과 땅과 사람과 물건)에 대해서, 비유하건대 시냇물에 샘의 근원이 있는 것과 같고, 식물에 뿌리가 있는 것과 같고, 동물에 머리와 심장이 있는 것과 같고, 그물에 벼리가 있고 웃옷에 옷깃이 있는 것과 같으며, 문에 지도리와 끈이 있는 것과 같다. 시냇물에 샘의 근원이 없으면 물이 될 수 없고, 동물(動物)에 머리와 심장이 없으면 곤충(昆蟲 짐승)이 될 수 없고, 식물(植物)에 뿌리가 없으면 초목(草木)이 될 수 없고, 웃옷에 옷깃이 없고 그물에 벼리가 없으면 웃옷과 그물이 될 수 없고, 문에 지도리와 끈이 없으면 문이 될 수 없으며, 천지 인물에 태극이 없으면 천지 인물이 될 수 없는 것이다.

그러나 샘의 근원과 식물의 뿌리와 짐승의 머리·심장과 그물의 벼리·웃옷의 옷깃과 문의 지도리·끈은, 모두 형이하(形而下)에 속하는 것이므로 눈이 있는 자가 모두 이것을 볼 수 있고 손이 있는 자가 모두 이것을 가리킬 수 있고 귀가 있는 자가 모두 이것을 들을 수 있고 입이 있는 자가 모두 이것을 말할 수 있다. 그러나 태극이 리가 됨에 이르러서는 누가 이것을 보고 이것을 가리키고 이것을 말하고 이것을 듣겠는가? 오직 가장 영험(靈驗)하여 지각(知覺)이 있는 사람만이 혹 이것을 인식하여 알 수 있는데, 그 이른바 '리(理)', '극(極)'이라는 것 또한 그 전체(全體)의 본연(本然)의 실제를 분명히 가리켜서 명목(名目)을 세우고 명칭을 한 것이 아니다.

다만 그 천 가지 만 가지 단서가 갖추어지지 않은 것이 없는 것을 가지고 리라고 이른 것인바, 이는 맥리(脈理 질서와 무늬)의 치밀함이 옥(玉) 만한 것이 없으므로 취하여 명목을 세운 것이니, 이 때문에 '리(理)' 자의 편방(偏旁)이 '옥(玉)' 자를 따른 것이다. 또 다만 그 천 가지 만 가지 변화가 통솔하지 않는 바가 없는 것을 가지고 극이라고 이른 것인바, 이는 가장 높은 데에서 총괄함이 극(極) 만한 것이 없으므로 취하여 명칭을 한 것이니, 이 때문에 '극(極)' 자의 편방(偏旁)이 '목(木)' 자를 따른 것이다.[109]

천 가지 만 가지 단서가 구비되지 않음이 없는 것은 덕(德)으로 말하였는데 도(道)가 이 가운데에 들어있고, 천 가지 만 가지 변화가 통솔하지 않음이 없는 것은 도로써 말하였는데 덕이 이 가운데에 들어있으니, 어찌 덕 밖에 도가 있고 또 어찌 도 밖에 덕이 있겠는가. 오직 그 리가 되고 극이 되는 것만이 시작과 종말이 없고 성함과 쇠함이 없고 형(形)과 상(象)이 없고 방위와 처소가 없다.

리(理)라는 글자가 미처 만들어지기 전에도 리는 일찍이 있지 않은 적이 없으니, 이 리라는 글자가 있은 연후에 그 리가 비로소 있게 된 것이 아니며, 극이란 칭호가 미처 세워지기 전에도 극은 일찍이 서지 않은 적이 없으니, 이 극이란 칭호가 있은 연후에 태극이 비로소 서게 된 것이 아니다. 그렇다면 리라고 말하지만 리에 일찍이 이에 걸맞는 형과 상이 있은 적이 없고, 극이라고 말하지만 극에 일찍이 이에 걸맞는 방위와 처소가 있은 적이 없으니, 이것이 없기를 바라도 없게 할 수가 없고 이것이 있기를 바라도 있게 할 수가 없는 것이 태극의 리가 아니겠는가.

109 리(理) 자의……것이다 : '편방(偏旁)'은 한자의 합체자의 조성 부분으로 왼쪽을 편이라고 하고 오른쪽을 방이라고 하는바, '리(理)' 자는 부수(部首)가 구슬 '옥(玉)' 변이고 '극(極)' 자는 부수가 나무 '목(木)' 변임을 말한 것이다.

이 때문에 태극의 실제를 말할 적에 반드시 '리'라 하고, 이 리의 묘함을 말할 적에 반드시 '태극'이라 하는 것이니, 그렇다면 '리'라 하고 '극'이라 하는 것은 모두 바꿀 수 없는 명목이다. '리'와 '극' 이 두 글자를 근거하여 그 구비되지 않은 것이 없는 천만 가지의 단서와 통솔하지 않은 것이 없는 천만 가지의 변화를 알 수 있으니, 천지 인물이 천지 인물이 된 소이(所以)가 어찌 이 극과 이 리에서 연유하지 않았겠는가.

3.1.2.2

그 강령(綱領)은 하나로, 선(善)하여 악(惡)이 없는 것이다.

태극(太極)의 리(理)가 득(得)이 되고 실(失)이 되지 않으며, 이로움이 되고 해로움이 되지 않으며, 옳음이 되고 그름이 되지 않으며, 이룸이 되고 패함이 되지 않으며, 길함이 되고 흉함이 되지 않으며, 보존함이 되고 망함이 되지 않으며, 편안함이 되고 위태로움이 되지 않으며, 다스려짐이 되고 혼란함이 되지 않으며, 복이 되고 화가 되지 않으며, 계속함이 되고 끊김이 되지 않기 때문이다.

3.1.2.3

그 조목은 아래의 열다섯 가지이다.

참되어〔眞〕 거짓이 없어서 남의 것을 빌려 올 수가 없으니, 참됨은 그 자연스러움을 이르고 거짓이 없음은 참됨이 지극한 것이다.

성실하여〔實〕 망녕됨이 없어서 속일 수가 없으니, 성실함은 그 충만함을 이르고 망녕됨이 없음은 성실함이 지극한 것이다.

항상되어〔常〕 바뀜이 없어서 틈이 있을 수가 없으니, 항상됨은 그 고금(古今)에 뻗쳐 영원함을 이르고 바뀜이 없음은 항상됨이 지극한 것이다.

곧아서〔直〕 굽힘이 없어서 왜곡할 수가 없으니, 곧음은 그 떳떳한 법칙을 이르고 굽힘이 없음은 곧음이 지극한 것이다.

순하여〔順〕 거스름이 없어서 어긋나게 할 수가 없으니, 순함은 그 마땅하고 온당함을 이르고 거스름이 없음은 순함이 지극한 것이다.

평탄하여〔平〕 험함이 없어서 저촉(抵觸)될 수가 없으니, 평탄함은 그 안정되고 견고함을 이르고 험함이 없음은 평탄함이 지극한 것이다.

중도에 맞아〔中〕 치우침이 없어서 한쪽으로 기울 수가 없으니, 중도에 맞음은 그 매우 적합함을 이르고 치우침이 없음은 중도에 맞음이 지극한 것이다.

정직하여〔正〕 사특함이 없어서 멋대로 하거나 편벽되게 할 수가 없으니, 정직함은 그 바르고 확고함을 이르고 사특함이 없음은 정직함이 지극한 것이다.

공변되어〔公〕 사사로움이 없어서 함부로 범할 수가 없으니, 공변됨은 그 고르고 두루 함을 이르고 사사로움이 없음은 공변됨이 지극한 것이다.

일정하여〔定〕 흔들림이 없어서 옮기거나 바꿀 수가 없으니, 일정함은 그 본분(本分)을 이르고 흔들림이 없음은 일정함이 지극한 것이다.

표준에 맞아〔準〕 결핍됨이 없어서 흠이 있거나 모자랄 수가 없으니, 표준에 맞음은 그 걸맞고 가지런함을 이르고 결핍됨이 없음은 표준에 맞음이 지극한 것이다.

치밀하여〔密〕 누락됨이 없어서 비거나 이지러질 수가 없으니, 치밀함은 그 다 구비됨을 이르고 누락됨이 없음은 치밀함이 지극한 것이다.

온전하여〔全〕 훼손됨이 없어서 사라질 수 없으니, 온전함은 그 모두 아우름을 이르고 훼손됨이 없음은 온전함이 지극한 것이다.

완전하여〔完〕 결손이 없어서 소모될 수가 없으니, 완전함은 그 처음 그대로임을 이르고 결손이 없음은 완전함이 지극한 것이다.

통하여〔通〕 막힘이 없어서 끊기거나 궁할 수가 없으니, 통함은 그 변통하여 민첩하게 응함을 이르고 막힘이 없음은 통함이 지극한 것이다.

하나의 강령과 열다섯 개의 조목이 각각 그 첫머리 아래에 모두 '언(焉)' 자를 놓아서 그 첫머리가 요지(要旨)가 됨을 정하였고, 각각의 대병(對病 상대가 되는 병통) 위에 모두 '무(无)' 자를 놓아서 그것들이 대병이 되는 것을 끊었다.

하나의 강령인 선(善)은 조목의 첫머리 열다섯 자의 요지를 모두 포함하였고, 조목의 첫머리 열다섯 자의 요지는 모두 강령의 첫머리인 하나의 선 가운데에 들어있다.

강령 끝의 악(惡)은 조목 아래에 있는 열다섯 자의 상반된 대병을 다 포함하였고, 조목 끝의 열다섯 자의 상반된 대병은 모두 강령 끝에 있는 하나의 악 가운데에 들어있다.

3.1.2.4

염계(濂溪) 주자(周子)가 〈태극도(太極圖)〉를 지었는데, 위에서 첫 번째 그림의 가운데가 텅 빈 동그라미 하나는 바로 태극이고, 회암(晦庵) 주자(朱子)가 《역학계몽(易學啓蒙)》을 지었는데, 첫 번째 그림의 가운데가 텅 빈 동그라미 하나 또한 태극이다.[110] 염계와 회암

두 선생이 모두 가운데가 텅 빈 동그라미 하나를 첫 번째로 놓은 것은 태극의 리(理)가 가운데가 텅 빈 동그라미와 같다고 한 것이 아니요, 이 리는 지유(至有 지극히 있음)가 되지만 그 상(象)은 지무(至無 지극히 없음)가 되기 때문에, 이에 어쩔 수가 없어서 마침내 가운데가 텅 빈 동그라미 하나를 만들어서 여기에 해당시켰으니, 이 때문에 무극(無極)이면서 태극인 리가 되는 것이다. 주염계의

110 염계(濂溪)……태극이다 : 《역학계몽(易學啓蒙)》은 주희(朱熹)가 저술한 《주역》 연구의 입문서(入門書)인바, 그의 《주역본의(周易本義)》와 표리(表裏)가 되는 책으로 상(象)을 중심으로 《주역》을 풀이하였다. 내용은 네 부분으로 나눌 수 있는데, 〈본도서(本圖書)〉는 〈하도낙서(河圖洛書)〉에 대한 수리적인 설명, 〈원괘획(原卦畫)〉은 태극·양의(兩儀)·사상(四象)·팔괘(八卦)에 대한 설명, 〈명시책(明蓍策)〉은 서법(筮法)에 대한 설명, 〈고변점(考變占)〉은 각 괘에 관한 설명으로 이루어져 있다. 염계의 〈태극도〉와 주자(朱子)의 《역학계몽》의 태극 그림은 아래와 같다.

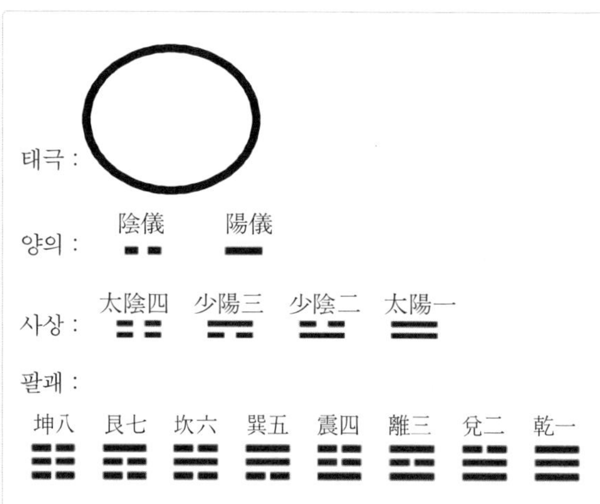

《역학계몽》의 태극 그림

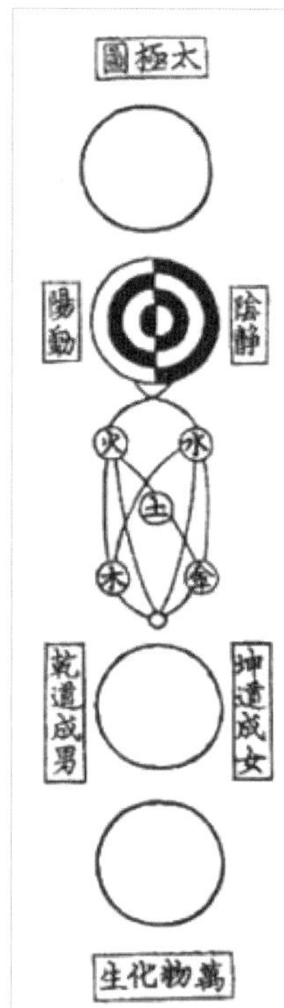

염계의 〈태극도〉

〈태극도〉의 음양오행(陰陽五行), 건곤남녀(乾坤男女), 만물화생(萬物化生)과 주회암의 그림의 양의(兩儀), 사상(四象), 팔괘(八卦)로부터 64괘(卦) 384효(爻)에 이르기까지는 실제로 모두 이 하나의 동그라미인 '무극(無極)이면서 태극인 리'에서 나온 것이다.

3.1.2.5

내 일찍이 이에 대해 문답(問答)한 내용이 있기에 아울러 아래에 기록한다.

혹자가 "리(理)를 그려낼 수 있습니까?"라고 묻기에, 내가 다음과 같이 말하였다.

"무릇 그려낼 수 있는 것은, 본래 물건에 형(形)과 상(象)이 있기 때문에 그 모양을 따라 그릴 수 있는 것이다. 둥글면 둥글게 그리고 네모지면 네모지게 그리고, 가로로 누워 있으면 횡(橫)으로 그리고 곧게 서 있으면 수직(垂直)으로 그리고, 검으면 검게 그리고 희면 희게 그리고, 많으면 많게 그리고 적으면 적게 그려서, 그 근거할 수 있는 형과 상을 따라서 그것을 모사(摹寫)해 내는 것이 그림이다. 그러나 리로 말하면, 네모지거나 둥근 상이 있으며, 횡이나 수직의 상이 있는가? 색깔이 있어서 흑색이 되고 백색이 되며, 형체가 있어서 많기도 하고 적기도 하는가? 저 소리와 냄새는 바로 기(氣)의 실체로 여러 사람의 귀에 들어오고 여러 사람의 코에 침투해 들어온다. 그런데도 그 형과 상을 그려내지 못하는데, 하물며 소리도 없고 냄새도 없는 리를 그려낼 수 있겠는가. 만일 '리를 그려낼 수 있다.'라고 한다면, 실제로 리를 알지 못하는 자이다."

혹자가 또 말하기를 "그렇다면 염계의 〈태극도〉는 아래에 따로 음양오행의 그림이 있는데 그 위에서 첫 번째 동그라미가 바로 이른바 '태극'이란 것이요, 회암의 《역학계몽》은 왼쪽에 양의, 사상, 팔괘의 그림을 배열하고 태극이라는 동그라미 하나를 가장 첫머리에 두었습니다. 그렇다면 태극은 리가 아닙니까? 둥글게 하여 원을 만든 것은 그림이 아닙니까? 그런데 지금 어찌하여 리를 그릴 수 없다고 말합니까?" 하기에, 내가 다음과 같이 말하였다.

"두 선생이 모두 빈 동그라미 하나로 태극을 모의(模擬)한 것은, 태극이 형과 상이 있어서 과연 그 하나의 동그라미와 같다고 말씀한 것이 아니요, 다만 저 이른바 '태극'이라는 것이 음양(陰陽)이라는 양의(兩儀)와 뒤섞이지 않으나 실제는 음양이라는 양의의 근저(根柢)가 됨을 밝히려고 하신 것이다. 그러므로 반드시 그 하나의 동그라미를 음양이라는 양의의 위에 먼저 놓은 것이니, 이는 이 리가 본래 있는 것이기 때문이다. 그러나 태극은 형도 없고 상도 없으니, 만약 그 위에 다른 그림을 두지 않으면 사람들은 반드시 이 리가 본래 없는 것이라고 의심할 것이요, 그 그림을 두고자 하면 진실로 모의할 만한 형과 상이 없으므로 동그라미를 그려 비워두고 미루어 올라가서 이 리가 실제 있지만 형과 상이 없음을 밝힌 것이니, 저 리의 모양이 이 동그라미와 같다고 말씀한 것은 아니다. 이 동그라미를 보고서 과연 태극의 모상(模象)이 이와 같다고 한다면, 두 선생의 뜻을 아는 자가 아니다."

혹자가 또 묻기를 "그렇다면 형과 상, 소리와 냄새가 없는 것이 과연 이 리라면 어떻게 이 리가 있다는 것을 알 수 있습니까?" 하기에, 이에 내가 다음과 같이 말하였다.

"리는 진실로 형과 상, 소리와 냄새가 없다. 그러나 형과 상이 있는 것은 하늘과 땅과 만물이고 변화가 있는 것은 추위와 더위, 낮과 밤, 바람과 우레, 비 오는 날과 맑은 날이니, 형과 상이 있는 것으로 하여금 천만가지의 형과 상이 되게 하는 소이(所以)가 이 리임을 알고, 변화가 있는 것으로 하여금 천만가지의 변화가 있게 하는 소이가 이 리임을 아는 것이다. 이 리가 아니면, 이 형상이 있을 수 있고 이 변화가 있을 수 있겠는가. 이 리가 아니면, 그 형상이 됨이 크고 작고 귀하고 천함을 따라 각기 일정한 모범(模範)이 있을 수 있고, 그 변화됨이 선후와 시종을 따라 모두 혼란하지 않은 차서(次序)가 있을 수 있겠는가.

그러므로 마음으로는 알 수 있으나 손으로 그릴 수는 없고, 본래 있다는 것은 말할 수 있으나 어떠한 상(象)이라고는 말할 수 없는 것이 이 리이다. 그릴 수 있다면 다만 하나의 물사(物事 물건)가 될 뿐이니, 리라고 칭할 수 있는 것이 아니다. 그러므로 '무극이 태극(無極而太極 무극이면서 태극이다)'이라 하였으니, 이 두 선생의 그림에 모두 하나의 빈 동그라미를 위에 둔 것은 바로 그 상(象)이 없는 체(體)와 형(形)이 없는 유(有)를 게시하려는 것일 뿐이니, 어찌 이것을 리의 그림이라고 말할 수 있겠는가.

3.1.2.6

공자가 《주역》을 찬(贊)하시면서[111] "역(易)에 태극(太極)이 있다." 라고 하셨는데, 역은 바로 리(理)가 도(道)에 발현(發現)된 것이고 태극은 바로 리의 칭호이니, 도의 큰 근본과 큰 근원을 가지고 말씀한 것이다. 역이 없으면 이 도가 없고 태극이 없으면 이 역이 없다.

111 공자가 주역을 찬(贊)하시면서 : 공자가 《주역》의 괘사(卦辭)와 효사(爻辭) 및 심오한 원리에 대하여 〈단전 상(彖傳上)〉·〈단전 하(彖傳下)〉·〈상전 상(象傳上)〉·〈상전 하(象傳下)〉·〈계사전 상(繫辭傳上)〉·〈계사전 하(繫辭傳下)〉·〈문언전(文言傳)〉·〈설괘전(說卦傳)〉·〈서괘전(序卦傳)〉·〈잡괘전(雜卦傳)〉을 지었다고 전해지는바, 여기서는 〈계사전 상〉을 가리켜 말한 것이다.

그렇다면 리는 과연 어떠한 것이기에 태극이라고 하는가? 그 시작이 없는 것을 시작으로 삼고 끝마침이 없는 것을 끝마침으로 삼고 한도가 없는 것을 한도로 삼고 경계가 없는 것을 경계로 삼기 때문에 태극이라 한 것이다.

시작이 없고 끝마침이 없다고 말해놓고 또 시작으로 삼고 끝마침으로 삼는다고 말한 것은 어째서인가? 시작이 없으면 앞이 없으니 그 앞이 없다면 이것이 시작이 아니겠는가. 끝마침이 없으면 뒤가 없으니 그 뒤가 없다면 이것이 끝마침이 아니겠는가. 이것이 바로 태극의 시종(始終)이니, 물건의 시종과는 다른 것이다. 한도가 없고 경계가 없다고 말해놓고 또 한도로 삼고 경계로 삼는다고 말한 것은 어째서인가? 이는 그 한도가 없는 한도와 경계가 없는 경계이니, 과연 물건의 한도, 경계와 똑같겠는가.

이미 본래 그 시작이 없는 것을 시작으로 삼고 그 끝마침이 없는 것을 끝마침으로 삼고 그 한도가 없는 것을 한도로 삼고 그 경계가 없는 것을 경계로 삼았으니, 그렇다면 그것은 어떤 물건을 극(極)으로 삼겠는가? 오직 그 시작이 없고 끝마침이 없고 한도가 없고 경계가 없는 가운데에도 마침내 반드시 있고 반드시 항상되고 반드시 총괄하고 반드시 구비한 것으로 실제를 삼으니, 이는 태극이 극이 되어서 지실(至實 지극히 가득한 것)을 지허(至虛 지극히 빈 것)에 감추고 있는 것이니, 과연 물건의 허(虛), 실(實)과 똑같겠는가.

물건의 실(實)은 실하면 허(虛)하지 않고 허하면 실하지 않지만, 태극의 허와 실로 말하면 허한 가운데에 실이 있고 실한 가운데에 허가 있으니, 이 때문에 무극이면서 태극이 되는 것이다. 그러므로 형체가 없고 상이 없는 것을 형상(形象)으로 삼고, 방위가 없고 처소가 없는 것을 방소(方所)로 삼고, 모(模 표준)가 되지 않고 범(範 모형)이 되지 않는 것을 모범(模範)으로 삼고, 기(機 쇠뇌의 고동)가 되지 않고 축(軸 수레바퀴의 축)이 되지 않는 것을 기축(機軸)으로 삼는 것이다.

그 형체가 없고 상이 없는 것을 형상으로 삼기 때문에 온갖 형상의 근본이 될 수 있고, 그 방위가 없고 처소가 없는 것을 방소로 삼기 때문에 온갖 방소의 주재(主宰)가 될 수 있으며, 그 모가 되지 않고 범이 되지 않는 것을 모범으로 삼기 때문에 물건의 온갖 모범이 스스로 모가 되고 스스로 범이 되어서 태극의 모범을 위반하는 바가 있을 수 없는 것이요, 그 기가 되지 않고 축이 되지 않는 것을 기축으로 삼기 때문에 물건의 온갖 기축이 스스로 기가 되고 스스로 축이 되어서 태극의 기축에 어긋나는 바가 있을 수 없는 것이다.

이제 하늘과 땅과 만물을 가지고 증험해보겠다. 하늘은 만고(萬古)에 항상 이 하늘이고 땅은 만고에 항상 이 땅이고 사람과 물건은 만고에 항상 그 형체(形體)와 심성(心性)이 되니, 이렇게 된 소이연(所以然 까닭)은 어찌 이 리(理)가 항상 태극이 되기 때문이 아니겠는가. 그렇다면 태극은 천지 가운데를 벗어나지 않으나 그 리는 한때의 천지가 다할 수 있는 것이 아니요, 태극은 우주의 안을 벗어나지 않으나 그 리는 한때의 우주가 다할 수 있는 것이 아니다. 더구나 이 천지와 우주 가운데의 만물 중에 태극의 리를 능히 다할 수 있는 것이 있겠는가.

그렇다면 이 태극을 능히 다할 수 있는 것은 과연 어떤 물건인가? 이는 오직 우리 인간 가운데 성인(聖人)이 이에 해당한다. 성인이 하늘과 땅과 만물이 능히 다할 수 없는 태극을 다할 수 있는 까닭은 무슨 방도(方道)가 있어서인가? 오직 괘(卦)가 64괘에 이르러 대성(大成)[112]을 하고 효(爻)가 384효에 이르러 완비된 것은, 모두 그 형체가 없는 것을 형체로 만들어내고 그 상이 없는 것을 상으로 만들어내고 그 방위가 없는 것을 방소로 얻고 그 처소가 없는 것을 처소로 얻고 그 모가 되지 않고 범이 되지 않는 것을 모범으로 삼고 그 기가 되지 않고 축이 되지 않는 것을 기축으로 삼은 것이니, 이는 저 무극태극(無極太極)의 묘(妙)함을 능히 다할 수 있는 것이 아니겠는가.

112 대성(大成) : 크게 이루어진다는 뜻으로, 3획(畫)의 괘인 팔괘(八卦)를 소성괘(小成卦)라 하고 6획의 괘인 육십사괘(六十四卦)를 대성괘라고 한다. 여헌(旅軒)의 〈관물부(觀物賦)〉에 "둘에서 넷으로 나누어지고 넷에서 여덟으로 나누어진 것은 바로 소성의 법(法)이며, 육십사괘와 삼백팔십사효는 바로 대성의 업(業)이라오.〔二而四、四而八者, 卽其小成之法也, 六十四、三百八十四者, 乃其大成之業也.〕라고 보인다.

3.1.3 무극태극설 無極太極說

3.1.3.1

혹자가 나에게 묻기를 "극(極)에는 두 개의 극이 없다. 그렇다면 공자(孔子)가 이미 태극(太極)이란 칭호를 두셨는데 송(宋)나라 때에 이르러 주염계(周濂溪)가 다시 태극의 위에 무극(無極)을 더하였으니, 이는 태극으로는 이 리(理)를 칭하기에 부족하다고 여긴 것인가? 이른바 '무(無)'라는 것은 무엇을 말한 것이며, 이른바 '태(太)'라는 것은 또한 무엇을 말한 것인가? 무를 말하면 태를 말할 수가 없고 태를 말하면 무를 말할 수가 없는데, 이 '무' 자를 태극의 위에 놓았으니, 그렇다면 마치 그 극에 두 가지가 있는 듯하다. 그 극이 됨이 하나여서 일찍이 둘이 아니라면, 어찌하여 '태'라 하고 '무'라 하여 호칭이 똑같지 않은가? 전성(前聖 공자)과 후현(後賢 주염계)이 말씀하신 바가 그 각각의 뜻이 있는데, 후학(後學)들이 이것을 알지 못하는 것인가?" 하기에, 내가 다음과 같이 말하였다.

"태극의 극과 무극의 극은 두 극이 있는 것이 아니요, 이는 모두 다 하나의 리이다. 태극의 극은 이 리가 통솔하지 않는 바가 없음을 가지고 말한 것이요, 무극의 극은 이 리의 시작과 끝마침, 한도와 경계를 가지고 말한 것이니, 이 하나의 리가 통솔하지 않는 바가 없기 때문에 태극이라 하였고, 시작과 끝마침이 없고 한도와 경계가 없기 때문에 무극이라 한 것이다.

모든 물건은 높은 것은 낮을 수 없고 낮은 것은 높을 수 없으며, 깊은 것은 얕을 수 없고 얕은 것은 깊을 수 없으며, 큰 것은 작을 수 없고 작은 것은 클 수 없으며, 먼 것은 가까울 수 없고 가까운 것은 멀 수 없다. 그러나 리로 말하면, 높은 것도 이 리이고 낮은 것 또한 이 리이며, 깊은 것도 이 리이고 얕은 것 또한 이 리이며, 큰 것도 이 리이고 작은 것 또한 이 리이니, 그 극이라고 이르고 태라고 칭하는 것은 그 높음이 지극하고 낮음이 지극하며 깊음이 지극하고 얕음이 지극하며 큼이 지극하고 작음이 지극하며 멂이 지극하고 가까움이 지극하기 때문이니, 지극하다는 것은 태를 말한 것이다.

높음이 지극하나 그 높음을 볼 수 없고 낮음이 지극하나 그 낮음을 볼 수 없으며, 깊음이 지극하나 그 깊음을 볼 수 없고 얕음이 지극하나 그 얕음을 볼 수 없으며, 큼이 지극하나 그 큼을 볼 수 없고 작음이 지극하나 그 작음을 볼 수 없으며, 멂이 지극하나 그 멂을 볼 수 없고 가까움이 지극하나 그 가까움을 볼 수 없으니, 이 때문에 그 높음은 그보다 위가 없고 그 낮음은 그보다 아래가 없으며, 그 깊음은 밑이 없고 그 얕음은 거리가 없으며, 그 큼은 밖이 없고 그 작음은 안이 없으며, 그 멂은 경계가 없고 그 가까움은 틈이 없는 것이니, 이것이 바로 이 리이다.

그 실제를 말하면 지극하여 태가 되고 그 한도를 말하면 지극하여 무가 되며, 그 태를 말하면 무가 이 가운데에 들어있고 그 무를 말하면 태가 이 가운데에 들어있어서 극의 극이 되는 것이니, 이는 전성과 후현의 소견(所見)이 서로 부합하는 것이다."

3.1.3.2

극(極)은 본래 하나의 극인데 공성(孔聖 성인인 공자)은 이것을 태(太)라고 하시고 염계(濂溪)는 이것을 무(無)라고 하셨으니, 이른바 '태'와 이른바 '무'라는 것은 별도로 있는 것이 아니다. 그 위도 없고 아래도 없으며 밖도 없고 안도 없는 것을 가지고 말하면 이것을 '태'라고 할 수 있고, 그 형체가 없고 상이 없고 끝이 없고 다함이 없는 것을 가지고 말하면 이것을 '무'라고 할 수 있다. 태극이기 때문에 무극이고 무극이기 때문에 태극이니, 태극은 곧 무극이요 무극은 곧 태극이다. 그런데 하나의 리에 대해서 전성(前聖)과 후현(後賢)이 이것을 미루어 밝혔기 때문에 '태' 자와 '무' 자가 나란히 서서 서로 꺼려 피하지 않는 것이니, 곧 실제로 하나의 극이라는 것을 서로 드러내어 밝힌 것이다.

이 극이 있지 않으면 우주가 어떻게 우주가 되겠는가. 오늘의 태극이 내일에도 태극이며, 다음 달 30일과 다음 해 360일의 태극이 동일한 태극이다. 또 원(元), 회(會), 운(運), 세(世)의 12만 9천 6백 년[113]의 달, 날, 때의 태극에 이르러도 다른 태극이 있는 것이 아니다. 집에서는 아버지가 아버지 노릇을 하고 자식이 자식 노릇을 하고 형이 형 노릇을 하고 아우가 아우 노릇을 하고 남편이 남편 노릇을 하고 부인이 부인 노릇을 하는 것이니, 이 태극이 아니면 이 도리가 있겠는가. 나라에 있어서는 군주가 군주 노릇을 하고 신하

113 원(元)……년 : 강절(康節) 소옹(邵雍)의 《황극경세서(皇極經世書)》에 의하면 원(元)은 천지가 개벽(開闢)하고 닫히는 한 주기(周期)를 가리키는데, 1원은 12회(會), 1회는 30운(運), 1운은 12세(世), 1세는 30년(年)이 되어 129,600년이 1원이 된다. 소옹은 "일(日 해)은 하늘의 원을 경위(經緯 조직하고 통할함)하고, 월(月 달)은 하늘의 회를 경위하고, 성(星 별)은 하늘의 운을 경위하고, 신(辰)은 하늘의 세를 경위한다.〔日經天之元, 月經天之會, 星經天之運, 辰經天之世.〕" 하고 "일로써 월을 경위하면 원의 회를 알 수 있고, 일로써 성을 경위하면 원의 운을 알 수 있고, 일로써 신을 경위하면 원의 세를 알 수 있다.〔以日經月, 則元之會可知之矣; 以日經星, 則元之運可知之矣; 以日經辰則, 元之世可知之矣.〕"라고 하여, 1년이 12달인 것과 같이 1원이 12회이고, 1년이 360일인 것과 같이 1원이 360운이고, 1년이 4,320시진(時辰)인 것과 같이 1원이 4,320세(世)임을 말하였다.

가 신하 노릇을 하고 백성이 백성 노릇을 하는 것이니, 이 태극이 아니면 이 도리가 있겠는가.

천하에 있어서는 중국(中國)이 중국이 되고 이적(夷狄)이 이적이 되는 것이니, 이 태극이 아니면 이 도리가 있겠는가. 또 한 포기의 풀과 한 그루의 나무가 훼(卉 초목(草木))가 되고 한 마리의 날짐승과 들짐승이 금수(禽獸)가 되고 한 덩이의 흙과 돌이 기물(器物)이 됨에 이르러서도, 이 극이 아니면 이 물건이 있겠는가. 그렇다면 하루라도 태극이 없이 이 우주가 될 수 있겠는가. 하루라도 태극이 없이 이 천지 인물이 있을 수 있겠는가.

사람들은 다만 귀로 보고 눈으로 듣는 것을 가지고 말하기 때문에 우주(宇宙)를 말하는 것이 이 천지 인물의 일에 지나지 않는다. 그러나 만약 태극을 가지고 말한다면, 하늘과 땅 밖에 어찌 극이 되게 하는 리(理)와 기(氣)가 없겠는가. 그리고 이 하늘과 땅의 앞뒤에 어찌 하늘과 땅이 되게 하는 것이 없겠는가. 이 때문에 공성(孔聖)은 이것을 태극이라고 이름 하시고 주현(周賢 현자인 주염계)은 여기에 무극을 더하신 것이다.

하늘과 땅 가운데에 가장 영특하여 사람이 된 자들은 하루에 아침과 저녁, 낮과 밤이 있음을 보지 못하는 이가 없으나 태극이 어느 때, 어느 곳에 있는지는 보지 못하며, 한 달의 현망(弦望)과 회삭(晦朔)[114]은 보지만 그 한 달 가운데의 태극은 보지 못한다. 또 한 해 가운데에 사람이 된 자들은 다만 한 해에 춘하추동(春夏秋冬)이 있

114 현망(弦望)과 회삭(晦朔) : '현망'은 음력으로 매달 7, 8, 22, 23일의 현일(弦日)과 15일의 망일(望日)이고, '회삭'은 음력으로 매달 그믐과 초하루이다. 《갈관자(鶡冠子)》 〈천칙(天則)〉에 "현(弦)·망(望)·회(晦)·삭(朔)은 끝과 시작이 서로 순환한다.〔弦望晦朔, 終始相巡.〕"라고 하였는데, 주에 "해가 오르내림에 따라 회삭이 되고, 달이 차고 이지러짐에 따라 현망이 된다.〔日陟降而成晦朔, 月虧盈而成弦望.〕"라고 하였다.

음만 보고 그 태극이 어느 때, 어느 곳에 있는지는 보지 못한다. 이것이 태극이 무극이 되는 소이(所以)이니, 사람들은 비록 이 태극을 보지 못하나 태극을 얻지 못하면 하늘과 땅이 되지 못하고, 태극을 얻지 못하면 사람과 물건이 되지 못하고, 태극을 얻지 못하면 고금을 막론하고 우주가 되지 못하니, 그렇다면 어떻게 태극이 없다고 말할 수 있겠는가. 말이 여기에 이르면 더 이상 말할 것이 없으니, 여기에서 이 극이 태극이 되는 소이와 무극이 되는 소이를 보게 될 것이다.

3.1.3.3

팔괘(八卦)는 사상(四象)에서 생기고 사상은 양의(兩儀)에서 생겼으며 양의는 태극(太極)에서 생겼는데, 태극은 누가 낳아서 생겨난 것인가? 진실로 낳지 않았는데 생겨난 것이 있는가? 이 또한 이에 대한 설(說)이 있다. 생(生)이 있는 것은 반드시 시작이 있고 시작이 있는 것은 반드시 그 끝마침이 있으니, 끝마침이라는 것은 생이 있는 것의 끝마침이다.

이제 양의를 가지고 나누어 말하면, 동(動)의 시작이 양(陽)의 시작이 되고 동의 끝마침이 양의 끝마침이 되며, 정(靜)의 시작이 음(陰)의 시작이 되고 정의 끝마침이 음의 끝마침이 된다. 그리고 양의를 가지고 아울러 말하면, 동은 양의 시작이 되고 정은 음의 끝마침이 된다.

사상과 팔괘의 시작과 끝마침에 있어서도 나누어 말하고 아울러 말함에 각각 시작과 끝마침이 있는데, 양의에 시작과 끝마침이 있는 것과 다르지 않으니, 이들 모두는 시작과 끝마침이 생(生)이 있는 것의 시작과 끝마침에서 나온 것이다.

그러나 태극은 낳지 않아도 생기고 있게 하지 않아도 있으니, 무슨 시작과 끝마침이 있겠는가. 낳아 준 것이 없는데 생기고 있게 한 것이 없는데 있으니, 이것이 바로 무극태극(無極太極)이 된 소이일 것이다. 낳아 준 것이 없는데 생기니, 그 생김에 어찌 시작이 있겠는가. 있게 한 것이 없는데 있으니, 그 있음에 어찌 끝마침이 있겠는가. 이 때문에 양의와 사상을 낳는 주체가 되면서도 태극 자신은 낳아 주는 것이 없는 것이다. 그 경(經 떳떳함)이 되고 상(常 항상됨)이 되기 때문에 태극이라 하였고, 그 다함이 없고 끝이 없기 때문에 무극이라 하였으니, 그 멀고 큼을 말하면 비록 하늘을 다하고 땅을 다하더라도 그 범위를 피할 수 없고, 그 가깝고 작음을 말하면 비록 하찮은 일과 작은 물건이라도 터럭만큼도 어긋날 수가 없다. 오직 그 만생(萬生 중생(衆生))을 능히 낳기 때문에 자신을 낳아 주는 것은 없고, 또 만유(萬有 만물)를 능히 있게 하기 때문에 자신을 있게 하는 것은 없는 것이다. 《역대전(易大傳)》〈문언전(文言傳)〉[115]에서 팔괘의 건(乾)을 칭하기를 "능히 아름다운 이로움으로 천하를 이롭게 하나, 이로운 바를 말하지 않았으니, 위대하다." 하였으니, 낳아 준 것이 없는데도 생겨난 태극이 어찌 이와 다르겠는가.

115 역대전(易大傳) 문언전(文言傳) : 《역대전》은 공자가 《주역》의 심오한 원리를 찬술한 십익(十翼)을 말하는데, 이중 〈문언전〉은 《주역》의 건괘(乾卦)와 곤괘(坤卦)를 해설하여 지은 것이다.

3.2 태극설 부록 太極說附錄

3.2.1

저 이른바 '리(理)'라는 것은 동(動)과 정(靜)으로 말할 수 없으니, 이미 동·정이라고 말했으면 이것은 곧 기(氣)이다. 리는 진실로 기가 말미암아 나오는 것이지만 기가 아직 나오기 전에는 본래 리일 뿐이니, 어찌 정을 리라고 할 수 있겠는가. 또 기가 나온 뒤에도 본래 리일 뿐이니, 어찌 동을 리라고 할 수 있겠는가. 다만 정이 없을 수 없는 리가 있고 또한 동이 없을 수 없는 리가 있기 때문에, 리에서 나온 기에는 반드시 정하여 하나의 음(陰)이 되는 것이 있고, 반드시 동하여 하나의 양(陽)이 되는 것이 있는 것이다. 그런데 이것을 리라고 하는 것은, 항상 있음의 근본인데 있음에 관계되지 않고 온갖 작위(作爲)의 근원인데 작위에 관계되지 않기 때문이다.

이미 있음에 관계되지 않고 작위에 관계되지 않는다면 어떻게 동·정으로 말할 수 있겠는가. 있음에 관계되지 않고 작위에 관계되지 않기 때문에, 무릇 자연(自然)의 묘(妙)와 본연(本然)의 체(體)를 실제로 보지 못한 자들은 으레 대부분 하나의 음(陰)이 정(靜)한 것을 태극(太極)으로 여기니, 저들은 이미 하나의 음이 되었으면 리가 아니라 바로 기라는 것을 알지 못하는 것이다. 그렇다면 태극을 과연 동·정으로 말할 수 있겠는가.

주자(周子 주염계)가 말씀한 '동하여 양을 낳고 정하여 음을 낳는다.'라는 것 또한 이 리가 이 기를 내는 것을 가지고 말씀한 것이니, 이른바 '낳는다.'라는 것 또한 형화(形化)하는 자가 서로 낳는 것과는 같지 않다.[116] 오직 리를 아는 자만이 이것을 알 수 있을 것이다.

3.2.2

리(理)는 진실로 말할 수 없으니, 그것을 어떻게 말해내며 그것을 어떻게 말할 수 있겠는가. 만약 말할 수 있다고 여긴다면 리를 아는 자가 아니요, 만약 혹 말하고자 한다면 어리석고 또 망녕된 짓이다. 본래 형체가 없으니 어떻게 무슨 형체라고 말할 수 있으며, 본래 상(象)이 없으니 어떻게 무슨 상이라고 말할 수 있겠는가. 본래 소리가 없으니 어떻게 소리로써 말할 수 있으며, 본래 색깔이 없으니 어떻게 색깔로써 말할 수 있으며, 본래 냄새가 없으니 어떻게 냄새로써 말할 수 있겠는가.

그러나 있지 않은 곳이 없으니, 어찌 방위와 처소로써 말하겠는가. 또 있지 않은 때가 없으니, 어찌 때와 세대로 말하겠는가. 그렇다면

116 형화(形化)하는……않다 : '형화'는 형체를 가진 암수가 교접하여 형질(形質)을 이어가는 것을 이른다. 〈태극도설(太極圖說)〉에 "무극(無極)의 진리와 이기(二氣), 오행(五行)의 정기(精氣)가 묘하게 합하고 엉기어, 건도(乾道)는 남(男)을 이루고 곤도(坤道)는 여(女)를 이루어 두 기운이 교감(交感)하여 만물을 화생(化生)하니, 만물이 낳고 낳아 변화가 무궁하게 된다.〔無極之眞、二五之精, 妙合而凝, 乾道成男, 坤道成女, 二氣交感, 化生萬物, 萬物生生而變化無窮焉.〕"라고 하였는데, 이에 대해 주자(朱子)는 "천하에는 성(性) 밖의 물건이 없어서 성(性)이 있지 않은 곳이 없다. 이는 무극(無極)과 음양(陰陽), 오행(五行)이 혼융(混融)하여 간격이 없는 것이니, 이른바 묘합(妙合)이라는 것이다. ……양(陽)으로서 굳센 것이 남(男)을 이룬 것은 아버지의 도(道)이고, 음(陰)으로서 순한 것이 여(女)를 이룬 것은 어머니의 도이니, 이는 사람과 물건이 처음에 기(氣)로써 화(化)하여 생겨난 것이다. 기(氣)가 모여 형체를 이루면 형체가 교접하고 기운이 감응하여 마침내 형체로써 화하여 사람과 물건이 낳고 낳아 변화가 무궁하게 된다. 〔夫天下無性外之物, 而性無不在, 此無極二五所以混融而無間者也, 所謂妙合者也.……陽而健者成男, 則父之道也; 陰而順者成女, 則母之道也, 是人物之始, 以氣化而生者也. 氣聚成形, 則形交氣感, 遂以形化而人物生生, 變化無窮矣.〕"라고 해설하였다. 《近思錄 卷1 道體》

형체가 없고 상이 없고 소리가 없고 색깔이 없고 냄새가 없으나 있지 않은 곳이 없고 있지 않은 때가 없다고 하였으니, 이른바 '있다.'는 것은 무엇을 근거하여 있다고 말하는 것인가? 이는 단지 천지 만물을 가지고 그 리가 항상 있음을 앎에 불과한 것이다.

하늘은 만고(萬古)에 하늘이고 땅은 만고에 땅이고 만물 또한 만고에 만물이니, 그렇다면 저 만고에 하늘과 땅이 있게 하고 만고에 만물이 있게 하는 것이 이 하나의 리가 아니겠는가. 이 하나의 리가 항상 존재하지 않는다면, 하늘과 땅이 이미 다한 뒤에 어떻게 다시 하늘과 땅이 되며, 만물이 이미 다한 뒤에 어떻게 다시 만물이 될 수 있겠는가. 그렇다면 하늘은 무궁한 묘(妙)함이 있고 땅은 무궁한 떳떳함이 있고 사람은 무궁한 도(道)가 있고 물건은 무궁한 작용(作用)이 있는 것이, 어찌 하나의 리가 관통하는 바가 아니겠는가.

무(無)라고 하지만 그 무는 없으면서도 있고, 유(有)라고 하지만 그 유는 있으면서도 없으니, 이것이 말할 수 없는 이유가 아니겠는가. 이미 말할 수 없기 때문에 '무극이면서 태극이다.'라고 하였으니, 이른바 '무극태극(無極太極)'은 바로 말할 수 없는 묘함인 것이다.

혹자가 말하기를 "리가 과연 말할 수 없는 것이라면, 그대가 이제 관규(管窺)의 설(說)인 배설(排說)의 첩(帖)을 둔 것[117]은 어째서인가? 그대는 성인(聖人)이 능히 말씀하지 못한 것을 능히 말할 수 있는가?" 하기에, 이에 내가 다음과 같이 말하였다.

117 관규(管窺)의……것 : 관규는 대롱을 통해서 사물을 보는 것으로 '관규의 설(說)'은 견식(見識)이 천근(淺近)한 말을 이르고, 배설(排說)은 끊임없이 조목조목 서술하는 것으로 '배설의 첩(帖)'은 여헌(旅軒)이 자신의 《경위설(經緯說總論)》 중 〈리위기경배설지첩(理爲氣經排說之帖)〉·〈기위리위배설지첩(氣爲理緯排說之帖)〉·〈경위합일배설지첩(經緯合一排說之帖)〉·〈성정위경위배설지첩(性情爲經緯排說之帖)〉 등을 가리켜 말한 것으로 보인다.

"나의 여러 설(說)은 이 리의 자연(自然)을 능히 말해낸 것이 아니고 또 이 리의 본연(本然)을 능히 말해낸 것도 아니다. 다만 이 리가 덕(德)이 됨에 갖추어져있고 도(道)가 됨에 발로되는 것을 근거하여 말을 한 것이다. 지금 이 도와 덕이 천지 인물 사이에 유행하여 드러난 것은 이미 지나간 자취에서 증험할 수 있으므로 곧 언어와 문자로 형용할 수 있으니, 리가 과연 도와 덕의 밖에 있겠는가.

나의 설이 있는 것은 바로 말할 수 없는 말인 것이니, 만약 리의 자연을 말해내고 리의 본연을 잘 말할 수 있는 것으로 말한다면, 이는 실로 내가 감히 할 수 있는 바가 아니고 또 능히 할 수 있는 바가 아니다. 초학자(初學者)가 과연 이 늙은이의 말을 쓸데없는 군더더기라고 여기지 않고 묵묵히 알게 된다면, 지극히 없으면서 지극히 있는 말할 수 없는 묘한 소이(所以)를 이를 통해 볼 수 있을 것이다."

3.2.3

공자가 《주역》의 〈계사전(繫辭傳)〉을 지으실 적에 "역(易)에 태극(太極)이 있으니 이것이 양의(兩儀)를 낳는다〔是生兩儀〕."라고 하셨고, 주염계의 〈태극도설(太極圖說)〉에 "무극이면서 태극이니, 태극이 동(動)하여 양(陽)을 낳아서〔動而生陽〕 동이 지극하면 정(靜)하고, 정하면 음(陰)을 낳아서〔靜而生陰〕 정이 지극하면 다시 동한다."라고 하셨다.

그런데 후세의 학자들은 그 '생(生)' 자를 대강 보고 그 뜻을 정밀하게 인식하지 못하여 곧 태극(太極)을 하나의 물건, 양의(兩儀)를 두 개의 물건이라고 여겨서, 저 하나의 물건이 이 두 개의 물건을 낳는 것이라 하여 마치 기체형선(氣遞形禪 기(氣)가 교체(交替)하고 형체가 교대(交代)하는 것)이 하는 것처럼 생각한다. 그러므로 하나의 리(理)가 태극이 된 것이 곧 하나의 물건으로 귀결되어서 다만 양의의 앞에 이뤄질 뿐이라고 생각한다. 그렇다면 마치 체단(體段 형상)이 있고 시절(時節 때)이 있는 듯하여 그 무극의 묘가 되는 소이가 무극이 될 수 없어서 후세 사람들의 의혹을 불러일으킨다. 이는 반드시 '생' 자가 빌미가 된 것이 아니라고는 할 수 없다.

'생'은 비록 한 글자에 불과하나 뜻에는 정밀하고 거친 것이 있다. 예컨대 기가 서로 교체되고 형체가 서로 교대하는 것과 같다고 여긴다면, 비록 낳았다고 하더라도 이는 바로 낳음이 거친 것이니, 혹 저것이 이것을 낳고 혹 이것이 저것을 낳아서 그 낳음이 자취가 있다. 그러나 리가 기가 된 것과 같은 경우는, 이 또한 비록 낳았다고 말할 수 있으나 이는 바로 낳음이 정밀한 것이니, 리가 앞에 있고 기가 뒤에서 응하여 그 낳음이 자취가 없는 것이다.

이제 만약 태극이 양의를 낳고 동정이 있다는 것을 가지고 기체형선을 하는 것처럼 보아서 똑같이 인식한다면, 어찌 태극의 묘함을 안다고 말할 수 있겠는가. 이른바 '태극이 양의와 음양을 낳는다.'는 것은, 여기에 양의의 리가 있기 때문에 양의가 이에 생겨난 것이고, 동정의 리가 있기 때문에 동정이 이에 나눠진 것이다. 과연 이것이 기체형선이 낳는 것과 같다면, 태극 또한 하나의 물건일 뿐이니, 어찌 이것을 리라고 말할 수 있겠는가.

그렇다면 태극이 본래 무극임을 아는 자는 반드시 '생' 자의 뜻을 정밀히 살펴본 뒤에야 무극의 묘함을 알 수 있을 것이다. 우주 사이에는 진실로 리가 없는 기가 있지 않고 또한 기가 없는 리가 있지 않으니, 만일 리를 모른다면 또한 반드시 기를 알지 못하는 자일 것이다. 그러므로 오직 리를 아는 자만이 기를 알 수 있는 것이다.

기(氣)가 교체하는 것은 봄의 목(木)이 여름의 화(火)를 낳고 여름의 화가 중앙(中央)의 토(土)를 낳고 중앙의 토가 가을의 금(金)을 낳고 가을의 금이 겨울의 수(水)를 낳고 겨울의 수가 또다시 봄의 목을 낳는 것과 같은 것이고, 형체(形體)가 교대하는 것은 물이 물의 족류(族類)를 낳고 육지가 육지의 족류를 낳고 흙이 식물을 낳는 것과 같은 것이니, 이는 모두 낳아서 번식하는 것으로, 볼 수 있는 자취가 있다.

그러나 리가 기를 낳는 것으로 말하면, 원(元)이 나뉘어 회(會)가 되니 이는 원이 회를 낳는 것이요, 회가 나뉘어 운(運)이 되니 이는 회가 운을 낳는 것이요, 운이 나뉘어 세(世)가 되니 이는 운이 세를 낳는 것인데,[118] 세(歲)와 월(月)과 일(日)과 때〔辰〕가 큰 것에서 작은 것에 이르고 하나에서 만(萬)이 됨[119]에 이르러서는, 그 이른바 '낳는다.'는 것과 '생(生)을 얻는다.'는 것은 선후(先後)가 있고 피차(彼此)가 있는 것이다. 오행(五行)의 상생(相生)[120]에 이르러서는, 앞선 것이 뒤가 되기도 하고 이것이 저것이 되기도 하니, 이것이 저것을 낳는 것의 선후가 있는 것과는 같지 않다.

118 원(元)이……것인데 : 원(元), 회(會), 운(運), 세(世)에 대한 자세한 내용은 367쪽 각주 113) 참조.

119 세(歲)와……됨 : 세(歲)는 1년을 이른다. 1원(元)에는 12회(會)가 있고 1회에는 30운(運)이 있고 1운에는 12세(世)가 있고 1세에는 30년(年)이 있고 1년에는 12개월이 있고 1개월에는 30일이 있고 1일에는 12시가 있는바, 하루는 12진(辰)이고 1진은 30각(刻)이고 1각은 12분(分)이며, 1분은 10리(釐), 1리는 10호(毫), 1호는 10사(絲), 1사는 10홀(忽)이니, 1분은 10,000홀(忽)이다. 홀은 고대의 극소한 도량(度量)의 단위로 《손자산경(孫子算經)》 권상(上)에 "도량의 시작은 홀에서 비롯된다.〔度之所起, 起於忽.〕"라고 보이고, 《송사(宋史)》 〈율력지(律曆志) 1〉에 "홀이 만 개이면 분이 된다.〔忽萬爲分.〕"라고 보인다.

120 오행(五行)의 상생(相生) : 목(木)·화(火)·토(土)·금(金)·수(水)의 오행이 상호 연관하여 다른 것을 발생시키고 조장해주는 것으로, 목이 화를 낳고, 화가 토를 낳고, 토가 금을 낳고, 금이 수를 낳고, 수가 목을 낳는 것〔木生火, 火生土, 土生金, 金生水, 水生木.〕을 이른다.

3.2.4

성현(聖賢)이 천지 만물의 이치를 아시고 무극태극(無極太極)이란 이름을 지어내셨는데, 후세 사람들은 저 무극태극이란 말이 다만 이 리(理)를 형상하기 위하여 이 이름을 세운 줄을 스스로 알지 못하였다. 그리고는 감히 잘못 인식한 나머지 마침내 "두서(頭緖)가 없고 단서(端緖)가 없고 형용(形容)할 수 없고 색상(色象)으로 표시할 수 없으면서 본래 신통(神通)하고 영묘(靈妙)한 큰 체단(體段)이 되는 하나의 물건이 별도로 있는데 이것이 바로 이른바 '무극태극'이다."라고 여긴다.

아, 그 앎이 참으로 잘못되었고 그 말이 진실로 군더더기이다. 우주가 있은 이래로 어찌 리 밖의 물건이 있어서 마침내 다시 천지 만물을 주장하여 있는 듯하고 없는 듯하고 혹 숨고 혹 드러나며 혹 능히 형체가 있는 물건이 되고 또 능히 자취가 없는 신(神)이 될 수 있겠는가. 이제 고유(固有)하여 일정(一定)한 리를 가지고 말하면, 아직 기(氣)가 있기 전에 먼저 리가 있고 리가 있으면 반드시 기가 있으니, 이 리와 기의 밖에 리도 아니고 기도 아닌 하나의 물건이 별도로 있겠는가.

기의 근본(根本)은 리이고 리의 용(用)은 기이다. 그 지극히 크고 지극히 묘한 리를 가리켜 이름 하기를 '무극태극'이라 하고, 그 지극히 변하고 지극히 화하는 기를 가리켜 이름 하기를 '이기 오행(二氣五行)'이라 하였으니, 이것이 바로 천지가 되고 만물이 된 소이(所以)로, 이미 지나간 것도 이와 같고 앞으로 다가올 것도 이와 같을 뿐이다. 그러므로 이 때문에 도(道)라고 말한 것이다. 무릇 이 리와 이 기를 벗어나서 말하는 자들은 모두 리와 기를 알지 못하는 자이니, 만약 리와 기를 벗어나서 말하는 자가 있다면 단지 이 리를 모를 뿐만 아니라 또한 이 기도 알지 못하는 자이다. 그렇다면 필경 허탄하고 망녕된 소견이 될 것이니, 비록 천하(天下)와 만세(萬世)를 속이고자 하나,

천하와 만세는 모두 리와 기 가운데의 천하와 만세이니, 어떻게 천하와 만세를 속일 수 있겠는가.

3.2.5

저 하나의 리(理)를 이름 하여 태극(太極)이라 하였으니, 태극은 다만 이 리일 뿐이다. 그런데 만약 그 리가 되는 실제를 밝게 드러내지 않으면, 사람들 중에는 태극이라는 이름을 세운 것을 반드시 의심하여 혹 태극을 이 리의 밖에 별도로 세운 것이라고 여기는 자가 있을 것이다.

이제 그 리가 되는 실제를 밝게 드러내고자 하므로 굳이 열다섯 글자를 들어서 다 말하려는 것이다. 하나의 리의 실제를 밝히려고 하는데 글자가 열다섯 자나 되는 것은 어째서인가? 이 리는 체(體)가 있고 용(用)이 있고 도(道)가 되고 덕(德)이 되기 때문이니, 오직 그 체와 용이 있고 도와 덕이 되는 것이 바로 이 리의 실제이다. 그러므로 진(眞 참됨), 순(純 순수함), 선(善 선함) 세 가지는 덕(德)으로 말한 것이요, 중(中 중도에 맞음), 정(正 바름), 공(公 공변됨) 세 가지는 도(道)로 말한 것이요, 전(全 온전함), 일(一 한결같음), 상(常 떳떳함) 세 가지는 그 체(體)를 가리킨 것이요, 직(直 곧음), 순(順 순함), 평(平 평이함), 밀(密 치밀함), 륜(倫 질서정연함), 통(通 통함) 여섯 가지는 그 용(用)을 가리킨 것이다.

혹자가 말하기를 "형체가 없는 것이 태극이라면 어찌하여 체가 있다고 말하며, 기와 뒤섞이지 않는 것이 태극이라면 어찌하여 용이 있다고 말하는가? 도는 본래 도이기 때문에 도라는 명칭이 있으니 그렇다면 어찌 리를 도라 하며, 덕은 본래 덕이기 때문에 덕이란 명칭이 있으니 그렇다면 어찌 리를 덕이라고 하는가?" 하기에, 내가 다음과 같이 말하였다.

"천지 만물의 소이연(所以然)이 되어서 바꿀 수 없으니, 이것이 리의 체가 아니겠는가. 천지 만물의 소당연(所當然)이 되어서 그칠 수 없으니, 이것이 리의 용이 아니겠는가. 리는 진실로 혹이라도 그치는 때가 없고 혹이라도 빠뜨리는 물건이 없으니 이 때문에 도가 되는 것이고, 또 리는 진실로 물건에 따라 모두 충족하고 일에 따라 매우 합당하니 이 때문에 덕이 되는 것이다. 리가 만약 체가 있지 않고 용이 있지 않으며 도가 되지 않고 덕이 되지 않는다면, 다만 본래 빈이름일 뿐이니, 어찌 그 근저(根柢)가 되고 추뉴(樞紐)가 되는 실제가 있을 수 있겠는가. 그러고서 과연 능히 천지 만물의 태극이 될 수 있겠는가. 그렇다면 리가 극(極)의 태(太)가 되는 이유는 그 체가 되고 용이 되고 도가 되고 덕이 되는 실제가 있기 때문인 것이다.

덕이 되기 때문에 그 참되고 순수하고 선함을 볼 수 있고, 도가 되기 때문에 그 중도에 맞고 바르고 공변됨을 볼 수 있는 것이다. 그 온전하고 한결같고 떳떳함을 볼 수 있는 것은 체가 되기 때문이고, 그 곧고 순하고 평이하고 치밀하고 질서정연하고 통함을 볼 수 있는 것은 용이 되기 때문이니, 이것이 굳이 열다섯 글자를 들어서 그 리가 되는 실제를 밝힌 이유이다. 그러나 가리켜서 체와 용, 도와 덕이라고 말한 것은 다만 그 대략을 가지고 나누었을 뿐이요, 그 실제는 또한 대부분 서로 포함하고 서로 겸한 뜻이 있으니, 반드시 아울러 취하고 함께 든 뒤에야 그 묘함을 비로소 다할 수 있을 것이다."

3.2.6

리(理)는 진실로 통합하여 일체(一體)가 된 것이 있고 흩어져 만용(萬用)이 된 것이 있으니, 용(用)이 체(體) 가운데에 들어있고 체가 용 위에 있어서, 체가 되었으나 체가 없고 용이 되었으나 스스로 작용하지 않는다. 이것이 무극태극(無極太極)이 극(極)이 된 이유인데, 만약 그 실제를 말하자면 모름지기 열다섯 글자를 들어야 거의 이것을 다 말할 수 있을 것이다. 이 열다섯 글자 가운데에는 그 체와 용의 뜻을 겸한 것을 취한 것이 있고, 체의 위에 나아가 뜻을 취한 것이 있고, 그 작용하는 곳에 나아가 뜻을 취한 것이 있으니, 진(眞), 순(純), 선(善), 중(中), 정(正), 공(公) 여섯 가지는 모두 체와 용의 뜻을 겸하였고, 전(全), 일(一), 상(常) 세 가지는 뜻이 대부분 체 위에 있고, 직(直), 순(順), 평(平), 밀(密), 륜(倫), 통(通) 여섯 가지는 뜻이 대부분 작용하는 곳에 있다.

혹자가 말하기를 "리를 말하면서 이미 용에 관계되었으니, 그렇다면 기(氣)가 아닌가. 리의 경(經)[121]을 위주로 하여 말한 것이 어디에 있는가?" 하기에, 내가 다음과 같이 말하였다.

"말한 것이 비록 리를 위주로 하였다 하더라도 기가 본래 이 가운데에 들어있고, 말한 것이 비록 기를 위주로 하였다 하더라도 리가 본래 이 가운데에 들어있다. 만약 기를 벗어나 리를 말하고 리를 떠나 기를 말했다고 한다면, 이른바 '리와 기의 떳떳함〔理氣之常〕'[122]

121 리의 경(經) : 여헌(旅軒) 장현광(張顯光)은 리(理)와 기(氣)를 이원적(二元的)으로 보지 않고 합일적(合一的)인 것 혹은 한 물건의 양면적인 현상으로 파악하여, 《경위설(經緯說)》에서 리를 경(經 날줄)으로, 기를 위(緯 씨줄)로 비유해 리와 기가 둘이 아니고 체(體)와 용(用)의 관계에 있음을 주장하였다.

122 리와 기의 떳떳함 : 여헌의 문인(門人) 신열도(申悅道)가 쓴 〈배문록(拜門錄)〉에 다음과 같은 내용이 보인다.
"선생께서 '옛날 성인(聖人)이 리(理)와 기(氣)를 말씀한 것이 이미 드물고 또 리와 기를 나누어 말씀한 경우가 없으니, 나누어서 둘로 만든 것은 명목(名目)을 설정한 것이고 합하여 일체로 만든 것은 리와 기의 떳떳함이다. 만약 명목이 나누어진다 하여 마침내 한계를 짓고 구별을 하여 상대(相對)하는 물건이라고 여긴다면, 리와 기가 곧 각자 본령(本領)이 되어서 우주의 사이에 양립(兩立)하여 병행(竝行)할 것이니, 리가 이 아니다. 그러므로 리를 말하는 자가 비록 '기와 뒤섞이지 않는다.' 라고 말하더라도 일찍이 기 위에 나아가 리를 위주로 하여 말하지 않은 적이 없고, 기를 말하는 자가 비록 '리를 침범하지 않는다.'라고 말하더라도 일찍이 리 가운데에 나아가 기를 위주로 하여 말하지 않은 적이 없는 것이다. 그렇다면 리와 기가 과연 떠날 수 있는 때가 있으며, 떠날 수 있는 곳이 있는가?"

혹자가 말하기를 "이제 이 리의 실제를 밝히면서 든 것이 모두 열다섯 글자인데, 원(元), 형(亨), 이(利), 정(貞)과 인(仁), 의(義), 예(禮), 지(智)와 성(性), 명(命), 도(道), 덕(德)과 성(誠), 경(敬), 충(忠), 신(信) 등의 글자가 이 안에 들어있지 않은 것은 어째서인가?"라고 하기에, 내가 다음과 같이 말하였다.

"여기서 든 열다섯 글자는 모두 이 리가 경(經)이 되고 강(綱)이 되고 근저(根柢)가 되고 추뉴(樞紐)가 되고 모범(模範)이 되고 기축(機軸)이 되는 뜻을 취한 것이다. 그 체(體)는 비록 하나이나 그 묘(妙)함은 무궁하여, 한마디 말과 한 글자의 뜻으로는 충분히 다할 수가 없다. 그러므로 취하여 든 것이 많아서 열다섯 글자에 이르렀으나, 그 중에 남는 글자를 볼 수 없는 것이다.

만약 들지 않은 열여섯 글자[123]로 말하면, 바로 이 리가 천지 인물에

어찌 기의 리가 될 수 있으며 기가 어찌 리의 기가 될 수 있겠는가.'라고 하시기에, 내가 나아가 아뢰기를 '진실로 하교(下教)와 같다면 천하에는 기가 없는 리가 없고 또한 리가 없는 기가 없을 것이니, 참으로 이른바 둘이면서 하나이고 하나이면서 둘이겠습니다.'라고 하니, 선생은 옳다고 말씀하셨다. 〔先生曰: 古之聖人, 說理氣既寡, 又未有分理氣爲言者, 蓋析而分之者, 名目之設也, 合爲一體者, 理氣之常也. 若因其名目之分, 而遂以爲界別相對之物, 則理氣便是各自爲本, 雙立竝行於宇宙之間也, 理豈得爲氣之理, 氣何得爲理之氣哉? 余進曰: 誠如下教, 則天下無無氣之理, 亦無無理之氣, 眞所謂二而一, 一而二者. 先生曰: 然.〕"《旅軒先生續集卷之九 附錄》

각각 갖추어져 있는데 품물(品物)에 따라 그 명칭을 달리하고 변화에 따라 그 명목을 달리했을 뿐이다. 그러므로 경(經)이 되고 강(綱)이 되는 글에서 들어 언급하지 않은 것이다. 그러나 열여섯 글자가 이 리 가운데의 명목이 아닌 것이 없으니, 그렇다면 어찌 내가 든 열다섯 글자 속에 포함되지 않겠는가. 경(經)이 있으면 위(緯)가 이 가운데에 들어있고, 강(綱 강령)이 들려지면 목(目 조목)이 그 아래에 있으니, 어찌 이것을 들고 저것을 빠뜨렸다고 의심할 것이 있겠는가. 그 가리키는 바의 요점이 이렇게 하지 않을 수 없기 때문이다."

3.2.7

무릇 이 열다섯 글자는 그 뜻이 모두 정밀한 것과 거친 것을 겸하고 있다. 그러므로 경전(經傳)의 글에 뒤섞여 보이는 것들이 대부분 날마다 쓰는 사물(事物)의 사이에 있으니, 이는 다만 그 뜻의 거친 것을 취한 것이요, 그 정밀한 것으로 말하면 오직 리(理)만이 그 뜻에 해당할 수 있다. 하나가 혼연(渾然)의 전체(全體)가 되고 만 가지가 각구(各具)의 대용(大用)이 되는 것은 그 실제가 모두 열다섯 글자의 정밀한 뜻에 갖춰져 있으니, 그 실제가 있지 않으면 그것이 어떻게 무극태극의 묘함이 될 수 있겠는가. 열다섯 글자를 모아야 그 묘함이 비로소 다 구비되니, 한 글자도 버릴 수가 없는 것이다.

횡으로 배열한 가운데 세 글자가 각각 한 종류가 될 듯하니, 진(眞), 순(純), 선(善)이 한 종류이고, 중(中), 정(正), 공(公)이 한 종류이고,

123 들지……글자 : 위에서 혹자가 언급한 원(元), 형(亨), 이(利), 정(貞), 인(仁), 의(義), 예(禮), 지(智), 성(性), 명(命), 도(道), 덕(德), 성(誠), 경(敬), 충(忠), 신(信)을 가리켜 말한 것이다.

전(全), 일(一), 상(常)이 한 종류이고, 직(直), 순(順), 평(平)이 한 종류이고, 밀(密), 륜(倫), 통(通)이 한 종류이다. 애당초 종류를 구별하려는 뜻을 둔 것은 아니나, 횡으로 배열한 것을 거두어 취한 뒤에야 그 세 글자가 셋씩 같은 종류가 되고 종류가 모두 다섯이 됨을 보게 된 것이다. 나누어 보면 한 글자의 뜻으로 충분히 다할 수 있을 것 같으나, 자세히 살펴보면 열다섯 글자를 아울러 취하지 않고는 그 실제를 다할 수 없으니, 이는 묵묵히 알고 마음으로 증험함에 달려있을 뿐이다. 열다섯 글자를 배열할 적에 진(眞) 자가 앞에 있고 통(通) 자가 맨 뒤에 있으니, 이 두 글자는 또 열다섯 글자의 요점이다.

이상 네 수(首)는 원설(元說 앞의 태극설)에서 든 강령(綱領)과 조목(條目) 열여섯 글자[124]를 거두어 쓴 것을 거듭 말한 것이다.

124 강령(綱領)과……글자 : 하나의 강령인 선(善)과 열다섯 개의 조목인 진(眞), 실(實), 상(常), 직(直), 순(順), 평(平), 중(中), 정(正), 공(公), 정(定), 준(準), 밀(密), 전(全), 완(完), 통(通)을 가리켜 말한 것이다.

旅軒性理說

校勘·標點

卷一

圖書發揮

圖書發揮篇題

《圖》卽《河圖》，伏羲御宇時，有龍馬出於河，其背有數，自一至十，總其子目，幷五十五者是也。《書》卽《洛書》，大禹治水時，有神龜出於洛，其背有數，自一至九，總其子目，幷四十五者是也。晦庵 朱子著《易學啓蒙》，有《本圖書》篇，證以自漢以來諸說之得失，又詳說其二數之同異者至矣，而尙有未盡發明，後學迨難領會者，故今以耄見敢申之，所以示一家蒙類者也。

宇宙何以爲宇宙乎？ 以其有天地人物也。天地人物何以爲天地人物乎？ 以其有理焉、有氣焉、有象焉、有數焉，故合理氣、象數而爲之道焉。然則宇宙而爲天地人物者，實皆道之器也。蓋無其理，則何得以有其氣乎？無理氣，則又何得以有象有數乎？ 無理氣、象數，則又何得爲之道而有天地萬物乎？理爲之極，故於是乎有氣焉，可以爲造化之機也；氣爲之機，故於是乎有象焉，可以爲變化品彙精粗、巨細之別也；象爲之別，故於是乎有數焉，可以爲始終、先後、等級、次第之序也。此所以統天地人物爲之道，而有宇宙之事業矣。夫所謂道也者，無其理，何得爲萬有之極哉？理雖爲之極焉，而無氣不行，無象不著，無數不備，故理氣、象數不得不畢備。然後道於是乎有不息之體，爲無窮之用，而天爲天、地爲地、人爲人、物爲物矣。然則數外無天地人物也，象外無數也，氣外無象也，理外無氣也。理而氣、氣而象、象而數者，卽天地人物之所以爲道也。夫天地人物固莫不有理氣、象數之備焉，而有宇宙以來，惟其所窮微極妙、最巧且著者。《河圖》、《洛書》是也。卽二圖而觀之，龍背之文，則綱之而自一至十，目之而爲五十五，龜背所文，則綱之而自一至九，目之而爲四十五者，其數也；有圓有方，有同有異，或贏或乏，或配或別者，其象也；爲之象、爲之數、爲之多寡異同者，其氣也；所以有數有象有氣之出於自然者，其理也。然則宇宙間理氣、象數，其有外於《圖》·《書》者乎？觀《圖》·《書》之數，則可以窮事物無窮之數矣；觀《圖》·《書》之象，則可以認陰陽變化之象矣；觀《圖》·《書》之氣，則可以驗生成消長之氣矣；觀《圖》·《書》之理，則可以會無極、太極之理矣。天地鬼神之示人者，至矣盡矣。非天地鬼神有心於示人，乃是理氣之在天地者，自象自數，而呈見者自不得不爾也。嗚呼！非伏羲、大禹之神聖，其何能承受其錫而契其妙哉！

1.1 圖書發揮

1.1.1

圖河

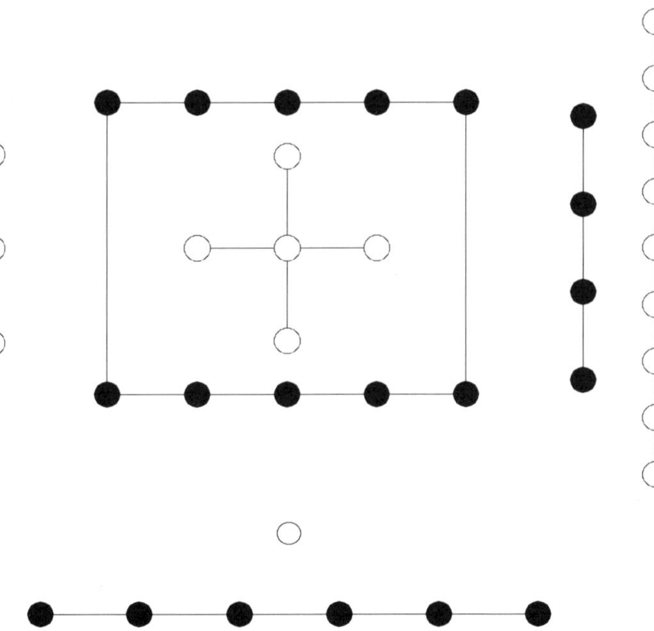

1.1.1.1

一、三、五、七、九爲奇，即天數也；二、四、六、八、十爲偶，卽地數也。奇數自北而東而中而南而西，偶數自南而西而北而東而中。○《圖》數始於一而終於十，則一者數之本也，十者數之綱也。并一、三、五、七、九爲二十五者，奇數之目數也；并二、四、六、八、十爲三十者，偶數之目數也。二十五與三十合爲五十五，此《圖》數之目也。○奇偶之數皆作配而同處焉，一、六并之則七也，二、七并之則九也，三、八并之則十一也，四、九并之則十三也，五、十并之則十五也。所并之數皆爲奇者，奇數爲主故也。

1.1.1.2

北內之一、西內之四，并之卽五也，南內之二、東內之三，并之亦五也，中內之五則自五也，六減一亦五也，七減二亦五也，八減三亦五也，九減四亦五也，十則二五之合，故減五亦五也。蓋五者，生數之終也。○一連九爲十也，二連八爲十也，三連七爲十也，四連六爲十也，十則自十也，五加五亦十也，六加四亦十也，七加三亦十也，八加二亦十也，九加一亦十也，十則自十也。蓋十者，成數之終而《圖》數之綱也。○北外之六、西外之九并之爲十五也，南外之七、東外之八并之亦十五也，中之五十自爲十五也，又內數之一、二、三、四、五并之亦爲十五也。蓋十五者《圖》數之會也。

1.1.2

書洛

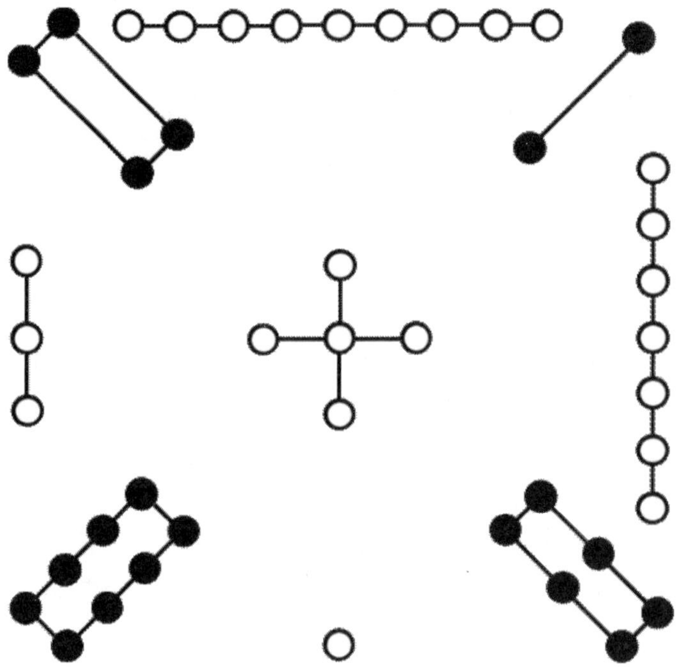

一、三、五、七、九之奇皆居四方及中央之正位，二、四、六、八之偶皆居四隅之偏傍，而《河圖》之十，則不在於此矣。奇數自北而東而中而西而南，偶數自西南隅而東南隅而西北隅而東北隅。○《書》數始於一而終於九，則一者數之原也，九者數之綱也。并一、三、五、七、九，爲二十五者，亦奇數之目數也；并二、四、六、八，爲二十者，偶數之目數也。二十五與二十，合爲四十五，此《書》數之目也。 ○《書》則奇數、偶數皆單位而異居焉。○北正之一、東南隅之四，幷之亦五也，西南隅之二、東正之三，幷之亦五也，六減一、七減二、八減三、九減四皆五，而中五則自五者，亦與《圖》數無不同也。○一對九爲十也，二對八爲十也，三對七爲十也，四對六爲十也。五加五、六加四、七加三、八加二、九加一，皆十者，亦與《圖》數無不同也。 ○中縱之九、五、一，右縱之二、七、六，左縱之四、三、八，皆十五也；上橫之二、九、四，中橫之七、五、三，下橫之六、一、八，皆十五也；右斜之二、五、八，左斜之四、五、六，亦十五也。此《書》之縱橫斜各幷爲十五者，亦與《圖》之中數無不合也。

1.1.3

《圖》·《書》之奇，各皆二十五，合之爲五十。《圖》偶三十，《書》偶二十，合之亦爲五十。《圖》則偶赢奇乏，《書》則奇赢偶乏。合《圖》·《書》兩數而幷觀之，則奇偶之數均於五十，而兩其五十，則便是一百也。百是二箇五十，又十箇十也。○《圖》之綱數止十，《書》之綱數止九，合其兩綱數而爲十九。十九者，閏一章之數也。《圖》之目數止五十五，《書》之目數止四十五，合其兩目數而爲百。百者，蓍數也。就五十五而以五計之，則十一箇五也；就四十五而以五計之，則九箇五也。合之爲二十箇五，又五箇二十也。

1.1.4

《河圖》之出，必待伏羲之時，其亦有數，不得自已者哉！當時伏羲非獨自會其理，用做畫卦之大業，又留其圖以示萬世，豈不以公共之理不可自得以私焉，必使天下萬世皆得以目覩而心會焉？此非伏羲繼天立極之第一事業耶？○天生伏羲，遂出《河圖》，此固天地無心而似有心也。蓋非天地之有心也，理不得不然者也。《洛書》之出於大禹，其亦此理此數也，而其所以先後出者，亦莫非不容已也。○《河圖》、《洛書》無非此理也，氣爲理中之氣，象爲理中之象，數爲理中之數。故吾人知覺雖在千萬世之下，皆可得以通焉。唯在認會者之能契其妙焉爾。○夫理氣中爲器爲物者，莫不有左右前後東西南北，而既有四方，自有中央焉，幷之爲五方，故《圖》·《書》所排之數各隨其方而有塡焉。此莫非自然之理也，豈若吾人着意强排之爲哉？○以《河圖》觀之，一、六爲北，二、七爲南，三、八爲東，四、九爲西，五十爲中央。其所以北之南、之東、之西、之中之者，豈造物者有意於其間哉？理當北而北，理當南而南，其餘當東當西當中者，卽皆此理之自然也。○一者，是最初元頭之數也，無其前焉，無其上焉。一而加一者，二也，二而加一者，三也，三而加一者，四也，四而加一者，五也，其餘爲六爲七爲八爲九爲十者，無非加一之積也，此其所以一之首數無不行于從二至十之數焉。知乎此而推之，則凡爲大以出小，小以成大，寡以總多，多以尊寡，始以至終，終以成始之理，可以明矣。○一而二，二而三，三而四，四而五，五而六，六而七，七而八，八而九，九而十者，未有剩焉，未有欠焉，各得其序，無相紊焉。此孰使之齊之哉？孰使之準之哉? 蓋莫非理焉而不得不爾也。○若以位觀之，有內外焉，有四方焉。自一至五皆居內之數也，自六至十皆居外之數也。居內者皆生數也，居外者皆成數也。不生無以有始，不成無以有終，此生成之必須各有數也。生數之所以居內，成數之所以居外者，以理言之，則雖是無始終、無內外、無彼此，而惟其自然之序必須先始而後終，先內而後外，先此而後彼，故生必自內，成必在外，在物皆然，此其理也。然則北之爲北，南之爲南，東之爲東，西之爲西，皆由於中央矣。○生數一、二、三、四、五而止，故一、二、三、四居四方之內，而五則居中。成數六、七、八、九、十而止，故六、七、八、九居四方之外，而十則配五居中。○生成之名，由於五行，而五行生數一、二、三、四居四方之內，而五獨居四方之中，五行成數六、七、八、九居一、二、三、四之外，而十獨居中五之外，豈不以既有四外則不可無中，故一、二、三、四之生數，六、七、八、九之成數，既偏於東西南北之位，則生數之五，成數之十，自當入居於中位。○一、二、三、四、五，皆生數也，六、七、八、九、十，皆成數也，而惟五與十獨可居中者，何歟? 曰: 五與十乃五行中惟土生成之數也。水、火、金、木之四行，非土則不能生，不能成，而有土然後，得爲水，得爲火，得爲金，得爲木，故土位須居四方之中，然後四方之四行，乃得以各性其性，各行其行，而承太極陰陽之理氣，出造化生育之大功矣。固亦理之自然也。○一得五爲六，二得五爲七，三得五爲八，四得五爲九，五得五爲十，則六、七、八、九、十之爲一、二、三、四、五之成數者，無非得五而成者也。○又生數之一得九成十，二得八成十，三得七成十，四得六成十，五得五成十，若成數之十除一爲九，除二爲八，除三爲七，除四爲六，除五爲五，則生成之數皆不外乎十數之中，而其所以相須相備、互變互化者，其機之妙哉！○九則生數一、三、五之積也，所積純奇，故爲老陽也。六則生數二、四之積也，所積純偶，故爲老陰也。八則自九退向于六，而卽生數一、三、四之積也。七則自六進向于九，而卽生數二、五之積也。所積者，皆奇偶相雜，故爲少陽、少陰也。少陰卽從老陽而變，故所取積者，與老陽同其三位之數也。少陽從老陰而變，故所取積者，與老陰同其二位之數也。○一爲生數之始，而六爲成數之始；二爲生數之第二，而七爲成數之第二；三爲生數之第三，而八爲成數之第三；四爲生數之第四，而九爲成數之第四；五爲生數之第五，而十爲成數之第五。此則五行生成同處之義也。○一爲老陽之位而在北內，則居於北外者，卽老陰之數六也；二爲少陰之位而在南內，則居於南外者，卽少陽之數七也；三爲少陽之位而在東內，則居於東外者，卽少陰之數八也；四爲老陰之位而在西內，則居於西外者，卽老陽之數九也。此則陰陽老少同方之義也。五爲五方位之本，而十爲五方數之會，則是亦同中之義也。○老陽位數之一與九、老陰位數之四與六，交互於西北之兩方；少陽位數之三與七、少陰位數之二與八，交互於東南之兩方者，今以一歲言之，東南爲春夏所司之方，而一歲興作之事正殷於此時，故陰陽之二少居之；西北爲秋冬所司之方，而一歲收成之業都在於此時，故陰陽之二老居之。此非天地造化之理耶？中央之五與十則似無所事焉，而五爲一、二、三、四之本，十爲六、七、八、九之會，其使一、二、三、四有以爲老少陰陽之位者，五之半十也；其使六、七、八、九有以爲老少陰陽之數者，十之倍五也。此則五與十居中之事業爲尤大也。○陰陽者，五行之綱領也；五行者，陰陽之變化也。曰陰陽，曰五行，其名雖別，而實一理也、一氣也。故言陰陽而五行在其中，言五行而陰陽在其中。故於此一《圖》之中，以陰陽言之，而陰陽之老少無不具焉，以五行言之，而五行之生成無不備焉。此可以見五行不出乎陰陽，陰陽不外乎五行者也。或曰："中五與十，在五行則卽爲一行，幷之然後行爲五也，而在陰陽，則不在於二老、二少之數，別自居中，有數無屬者，何歟？"曰："水、火、金、木之四行，不有土，不得爲行，故必須土在中央之位，然後四行各得以行其行焉，此所以中央之土共爲一行，而幷四爲五者也。若老少陰陽之爲四象，則陰儀分爲二象，陽儀分爲二象，而幷爲四象者，其自二加倍之數止於四焉，四象之外，不可復有象焉，而惟其所以爲四象者，亦必有所自而宗焉，必有所合而總焉，故不容無中數焉以統之，則五與十之居中者，非老少陰陽之所以權輿者乎？"○中五中一點之當心者，卽五之的也，而幷其傍排四點，則爲單五也。倍其五而同於中者，爲二五之十也，幷五與十，則爲三五之十五也。北內之一與西外之四合，則爲五也，南內之二與東內之三合，則爲五也，北外之六除一則五也，南外之七除二則五也，東外之八除三則五也，西外之九除四則五也，又就其所除之一與四，合之則五也，二與三合之則五也，幷之爲八箇五也。北內之一與西外之九合之爲十也，南內之二與東外之八合之爲十也，東內之三與南外之七合之爲十也，幷之則爲四箇十也。四內之一、二、三、四與中五合之爲十五也，北外之六與西外之九合之爲十五也，南外之七與東外之八合之爲十五也，幷之則爲三箇十五也。然則居中之單五，爲四方十箇五之所宗，而十箇五卽居中單五之所頒也；居中二五之十，爲四方四箇十之所宗，而四箇十卽居中二五之十之所頒也；居中三五之十五，爲四方三箇十五之所宗，而三箇十五卽居中三五之十五之所頒也。《洛書》則雖無十數，而單五之居中心者，實含二五之十與三五之十五焉。不然，四方、四隅之數相對而皆爲十，縱橫相貫而爲十五者，其何所取則而爲其數哉？○以陰陽老少分其方位，則北爲老陰之方，南爲老陽之方，西爲少陰之方，東爲少陽之方也；一爲老陽之位，二爲少陰之位，三爲少陽之位，四爲老陰之位也；六爲老陰之數，七爲少陽之數，八爲少陰之數，九爲老陽之數也。以方與位數之本分言之，一與九當同於南方，四與六當同於北方，三與七當同於東方，二與八當同於西方，卽其本分也。《圖》則不然，老陽之位與老陰之數居於北方，老陰之位與老陽之數居於西方，少陽之位與少陰之數居於東方，少陰之位與少陽之數居於南方，五與十則不偏於老少陰陽之方而居于中焉。其位，則唯少陽位三之居于東內者，爲得其本方，而老陽位一之居北內，少陰位二之居南內，老陰位四之居西內者，皆非本方也。其數，則唯老陰六之居于北外者，爲得其本方，而少陽七之居南外、少陰八之居東外、老陽九之居西外者，皆非其本方也。其故何歟？蓋陰陽位數之分居者，位是陰陽之大分，故居四方之內焉；數是陰陽之成功，故居四方之外焉。至於老陽位之居於老陰數之內，老陰位之居於老陽數之內，少陽位之居於少陰數之內，少陰位之居於少陽數之內者，朱晦翁所謂"陰陽互藏其宅"者是也。若老陰數之居於老陽位之外，老陽數之居於老陰位之外，少陽數之居於少陰位之外，少陰數之居於少陽位之外者，亦皆相生相濟之義也。又如少陽之七不居於東而居於南者，陽氣之盛在少爲力者，以其方長故也，所以七在南而致重也。陽氣之衰在老爲窮者，以其向盡故也，所以老陽之九在西而致延也。又若八之不居於西而居於東者，歲功之成須在於西金，而金功之成必本於東木，故八在東而厚其本也。又若老陰之六獨能守其本方之北者，陰當止盡其本分而已，不可犯分出限，故以老陰之數居老陰之方也。唯五則四方陰陽之位數，皆其所會，南一點卽南位數之本也，北一點卽北位數之本也，東一點卽東位數之本也，西一點卽西位數之本也，中一點卽中位數之本也。十則一、二、三、四之爲老少陰陽之位，六、七、八、九之爲老少陰陽之數，皆在於十中，倍五，相守於中央，此其陰陽位數咸備於《圖》中，而無少欠缺，無少間斷者也。至以五行觀之，則五位無非天地相配之數，而一以生水，六其成之，二以生火，七其成之，三以生木，八其成之，四以生金，九其成之，五以生土，十其成之，無非生數、成數之合，而一得五爲六而居水位，二得五爲七而居火位，三得五爲八而居木位，四得五爲九而居金位，五得五爲十而居土位，此則無非順合於本分也。惟其在五行則得其本分，而在陰陽則多所變易者，實皆成變化而行鬼神之理也。前所條陳之說，皆所以發明此理也。○伏羲所以則於《圖》而作易者，固以易自有太極、兩儀、四象、八卦自然之序者，其理已具於未畫之前，而天地萬物之所以爲天地萬物，陰陽五行之所以爲陰陽五行者，莫非此理也，此《圖》之中無不昭著，故卽有以感發聖人之心目，而易於是乎作焉。乃所以開物成務，冒天下之道者也，其道卽此《圖》所具之理也。○《圖》之一、三、五、七、九皆爲奇數，二、四、六、八、十皆爲偶數者，卽兩儀也。老陽之位一數九，少陰之位二數八，少陽之位三數七，老陰之位四數六者，卽四象也。居內五數之中，一、三、五爲奇，則卽三奇也，二、四爲偶，則卽二偶也。奇之三，與天圓徑一圍三，其三用全之三，符焉；偶之二，與地方徑一圍四，其四用半之二，符焉。此陽三陰二之權輿也。西外之九卽三三之積，乃三陽之乾也；北外之六卽三二之積，乃三陰之坤也；南外之七卽二二、一三之積，則乃二陰一陽之震、坎、艮也；東外之八卽二三、一二之積，則乃二陽一陰之巽、離、兌也。　又乾、兌生於四象之大陽，離、震生於四象之少陰，巽、坎生於四象之少陽，艮、坤生於四象之大陰，則八卦皆具於老少陰陽位數之中，而中五乃八卦之所以本也，中十乃八卦之所以會也。此伏羲作易之則，實本於《河圖》也。○《洛書》之數，卽皆《河圖》中所具之數也，而所異者，《圖》則陰陽位數互相同處於各方，《書》則陽數皆居於正方，陰數皆居於四隅；《圖》則自一至十而終焉，《書》則自一至九而盡焉。陽數之中，一之居北，三之居東，五之居中者，《圖》、《書》同矣，而九則《圖》西而《書》南，七則《圖》南而《書》西也。《圖》、《書》所以異同之義，朱子言之詳矣。陰陽同居者，相須之理也；陰陽別處者，尊卑之分也。備於十者，體之立也；止於九者，用之致也。相須者，義中之仁也；殊分者，仁中之義也。二、四、六、八之傍於七、九、一、三、者，卑之所以衛乎尊也；一、三、七、九之主乎六、八、二、四者，尊之所以臨乎卑也。若一、九與三、七之相對，二、四與六、八之相對，皆爲十者，凡爲數者，不外于十也。又若五之居中心也，則天下未有無中心之物也，而其爲象也，亦自與五方的合而符應焉。此固非自然之理乎？蓋陰陽之爲少爲老而迭運，五行之相生相克而順布者，如或一過一不及于中，則造化不成而歲功必謬矣。此所以必皆取法于中，然後其氣不偏，其行以時，而《河圖》中一、二、三、四之居內，六、七、八、九之居外，《洛書》中一、三、五、七、九、之居正方，二、四、六、八之居偏隅，而各不失其當處之方，各不差其所得之數者，無非五數之居中而致其用也。然則《圖》、《書》之呈不同時，出不同地，數有贏縮，位有同異者，皆有至妙存乎其間，而其理則一也。伏羲則而畫之爲八卦，大禹因而敍之爲九疇者，其事雖殊，而其道則一也。以一理而爲《圖》、《書》，以一道而爲卦、疇，則豈前後聖人有意於作爲哉？劉歆所謂“《河圖》、《洛書》相爲經緯，八卦、九疇相爲表裏”者是也。○復以《圖》、《書》之數，易、範之義，錯綜觀之，反覆究之，則《圖》之五行，主左旋相生之序，而相生之中，未嘗無相克之理；《書》之五行，主右旋相克之序，而相克之中，未嘗無相生之理，則五行生克互爲主賓也。《圖》之陰陽位數，主相配同居之義，而相配同居之中，未嘗無上下左右之辨；《書》之陰陽位次，主正隅贏縮之分，而正隅贏縮之中，未嘗無臨護陪侍之道，此其《圖》、《書》位列之相互也。易畫之則《圖》象者，取陰陽老少之位數，而陰陽位數未嘗不具於《書》中，則《書》亦可則而作易也；範疇之法《書》數者，取自一至九之次第，而自一至九未嘗不在於《圖》中，則《圖》亦可法而作範也。此易、範象數之相通也。若夫《圖》之有十，《書》之欠十者，《圖》常《書》變、《圖》體《書》用之義，晦翁已言之矣。是如先天八卦則乾、坤、坎、離得位而兌、震、巽、艮居偏，後天八卦則坎、離、居乾、坤之位，震、兌在離、坎之方，乾、坤老退，艮、巽側居之異也。用不離體，變在常中，故有十者亦必有無十之變用；體不離用，常在變中，故無十者亦必有有十之常體。　蓋理未嘗有欠缺之時、欠缺之處，故《圖》先出而理之在《圖》者無欠，《書》後出而理之在《書》者亦自無欠，其所以有十無十者，無非理之自然也。天之所以示吾人者，既以其常，又以其變，既以其全，又以其用，豈容私意以窺之哉!

1.2 申增

1.2.1

陰陽以排位爲主，故排位皆在上五；以滿數爲實，故滿數皆在下五。五行以生數爲主，故生數皆在上五；以成數爲實，故成數皆在下五。大槩就十數之中而分之則爲兩五，上五在前，下五在後，以主數言之則重在上五，以實數言之則重在下五，合兩五而爲十者，豈非至理乎？天地人物之事業都在十數之中矣。○陽必進，故自一而歷三、五、七，極於九；陰必退，故自十而歷八，極於六也。一爲陽數之始，故陽之進始於一焉；十爲陰數之終，故陰之退始於十焉。陽常用全，故其進之始於一者，至九而極焉；陰常減半，故其退之始於十者，及六而極焉。陰在陽中，故二、四、六、八俱在陽進之中矣；陽在陰中，故九、七亦在陰退之中矣。二、四獨不在退數之中者，以其爲老少陰之位，而又爲方長之陰也，又二、四皆在六之所包也。○陽常爲主，故一之居北、三之居東、五之居中者，在《圖》·《書》無所遷也，若七、九之互易其居者，七、九則爲旣成之數，故陽之旣成，自當有變通之妙，此所以互易也。一、三、五在方長之時，則自當守其常也。陰常從陽，故二初居南內，而南外之七，方移于西正，則二自不得不從于西南之隅；四初居西內，而西外之九，方移于南正，則四自不得不從于東南之隅。至如一旣正位于北，則六自當退從於西北隅；三旣正位于東，則八自當退從於東北隅者，莫非陰之分也。蓋陰之於陽，有對待之義，有降屈之分，《圖》中同處，卽對待之義也；《書》中異居，卽降屈之分也。事功之立，須要對待而盡職也，分位之定，必在正隅之嚴辨，二義當竝行而不可廢一者也。○《圖》·《書》之一數俱在於北，北乃陰極陽生之機，而十二支之子方也。一元之始，始於子會；一歲之始，始於子月；一日之始，始於子時，故三才之天開於子，人之受胎，亦始於腎，腎卽屬水，而凡物之生，所先者水也。在八卦，坎爲水，故坎卦中畫之陽，卽一也，則《圖》·《書》之始一皆在北者，此理也。一之爲《圖》·《書》始數則然矣，若十之爲《圖》終數者，入居于中；九之爲《書》終數者，出居于南，此則何理也？蓋《河圖》主常，而十數在成功之畢，故無所事於四方，而歸藏于中，卽退本歸元之理也；《洛書》主變，而南方正當大有爲之時，故九數於斯乎處之，而天下之事業皆望其成于九矣。若範疇則皇極已建于中五，則事業無復有他望，故九止爲福、極之驗而已。範疇隨其數而次第之，故九之所以爲終者然也；愚說因方位而致重之，故九之所以爲盛者然也，要非一理乎哉？○凡奇數，必有中心一點，以統其傍，蓋皆中實主陰之道也；凡偶數，必無中心之點，傍幷相均，蓋皆中虛承陽之道也。若一則單獨而無傍數，自爲奇數之主者也。其餘如三數，則居前後各一之中者爲之主，五數則其前後左右皆各有一點，而居中之一點爲之主；七數則左右各三點，而居中一點爲之主；九數則前後各四點，而居中一點爲之主焉。奇數至九而極，故前後兩邊之點各有四矣，而四者幷偶，卽老陰之位，故陽至九則老而變也，三與七則傍皆奇數，故無變也。五亦傍似二偶，而排均左右前後，不得爲二，故不成偶也。如偶數之爲二爲四爲六爲八爲十者，皆可半分而無中實，此其所以莫自作主，而必得陽爲其主者也。前之二、四，後之八、十，皆偶也，而無變，六獨有變者，陰道常屈，故旣過前二四之偶，而方居前後四偶之中，則不敢復待八與十之偶，而先自變者也。若陽道常伸，故必須盡一、三、五、七之奇而至九，然後始變者，乃其常伸之道也。此雖非先儒之說，而未必非亦一義也。○一之爲奇，得二爲偶，則二者一之偶也；三之爲奇，得四爲偶，則四者三之偶也；五之爲奇，得六爲偶，則六者五之偶也；七之爲奇，得八爲偶，則八者七之偶也；九之爲奇，得十爲偶，則十者九之偶也。各偶皆當從於其奇，則二當從一傍，而乃居於七內；四當從三傍，而乃居於九內；六當從五傍，而乃居於一下；八當從七傍，而乃居於三左；十當從九傍，而乃居於五外，則皆非其所得之本序也，而其所以錯排易布者，實莫非致用相濟之妙也。亦非天地有意於遷就安排之爲焉，便是自然之理也。○五數皆的於《圖》·《書》之中者，以其於四方之數，爲根柢也，爲樞紐也，爲歸宿也。蓋以奇偶相次之序觀之，則必由一、二、三、四，然後五乃當其次也，而就以中外統管之勢觀之，則五必居中，然後四方於此乎取象焉，此所以爲根柢也。況《圖》排龍背之時，豈若人手之爲，而先一、次二、次三、次四，以至於五，旣五然後，又六、又七、又八、又九，以至於十哉？必是一時俱呈，隨形俱著，而其爲序，自有不可紊者；其爲列，自有不容換者也。又北內之一，取象于五之北點，而居於北內；南內之二，取象于五之南點，而居於南內；東內之三，取象于五之東點，而居於東內；西內之四，取象于五之西點，而居於西內，至於北外之六，從一得五而爲六；南外之七，從二得五而爲七；東外之八，從三得五而爲八；西外之九，從四得五而爲九；五外之十，從五得五而爲十，則四方內外之數，夫孰非得五而成者乎？此所以爲樞紐也。十爲二五之竝，故就二五而分之，排一五於中五之北；排一五於中五之南，此又十之所以爲二五之竝也。又竝五與十而爲三五之十五，則十五乃四方內外數之範圍也。老陰之六、老陽之九，合之則爲十五，而迭爲消長；少陽之七、少陰之八，合之則爲十五，而迭爲消長。又四內之一、二、三、四，合之亦爲十，而中五自參，亦爲十五焉。然則中五竝十爲十五者，有二般，一則與本數十之十竝之者是也，一則與四內數合十之十竝之者是也。然則單五之五、二五之十、三五之十五，皆以五爲準，此所以爲歸宿者也，卽豈非中五居中之妙乎？○單五之五，乃未成之五也，三五之十五，乃汎取之五也，故二五之十，居其間而爲綱。前五卽五行之生數，陰陽之位數；後五卽五行之成數，陰陽之實數。不有前五，無以爲後五之主；不有後五，無以爲前五之實，此前後兩五，互爲十中之輕重，而必須兩五具備，然後成變化而行鬼神也。○一者前五之始，五者前五之終，而二、三、四居其間；六者後五之始，十者後五之終，而七、八、九居其間。又一者十之始，十者十之終，而二、三、四、五、六、七、八、九居其間，故天下之事物，未有有始而無終，有終而無始，又未有有其始終而無其中間者也。○洛數以一爲始者，同於《河》數，而以九爲終，則無《河》數之十也。十雖無其本數，而四方四隅之相對者，無非爲十數也，五居其中，卽與四方四隅之相對者參貫，則無不爲十五也。此乃單五、二五、三五之數亦無不具於《書》也，豈非爲《圖》於前而出河，爲《書》於後而出洛者，皆此一理也，此理之外，其復有他數乎？○夫十之得其本數，占其本位於《河圖》者，所以顯諸仁也；旣無其數，又無其位於《洛書》者，所以藏諸用也。或曰："十則有所藏諸用，而五則無所藏諸用者，何歟?" 蓋五則如冬木之根、晦月之魄，木之於冬，實葉雖謝，而根榦自若也；月之於晦，光明雖盡，而魄郭猶常也。此乃《圖》·《書》之五，所以無藏用之時，而有常數、有常位者也。○或曰："今見《圖》·《書》，無非數也，其數之有奇有偶，有多有少，或中或外，或配或別者，無非象也。其爲數爲象者，無非氣也，而獨不見夫其理之在某數、在某方焉。晦庵之說曰'《河圖》之虛五與十者，太極也；《洛書》而虛其中五，則亦太極也'，然則《圖》·《書》必皆虛其中，然後始有太極，而在其未虛之前，固無所謂太極者乎？且《圖》與《書》本皆自有五，竝十與單五之數於其中，則人固可虛之以爲太極之位乎?" 曰："太極本自是實理也。旣無形體焉，又無方位焉，自是實理也，則不以《圖》·《書》而有無焉。未出《圖》·《書》之前，卽此理也；旣出《圖》·《書》之後，卽亦此理也。所以有《圖》者，此理也；所以有《書》者，亦此理也。《圖》·《書》之有其中也，非無此太極焉，豈待須虛其中，然後太極於是乎始在也哉？況《圖》·《書》中自實之數，欲虛之而得虛之耶？朱子之所以有虛其中之說者，特以伏羲則之以作《易》也，析四方之合，以爲乾、坤、離、坎，補四隅之空，以爲兌、震、巽、艮者，似無取於中五與十之數，故乃以虛之爲說也，而伏羲實非虛中五與十爲太極之位也。旣無形體，又無方位，則太極乃以五十所居之中爲其位乎？以其實理也而言之，則《圖》·《書》中何數非其理乎？以無方位也而言之，則《圖》·《書》中何位卽其位乎？以《易》書言之，自兩儀爲四象，爲八卦，爲六十四卦，爲三百八十四爻者，無非太極之理也。以造化言之，自天地爲萬物；以一物言之，自頭面至毫毛，亦無非太極之理也。然則《圖》之一位一點；與《書》之一位一點，卽皆太極之理之所呈現者爾，其可別求所謂太極者乎？若中五與十之不與於畫卦之數者，非以其不相關涉於卦畫也，特以爲不用之用耳。豈不以陰陽老少之數，雖散於四外，而其所以散於四外者，實皆中五與十之所統故也。此卽太極之理所以自無方位者也。

1.2.2

十		九		八		七		六		五		四		三		二		一	
數之終	九之下	十之上	八之下	九之上	七之下	八之上	六之下	七之上	五之下	六之上	四之下	五之上	三之下	四之上	二之下	三之上	一之下	二之上	數之始
《書》無其方	《圖》中之外	《書》之正南	《圖》之西外	《書》之左足	《圖》之東外	《書》之正北	《圖》之南外	《書》之右足	《圖》之北外	《書》之單中	《圖》中之中	《書》之左肩	《圖》之西內	《書》之正北	《圖》之東內	《書》之右肩	《圖》之南內	《書》之正北	《圖》之北內

1.2.3

一爲陽數之首，而終於九，則無十也；十爲陰數之終，而起於二，則無一也。然而一下加一則二也，二下加一則三也，三下加一則四也，四下加一則五也，五加一而六，六加一而七，七加一而八，八加一而九，至于九加一則十也。然則自二至十之數，無非首一之所加，而一之所以無所不統也。一自爲一，而自二以下之數，莫不各有積實之子目，觀《圖》·《書》所載而可悉矣。二之二點，上一與已也；三之三點，上二與已也，四之四點，上三與已也；五之五點，上四與已也；六之六點，上五與已也；七之七點，上六與已也；八之八點，上七與已也；九之九點，上八與已也；十之十點，上九與已也，然則自二至十之數，莫不各包其上數而爲其積實也，故十則第在最終，而自一至已皆爲其所積之實焉，此非所以無所不載者乎？然則十數中子目積實之幷之爲五十五者，豈有一點之自外於首一之所統、終十之所載者乎？一之所以爲首，十之所以爲終者，皆以其五十五點之爲積實也，其於五十五點之上，加減一點不得者也。惟其次第之不容紊者，乃天道自然之序也；積實之不容欠者，乃地道必準之常也。觀於此數，則當知天地間事物之理，旣莫不有自然不容紊之序，又莫不有必準不容欠之常。知其理而順之，順其理而行之，孰不盡夫固有之性分、當然之職分哉！或曰："《河圖》之數，則始於一而終於十，陰陽之奇偶旣均，五行之生成亦備，果可謂之準矣，《洛書》則始於一而終於九，始終皆陽數也，豈可謂之準哉？"曰："其理則一，其道則同也，而《圖》主其對待之道，《書》主其尊卑之義。以對待之道言之，則陰陽不得不竝立而相濟也；以尊卑之義言之，則陽陰必須有定分而致嚴也。故《圖》則陽始陰終，卽配合之常也；《書》則始終皆陽，卽統御之分也。然而其理則一，其道則同，故《書》之陽數爲之始終者，卽《圖》之陽數始一止九也；《書》之陰數退於四隅者，卽《圖》之陰數皆居下、左也，《書》又無十者，陰不敢當其成也。此豈非陽不獨成而陰必承陽，陰不逼陽而陽常爲主者乎？嗚呼！天地之示人者，其果至矣盡矣哉！

1.2.4

自一至十之數，其始終多寡、上下前後，有統有序，相應相承之妙，無非道理之所形也。以人一家象之，有父母男女之道焉。一爲九之父，九爲一之子也；二爲八之母，八爲二之女也；三爲七之父，七爲三之子也；四爲六之母，六爲四之女也；五爲下五之父，下五爲上五之子也。是則一、二、三、四、五，父母之位也；六、七、八、九、十，男女之行也。爲父者一也、三也、五也，并之而三，則乃天三之數也；爲母者二也、四也，并之而二，則乃地二之數也；爲子者九也、七也、五也，并之亦三，則受數於父也；爲女者八也、六也，并之亦二，則受數於母也。五之子不言十而言五，何也？以上五得下五而爲十，則五下之數，卽亦五焉，而并父子兩五然後爲十也。十則父子之總數也，其實則上五爲父而下五爲子也。又有兄弟姊妹之道焉，一爲二之兄也，二爲一之妹、三之姊也，三爲二之弟、四之兄也，四爲三之妹、五之姊也，五爲四之弟、六之兄也，六爲五之妹、七之姊也，七爲六之弟、八之兄也，八爲七之妹、九之姊也，九爲八之弟、十之兄也，十爲九之妹，而若十中下五爲上五之子，則其於九非妹而弟也。是則一、三、五、七、九，兄弟之序也；二、四、六、八、十，姊妹之序也。又有夫婦之道焉，一爲六之夫，六爲一之婦，而同爲北方之內外；七爲二之夫，二爲七之婦，而同爲南方之內外；三爲八之夫，八爲三之婦，而同爲東方之內外；九爲四之夫，四爲九之婦，而同爲西方之內外；五爲十之夫，十爲五之婦，而同爲中央之內外。十以下五之陽數，則爲五之子、九之弟也；以兩五成十之陰數，則爲九之妹、五之婦也，是則一、三、五、七、九，皆夫道也，二、四、六、八、十，皆婦道也。又下數皆得其上數之會而爲本數也，而陽數則合之盡也，陰數則合不盡也。一則無上數，故自一而已，二則一在其中矣，三則一二之合，合之盡也，四則一三之合而二無合焉，五則一與四、二與三之合，合之盡也，六則一與五、二與四之合而三無合焉，七則一與六、二與五、三與四之合，合之盡也，八則一與七、二與六、三與五之合而四無合也，九則一與八、二與七、三與六、四與五之合，合之盡也，十則一與九、二與八、三與七、四與六之合，而五無合焉。陽數則準合而無餘數，陰數則皆有餘數，何也？陽數專而實，故所合皆準，陰數自有謙虛之義，故必皆有餘數而不敢專焉，此亦自然之理也。若《洛書》之奇數自一至九者，與河數同矣，而偶數之從二止八而無十者，豈不以十爲陰數之盛，故無專位，使不敢抗於陽也？然其奇偶之數相對而便皆成十，則雖無專位，其數則未嘗不在也。但《圖》數，則父母之數皆居內，而子女之數皆居外，爲兄弟姊妹則分居於五方，爲夫婦則相配而同方焉。《洛書》則爲夫、爲父子、爲兄弟之陽數皆居於正方，爲婦、爲母女、爲姊妹之陰數皆居於四位，而五之無婦無子，九之無妹者，數之變也。推以通之，則亦可以無婦而有婦，無妹而有妹，無子而有子，蓋以無位之十自含奇偶之各數故也。"

1.3 圖書總數說

1.3.1

《圖》之自一至十之數, 位焉分之, 統焉合之, 爲一圓圖於一龍馬之背者, 無非太極一理之所呈露也。奇必有偶, 偶必配奇者, 太極之分爲陰陽兩儀也, 一、二、三、四、五之爲生數, 六、七、八、九、十之爲成數者, 陰陽之分爲五行也。其爲數也, 有綱有目, 一爲一綱, 二爲一綱, 三爲一綱, 四爲一綱, 五爲一綱, 六爲一綱, 七爲一綱, 八爲一綱, 九爲一綱, 十爲一綱, 幷之爲十綱者,《圖》數之綱也, 此則就五十五目而擧其元數也。一則自兼目矣, 二有二目, 三有三目, 四有四目, 五有五目, 六有六目, 七有七目, 八有八目, 九有九目, 十有十目, 幷之爲五十五目者,《圖》數之目也, 此則就十綱而積其實也。十綱之中, 減一綱不得也; 五十五目之中, 減一目不得也。凡爲數者, 又必有母則有子矣。本數爲母, 用數爲子, 以《圖》數十綱而言之, 一之爲綱者, 自有一之一、一之二、一之三、一之四、一之五、一之六、一之七、一之八、一之九、一之十; 二之爲綱者, 亦有二之一、二之二、二之三、二之四、二之五、二之六、二之七、二之八、二之九、二之十; 自三以下, 爲三、爲四、爲五、爲六、爲七、爲八、爲九、爲十, 亦莫不各自有自一至十之用數也。此非十箇本數之爲綱者, 卽爲母數, 衍而極之, 又各自有十數者, 卽其子數乎? 十箇綱數又爲十箇母數, 旣各自有自一至十之子數, 則積其實, 又當各自有五十五之目數也。然則十箇十，卽百也，此子數之綱數也；十箇五十五，卽五百五十也，此子數之目數也。然則首一之順序而加至十者，卽《河圖》之法也，遂以此法轉轉加去，以十爲一而加至於十，則卽爲百也；又以百爲一而加至於十，則卽爲千也。連用此法，轉加以積之，則其爲萬、億、兆、京、秭、垓、壤、澗、正、載，至於載地之所不能載者，莫非此法之推也。然則十綱、五十五目者，特龍背之所載而已，其爲縱推橫推，自有無窮之變者，都出於此數也，此又吾人之不可不知者也。又數自一爲二爲三爲四爲五而盡也。蓋天下事物之理，必至於中而極焉，五數之所處在《圖》而中，故五當爲數之盡也。此所以方有東、西、南、北、中而五也， 色有青、黃、赤、白、黑而五也， 聲有宮、商、角、徵、羽而五也， 臭有腥、膻、香、焦、腐而五也，味有酸、苦、甘、辛、鹹而五也，臟有心、肝、脾、肺、腎而五也， 性有仁、義、禮、智、信而五也，此莫非取數於五行也。然而《圖》數又於五後，必有六、七、八、九、十之五數者，何也？此則以成數合生數也，故生數之五，卽《圖》之本數也，而至於成數之五，卽五後之五也，六卽五後之一也，七卽五後之二也，八卽五後之三也，九卽五後之四也， 十卽五後之五也。 然則六、七、八、九、十亦只是前五之一、二、三、四、五也，此上五爲數之本也，而其後六、七、八、九、十無非上五之用也， 故數始於一而盡於五焉。十者，二箇五也；百者，二箇五十也；五百五十者，十箇五十五也。六爲五後之一，故一與六同方；七爲五後之二，故二與七同方；八爲五後之三，故三與八同方；九爲五後之四，故四與九同方； 十爲五後之五， 故五與十同方。 又一爲老陽之位，九爲老陽之數，故一與九合而爲十；二爲少陰之位，八爲少陰之數，故二與八合而爲十；三爲少陽之位，七爲少陽之數，故三與七合而爲十；四爲老陰之位，六爲老陰之數，故四與六合而爲十。九者，生數一、三、五之積也；六者，生數二、四之積也，此則成數二老之積，皆出於生數也。七者，生數三、四之積也，八者，生數一、二、五之積也，此則成數二少之積，皆出於生數也。至於四與五之積，亦爲九也，一、二、三之積，亦爲六也，而此則非純奇純偶之積，而九雜於四數之陰，六有一、三之陽，則非其積之正也。二與五之積亦爲七也，一、三、四之積亦爲八也，其在二少則陰陽之雜，不足言也，而少陽之七出於老陰，故三、四與二、五皆取二位之積者，與老陰同也；少陰之八出於老陽，故一、二、五與一、三、四皆取三位之積者，與老陽同也。又《圖》數之南北相對、東西相對者，固以五行相克言之矣。然而以數言之，則一與二也、三與四也，皆以生數之相次也；六與七也、八與九也，則皆以成數之相次也；惟五與十，則非相次而皆爲生成兩數之終，故居四方之中焉。若《圖》數之北而東、東而南、南而中、中而西、西而北、北而又東者，固以五行相生言之矣。然而以數言之，則一與三也、二與四也，皆以生數兩奇兩偶之相次也；六與八也、七與九也，皆以成數兩偶兩奇之相次也；若五與十，則居生成奇偶之中，故乃爲四方之所共歸宿也。至於洛數，自一止九之數，奇居正方，偶居四隅，爲一方圖於龜背之上者，亦莫非太極一理之呈見者也。太極卽一理也，而馬焉十而圓之，龜焉九而方之，其所以爲之不齊者，何也？河以示陰陽奇偶之竝行，洛以示陰陽奇偶之別位，以德則不得不爲之竝行，以道則不得不爲之別位者，卽亦一理之自然也。又其有奇有偶，莫容相無者，亦兩儀也，其所以右旋相克，異於河數之左旋相生者，亦五行也。其綱止九，其目止四十五也，而綱之九者減一位不得，目之四十五者減一點不得，則與河數同也。其亦旣有母數必有子數，而九箇綱數，又各自有四十五之數，則幷之爲四百單五矣，此則洛數之子數也。數必至五而盡，故洛數亦單五居中，而四正、四隅莫不於中五乎歸向焉。一、三兩奇在其前，故居於下、左，七、九兩奇在其後，故居於上、右，此無非從五而爲上下左右也。二偶於七，四偶於九，故共爲左右肩；六偶於一，八偶於三，故共爲左右足，此無非側奇而擁五，則五之爲數之主者，亦與河數無不同也。在河數而奇偶同方者，在洛數則有正側之別；在河數而有四隅之空者，在洛數而有左右之肩足。在河數而爲包五之十者，在洛數則無其位，必待四正、四隅得與相對，然後十始成焉。在河數則成數之六、七、八、九，皆以生數之積而成焉，洛數則不分生成，惟有正側，故不須言積而積在其中矣。洛數之北而西、西而南、南而東、東而中、中而又北者，雖爲五行相克之序也，而其又北而東者，水生木也；東對西者，木生火也；西而中者，火生土也；中而南者，土生金也；南對北者，金生水也，相生之義未始不在其間矣。

1.3.2

《河圖》自一至十之數積實通計，則凡五十有五，乃天地自然之數也。其於凡所入用之數，宜無所不準也，而以五行言之，一、二、三、四、五，其生數也；六、七、八、九、十，其成數也，一與六爲水，二與七爲火，三與八爲木，四與九爲金，五與十爲土，則自一至十之數皆在入用之中，而無剩數也。

若以兩儀言之，一、三、五、七、九爲陽；二、四、六、八、十爲陰，奇偶各五而亦無剩數也，若以四象言之，一爲老陽之位而九爲老陽之數，二爲少陰之位而八爲少陰之數，三爲少陽之位而七爲少陽之數，四爲老陰之位而六爲老陰之數，則五與十爲剩數也。以八卦言之，一爲乾位，二爲兌位，三爲離位，四爲震位，五爲巽位，六爲坎位，七爲艮位，八爲坤位，則九與十爲剩位也。又其積實五十有五之數，若於大衍，則止爲五十，而餘五爲剩也，至於大成之卦六十四，則其九爲剩數也。若其爻數三百八十四，則幷《河圖》、《洛書》之全數爲百者，其剩至有二百八十四者，何歟？夫其所以或無剩、或有剩者，何也？蓋相準者，體數也；或剩、或不足、爲有不準者，用數也。五行、兩儀，得數之全，所以無剩也；四象、八卦，得數之用，所以有剩也。四象自兩儀加倍而爲老少陰陽，故位止於四而五爲剩焉，數止於九而十爲剩焉。然而一與九爲十，二與八爲十，三與七爲十，四與六爲十，則未始無十也，十在而五在其中，則亦未始無五也。八卦自四象加倍而成，則倍四爲八者，自不得不然也。然而其畫則陽奇陰偶，乾對坤爲九，兌對艮爲九，離對坎爲九，震對巽爲九，其位則一對八爲九，二對七爲九，三對六爲九，四對五爲九，則未始無九也。陽畫幷之爲十二，陰畫幷之爲十二，幷其八卦之畫，爲二十四畫，則亦未始無十也。然則四象、八卦皆無剩數者也，此與《洛書》之數，雖無十與十五之位，而四方四隅對數而皆爲十，幷中五則又各爲十五者，同其妙也。若大衍之欠五也，六十四卦之剩九也，三百八十四爻之剩二百八十四者，無非本《圖》·《書》之元數而取用也。　嬴之非有意於爲嬴也，縮之非有意於爲縮也，皆因其自然之勢而嬴縮之，其爲理則一也，故所用之數至於千、萬、億、兆無窮之變者，何莫非《圖》·《書》之數有以通之也哉！或曰：“河洛圖書未出之前，全無所謂數者耶?”曰：“物非一物而至有萬品，時非一時而至有萬變，則自有天地以來，何得無數哉？書契之前有結繩，繩之有結，其亦不以數耶？人之生於一父母者，皆爲兄弟，則兄弟必有數也；同境而居者，莫非輩類，則輩類亦必有數也，何獨人哉？萬物皆然也。日有晝夜，月有晦朔，時有春、夏、秋、冬，則亦何得無分無數哉？至有兄弟幾人，歲起攝提，世爲幾年之云，則其有人物之數、干支之數者可知矣。但其自然之數，出於天地，而的有次序始終者，有《圖》·《書》然後益驗其不可亂也。”

旅軒性理說

校勘·標點

卷二

易卦總說

2.1 易卦總說

2.1.1

宇宙之名，出於人，人之在宇宙之間者，指其上下四方而稱之曰宇，又指其古往今來而稱之曰宙。然則所謂宇宙者，只據此天地中而言之也。以此認之，人所稱宇宙，卽此宇宙，則必須有此宇宙之前矣。夫旣曰必須有此宇宙之前，則其所謂此宇宙之前者，如何也？蓋亦宇宙復宇宙者，如日前又有日，歲前又有歲也。然則其在宇宙之前，此理之爲太極者，果在何時，果在何地歟？曰：其在宇宙之前而使之爲宇宙之前者，固此太極之理也；其在此宇宙之中而使之爲此宇宙者，亦此理也；其在此宇宙之後，使之有後宇宙復如此宇宙者，非有他理，卽此一太極之理也。又以此認之，旣有宇宙矣，則宇宙之前，當是未有宇宙也。所謂未有宇宙者，只據此宇宙而爲言耳。豈可謂此宇宙乃是始有之宇宙，而其前則全無宇宙也哉？然則自其未有宇宙，至于有宇宙以來，凡所不得暫時有停者，事也，凡所不可一處容無者，物也。事者，有爲之名也；物者，有形之名也。有事故有物，有物故有事，事與物常相因而不已者，便是爲宇宙之道也。若都無事無物，其安有宇宙乎？此理之在事曰道，此理之在物曰性。以其形而下者，謂之事，謂之物；以其形而上者，謂之道，謂之性。固是事外無道而道外無事也，物外無性而性外無物也。固有此太極之理，故爲是道，爲是性；固有此道、此性，故爲是事，爲是物。

既有宇宙焉，則豈有所無事與物之宇宙乎？ 既有事物焉，則又豈有所無道與性之事物乎？ 既有道與性焉，則又豈有所無太極之道與性乎？ 然則宇宙之爲宇宙者，以其有萬事與萬物也； 萬事萬物之爲事物者，以其有此道、此性也；道與性之爲道爲性者，以其有此太極之理也。 容事物曰宇，產事物曰宙；行於事曰道，賦於物曰性；爲是道、是性曰太極之理也。然則其在未有宇宙之前，卽有何事？ 其於八荒四海之外，卽有何物？ 蓋事有精粗微顯，物有大小內外，則雖在未有宇宙之前，必須有爲天地、宇宙之道焉。天之爲天，地之爲地，無非積累而後成。 其所積累之者，便是所謂事也，則其可謂之無事乎？ 雖在八荒四海之外，必須有載八荒、振四海之度焉。八荒之所依，四海之所容，其可謂之無物乎？ 然則使之常有事而不得停，使之常有物而不容無者，孰爲之主乎？ 卽所謂太極之理也。 此理也者，不係宇宙之往來、事物之始終，常存常一，自未嘗有往來始終，故曰太極。 太極者，萬事之樞紐，萬物之根柢也。 事孰有大於造化，物孰有大於天地乎？人皆知天地生物之爲造化，而不知爲天爲地之亦爲造化也；人皆知天地間品彙之爲物，而不知天地之亦物也。 然則不論宇宙之前後，凡所爲爲者皆事也，凡所有有者皆物也。 其爲也不已，故其有也無窮。 此乃事物之相因者也。 惟其爲爲之事，不容或停，有有之物，不容或無，以之而樞紐焉，以之而根柢焉者，卽此理之爲太極也。 而其所以樞紐之、根柢之之爲機，則卽不過曰陰陽二端而已，在易書而奇耦二畫是也。易之爲書，所以摹出此理之爲命爲性爲道者也。 理固是宇宙來萬爲萬有之樞紐、根柢焉，而若不有變易之機，其何以爲之樞紐，爲之根柢，而盡兩間之事，備兩間之物哉？此乃一陰一陽之所以爲道也。 形此陰陽者, 卽易書之奇耦也, 此所以奇耦二畫盡陰陽之要, 而陰陽二端盡易書之妙也。故曰:“一陰一陽之謂道。” 夫易道豈出於陰陽二者哉? 其曰“太極生兩儀”者, 兩儀卽此陰陽也, 其初一奇一耦而已。奇爲全畫而中實, 故謂之奇, 奇者, 自專之名也; 耦爲分畫而中虛, 故謂之耦, 耦者, 有承之名也。卽一奇一耦, 而萬變萬化莫不由此而機矣。其曰“兩儀生四象”者, 陽儀之上, 加一奇者爲太陽, 加一耦者爲少陰; 陰儀之上, 加一奇者爲少陽, 加一耦者爲太陰。此四象也。其曰“四象生八卦”者, 太陽之上, 又加一奇者爲乾, 加一耦者爲兌; 少陰之上, 加一奇者爲離, 加一耦者爲震; 少陽之上, 加一奇者爲巽, 加一耦者爲坎; 太陰之上, 加一奇者爲艮, 加一耦者爲坤。此八卦也, 卽卦之少成也。又八卦之上, 各加一奇一耦者, 爲四畫之十六, 卽八卦之兩儀也; 四畫十六之上, 各加一奇一耦者, 爲五畫之三十二, 卽八卦之四象也; 五畫三十二之上, 各加一奇一耦者, 爲六畫之六十四, 卽八卦之八卦也。此乃卦之大成也, 其爲位滿六以受畫, 其爲卦六十四, 其爲爻三百八十四, 而萬事萬物之變, 於是乎可以盡之矣。然而爲四象, 爲八卦, 爲四畫之十六, 爲五畫之三十二, 爲六畫之六十四者, 無不以一奇一耦之加而成焉, 則其所一番加倍者卽一變也, 經六變而爲大成之卦, 則自一變至六變者, 其有外於陰陽者乎? 如天主於陽而天自有陰陽, 地主於陰而地亦自有陰陽, 其間萬物莫不各自有陰陽。不但爲物者然也。至如歲主於陽, 而一歲之中, 春夏爲陽, 秋冬爲陰; 月主於陰, 而一月之中, 望前爲陽, 望後爲陰; 日主於陽, 而一日之中, 晝爲陽, 夜爲陰; 辰主於陰, 而一辰之中, 前五刻爲陽, 後五刻爲陰。又至於刻、分、釐、毫, 皆各有陰陽焉。故千分萬變，實未有陰陽之不竝行者也。豈不以陰陽不備，則道理不成，造化不行故也哉？易之爲書，發明此理而已，其所以體天地之撰，通神明之德者此也。

2.1.2

通一卦六爻，以兩儀言之，初一，太極之兩儀也，二卽兩儀之兩儀也，三卽四象之兩儀也，四卽八卦之兩儀也，五卽四畫十六之兩儀也，六卽五畫三十二之兩儀也。此則六畫無非儀也。通一卦六爻，以四象言之，上二爻卽天之四象也，中二爻卽人之四象也，下二爻卽地之四象也。又自一至二，卽太極之四象也；自二至三，卽兩儀之四象也；自三至四，卽四象之四象也；自四至五，卽八卦之四象也；自五至六，卽四畫十六之四象也。此則二爻之相連者，無非象也。通一卦六爻，以八卦言之，自一至三，太極之八卦也；自二至四，兩儀之八卦也；自三至五，四象之八卦也；自四至六，八卦之八卦也。此則三爻之相連者，無非卦也。蓋儀、象、卦，非異理也，奇耦非異道也，故可以奇耦之分而通會之也。

2.1.3

在一儀之上者，爲四象之二象，兩幷之則四象也；爲八卦之四卦，兩幷之則八卦也；爲十六之八，兩幷之則十六也；爲三十二之十六，兩幷之則三十二也；爲六十四卦之三十二卦，兩幷之則六十四卦也。在一象之上者，爲八卦之二卦，四幷之則八卦也；爲十六之四，四幷之則十六也；爲三十二之八，四幷之則三十二也； 爲六十四卦之十六卦， 四幷之則六十四卦也。

2.1.4

卦有六虛，止自爲奇耦之位，而初未有奇耦之畫，故曰虛。六者，一、三、五爲三奇位，二、四、六爲三耦位，幷之爲六位也。未畫之前，爲虛位，旣畫然後，方爲實位焉。六十四卦之六位， 幷之則爲三百八十四位也。 爻須準於六虛， 故六十四卦之爻亦爲三百八十四也。

2.1.5

六十四各卦之上， 各加一奇一耦而爲七畫， 則倍六十四而爲一百二十八。 又七畫一百二十八之上， 各加一奇一耦而爲八畫， 則倍一百二十八而爲二百五十六。 又八畫二百五十六之上， 各加一奇一耦而爲九畫， 則倍二百五十六而爲五百一十二。 又九畫五百一十二之上， 各加一奇一耦而爲十畫， 則倍五百一十二而爲一千二十四。 又十畫一千二十四之上， 各加一奇一耦而爲十一畫， 則倍一千二十四而爲二千四十八。 又十一畫二千四十八之上， 各加一奇一耦而爲十二畫， 則倍二千四十八而爲四千九十六。 其爲爻卽當爲四萬九千一百五十二。 此則以六十四卦仍用奇耦， 又六加倍而得之也， 亦可以見此數之無窮矣。 然而雖因上小成、大成之法而衍出焉， 太爲繁冗， 反不可以神其德行， 其何用哉？ 設又復用奇耦之法而加倍於十二畫之上， 以至於爲二十四畫， 其數則亦未爲窮矣。然而止作十二畫，既未足以取象取義矣，況至於二十四畫，而其得有觀象繫辭之爲乎？又如六十四卦之各卦，其變亦必有六十四之備者，其數亦盡於四千九十六矣。此與十二畫加倍之數同焉，而彼數則出於六十四卦之外，此數則不出於六十四卦之內，乃所以其數雖同，而用舍當不同也。然則三畫而爲小成八卦者，卽所以備三才之數也；六畫而爲大成六十四卦者，兼三才而兩之也。卦止於六十四而爻止於三百八十四者，豈非聖人參酌的中之要法哉！卦之六十四者，足以盡宇宙之象；爻之三百八十四者，足以窮宇宙之變。故伏羲、文王、周公、孔子四聖人之所以光前照後，開物成務者，皆不出乎此箇象數、訓辭焉。　天地、萬物旣往將來之道理，其有外於是易者乎？

2.1.6

其書固不過卦爻、奇耦之一定，陰陽、剛柔之變易，而其於爲卦爲爻、爲奇爲耦之中，一陰一陽、一剛一柔之際，三才之道，萬事萬物之象，萬變萬化之妙，無所不包，無所不具。自吾仁義禮智之性命，父子、君臣、夫婦、長幼、朋友之倫紀，至於明之爲日月，幽之爲鬼神，山川、水火、風雷、雨露、明暗、治亂、盛衰、死生之變，又至於天所不能覆，地所不能載之道理，皆在其中，故上下、貴賤、古今、遠近，皆可得以用焉。通天下之志，定天下之業，斷天下之疑，斯其所以大哉至哉，爲無窮哉者也。

2.1.7

儀之始生於太極者，不得不爲一奇一耦，而其數兩也；象之次生於儀者，又不得不爲二畫，而其數四也；卦之次生於象者，又不得不爲三畫，而其數八也。八卦既成，必須復以八卦加之於八卦之各卦，然後八卦之妙乃可以盡之。故於是乎三畫之上，又各加一奇一耦於八卦者，不得不爲四畫，而其數十六也；四畫之上，又各加一奇一耦於各段者，不得不爲五畫，而其數三十二也。此二變者，雖有其位與數，而旣過於小成之三畫，未及爲大成之六畫，則不可以卦名加之，而四畫十六止當爲八卦之兩儀，五畫三十二止當爲八卦之四象而已。至於五畫之上，又各加奇耦，則其畫卽六而其數是六十四也，此非八卦之八卦乎？然則六十四卽三十二之分也，三十二卽十六之分也，十六卽八卦之分也，八卦卽四象之分也，四象卽兩儀之分也，兩儀卽一太極之分也。此固太極自含兩儀，兩儀自具四象，四象自具八卦，八卦自具十六、三十二、六十四之數焉，所生之數，不是從外得來也。凡其未生之數，非爲不足，旣生之數，非爲有剩也。本數之中，自有生數藏在這裏，而聖人必推以廣之者，特闡其變化無窮之用焉耳。然後開物成務之道，可以行矣，而易之道，其在天下國家，一事一物不可一日離者也。豈特爲占筮之用哉？

2.1.8

易有太極生兩儀，兩儀生四象，四象生八卦，至於生四畫之十六、五畫之三十二、六畫卦之六十四，　與《中庸》之"誠則形，形則著，著則明，明則動，動則變，變則化”，同其序焉。誠，比則太極也。形，比則兩儀也，兩儀者，氣分而形立也。著，比則四象也，四象者，大小陰陽之著見也。明，比則八卦也，八卦者，健、順、動、入、陷、麗、止、說之德明也。四畫之十六，比則動也，畫之第四者，離內卦之貞，而爲外卦悔體之始也。五畫之三十二，比則變也，畫及於五者，卦幾乎大成而爲上體之中也。六畫卦之六十四則比則化也。爻至六畫者，卦至大成，已及於終極，吉凶悔吝至此而決焉，其非爲化乎？易之爲儀、爲象、爲卦、爲十六、爲三十二、爲六十四者，無非一太極之理自微而至顯也；《中庸》之爲形、爲著、爲明、爲動、爲變、爲化者，無非一誠之道自內而至外也。彼此進爲之序，旣與之同焉，而畢竟成就之機，槪與之符焉，此豈有意於同之也哉？理勢之不得不爾者，在彼在此而同然也。

2.1.9

儀止於兩而四象在其中，象止於四而八卦在其中，卦止於八而爲十六、爲三十二、爲六十四卦者在其中矣。其所以爲儀、爲象、爲卦者，無非一理之本然也；其所以爲兩、爲四、爲八、爲六十四者，亦莫非實數之自定也。謂之儀，謂之象，謂之卦者，卽因其本然而名之也，豈聖人所自名哉？因其兩而兩之，因其四而四之，因其八而八之，因其六十四而六十四之者，莫非自定之數也，豈聖人所强排哉？

2.1.10

六十四卦各自爲象，故卦之爲象亦自是六十四樣也；三百八十四爻亦各自爲象，故爻之爲象亦自是三百八十四樣也。卦各自爲一象，故六十四卦無或相同焉；爻各自爲一象，故三百八十四爻亦無相同焉。卦無相同，故文王所繫之卦辭，隨卦而別焉；爻無相同，故周公所繫之爻辭，隨爻而異焉。此乃變化無窮之妙也。然而天下之物，非止六十四也，而卦止於六十四，則其何以盡天下之物乎？天下之事，非止三百八十四也，而爻止於三百八十四，則其何以盡天下之事乎？蓋事雖千萬其緒，物雖千萬其類，莫非一理，故推以通之，無不相應焉。此乃易中之活法也。

2.1.11

橫圖，自太極生兩儀而各加奇耦以倍之，故從而爲四，爲八，爲十六，爲三十二，至爲六十四，則便是六畫卦，自陽儀之始，至陰儀之終，其排自橫，有不可亂焉。蓋乾、兌、離、震、巽、坎、艮、坤之爲序，在小成八卦時，隨儀、象而排定，故及其爲大成之六十四卦，亦不變其小成之序焉，而右三十二卦皆居陽儀之上，　　左三十二卦皆居陰儀之上者是也。《易》大傳曰："乾坤其易之蘊歟？乾坤成列而易立乎其中矣。乾坤毁，則無以見易，易不可見，乾坤或幾乎息矣。"又曰："乾坤其易之門歟。夫乾，陽物也；坤，陰物也。陰陽合德而剛柔有體，以體天地之撰，以通神明之德。"今見橫圖之首，始於乾，其終乃是坤，則其餘卦皆在乾坤之中。陽儀上之陰爻，莫非純陰坤之六爻遍布於陽儀上之三十一卦也；陰儀上之陽爻，莫非純陽乾之六爻遍布於陰儀上之三十一卦也。右三十一卦未有無陰爻之卦，左三十一卦未有無陽爻之卦，則陽爻無非乾一卦之所分也，陰爻無非坤一卦之所分也，其謂之"乾坤其易之蘊"者，不爲信然乎？左三十一卦之陽爻，皆出於乾；右三十一卦之陰爻，皆出於坤，則其謂之"乾坤其易之門"者，又爲果然乎？

2.1.12

圓圖卽以横圖之序同排而圓之者也。其小成八卦之方位，乾南，坤北，離東，坎西，震東北，巽西南，艮西北，兌東南，則一陽始於東北之震，歷二陽之離、兌而爲正南三陽之乾；一陰始於西南之巽，歷二陰之坎、艮而爲正北三陰之坤。故大成六十四卦之方位，亦因八卦之方位而排之，則一陽之復，接於北坤之左旁，而極於六畫純陽之乾，一陰之姤，接於乾之右旁，而極於六畫純陰之坤，則"天地定位，山澤通氣，雷風相薄，水火不相射"者，實與造化之機妙合，而大而元、會、運、世，小而歲、月、日、辰之運行，如循於環之無窮者，亦與之符焉。

2.1.13

天四象曰大陽、大陰、少陽、少陰，大陽爲日爲乾，大陰爲月爲兌，少陽爲星爲離，少陰爲辰爲震。地四象曰少剛、少柔、大剛、大柔，少剛爲石爲巽，少柔爲土爲坎，大剛爲火爲艮，大柔爲水爲坤。乾、兌、離、震，陽儀中來；巽、坎、艮、坤，陰儀中來。此則老交少，少交老，其機混然而無間者也。又天四象曰大陽、少陽、少陰、大陰，大陽爲日爲乾，少陽爲星爲兌，而居一、二之位，少陰爲辰爲艮，大陰爲月爲坤，而居七、八之位。地四象曰大剛、少剛、少柔、大柔，大剛爲火爲離，少剛爲石爲震，少柔爲土爲巽，大柔爲水爲坎。乾、兌、艮、坤生於二大，離、震、巽、坎生於二少，二大相交，二少相交，其分粲然而有別者也。此言天地四象分爲八卦也。

2.1.14

一爲大陽之位，九爲大陽之數，乾居其數，兌居其位。二爲少陰之位，八爲少陰之數，離居其數，震居其位。三爲少陽之位，七爲少陽之數，巽居其位，坎居其數。四爲大陰之位，六爲大陰之數，艮居其位，坤居其數。此據橫圖而排之也。五、十居中爲太極，析七、八、九、六，以爲乾、坤、離、坎，依一、二、三、四，以爲震、巽、兌、艮。此據圓圖方位而言之也。此言伏羲則《河圖》而畫卦也。

2.1.15

大陽、大陰交而生兌、艮，少陰、少陽交而生震、巽，此則乾、坤、坎、離不交，而震、巽、艮、兌相交也。四象則大陽、大陰不動，而少陰、少陽相交，八卦則乾、震、巽、坤不動，而兌、離、坎、艮相交。此言四象、八卦有相交動靜之殊也。

2.1.16

陽實，故奇畫全而爲一；陰虛，故耦畫分而爲二。乾爲三奇，則其畫三也，坤爲三耦，則其畫六也，三與六合爲九也。震、坎、艮皆一奇二耦，巽、離、兌皆二奇一耦，則二耦一奇者，其畫皆五也，二奇一耦者，其畫皆四也，四與五合，亦皆爲九。此亦八卦相對爲四九也，四九卽三十六也。九者，老陽之數也，三十六者，老陽之策數也。

2.1.17

乾坤縱而六子橫，易之本也。乾一對坤八，兌二對艮七，離三對坎六，震四對巽五，其數皆九。九者，乾之數無所不包也。自震至乾，數往者，順也；自巽至坤，知來者，逆也。此八卦方位之縱橫也。

2.1.18

天位乎上，地位乎下，天地定位也。山鎭西北，澤注東南，山澤通氣也。日生於東，月生於西，水火不相射也。雷動東北，風起西南，雷風相薄也。此伏羲八卦與天地造化合也。

2.1.19

乾、坤、坎、離，反覆之而不變，故居四方之正位；艮、兌、震、巽，反覆之則皆變，故居四隅不正之位。此伏羲八卦正反卦位也。

2.1.20

大成六畫之卦，卦皆有互卦，只就中四爻而取互，亦自不失八卦之序焉。自二至四爲下互。下互中八卦之序在陰陽二儀上者，各爲一排，卽乾、兌、離、震、巽、坎、艮、坤之横序也。而一排之中，隨卦各爲四貞，四八，三十二，卽一儀上之下互也。并兩儀而通之，則爲六十四卦也。自三至五爲上互。上互八卦之序在兩儀上者，各爲二排，并兩儀之上，共爲四排。其一排之中，隨卦各爲每元卦之二悔，則在一儀上者爲二排，而二排各十六，并之爲三十二也。又并兩儀上者卽四排，而一排各爲十六元卦之上互，則四其十六，亦通爲六十四卦也。於是合上下二互而爲六畫之全卦，則兩乾相比於南方，而左乾爲乾、夬之互，右乾爲姤、大過之互；兩夬次乾，而左夬爲大有、大壯之互，右夬爲鼎、恒之互；兩睽次夬，而左睽爲小畜、需之互，右睽爲巽、井之互；兩歸妹次睽，而左歸妹爲大畜、泰之互，右歸妹爲蠱、升之互；兩家人次歸妹，而左家人爲履、兌之互，右家人爲訟、困之互；兩旣濟次家人，而左旣濟爲睽、歸妹之互，右旣濟爲未濟、解之互；兩頤次旣濟，而左頤爲中孚、節之互，右頤爲渙、坎之互；兩復次頤，而左復爲損、臨之互，右復爲蒙、師之互。此皆南左右之互也。兩坤相比於北方，而左坤爲復、頤之互，右坤爲坤、剝之互；兩剝次坤，而左剝爲屯、益之互，右剝爲比、觀之互；兩蹇次剝，而左蹇爲震、噬嗑之互，右蹇爲豫、晉之互；兩漸次蹇，而左漸爲隨、无妄之互，右漸爲萃、否之互；兩解次漸，而左解爲明夷、賁之互，右解爲謙、艮之互；未濟次解，而左未濟爲旣濟、家人之互，右未濟爲蹇、漸之互；大過次未濟，而左大過爲豐、離之互，右大過爲小過、旅之互；兩姤次大過，而左姤爲革、同人之互，右姤爲咸、遯之互。此皆北左右之互也。此六十四卦之互，合爲十六卦，而幷左右則爲三十二也。八卦各體，亦各十六也。卦爻陰陽卽各相對，而男皆互男，女皆互女也。

2.1.21

小成之卦，卦各三爻。三爻皆陽者爲乾而居陽儀之首，三爻皆陰者爲坤而居陰儀之終。二陽一陰者，爲兌爲離而次居於乾左，卽陽儀之中也；二陰一陽者，爲艮爲坎而次居於坤右，卽陰儀之中也。震亦二陰一陽而居陽儀之末，則陽之始生者也；巽亦二陽一陰而居陰儀之始，則陰之始生者也。一陽居二陰之下者，動之象也；居二陰之中者，陷之象也；居二陰之上者，止之象也；上中下純陽者，健之象也。一陰居二陽之下者，入之象也；居二陽之中者，麗之象也；居二陽之上者，悅之象也；上中下純陰者，順之象也。動也、陷也、止也者，皆健之用也；入也、麗也、悅也者，皆順之用也。蓋健之爲德，必待有動、有陷、有止，然後健道全也；順之爲德，必待有入、有麗、有悅，然後順道備也。動有振奮之義，陷有孚實之義，止有堅定之義，豈非健之用哉？入有退遜之義，麗有附比之義，悅有和安之義，豈非順之用哉？爲健之用者，必得二陰而致焉；爲順之用者，必資二陽而遂焉，可以見夫徒陽無陰不可以成健之功，徒陰無陽不得以致順之效。此八卦之陰陽，必須相備相濟而不容相無者也。

2.1.22

大成之卦，卦各六爻，兼三才而兩之也。八卦各自爲貞，而又皆以八卦爲其悔，則八卦各爲八卦，而八八是六十四也。其所以爲六爻者，天以陰陽爲氣，地以剛柔爲質，人以仁義爲德。其爲氣、爲質、爲德者，其道雖異而其理則一也。三才之道備盡，然後宇宙不爲之空器，而事得其序，物得其所矣。此易卦大成於六畫，而開物成務之業所以立也。然則五、六二爻，象天之陰陽二氣也；三、四二爻，象人之仁義二德也；初、二二爻，象地之剛柔二質也。雖然，此據六畫成卦之由而言也，若其卦成後取象，則皆就人事，明其用易之道也，而陰陽剛柔之理則實在其中矣。

2.1.23

試以八卦逐爻致變，陽變爲陰，陰變爲陽，則八卦皆各有七變。乾之下爻變則爲巽，中爻變則爲離，上爻變則爲兌，中、下二爻變則爲艮，中、上二爻變則爲震，上、下二爻變則爲坎，三爻皆變則爲坤也。兌之下爻變則爲坎，中爻變則爲震，上爻變則爲乾，中、下二爻變則爲坤，中、上二爻變則爲離，上、下二爻變則爲巽，三爻皆變則爲艮也。離之下爻變則爲艮，中爻變則爲乾，上爻變則爲震，中、下二爻變則爲巽，中、上二爻變則爲兌，上、下二爻變則爲坤，三爻皆變則爲坎也。震之下爻變則爲坤，中爻變則爲兌，上爻變則爲離，中、下二爻變則爲坎，中、上二爻變則爲乾，上、下二爻變則爲艮，三爻皆變則爲巽也。巽之下爻變則爲乾，中爻變則爲艮，上爻變則爲坎，中、下二爻變則爲離，中、上二爻變則爲坤，上、下二爻變則爲兌，三爻皆變則爲震也。坎之下爻變則爲兌，中爻變則爲坤，上爻變則爲巽，中、下二爻變則爲震，中、上二爻變則爲艮，上、下二爻變則爲乾，三爻皆變則爲離也。艮之下爻變則爲離，中爻變則爲巽，上爻變則爲坤，中、下二爻變則爲乾，中、上二爻變則爲坎，上、下二爻變則爲震，三爻皆變則爲兌也。坤之下爻變則爲震，中爻變則爲坎，上爻變則爲艮，中、下二爻變則爲兌，中、上二爻變則爲巽，上、下二爻變則爲離，三爻皆變則爲乾也。七變之中，其以一爻變者爲三卦，以二爻變者亦三卦，以三爻變者爲一卦，并其本卦，還爲八卦。七八爲五十六，又并其本卦之八，則爲六十四。其變也，皆終於所對之卦，乾終於坤，兌終於艮，離終於坎，震終於巽，巽終於震，坎終於離，艮終於兌，坤終於乾。變雖有七，而未有出乎八卦之外者，終亦歸於重卦六十四之數，則其爲八、爲六十四者，固非自然之數耶？ 變出於重卦之後，而今乃徑言於八卦者，以重卦之變，實本於八卦故也。

2.1.24

易之爲交易之義，可據橫、圓二圖之左右而見之矣。卦居陽儀之上者，惟乾爲純陽，而其餘則無不有陰爻之雜焉；卦居陰儀之上者，惟坤爲純陰，而其餘則無不有陽爻之雜焉。小成爲三爻者八卦，右四卦皆陽儀，而陰爻爲三分之一也，左四卦皆陰儀，而陽爻爲三分之一也。大成爲六畫者六十四卦，右三十二卦皆陽儀，而相雜者三十一卦也，左三十二卦皆陰儀，而相雜者亦三十一卦也。乾坤以純陽對純陰之外，其餘六十二卦，無一爻不相對於左右，則陽居陰儀，陰居陽儀，無非交易之義也。若其變易之義則可據六十四卦變圖而見之矣。凡六十四之各卦，莫不各有六十三之變焉，則此非變易之義乎？嗚呼！就交易、變易之兩義，而可以會得爲易之理、用易之道矣。理無交易，其何以立造化之經，備品彙之等哉？道無變易，則其何以應萬緒之事，酬萬類之物哉？交易者，易之體也；變易者，易之用也。體中亦自有體用，用中亦自有體用，如陽中亦自有陰陽，陰中亦自有陰陽也。交易者自是此一理之有交易也，變易者亦自是此一理之有變易也。理何嘗有交易、變易者哉？理之本體，固未有互易之經矣，而理之致用，若無交易、變易，則又無以承經而成緯焉，此所以爲太極之理也。理若有體無用，有經無緯，其何以爲太極乎哉？

2.1.25

六十四卦，分配節候，則天地闔闢，日月出入，春夏秋冬，晦朔弦望，晝夜長短，行度盈縮，莫不由此。小而一日十二時，大而古今十二萬九千六百年，只是這圈子，都從復上起。震當子、丑而踰丑、寅，離當寅而踰卯，兌當卯、辰而踰辰、巳，乾當巳而踰午，巽當午、未而踰未、申，坎當申而踰酉，艮當酉、戌而踰戌、亥，坤當亥而踰子。十干、十二支、二十四氣皆在其中。

2.1.26

復至乾，陽爻百十二，陰爻八十，在上經者十八卦，在下經者十四卦。姤至坤，陽爻八十，陰爻百十二，在上經者十二卦，在下經者二十卦。陽自下而上爲順，陰在陽中逆行；陰自上而下爲順，陽在陰中逆行。辟卦之陽，始於復，歷十六變而爲二陽之臨，又八變而爲三陽之泰，四變而爲四陽之大壯，二變而爲五陽之夬，卽爲純陽之乾；一陰始於姤，歷十六變而爲二陰之遯，又八變而爲三陰之否，四變而爲四陰之觀，二變而爲五陰之剝，卽爲純陰之坤。左邊本皆是陽，陰自右邊來，故外卦之四坤、四艮、四坎、四巽，皆在右之四卦也；右邊本皆是陰，陽自左邊來，故外卦之四乾、四兌、四離、四震，皆在左之四卦也。一順一逆，流行中有對待，兩邊交易，各皆相對。

2.1.27

積六十四卦者，方圖則貞乾八卦，橫排于北，貞兌、貞離、貞震、貞巽、貞坎、貞艮、貞坤之卦，連乾而南，順序而排，則縱橫皆八。乾在西北角，對東南角之坤，而泰在東北角，對西南角之否。次乾之兌，對次坤之艮，而損、咸遂對於否、泰之內隅。離、坎交對於兌、艮之次內，而旣濟、未濟又對於咸、損之內隅。震、巽交對於中，而恒、益又對於旣濟、未濟之內隅。此則有逆無順而定位中有對待。或曰："圓圖，象天者也，上下四方衰旺始終，固與造化之升降無不合矣。至如方圖，象地者也，而地豈有積卦排成而便能相合之理乎？"余曰："大傳不曰'立天之道曰陰與陽，立地之道曰柔與剛'乎？圓圖中一陰一陽之迭行，旣與造化之妙有相符焉，則方圖中一剛一柔之縱橫錯綜者，其果不與大地磅礴之勢有相合乎？況地之陽在北，地之陰在南，澤氣通天，山根著地，而水·火·

土·石、風·雷·雨·露之相應，實皆從地而變化，則方圖之妙亦豈非造化之理哉?”

2.1.28

然則橫圖者，儀、象、卦加倍自然之序也，陽儀上之三十二卦居右，陰儀上之三十二卦居左；圓圖則陽儀之卦居左，陰儀之卦居右；方圖則陽儀之卦居下四行，陰儀之卦居上四行，而其序則皆無紊焉。

2.1.29

文王八卦，乾父，坤母，而震、坎、艮爲長、中、少三男，巽、離、兌爲長、中、少三女。震、兌，始交者也，故當朝夕之位；坎、離，交之極者也，故當子、午之位；巽、艮，不交而陰陽猶雜也，故當用中之偏；乾、坤，純陽、純陰也，故當不用之位也。

2.1.30

後天八卦，乾統三男，使長、中二男位於東、北兩正方，主張陽德之成就，而仍使少男居其間以佐之。西北之間則已在歲功之成，最爲無事之位，故乾乃居之，卽老老之義也，又有以防制西南之陰，保養北方二陰中之陽也。坤率三女，令中、少二女當西、南兩正方，而令長女任東南齊物之機，贊中、少二女之業。西南之間則實致役之地，而老婦之所善也，故坤乃居之，又有以養出南方麗陽之微陰也。震以長男位生物之東方，則亦當以長女之巽位成物之西方，而其以少女之兌位西方者何也？蓋生物者，陽之道，而陽道，惟長者能主變，故震位東方；成物者，陰之道，而陰道，惟少者能爲化，故兌位西方。父道主教，故居陽方之首，出嚴凝之令也；母道主養，故居陰方之中，摠收成之事也。此則父母、男女之分也。若以陰陽多寡分數觀之，東北是陽方，故坎、艮、震三陽卦居之，而三卦皆一陽二陰，則陽分數寡，陰分數多，所以居寒極燠始之地也；西南是陰方，故巽、離、兌三陰卦居之，而三卦皆二陽一陰，則陰分數寡，陽分數多，所以居暑極寒始之地也。且坎爲陰中之陽，故居北方之中，離爲陽中之陰，故居南方之中，此非所謂"陽卦多陰、陰卦多陽"者耶？又以五行相生之序觀之，北方坎水生震、巽之木，而水不得土，不能生木，故艮土居其間。震、巽之木生南方離火，離火生坤土，坤土生兌、乾之金，兌、乾之金生北方坎水，其序不爲順乎？

2.1.31

又錯綜觀之，坎之陽爻在二陰之中者，有二義。一則爲二陰所共陷，是見逼於陰也；一則爲二陰所夾佑，是見輔於陰也。見陷者，旣生而未及盛之象也；見輔者，始胎而方在中之象也。見陷則當撥去之勢也，見輔則當長養之勢也。見陷，見輔，莫非扶陽之道也。離之陰爻在二陽之中者，亦有二義。一則附麗于陽中也，一則始胎于盛陽也。附麗者，固所以含章宗陽也，而始胎者，亦將配陽而有終也。但不可過盛而致龍戰也。若艮之居東北之間者，坎終於丑而震始於寅，故艮居二方之交，有以成旣往萬物之終，成將來萬物之始也。又坎中見陷之陽，出在二陰之上，乃所以成坎之終也。陽居二陰之上，止焉更無所之，則必須復生於重陰之下，乃所以成震之始也。此艮之成終成始者也。兌亦一陰居二陽之上，而不得爲止義者，陽居陰上，則其分已定，而其勢便止也，陰居陽上者，卽有相交感悅之義而已，何得爲止哉？況老陽當前而爲大防哉？巽之陰爻，在二陽之下，有入伏之義。蓋以震陽在下，方有奮發之義，得東方生物之正位，則陰當屈下而服從，然後可以助陽勢而立造化之機也。然則後天卦位之變遷，無非扶陽抑陰之道也哉！

2.1.32

易者，道之模範也；道者，三才之道也。道在三才，天所以爲天，地所以爲地，人所以爲人者，卽此道也。非此道，則天不得一日爲天，地不得一日爲地，人不得一日爲人焉，道固三才之不可須臾離者也。然而曰無端倪之可尋、機要之可提，則人雖最靈，其何得以知夫進退消長之理、吉凶悔吝之幾，斷其疑，通其志，定其業哉？故聖人作易，立象以盡意，設卦以盡情僞，繫辭焉以盡其言，變以通之以盡利，鼓之舞之以盡神。故曰易者，道之模範也。模範者，體用本末之備也，大小經緯之備也，上下尊卑之備也，始終先後之備也。如有所不備，則不可謂之模範也。是易也，其以體用本末求之，體用本末無不備也；其以大小經緯求之，大小經緯無不備也；其以上下尊卑求之，上下尊卑無不備也；其以始終先後求之，先後始終無不備也。此其所以爲道之模範也。夫自太極而爲兩儀，從兩儀而爲四象，從四象而爲八卦。八卦者，卦之小成也。有三陽之乾，則必有三陰之坤，有兌必有艮，有離必有坎，有震必有巽，此由儀、象自生之序也。卦至八爲小成，則八卦固加減一卦不得也。爻通八卦爲二十四，則二十四爻亦加減一爻不得也。重之爲六十四卦，亦加減一卦不得也。通六十四卦爲三百八十四爻，亦加減一爻不得也。四象準於兩儀，八卦準於四象，六十四之重卦準於八卦，故橫之而準其序，圓之而準其圍，方之而準其積。統觀之則無非準于太極之理，故無所往而不準焉，此豈人爲之所及哉？一爻不備則不成卦，一卦不備則不成易。易苟不成，何得以模範此道而有開物成務之業哉？故自有宇宙以來，無一事一物之無八卦之理與八卦之象也。爲一心，有一心之八卦；爲一身，有一身之八卦；爲一家，有一家之八卦；爲一國，有一國之八卦；爲天下，有天下之八卦，此則橫說之八卦也。一日有一日之八卦，一月有一月之八卦，一歲有一歲之八卦，至於爲世爲運爲會爲元，亦莫不有八卦之理與象焉，此則竪說之八卦。有如權衡隨萬物而爲輕重之本，尺度隨萬物而爲長短之本，規矩隨萬物而爲方圓之本，準繩隨萬物而爲平直之本焉。然則八卦之道，其不爲廣矣大矣，果爲此道之模範耶？

2.1.33

文王以先天八卦變爲後天八卦，其爲八卦則非有異同也，後天之八卦卽先天之八卦也。今以卦爻之變者言之：乾之中爻變而爲離，坤之中爻變而爲坎，坎之下爻變而爲兌，離之上爻變而爲震，艮之中、下二爻變而爲乾，巽之中、上二爻變而爲坤，震之上、下二爻變而爲艮，兌之上、下二爻變而爲巽。

若以方位之變者觀之，則震居於離位，兌居於坎位，坎居於坤位，離居於乾位，乾居於艮位，坤居於巽位，艮居於震位，巽居於兌位。蓋經名以易者，取其變易爲義，則伏羲既定先天八卦方位，而文王以後天八卦易其先天之方位者，乃是變易之大段也。故不但伏羲所畫之卦爻，皆有變易之象，文王、周公所繫之辭，莫不有變易之義。故讀者若以一句之語作一義觀之，則不可也，蓋其言雖同，隨事而變故也。此在知易道者自會之如何也。

2.1.34

邵子以伏羲所畫之易爲先天，以文王所演之易爲後天，夫豈以爲先天自爲先天，後天自爲後天，其理不相通，其道不相涉也？先天之易爲其體，後天之易爲其用，無先天之易，則後天之易何從而爲用哉？無後天之易，則先天之易何得以爲體哉？故先天之易既畫，而後天之易在其中矣；後天之易既演，而先天之易在其中矣。伏羲、文王同一道也，先天、後天同一理也。合兩易而幷觀之，先天之易，無一卦一爻有所遺於後天之易也；後天之易，無一卦一爻有所外於先天之易也。乾，一乾也；坤，一坤也；兌，一兌也；艮，一艮也；離，一離也；坎，一坎也；震，一震也；巽，一巽也。所異者，位序之變也。先天之易，乾、坤相對於南、北者，天地之定位也；坎、離相對於西、東者，水火之不相射也；震、巽相對於西北、東南者，雷風之相薄也；艮、兌相對於西北、東南者，山澤之通氣也。自乾至震皆陽儀也，自巽至坤皆陰儀，則兩儀之無變也。大陽與少陰同儀而相連於左邊，太陰與少陽同儀而相連於右邊，則四象之無變也。此其所以爲體也。後天之易則卦變其序位而儀、象皆錯，此其所以爲用也。然而序位雖別，卦爻無變。況伏羲始畫，乃則《河圖》之數，而文王所演五行之序，實與《河圖》五行相生之序無不合焉，則其爲理豈嘗有二哉？此非先天之易徒體而無用，後天之易徒用而無體也。體中有用，用上有體，則伏羲、文王非一道耶？一理、一道也，而因先天之易，爲後天之易，此乃易之所以爲易也。易之義，其果在是哉！

2.1.35

夏易曰《連山》而艮爲首卦，商易曰《歸藏》而坤爲首卦，則其各爲序者如何？其所爲終者何卦？其亦有卦名、卦辭、爻辭否乎？後世雖有假其名爲書者，而皆以爲僞述，則何可取以爲信哉？今之見行者，卽《周易》也，而上經終以坎、離，下經終以旣濟、未濟者，豈不以水、火乃乾、坤之大用，而風、雷卽水、火之別行者，山、澤卽水、火之凝定者？故上下經皆以水、火要其終焉，文王之意蓋自深矣。

2.1.36

經之名，必以易者，蓋道須有變易，然後功用成焉，事業立焉。夫太極生兩儀而爲一陰一陽者，乃變易之本也。其下四象而八卦，八卦而爲六十四卦者，無非變易之序也，而六十四卦之中，其陽儀與陰儀相交而各爲三十二卦、一百九十二爻者，無非互易而成六十四卦、爲三百八十四爻者也。故《周易》之分經上下者，皆取其交易之義而分焉。試觀之，上經止於三十卦，而卦之正而反覆不變，常爲本卦者六卦，反覆之而變爲二卦者十二卦，則合之爲十八宮也；在下經者三十四卦，而卦之正而不變者二卦，反覆之而變爲二卦者十六卦，則合之亦爲十八宮也。十八宮之中，變爲二卦者，其所以反覆之者，自是易也；其常爲本卦而無反覆之變者，必有變盡之變。如乾六爻之陽，對坤六爻之陰；四陰二陽之坎，對四陽二陰之離；似離之頤，對似坎之大過；厚畫離之中孚，對厚畫坎之小過，皆是六爻變盡之變，則此亦易也。然則《周易》上下經其各爲十八宮者，無非變易之象也。

2.1.37

卦名則聖人觀貞悔上下體之象而名之。卦辭則或取其卦德，或取其卦才，或取其卦氣，或取其卦變。爻辭則或因其所遇之時，或因其所在之體，或因其所居之位，或因其所應之爻，或因其所承之爻，或因其所乘之爻，或因其卦中所主之爻，或因其一卦中衆爻之義。故陽善陰惡，雖其常也，而有陽或不必善，陰或不必惡也。陽得陽位，陰得陰位者，爲正也，而陽或有得陽位而不吉，居陰位而非凶，陰或有居陽位而无咎，居陰位而非吉。又陰陽有居初而吉，居終而凶，或有居初而凶，居終而吉者也。上下體各三爻皆在相應之位，應者常吉，而或有不應而吉者，或有相應而不吉者也。惟陰陽皆以得中爲德，既中則正在其中矣。此卦爻取義之大概也。蓋氣機之運，必有進退消長；事物之情，必有善惡邪正；世道之變，必有存亡得失；禍福之應，必有吉凶、悔吝、厲不厲、利不利、咎無咎之不一焉。於是乎聖人設卦立爻，觀象繫辭，使之隨事以輕重之，隨物以取舍之，隨時以變通之，隨變以修爲之。然後吉可趨而凶可避，悔可免而吝可去，厲可安而咎可無，有以應天下之賾，通典禮之會，而性命·道德、五常·五倫之理，都不出此矣。

2.1.38

易書者，載天地、人物之理也。理之散布爲事物者，千條萬緒也；運行爲時世者，千分萬析也。事物之巨細精粗，生生不窮者，其何以領其要哉？時世之往來推遷，過過無盡者，其何以會其妙哉？其機不過曰一陰一陽而已。一陰一陽者，卽書中之爲兩儀，爲四象，爲八卦，重之爲六十四卦、三百八十四爻者是也。夫其爲卦爲爻，雖有六十四、三百八十四，而卽莫非此理之所分、此道之所貫也。無此理則無事物，無此道則無時世矣。無事物，無時世，則宇宙不得爲宇宙矣。有以明其理，著其道，此固《易經》之不得無作也。易有天地之易，有聖人之易。天地之易，在造化者是也；聖人之易，體中庸者是也。天地一日無易，則造化之機息矣；吾人一日無易，則中庸之道廢矣。以造化言之，一品彙之微，一晷刻之頃，莫不有卦爻之象、卦爻之理焉。以中庸言之，一語默之間，一動靜之際，莫不有卦爻之象、卦爻之理也。天地則至誠無息，於穆不已，故其所以爲造化者，未嘗息焉，卽萬物竝育而不相害，道竝行而不相背者，都是易也。聖人亦純於天理而不已，故天地合其德，日月合其明，四時合其序，鬼神合其吉凶，其所以爲中庸而常行於日用之間者，無非易也。若衆人則不免爲氣稟之拘、物欲之蔽，故莫不出由其戶而鮮克由路，莫不飮食而鮮能知味，日墜於罟擭陷穽之中而莫之知避，則豈不哀哉？此四聖之所以相繼闡明，示開物成務之道也。明天地之易者，伏羲也；明伏羲之易者，文王也；明文王之易者，周公也；明三聖之易者，孔子也。此豈非天人一理，四聖一道故也哉？然則易者，所以隨時變易，以盡夫不易之理、常行之道也。

2.1.39

“易有太極”者，謂易之爲易出於太極，非謂太極出於易也。其下所謂“是生兩儀，兩儀生四象，四象生八卦”者，卽易也。其所以爲儀而兩，爲象而四，爲卦而八者，固易也，而推之於天地，推之於萬物，莫不有儀、象、卦之備焉，推之於方位之對待，推之於氣數之流行，亦莫不有二、四、八之分焉者，皆是易也。上而爲天，下而爲地，天有日、月、星、辰，地有水、火、土、石者，皆所以爲兩爲四爲八，而八卽四，四卽二也，二者陰陽也。然則易之名實，不出於陰陽二者而已。人有男女，飛有雌雄，走有牝牡，至於植物，亦多有牝牡之擬者焉，此則對待之易也。一日有一日之陰陽，一月有一月之陰陽，一歲有一歲之陰陽，至於一元，亦有一元之陰陽，此則流行之易也。然而對待之易、流行之易，非二易也，卽一易也。然則易以二而得名爲易，故四亦自二而分之而已，八亦自四而分之而已，其分也皆以二。故曰加倍法也，易果出於二之外乎？所謂二者，又何所分歟？卽非所謂自一而分者乎？一者，何謂歟？卽非所謂太極者乎？太極者，無對之名也。若非無對之一，爲極乎上，則二何得爲二而有四有八乎？然則無對之一是太極也，太極是理之謂也。理固不可以形體言，不可以方所言，不可以聲色言。無形體，無聲色，無方所，而造化無是，則莫得以造化焉，品彙無是，則莫得以品彙焉，至於人物性情、道德，無是則莫得以性情、道德焉，此所以曰理也。理者，萬變之所以變、萬化之所以化、萬有之所以有者之謂也。理焉而謂之太極者何歟？蓋以其究之於已往，而莫得以究其始矣，推之於將來，而莫得以推其終矣，此則莫始莫終也；窮之於至大至廣之域，而無所不包矣，窮之於至微至細之中，而無所不在矣，此則莫外莫內也。固自是莫始莫終，莫外莫內，而其所以出一陰一陽之易者，自無窮已，則其謂之"易有太極"者，非的旨耶？又曰："生生之謂易。"生生者，爲萬變，爲萬化，爲萬有，皆生也，生而又生，生而不已，其生也無數無限之謂也。旣生此，又生彼，此非一種此也，彼非一種彼也，彼此當無限也。旣生前，又生後，則前非一前也，後非一後也，前後當無數也。然則生生之易，有何所而窮乎？有何時而止乎？故又曰："易，窮則變，變則通，通則久。"此固易道之爲無窮也，而易道之爲無窮者，乃以太極之常有焉；太極之爲常有者，以其爲無極而太極也。無極翁所謂"陰陽，一太極也，太極本無極"者，卽孔子所謂"易有太極"之旨也。

2.1.40

"易有太極，是生兩儀，兩儀生四象，四象生八卦"者，推以上之，究極夫一原之理，而莫容貌象，莫容端涯，故曰太極。太極，理也；兩儀，氣也。有理矣，必有氣焉，而氣分動靜，便是兩也。在易，一陽畫、一陰畫，幷之爲兩也。理則一耳，氣則兩耳，兩從一而爲兩，故曰“太極生兩儀”。兩儀旣畫，一畫陽儀又分爲陰陽，以奇耦二畫各加於其上而爲兩象，則曰太陽，曰少陰；一畫陰儀又分爲陰陽，以奇耦二畫各加於其上而爲兩象，則曰少陽，曰太陰。於是爲二畫之象者，倍兩爲四。故曰“兩儀生四象”也。四象旣畫，一象又分爲陰陽，而以奇耦二畫各加於二畫之上，則爲三畫之卦。故四象各分爲二卦而爲三畫之卦者，倍四爲八，則曰乾，曰兌，大陽之分也；曰離，曰震，少陰之分也；曰巽，曰坎，少陽之分也；曰艮，曰坤，大陰之分也。故曰“四象生八卦”。然則自太極而分之爲兩儀，自兩儀而分之爲四象，自四象而分之爲八卦，八卦卽四象也，四象卽兩儀也，兩儀，一太極也。故就三畫卦而言之曰：“初畫爲儀，中畫爲象，上畫成卦。”此謂其相貫相包之義也。至於爲十六，爲三十二，爲六十四而有三百八十四爻者，莫非二、四、八之積而統于一太極也。所謂生者，非若祖生父，父生子，子生孫之各爲一代，各有事業也。二得一爲二，一用二爲一；四得二爲四，二用四爲二；八得四爲八，四用八爲四矣。四中有八，則八卦之事業卽四象之事業也；兩中有四，則四象之事業卽兩儀之事業也；一中有兩，則兩儀之事業卽太極之事業也。惟其大不得無小，合小而爲大；體不得無用，待用而爲體。此莫非理氣之自然也。以一之爲兩，兩之爲四，四之爲八者觀之，兩多於一，四多於兩，八多於四，似是自少而漸加爲多，以至于倍八爲十六，倍十六爲三十二，倍三十二爲六十四者，無非漸多之數也。其爻之自二至三百八十四者，其多少豈不大相遠哉？然而以其道言之，則在四者，非有多於兩也，在八者，非有多於四也，至於在六十四者，亦自是爲兩爲四爲八之道也，不以二、四、八而道爲之多少也，不以儀、象、卦而道爲之先後也。以其分大爲小，分幹爲枝，故條緒漸倍，而其爲模範，則一太極之爲統體也。讀易者，徒知儀、象、卦之層分，而若不知相貫相包之妙，則非能知太極者也。

2.1.41

以兩儀之生四象者言之，大陽之生於陽儀，大陰之生於陰儀者常也，至於少陰之生於陽儀，少陽之生於陰儀者何也？以四象生八卦者言之，乾之生於大陽，坤之生於大陰，離之生於少陰，坎之生於少陽者常也，至於兌之生於大陽，艮之生於大陰，震之生於少陰，巽之生於少陽者何也？此又有其說矣。蓋陰生陽，陽生陰，故六子有互根互位之變也。在四象則二大爲陰陽之主，故皆不易其本位，二少爲陰陽之用，故不能無變。在八卦則乾、坤亦爲陰陽之主，坎、離爲陰陽之正，故不易其所生之本焉；震、巽、艮、兌爲陰陽之偏，故皆非其所生之本也。既有其不易者，故又有其必易者焉；既有守其常者，故斯有致其變者焉。此其所以爲易而道則一而已矣。

2.1.42

乾，三陽。【自坤以上至兌，皆爲乾之所覆，故曰："乾，健也。"○自兌至艮六卦中之陽，無非所得乎純陽乾之陽者也。】

兌，一陰在二陽之上，二陽在一陰之下。【一陰雖在上，不可以敵方長之二陽，則只自取悅而已，故曰："兌，說也。"非若六畫卦一陰在

上之夬，不可無“有厲”之戒也。】

離，二陽夾一陰，一陰間二陽。【一陰居二陽之間，則莫容爲害而有附麗致助之象，故曰：“離，麗也。”又有謙虛之義。又陽不可無陰，故爲陽中之陰而胎於後天之午位，伏於巽下，夾于坎之上、下，止于艮之中、下，以爲純陰之坤。】

震，二陰居一陽之上，一陽作二陰之下。【二陰居其上掩之，故一陽之居下者，作動爲雷，而雷有震奮之象，故曰：“震，動也。”】

巽，二陽厭一陰之上，一陰伏二陽之下。【二陽居上厭之，故一陰之居下者，屈伏爲風，而風有來入之象，故曰：“巽，入也。”】

坎，二陰夾一陽，一陽間二陰。【一陽居二陰之間，則爲其所陷，故曰：“坎，陷也。”又有孚實之義。又陰不可無陽，故爲陰中之陽，而胎於後天之子位，動於震下，夾於離之上、下，悅於兌之中、下，以爲純陽之乾。】

艮，一陽居二陰之上，二陰在一陽之下。【一陽爲主而居上，則在下二陰自守其分，不敢亢焉，故曰：“艮，止也。”非若六畫卦一陽在上之剝，有“不利有攸往”之戒也。】

坤，三陰。【自乾以下至艮，皆爲坤之所載，故曰：“坤，順也。”○自艮至兌六卦之陰，無非所得乎純陰坤之陰者也。】

2.1.43

三才之所以爲三才者，道也。道也者，三才而盡三才之理者是也。若不盡是道，則三才不得爲三才矣，道其可一日一刻離乎哉？道固不可離焉，而其所以知得此道，行得此道，將何術可以能之哉？此不過曰用易而已。此乃古之神聖不得不作易以傳於萬世者也。先天下而開其物，後天下而成其務，不有易書而能之哉？夫道之在於三才者，其變不可窮矣，隨事而變，隨物而變，隨時而變，隨地而變，其在一事一物之中，亦莫不各自有千萬變焉。有宇宙來，事幾許哉？物幾許哉？時幾許哉？地幾許哉？以其許多事、許多物、許多時、許多地，孰領其要而一□能盡其理，不失其道哉？惟易可以盡之矣。易之原曰一太極也。有太極則不得無兩儀，有兩儀則不得無四象，有四象則不得無八卦。太極一理，非不足也，而又必有兩儀者，太極之理，有兩儀然後得盡其用也；儀之兩者，非不足也，而又必有四象者，兩儀有四象然後得盡其用也；象之四者，非不足也，而又必有八卦者，四象有八卦然後得盡其用也。儀焉而其畫一，其數兩也；象焉而其畫二，其數四也；卦焉而其畫三，其數八也。畫至於三，則三才之象備矣。八卦之中，陽有純陽與居下、居中、居上之四卦，陰有純陰與居下、居中、居上之四卦，幷之爲八也。於是乎因其各卦陰陽純雜多寡之象，而設其卦名，卽所謂乾、兌、離、震、巽、坎、艮、坤也。卦各有德焉，健、順、動、入、陷、麗、止、悅是也；爻各有才焉，剛柔、中不中、正不正是也。然則卦至三爻，而易道可謂備矣。故曰："八卦定吉凶，吉凶生大業。"然而道必體用相備，然後變化成而事業大矣。太極生兩儀，則太極爲體，兩儀爲用；兩儀生四象，則兩儀爲體，四象爲用；四象生八卦，則四象爲體，八卦爲用矣。卦雖至八而小成，八卦旣自爲體，則猶無八卦之用焉，又何可以盡事物無窮之變哉？聖人明盡此理，故依前加倍之法，遂以八卦又加之於八卦中各卦之上，則爻爲六畫而卦爲六十四矣。於是乎體兼貞悔，爻應上下，事無不照，物無不囿，時無不通，地無不該。千條萬緒之理，皆其所會；千變萬化之義，皆其所載。建諸天地而準，推諸古今而準，三綱得之而綱，五倫得之而倫，九法得之而法。日月不得外此而明，四時不得外此而序，鬼神不得外此而吉凶。此易道之所以至大至廣至微至妙。伏羲之畫、文王之象、周公之爻、孔子之傳，無非有以盡宇宙之事業者也。然則三才之道，可以他求哉？

2.1.44

陰陽有當以時世言者，如大小、遠近是也；有當以方隅言者，如東西南北是也；有當以氣候言者，如溫涼、寒暑是也；有當以形質言者，如方圓、上下是也；有當以物類言者，如雌雄、牝牡是也；有當以事情言者，如始終、聚散是也。此莫非道理之當然，而有以爲變化之機，爲廣大之範，爲精微之要者也。蓋上下四方之所以爲宇者，非陰陽，莫得有上下四方也；古往今來之所以爲宙者，非陰陽，莫得有古往今來也。固以陰不得陽，莫能爲陰；陽不得陰，莫能爲陽，而宇宙不得陰陽，莫能爲宇宙矣。況其在宇宙間者，其得一日一刻無陰陽而爲宇宙間物乎？試究其極而言之。常有而未嘗無者，無極太極之一理也。而惟其一理中出，而爲時運，爲方隅，爲氣候，爲形質，爲物類，爲事情者，不能常有，不能常無，無必爲有，有必爲無，則自宇宙以下，無非從無而有，從有而無者也。然其無而有，有而無者，亦不是旣往者雖往，不過抵今復來，而今所方來者卽前旣往者也。乃是無中自有必有之理，有中自有必無之理。故有而無者，往者之過也；無而有者，來者之續也。豈有一物或有或無，或往或來，而常爲一物乎？其果有前天地復爲此天地，前天地之人物復爲此天地之人物者乎？此只是無極太極之理，常有而未嘗或無，故此理中出者，生生而不窮，無而必有，有而必無，其爲有無也者，亦爲之無窮也。然則萬有之從無而爲有者，豈非陽乎？萬有之從有而歸無者，豈非陰乎？其所以有而爲陽，無而爲陰者，豈非理乎？然而《易》大傳所謂"一陰一陽之謂道"者，止謂陰陽之在三才而流行於宇宙間者也。夫其所以闔焉爲宇宙之未出，闢焉爲宇宙之旣作，亦此一理中之陰陽，而此特爲陰陽之最大者也。此則爲一元之陰陽，而爲兩間之人者，孰能識得及於宇宙外之陰陽也哉？故就陰陽之大者而言，則其爲大也，數所莫及者也；就陰陽之小者而言，則其爲小也，數所莫容者也。大而至於莫及數之闊遠，小而至於莫容數之微細，陰陽之妙，果不爲無窮乎？然則穹壤之闔闢翻覆，亦此陰陽也，一細事、一微物之始終有無，亦此陰陽也。宇宙之所以爲宇宙者，陰陽變化之外，有他道哉？遂以數所莫及者而推之，安知夫宇宙闔闢之外，又有陰陽之尤大於宇宙之闔闢者，如歲上有世，世上有會，會上有元哉？又以數所莫容者而推之，辰下有刻，而刻有刻中之陰陽，刻下有分，而分有分中之陰陽，分下有釐，釐下有毫，毫下有絲，絲下有忽者，莫不有陰陽，而但至微細象數可得容乎哉？然則易中之陰陽，便是指出可象可數者而明之，故畫止於六，體止於貞悔，卦止於六十四，爻止於三百八十四也。此如黃帝命伶倫造律呂，律止於黃鍾，呂止於仲呂。律過黃鍾，則大而不可用，呂過仲呂，則細而不可用，故取其中聲、中音，而律呂皆不過六者也。噫！非知道者，曷得與論陰陽之妙哉？

2.1.45

凡宇宙之前後常存之理、常行之道，乃是易也。所謂理之爲理，以易而謂之理也；道之爲道，以易而謂之道也。易者，道理之實號也。天之所以爲天者，此易也；地之所以爲地者，此易也，兩間萬物之所以爲萬物者，莫非此易也。天爲易中之天，天不可一日無易而天也；地爲易中之地，地不可一日無易而地也；萬物爲易中之萬物，萬物不可一日無易而萬物也。天地、萬物未及爲天地、萬物之前，易之理、易之道，固自常存常行也；天地、萬物已窮之後，易之理、易之道則其爲常存常行也者，亦自若也。況乎天地方爲天地，萬物方爲萬物之時，此理、此道，其有一晷一刻之非易哉？以其常存者言之，則道常在理中也；以其常行者言之，則理常在道中也。常存之中，不得不常行也；常行之中，不得不常存也。以其固有者而名之曰理，以其常行者而名之曰道，其所以爲之理，爲之道者，亦此易也。然則易之爲理爲道，則易之名未立，而固未嘗不存不行也。如本無易，則宇宙何從而爲宇宙乎？今之所謂易者，卽是易之爲書者而名之也。其所以爲易之書而有易之名者，伏羲畫八卦然後始作也。伏羲畫八卦，造書契，然後人文始開，文字始創，而名目始立，則易於是乎爲書而行於世也。然而惟聖神之人乃知易之理、易之道固自有如此者矣。若凡人則只知此易之爲書，而其爲卦爲爻之如此者，始出於聖人之手而爲是書焉，安知其理、其道本自如此，故聖人因此理、此道而畫卦爻，爲之書也哉？然則此易不是聖人容私意以撰出也，固以其爲理、其爲道本自如此，故據此理、此道而手模之者也。八卦是小成之卦也，而凡形而下者之大小、精粗、縱橫、遠近之法象，無所不具於三畫八排之中焉。三畫之或陰或陽，三位之或剛或柔，三爻之或下或中或上者，無非自然之妙也；八排之或純或雜，或先或後，其畫或三或六或四或五者，亦無非自然之成也。天之爲天，地之爲地，造化之爲造化，品彙之爲品彙者，雖其爲輕淸，爲重濁，爲氣候，爲形質則不同，而莫不有八卦之理、八卦之道，未始欠缺，未始贏剩焉。重之爲六十四卦，則是大成之卦也，而其亦大小、精粗、縱橫、遠近之事變，無所不具於六十四排、三百八十四畫之中焉。六畫之或居上體，或居下體，或陽居陽位，陰居陰位，或陽居陰位，陰居陽位，或居始，或居終，或居始終之中，或爲首，或爲尾，或爲首尾之間者，亦莫非自然之爲也。六十四排之或居陽儀之上，或居陰儀之上，而爲兩儀之五畫，或居大陽、少陰之上，或居大陰、少陽之上，而爲四象之四畫，又各卦皆各居八卦之上，以成六畫而爲八卦之八卦者，亦無非自然之成也。故天運之升降消息，地質之高下融結，造化之屈伸聚散，國家之興亡治亂，萬物之盛衰榮枯，人事之得失憂喜，孰有不囿於卦爻之裏哉？前聖之所以畫出排設，後聖之所以繫辭發明者，乃是使人知此理之固然，識此道之當然，趨吉避凶，防悔消吝，有以得會通而行典禮也。故曰："開物成務，冒天下之道，如斯而已者也。"

2.1.46

八卦之初畫卽兩儀也，從初至二卽四象也，至三然後幷其初與二而爲卦也。夫儀、象、卦之畫出者，初非聖人自用己意而排成也。俯仰天地，其間萬變萬化人所可覩者，一陰一陽而已。所謂陰陽，雖曰兩儀也，二氣也，而其本則實一理也，自一氣也。以對待者觀之，必有所不得不竝立，不得不竝行焉；以運行者觀之，一往一來，一消一長，必須有其勢，必須有其時。故此不可不曰兩儀也，不可不曰二氣也。以動靜言之，陰體而陽用也；以造化言之，陽先而陰後也。至於陽大陰小，陽正陰偏者，無非相須而相濟者也。故聖人畫排儀、象、卦而立易敎焉，其畫則奇偶是耳。陽之爲氣，常自實焉，故設一陽畫，卽所謂奇也。奇者，其畫實，實者一也。陰之爲氣，常自虛焉，故設一陰畫，卽所謂偶也。偶者，其畫中虛，虛者二也。以其畫之虛與實而可分其爲陰陽，此兩儀也。於是就兩儀各畫而又加奇偶各一，則其畫各二而其數倍兩爲四。曰大陽，居陽儀之上第一位；曰少陰，居其左第二位；曰大陰，居陰儀之終第四位；曰少陽，居其右第三位。此四象也。然則大陽居陽儀之右，大陰居陰儀之左者，得其常也，若少陰之亦居陽儀之上，而爲大陽之次位，少陽亦居陰儀之上，而爲大陰之右位者，何歟？蓋陰生於陽，故少陰居大陽之左，陽生於陰，故少陽居大陰之右，二少爲陰陽之始生故也。二大之必生二少者，二大爲陰陽之極盛，而進極則退始，故少陰次於大陽，退極則進始，故少陽次於大陰，陰退陽進乃亦其常也。及其就四象之上，而逐其各位，又各加一奇一耦，則其畫爲三而其數倍四爲八。曰乾，大陽之加一奇者也，曰兌，大陽之加一偶者也，故皆居大陽之上。曰離，少陰之加一奇者也，曰震，少陰之加一偶者也，故皆居少陰之上。曰巽，曰坎，少陽之加一奇一偶者也，故皆居少陽之上；曰艮，曰坤，大陰之加一奇一偶者也，故皆居大陰之上。此八卦之位，其次第當然也。合八卦而總觀之，乾居陽儀之首，次兌，次離，而震居陽儀之末；巽爲陰儀之初，次坎，次艮，而坤居陰儀之終。兩儀之上，各爲四卦，四象之上，各爲二卦也。以兩儀言之，乾、兌、離、震爲陽儀之卦，巽、坎、艮、坤爲陰儀之卦，而以四象言之，乾、兌、巽、坎爲陽卦，坤、艮、震、離爲陰卦，卽所以陽中有陰，陰中有陽故也。以兩純卦爲主，則乾爲純陽，而中六卦之陽爻，皆乾之所生也；坤爲純陰，而中六卦之陰爻，皆坤之所生也。陽性健，故健之全體在乾。至於一陽在下爲震，則有動義；在中爲坎，則有實義；在上爲艮，則有止義。夫其動也、實也、止也者，無非健底義也。一陰在下爲巽，則有伏義；在中爲離，則有麗義；在上爲兌，則有悅義。夫其伏也、麗也、悅也者，無非順底義也。此乾、坤二卦爲六卦之主也。以少長言之，震爲始生之陽，而至離、兌，爲盛長之陽，至乾之純而極焉；巽爲始生之陰，而至坎、艮，爲盛長之陰，至坤之純而極焉。以覆載言之，自兌至坤，皆乾所覆也；自艮至兌，皆坤所載也。乾爲陽極，故在橫圖居首位，在先天圓圖居南方正位，卽天位於上也。坤爲陰極，故在橫圖居終位，在先天圓圖居北方正位，卽地位於下也。離內陰外陽，在橫圖居陽儀之中，在先天位正東，卽日生於東也。坎內陽外陰，在橫圖居陰儀之中，在先天位正西，卽月生於西也。震一陽在二陰之下，有奮發之象，而居東北坤、離之間，卽陽復之方也。巽一陰在二陽之下，有屈伏之象，而居東南乾、離之間，卽風起之方也。兌二陽方長而爲一陰之媚悅，卽澤注東南也。艮二陰方長而爲一陽之止抑，卽山鎭西北也。此則伏羲先天圖之方位也，乃八卦自然之序列也，非聖人作意排之也。三畫八卦已成之後，又就各卦，復加一奇一偶如前法，則爲四畫者，倍八爲十六。四畫之上，又加奇偶如前法，則爲五畫者，倍十六爲三十二。五畫之上，又加奇偶，則爲六畫者，倍三十二爲六十四。此卽卦之大成也。然亦非八卦之外，別作他道理爲之也，惟以前八卦之各卦爲貞，而復用八卦，幷加於一貞之上而爲八悔，則前八卦之各卦，又各有作悔之八卦，而八八之數自是六十四也。然則第四畫之爲十六者，乃前八卦之兩儀也；第五畫之爲三十二者，乃前八卦之四象也；第六畫之爲六十四者，乃前八卦之八卦也，都不出儀、象、卦之法矣。八卦之上，復加八卦，而宇宙間事變其有外於六十四卦、三百八十四爻之中耶？莫非三畫八卦之横圖、圓圖中所包所貫者也。至於文王之改易其方位，以爲後天圖者，亦莫非先天圖之妙用也。文王之道卽伏羲之道也，後天之理卽先天之理也，一天地之間，豈有二道理哉？今觀後天之易，以卦爻之變言之，離變乾卦中爻作陰而爲離，坎變坤卦中爻作陽而爲坎，震變離卦上爻作陰而爲震，兌變坎卦下爻作陽而爲兌，乾變艮卦中、下二爻作陽而爲乾，坤變巽卦中、上二爻作陰而爲坤，艮變震卦上、下二爻作陰作陽而爲艮，巽變兌卦上、下二爻作陽作陰而爲巽。以方位之變言之，離從正東左旋，踰東南間一位而居正南；坎從正西左旋，踰西北間一位而居正北；震從北東間位左旋而遷正東；兌從東南間位左旋，踰正南、西南二位而居正西；乾從正南左旋，踰西南、正西二位而居西北間位；坤從正北右旋，踰西北、正西二位而居西南間位；艮從西北間位左旋，踰正北一位而居東北間位；巽從西南間位右旋，踰正南一位而居東南間位。若以義理言之，坎卦一陽在中，離卦一陰在中，則交於中者，其交也深，故二卦居南北正位。震卦下爻之陽，始交於中、上二陰，則其交雖淺，奮發之義重，故居正東而首歲功。兌卦上爻一陰雖居上，其勢不足以當中、下方長之盛陽，而柔順取悅於二陽，克遂收完之化，故居正西而成歲功。巽卦自以始生之陰，不敢自抗於中、上二陽，而自有順伏之意，故居春夏東南之間，用贊生長之業。艮卦一陽處于二陰之上，以過剛之才，據居上之勢，有以成上年之終，造新歲之始，則居北東之間而致其化者，豈尋常哉？坤卦以純陰至順之德，處三女效績之間，其所以慰撫而篤厚之者，乃其時與位也。若乾卦則七卦之君也，父也。在先天之時，居先天之位，旣已啓統建極，次第排置，而綱紀、法度各有攸屬，則及後天致用之時，固當退守其閑靜，不可自任其庶務。故居秋冬之交，位西北之間，以致其尊嚴之化，豈非時中之道理哉？此則後天八卦之時、位也。固是先天、後天，非二理也，伏羲、文王，非二道也，其爲體用、經緯者，實在是矣。若夫《易經》則于《河圖》而以儀、象、卦爲主，《洪範》法于《洛書》而以五行爲主者，蓋亦一理、一道也。《圖》、《書》之本則一太極也，而有兩儀則必有四象，有四象則必有八卦者，易之序也。五行之生，必由二氣，則二氣卽陰陽也。四象卽陰陽之老少，則亦豈非五行之象也？而八卦之爲卦爲位者，亦莫非五行之分布也。今以八卦言五行，則《河圖》之四、九卽老陽之數也，而乾、兌是老陽之所生也；三、八卽少陰之數也，而離、震是少陰之所生也；二、七卽少陽之數也，而巽、坎是少陽之所生也；

一、六卽老陰之數也，而坤、艮是老陰之所生也。然則《河圖》之四·九、一·六、二·七、三·八，皆金、木、水、火生成之數，其中五、十乃土數之生成也。《洛書》之數，雖其奇偶異位，亦莫非《河圖》五行之數也，而八卦皆得之而爲卦，則八卦其不在五行之內，而五行其不在八卦之中耶？至於後天八卦之方位、時序，則其於水、火、金、木、土，無非天時、地方之常也。此非聖人有意排設，而其自然之理，不得不如是也。又曰：八卦之中，不變者四，乾、坤、離、坎也。變者二，艮反爲震，震反爲艮；兌反爲巽，巽反爲兌也。不變者正，反變者不正。正者宜常居正位，而乾、坤以純陽、純陰，但在先天居南北之正位，在後天則不居正位也；坎、離則先天得東西之正方，後天居南北之正位，則在先後天皆得其正位，東西南北皆不失其正者何也？蓋道以得中爲貴焉。乾、坤雖爲陰陽之純，而氣至於純，則衰老垂盡，故始雖正位，終必歸閑。若坎、離則陽不亢於陽而陽中有陰，陰不偏於陰而陰中有陽，則俱爲得中之象，故先天、後天無不得其正位者是也。又曰：坎中之陽，爲衆陽之根，而得長男之責者，歸於震；離中之陰，爲衆陰之根，而得長女之序者，歸於巽，何也？蓋坎中之陽，居二陰之間，有陷困之象，故當陰盛之時，不得發出其陽德；離中之陰，居二陽之間，有依附之象，故當陽盛之時，又得發出其陰氣，其勢當然也。且凡卦皆以初下爲先，故陰陽皆從下起，次中，次上者，其序也。故震當長男之責也。又曰：陽卦則最長者得位任事，而陰卦則最少者得位於正西，何也？陰不貴長而少能順從故也。

2.1.47

易之道理，不是待得卦爻已畫，然後因其卦爻而始備也，卦爻未畫之前，其道理已自具矣。不然，天地造化、萬物變化，何從而爲天地造化、萬物變化哉？ 聖人生于天地之間、萬物之中，而會得其爲造化、爲變化之道理，有如是者，故於是乎始畫卦爻而爲之摹象焉。 然則爲小成之八卦而其爻二十四，爲大成之六十四卦而其爻三百八十四者，固不可欠一卦一爻焉。以其道理本自如此，以人加減不得故也。 儀必兩者，不可不兩也，象必四者，不可不四也，卦必八，仍爲六十四，爻必二十四，仍爲三百八十四者，皆不得不滿此數也。 何可以一卦、一爻加於此數，減於此數哉？ 然而天下之物象，果是六十四而止焉；天下之事變，果是三百八十四而止焉乎？ 竊觀易之活法，不出乎陰陽二爻之升降往來而已。 陰陽二爻升降往來于六畫一卦之中，而其變常爲六十四，故又其升降往來于六十四卦中者，其變幷爲四千九十六卦。 然則三畫八卦，其爻爲二十四者，體也；六十四卦，其爻爲三百八十四者，用也。又卦止六十四，爻止三百八十四者，體也；六十四卦爲四千九十六卦，而三百八十四爻之變各如本數者，用也。 惟其元定卦爻，其數、其位未嘗有變動，而其爻之變動交易升降往來者，自無窮焉。此所以爲易之道，無事不貫，無物不統，無地不通，無時不合，而世代、事物之變，擧莫逃於此象數、此道理之中矣。 自當據此所成之象數，推以無窮之道理，引而伸之，觸類而長之而已。此非《大易》無窮之妙用乎？ 嗚呼！固其不可窮矣。 然而其實則八卦而已，其理則太極而已，豈容費說贅數於其外哉？

2.1.48

孔子號易理曰太極，極乃取比之號也。然則易之爲書，亦可以號之也。余敢以三號號《易經》，曰理鏡也，曰道範也，曰德田也。何以謂之理鏡？夫鏡者，明在於此，而天下萬物之形像，無不照現焉。今此《易經》之中，天地事物之理，無不備具矣。天地事物雖在於書外，而其理則皆具於書中。故其自無始之前，以至無終之後，其自莫破之小，以至莫載之大，日、月、星、辰之象于天，水、火、土、石之法于地，生生不窮之造化，體物不遺之鬼神，凡天壤間品彙之林總，宇宙來事變之紛紜，皆可以此易而通之。此非所以爲理鏡者乎？何以謂之道範？範者，鑄金者之必用也。其欲爲方圓、大小、長短、淺深之什器，須先用他物爲是器之模範，然後溶液其金材而注之。此所以器必爲所範之器而無差誤也。道固吾人日用常行不可須臾離者也，而所應之事，非一緖也；所接之物，非一般也；所居之地，非一位也；所遇之時，非一日也。其所以酬酢施措之者，隨事、物、時、位而異焉，必須各得其當然之則，然後可以爲至善而必止於是焉，可以爲中庸而無偏倚過不及焉，爲父子則盡父子之道，爲君臣則盡君臣之道，至於爲夫婦，爲長幼，爲朋友，無所不盡其道焉。此非會得輕重緩急、進退消長之機而能之乎？凡其精義妙道無不具載於易書之中矣。居則觀象玩辭，動則觀變玩占，而自天祐之，吉無不利者是也。此非所以爲道範者乎？何以謂之德田？夫田者，出貨財以供吾人者也。吾人無羽毛鱗介以居寒熱也，無爪牙以爭食也，故其所以事父母，事君相，奉祭祀，育妻子，資親戚，接賓客者，無非取足於田也。若夫德者，天所與我之命也，身所爲心之性也，人所參三之道也。人無衣食，無以有生矣，而如無其德，是乃無生之理也。無生之理而可以人乎兩間哉？然則養吾人之生者，土之爲田也；養吾人之生之理者，易之所以爲經也。田之所養人者，形氣也；易之所養人者，性命也。所養之精粗雖異，而惟其致養之道則同其用，故取而擬之也。用是易者，無古今，無貴賤，其所動靜語默，行藏仕止者，果能不違於卦爻之象占，一循乎會通之典禮，而應事以是，隨時以是，處常以是，處變以是，則仁義禮智由是而全矣，性命道德由是而盡矣。此非所以爲德田者乎？其爲鏡也，果可以窮天地事物之理，而無所不格焉；其爲範也，又可以準日用常行之道，而無不當然焉；其爲田也，又可以盡性命秉彝之德，而無所不誠焉。或曰："號以三號，則易之名可去乎？"曰："不然也。三號之設，乃所以因其首經，而別立三號，特明此經之實爲易也。易之爲稱，便是至神至妙，無方無體之目也。以其至神至妙，無方無體，故自有無窮之用，不可一日可去，則當與天地同始終矣。既號曰理鏡，有未足以盡矣，故又號曰道範；猶未足以盡之，故又號曰德田。此非所以爲不易之易、常經之經者乎？"

2.1.49

易八卦之乾坤卽天地之象也。若以其生之序言之，兩儀之生，在太極之下、四象之上，其生也最先焉，則似當以兩儀象天地，指陽儀爲天，指陰儀爲地，以居四象之上可也。而易之取象則不然，必以三畫之陽爲天，以三畫之陰爲地，而置四象之下者何也？竊思之：數之加倍之法，其初必須以一生兩者，理之自然也。天地未爲天地之前，此道、此數常自無窮焉。此天地之前，其過幾天地也？其爲大闢闔之相承者，非亦兩儀乎？且兩儀者，陰陽之第一分也，止發其一陰一陽之必對必禪而已，未及其所包之變也。此所以不以兩儀當天地也。至於四象者，又明其兩儀各自有兩儀，而陰陽不得無大小、老少之別，然後有以致其用也。然畫止於二，位止於四，則猶未畢備也。及其畫至於三，位至於八，然後象數已成，道德亦備，而始可以擬諸三才之象，而通神明之德，類萬物之情也。於是乎以三陽之卦擬之於天，其德旣純，其道至健，故曰乾；以三陰之卦擬之於地，其德亦純，其道至順，故曰坤。乾坤位乎上下，而其間六卦，莫非統承於乾坤而致其用焉。一陽之在二陰之下者曰震，在二陰之中者曰坎，在二陰之上者曰艮，所謂三男也；一陰在二陽之下者曰巽，在二陽之中者曰離，在二陽之上者曰兌，所謂三女也。以兩儀之出而言之，兌至震皆屬於乾，巽至艮皆屬於坤也。以男女之義言之，三男屬乾，三女屬坤，錯綜其位也。惟其自儀而象，自象而卦，其畫必三，然後象成德備，八卦之名各有所取。然則乾坤之稱、天地之立，其在儀、象之時乎？故曰：天地之前，已有兩儀、四象之道也。或曰："以加倍生出之序排之，雖不得不有位列之先後，而其實則一太極無不包儀、象、卦之數，而在生兩儀時，已自有象、卦之理，在生四象時，已自有八卦之理焉。方言太極而儀、象、卦在其中矣，方言兩儀而象、卦在其中矣，方言四象而八卦在其中矣，則豈可以生出之有序，而致疑於儀、象、卦之各其排位而乾坤、六子必生於兩儀、四象之後哉？以其一時皆備，故八卦之初畫，皆兩儀也，初畫至兩畫，皆四象也，及其三畫，然後遂謂之八卦也。"曰："據八卦已成之後，雖指初畫曰兩儀，至兩畫曰四象，而四象之四位，已具於八卦之前，兩儀之兩位，已立於四象之前、太極之下，則其可以儀、象、卦爲一時俱生，而天地之生，不在儀、象之後乎？其生出之序，必須先有兩儀，然後其次爲四象；又須先有四象，然後其次爲八卦。其必先必後之序，旣如是焉，則不可謂之一時俱生者，非爲必是耶？惟其爲儀爲象爲卦之理，則本自畢具於太極之中，乾坤之成，雖在於三畫已成之後，乾坤機軸則已立於爲儀爲象之時矣。天地開闢雖在於此元子、丑之會，而蓋其積累之根本則必兆於前元衰暮之時也。至高至明之天、至博至厚之地，豈是一時頃之所成哉？然而八卦之小成，雖在於三畫之時，而其成也猶有未盡，故必須重其三而爲六畫，八卦之上，各加八卦，然後其義始備，而乾坤爲有全德，可以盡天下古今之事變也。此非八卦之大成而天地之能事畢盡者乎？"

2.1.50

孔子《易》傳曰："太極生兩儀，兩儀生四象，四象生八卦。"其道則太極之中，有兩儀；兩儀之中，有四象；四象之中，有八卦。故旣有太極，不得無兩儀；旣有兩儀，不得無四象；旣有四象，不得無八卦也。不是有太極時，兩儀、四象、八卦未之生也；方生兩儀時，太極則已歸無矣，而四象、八卦則未之生也；方生四象時，太極、兩儀則已歸無矣，而八卦則未之生也。至於三加其畫而爲六十四卦者，亦然也。濂溪《太極圖說》曰："太極動而生陽，靜而生陰，兩儀旣立，陽變陰合，而生水、火、木、金、土。"是亦太極之中，自有陰陽，陰陽之中，自有五行，故旣有太極，則不得無陰陽，旣有陰陽，則不得無五行也。亦不是有太極時，陰陽、五行未之生也，方有陰陽時，太極則已歸無矣，而五行則未之生也。蓋以《易》則太極得兩儀、四象、八卦而爲太極也，兩儀得四象、八卦爲兩儀也，四象得八卦爲四象也；以《圖說》則太極得陰陽、五行而爲太極也，陰陽得五行而爲陰陽也。然則其有也，非有彼此也，其生也，非有前後也，特言其宗大爲小，小在大中，則其爲言之勢，自不得不爲之有彼有此，有先有後故也。然而《易》傳止言太極而不言兩儀、四象、八卦，則人不知太極之有兩儀，兩儀之有四象，四象之有八卦也；《圖說》止言太極而不言陰陽、五行，則人不知太極之有陰陽，陰陽之有五行也。又誰知渾然統體之中，自具燦然之節目，統體不得舍節目而爲統體，節目不得離統體而爲節目哉？必須統體有立，節目咸具，然後造化行而事業成也。此非道理之自不得不然者乎？噫！苟非知道理者，孰知其妙哉？

2.1.51

太極生兩儀，爲一變；兩儀生四象，爲二變；四象生八卦，爲三變。故小成之卦，其爻止於三者，卽三變之數也。○兩儀爲一畫，四象爲二畫，八卦爲三畫，幷其一、二、三，則爲六畫也。故大成之卦，其爻止於六者，卽儀、象、卦本畫之數也，以其上體之三畫，止就小成卦之畫而重之故也。○小成之卦，其數止於八者，《河圖》四方之數，幷其生成，爲八而止也。五與十之二數，藏在裏面，空之則爲太極之位矣，故取《河圖》四方各合之數而爲八也，幷中位之五與十，則十之全也。○

大成之卦，其數止於六十四者，以其小成之卦，數止于八，則八八之數，窮于六十四也，亦不出於八數而已。此莫非自然之妙，而聖人之手法卽天機也。

2.1.52

理自是無象無數，及其有氣然後，卽有氣之象、氣之數，有物然後，卽有物之象、物之數焉。夫易卽道理之宗會也，易中之所言氣、所言物者，乃其粗粕也，而其以象數爲言者何也？蓋必有形而下之器，然後斯有形而上之道焉。易若徒有道理而不及於器，則書亦何必作哉？書果非形而下之器耶？其中所畫之卦爻，無非已涉於氣者也；所言之事類，無非已成爲物者也。然則其象、其數有不從道理而出者乎？如不有爲氣爲物之形而下者，則道理何從而著明哉？此乃易書中所載者，無非象數也。但其象數，首有作易之象數，中有明易之象數，終有用易之象數，此則不可無分也。蓋上古之世，易在天地，而書未作矣。伏羲生於三皇之後，仰則觀象於天，俯則觀法於地，觀鳥獸之文與天地之宜，近取諸身，遠取諸物，又有巧而著者《河圖》之瑞。於是始作八卦，以通神明之德，以類萬物之情，則其所觀取者，非象與數之著於上下遠近者乎？及其始畫也，自太極一變而儀，二變而象，三變而卦，三畫而小成，六畫而大成者，皆象也；儀而兩，象而四，卦之小成而八，大成而六十四者，皆數也。此卽作易之象數也。及其卦之小成，而審其健、順、動、入、麗、陷、止、悅而明其性，取天、地、山、澤、水、火、雷、風而著其實，大成而觀上下二體內外貞悔而立其名者，皆象也。卦之小成者爲八，其爻二十四，卦之大成者爲六十四，其爻三百八十四者，皆數也。此則易成後之象數也。若夫取大衍五十之蓍數，留一，象太極，分二，象兩儀，卦一，象三才，揲四，象四時，歸奇，象閏，皆象也。又明掛扐過揲加減低昂，各有其法，老少陰陽三變奇偶，各有其樣者，皆數也。象立而數在其中矣。以至繫辭之際，所取而擧之者，或人身，或人家，或物，或事，凡在宇宙間，衆所經歷，人共見聞者，而譬喩之，此莫非用易之象數也。此四聖之所以見天下之賾，會天下之動，擬諸形容，行其典禮者也。嗚呼！易非象數，其何以發明道理之微妙、事變之曲折哉？

2.1.53

孔子《易·繫辭傳》曰："易有太極，是生兩儀，兩儀生四象，四象生八卦。"然則生八卦者四象，生四象者兩儀，生兩儀者太極也。其生之之序，必自不得不有其先之後之者也，而伏羲之作易，則舍太極、兩儀、四象三本，而徑畫八卦者何也？夫伏羲旣畫八卦，則非不知八卦之前，必須有四象然後當有八卦，有兩儀然後當有四象，有太極然後當有兩儀也。然而不序三層於畫卦之前者，豈無所以然哉？蓋孔子論三正，必取夏時者，非不知夏正寅月之前，有丑朔，丑朔之前，有子朔，而前歲之冬至，常在子月之中，而旣爲前歲之冬至，則後歲之新陽，已復生於此矣，新陽已復，則此可以爲後歲之首也。而必待寅月之夏正然後爲首時者，豈不以新陽雖已萌於子月，其氣方微，必須逾其子朔，又逾丑朔，然後陽氣始發於地上，故乃取其發於地上者而爲常焉。伏羲之易亦非不有太極、兩儀、四象之在於卦前矣，而乃其須從八卦而始畫者，亦此義也。易之在太極也，渾然一理而已。乃至於動而陽，靜而陰，然後始有陰陽之分位，而可以儀名之也。又須於陽儀之上，復加陰陽，陰儀之上，復加陰陽，而爲大少陽、大小陰之四位，然後始可以象名之也。乃於大少陰陽四位兩畫之上，復各加陰陽之奇偶，然後三畫成而三才之象備矣。於是乎始以卦名之，而謂之小成，則其畫爲三，其位爲八也。此雖未言其所生之序，而旣畫八卦，則兩儀、四象靡不在其卦中焉。八卦之初畫，皆不出兩儀也，其中畫皆不出四象，畫至於三，然後爲小成之卦，而其所以爲儀，爲象，爲卦者，又無非太極一理流通於其間也。若無太極，其得爲儀、象、卦乎？三者不是儀自儀，象自象，卦自卦耳。卦之中，象自存焉，象之中，儀自存焉，儀、象、卦之中，太極一理本自存焉。不是昨日有太極，今日有兩儀，明日有四象，又明日有八卦也。有是俱有，行是俱行。其謂之俱者，只據其名位之各立，而著此俱字，亦何得分彼分此，分前分後哉？但其渾然之中，不得無其燦然者矣，燦然之中，不得無渾然者矣。其理如此，故八卦各位之上，又各加之以一奇一偶，則爲四畫者十六位；四畫各位之上，又各加之以一奇一偶，則爲五畫者三十二位；五畫各位之上，又各加之以一奇一偶，則爲六畫者六十四位。四畫之十六卽八卦之兩儀也，五畫之三十二卽八卦之四象也，六畫之六十四卽八卦之八卦也。合之爲三百八十四爻者，無非一太極之理焉，則豈有一爻、一刻之不相隨者哉？故止言太極，而儀、象、卦都在太極之中焉，止言兩儀，而其上太極、其下象·卦都在兩儀之中焉，止言四象，而其上太極·兩儀、其下八卦都在四象之中焉，則止畫八卦，而太極、兩儀、四象果不在八卦之中乎？ 故曰“神無方而易無體”， 豈不是就儀、象、卦之中而言其理者哉？

2.1.54

或曰：“伏羲之作易， 徑自卦始而不先其極、儀、象則然矣。惟其既畫八卦， 則八卦之上， 天地、人物、許多事變無不備其象焉， 而又必加各卦上一奇一偶而爲十六位之四畫， 四畫各位上， 又各加一奇一偶而爲三十二位之五畫， 五畫各位之上， 又各加一奇一偶而爲六十四位之六畫， 然後乃是大成者何也？”曰：“此亦不過就八卦而推其象，盡其變也爾。何以言之？ 若易止於三畫之八卦，則貞悔未之具矣，乾自爲乾而已矣，何以見重乾之妙哉？不但其爲貞爲悔，體用之互形者，未之見矣； 貞悔中各爻世應之殊義者， 亦未之見焉； 其爲上下六爻之異位異義， 與終始、遠近、彼此相資之殊別者， 并莫之見矣。備物之物，何以辨哉？所遇之時，何以驗哉？ 千變無其變矣， 萬化無其化矣。 此所以必立貞悔之六畫、內外之兩體，然後無窮之妙，於是乎無不具矣，而開物成務之道可以立也。然則既有小成，又必有大成，然後易之用爲無盡也。然則太極、儀、象不須言於前， 四、五、六畫不可不畢備於後者，無非此理也。”

旅軒性理說
校勘·標點

卷三

太極說

3.1 太極說

太極十全是具一箇善，若六十四卦三百八十四爻中有善有惡，皆陰陽變化後方有。【右朱晦庵語，出《易・繫辭上傳》易有太極章輯註。】

右六十四卦四字乃愚加也，而實三百八十四爻之所在也。

孔子《周易・繫辭傳》曰："易有太極。"

周濂溪《圖說》首句曰："無極而太極。"

朱晦庵註《易傳》曰："太極者，象數未形而其理已具之稱，形器已具而其理無朕之目。"

3.1.1 **諸說**

3.1.1.1

註《圖說》曰："上天之載，無聲無臭，而實造化之樞紐，品彙之根柢。"愚今繼之曰："太極者，道德之頭顱。"【是用朱子下兩句根柢樞紐之文法也。】

3.1.1.2

所謂“象數未形而其理已具之稱，　形器已具而其理無眹之目”者，皆以太極之在《易經》者言之也；所謂“造化之樞紐”，以太極之在天地者言之也；所謂“品彙之根柢”，以太極之在萬物者言之也；至於愚所謂“道德之頭顱”，乃以太極之兼總三才者而言之也。

3.1.1.3

孔子既謂之太極，則其爲無極之妙，含在其中，故止曰“太極”矣，而濂溪須加無極於太極之上者，非所以求多焉。惟慮後人不及知夫太極之稱實自有無極之妙，故曰：“無極而太極”，所謂“無極”者，卽所以明夫太極之妙者也。此非太極之外，別有無極之自爲一極也。

3.1.1.4

在萬有未有之前，爲萬有之所以然、所必然；在萬有方有之中，爲萬有之所固然、所當然；在萬有既盡之後，亦自爲所常然，又復爲所以然。

3.1.1.5

極之於既往之前，而莫知其所始；極之於未來之後，而莫知其所終。最先於萬物者，天地之始也，而太極則天地未始而爲始；最後於萬物者，天地之終也，而太極則天地已終而無終，指其統體者而謂之一理；指其各具者而謂之萬理，爲之一而不見其不足；爲之萬而不見其有餘。散爲各具之萬，而未嘗有統體者之耗損，雖曰"各具之萬"，而未嘗不爲統體者之該括。

3.1.1.6

無所不包；無所不備；無所不主；無所不貫，無時或間；無處或外；無事或欠；無物或遺，無方而無不在；無爲而無不爲；無行而無不行；無變而出萬般之變；無形而出萬殊之形；無聲而出天下之聲；無色而出天下之色，無往來而所以使之有往來；無盈縮而所以使之有盈縮；無始終而所以使之有始終者，太極也。

3.1.1.7

其先爲莫先，其後爲莫後，其明爲莫明，其隱爲莫隱，其大爲莫大，其小爲莫小，其高爲莫高，其卑爲莫卑，其深爲莫深，其淺爲莫淺，其遠爲莫遠，其近爲莫近。先言其無始也，後言其無終也，明言其無礙也，隱言其無象也，大言其無外也，小言其無內也，高言其無上也，卑言其無下也，深言其不可測也，淺言其不可離也，遠言其無際涯也，近言其庸言行也。先爲能後之先，後爲能先之後，明爲能隱之明，隱爲能明之隱，大爲能小之大，小爲能大之小，高爲能卑之高，卑爲能高之卑，深爲能淺之深，淺爲能深之淺，遠爲能近之遠，近爲能遠之近。

3.1.1.8

太極卽一理之名也，而極是爲一之旨也。其爲一也，自有五義：一曰"本底義"也，二曰"統底義"也，三曰"純底義"也，四曰"專底義"也，五曰"常底義"也。本故能生萬有；統故能主萬彙；純故能出萬善；專故能宰萬化；常故能總萬變，五者爲一之義，皆無對之旨，故曰"太極"。

3.1.1.9

凡於活處可以看理，而活者氣之作也，則所以活者，理也；明處可以驗理，而明者氣之象也，則所以明者理也；神處可以認理，而神者氣之機也，則所以神者理也；妙處可以會理，而妙者氣之變也，則所以妙者理也；精處可以見理，而精者氣之正也，則所以精者理也；秩處可以解理，而秩者氣之序也，則所以秩者理也；洽處可以觀理，而洽者氣之至也，則所以洽者理也；復處可以識理，而復者氣之息也，則所以復者理也。

3.1.1.10

理固無體質，無貌象，無模範，無方位，無始終。又不可以知覺、性情言之，則當何據而知得哉？試以俯仰者觀察焉，則天於上，地於下，萬物於兩間矣，而成象于天者，日月星辰也；效法於地者，山陵川澤也；流行於宇內者，二氣五行也；往來迭運者，晝夜寒暑也；時布者，風雷雨露也。卽吾一身，則臟腑、氣血於內，耳目口鼻、四肢百體於外，性情、言行於日用之間者，其孰使之然哉？不有太極一理，而天能天，地能地，人能人，物能物，各所其所，各道其道耶？其所以爲萬變萬化竝育竝行者，夫豈一日無一理而有是哉？此固有耳有目者，皆可聞可覩也。因其可覩可聞者，而會得其莫覩莫聞之源，則此非太極耶？

3.1.1.11

夫宇宙之所以爲宇宙者，以其有許多事物也。所謂“事”者，三才之生出，乃事之最先也；所謂“物”者，三才體質之各成，乃物之最大也。事與物，非自能事物也。惟其所以使之，必爲是事而斯有是事，必爲是物而斯有是物者，乃是一理之爲太極也。然則事物之得爲得有者，實唯太極之爲之有之也。至於太極之理，則孰使之爲焉，孰使之有焉，而作太極乎？凡所謂“爲”也者，必由造作者而爲之也；凡所謂“有”也者，必由排置者而有之也。若理則不然也。其爲也，非由造作而爲焉，則乃其自爲也；其有也，非由排置而有焉，則乃其自有也。其爲也、其有也，本自如是，故其用之出也，亦不是逞巧致計而生變化也。既自爲理於無形、無象之中，而其爲道德、事業，自不得不已也。夫豈有有爲之迹而爲之也哉？

3.1.1.12

理也者，不可以世代、歲月究其始終；不可以疆域、區界求其方位；不可以長短、廣狹言其模範；不可以剛柔、輕重言其體質；不可以聲色、臭味言其趣槩；不可以知覺、運動求其性情。

3.1.1.13

又不可以耳目接，而實不出吾見聞之中；不可以梯航求，而實不出吾心身之中；不可以筭數計，而實不出吾知覺之中；不可以方所指，而實不出諸形器之中；不可以模範準，而實有界限之可分；不可以涯涘測，而實有條脈之可尋。

3.1.1.14

錯認此理者，以其有太極之名，而遂以此理爲有爲實，則每擬之於體段模象之一物，而不知其本不雜於形器焉；以其有無極之稱，而遂以此理爲無爲虛，則每歸之於渺茫曠蕩之域，而不知其實不離於形器焉。此二者，皆非得知夫太極之爲太極也。夫天地以下之有，莫有如太極之爲至有；天地以下之實，莫有如太極之爲至實焉。蓋形而下者之有，有必歸無，然後後有者繼有也，而後有者，非前有也；形而下者之實，實必歸虛，然後後實者繼實也，而後實者，非前實也。若形而上者之有，則無前後，卽一有也；形而上者之實，則無前後，卽一實也，豈不以爲至有於至無之中；爲至實於至虛之中故也？

3.1.1.15

惟其無際限矣，天所不能覆得，地所不能載得也；惟其無空缺矣，鬼神所不能逃遁得也；惟其無變易矣，四時之所不能推移得也；惟其無體質矣，日月之所不能照分得也，水所不能沒得，火所不能滅得也。

3.1.1.16

其爲一定也，欲損之而不可損也，欲益之而不可益也，欲毁之而不可毁也，欲破之而不可破也，欲撓之而不可撓也，欲累之而不可累也。其爲至正也，欲欺之而不可欺也，欲逆之而不可逆也，欲蔽之而不可蔽也。

3.1.1.17

太極之於天地人物也，如律呂之於聲音也；規矩之於方圓也；尺度之於長短也；斗量之於多寡也；權衡之於輕重也。天地人物之於太極也，如日月之不能離天也；山川之不能離地也；水族之不能離水也；植物之不能離土也；動物之不能離氣也。

3.1.1.18

天高地卑而其位不易也；日晝月夜而其象不易也；春生秋殺而其道不易也；夏暑冬寒而其時不易也；人貴物賤而其品不易也；動者常動植者常植，而其類不易也；往者必過來者必續，而其化不窮也。臟必具五，腑必備六，九竅之竅於身，四肢之肢於體，五常之性於心，七情之用於性，而莫不同然者，非一理爲太極而有是乎？

3.1.1.19

愚嘗爲之說曰："孔子曰'易有太極'，則太極之稱，始出於此也。至宋 濂溪 周子因孔子始言之太極而著《圖說》，首加無極於太極之上，曰'無極而太極'，則無極之稱，遂出於此焉。然則太極乃是有文字以來名得此理之至矣、盡矣者也， 理果何如也而以太極名之乎？ 夫旣曰‘理’，則非氣也，非器也，非物也。固是不氣，不器，不物矣，則何所據而有以認會之乎？嗚呼！理誠難言矣。難言而不言，則畢竟何得以明之哉？今始用文字、言語敢欲說出此理， 則理是自然而莫見其然， 常完而莫見其完，不可端倪，不可貌象焉矣。其何可容得說哉？誠所謂‘不容說’也。 惟當就認其驗焉爲德， 行焉爲道者而擬依說出，然後庶可得形容其大槩也。德亦理之德也；道亦理之道也，而若指德爲理，指道爲理，則不可也。理固德之本矣，而方其理焉，未驗於爲德，則卽不可謂德爲理；理固道之原矣，而方其理焉，未著於爲道，則亦不可謂道爲理也，必須此理之爲大本、大原者，驗焉爲德，著焉爲道，然後可據其所驗之德、所著之道，而得認夫未驗、未著之理也。理之經常者爲德，理之流行者爲道，故道德皆出於理，而理外無道德，則會太極之理者，舍道德，其何可究得其本原哉？”

3.1.1.20

試認其爲綱者有一：曰“善”也，其爲目者有十五：曰“眞”也，“實”也，“常”也，“直”也，“順”也，“平”也，“中”也，“正”也，“公”也，“定”也，“準”也，“密”也，“全”也，“完”也，“通”也。夫善之爲綱者，何哉？蓋自是生生之原也，不有此理，其何以有天地人物哉？以其經常者而認之，則所以使之有吉而無凶也；有利而無害也；有成而無敗也；有繼而無絶也；有福而無禍也，此乃太極之本旨也。無非善底大義爲之主焉，則以善爲太極之綱不爲得乎？若夫常外之變，非太極之所知也。以其目認之，眞則无僞也；實則无妄也；常則无變也；直則无曲也；順則无逆也；平則无險也；中則无偏也；正則无邪也；公則无私也；定則无忒也；準則无欠也；密則无漏也；全則无隙也；完則无損也；通則无塞也，此一理之所以爲太極，而樞紐於造化、根柢於品彙、頭顱於道德者也。其謂之太極，不以是耶？或曰："理之爲太極也，本自是不形不器，無聲無臭，則不可作綱目言之，而今乃綱之目之，則其不爲未安者乎？"曰："固知曰'綱'曰'目'之爲未安矣，而第欲發明其爲理，不得不爲之假設焉。蓋以一理之中衆妙具焉，衆妙之上必有一言以蔽之者焉，此乃首善稱綱，集十五字稱目，以其善之一字，足包十五字之義，十五字之義，亦不出善字之總故也。然而所設一綱十五目者，皆就此理之發於四變而爲氣、爲才、爲道、爲德者，而推而上之，以認其理必如是也。爾若於太極上欲求其爲綱之善、爲目之十五言，則豈容着得其綱焉目焉之爲定義哉？此又不可不知其妙者也。"或曰："《易》曰'書不盡言，言不盡意'，今此一字之綱、十五字之目，果可以盡太極之義乎？"曰："太極之理，無從可據而會之，若非文字無他術可以發明，而必欲用文字說出，則一綱十五目之中，減一字不得焉，此所以敢有此綱目之說也。"或又曰："《易》又曰'聖人立象以盡意，設卦以盡情僞'，夫儀、象、卦三者，乃可以立象數以盡其意與情僞，則太極獨不可立象數以盡其義乎？"曰："兩儀以下至四象、八卦者，已屬于形而下之器，故可得以立象數矣。至於太極，則乃是形而上之道也，其得有象數之加乎？"或曰："濂溪、晦庵，皆有太極之圖於陰陽兩儀之上，而皆設一段空圍，而圓之者，非太極之象乎？"曰："太極只是理耳，豈果有方圓之可擬哉？其所以設空圍一圈者，乃所以明夫太極者其有則固有矣，而本自無形無象，故設空圍以擬之，非謂太極之象，有如空圍之圈也。若然則太極便歸於有象也，此豈周、朱兩賢之意哉?”

3.1.1.21

善之爲綱也，爲天地萬物之一原，而不自有其尊焉；出無窮造化，而不自有其功焉；產許多品彙，而不自有其德焉；先焉而非有意於先之；後焉而非有意於後之也；隱焉而非有意於爲隱；明焉而非有意於爲明也，極高深遠大而不自爲貴焉；窮卑淺近小而不自爲賤焉；不以混沌之暗而隨其暗；不以開闢之明而加其明；不以天地之始爲其始；不以天地之終爲其終。其爲目也，一於眞无僞；一於實无妄；一於常无變；一於直无曲；一於順无逆；一於平无險；一於中无偏；一於正无邪；一於公无私；一於定无忒；一於準无欠；一於密无漏；一於全无隙；一於完无損；一於通无塞也。

3.1.1.22

眞，謂其本然也；實，謂其充足也；常，謂其亘永也；直，謂其必是也；順，謂其宜穩也；平，謂其安固也；中，謂其恰當也；正，謂其貞確也；公，謂其均徧也；定，謂其惟一也；準，謂其稱齊也；密，謂其備盡也；全，謂其咸渾也；完，謂其自若也；通，謂其變活也。

3.1.1.23

其爲眞也，非假借，非姑息，自然而然，當然而然，不爲而爲，不存而存；其爲實也，有天地人物之理，必爲天，必爲地，必爲人，必爲物也；其爲常也，在古如是，在今如是，在此如是，在彼如是；其爲直也，巧舌利口不能亂夫是非邪正，刀鉅鼎鑊不能屈夫亢節守義；其爲順也，火必炎上，水必潤下，反道必敗，悖德必亡；其爲平也，父慈子孝，兄友弟恭，非其性乎？耳聞目覩，手持足步，非其常乎？其爲中也，在物爲性，在事爲義，莫不一定而不可易者，非所謂"中"乎？其爲正也，千邪莫容邪，百僞莫敢僞，萬變萬化而各則其則者，非所謂"正"乎？其爲公也，賦畀之性，無物不得，生育之道，無物不被，無古今、無巨細者是也；其爲定也，當有必有，當無必無，當行必行，當止必止，水不爲火，火不爲水者，無改易也；其爲準也，當多必多，當寡必寡，當巨必巨，當細必細者，無加減也；其爲密也，備條緖包倫類，脈絡之分，次第之明，無紊錯也；其爲全也，無所不具，無所不及，百千萬億隨處充足；其爲完也，無衰歇，無降殺；其爲通也，動極則靜，靜極則動，往必有來，闔必有闢。

3.1.1.24

无僞者，眞之至也；无妄者，實之至也；无變者，常之至也；无曲者，直之至也；无逆者，順之至也；无險者，平之至也；无偏者，中之至也；无邪者，正之至也；无私者，公之至也；无改者，定之至也；无欠者，準之至也；无漏者，密之至也；无隙者，全之至也；无損者，完之至也；无塞者，通之至也。

3.1.1.25

眞也、實也、常也，三言者其義相類也；直也、順也、平也，三言者其義相類也。右六者，皆以德言之，而道在其中矣。中也、正也、公也， 三言者其義相類也； 定也、準也、密也，三言者其義相類也。右六者，皆以道言之，而德在其中矣。全也、完也、通也，三言者其義相類也，此則兼道德言之，而其上十二言之會也。

3.1.1.26

理旣有矣，不可徒自爲理而已，必有以發出於大用，然後乃得其爲理之實矣。 故斯爲之氣卽一變也， 斯爲之才卽二變也，斯爲之道卽三變也，斯爲之德卽四變也。氣者，變化之機也；才者，作爲之具也；道者，流行之體也；德者，生成之驗也。氣者，理之輔佐也；才者，理氣之作用也；道者，理氣之發達也；德者，理氣之凝聚也。有氣然後有才，有才然後有道，有道然後有德，太極之理，必須有四變，然後事業畢矣。其爲事業，則有天地人物者是也。

3.1.1.27

以理言之， 其綱也有善無惡， 其目之爲眞、爲實、爲常、爲直、爲順、爲平、爲中、爲正、爲公、爲定、爲準、爲密、爲全、爲完、爲通也者，莫非其綱之常也，而及其爲四變也，氣不能無淸濁厚薄； 才不能無優劣； 道不能無正邪； 德不能無吉凶，故善不能皆純，惡不能皆無，而必有反眞之僞、反實之妄、反常之變、反直之曲、反順之逆、反平之險、反中之偏、反正之邪、反公之私、反定之忒、反準之欠、反密之漏、反全之隙、反完之損、反通之塞者，何也？此蓋理不能徒理，而不得不以氣爲用，則氣不得純於淸，純於厚，必有反淸之濁、反厚之薄，故禀其淸且厚者爲善類，禀其濁且薄者爲惡類，此豈太極之所知哉？然則事之有是非；物之有臧否；生之有壽夭；世之有治亂；國家之有興亡者，皆其所不能免者也。或曰："然則理亦不能常一焉，而太極亦有不能極者耶？"曰："不然也。常之不能無變者，自氣以下之所必有也。理何嘗不一，而太極何嘗有不極者哉？是故四變之不能無反常者，畢竟莫不同歸於此理之一焉也。惡必化於善者，道之常也；非必從於是者，事之常也；否必屈於臧者，物之常也；亂必有治，世之常也；亡必有興，國之常也；夭必見庇於壽，人之常也，豈可以一時之變致疑於經常之理哉？此太極之所以爲太極者也。然其所以創字爲理，其所以立稱爲太極者，何也？蓋宇宙以來其間所做者，造化也，造化中所造所化，若以形而下者言之，則始於氣，次質，次才，次器也，而其所謂'氣也'、'質也'、'才也'、'器也'者，非自能爲氣，爲質，爲才，爲器，必有所以使之爲氣、質、才、器者焉。以形而上者言之，則始於命，次性，次道，次德也，而其所謂'命也'、'性也'、'道也'、'德也'者，非自能爲命，爲性，爲道，爲德，必有所以使之爲命、性、道、德者焉，如不有所以使之者在其先，則其何得而必爲形而下焉，又必爲形而上焉，各有條脈，各有次第，而得爲不可易之定形，得爲所當然之彝則哉？究其所以使之然者，而創其字焉曰'理'，是也。至於莫高莫明者天也，而天止爲天於上焉；莫博莫厚者地也，而地止爲地於下焉；莫多莫備者萬物也，而萬物止各爲物於覆載之中焉，上者不能下，下者不能上，中者不能上下者，豈非天地萬物雖有大小高下之不同，而莫不各爲有形之一物故也？ 若夫此理之爲太極也，則上焉而不偏於上也； 下焉而不偏於下也； 中焉而不偏於中也， 自以無形、無象、無聲、無臭之本體， 常在於不方、不所、不影、不跡之處， 而所以主張之者， 常使之天爲天，地爲地，人爲人，物爲物，皆不得自已焉者，非此理乎？此所以立稱爲太極者也。故求太極之實，則此理，是也；求此理之妙，則太極，是也。字理而不言太極者，伏羲之知非不及於孔子也，稱太極於字理之後者，孔子之見非有加於伏羲也。字理而太極之妙在其中矣， 稱太極而理之實在其中矣， 先聖後聖之道，同此理也，同此太極也。然則周濂溪無極之云，其有出於伏羲、孔子之旨外哉？”

3.1.1.28

理卽太極，太極卽理也。太極之實曰“理”；理之特稱曰“太極”，不是此理之外別有太極也。 理之爲字， 自伏羲造書契而始有焉； 太極爲稱， 自孔子作《易傳》而始出焉。然而字雖始造於伏羲，稱雖始出於孔子，而惟其爲理、爲太極之實，則固自有於未有字、未有稱之先矣。 其實爲固有， 故伏羲爲之造其字焉，孔子爲之立其稱焉。此豈無所據於其實，而必造字，必立稱哉？ 然而本自無形無象，無方無所，不影不迹，不聲不臭，則聖人何從而知其爲固有焉， 而設其字， 立其稱哉？ 蓋不過以上焉有天、下焉有地、中焉有萬物者， 而知之也。 若不有此理， 自爲太極於未有天地萬物之先， 則天地何得而爲天地哉？ 萬物何得而爲萬物哉？ 先有爲天之理，故於是乎爲天於上；先有爲地之理，故於是乎爲地於下；先有爲萬物之理，故於是乎爲萬物於天地之中也。此聖人所以觀天地萬物而知其爲天地萬物者，莫非此理爲之本也。此理之所以爲天地萬物之本者，以其爲太極也，太極之外豈有理哉？理之外豈有太極哉？

3.1.1.29

太極卽此理也，而聖人之贊《易》也，不曰："易有此理，是生兩儀."而必曰："太極生兩儀"者，何也？蓋以理稱理，則人皆知此理之有微妙精密之萬目，而不知其於微妙精密之中爲自有統貫總會之一綱也，如不有統貫總會者爲綱之一焉，則其所以有微妙精密者，何從而爲目之萬乎？然而爲綱之一者，非別有一理也；爲目之萬者，非別有萬理也。一自爲萬，萬自爲一者，卽此理之所以爲太極者也。其在事物之前爲事物所以然者，而不容已焉；其在事物之中爲事物所當然者，而不可易焉；其在事物之後爲事物所已然者，而不隨泯焉，前之所以然者，卽爲中之所當然也，中之所當然者，卽爲後之所已然也。故以其不容已者，而爲其不可易焉；以其不可易者，而爲其不隨泯焉。出萬變萬化而一自如也；產萬品萬彙而一自如也。以一爲萬而一未嘗損焉；以萬歸一而萬未嘗耗焉，其爲一者，合之極也；其爲萬者，分之極也。合焉者，非有事於合之也；分焉者，非有事於分之也。自合自分，無所在而不極，無所往而不極焉。此孔子所以必曰"太極"，以名此理者也。夫旣取極以名之，加太以崇之，則孔子之稱此理，固已至且盡矣，而周子爲之著說，又必以無極而三字加之於其上者，亦豈不爲深甚焉乎!

3.1.1.30

太極也者，可謂之至無而可謂之至有焉。以其無形象可擬故爲至無也；以其有眞實至理故爲至有也。其有也，不是從産出而有也；其成也，不是由造作而成也。其要都擧於一善綱之中，其實詳具於十五目之中，自無古今焉，不可謂之古有而今無，今有而古無也；本無彼此焉，不可謂之彼有而此無，此有而彼無也。合之爲統體而不見其大也；散之爲各具而不見其多也。天得之而爲天；地得之而爲地；人得之而爲人，三才則皆得其全體者也。物得之而爲物，萬物則各得分數而爲萬物也。三皇得之而爲三皇；五帝得之而爲五帝；三王得之而爲三王，三世之聖皆得其全體者也。五覇假之而爲覇，自五覇以下則各得其分數而爲歷代也。

3.1.1.31

名此理曰“太極”者，又有說焉。固以此理之爲理，雖可認之以吾心，會之以在我之天，而實難以筆舌說出其微，稱得其妙焉者也。故孔子提擧兩字，說出乎說不出之微，稱得於稱不得之妙，而遂謂之太極，非謂此理之外又有所謂“太極”者也。凡爲物者，莫不有形器也。夫旣爲形器之物，則大自爲大而不能小；小自爲小而不能大；高自爲高而不能卑；卑自爲卑而不能高，至如深也、淺也、遠也、近也者，莫不各自爲深，爲淺，爲遠，爲近，而不得互其妙焉。先者不能後，後者不能先；彼者不能此，此者不能彼，皆然也。若此理則旣大又小，既小又大，既高又卑，既卑又高，其爲深淺也、遠近也、先後也、彼此也者，未嘗有一定之偏也。然而自其有變有易者而觀之，則其變千變也，其易萬易也；自其不變不易者而觀之，則千變萬易之中，乃自有不變不易之常焉；又自其有分有散者而觀之，則其分無數也，其散無筭也；自其無分無散者而觀之，則無數無筭之中，乃自有常全、常完之一焉，此其所以爲理而以太極名之者也。然則以無體爲體，而至無之中至實者存焉；以無象爲象，而至一之中至備者藏焉；以無窮爲不範之範，以無盡爲不限之限，則無體之體，其可得以摹擬耶；無象之象，其可得以言形耶；不範之範，其可得以破壞耶；不限之限，其可得以容息耶？此乃此理之所以爲太極，而太極之所以爲無極也。故求觀太極之理者，不可容耳目之聰明，而必須用心神自然之知覺；欲養吾心之太極者，亦須用戒愼恐懼之功於勿忘勿助之地，然後庶可以體會之也。

3.1.1.32

太極有兩義，一爲宗主統一無上無外者，是也；一爲亘前亘後無始無終者，是也。其所以宗主統一無上無外者，乃太極之所以無處不極也；所以亘前亘後無始無終者，乃太極之所以無時不極也。惟其無處不極、無時不極者，卽所謂“極焉而太”也。無極亦有兩義，一爲無貌狀，一爲無窮盡。凡屬氣者，必有淸濁；屬形者，必有方圓，此理則不可以淸濁言，不可以方圓言，乃所以爲無貌狀也。又屬氣者，必有消長；屬形者，必有聚散，此理則未嘗有消長，未嘗有聚散，乃所以爲無窮盡也。惟其無貌狀、無窮盡者，卽所謂“極焉而無”也。夫孔子所言太極之中實自含無極之妙焉，非有所欠漏之義矣，而周子必須發無極之言加之於句頭者，果非贅說而求多者也。便是闡明太極之妙，以發孔子未發之蘊，而爲後學重指掌者也。著一而字於其間焉，而字亦有兩義，一爲互備之義；一爲連貫之義，有無極之妙故爲太極之實；有太極之實故爲無極之妙，則置而字以間之者，非所以互備乎？太極自是無極，無極卽是太極，則置而字以接之者，非所以連貫乎？備五字成一句，而不可得以加減一字，則無極太極，前聖後賢立言之要不已著乎？

3.1.1.33

或曰："周子旣曰：'太極本無極。'則太極固是無形質，無方位，無彼此，無古今矣。然則人謂天地之上下四方曰'宇'，古往今來曰'宙'，其不可以宇宙爲太極乎？天地與大極固不得不分，而不可謂之爲一乎？"曰："天地雖大，亦一有形之物也。旣各爲一物矣，則何得謂之太極乎？太極卽理也。理旣爲之太極矣，於是乎爲其所先有者，元氣也。其爲元氣，亦不得不分陰陽，故其輕淸者圓而爲天；重濁者方而爲地，以《易》書言之，卽其兩儀也，而乃是太極之所生，則天地豈得與太極爲一哉？故邵子之言曰：'能造萬物者，天地也；能造天地者，太極也。'然則天地非太極中有形之一巨物乎？而况宇宙卽天地間之別號也，豈可以天地之別號擬之爲無極之太極乎？但天地爲有形之首出，爲器之最大，而以生成萬物爲其道，則太極之爲太極，都在於天地之爲天地也。若不有天地，則安知夫天地之所出者爲太極乎？至於宇宙中萬物，則孰非禀受乎天地之化，而爲太極之各具者哉?" 或又曰："先儒既曰：'萬物各具一太極。'，則物之微者，不可得以數悉矣。其所以爲各具之太極者，果可驗究於物物之中乎?" 曰："雖微之至、賤之甚者，既爲一物，既有其形，則必有所以爲物、爲形之理，必有一偏合用之道。又必有各分當在之所矣。天下豈有理外之物乎？此所謂'太極之各具'者也。"

3.1.1.34

凡所謂"然"者，乃指夫事物之既成方存者也。有體質，有形象，有聲色，有方所，爲性情，爲才技，爲道德，爲事業，然後可以謂之既成方存也。天於上、地於下、人物於其間者，皆爲然也。若所謂"理"者，乃是究指其所以使之必然者也。天之所以天、地之所以地、人物之所以人物者，卽其有所以然之理也。如不有所以然之理在事物俱然之先焉，則萬事萬物之俱然者，何得而爲俱然之事業乎?

3.1.1.35

道與德非二理也。就道而指其至善則謂之德；就德而指其至誠則謂之道，至善則無偏私也；至誠則無間斷也。德之行於日用而不可須臾離者謂之道；道之常於中正而不以古今變者謂之德，不可須臾離者，非其爲中乎；不以古今變者，非其爲正乎？故言道而德在道中；言德而道在德中矣。天地人物非道則不能爲天地人物於古今也；非德則不得爲天地人物於須臾也。然其所以爲之道、爲之德者，實惟太極之一理，則太極固非道德之頭顱乎？故曰"無極而太極"。

3.1.1.36

大哉至哉！無極太極之爲極也。未有天地萬物之初，若不有此理爲之本焉，天地萬物其何從而得之爲天地萬物乎？既有天地萬物之後，不有此理爲之主焉，天地萬物又何據而得之能天地萬物乎？然則天地固不得離此理而爲天地；萬物亦不得離此理而爲萬物，天地萬物之不得離此理而爲天地萬物者，有若陸産之物不得離陸入水而能爲物；水産之物不得離水登陸而能爲物也。其故何歟？天地萬物，既莫不本此理而爲天地萬物，故不得一日違此理而能天，能地，能人，能物也。試以所常覩大小有形體者言之，天何得以如許其高大，而確然在上無所不覆；地何得以如許其廣厚，而隤然在下無所不載乎？日月星辰之象懸者，何得以有其光明，有其躔次，行度而不相錯焉？山嶽川瀆之質成者，何得以必峙必流，經緯地勢而不曾易焉乎？二氣五行晝夜寒暑之不失其常者，孰使之然乎？造化之流行無時窮焉，品彙之爲物無不備焉者，孰使之然乎？吾人中立天地，具五臟六腑於內，備九竅四肢於外，筋骸毛髮之必同，聲音貌象之惟均者，其何以有是哉？至於萬物之在兩間，動而横首者凡幾類，植而下首者亦幾種，而莫不生其生，莫不形其形，莫不所其所，莫不分其分者，亦何以得之哉？有常形者無一物或虧其形；有常數者無一物或欠其數，孰爲之致工致悉而然哉？又以貴賤性情所常驗者言之，天地以健順爲性情，而四德皆備，故其所以出造化産品彙者，流行古今、充滿兩間，皆是也。四德之必備，其亦有畀之者歟；性情之健順，其亦有命之者歟？造化之無窮，孰爲之樞紐；品彙之畢具，孰爲之根柢歟？人以藐然之一身禀全，天地之四德，元必爲仁、亨必爲禮、利必爲義、貞必爲智者，孰爲之條賦歟？其能自盡其性，又能盡人物之性，至有以贊天地之化育者，何由而致之乎？物之有形質有血氣而爲動類者，自有動類之性情；有形質無血氣而爲植類者，自有植類之性情，動物之中又有飛類、走類，而水陸異族；植物之中又有草類、木類而山野異族。然其類族雖別而莫不有性情者，則未嘗不同焉。其所以各有形質、各有性情者則同矣，而形質皆各有一定之形質；性情皆各有一定之性情，不以古今而變改；不以彼此而換易，大不能兼其小；强不能奪於弱；貴不得無其賤；精不能廢其粗，俱爲生育之一物，無非致用於分內者，孰秉其機而有以生生，有以化化歟？此莫非太極爲之極，而使之大大、小小、貴貴、賤賤、彼彼、此此、先先、後後，無所紊錯、無所欠缺者也。若不有天地，不得以生育萬物覆載萬物，故於是乎必先有天地焉，既有天地矣，不有萬物，不得以應生生化化之道盡天地之事功，故於是乎必有萬物焉。有天地有萬物矣，而不有吾人以中乎天地以首乎萬物，則不得以效裁成輔相之業，致參贊化育之道。故於是乎必畀吾人以最靈最貴之才德，有以會天地萬物之極，責宇宙三才之託焉。然則有天地、有吾人、有萬物者，卽太極之功用事業也。故曰："天地人物未有之前，不有太極爲之極焉"，則天地人物，何從而生乎？天地人物旣有之後，不有太極爲之極焉，則天地人物，豈得一日一刻能爲天地人物乎？此非無極太極之爲之大樞紐、大根柢者乎。惟能大吾之心目，精吾之思慮，然後庶可得以究極認會乎此理矣。然則太極無形象，而宇宙內凡爲有形象者之所以爲形象者，無非其本於無形象之理也；太極無體質，而凡爲有體質者之所以爲體質者，無非其本於無體質之理也；太極無聲色，而凡爲有聲色者之所以爲聲色者，無非其本於無聲色之理也；太極無情意，而凡爲有情意者之所以爲情意者，無非其本於無情意之理也，豈不以太極無形象之中有爲形、爲象之理；無體質之中有爲體、爲質之理；無聲色之中有爲聲、爲色之理；無情意之中有爲情、爲意之理？惟其無形象、無體質、無聲色、無情意者，理之本然也；有形象、有體質、有聲色、有情意者，涉氣爲物也，有理然後爲氣爲物，則爲氣爲物之有形象、有體質、有聲色、有情意者，無其所本之理而能有之乎？此乃太極之所以爲天地萬物之太極也。設如太極自有形象，自有體質，自有聲色，自有情意，則其何以爲天地萬物許多形象、許多體質、許多聲色、許多情意者之太極哉？既自是無其形象，無其體質，無其聲色，無其情意，而自有爲形象、爲體質、爲聲色、爲情意之理，故有形象、有體質、有聲色、有情意者，莫不於理乎取則焉。以形象言之，自天圓地方以至萬物之大小長短，無非其自然之形象也；以體質言之，自天輕淸地重濁以至萬物之貴賤精粗，無非其自然之體質也；以聲色言之，自天玄地黃日月風雷以至萬物之號呼搏擊、五色姸醜，無非其自然之聲色也；以情意言之，自天地生物之心、人之四端七情以至禽獸蟲魚之愛雛喜侶、好生惡死，草木雨暘之感、霜露之應，亦無非自然之情意也，豈有一氣、一物、一變、一化、一感、一應之不自太極中來者乎？然而有形象者或失其形象之則；有體質者或失其體質之則；有聲色者或失其聲色之則；有情意者或失其情意之則焉，則便非太極之理矣，孰有失太極之理而能爲物者乎？就以在人者言之，父子有親，父子之理也；君臣有義，君臣之理也；夫婦之有別、長幼之有序、朋友之有信，各皆其理也。父子而失有親之理，則父不父子不子矣；君臣而失君臣之理，則君不君臣不臣矣；其爲夫婦、長幼、朋友者，未有失其理而能爲夫婦、長幼、朋友也。至以一身言之，心失其理則爲下愚；身失其理則爲棄人，至於一視聽言動之失其理者，不但千里之外違之，有可以動天地者矣。無極太極之難誣也，有如是哉。故吾人於《易》書中一卦爻之間不可不觀玩其理而順應之，其於日用間一事一物之微，亦不可不究察其理而處接之，然後爲不負乎孔、周之訓，而自天祐之，吉无不利也。

3.1.1.37

先儒有謂"太極是天地人物、萬善至好底表德"，斯言近之矣。竊思之，表德之云，似猶未足以盡夫立名太極之義也。其於此理也，何可以表其德而已哉？理也者，生物之本也，衆善之原也。凡世間擧其所宗要而稱之者，必曰"綱領"也，"樞紐"也，"根柢"也，"頭顱"也，"骨髓"也。然而爲綱領、爲樞紐、爲根柢、爲頭顱、爲骨髓者，亦不過爲一物中之宗要耳，不能兼於他物也。故其所屬之物旣盡，則其綱領、其樞紐、其根柢、其頭顱、其骨髓，亦從而亡矣。若此理之爲大本、爲大原、爲大宗、爲大要也，則旣在一物而爲極，又在億物而皆爲極；旣在一時而爲極，又在億時而皆爲極，此所以爲太極也則不可以一德字而盡之也；不可以一道字而盡之也。不可指其恩而稱量之也；不可指其功而稱量之也。又何可以表字而闡盡得哉？愚則以爲以太極名此理者，乃所以無可得名而名之以不名之名焉，止自是尊其稱也、徽其號也。蓋古人之立別名也，有以尊尚之義而號之者，有以徽贊之義而稱之者，於天以位稱之曰“上天”；以尊嚴稱之曰“皇天”；以廣大稱之曰“昊天”；以仁覆稱之曰“旻天”；以主宰稱之曰“上帝”，於地以博厚稱之曰“后土”，於聖人有曰“元聖”；曰“大聖”；曰“至聖”，於人之德，仁曰“廣居”；曰“安宅”，禮曰“正位”，義曰“正路”等稱，皆是也。然則以理爲太極者，亦豈非尊尚之號、徽贊之稱哉？人於此理苟非認會得窮盡者，其何能契此太極之名哉？其爲眞也，莫可得以罔焉，欲罔此理者是自亡也；其爲實也，莫可得以僞焉，欲僞此理者是自汨也；其爲常也，莫可得以害焉，欲害此理者是自戕也；其爲直也，莫可得以撓焉，欲撓此理者是自敗也；其爲順也，莫可得以犯焉，欲犯此理者是自喪也；其爲平也，莫可得以疵焉，欲疵此理者是自梏也；其爲中也，莫可得以欺焉，欲欺此理者是自覆也；其爲正也，莫可得以阻焉，欲阻此理者是自折也；其爲公也，莫可得以悖焉，欲悖此理者是自陷也；其爲定也，莫可得以抗焉，欲抗此理者是自殞也；其爲準也，莫可得以隙焉，欲隙此理者是自損也；其爲密也，莫可得以礙焉，欲礙此理者是自窮也；其爲全也，莫可得以毁焉，欲毁此理者是自壞也；其爲完也，莫可得以間焉，欲間此理者是自絶也；其爲通也，莫可得以破焉，欲破此理者是自滅也，此皆此理之所以爲太極也。其爲太極也，不是極於左而不極於右；極於右而不極於左也。又不是極於前而不極於後，極於後而不極於前也。唯其無大無小無事不極，無貴無賤無物不極，無內無外無處不極，無始無終無時不極，此又太極之所以無極也。嗚呼！此理不是外此天地人物日用彛倫之中也，而旣曰“太極”，則人皆以爲高遠難攀，而莫知可以求之於切近焉。又曰“無極”，則人皆以爲渺茫難尋，而莫知可以會之於實地焉。其於聖賢之旨，不已遠乎？太極何嘗遠乎？有一事自有一事之理，理在事中矣；有一物自有一物之理，理在物中矣。我之爲我亦此理也，則理在我也；人之爲人亦此理也，則理在人也。今日卽此理中今日，則理在今日也；明日亦此理中明日，則理在明日也。自我一身之微至于天地之大，自今一日之內推而上之至于此天地未有之前，推而究之至于此天地已盡之後，亦皆此一理也，則理果爲遠乎？理果有窮乎？此理流行古今曰“道”，則道亦太極之道也；此理之中萬善具焉曰“德”，則德亦太極之德也；此理之眞實无妄曰“誠”，則誠亦太極也；此理之妙用莫測曰“神”，則神亦太極也；此理爲之主宰曰“心”，則心亦太極也；此理賦予萬物曰“性”，則性亦太極也。理不得無愛曰“仁”；理不得無制曰“義”；理不得無序曰“禮”；理不得無別曰“智”，則仁義禮智之四德皆太極之理也。三綱五倫皆在其中，《易》中之爲兩、爲四、爲八、爲六十四卦、爲三百八十四爻者，無非此一理之條貫，則宇宙間事物孰有外於太極者哉？設令此宇宙之前積有已過之宇宙，此宇宙之後復有無窮之宇宙，此理之爲太極，則其亦一而已矣。不然聖賢其曰“太極無極”乎哉？

3.1.1.38

凡爲氣爲物於宇宙間者，未有無其數者也，而若太極則無數焉。蓋有氣有物然後其數從而有焉，故理實不與於數也。理固無形象，故曰“太極”，不可以始終際限言，不可以廣狹長短言，則其計得圍徑等第耶；其用得尺度步里耶；其記得世代年齡耶？是何可著得數幾於其爲無極之極哉？夫一爲最初之義，則太極在天地萬物之先，似可以最初之一爲太極之數，而太極雖在天地之先而無其始，又在天地之後而無其終焉，則此不可以最初之一爲太極之第者也。一爲統體之義，則太極爲天地萬物之極，似可以統體之一爲太極之數，而太極不但爲天地萬物之統體，又散爲天地萬物各具之太極焉，此又不可以統體之一爲太極之數也。一爲無對之義，則太極亦無對之稱，似可以無對之一爲太極之數，而但可以心會其無對之妙，而莫得見其無對之象，則亦何可以無對之一加之於無象之極哉？

3.1.1.39

老子說"有物混成，先天地生"，夫所謂"混成"者，卽何物歟？如謂理也，則理不可以混成言也，如謂氣也，則豈有先天地而旣成者乎？成者，爲物之謂也。物之大者，無若天地，則成形之莫始者天也，次於天者地也，豈有先天地而成之者乎？若以太極言之，則固當謂之先天地而有矣。然而太極則理而已矣，不可以成與未成言之也。又何可以著得混字乎？果可以著得混成二字，則便是氣矣，其言也不已錯乎？

3.1.1.40

莊子又謂"道在太極先"，其所謂"道"者何道也，而謂在太極先乎？其所謂"太極"者何太極也，而謂在道後乎？道與太極其可分而二之爲先爲後乎？此不知道之爲道，太極之爲太極，而自不過以氣之在先、在後者分之爲道爲太極耳，非能知及此理者也。

3.1.1.41

《漢志》所謂“太極函三爲一”者，乃是渾淪未判底物也，則渾淪未判者，亦自是氣之聚也。理雖在其中，其爲之渾淪者，不是理也，豈可以太極名之哉？既以函三爲一者爲太極，則是指氣爲太極也，非以理爲太極也。

3.1.1.42

邵子所謂“道爲太極”者，以此理之在流行中者言之也；所謂“心爲太極”者，以此理之在統會中者言之也。所指者雖異，而無非以理爲太極，則豈別爲一說哉？若其所謂“無極之前，陰含陽也，有象之後，陽分陰也”，此無極則對有象而言，有象者，指先天圓圖自復至乾而謂也；無極者，指自姤至坤之謂，則此無極正指一陰收斂閉藏者而言，非周子所云之無極也。

3.1.1.43

後儒之解無極太極者，其說多矣，而或有未的其立言之旨焉，豈不以理固難言，而或見其似，不見其眞，或見其偏，不見其全，至或靠其先聞，自無實見而然哉？彼以加無極於太極，爲架屋上之屋、疊牀上之牀者，不知本說中太極本無極之義也。若以無極別爲一極，而加之於太極之上，則其謂之屋上屋、牀上牀者，宜矣。說無極，所以明太極之爲極，則豈可謂之疊極哉？不然，何以曰：“太極本無極”乎？本無極者，所以明其爲一極也。又或以爲“太極之外，果有所謂‘無極’者，而太極之爲太極，便是自無極而爲太極”云，則此不知本說首句無極而太極之義也。設以太極爲氣也，則其謂之氣前曾有氣、氣外復有氣者，猶或可以擬之矣。太極本自是一理焉，則豈於一理之外，乃又有所自而爲此理者哉？太極是就天地萬物之所以爲天地萬物，旣推至其最初、最上底原頭而名之，則豈於太極之前，復有爲初、爲上之原頭而可以立別名者哉？又有以爲比喩而爲之解者，則曰"是謂無其物而有其道也。無其物者，解無極之義也，謂其無極之形也；有其道者，解太極之義也，謂其有極之道也。夫極者，屋棟之名也，以其棟之爲物也，爲一屋衆材之所會，而是統、是總者也。夫惟道理之於天地人物，其所以統之、總之者，亦猶一極之統總於屋上也。故取屋極之有形可覩者，以喩天地人物中道理之無形、無象，而實有以統總乎天地人物焉。太極旣是取屋極而比喩矣，則其曰'無極而太極'者，謂其初非極也而卽爲太極也。"觀此語意，似涉粗淺，果是孔子、周子立言之本義乎？孔子發太極於《易傳》者，何得知其必取於屋脊之極而名此理乎？或是極字，本以其凡於事物上統焉主焉，至矣盡矣，無以復加之名目，旣行於從前，故孔子就加太字而始揭之者哉？周子之加無極於圖說之首者，又何得知其必以太極爲初，非有形之屋極，故就加無字於極，以明此極非有形之極者哉？聖賢言法，必精必深，不同於文人之措語，必不如是之粗且淺矣。況於朱晦庵解文，未嘗言及於極字之爲比喩也。後儒之解此言，無乃過於曲索乎？且夫初無形象而必借有形、有象之物以名之者，道亦是也，理亦是也。道之名出於道路之道，蓋以道之爲道，乃天地人物之古今所共由而不可須臾離者，有似於人物之往來於兩間者，以有道路之周通於四方遠近，不可一日不由而行也，故取於是而名天地人物之道焉。理之名出於玉膚之理，蓋以理之爲理，一分爲萬，萬會爲一，旣未始不有所分，又未始不有所會，毫分縷析，自不可紊者，有似於玉膚之理自有條脈，不相雜亂，而無不見統於一膚之裡也，故取於是而名天地人物之理焉。然其所取以名之者，雖因於可形、可象，而既作道理之道，則聖賢言道之際必以形而上者言之，未嘗惹著於道路之道焉；既作道理之理，則其於言理之際必以在大本者言之，未嘗惹著於玉膚之理焉。設令太極之極果是比喻，而實出於屋極之極，其於釋太極之義，便用粗淺之詞，以爲"本無其極而爲此太極"云乎哉？況此太極之稱，爲何等名目而始出於何等聖人乎？卽乃正正當當、不壞不破、至純至一、不窮不易、以大、以小、以古、以今之道理，而千聖之所未言，孔子之所始發者也。濂溪周子又是何等的見也，而斯乃特發奧義於孔子所道出莫精、莫大名言之上乎？決不可以粗淺俚俗之思猥當其潔淨精微十分至到之本旨也。就以屋極言之，隨屋有極，屋各其極，故如有千萬屋，其極亦當爲千萬矣。然而不能爲合千萬爲一之極，則止自爲各屋之極而已，非有統體之極也。若此理之爲極也，則《易》書中儀、象、卦、爻；造化中天地萬物，莫不以此理爲極，故以太字加之，蓋以宇宙間之爲極者無有大於此極也。且屋極之爲極也，屋亡而極亦亡矣，不但屋極隨屋亡而俱亡，至於皇極之爲極也，其亦大矣，而皇不能皇焉，則極亦隨而墜矣，如所謂"辰極"以下"民極"、"四方之極"，凡以極稱之者皆不能無變易之期，而惟太極之爲極也，天地萬物雖皆盡矣，而此理則無時有盡焉，故萬物旣盡而又復有萬物，天地旣盡而又復有天地，蓋以此理則常存而無盡故也。此非太極之本無極者耶？然則加無極於太極者，周子豈爲是比喻而言之也哉？

3.1.1.44

朱子之解，有曰："中也、仁也、感也，所謂'陽'也，太極之用所以行也；正也、義也、寂也，所謂'陰'也，太極之體所以立也。"此特就動靜而分體用爾。若太極之本體，則自是無形狀，無方位，無限際矣。其何得以陰陽、寂感、仁義、中正，分其體用哉？太極之體未嘗不立於陰陽、寂感、仁義、中正之上，而太極之用未嘗不行於陰陽、寂感、仁義、中正之中，此太極之所以爲太極，而又以無極加其上以示人者也。若其爲一動一靜者，便是氣也，雖本於理而卽非理矣。動而陽亦氣也，靜而陰亦氣也，皆當謂之太極之用也，不可獨以陽動爲太極之用，而指陰靜爲太極之體也。或曰："太極，理也，常自以無體爲體，而其有動靜、陰陽者氣耳。氣便是太極之用也，故以陰陽而自分體用則可矣，而若以陰爲太極之體，以陽爲太極之用，則後學安知太極無體之體，而又安知陰陽二氣實皆太極之用也哉？此則然矣，而太極有以統體者言；有以各具者言，則統體者豈非太極之體，而各具者豈非太極之用乎？"曰："爲統體，爲各具便是一理也。統體之理卽各具之理，而各具之理卽統體之理也。一理之中豈可分體用哉？以萬化之原頭、萬類之總會觀此理，則認其爲統體焉；以萬化之攸則、萬類之所性觀此理，則認其爲各具焉。統體非別爲統體也，自是各具中統體也；各具非別爲各具也，自是統體中各具也。統體爲各具者之統體，各具爲統體者之各具，非統體則各具不得爲各具；非各具則統體不得爲統體，是則統體、各具雖其隨時、隨處而異其稱目，其爲一理則常自若矣。固非分大爲小而爲各具也，收小爲大而爲統體也。合觀之而自是理也；

分觀之而自是理也。大觀之而自是理也；細觀之而自是理也。此豈可以體用言之哉？大觀之則爲大體，細觀之則爲細體；上觀之而體於上；下觀之而體於下，無時無處而不爲體焉，此卽此理之爲太極、無極者也。”

3.1.1.45

或曰：“說又曰：‘太極動而生陽，靜而生陰’，夫太極者，理也；動靜者，氣也。今以氣之動靜爲理之動靜，則理果有動靜者乎？理自能動靜，則何必待有氣然後致用乎？”余曰：“所謂‘理’者，氣之理也；所謂‘氣’者，理之氣也。不是理外有氣，氣外有理也。理以出氣，氣由理出，則氣之動便是理之動也；氣之靜便是理之靜也。氣之能動能靜，非自能動靜也，卽以理而動靜，則周子所謂‘太極之動靜’者，豈不以氣之動靜卽理之動靜故也？”

3.1.1.46

或又曰：“說又曰：‘五行一陰陽也，陰陽一太極也，太極本無極也。五行之生也，各一其性。’夫旣曰‘五行一陰陽，陰陽一太極也’，則二氣五行本皆一太極也，而又曰‘五行各一其性’，則太極與性，其果爲二理而不相統耶？”余曰：“太極之外豈有性乎？性豈有外太極而爲性者乎？理固有所統體者焉，又有所各具者焉。統體者，總萬理而爲一者也；各具者，隨其所物而各自爲性者也，不有統體之一，則各具之萬無所從而宗主焉；不有各具之萬，則統體之一無所總而致用焉。備五行之各性然後可以盡陰陽之二氣也；竝陰陽之二氣然後可以盡太極之一理也。此所以有太極則不得無陰陽；有陰陽則不得無五行也。故太極而陰陽、陰陽而五行，然後造化流行而品彙畢備矣。然則陰陽之爲異氣、五行之爲各性，無非一太極爲之極也。旣爲之性焉，則其有外於太極之理者乎?"

3.1.1.47

或又曰:"說又曰:'無極之眞、二五之精，妙合而凝。'眞以理言也；精以氣言也，而謂之合焉，是則理與氣本自二物也，而今爲之合焉者也。然則何以謂之氣出於理，理以氣行歟?"余曰:"周子之意，非果以爲理是一物、氣是一物也，而兩物於是乎合之者也。蓋理以氣爲用；氣以理爲主，理存而氣斯存，氣行而理斯行，無嘗間隙。故曰'合'，自非以理而合之於氣，又非以氣而合之於理也。直是理在氣中、氣在理中，所以謂之合也。大槩曰'理'、曰'氣'不能無體用之分、經緯之別焉。旣謂之合，則體用之不能無分、經緯之不能無別也。又謂之妙，則體用之所以一原、經緯之所以無間也。眞在精中，精自眞出，亦所謂一而二、二而一者也。"

3.1.1.48

或又曰:"說又曰:'五性感動而善惡分，萬事出矣。'夫善之本於五性，則固然矣。今與惡竝言之者，何歟?"余曰:"五性之理則固善而已，以其出於太極之理也。理之賦於人者爲性，則人之所禀之氣，自不能無淸濁正偏之殊焉，理在其中，隨其氣質之淸且正者而得其全焉；隨其濁且偏者而不得無欠焉，理得其全者，善斯純矣；理不得無欠者，惡或雜矣。所謂'感動'

者，性發爲情也。情之中節者，卽所謂'善'也；不能中節者，卽所謂'惡'也。此聖人所以必定之以中正仁義而立人極焉，君子修之而吉、小人悖之而凶者也。然則氣之不齊者，非性之罪也。"

3.1.1.49

或又曰："說之終，必引《易》文而贊其大哉至矣者，何歟？"余曰："《易》中所包之理不出乎《說》中所言，而《說》中所明皆《易》中所包之理，故引以證之也。引而贊之者，其旨豈不深且遠哉？"

3.1.1.50

或又曰："周子所圖、所說之太極卽伏羲所會、孔子所發之太極也，而《易》中排置、《圖》中模範，大不相似者，何歟？"余曰："《易》之所主者，卽象數加倍之法也。《圖》之所主者，卽造化流行之妙也。故卦畫自下而上，有如樹木之根而榦、榦而枝、枝中梢葉花實畢備而止焉；圖說自上而下，有如貫珠之一而二、二而三、三而四、四而五者，次第而盡焉。然則《易》之卦畫卽所謂'法象'也，周子《圖說》卽所謂'道理'也；卦畫之法象卽圖說中道理之所形也，圖說之道理卽卦畫中法象之所蘊也。法象爲道理之所形，故有目者皆可以觀其法象而會其道理；道理爲法象之所蘊，故有心者皆可以會其道理而驗其法象。是故以卦畫之法象求之於圖說之道理，則無不符焉；以圖說之道理求之於卦畫之法象，則無不準焉。此其所以伏羲之卦畫、周子之圖說，有相發明而不容相無者也。孔子之所以生于伏羲之下，居于周子之上，而發太極之名於《易傳》之中者，豈非明伏羲之旨而啓周子之義者也哉？”

3.1.1.51

孔子稱此理爲太極者，特是贊此理立此至尊、至大之號也。至周子著《圖說》，加無極於太極者，所以明太極爲理之妙也。蓋以太極之稱，人或錯認，則似乎尙有形象，似乎尙有界至，似乎尙有窮盡矣，遂未必不以太極爲一物者。然故周子乃以無極二字加之於其上，又以而之一字置之於其間者，其意以爲孔子所稱太極者自含無極之義焉矣，而後學心眼或不能通明至到，則未必不致疑於有形象、有界至、有窮盡者也。故遂加無極而三字於太極之上者，乃周子之繼述孔子而發其蘊者也。然則謂之無極者，以太極自有無極之妙，故爲太極也，而雖虛字，乃所以合無極、太極而一之者也。如曰“無極底太極”也，周子之義可謂至矣、盡矣。夫理也者，一定而不易，必然而不遷，常存而不亡，固有而不破，無時加減，無處空缺，既無所不爲之本焉，又無所不爲之主焉。此理不有以爲之本焉，則造化何所自而生也；此理不有以爲之主焉，則事物何所統而則焉乎？故固不係宇宙之始終、天地之開闔、萬物之死生、萬變之飜覆，而其爲理者恒自若也。若一日無此理，則無宇宙矣、無天地矣、無萬物矣、無萬變矣。然則孰有大於此理，孰有完於此理者哉？其所以爲極之太、爲極之無者，便是無形象也、無界至也、無窮盡也。其大也如許，其完也如許也，而至於一事之微、一物之賤，莫不有所本之理、所主之理，故在事者曰“事理”；在物者曰“物理”。夫既曰“事理”也、“物理”也，則人必以事之微、物之賤者，止認此理亦微焉、賤焉而已矣，而不識其爲大本者，則自無窮焉；其爲統體者，則固莫測焉。故前後聖賢特爲之立太極之號，又爲之加無極之語焉。若止有無極之語，而不有太極之稱，則人不知其爲極之實也；止有太極之稱，而不有無極之語，則人不知其爲極之妙也。然則孔子說太極、周子說無極，前聖後賢之說此理者至此而無復餘蘊焉。又以此推而會之，則凡爲形者無大小皆囿於氣中；凡爲氣者無大小皆囿於理中矣。夫既形囿於氣中，則形有盡而氣無盡也；氣囿於理中，則氣有盡而理無盡也。此乃大小、先後之所以有分也。然而理雖生氣與形，而又未嘗不在於爲氣、爲形之中焉；氣雖生形，而又未嘗不在於爲形之中焉，則此又大小、先後畢竟同歸於一道也，此乃此道之合理氣、形器而爲名者也。吾人苟能原其始而有以知夫大小、先後之自有其分，又能要其終而有以識夫大小、先後之必歸於同，則其爲理氣之體用，無不在吾人心目中矣。

3.1.1.52

解宇宙者謂上下四方曰"宇"；古往今來曰"宙"，上下四方豈但天地兩間之謂乎；古往今來豈但吾人聞見之所及哉？若果以上下四方爲宇；以古往今來爲宙，則宇之爲宇也，必不可以此天地之大而盡之矣；宙之爲宙也，亦不可以此天地之久而盡之矣。何以言之？天地雖大且久，便是有形之物也，凡爲物者既爲有形，則不得無其上下四方也，既有其形外之上下四方，則天地何得而盡宇之大哉？又有形者之古今，卽以其有形以來之古今爲古今矣，不可以其有形之前後爲其古今，則天地何得而盡宙之久哉？ 然則宇宙之上下四方及宇宙之古往今來，其果孰可以盡之乎？此不過曰“一太極之理”也。太極者固自是無上下四方又無古今， 故謂之太極則宇宙天地都在其中焉。宇宙爲太極中之宇宙，而天地又爲宇宙中之天地，宇宙、天地都在太極之中，則太極之常爲太極，而未或一日、一刻、一隅、一隙容得無者可知也。 惟太極乃可以盡宇宙之大，盡宇宙之久，則宇宙之爲宇宙者，非太極乎？宇宙之爲宇宙者，卽以太極，則宇宙其可一日無太極而得爲宇宙乎？ 宇宙亦不可一日無太極而得爲宇宙，則況爲宇宙中之物者，其可一日、一刻無太極而得爲宇宙中之物乎？ 然則理果何如模範也，而其爲太極也者至於此極乎？ 此非天地人物之外，別自爲一種根苗者也。只自是天地人物之一理焉而已。以吾人推究之者，豈有出於所耳目之形器、所思慮之要妙哉？天焉爲天之理、地焉爲地之理、人焉爲人之理者， 無非此一太極也。 此所以命之不可違者也，性之不可易者也；道之不可離者也；德之不可悖者也。千萬人之心所同得者也；千萬人之情所同悅者也， 千萬人之知覺所同然者也， 千萬人之公論所同是者也。夫豈外此而有理哉？其謂之太極也者，以此也。

3.1.1.53

太極自是理也，固不可以先後、彼此言之矣。至於二氣五行，亦豈是有天地然後始有於天地之中哉？ 萬物之始終曾不出於天地之中，則吾人皆可得而知之矣。至於天地之始終，人未得以見之，則其有能知之者乎？然而天地亦囿於理氣之中，則烏得以無始終哉？ 二氣有闔闢、屈伸，五行有各德、各運，相生、相序焉。天地之前曷嘗無二氣五行哉？天地之始便是陽之闢也、伸也；天地之終便是陰之闔也、屈也，天地之前必有先天地之無窮；天地之後又必有後天地之無窮，則五行之運、五行之德，其容有間乎？然則二氣之爲氣、五行之爲行，豈但在於此天地之間哉？吾人不可以吾耳目之所得及者爲理氣之限也，必須大其心胸，擴其聰明，然後庶有以測理氣之妙也。

3.1.1.54

理者太極之實名也；太極者理之別稱也，理與太極初非二種也。但謂之理，則人疑其爲深微而難於認得也；謂之太極，則人疑其爲高大而難於測取也，是乃皆被其爲名、爲稱之所掩蔽也。其所以爲名、爲稱者，實非有掩蔽之患也，而人之所見自不能精密，故不察其立名、設稱之本義，而妄生疑惑故也。夫所謂“理也”者，何嘗偏於深微，而不可認得哉；所謂“太極也”者，何嘗過於高大，而不可測取哉？聖人造書契以來，指此理爲太極之實，而隨其妙立其目者，非特曰“理”、曰“太極”之謂焉而已。如所謂“誠也”、“命也”、“心也”、“性也”、“道也”、“德也”、“善也”、“仁也”、“義也”、“則也”、“秉彝也”、“人倫也”、“天秩也”、“天敍也”等目無非此一理、一太極之變號也，則其可以此理之爲太極者，別作一種於各項等目之外，而玄玄妙妙然者乎？以其至實無妄者而謂之誠；以其隨物賦予者而謂之命；以其主宰神明者而謂之心；以其受命爲理者而謂之性；以其日用常行不可須臾離者而謂之道；以其可好可悅無所厭射者而謂之德；以其惻怛隱痛不自耐遏者而謂之仁；以其至順至正無所乖戾者而謂之善；以其事事合宜者而謂之義；

以其物物具理者而謂之則； 以其所性之常而謂之秉彝； 以其隨接盡道而謂之人倫；以其有自定之序而不可亂者謂之天秩；以其有自定之倫而不可易者謂之天叙，然則所立各目，夫孰有外於太極之理也哉？ 此其大者也。 至於晝焉各從其事； 夜焉各息其穴；渴焉必飮於水；飢焉必求其食，以至一動一靜、一語一默莫不有其時、其義者，有非太極之理者乎？

3.1.1.55

先儒說理曰："無極而太極"，太極者，以此理爲天地萬物之元頭，無所復加之謂也；無極者，以此理亘前亘後，無所窮盡之謂也。 夫其無所復加、無所窮盡者，非異旨也。 自是無所復加，故乃能無所窮盡，惟其無所窮盡，故遂爲無所復加也，此所以謂之無極而太極也。氣也者出於理矣，而配乎理者也。理乘氣而爲理；氣承理而爲氣，故有理則不可無氣；爲氣則不得無理。 此固理氣之不可離者，而氣必準乎理也。理固無極也，故氣不得不準乎理之無極而與之無極也；理爲太極也，故氣不得不準乎理之太極而與之太極也。此乃氣之所以必準乎理焉，而自古及今必須合稱曰"理氣"也。 然而理則無始終、無大小，而氣則有始終、有大小； 理則無盈虛、無盛衰， 而氣則有盈虛、有盛衰。 然則以其有始終、有大小之氣， 何以能準夫無始終、無大小之理； 以其有盈虛、有盛衰之氣， 何以能準夫無盈虛、無盛衰之理哉？ 蓋氣之所以必有始終、必有大小、必有盈虛、必有盛衰者，卽莫非此理之使之然也。惟其必有始終、必有大小然後乃可以得準夫此理之無始終、無大小者也；必有盈虛，必有盛衰然後乃可以得準夫此理之無盈虛、無盛衰者也。此乃理氣合一之妙也。夫既有爲無極太極之理，又有準無極太極之氣，則理不徒理、氣不徒氣，必須有理氣之大事業焉。既爲理、爲氣，而若不有大事業，則爲理氣何用哉？此所以既有理氣矣，又必有能有爲之大機也。所謂"能有爲之大機"者，卽所以做辦大事業之機關也，豈非理氣之大用，而從無極太極之本體中出者哉？ 然則大機之作用焉，而其所辦做之大事業者，何謂歟？蓋其無極太極，無時不然、無處或外，而及其爲大用也，必須隆束元氣爲天、爲地然後爲造化之大局，大局者，專功就事之處所也。惟其有大機之發動也，故元氣之隆束者渾淪於上下，而卽爲天矣；聚結者磅礴於中間，而卽爲地矣。 有天、有地卽爲造化之大局， 則於是乎造化之功用遍滿於覆載之中， 而生生焉、化化焉、林林焉、總總焉者， 皆是，則理氣之大事業不已畢乎？此所以爲此理之無極太極，而氣之承準乎此理者，果如是也。天不可徒窣窣焉，故日月星辰於上然後宇內明矣； 地不可徒膴膴焉， 故山嶽川瀆於下然後氣相應矣。水族之育於水；陸物之産於陸者，不待種而繁矣。草木之生於土地；蟣虱之化於衣裳，其果由於栽植資養乎？聲色臭味之入必有竅孔，腐爛穢惡之出亦各有途者，豈是爲物物焉賜備哉？四端七情之發、五倫百行之行，豈是爲人人而教喩哉？孩提之童無不知愛親敬長，三尺童子拱而趨市，暴夫悍卒莫敢狎焉，此豈矯僞而然者乎？至於天地人物，形體性情，古今焉不易其常；陰陽五行，晝夜四時，古今焉不失其序者，非此理之爲無極太極而然乎？ 爲吾人者無不性此理之全體於其心，則無極太極之妙，自不外于方寸中知覺也。

3.1.1.56

太極者，乃此理之尊稱也、徽號也，正如稱天而曰"上帝"者也。一是天也，而若言其主宰出命之道，則稱之爲上帝焉。《大傳》亦將言《大易》之大業，故孔子於易之理，尊其稱，徽其號，曰"太極"，若不曰"太極"，而惟曰"理生兩儀"，則人必以尋常看過於恒言爾，孰認其有無窮、無盡之實乎？此所以不曰"理"，而曰"太極"也，豈是於理之外别有所謂"太極"者乎？然則其必謂之太極者，何也？夫理之爲理，其在事物之前，爲事物所以然者而不容無焉；其在事物之中，爲事物所當然者而不可易焉，前之所以然者，卽後之所當然；後之所當然者，卽前之所以然，乃一理也。出萬變、萬化而一常如也；生萬品、萬彙而一自若也。以一爲萬而一未嘗損焉；以萬歸一而萬未嘗耗焉。其爲一者，合之極也；其爲萬者，分之極也。言其大則極其大，言其小則極其小；言其遠則極其遠，言其近則極其近；其爲高卑也極其高卑；其爲深淺也極其深淺；爲隱顯、爲精粗，無所不極焉，故乃以極稱之，而又加太焉。惟其極焉而太矣，則凡其變化品彙之所以爲萬者，孰有外於此理者哉？此孔子所以必首之于儀、象、卦之上，而尊徽其稱號者也。夫既曰"太極"，則理之爲理盡其實矣，而濂溪 周子又以無極而三字復加之於太極之上者，何也？固以極之一字既有宗主統一之義，又有至到窮盡之義，其爲宗主統一也，則似乎有形象、方所之可擬；其爲至到窮盡也，則似乎有終畢滅熄之時節，此安可必保其竟無錯認之患乎？周子蓋慮乎此者也。惟其所以爲宗主統一之義者，正以其不自爲形而使萬形各形其形，不自爲象而使萬象各象其象；不自有方而使萬事各方其方，不自有所而使萬物各所其所，則理果安有形象，果安有方所哉？ 其所以爲至到窮盡之義者， 正以其無時不在、無處不有，無其上、無其下、無其內、無其外、無其先、無其後，至爲不形之至、到爲不地之到、窮爲無窮之窮、盡爲無盡之盡，縱焉亘古今，橫焉通上下四方，則又安有終畢之時乎？又安有滅熄之期乎？ 於是乎加無極字以明太極之無形象方所、無終畢滅熄也。太極之常爲太極者，不以其無極故耶？ 然則無極者所以明夫太極者也， 而太極自是無極也， 豈無極自爲一極、太極自爲一極， 而爲有兩般極者乎？ 故置一而字於其間，而通續之以明其爲一極焉耳。此周子加無極於太極者，乃所以發孔子之蘊， 而俾後學無誤認之患者也。 嗚呼！ 言極而理之妙盡焉矣； 言太言無， 而極之義又盡焉矣。朱子所謂"萬古開羣蒙"者此也。

3.1.1.57

孔子《易大傳》曰："形而上者謂之道，形而下者謂之器。" 夫以道器之別分一形之上下而目之，則道器何嘗相離而爲道器哉？器焉而道在其上；道焉而器在其下，道爲器之所載；器爲道之所寓，道器果非異物者也。何謂器？卽兩儀以下，是也，儀而象，象而卦，至爲六十四卦、三百八十四爻，則宇宙間許多事物之變，未有不在其中者也。此非所謂"形而下之器"乎？宇宙間一事、一物之微莫不有自然之常理，乃其所以爲事、爲物之則焉，則此非所謂"形而上之道"乎？然則天地人物卽太極所寓之器也； 太極卽天地人物所載之道也。 夫其所以爲之氣、爲之質、爲之才、爲之器者，卽非所謂"形而下"者乎？其所以爲之命、爲之性、爲之道、爲之德者，卽非所謂“形而上”者乎？

3.1.1.58

形而上者謂之道也，而道不徒行，須得形而下之器然後乃有以行焉。所謂“器”者，兩儀以下皆是也，儀而象、象而卦，至爲六十四卦、三百八十四爻者，無非所以象宇宙間無窮之變，則道何嘗離此而爲之道乎？ 器非道，則無以爲之器； 道非器，則無以爲之道焉。此固體用一原、顯微無間，而不相離者也。爲之氣、爲之質、爲之才、爲之器者，卽其形而下者也； 爲之命、爲之性、爲之道、爲之德者，卽其形而上者也。 然則天地人物孰有不爲氣、質、才、器而能有其形哉？ 又孰有不得命、性、道、德而能踐其形哉？ 此無非太極之理之使之然也。 或曰：“道器之不相離固如是矣，有天地人物之後，太極之理以天地人物爲之器而寓之矣。其在天地人物未有之前，大極之理以何物爲器而自爲形而上之道哉？” 余曰：“不雜於陰陽者，太極之體也；不離於陰陽者，太極之用也。方其不雜於陰陽也，自爲其理而已矣，夫何待於器乎？ 及其體不徒體而必出於用然後爲天、爲地，而道在於天地； 爲人、爲物而道在於人物。 夫其在天地人物之道，非他道也，便自是太極之理也。此理無時不在，無物不在，故曰‘太極’。若求道於器外，則器外寧有道哉？ 又況天地人物之爲器者，雖有巨細之不同焉，而莫非太極中別得理氣之各禀者而爲之器也。 人物得天地之理氣而爲人物也； 天地者又得夫未有天地前之理氣而爲天地也，天地之前旣有其爲天地之理，則亦自有爲天地之氣矣，亦豈非道器之相備也哉？”

3.1.2 諸說會通

3.1.2.1

太極之理之於天地人物，譬如溪澗之有泉源也；如植物之有根本也；如動物之有頭有心也；如網之有綱，衣之有領也；如戶牖之有樞紐也。溪澗無泉源，則不得爲水也；動物無頭與心，則不得爲昆蟲也；植物無根本，則不得爲草木也；衣、網無綱、領，則不得爲衣、網也；戶牖無樞紐，則不得爲戶牖也；天地人物無太極，則不得爲天地人物也。然而泉源也、根本也、頭心也、綱領也、樞紐也者，皆屬於形而下者，故有目者皆可得而見之；有手者皆可得而指之；有耳者皆可得而聞之；有口者皆可得而言之矣。至於太極之爲理也，則誰得以見之，指之，言之，聞之哉？惟其爲最靈有知覺者，或可得而認會之焉。蓋其所謂"理也"、"極也"者，亦非的指其全體本然之實而目之稱之也。特就其千條萬緖無所不具者而謂之理，蓋以脈理之密莫有如玉者，故取而目之，所以字旁從玉也；特就其千變萬化無所不統者而謂之極，蓋以最上兼總莫有如極者，故取以稱之，所以字旁從木也。夫其千條萬緖之無所不具者，以德言之，而道在其中矣；千變萬化之無所不統者，以道言之，而德在其中矣，豈有德外之道；又豈有道外之德哉？惟其爲理爲極也者，無始終，無盛衰，無形象，無方所矣。理之爲字未之造焉，而理未嘗不在矣，不是有理字然後其理始有也；極之爲稱未之立焉，而極未嘗不立矣，不是有極稱然後太極始立也。然則謂之理而理未嘗有其形象；謂之極而極未嘗有其方所，欲其無之而不可得以無之也；欲其有之而不可得以有之者，非太極之理乎？此所以言太極之實，必曰“理”，言此理之妙，必曰“太極”，則曰“理”、曰“極”者，皆是不可易之名目也。據此兩字，可認其無所不具之條緒、無所不統之變化焉，天地人物之所以爲天地人物者，孰不由於此極、此理哉？

3.1.2.2

其綱一曰：善焉无惡也。

以其爲得而不爲失也；爲利而不爲害也；爲是而不爲非也；爲成而不爲敗也；爲吉而不爲凶也；爲存而不爲亡也；爲安而不爲危也；爲治而不爲亂也；爲福而不爲禍也；爲繼而不爲絶也。

3.1.2.3

其目十五曰：

眞焉无僞，不可得以假借也。眞，謂其自然也，无僞，眞之至也。

實焉无妄，不可得以欺罔也。實，謂其充盈也，无妄，實之至也。

常焉无改，不可得以間隙也。常，謂其亘永也，无改，常之至也。

直焉无曲，不可得以枉回也。直，謂其彝則也，无曲，直之至也。

順焉无逆，不可得以乖戾也。順，謂其宜穩也，无逆，順之至也。

平焉无險，不可得以詭陂也。平，謂其安固也，无險，平之至也。

中焉无偏，不可得以倚着也。中，謂其恰當也，无偏，中之至也。

正焉无邪，不可得以横僻也。正，謂其貞確也，无邪，正之至也。

公焉无私，不可得以狎干也。公，謂其均徧也，无私，公之至也。

定焉无撓，不可得以移易也。定，謂其本分也，无撓，定之至也。

準焉无欠，不可得以欠乏也。準，謂其稱齊也，无欠，準之至也。

密焉无漏，不可得以空缺也。密，謂其備盡也，无漏，密之至也。

全焉无壞，不可得以虧減也。全，謂其咸渾也，无壞，全之至也。

完焉无敗，不可得以耗損也。完，謂其依初也，无敗，完之至也。

通焉无塞，不可得以阻窮也。通，謂其變活也，无塞，通之至也。

各其頭下皆着焉字，以定其爲要旨也；各其對病之上皆着无字，以絶其爲對病也。

一綱之善，包盡目頭十五字之要旨；目頭十五字之要旨，皆在綱頭一善之中。

綱末之惡，包盡目底十五字相反之對病；目末十五字相反之對病，皆在綱末一惡之中。

3.1.2.4

濂溪 周子著《太極圖》，其上第一圖之空圍一圈，卽太極也，晦庵 朱子著《易學啓蒙》，其第一圖之空圍一圈，亦太極也。兩先生皆以空圍一圈爲首者，非謂太極之理有如空圍之圈也。以其理爲至有而其象爲至無，故於是乎無可奈何焉，而乃爲一空圈以當之，此所以爲無極而太極之理者也。周《圖》之陰陽五行、乾坤男女、萬物化生，與朱圖之兩儀、四象、八卦以至六十四卦、三百八十四爻，實皆出於其中也。

3.1.2.5

愚嘗有問答說，并錄于左。

或有謂："理可圖出乎?"余曰："凡可圖者，以其本物之有形象，故依其樣而可圖也，圓而圓之，方而方之，橫焉橫之，直焉直之，黑者黑之，白者白之，多者多之，少者少之，隨其所形、所象之可據而爲之摹出者，圖也。若理也者，爲有方圓之象乎，爲有橫直之象乎? 其有色爲黑白乎，其有形爲多少乎? 夫聲臭乃氣之實者也，能入衆耳，能透衆鼻，而尚不得圖出其形象，況乎無聲無臭之理耶? 如曰'理可圖焉'，是實不知理者也。"曰："然則濂溪之《太極圖》下別陰陽五行之圖，而其上第一圈，乃所謂'太極'也，晦庵之《啓蒙》左排儀、象、卦之圖，而以太極一圈置之於最初頭焉，則太極非理也耶? 圈而圓之者，非圖也耶? 今何謂不可圖歟?"曰："二子皆以一空圈擬之太極者，非謂太極有形象，果如其一圈也。特以明夫所謂'太極'者不雜乎陰陽兩儀，而實爲陰陽兩儀之根柢也。故必首其一圈於陰陽兩儀之上者，以其理之爲固有也，而無形無象焉，若不置其別圖於其上，則人必疑於此理之本無者也，欲置其圖，則固無形象之可擬，故圈而空之，推而上之，明其爲實有焉者矣，而爲無形象也，非指夫理之貌樣如是圈子也。以此圈子果爲太極模象如此矣，則非知二子之意者也。"曰："然則無形象、聲臭者，果此理也，則其何從而知有此理也?"曰："理固無形象、聲臭也，而有形象者，天地萬物；有變化者，寒暑晝夜風雷雨暘，則知其所以使之爲千形萬象者此理也；知其所以使之有千變萬化者此理也。非此理也而能有此形象、能有此變化，其爲形象，隨巨細貴賤各有一定之模範，其爲變化，隨先後始終皆有不亂之序次乎？故可以心知而不可以手圖，可言其固有而不可言其某象者此理也。可圖則只自爲一物事耳，非可以理稱也。故曰'無極而太極'，此二子之圖，皆置一空圈於其上者，乃所以揭示其無象之體、不形之有而已，其可謂之理之圖乎？"

3.1.2.6

孔子贊《易》曰："易有太極"，易卽理之發於道者也，太極卽理之稱也，以道之大本、大原言之也。無易則無此道也；無太極則無易也。然則理果何如也，而謂之太極乎？以其以無始爲始、以無終爲終、以無限爲限、以無際爲際，故曰"太極"。旣曰"無始無終"，又曰"爲始爲終"者，何也？蓋無始則無前，旣爲之無前，則此非始乎；無終則無後，旣爲之無後，則此非終乎？此乃太極之始終，其與有物之始終異矣。旣曰"無限無際"，又曰"爲限爲際"者，何也？蓋其無限之限、無際之際，其果與有物之限際同乎？旣自是始其無始、終其無終、限其無限、際其無際，則其以何物爲極乎？惟其無始、無終、無限、無際之中，乃以其必有、必恒、必總、必備爲之實焉，此其太極之爲極，藏至實於至虛者也，果與有物之虛實同乎？有物之實，實則不虛；虛則不實矣。若太極之虛實，虛中有實；實中有虛，此所以爲無極而太極也。故以不形、不象爲形象；以不方、不所爲方所；以不模、不範爲模範；以不機、不軸爲機軸者也。以其不形、不象爲形象，故有以爲千形萬象之本；以其不方、不所爲方所，故有以爲千方萬所之主焉；以其不模、不範爲模範，故有物之千模萬範，莫得以自模自範而有所違越於太極之模範矣；以其不機、不軸爲機軸，故有物之千機萬軸，莫得以自機自軸而有所乖戾於太極之機軸矣。今以天地萬物驗之，天萬古而常此天也；地萬古而常此地也；人物萬古而常其爲形體心性也，所以然者，豈不以此理常爲太極故也哉？然則太極不出乎天地之中矣，而其理則有非一時之天地所得以盡之也；太極不出乎宇宙之內矣，而其理則有非一時之宇宙所得以盡之也。況夫此天地宇宙中之萬物，其得有以能盡太極之理者乎？然則能盡此太極者，果何物歟？蓋惟吾人中之聖人，是也。聖人之所以能盡天地萬物之所不能盡之太極，有何道歟？惟其卦至於六十四而大成，爻至於三百八十四而畢備者，無非形出其無形、象出其無象、方得其無方、所得其無所、模範其不模不範、機軸其不機不軸者，非所以能盡夫無極太極之妙者耶？

3.1.3 無極太極說

3.1.3.1

或有問之者曰:“極無二極，則孔子旣有太極之稱，而至宋 周濂溪，復加無極於太極之上，其以太極爲未足以稱此理耶?所謂‘無’者，何謂也；所謂‘太’者，亦何謂也？言無則不可言太也；言太則不可言無也，而著其無字於太極之上，則有若其極有二焉。其爲極也，一焉而未嘗二焉，何以曰‘太’、曰‘無’之不同歟？前聖後賢之所言，其各有意而後學莫之知耶?”曰:“太極之極、無極之極，非有二極，皆是一理也。極之爲太，以此理無所不統而言之也；極之爲無，以此理之始終限際言者也。蓋此一理無所不統，故曰‘太極’；無始終無限際，故曰‘無極’。凡物則高者不能卑，卑者不能高；深者不能淺，淺者不能深；大者不能小，小者不能大；遠者不能近，近者不能遠。若理則高亦此理，卑亦此理，深亦此理，淺亦此理，大亦此理，小亦此理，其謂之極而稱太者，以其高之至、卑之至、深之至、淺之至、大之至、小之至、遠之至、近之至，至者，太之謂也。以其高之至而不見其高；卑之至而不見其卑；深之至而莫見其深；淺之至而莫見其淺；大之至而莫見其大；小之至而莫見其小；遠之至而莫見其遠；近之至而莫見其近，所以其高無上也；其卑無下也；其深無底也；其淺無隔也；其大無外也；其小無內也；其遠無際也；其近無間也，此乃此理。言其實則極而太也；言其度則極而無也，言其太而無在其中；言其無而太在其中，其所爲極之極，此前聖後賢之所見相符者歟。”

3.1.3.2

極自一極也，而孔聖謂之太，濂溪謂之無，所謂“太”、所謂“無”者，非有別也。以其無上、無下、無外、無內者而言之，則可以謂之太也；以其無形、無象、無窮、無盡者而言之，則可以謂之無也。太極故無極；無極故太極，太極卽無極；無極卽太極也。卽一理也而先後聖賢所以推明之，故太字、無字竝立而不相爲嫌，卽相發明實一極也。不有此極，則宇宙何以爲宇宙哉？太極於今日者，太極於明日，太極於又明一月之三十日、一歲之三百六十日者，同一太極也。至於元、會、運、世之十二萬九千六百歲之月日辰之太極，非有異太極也。在家而父父、子子、兄兄、弟弟、夫夫、婦婦者，非此太極而有是道乎；在國而君君、臣臣、民民者，非此太極而有是道乎；在天下而中國爲中國、夷狄爲夷狄者，非此太極而有是道乎；又至於一草木之爲卉、一飛走之爲禽獸、一土石之爲器者，非此極而有是物哉？然則一日無太極而爲是宇宙乎；一日無太極而有此天地人物乎？人只以所耳目所聞見言之，故言宇宙者，不過此天地人物之事也。若果以太極言之，則天地之外，豈無理氣之所以爲極者哉？此天地之前後，豈無所以爲天地者哉？此所以孔聖名之以太極，周賢所以加之以無極者也。天地中爲人而最靈者，莫不見一日之有朝暮、晝夜，而不見夫太極之何時、何處也；見一月之弦望、晦朔，而不見其一月中太極，一歲中之爲人者，但見其有春夏秋冬，而莫見其有太極者何時、何所也。此太極之所以爲無極也，而人雖莫見其太極，而不得不爲天地、不得不爲人物、不得不爲古今之宇宙，則何得謂之無太極乎？說之到此，無言可容，於此可以見此極之所以爲太、所以爲無者也。

3.1.3.3

八卦生於四象，四象生於兩儀，兩儀生於太極，而太極則孰生之而生歟？固有不生之而生者耶？此亦有說焉。蓋有生者必有始也，有始者必有其終，終者有生者之終也。今以兩儀分言之，動之始爲陽之始，動之終爲陽之終；靜之始爲陰之始，靜之終爲陰之終，以兩儀竝言之，則動爲陽之始，靜爲陰之終。若四象、八卦之始終，亦有分言、竝言之各有始終，而不別於兩儀之有始終，此皆始終出於有生之始終也。太極則不生而生、不有而有，何始終之有哉？無所生而生、無所有而有，此其所以爲無極太極也歟。無所生而生，其生也寧有始乎；無所有而有，其有也寧有終乎？此所以爲兩儀、四象之所生而自無所生也。以其爲經爲常，故曰"太極"；以其無窮無際，故曰"無極"，言其遠大，則雖窮天窮地莫能逃其範圍；言其近小，則雖微事細物莫能差其毫釐矣。惟其能生萬生，故自無所生，又其能有萬有，故自無所有，《易大傳》《文言》稱八卦之乾曰："能以美利利天下，而不言所利，大矣哉."太極之無所生，豈異此歟？

3.2 太極說附錄

3.2.1

夫所謂“理也”者，不可以動靜言也。旣曰“動靜”，則便是氣也。理固氣之所出也，而其在氣未出之前自是理焉而已，何可以靜爲理哉？其在氣出之後自亦理焉而已，何可以動爲理哉？但以其有不可無靜之理，亦有不可無動之理，故所出之氣，有必靜而爲一陰者焉；有必動而爲一陽者焉。所以謂之理者，乃常有之本也，而不涉於有也；乃萬爲之原也，而不涉於爲也。夫旣不涉於有，不涉於爲，則其可以動靜言者耶？惟其不涉於有，不涉於爲，故凡其無實見得自然之妙、本然之體者，例多以一陰之靜者爲太極也，彼不知旣爲一陰，則乃氣也，非理也。然則太極果可以動靜言耶？若周子之所謂“動而生陽，靜而生陰”者，亦以此理之出此氣者而言之，所謂“生”者，亦非若形化者之相生也。唯知理者可以識得及矣。

3.2.2

理固不容說焉，其何以說出哉，其何以說得哉？若以爲可說，則非知理者也。若或欲說，則愚且妄也。自無形焉，曷得言某形哉；自無象焉，曷得言某象哉；自無聲焉，何得以聲言之哉；自無色焉，何得以色言之哉；自無臭焉，何得以臭言之哉？然而無處不在焉，其可以方所言耶；無時不在焉，其可以時世言耶？然則形無也，象無也，聲無也，色無也，臭無也，而曰“無處不在、無時不在”，則所謂“在”者，其何據而謂之在歟？此不過以天地萬物而知其理之常在也。天萬古而天，地萬古而地，萬物亦萬古而萬物，則其使之有萬古之天地、有萬古之萬物者，非此一理乎？不有此一理之常存，則天地既盡之後，何得以爲天地；萬物既盡之後，何得以爲萬物乎？然則天有無窮之妙；地有無窮之常；人有無窮之道；物有無窮之用者，夫孰非一理之所貫哉？謂之無而其無也無而有焉；謂之有而其有也有而無焉，此非所以莫容說者乎？夫旣莫容說，故曰“無極而太極”，所謂“無極太極”乃是莫容說之妙也。或曰：“理果莫容說矣，而子今有管窺之說排說之帖，何歟？子能言聖人之所不能言耶？”曰：“余之諸說，不是能說出此理之自然也。又不是能說得此理之本然也。只據此理之具於爲德、發於爲道者，而爲之說焉。今夫道與德之流行著見於天地人物之間者，因可驗於已往之跡，故便可以言語文字而形容之也。理果外於道與德乎？有余之說者，正是莫容說之說也。若曰說出其自然、說得其本然，則實非余之所敢也、所能也。初學果能不以耄說爲贅，而有以默會之，則其所以至無至有底莫容說之妙者，從可見得焉。”

3.2.3

孔子著《易》《繫辭》，有曰：“易有太極，是生兩儀”，周濂溪《太極圖說》，曰：“無極而太極，太極動而生陽，動極而靜，靜而生陰，靜極復動”，後之學者粗見其生字，不能精認其義，便以爲太極爲一物，兩儀爲兩物，以彼一物，生此兩物，謂若氣遞形禪之爲者然，故一理之爲太極者，便歸於一物，止成於兩儀之前焉，則似若有體段，有時節，其所以爲無極之妙者，莫得爲無極，而起後人之惑焉。此未必非生字爲之祟也，蓋生雖一字，而義有精粗，如以氣而相遞、以形而相禪者，雖謂之生矣，而乃生之粗者也。或以彼生此，或以此生彼，其生也有迹。若以理而爲氣者，雖亦可謂之生焉，而乃生之精者也。理有於先，氣應於後，其生也無跡。今苟以太極之生兩儀，有動靜，視爲氣遞形禪者，而同認之，則豈可謂之知得太極之妙哉？所謂"太極之生兩儀、陰陽"者，以其有兩儀之理，故兩儀於是乎生也；有動靜之理，故動靜於是乎分也。果是同於氣遞形禪之生焉，則是太極亦一物也爾，豈可謂之理乎？然則認太極之本無極者，必須精看生字之義，然後可以知無極之妙也。宇宙間固未有無理之氣，亦未有不氣之理，如不知理，則亦必不知氣者也。故惟知理者能知氣也。

> 氣遞，如春木生夏火；夏火生中央土；中央土生秋金；秋金生冬水；冬水又生春木也。形禪，如水生水族；陸生陸族；土生植物也，此皆生之殖者也，而有迹可見也。若理之生氣也，則元分爲會，是元生會也；會分爲運，是會生運也；運分爲世，是運生世也。至於歲月日辰之自大至細、自一至萬，其所謂"生之"者與"得生"者，有先後、有彼此者也。至於五行之相生，則以先有後，以此有彼，不如此生彼者之有先有後也。

3.2.4

聖賢認會天地萬物之理，撰出無極太極之名，則後之人自不識夫無極太極之云者，特以狀此理而立此名也。乃敢錯認之，遂以爲別有一物，無頭尾，無端緒，不形容，不色象，自爲神通靈妙之一大體段者，便是所謂“無極太極”者也。噫！其認固錯矣；其說固贅矣，有宇宙來，夫豈有理外之物，乃復主張乎天地萬物者，若有、若無、或隱、或顯、或能，爲有形之物，又能爲無迹之神焉哉？今以固有一定之理言之，未氣而先有理，有理而必有氣，惟此理氣之外，別有不理不氣之一物乎？氣之本則理也；理之用則氣也，指其理之至大、至妙而名之曰“無極太極”；指其氣之至變、至化而名之曰“二氣五行”，此卽所以爲天地，爲萬物，旣往焉如是，將來焉如是而已，故所以謂之道也。若夫外此理、此氣而爲之說者，皆不知理氣者也。其有外理氣而爲說者，則非徒不知此理，亦不知此氣者也，畢竟爲誕妄之見，雖欲欺天下萬世，天下萬世莫非理氣中天下萬世矣，何可得以欺之哉？

3.2.5

名夫一理曰“太極”，則太極只此理也，而若不明著其爲理之實焉，則人或必疑於太極之立

名，有或以太極爲別立於此理之外者也。今欲明著其爲理之實，故必擧十五言以盡之也。夫明一理之實，而多至於十五言者，何也？蓋此理也者，有體有用，爲道爲德，惟其有體用，爲道德者，正是此理之實也，故眞、純、善三者，以德

言之也；中、正、公三者，以道言之也。全、一、常三者，指其體也； 直、順、平、密、倫、通六者， 指其用也。 或曰："無形體者太極也，則何以謂之有體；不雜乎氣者太極也，則何以謂之有用？ 道自是道故有道之名，則何以理而爲道；德自是德，故有德之名，則何以理而爲德歟?"曰："爲天地萬物之所以然而不可易， 則此非理之體乎； 爲天地萬物之所當然而不可已，則此非理之用乎？理固無時或息，無物或遺，則此其所以爲道也； 理固隨物具足， 隨事恰好， 則此其所以爲德也。理若不有體，不有用，不爲道，不爲德，則只自是虛名而已， 豈得有其爲根柢、爲樞紐之實哉？ 其果能爲天地萬物之太極乎？ 然則理之所以爲極之太者， 以其有爲體、爲用、爲道、爲德之實也。 爲之德， 故見其眞也、純也、善也；爲之道， 故見其中也、正也、公也。 若夫見其全也、一也、常也者， 以其爲之體也； 見其直也、順也、易也、密也、倫也、通也者，以其爲之用也，此所以須擧十五言，以明其爲理之實者也。 然所指以爲體用、道德云者， 特以其大槩而分之，其實亦多有互含相兼之義， 而必須幷取俱擧然後， 其妙乃得以盡之者也。"

3.2.6

理固有統之爲一體、有散之爲萬用者，用在體中，體在用上，體而無體，用不自用，此所以爲無極太極之爲極也，而若言其實，須擧十五言，庶幾得以盡之矣。其十五中，有取其兼體用之義者； 有就其體上取義者； 有就其用處取義者，眞、純、善、中、正、公六者， 皆兼體用之義也； 全、一、常三者，義多在體上也；直、順、平、密、倫、通六者，義多在用處也。或曰："言理而既涉於用，則不是氣耶？惡在其主言理經乎？"曰："所言者雖主於理，而氣自在其中；所言者雖主於氣，而理自在其中。若曰出氣言理，離理言氣，非所謂'理氣之常'也。故言理者雖曰'不雜乎氣'，而未嘗不就其氣上而主言理也；言氣者雖曰'不犯於理'，而未嘗不就其理中而主言氣也，理氣果有可離時歟；可離處乎？"或曰："今明此理之實，所擧之言凡十五，而至如元亨利貞，仁義禮智，性命道德，誠敬忠信等言，不在其中者，何也？"曰："所擧十五言，皆取夫此理之爲經、爲綱、爲根柢、爲樞紐、爲模範、爲機軸之義者也。其體雖一，其妙無窮，而一言一字之義有不足以盡之，故所取而擧之者，多至於十五言而不見其剩焉。若所未擧之十六字，則乃此理之各具於天地人物，隨品而異其名、隨變而別其目者爾。故不見擧於爲經、爲綱之文也。然而十六字無非此理中名目，則豈不包於所擧十五言之裡哉？經存而緯在其中，綱擧而目在其下，其有疑於擧此而遺彼乎？以其所指之要不得不然者也。"

3.2.7

凡此十有五字者，其義皆兼精粗，故其雜見於經傳之文者，多用於日用事物之間，是則只取其義之粗者也。若其精處，則惟理可以當其義也。一焉爲渾然之全體；萬焉爲各具之大用者，其實皆備於十五字之精義焉。不有其實，其何以爲無極太極之妙乎？合十有五字而其妙始該焉，舍一字不得也。横排之中三字，似各爲一類，眞、純、善一類也；中、正、公一類也；

全、一、常一類也；直、順、平一類也；密、倫、通一類也，初非有意於類分，而及其收取橫排之後，見其三三爲類，類竝爲五焉。分觀之，一字之義似足以盡之，而細認之，則非十五字之竝取，不可盡其實也，此在默會而心驗之耳。十五言之排行，眞字居首，通字居終，二箇字又十五言之領要也。

以上四首，申言元說中所擧綱目十六字之收用。

지은이 **장현광(張顯光)**

1554년(명종9)~1637년(인조15). 자는 덕회(德晦), 호는 여헌(旅軒), 본관은 인동(仁同)이다. 여러 차례 벼슬을 사양하고 학문과 교육에 매진하여 역학(易學)과 경위설(經緯說)을 중심으로 독자적인 학문 체제를 이루었으며, 17세기 영남학파의 학맥을 이루는 많은 학자를 길러냈다. 저서는 문집으로 《여헌집》이 있고, 《여헌성리설(旅軒性理說)》, 《역학도설(易學圖說)》, 《용사일기(龍蛇日記)》 등이 있다.

옮긴이 **성원규(成元圭)**

1984년 서울에서 태어났다. 단국대학교 한문교육과를 졸업하고, 고려대학교 국어국문학 석사 과정을 수료하였다. 한국고전번역교육원 연수부 과정을 졸업하고, 현재 해동경사연구소 연구원으로 재직하고 있다.

옮긴이 **윤은숙(尹銀淑)**

1957년 인천에서 태어났다. 덕성여대 경영학과와 방송통신대 중문학과를 졸업하였다. 민족문화추진회(현 한국고전번역원) 연수부와 일반연구부 과정을 마치고 현재 해동경사연구소 연구위원으로 일하고 있다. 번역서로는 〈자치통감강목(4-14)〉(공역)이 있다.

옮긴이 **김형석(金炯奭)**

1967년 서울에서 태어났다. 대학에서 전자공학과 중어중문학을 공부하였고, 한국고전번역원 연수부를 졸업하였다. 현재 해동경사연구소 연구원으로 재직하고 있다. 번역서로는 《시경집전변정(詩經集傳辨正)》이 있다.

특수고전협동번역사업(경전주석서) 연구진

연구책임자 **성백효**(해동경사연구소 소장)
공동연구원 **신영주**(성신여자대학교 한문교육과 교수)
신범식(유원대학교 교양융합학부 교수)
연구원 **윤은숙**
김형석
성원규

여헌성리설 1

장현광 지음 | 성원규 · 윤은숙 · 김형석 옮김
2023년 6월 30일 초판 1쇄 발행
편집 · 발행 학자원
등록 2011.4.6 제2011-14호
주소 (05355) 서울시 강동구 천호대로 1121
전화 02-6403-1000 | 팩스 02-6338-1001 | 이메일 hakjaone@daum.net

값 40,000원
ISBN 979-11-6247-301-6 94810
979-11-6247-300-9 (세트)